7·9급 공무원 시험대비

박문각 공무원

기본서

합격까지 함께 만점 경제학

한계원리에 의한 경제주체의 행동원리 이해

의의-모형-그래프-분석의 논리적 연계

최신 기출경향에 입각한 수험용 경제학

정용수 편저

정용수 경제학  미시편

동영상 강의 www.pmg.co.kr

PREFACE
이 책의 머리말

경제학을 위한 온전한 길라잡이가 되고 싶습니다.

경제학은 공무원 수험생분들께서 가장 부담스럽고 진입장벽이 높은 과목입니다. 숫자에 대한 막연한 두려움, 모형에 대한 낯설음, 그래프 해석의 모호함은 경제학을 전공하지 않은 비경제학도에게는 큰 압박으로 작용하기 때문입니다.

우리는 학문을 하는 것이 아니라 최대한 빠른 시간 내에 효율적으로 학습하여 고득점을 얻어 합격하는 것이 목표입니다. 수험 경제학의 길을 걷고 있는 우리에게 경제학 실력은 오로지 실제 점수로만 평가됩니다. 그래서 가장 적은 시간을 투입해서 더 많은 문항을 맞추는 것이 우리의 제1 목표입니다.

이를 위해 일상의 용어와 공감할 수 있는 예시를 통해 직관적으로 접근하는 방식을 사용하면 처음 경제학을 접하는 수험생분들께 높은 호응을 이끌어낼 수 있지만, 수험 경제학에서 합격권의 점수를 얻는 데는 뚜렷한 한계가 존재합니다. 획일적인 암기 위주의 접근 방식으로는 다양한 계산형 문제나 이해도를 측정하는 문제를 해결할 수 없습니다. 결국 모형에 대한 이해가 결여된 채 유형별 기출문제를 공식을 암기하여 반복적으로 푸는 학습은 경쟁자보다 높은 점수를 보장하지 못합니다.

장기적으로 실전에서 고득점을 얻기 위해서는 수험 경제학도 철저하게 이해의 관점에서 접근해야 합니다. 출제자는 현실의 다양한 경제 문제를 경제학의 관점에서 해결할 수 있는 능력을 평가하려 하므로 우리도 이에 맞춰 경제학 용어로 모형을 이해하고 그래프를 도해할 수 있는 실력을 쌓아야 하는 것입니다.

이러한 공무원 기출문제의 출제 방향에 맞춰서 본서는 경제학의 사고방식과 용어를 체화하고 온전하게 경제학의 토픽을 이해할 수 있도록 서술하였습니다.

경제학은 선택의 학문입니다. 소비자, 생산자, 정부가 주어진 제약조건 아래에서 자신의 목적을 극대화하는 최적의 선택 과정을 탐구하는 학문입니다. 그리고 이러한 선택의 기준은 편익과 비용을 비교하는 한계원리로부터 출발합니다. 본서는 첫 장부터 마지막 장까지 한계원리의 틀 안에서 각 경제주체의 행동을 일관되게 서술하도록 노력하였습니다. 그럼에도 보다 쉽고 논리적으로 서술하지 못한 부분은 저자의 능력 부족입니다. 교재의 부족한 부분은 강의를 통해 보완하겠습니다.

본서의 처음부터 마지막까지 저자를 이끌어주신 박문각 이수연 대리님과 바쁜 일정에도 불구하고 묵묵히 교정 작업을 도와주신 신희주님께 감사드립니다.

그리고 언제나 저의 든든한 버팀목이 되어주시는 아버지와 어머니께 감사드립니다.

고맙습니다.

편저자 정용수

이 책의 차례

Part 1 수요와 공급

Chapter 1 경제학의 기초 — 8
- I 경제학 – 선택의 학문 — 8
- II 합리적 의사결정 – 한계원리 — 9
- III 기회비용과 매몰비용 — 10
- IV 생산가능곡선 — 13

Chapter 2 수요와 공급의 이론 — 23
- I 시장 — 23
- II 수요의 법칙 — 26
- III 공급의 법칙 — 35

Chapter 3 탄력성 — 49
- I 의의 — 49
- II 탄력성의 측정 — 49
- III 수요의 가격탄력성 — 50
- IV 수요의 소득탄력성 — 60
- V 교차탄력성 — 62
- VI 공급의 가격탄력성 — 64

Chapter 4 수요·공급이론의 응용 — 69
- I 소비자잉여와 생산자잉여 — 69
- II 최고가격제(가격상한제) — 74
- III 최저가격제(가격하한제) — 76
- IV 농산물의 가격파동 — 80
- V 거미집 모형 — 82
- VI 조세부담의 귀착 — 83
- VII 생산보조금의 귀속 — 95

Part 2 소비자 이론

Chapter 5 전통적 소비자선택이론 — 104
- I 의의 — 104
- II 효용 — 104
- III 효용함수 — 105
- IV 무차별곡선이론 — 106
- V 다양한 효용함수 — 119
- VI 가격소비곡선(PCC) — 133
- VII 소득소비곡선(ICC)과 엥겔곡선(EC) — 134
- VIII 가치의 역설 — 137

Chapter 6 소비자선택이론의 응용 — 138
- I 사회보장제도 – 현금보조, 현물보조, 가격보조 — 138
- II 소득세와 물품세 — 142
- III 실물부존모형 — 143
- IV 피셔의 2기간 선택모형 — 149

Chapter 7 현시선호이론 — 156
- I 의의 — 156
- II 기본가정 — 157
- III 약공리 충족과 위배 판단 — 158
- IV 무차별곡선과 수요곡선의 도출 — 160

Chapter 8 기대효용이론 — 164
- I 불확실성하의 소비자선택이론 — 164
- II 세인트 피터스버그의 역설 — 165
- III 불확실성의 주요 개념 — 166
- IV 기대소득과 기대효용 — 167
- V 위험기피성향과 폰 노이만-모르겐슈타인 효용함수의 형태 — 169
- VI 기대효용이론과 보험시장 — 171

Part 3 생산자 이론

Chapter 9 생산이론 — 178
- I 기업과 생산활동 — 178
- II 생산함수와 장·단기 구분 — 179
- III 단기생산함수 — 180
- IV 장기생산함수 — 184
- V 기업의 비용극소화 행동원리 — 190
- VI 규모에 대한 수익 — 193
- VII 다양한 장기생산함수 — 195
- VIII 대체탄력성 — 201
- IX $(\alpha+\beta)$차 C-D 동차 생산함수의 특징 — 206
- X 확장경로 — 207
- XI 기술진보 — 209

Chapter 10 생산비용 — 211
- I 비용이론 — 211
- II 생산함수와 비용함수의 쌍대관계 — 213
- III 단기비용함수와 단기비용곡선 — 216
- IV 장기비용함수와 장기비용곡선 — 222
- V 비용함수의 계산 — 228
- VI 규모에 대한 수익과 규모의 경제 — 230
- VII 규모의 경제와 학습효과 — 231
- VIII 범위의 경제 — 232

Part 4   시장 이론

Chapter 11 완전경쟁시장   236
- Ⅰ 시장이론   236
- Ⅱ 기업의 이윤극대화 가설   238
- Ⅲ 산업의 생산물시장과 개별 기업이 직면하는 생산물시장의 구분   240
- Ⅳ 모든 시장에 통용되는 일반원칙   241
- Ⅴ 완전경쟁시장의 단기균형   242
- Ⅵ 완전경쟁시장의 장기균형   248
- Ⅶ 산업의 장기공급곡선   250
- Ⅷ 완전경쟁시장의 평가   253

Chapter 12 독점시장   255
- Ⅰ 독점시장 개론   255
- Ⅱ 독점시장의 단기균형   256
- Ⅲ 독점시장의 장기균형   260
- Ⅳ 가격차별   261
- Ⅴ 이부가격설정 및 묶어팔기와 끼워팔기   268
- Ⅵ 다공장독점   273
- Ⅶ 독점시장 평가   276
- Ⅷ 독점기업 규제   278
- Ⅸ 자연독점   279

Chapter 13 독점적 경쟁시장   282
- Ⅰ 의의   282
- Ⅱ 독점적 경쟁시장의 가정   282
- Ⅲ 독점적 경쟁시장의 특징   283
- Ⅳ 단기균형   284
- Ⅴ 장기균형   285
- Ⅵ 독점적 경쟁시장의 평가   286

Chapter 14 과점시장   287
- Ⅰ 의의   287
- Ⅱ 진입장벽   288
- Ⅲ 과점이론의 구분   288
- Ⅳ 독자적 행동모형   289
- Ⅴ 불완전한 담합-가격선도모형   300
- Ⅵ 완전한 담합-카르텔모형   302
- Ⅶ 그 밖의 과점시장이론   304
- Ⅷ 과점시장 평가   306

Chapter 15 게임이론   307
- Ⅰ 의의   307
- Ⅱ 게임이론의 기본 골격   307
- Ⅲ 게임의 균형   308
- Ⅳ 최소극대화전략   313
- Ⅴ 용의자의 딜레마와 카르텔   314
- Ⅵ 순차게임   316
- Ⅶ 경매이론   318

Part 5   생산요소시장 이론

Chapter 16 완전경쟁 생산요소시장   326
- Ⅰ 생산요소시장   326
- Ⅱ 완전경쟁 노동시장   327
- Ⅲ 노동공급곡선   327
- Ⅵ 노동수요곡선   338

Chapter 17 불완전경쟁 요소시장   350
- Ⅰ 의의   350
- Ⅱ 수요독점 노동시장   351
- Ⅲ 공급독점 노동시장   356
- Ⅵ 쌍방독점   358

Chapter 18 소득분배이론   359
- Ⅰ 의의   359
- Ⅱ 기능별 소득분배론   359
- Ⅲ 계층별 소득분배론   364

Part 6   시장과 효율성

Chapter 19 일반균형이론과 후생경제학   372
- Ⅰ 효율성과 공평성   372
- Ⅱ 일반경쟁균형   372
- Ⅲ 후생경제학의 정리   385
- Ⅳ 후생경제학   388

Chapter 20 시장실패와 정부개입   395
- Ⅰ 시장실패   395
- Ⅱ 외부성   397
- Ⅲ 공공재   413
- Ⅳ 정보경제이론   418
- Ⅴ 행태경제이론   426

 정용수 경제학 미시편

Chapter 1 경제학의 기초
Chapter 2 수요와 공급의 이론
Chapter 3 탄력성
Chapter 4 수요·공급이론의 응용

PART

01

수요와 공급

CHAPTER 01 경제학의 기초

I. 경제학 – 선택의 학문

1. 자원의 희소성

(1) 인간의 무한한 욕망을 충족시켜 줄 수 있는 경제적 자원은 한정되어 있다. 그러므로 희소한 자원을 효율적으로 배분하기 위한 합리적 선택의 문제에 직면한다.

(2) 경제학은 희소한 자원의 제약으로부터 경제주체의 욕망을 극대화하려는 경제 문제를 효율적 자원배분과 공평한 소득분배를 통해 합리적으로 분석하는 학문이다.

2. 3가지 경제 문제

폴 새뮤엘슨(P. A. Samuelson)은 자원의 희소성으로 인해 발생하는 경제 문제를 3가지로 분류하였다.

(1) **어떤 재화를 얼마나 생산할 것인가?**
  ➡ 생산물의 종류와 수량 결정

(2) **어떻게 생산할 것인가?**
  ➡ 효율적 생산방법 결정

(3) **어느 경제주체에게 분배할 것인가?**
  ➡ 소득분배 메커니즘 결정

3. 경제주체의 목적

(1) **개인(가계) ➡ 효용극대화 ➡ 소비자 선택이론**
  개인은 주어진 예산제약 아래에서 효용극대화를 달성하는 최적의 소비조합을 선택한다.

(2) **기업 ➡ 이윤극대화 ➡ 생산자 선택이론**
  기업은 한정된 자원으로 이윤극대화를 달성하는 최적의 생산량과 고용조합을 선택한다.

(3) **정부 ➡ 사회후생극대화 ➡ 사회적 선택이론**
  정부는 파레토 효율적인 자원배분 아래에서 사회후생을 극대화하는 최적의 사회상태를 선택한다.

Ⅱ 합리적 의사결정 – 한계원리

주어진 자원을 효율적으로 사용하기 위해서는 합리적 의사결정이 요구된다. 합리적 의사결정은 각 대안에서 발생하는 편익(Benefit)과 비용(Cost)을 정확히 측정하고 비교하여 순편익(Net Benefit)을 극대화하는 최적의 대안을 선택하는 행위이다.

$$순편익(NB) = 편익(B) - 비용(C)$$

1. 대안이 1개인 경우

➡ 순편익(NB) = [편익(B) − 비용(C) ≥ 0] = [$\frac{편익(B)}{비용(C)} \geq 1$]

순편익이 0보다 같거나 크고 혹은 비용 대비 편익[= $\frac{편익(B)}{비용(C)}$]이 1보다 같거나 크면 해당 대안을 선택할 유인이 존재한다.

2. 대안이 2개 이상인 경우

비용 대비 편익[= $\frac{편익(B)}{비용(C)}$]이 1보다 큰 대안 중에서 순편익이 극대화되는 대안을 선택한다. 이때 각 대안의 순편익을 비교하는 경제적 선택과정에서 적용하는 경제적 비용은 기회비용으로 측정하고, 기회비용이 극소화되는 대안을 선택하면 희소한 자원을 효율적으로 배분할 수 있다. 따라서 경제주체는 합리적 선택을 하기 위해서 기회비용의 관점에서 의사결정을 해야 한다.

$$[\frac{1,500원}{1리터}]^{A\,주유소} < [\frac{2,000원}{1리터}]^{B\,주유소}$$

➡ $[\frac{1리터}{1,500원}]^{A\,주유소} > [\frac{1리터}{2,000원}]^{B\,주유소}$

➡ $[\frac{1리터}{1,500 \times 1원}]^{A\,주유소} > [\frac{1리터}{2,000 \times 1원}]^{B\,주유소}$

➡ $[\frac{\frac{1}{1,500}리터}{1원}]^{A\,주유소} > [\frac{\frac{1}{2,000}리터}{1원}]^{B\,주유소}$

순편익(= 효용) 극대화를 추구하는 합리적 소비자는 한정된 소득의 제약조건 아래에서 1원을 지출할 때 더 많은 휘발유를 획득할 수 있는 A 주유소를 선택한다.

📝 기회비용 = 경제적 의사결정 과정에서 반드시 고려(반영)해야 하는 비용

📝 매몰비용 = 경제적 의사결정 과정에서 고려(반영)하면 안 되는 비용

III 기회비용과 매몰비용

1. 기회비용

(1) 기회비용(opportunity cost)은 어떤 대안을 선택하기 위해 포기하는 여러 대안 중에서 가장 가치가 큰 대안의 순편익이다. 따라서 기회비용은 포기하는 대안 중에서 최선의 가치를 상실함으로써 발생하는 비용을 의미한다.

> 기회비용 = 모든 대안 중 차선의 가치
> = 포기하는 대안 중 최선의 가치

(2) 기회비용은 2가지 이상의 용도(대안)로 사용이 가능한 재화나 생산요소만을 대상으로 측정이 가능한 비용이다.

(3) 동시에 모든 대안을 선택할 수 없고 한 대안을 선택할 때 다른 대안은 포기해야 하므로 기회비용은 자원의 희소성을 전제로 한다.

(4) 어떤 대안을 선택할 때 포기하는 대안의 가치는 당사자만이 온전히 알 수 있고, 개인이 바뀌면 포기하는 대안의 가치도 영향을 받으므로 기회비용은 주관적이다.

2. 기회비용의 측정

> 기회비용 = 명시적 비용 + 암묵적 비용

(1) 명시적 비용(= 회계적 비용)은 어떤 대안을 선택할 때 실제로 지출하는 비용으로 회계적 비용과 일치한다. 예를 들어 고등학교를 졸업하고 대학진학을 선택할 때 지출하는 등록금과 교재비 등은 명시적 비용이다.

(2) 암묵적 비용은 어떤 대안을 선택할 때 포기해야 하는 다른 대안으로부터 얻을 수 있었던 가치이다. 예를 들어 고등학교를 졸업하고 대학에 진학하지 않고 바로 취업을 했다면 획득할 수 있었던 근로소득이 대학진학을 선택함으로써 포기한 암묵적 비용이다. 그리고 고졸 근로자의 근로소득은 개인의 타고난 능력에 의해 달라지므로 암묵적 비용은 주관적이다.

3. 기회비용의 응용

(1) **시간당 임금(Wage)은 여가 소비를 위한 기회비용이므로 여가의 가격이다.**

> $\overline{T} = L^S(노동공급) + L(여가)$

한정된 총가용시간(T)의 제약조건에서 개인은 노동공급과 여가 소비만을 선택할 수 있다. 이때 여가를 1시간 더 소비하기 위해서는 총가용시간이 한정되어 있으므로 노동공급

1시간을 포기해야 한다. 따라서 1시간의 노동공급으로부터 얻을 수 있었던 시간당 임금(W)은 여가 1시간을 소비할 때 포기하는 노동공급의 가치이므로 여가의 기회비용이다. 그리고 시간당 임금은 여가 1시간을 선택하기 위해서 기꺼이 포기(지출)하는 비용이므로 여가의 가격이다.

(2) **시장 이자율(interest, r)은 자본 1단위 구매를 위한 기회비용이므로 자본의 가격(자본의 사용자 비용)이다.**

$$\overline{소득 = 자본구매 + 저축}$$

개인은 한정된 소득으로 자본구매와 저축만을 선택할 수 있다고 가정한다. 이때 1원을 자본구매에 지출하기 위해서는 1원의 저축을 포기해야 한다. 따라서 1원의 저축으로부터 얻을 수 있었던 이자소득(r)을 포기해야 하므로 시장 이자율(r)은 자본 구매의 기회비용이자 자본의 가격이다.

4. 매몰비용

고정비용	
회수가 가능한 비용	회수가 불가능한 비용
➡ 매몰비용이 아님. ➡ 경제적 선택 과정에 반영해야 함. ➡ 기회비용≠0	➡ 매몰비용 ➡ 경제적 선택 과정에 반영하면 의사결정이 왜곡됨. ➡ 매몰비용의 기회비용 = 0

(1) 매몰비용(sunk cost)은 이미 지출된 비용, 즉 고정비용 중에서 회수가 불가능한 비용이다.

(2) 매몰비용을 경제적 의사결정과정에 포함시키면 의사결정이 왜곡되어 비효율적인 자원배분이 초래된다. 예를 들어 과거에 지출한 고정비용 100원은 회수가 불가능한 매몰비용이다. 그리고 조업을 시작하여 추가적으로 재화 1단위를 생산하기 위해 투입해야 하는 한계비용은 150원이고, 시장가격은 180원이다.

① 조업중단 ➡ $\pi = [TR = 0] - [TC = TFC = 100] = -100$
만약 매몰비용인 100원을 기회비용에 포함시키면 추가적으로 1단위를 생산할 때 70의 손실[이윤 = 180 - (150 + 100)]이 발생하므로 생산을 포기하고 고정비용만큼 100의 손실이 발생한다.

② 생산지속 ➡ $\pi = [TR = 180] - [TC = TVC + TFC = 150 + 100] = -70$
그러나 매몰비용을 기회비용에 포함하지 않으면 1단위를 생산할 때 30의 초과이윤[이윤 = 180 - 150]을 획득할 수 있고, 생산활동을 통해 30의 고정비용을 회수할 수 있으므로 손실은 70으로 감소한다.

③ 따라서 기업은 이윤을 극대화하려는 합리적 선택과정에서 매몰비용을 경제적 의사결정과정에 포함시키지 않아야 한다.

연습문제

1. 기회비용과 매몰비용에 대한 설명으로 옳은 것은?   **2024년 소방간부**
① 고정비용과 매몰비용은 동일한 개념이다.
② 기회비용은 실제로 지출된 회계비용을 의미한다.
③ 기회비용은 어떤 선택으로 인해 포기해야 하는 여러 대안의 가치 중에 가장 작은 가치이다.
④ 모든 대안들의 편익이 동일하다면 기회비용이 가장 작은 대안을 선택하는 것이 합리적이다.
⑤ 어떤 행위의 선택 여부를 결정할 때는 이미 지출된 매몰비용을 포함하여야 합리적 선택을 할 수 있다.

해설
① 매몰비용 중에서 회수할 수 없는 비용만이 고정비용이고, 회수가 가능한 비용은 기회비용이다.
② 기회비용은 실제로 지출된 회계비용(= 명시적 비용)과 암묵적 비용의 합이다.
③ 기회비용은 어떤 선택으로 인해 포기해야 하는 여러 대안의 가치 중에 최선의 가치이다.
⑤ 어떤 행위의 선택 여부를 결정할 때는 이미 지출된 매몰비용을 포함하면 의사결정이 왜곡된다.
▶ ④

2. A는 1시간 동안 유튜브를 시청하는 대신에 아르바이트를 하면 2만원의 근로소득을 획득할 수 있다. A가 아르바이트를 선택할 때 고려해야 하는 경제적 비용은? (단, 아르바이트 노동을 공급할 때 회계적 비용은 발생하지 않는다)
① 아르바이트로 얻는 시간당 임금률 2만원이다.
② 유튜브를 시청할 때 얻을 수 있는 즐거움이다.
③ 2만원에서 유튜브를 시청할 때 얻을 수 있는 즐거움을 더한 값이다.
④ 2만원에서 유튜브를 시청할 때 얻을 수 있는 즐거움을 뺀 값이다.

해설
기회비용 = 모든 대안 중 차선의 가치
        = 포기하는 대안 중 최선의 가치
➡ 따라서 희소한 자원 중에서 2가지 이상의 용도로 사용되는 재화나 생산요소만이 기회비용이 존재한다.
경제적 비용(= 기회비용) = 명시적 비용 + 암묵적 비용
                        = 0 + 유튜브를 시청할 때의 즐거움
아르바이트를 선택하면 유튜브 시청을 포기해야 하므로 아르바이트의 암묵적 비용은 유튜브 시청으로부터 얻을 수 있는 즐거움이다.
▶ ②

3. 기회비용에 대한 설명으로 옳지 않은 것은?
① 어떤 자원이 무한히 많이 존재한다면 기회비용을 측정할 수 없다.
② 오직 한 가지 용도에만 사용할 수 있는 자원의 기회비용은 0이다.
③ 정부가 지출하는 실업수당은 유휴노동력을 이용하므로 기회비용이 0이다.
④ x재의 시장가격이 0보다 크다면 x재는 희소한 자원이다.

> **해설**
> ① 기회비용은 포기하는 대안 중 최선의 가치로 측정한다. 따라서 기회비용은 자원의 희소성을 전제로 하는 개념이므로 자원이 무한하다면 모든 대안을 동시에 선택할 수 있으므로 기회비용은 존재하지 않는다.
> ② 기회비용은 포기하는 대안 중 최선의 가치로 측정하기 때문에 오직 한 가지 용도에만 사용할 수 있는 자원의 기회비용은 0이다. 따라서 희소한 자원을 최소 두 가지 이상의 용도에 사용할 수 있을 때 기회비용을 정의하고 측정할 수 있다.
> ③ 정부가 지출하는 실업수당은 한정된 정부재원을 다른 용도에 사용할 수 있었던 재원이므로 기회비용이 발생한다.
> ④ 희소성의 법칙이 적용되지 않는 자유재는 시장가격이 0이지만 희소한 자원의 시장가격은 0보다 높다.
> ▶ ③

Ⅳ 생산가능곡선

1. 생산가능곡선(PPC)의 정의

생산가능곡선(Production Possibility Curve, PPC)은 일국의 경제 내에 존재하는 모든 생산요소를 효율적으로 사용했을 때 최대로 생산가능한 조합(X, Y)을 연결한 궤적이다.

자원의 효율적 사용
완전고용과 적재적소 조건을 모두 충족한 상태

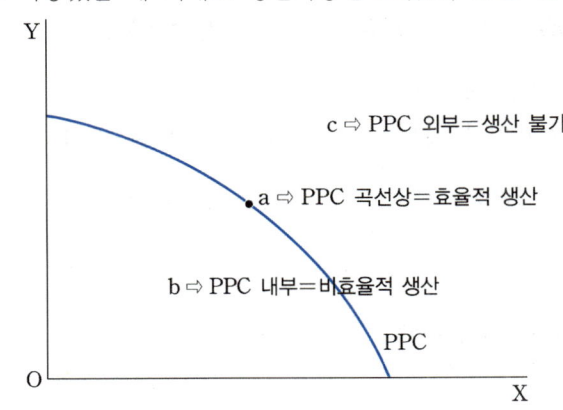

➡ a : 생산가능곡선 상의 생산조합 = 효율적 생산
➡ b : 생산가능곡선의 내부 영역 = 비효율적 생산
➡ c : 생산가능곡선의 외부 영역 = 현재 부존자원으로 생산이 불가능한 영역

2. 우하향하며 오목한 생산가능곡선

(1) 희소한 자원 ➡ 우하향하는 생산가능곡선

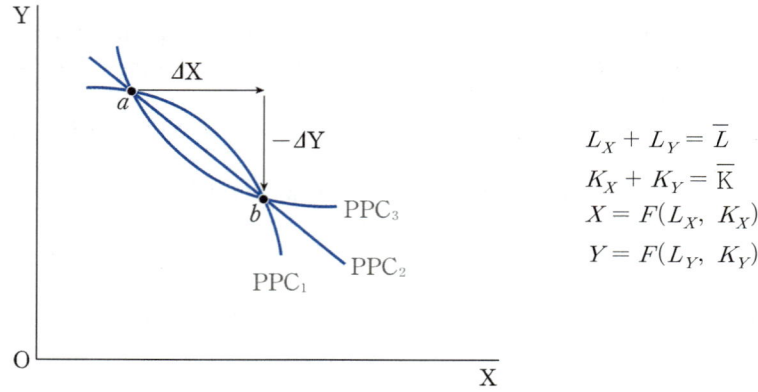

$$L_X + L_Y = \overline{L}$$
$$K_X + K_Y = \overline{K}$$
$$X = F(L_X,\ K_X)$$
$$Y = F(L_Y,\ K_Y)$$

생산가능곡선 상의 생산조합은 완전고용과 적재적소를 모두 충족하여 생산의 효율성이 달성된다. 이때 일국에 존재하는 모든 생산요소가 완전고용상태이므로 a에서 X재 생산을 추가적으로 1단위 더 늘리기 위해서는 Y재 생산에 투입된 노동(L_Y)과 자본(K_Y)을 X재 생산에 투입해야 하므로 Y재 생산이 감소하여 생산가능곡선은 우하향한다. 따라서 생산가능곡선이 우하향하는 이유는 자원이 희소하기 때문이다.

(2) X재 생산의 기회비용($-\dfrac{\Delta Y}{\Delta X}$) 체증 ➡ 오목한 생산가능곡선

① 한계변환율(MRT_{XY})의 정의

한계변환율(MRT_{XY})은 생산가능곡선(PPC) 상에서 X재 생산(ΔX)을 추가적으로 1단위 더 증가시키려 할 때 감소하는 Y재($-\Delta Y$)의 수량($MRT_{XY} = -\dfrac{\Delta Y}{\Delta X}$)이다. 따라서 한계변환율은 Y재로 측정하는 X재 생산의 기회비용($-\dfrac{\Delta Y}{\Delta X}$)이다.

② 한계변환율(MRT_{XY})의 측정

$$MRT_{XY} = -\dfrac{\Delta Y}{\Delta X} = \dfrac{MC_X}{MC_Y}$$

➡ X재를 추가적으로 1단위 더 생산(ΔX)할 때 발생하는 비용의 증가분(ΔTC_X)

➡ $\Delta X \cdot MC_X = \Delta TC_X$: ΔX만큼의 X재를 추가 생산하기 위한 총비용의 증가분

📝 **오목한 생산가능곡선(PPC)**
① 생산의 기회비용 체증
② 범위의 경제

📝 **X재 생산의 한계비용**
$MC_X = \dfrac{\Delta TC_X}{\Delta X}$

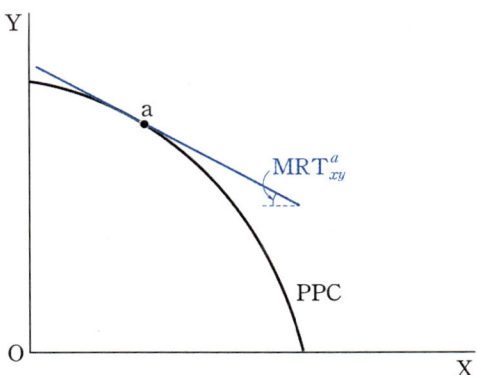

자원은 유한하므로 X재 생산을 증가시킬 때 Y재에 투입되었던 노동과 자본을 X재 생산에 투입해야 한다. 따라서 Y재 생산에서 감소하는 노동량과 자본량(ΔL_Y, ΔK_Y)은 X재 생산에 추가적으로 투입되는 노동량과 자본량(ΔL_X, ΔK_X)과 각각 동일하다. 따라서 X재 생산을 위한 비용의 증가분($\Delta X \cdot MC_X$)과 Y재 생산 감소로 인한 비용의 하락분($-\Delta Y \cdot MC_Y$)이 일치[($\Delta X \cdot MC_X = -\Delta Y \cdot MC_Y$) → ($-\frac{\Delta Y}{\Delta X} = \frac{MC_X}{MC_Y}$)]하므로 한계변환율($MRT_{XY}$)은 생산가능곡선 접선의 기울기 ($MRT_{XY} = -\frac{\Delta Y}{\Delta X} = \frac{MC_X}{MC_Y}$)로 측정한다.

③ X재 생산의 기회비용($-\frac{\Delta Y}{\Delta X}$) 체증

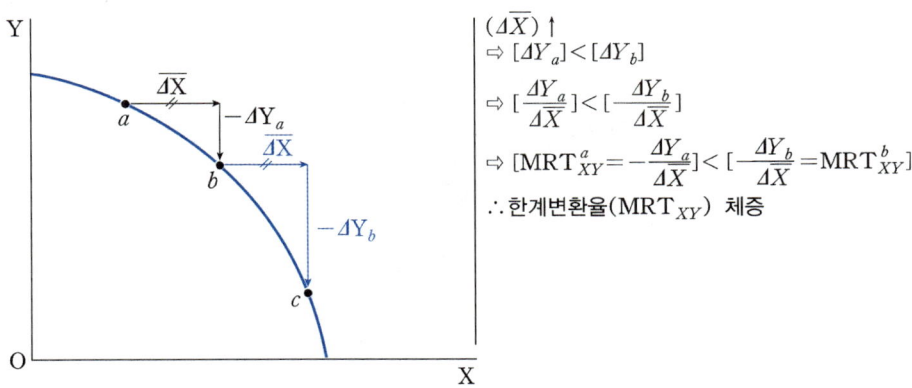

일반적으로 모든 생산요소는 자신의 능력을 온전히 발휘할 수 있는 최적의 상품이 존재한다. 만약 자본(K)이 상대적으로 Y재 생산에 특화된 생산요소라면 동일한 자본 1단위가 생산하는 X재는 Y재보다 적다. 따라서 동일한 X재 생산을 위해 투입해야 하는 자본량이 점차 증가하므로 감소하는 Y재도 점차 증가한다. 그러므로 동일한 X재 생산량을 증가시킬수록 감소하는 Y재 생산량은 더욱 증가하여 X재 생산의 기회비용 ($-\frac{\Delta Y}{\Delta X}$)은 체증한다. 따라서 생산가능곡선 접선의 기울기로 측정하는 한계변환율 ($MRT_{XY} = -\frac{\Delta Y}{\Delta X}$)도 체증하므로 생산가능곡선은 원점에 대해 오목하다.

3. 예외적 생산가능곡선

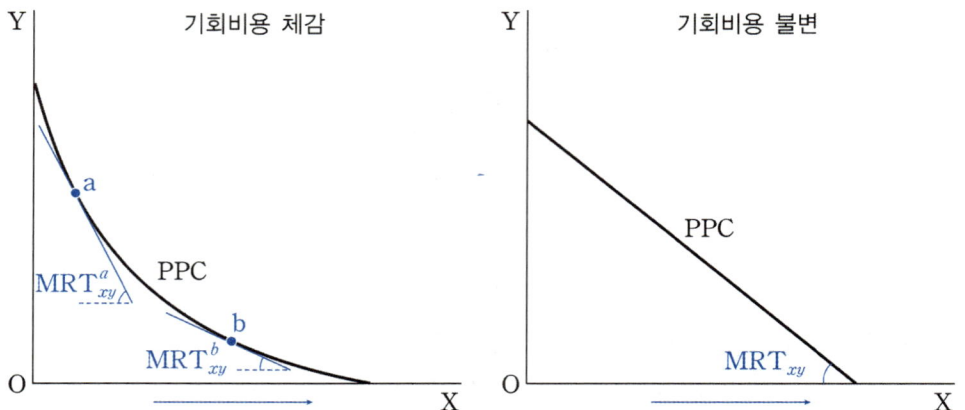

(1) 한계생산이 체증하면 생산의 기회비용이 체감해서 생산가능곡선은 원점에 대해 볼록하다.

(2) 한계생산이 불변이면 생산의 기회비용도 항상 일정하므로 생산가능곡선은 우하향하는 직선이다.

4. 생산가능곡선의 이동

(1) 노동량 및 자본량의 증가 또는 기술진보 ➡ 일국의 생산능력 확대 ➡ PPC 우상방 이동

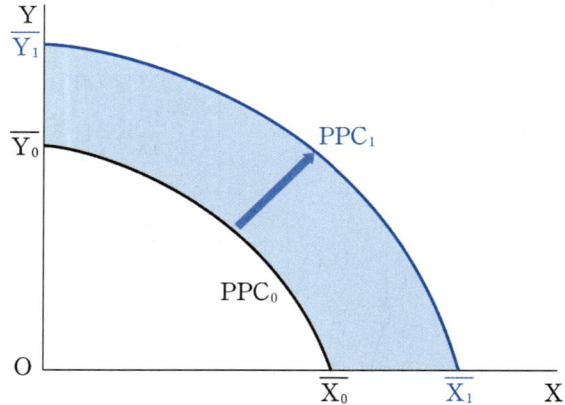

생산요소부존량이 증가하거나 기술이 진보하면 일국의 생산능력이 확대되므로 생산가능곡선은 우상방으로 이동한다.

(2) **노동량 및 자본량은 불변이고 X재 생산의 기술진보** ➡ MRT_{XY} **하락**

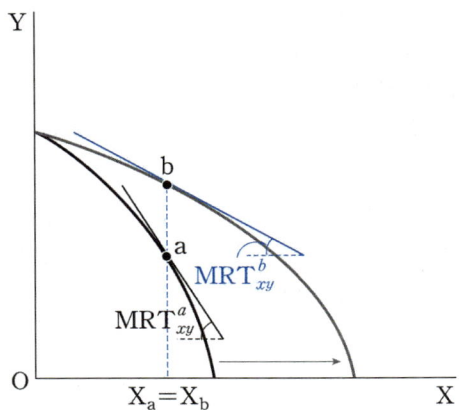

요소부존량이 불변이고 오직 X재 생산의 기술만 발전한다면 최대 Y재 생산량은 변함이 없고 X재 생산량만 증가한다. 따라서 생산가능곡선은 수직절편은 불변인 상태에서 수평절편이 확대되므로 수평축으로 이동한다. X재를 생산하는 기술이 진보하면 동일한 X재 생산에 투입되는 노동량과 자본량이 감소하므로 Y재 생산의 감소분이 축소된다. 그러므로 X재 생산의 기회비용($-\frac{\Delta Y}{\Delta X}$)이 감소하여 한계변환율($MRT_{XY} = -\frac{\Delta Y}{\Delta X}$)도 하락한다.

(3) **노동량 및 자본량은 불변이고 Y재 생산의 기술진보** ➡ MRT_{XY} **상승**

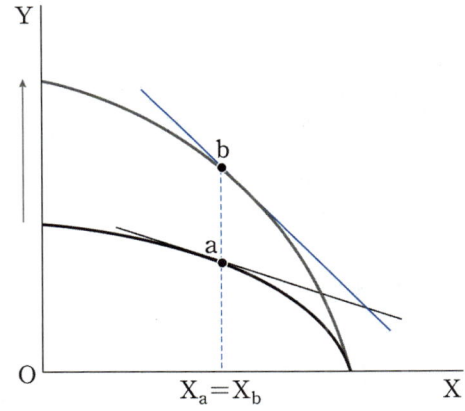

요소부존량이 불변이고 오직 Y재 생산의 기술만 발전한다면 최대 X재 생산량은 변함이 없고 Y재 생산량만 증가한다. 따라서 생산가능곡선은 수평절편은 불변인 상태에서 수직축으로 이동한다. Y재를 생산하는 기술이 진보하면 동일한 Y재 생산에 투입되는 노동과 자본이 감소하므로 X재 생산의 감소분이 축소된다. 그러므로 Y재 생산의 기회비용($-\frac{\Delta X}{\Delta Y}$)이 하락하여 한계변환율($MRT_{XY} = -\frac{\Delta Y}{\Delta X}$)은 상승한다.

연습문제

생산가능곡선에 대한 설명으로 옳지 않은 것은?
① 생산가능곡선이 우하향하면 반드시 기회비용이 0보다 크다.
② 원점에 대하여 오목한 생산가능곡선 상에서 좌상방으로 이동할수록 Y재 생산의 한계비용이 커진다.
③ 생산가능곡선이 원점에 대해 오목한 이유는 X재 생산량을 증가시킬수록 점점 Y재 생산에 적합한 생산요소까지 X재 생산에 투입되기 때문이다.
④ Y재 생산의 기술진보가 발생하면 X재 생산의 기회비용은 감소한다.

해설

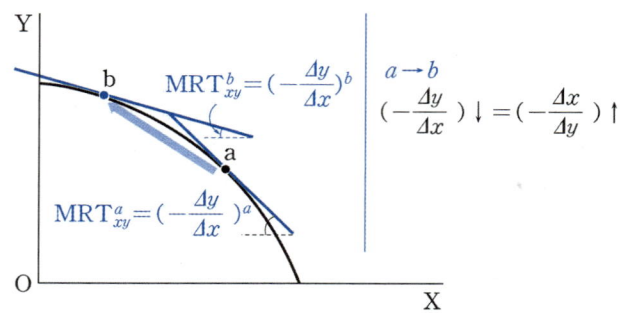

① 생산가능곡선이 우하향하는 이유는 자원의 희소성 때문이다. 생산가능곡선이 우하향하면 X재 생산을 늘리기 위해서 반드시 Y재 생산을 줄여야 하므로 기회비용이 0보다 크다.
② 한계변환율(MRT_{XY})은 생산가능곡선 상에서 X재 생산을 한 단위 늘리고자 할 때 감소하는 Y재의 수량($-\frac{\Delta Y}{\Delta X}$)으로서 생산가능곡선 접선의 기울기($\frac{MC_X}{MC_Y}$)로 측정한다. 그리고 자원은 유한하므로 생산가능곡선은 우하향하고 한계생산체감의 법칙에 의해 한계비용은 체증하므로 X재 생산의 기회비용은 체증한다. 한계생산이 체감할 때 생산가능곡선은 원점에 대하여 오목하므로 생산가능곡선 상에서 좌상방으로 이동할수록 X재 생산의 기회비용인 한계변환율($MRT_{XY} = \frac{MC_X}{MC_Y}$)은 점차 감소한다. 따라서 Y재 생산의 기회비용($-\frac{\Delta X}{\Delta Y}$)은 오히려 커진다.
③ 모든 생산요소는 자신의 능력을 온전히 발휘할 수 있는 특정 재화가 존재한다. 그러므로 X재 생산을 위해 Y재 생산에 특화된 생산요소를 이동시키면 증가하는 X재(ΔX)보다 감소하는 Y재($-\Delta Y$)가 더 많아서 X재 생산의 기회비용($-\frac{\Delta Y}{\Delta X}$)은 체증하고 생산가능곡선은 원점에 대해 오목하다.
④ Y재 생산의 기술진보가 발생하면 Y재 생산의 기회비용이 하락하므로 X재 생산의 기회비용은 증가한다.

▶ ④

생산가능곡선(PPC)

경제 내에 주어진 모든 생산요소를 효율적으로 사용했을 때 최대로 생산가능한 X재와 Y재의 생산조합을 연결한 궤적으로서 생산가능곡선 상의 모든 생산조합은 생산의 효율성을 달성한다.

5. 경제학의 분석 도구

(1) 경제주체

경제주체는 경제행위를 수행하는 개인이나 집단으로서 가계, 기업, 정부, 해외로 구분된다.

① 가계(개인) - 생산요소 공급자, 소비자

가계 혹은 개인은 생산요소시장에서 상품을 생산하는 데 필요한 생산요소를 공급하여 획득한 소득으로 생산물시장에서 생산된 상품을 소비하는 경제주체이다.

② 기업 - 생산요소 수요자, 생산자

기업은 생산요소시장에서 가계가 공급하는 생산요소를 구매하고 적절하게 결합해서 상품을 생산하여 생산물시장에서 판매하는 경제주체로서 가계의 거래 상대방이다.

③ 정부

정부는 조세를 부과하여 정부지출 재원을 조달하고, 재화나 서비스 구입에 지출(governmental expenditure)하거나 민간에게 이전지출(transfer payment)하는 경제주체이다.

④ 해외

외국의 가계 및 기업과 정부를 합한 경제단위이다.

> 📝 **경제주체의 욕망(목적)**
> - 개인 ➡ 효용극대화
> - 기업 ➡ 이윤극대화
> - 정부 ➡ 사회후생극대화

(2) 경제단위

① 민간부문 = 가계 + 기업
② 공공부문 = 정부
③ 국민경제(폐쇄경제) = 가계 + 기업 + 정부
④ 개방경제 = 국민경제 + 해외부문 = 가계 + 기업 + 정부 + 해외

(3) 경제체제

경제체제(economic system)는 경제주체들의 활동을 통괄하는 하나의 질서를 의미한다.

① 경제체제의 역할
  ㉠ 경제적 자원을 적절한 용도에 효율적으로 배분한다.
  ㉡ 생산된 재화와 서비스를 사회구성원에게 공평하게 분배한다.
  ㉢ 단기적으로는 경기안정화 정책을 수행하고, 장기적으로 지속적인 경제성장의 토대를 마련한다.

② 경제체제의 유형
  ㉠ 자원의 소유형태
    ⓐ 자본주의(capitalism)
      토지, 자원, 기업 등 생산수단에 대한 민간부문의 사적 소유권을 인정하는 경제체제
    ⓑ 사회주의(socialism)
      생산수단의 사적 소유를 부정하고 공공부문이 경제적 자원을 지배하는 경제체제
  ㉡ 자원의 배분방법
    ⓐ 시장경제(market economy)
      시장에서 수요와 공급의 원리에 따라 가격이 결정되고 자원이 배분되는 경제체제

ⓑ 계획경제(planned economy)
중앙정부가 생산, 분배, 소비 등 경제활동을 계획하고 통제하는 경제체제
ⓒ 혼합경제
개인의 자유로운 선택을 기반으로 하는 시장경제와 정부의 계획을 중시하는 계획경제가 결합되어 있는 경제체제
➡ 현대에 이르러 대부분의 국가는 시장경제를 근간으로 시장의 불완전성을 정부개입을 통해 보완하는 혼합경제체제로 운용된다.

(4) 경제변수

① 유량과 저량
㉠ 유량
유량(flow)은 일정기간에 측정되는 경제변수로서 시간의 흐름을 전제로 한다.
예 수요량, 공급량, 국제수지, 국민소득[Y = C + I + G + (X − M)], 소비(C), 투자(I), 정부지출(G), 수출(X), 수입(M), 순수출(X−M), 손익계산서(수익, 비용)
㉡ 저량
저량(stock)은 특정시점에서 측정되는 경제변수이다.
예 노동량, 자본량, 인구수, 통화량, 외환보유고, 외채, 주가, 재무상태표(자산, 부채)

② 내생변수와 외생변수
㉠ 내생변수
ⓐ 내생변수(endogenous variable)는 모형(이론)이 규명하고 싶어하는 주요 변수들의 인과관계 중에서 모형 내에서 변수들 간의 상호관계에 의해 그 값이 결정되는 변수이다.
ⓑ 예를 들어 수요함수(Q^D)는 시장가격(P)에 순응하여 소비자의 효용극대화를 달성하는 최적 수요량(Q^D) 간의 인과관계를 설명한다. 수요함수[$Q^D = 20 - 3P$]의 모형 내에서 내생변수인 시장가격(P)이 4일 때 내생변수인 수요량(Q^D)은 8로 결정된다.
㉡ 외생변수
ⓐ 외생변수(exogenous variable)는 모형이 관심을 갖는 주요변수를 설명하기 위해 모형 외부에서 사전적으로 결정된 값이 주어지는 변수이다.
ⓑ 예를 들어 수요함수[$Q^D = M - 3P$]의 모형 내에서 외생변수인 소득(M)이 30으로 주어지면 내생변수인 시장가격(P)이 4일 때 내생변수인 수요량(Q^D)은 18로 결정된다.

③ 독립변수와 종속변수
㉠ 독립변수
독립변수(independent variable)는 원인에 해당하는 변수로서 연구자가 의도적으로 변화시키거나 조작하는 변수이다.
㉡ 종속변수
종속변수(dependent variable)는 결과에 해당하는 변수로서 독립변수의 영향을 받아 값이 변화하는 변수이다. 예를 들어 비료의 양이 작물의 성장량에 미치는 영향

을 연구할 때 연구자가 의도적으로 변화시키고 조작할 수 있는 비료의 양은 독립변수이고, 비료의 양에 비례하여 반응하는 작물의 성장량은 종속변수이다.

(5) 인과의 오류와 구성의 오류

모형을 통해 이론을 정립하는 과정에서 귀납법을 사용하면 인과의 오류가 발생할 수 있고, 연역법을 사용하는 경우에는 구성의 오류가 발생할 수도 있다.

① 인과의 오류
- ⓐ 시간의 순서에서 원인(독립변수)은 항상 결과(종속변수)에 선행한다. 그러나 선행변수를 후행변수의 원인으로 단정할 때 인과의 오류가 발생할 수 있다. 시간의 선행관계는 인과관계를 위한 필요조건이지만 충분조건은 아니기 때문이다.
- ⓑ 예를 들어 여름철 홍수 피해에 대비하기 위해 봄에 하천을 정비하였다. 그리고 당해 연도 여름에 홍수 피해가 발생했다. 이때 관찰된 봄의 하천 정비를 홍수 피해의 원인으로 단정한다면 인과의 오류가 발생하는 것이다.

② 구성의 오류
- ⓐ 구성의 오류는 부분에 대해 참인 이론을 전체에 대하여도 항상 참이라고 추론할 때 발생하는 오류이다.
- ⓑ 가수요
  쌀 가격 인상이 예상될 때 개인은 쌀 가격 인상 전에 낮은 가격으로 최대한 많은 쌀을 구매하려는 합리적 선택을 한다. 그러나 사회적으로 특정 개인에게 대부분의 쌀이 배분되면 다른 소비자에게는 적정 쌀이 배분되지 못하는 시장실패가 발생한다.
- ⓒ 절약의 역설
  개인은 저축(절약)을 통해 부를 늘리려는 합리적 선택을 한다. 그러나 일국 내에서 모든 가계의 저축이 증가해 소비가 감소하면 시장수요가 감소하여 국민소득이 감소하는 경기침체가 발생한다.

(6) 실증경제학과 규범경제학

① 실증경제학 ➡ 가치판단 배제 ➡ '~이다.'
   실증경제학은 가치판단이 개입되지 않으며 경제현상을 객관적으로 분석하여 인과관계를 규명하는 연구분야이다.
   예 이자율이 하락해서 투자가 증가한다.

② 규범경제학 ➡ 가치판단 ➡ '~해야 한다.'
   규범경제학은 가치판단에 근거하여 바람직한 경제상태를 설정한 후에 현실의 경제상태를 진단하고 평가한다. 그리고 현재 경제상태를 개선하여 바람직한 상태로 나아가기 위한 방안을 연구한다.
   예 투자를 늘리기 위해 이자율을 하락시켜야 한다.

연습문제

1. 거시경제변수를 유량변수와 저량변수로 구분할 때, 저량변수에 해당하는 것은?

2024년 지방직 7급

① 소득　　　② 실업자 수　　　③ 경상수지　　　④ 순수출

해설

유량(flow)변수는 일정기간 동안 측정하는 경제지표이고, 저량(stock)변수는 일정시점에 측정하는 경제지표이다.

국민소득[Y = C + I + G + (X − M)]은 일정기간 동안 국내에서 생산된 최종재화의 시장가치의 합이므로 유량변수이다. 따라서 국민소득 항등식에 의해 우변에 위치한 가계의 소비지출, 기업의 투자지출, 정부의 재정지출, 수출, 수입, 순수출, 경상수지는 모두 일정기간 동안 측정하는 유량변수이다.

통화량, 외환보유고, 국채, 노동량, 자본량은 일정시점에 측정하는 저량변수이다. 따라서 실업자 수도 일정시점에 측정하는 저량변수이다.

▶ ②

2. 경험적 근거를 활용한 경제학 분석법에 대한 설명으로 가장 옳지 않은 것은?

2023년 서울시 7급

① 현실을 반영한 모형을 개발하고 이를 데이터를 통해 검증한다.
② 모형은 현실의 근사에 불과하므로 완벽한 복제는 아니다.
③ 상관관계는 어떤 사건이 다른 사건에 직접적 영향을 줄 때 발생한다.
④ 누락변수(omitted variable)는 두 사건 사이의 상관 관계를 설명하는 데 필요함에도 고려되지 않는 변수를 지칭한다.

해설

③ 어떤 사건(원인)이 다른 사건(결과)에 직접적인 영향을 줄 때 각 변수들 간의 인과관계를 분석한다.

▶ ③

CHAPTER 02 수요와 공급의 이론

I 시장

> 시장 ➡ 수요와 공급 ➡ 가격 ➡ 희소한 자원배분

1. 시장의 정의

화훼시장이나 결혼시장과 같은 시장(market)은 수요자와 공급자 사이에 재화와 서비스(유용한 행위)의 거래가 이루어지는 공간이다. 노량진 수산시장처럼 실체가 존재하는 물리적 공간은 물론이고 정보재와 같이 물리적 실체가 존재하지 않는 무형의 재화를 거래하기 위해 수요자와 공급자가 접촉하는 가상의 공간도 시장의 범주(장소)에 포함된다. 즉, 시장은 인적, 물적, 시간적, 공간적 요소들이 유기적으로 합쳐져 수요자와 공급자 간의 교환이 발생하는 공간을 의미한다.

2. 시장의 종류

구분	재화시장	생산요소시장
완전경쟁시장	완전경쟁 재화시장	완전경쟁 노동시장 완전경쟁 자본시장
불완전경쟁시장	불완전경쟁 재화시장 ➡ 독점시장 ➡ 독점적 경쟁시장 ➡ 과점시장	불완전경쟁 노동시장 ➡ 수요독점시장 ➡ 공급독점시장 ➡ 쌍방독점시장

(1) **거래 재화에 따른 구분**

재화와 서비스 같은 소비재(최종재)가 거래되는 재화시장(생산물시장)과 노동과 자본 등 생산투입요소인 중간재가 거래되는 생산요소시장으로 분류할 수 있다.

(2) **시장구조에 따른 구분**

시장규모 및 특성을 반영하는 시장구조(market structure)와 소비자와 생산자 간의 역학관계에 의해 완전경쟁시장과 불완전경쟁시장으로 분류할 수 있다.
① 수요자와 공급자가 모두 가격수용자(price - taker)이면 완전경쟁시장이고, 한 명의 경제주체라도 가격설정자(price - setter)로 행동하면 불완전경쟁시장이다.
② 시장이론 전까지는 수요자와 공급자 모두 가격수용자로 행동하는 완전경쟁시장을 가정한다.

3. 시장의 기능

시장은 가격을 결정하여 경제적 자원을 효율적으로 배분하고 수요자와 공급자 간의 거래비용을 낮춰 분업과 전문화를 유도함으로써 사회후생을 극대화한다.

(1) 가격 결정 기능

시장에서 수요와 공급의 상반된 상호작용을 통해 가격이 결정된다. 수요가 공급보다 많은 초과수요(Excess Demand)에서는 가격이 상승하고, 공급이 수요보다 많은 초과공급(Excess Supply)에서는 가격이 하락하여 초과수요와 초과공급의 시장불균형을 청산하고 시장균형가격이 결정된다.

(2) 거래비용의 절감

적정한 가격 선정 및 효율적인 자원분배를 통해 경제 전체의 효율성을 증대시킨다.

(3) 효율적인 자원배분

수요가 많은 상품은 더 많은 자원이 할당되고, 수요가 적은 상품은 자원이 줄어들어서 시장은 소비자들이 가장 원하고 필요로 하는 곳으로 자원을 효율적으로 배분한다. 그리고 시장은 변화하는 소비자 선호도와 기술 혁신을 반영하여 산업 구조를 조정하고 생산자를 배치한다.

(4) 분업과 전문화를 통해 경쟁

시장은 각 기업이 경쟁하는 과정에서 분업과 전문화를 통해 소비자가 욕구하는 높은 품질의 재화를 낮은 가격으로 생산하도록 유인한다.

4. 가격의 기능

(1) 정보전달

가격은 재화의 희소성에 대한 정보를 각 경제주체에게 알려준다. 구매가격은 소비자가 해당 재화를 얼마나 원하는지, 그리고 판매가격은 생산자가 해당 재화를 생산하기 위해 투입한 비용에 대한 정보를 제공한다. 그리고 가격이 전달하는 수요와 공급에 대한 정보는 소비자의 효용극대화 선택과 생산자의 비용극소화를 통한 이윤극대화 선택의 기초가 된다. 예를 들어 높은 가격은 공급자에게 생산을 늘리도록 유도하고, 수요자에게는 대체재를 탐색하도록 자원 할당에 대한 신호를 제공하는 것이다.

(2) 자원배분

수요와 공급의 상대적 크기에 의해 결정되는 시장가격은 희소한 자원을 가격이 낮은 부문에서 높은 부문으로 배분하는 역할을 수행한다. 그리고 시장가격의 자원배분을 통해 소비자가 욕구하는 상품이 생산된다.

(3) 소득분배

노동과 자본이 거래되는 노동시장과 자본시장에서 수요와 공급의 상대적 크기에 의해 생산요소의 가격이 결정되면 노동공급량과 자본소유량에 비례하여 노동소득과 자본소득이 분배된다.

5. 가격의 종류

(1) 절대가격[= P_x, 명목지표]

화폐의 가치척도 기능에 근거한 절대가격은 재화 1단위와 교환되는 화폐액을 의미한다. 즉, 재화와 서비스의 가격을 명시적인 화폐단위로 표현한 것이다.

➡ [$P_{쌀}$/kg = 3,000원] = 쌀 1kg은 3,000원

(2) 상대가격[= $\dfrac{P_x}{P_y}$ ⬅ y재에 대한 x재의 상대가격, 실질지표]

① x재에 대한 소비지출액[$P_x \cdot x$]과 y재에 대한 소비지출액[$P_y \cdot y$]이 일치하면 [$P_x \cdot x = P_y \cdot y$]이고, [$\dfrac{P_x}{P_y} = \dfrac{y}{x}$]이므로 [$P_x : P_y = $ y : x]이다. 따라서 화폐의 매개 기능에 근거한 상대가격[$\dfrac{P_x}{P_y} = \dfrac{y}{x}$]은 x재와 y재 간의 객관적인 교환비율이다. 그리고 절대가격이 아니라 각 재화 간의 상대가격에 의해 소비자의 효용극대화 선택과 생산자의 이윤극대화 선택이 결정된다.

② 예를 들어 P_x = 3,000원이고 P_y = 1,000원이면 [$\dfrac{P_x = 3,000원}{P_y = 1,000원}$] = [$\dfrac{y = 3}{x = 1}$]이므로 [x = 1] : [y = 3] = [P_y = 1,000원] : [P_x = 3,000원]이다. 따라서 시장에서는 x재 1단위와 y재 3단위가 교환된다.

③ 소비자의 효용극대화 균형조건[$MRS_{XY} = -\dfrac{\Delta Y}{\Delta X} = \dfrac{MU_X}{MU_Y}$] = [$\dfrac{P_x}{P_y}$]으로부터 $P_x \cdot \Delta x = P_y \cdot (-\Delta y)$가 도출되므로 $\dfrac{P_x}{P_y} = -\dfrac{\Delta Y}{\Delta X}$이다. 따라서 y재에 대한 x재의 상대가격[$\dfrac{P_x}{P_y}$]은 y재로 측정하는 x재 소비의 기회비용이다.

Ⅱ 수요의 법칙

1. 수요곡선의 정의

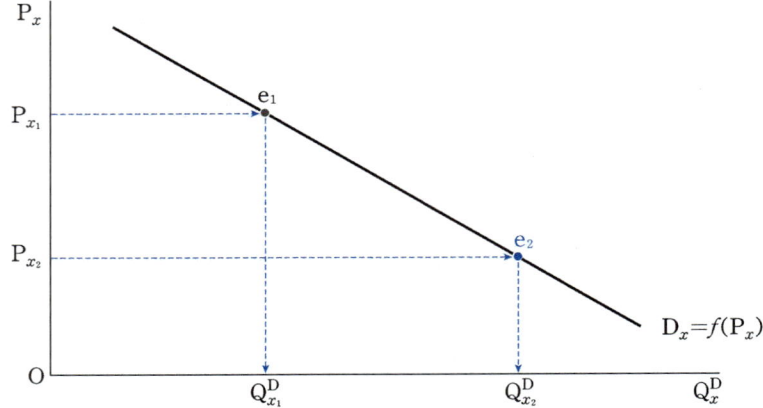

수요곡선은 주어진 시장가격(P_x)에 순응하여 소비자의 효용극대화를 달성하는 최적 수요량(= 소비량, Q_x^D) 조합을 연결한 궤적이다.

2. 수요곡선의 높이 ➡ [D = P = MU]

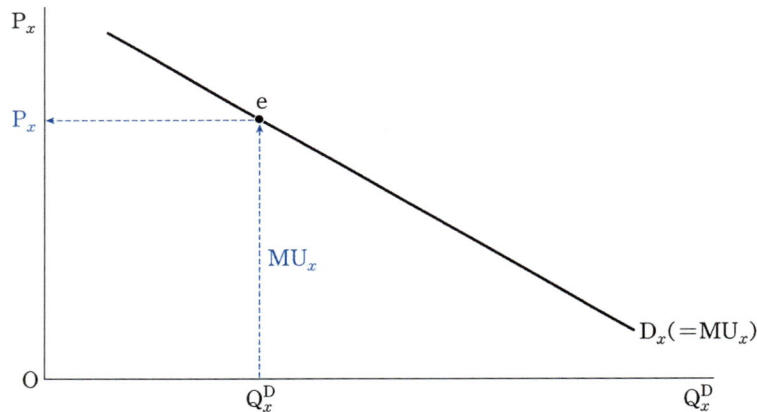

수요곡선의 높이(P_x)는 한계소비에 따른 효용의 상승분($\frac{\Delta U}{\Delta Q_x^D} = MU_x$)만큼 소비자가 시장에 지불할 용의가 있는 최대 가격($MU_x \leq P_x$)으로서 소비자의 유보가격(P_x)이다.

3. 수요

수요(demand)는 일정기간 동안에 시장가격(P_x)에 순응하는 소비자가 주어진 예산제약조건(budget set) 아래에서 효용극대화를 달성하기 위해 구매하고자 의도하는 재화의 수량(Q_x^D)이다.

4. 수요함수

수요함수는 재화의 수요(Q_x^D, 종속변수, 내생변수)와 이에 영향을 미치는 해당 재화의 가격(P_x, 독립변수, 내생변수), 다른 재화의 가격(P_y, 독립변수, 외생변수), 소득(M, 독립변수, 외생변수), 소비자의 선호(독립변수, 외생변수) 등과 같은 독립변수들 간의 관계를 명시적으로 표현하는 함수이다.

➡ $Q_x^D = \text{F}[P_x, \ P_y, \ \text{M}, \ \text{선호(preference)}\cdots]$

➡ $Q_x^D = \text{F}(P_x)$ [단, Ceteris − Paribus P_y, M, 선호(preference)$\cdots$]

5. 소비자의 개별수요곡선(Individual Demand Curve, D_{x_i})

(I) 우하향하는 개별수요곡선의 직관적 도출

① 수요함수 : $Q_x^D = \text{F}(P_x) = \text{a} - \text{b}P_x$

시장가격(P_x)이 하락하면 구매부담이 감소한 소비자는 더 큰 효용을 얻기 위해 소비(Q_x^D)를 늘린다. 따라서 가격이 하락하면 수요량이 증가하므로 개별수요곡선은 우하향한다. 이는 가격(P_x)이 하락하면 다른 재화의 가격(P_y)이 불변일 때 상대가격($\frac{P_x}{P_y}$)이 하락하여 1원당 한계효용이 상승한 x재로 1원당 한계효용이 하락한 y재를 대체하기 때문이다.

② 역수요함수 : $P_x = \frac{a}{b} - \frac{1}{b} Q_x^D$

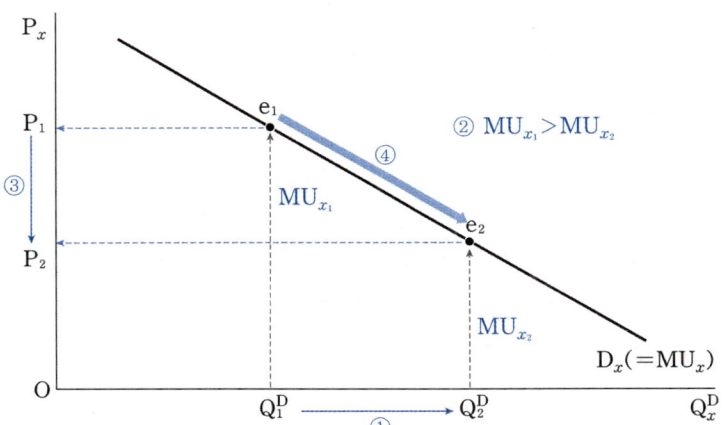

소비자가 추가적으로 1단위 더 소비를 늘리면 한계소비(ΔQ_x^D)로부터 얻은 효용의 상승분인 한계효용(MU_x)이 점차 감소하는 한계효용체감의 법칙에 의해 소비자가 시장에 지불할 용의가 있는 최대 가격인 유보가격(P_x)도 하락하여 개별 소비자의 수요곡선은 우하향한다.

📝 **세테리스−파리부스(Ceteris−Paribus, 다른 조건이 동일하다면)**
독립변수가 두 개 이상인 다변수 함수에서 특정 독립변수가 종속변수에 미치는 영향을 측정하는 편미분을 계산할 때 다른 독립변수들은 주어진 값으로 고정시킨 상태를 '세테리스−파리부스'라고 한다. 즉, 다변수 함수에 대한 편미분에서 특정 독립변수가 종속변수에 미치는 영향을 측정하는 편미분 계산을 위한 전제조건이다. 예를 들어 수요의 가격탄력성을 측정할 때 해당 재화의 가격 이외에 다른 재화의 가격이나 소득은 Ceteris−Paribus (고정)로 전제한다.

📝 수요함수로부터 수요곡선을 도출

📝 역수요함수로부터 수요곡선의 높이 해석

📝 **경제학은 선택의 학문**
➡ 소비자의 순편익이 0보다 같거나 커야 소비를 늘릴 유인이 존재
➡ 소비자의 순편익(Net Benefit) = [편익(= MU_x) − 비용(= 구매가격 = P_x)] ≥ 0
➡ $P_x \leq MU_x$
∴ P_x는 소비자의 최대지불용의(구매)가격

(2) **수요의 법칙**

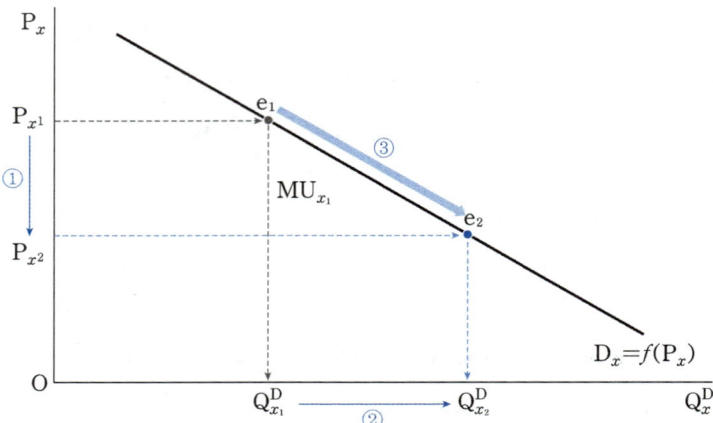

수요의 법칙(Law of demand)은 다른 조건이 일정할 때(Ceteris − Paribus) 해당 재화의 가격(P_x)이 하락하면 수요량(Q_x^D)이 증가해서 시장가격(P_x)과 수요량(Q_x^D) 사이에 관찰되는 음(−)의 관계를 의미한다.

(3) **수요의 법칙의 예외**

① 베블렌(과시) 효과

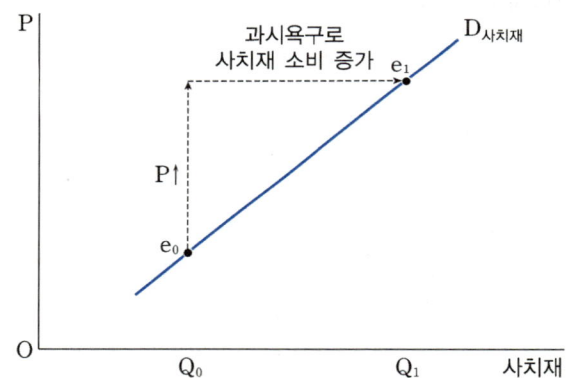

사치재와 같은 고가의 재화가격이 상승할수록 상류층 소비자는 사회적 지위를 과시하기 위해 소비를 늘리는 비정상적인 구매행태를 보인다. 그 결과 수요곡선은 우상향해서 수요의 법칙을 위배한다.

> **읽을거리**
>
> **베블렌 효과**
> 소스타인 베블렌(Thorstein Veblen, 1857~1929)은 미국의 경제학자이자 사회학자로서 제도경제학의 선구자이다. 베블렌이 활동했던 시기는 소설가 마크 트웨인(Mark Twain)이 이름을 붙인 '도금시대'(Gilded Age, 1870년대부터 1890년대까지 미국 경제가 급팽창한 시기)였다. 급속한 공업화 과정에서 부와 권력을 축적한 철강왕 카네기, 석유재벌 록펠러, 금융재벌 모건, 철도왕 밴더빌트 등 거물 산업자본가는 유럽 귀족의 사치를 모방하였다.
> 베블렌은 '유한계급론(The Theory of Leisure Class, 1899)'에서 신흥 부호들의 행태를 야만시대의 지배층에 빗대 유한계급으로 부르고 조롱했다. 현대의 유한계급은 부의 축적만을 지상목표로 삼았고, 돈에 구애받지 않고 소비하며, 일하지 않고도 살 수 있음을 보여 주기 위해 음식, 장신구, 의복, 주택, 가구 등의 과시적 소비와 과시적 여가활동을 중시했다. 하인과 여성의 의복도 과시적인 대리 소비의 대상이 되고, 스포츠 역시 여가를 과시하는 수단이었다.
> 이처럼 유한계급의 과시욕구를 비판한 베블렌의 견해에 근거하여 재화의 가격이 올라가면 소비가 감소해야 하지만 명품 등 일부 사치재는 값이 비쌀수록 더 많이 소비되는 비정상적 구매행태를 베블렌 효과로 명명하였다.

② 기펜재

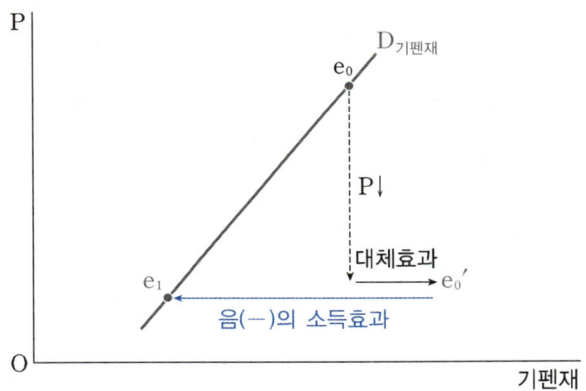

재화가격(P_x)이 하락하면 상대가격($\frac{P_x}{P_y}$)의 하락을 반영하는 대체효과와 실질소득의 증가를 반영하는 소득효과의 합인 가격효과에 의해 해당 재화의 수요량(Q_x^D) 증감이 결정된다. 그리고 상대가격이 하락한 재화의 수요량을 증가시키는 대체효과보다 실질소득이 증가할 때 열등재인 기펜재 수요량을 감소시키는 음(-)의 소득효과가 더 커서 수요량이 줄어들면 수요곡선은 우상향하므로 수요의 법칙을 위배한다.

6. 전체 재화시장의 수요곡선($\sum_{i=1}^{n} D_{x_i}$)

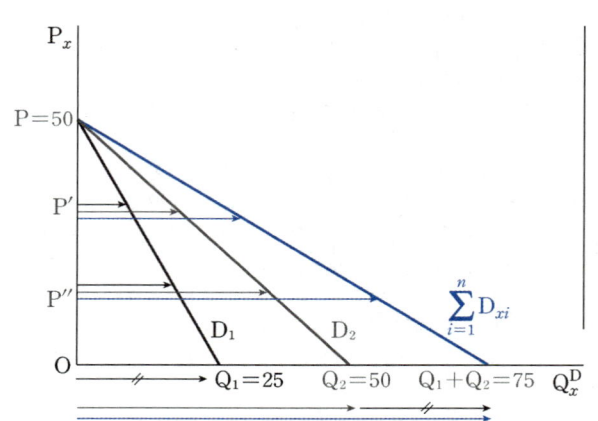

$Q_1 = 25 - \frac{1}{2}P_1$
$Q_2 = 50 - P_2$
$\sum Q = Q_1 + Q_2 = 75 - \frac{3}{2}P \, (\because P_1 = P_2 = P)$
$\therefore Q = 75 - \frac{3}{2}P$

각각의 시장가격수준(P_x)에서 개별 소비자의 수요량(D_{x_i})을 합하면 시장 전체의 수요량($\sum_{i=1}^{n} D_{x_i}$)이 도출되므로 시장수요곡선은 소비자의 개별수요곡선을 수평합하여 도출된다. 그리고 개별수요곡선을 수평합하면 가격이 하락할수록 시장의 수요량은 더욱 크게 증가하므로 시장수요곡선은 개별수요곡선보다 완만하고 탄력적이다.

연습문제

1. X재에 대한 시장공급함수는 $Q^S = -4 + P$ 이다. 이 시장에는 두 소비자 A와 B만 존재하며, 개별수요함수는 각각 $Q_A^D = 12 - P$와 $Q_B^D = 20 - 2P$ 이다. X재의 균형시장가격은? (단, Q^S, Q_A^D, Q_B^D, P는 각각 시장공급량, 소비자 A의 수요량, 소비자 B의 수요량, 가격이다)

2024년 국가직 9급

① 6　　　　　② 7　　　　　③ 8　　　　　④ 9

해설

시장수요와 시장공급이 일치하는 시장수요곡선과 시장공급곡선의 교점에서 X재의 균형시장가격이 결정되므로 시장 전체의 수요곡선부터 도출해야 한다.

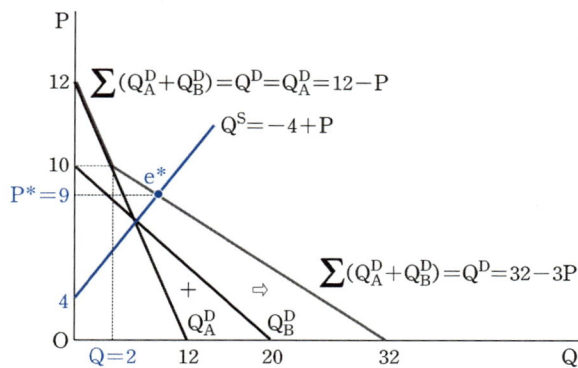

시장수요함수(Q^D)는 개별 소비자인 A와 B의 수요함수를 수평합[$Q_A^D + Q_B^D = Q^D$]하여 도출한다.

$Q_A^D = 12 - P$

$Q_B^D = 20 - 2P$

∴ [$Q_A^D + Q_B^D = Q^D$] = 32 − 3P

X재의 균형시장가격은 시장수요와 시장공급이 일치하는 e^*에서 결정되므로,

[$Q^D = 32 - 3P$] = [$Q^S = -4 + P$]

∴ $P^* = 9$

▶ ④

2. 다음 그림에 따를 때 휘발유 가격이 리터당 3,000원인 경우 휘발유의 시장 수요량으로 옳은 것은? (단, 이 경제에는 갑과 을이라는 두 명의 소비자만 존재한다) (단위 : 리터)

2019년 국회직 8급

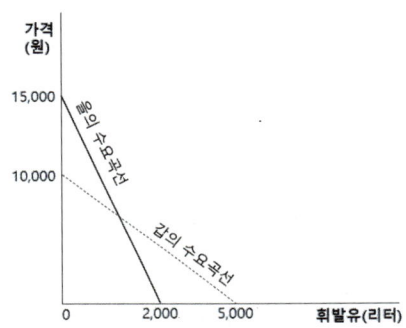

① 5,100
② 5,200
③ 5,300
④ 5,400
⑤ 5,500

해설

시장 전체의 수요량(Q^D)은 주어진 시장 가격에서 시장 내에 존재하는 갑과 을의 수요량을 수평합($Q_갑^D + Q_을^D$)하여 도출한다.

1. 시장가격(P) > 15,000 ➡ $Q^D = 0$
2. 10,000 < 시장가격(P) ≤ 15,000

   ➡ $Q^D = Q_을^D = 2,000 - \dfrac{2}{15}P$

3. 시장가격(P) ≤ 10,000

   ➡ $Q^D = Q_을^D + Q_갑^D$

   $= [2,000 - \dfrac{2}{15}P] + [5,000 - \dfrac{1}{2}P]$

   $= 7,000 - \dfrac{19}{30}P$

   ∴ $Q^D = 7,000 - \dfrac{19}{30}[P = 3,000] = 5,100$

▶ ①

7. 내생변수(P_x)의 변화와 외생변수(P_y, M, 선호, T…)의 변화

➡ 수요곡선 상의 이동과 수요곡선 자체의 이동
➡ 수요량의 변화와 수요의 변화

(1) 내생변수(P_x)의 변화 ➡ 곡선 상의 변화 ➡ 수요량의 변화

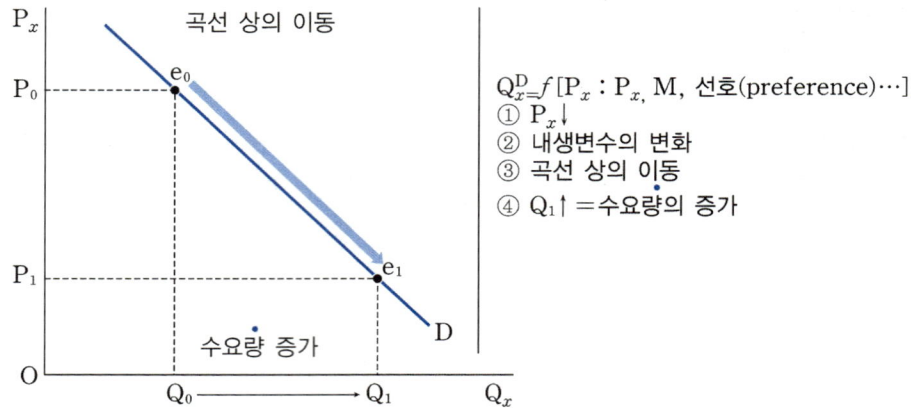

$Q_x^D = f[P_x : P_y, M, 선호(preference)…]$
① $P_x \downarrow$
② 내생변수의 변화
③ 곡선 상의 이동
④ $Q_1 \uparrow$ = 수요량의 증가

정상재(normal goods)
음식, 의류처럼 (실질)소득이 증가할 때 수요가 증가하는 재화나 서비스이다.

열등재(inferior goods)
낮은 품질의 대체식품, 저렴한 중고차처럼 (실질)소득이 증가할 때 수요가 감소하고, (실질)소득이 감소할 때 수요가 증가하는 재화나 서비스이다.

대체재(substitution goods)
다른 재화의 가격(P_y)이 상승하여 y재에 대한 x재의 상대가격($\frac{P_x}{P_y}$)이 하락할 때 1원당 한계효용($\frac{MU_x}{P_x}$)이 상승한 x재로 1원당 한계효용($\frac{MU_y}{P_y}$)이 하락한 y재를 대체하면 x재와 y재는 대체재 관계이다. 버터가격이 상승해서 마가린 수요가 증가하면 수요자는 버터와 마가린을 대체재로 선호한다. 따라서 대체재의 교차탄력성(ε_{xy})은 양(+)수이다.

보완재(complementary goods)
다른 재화의 가격(P_y)이 하락해서 y재의 수요량이 증가할 때 y재와 보완적으로 결합하여 소비되는 x재의 수요가 증가하면 x재와 y재는 보완재 관계이다. 프린터 가격이 하락하여 프린터 수요량이 증가하면 잉크 카트리지의 소비도 함께 증가하므로 소비자는 프린터와 잉크 카트리지를 보완재로 선호한다. 따라서 보완재의 교차탄력성(ε_{xy})은 음(-)수이다.

(2) 외생변수(P_y, M, 선호, T…)의 변화 ➡ 곡선 자체의 변화 ➡ 수요의 변화

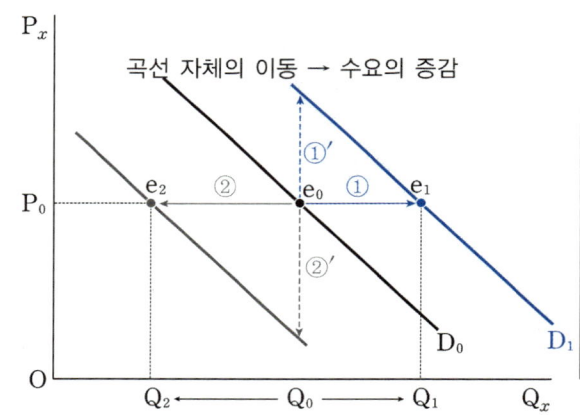

① 소득의 증가(단, x = 정상재)
  소득의 감소(단, x = 열등재)
  대체재의 가격(P_y) 상승
  보완재의 가격(P_y) 하락
①′ 선호의 증가

② 소득의 감소(단, x = 정상재)
  소득의 증가(단, x = 열등재)
  대체재의 가격(P_y) 하락
  보완재의 가격(P_y) 상승
②′ 소비자에게 조세(T) 부과

연습문제

1. X재에 대한 수요가 증가하는 것은? *2022년 국가직 9급*

① X재의 보완재 가격이 하락하는 경우
② X재의 대체재 가격이 하락하는 경우
③ X재가 정상재이고 소비자의 소득이 감소하는 경우
④ X재가 열등재이고 소비자의 소득이 증가하는 경우

해설

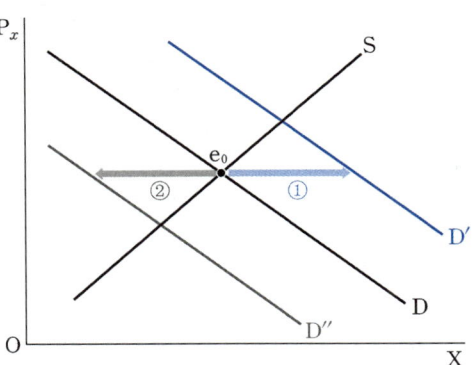

① 보완재 가격↓
② 대체재 가격↓
③ 소득↓ ⇨ 실질소득↓
　⇨ 정상적인 x재 소비↓
④ 소득↑ ⇨ 실질소득↑
　⇨ 열등재인 x재 소비↓

교차탄력성은 다른 재화의 가격이 1% 변화할 때 해당 재화의 수요량 변화율을 측정하는 지표이다.

Y재 가격변화에 대한 X재 수요의 교차탄력성(ε_{xy}) = $\dfrac{\dfrac{\Delta x}{x} \times 100\%}{\dfrac{\Delta p_y}{p_y} \times 100\%}$

$\varepsilon_{xy} > 0$ ➡ x재와 y재는 대체재
$\varepsilon_{xy} < 0$ ➡ x재와 y재는 보완재

① x재의 보완재 가격(p_y)이 하락하면 1원당 한계효용이 상승하여 수요량이 증가하는 y재와 보완적으로 결합되어 소비되는 x재에 대한 수요도 증가한다.
② x재의 대체재 가격(p_y)이 하락하면 1원당 한계효용이 상승한 y재로 1원당 한계효용이 하락한 x재를 대체하므로 x재에 대한 수요가 감소한다.
③ 소득이 감소하면 정상재에 대한 수요는 감소한다.
④ 소득이 증가하면 열등재에 대한 수요는 감소한다.

▶ ①

2. 재화 A의 수요곡선을 왼쪽으로 움직이게 하는 것은?   공인회계사

① 재화 A를 소비하는 소비자의 수 증가
② 재화 A의 가격 상승
③ 보완재 C의 가격 하락
④ 재화 A가 열등재일 때, 소득의 증가
⑤ 대체재 B의 가격 상승

해설

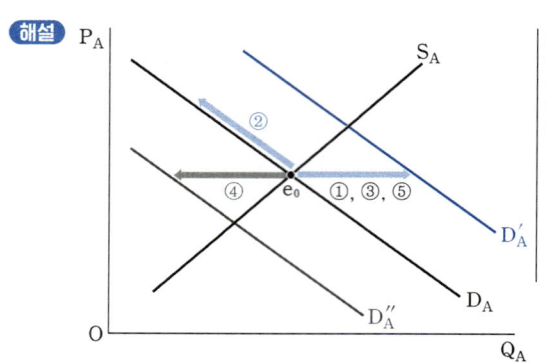

① 소비자 수 증가 ⇨ 수요 증가
② P_A 상승 ⇨ 수요량 감소
③ 보완재 P_C 하락 ⇨ 수요 증가
④ 소득 증가 ⇨ 수요 감소(∵열등재)
⑤ 대체재 P_B 상승 ⇨ 수요 증가

① 시장수요는 시장에 존재하는 개별 소비자의 수요를 수평합하여 도출된다. 따라서 외생변수인 재화 A를 소비하는 소비자의 수가 증가하면 시장수요도 증가하므로 주어진 가격에서 시장수요곡선이 우측으로 이동한다.
② 내생변수인 재화 A의 가격이 상승하면 수요의 법칙에 의해 수요량이 감소하므로 수요곡선 상에서 좌상방으로 이동한다.
③ 외생변수인 보완재 C의 가격이 하락하면 수요량이 증가하는 C와 보완적으로 결합하여 소비되는 A의 수요가 증가하므로 수요곡선이 우측으로 이동한다.
④ 외생변수인 소득이 증가하면 열등재인 재화 A의 수요가 감소하므로 수요곡선이 좌측으로 이동한다.
⑤ 외생변수인 대체재 B의 가격이 상승하면 1원당 한계효용이 하락하여 수요량이 감소하는 B를 대체하기 위해 A의 수요가 증가하므로 수요곡선이 우측으로 이동한다.

▶ ④

Ⅲ 공급의 법칙

1. 공급곡선의 정의

공급곡선은 주어진 시장가격(P_x)에 순응하여 생산자의 이윤극대화를 달성하는 최적 공급량(= 생산량, Q_x^S) 조합을 연결한 궤적이다.

> 시장가격(P_x)과 공급량(Q_x^S)은 양(+)의 관계
>
> 생산자(공급자)에게 시장가격(P_x)은 판매가격

2. 공급곡선의 높이 ➡ [S = P = MC]

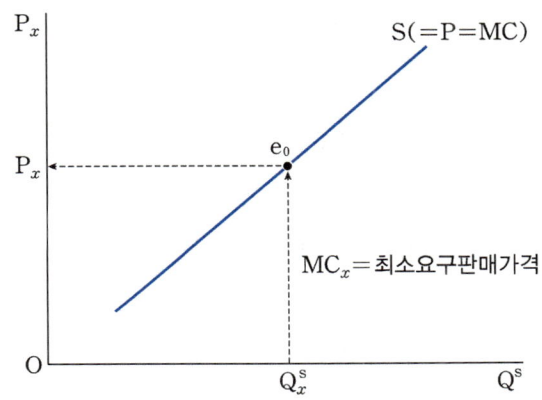

공급곡선의 높이(P_x)는 한계생산(ΔQ_x^S)을 위한 비용의 상승분($\frac{\Delta TC}{\Delta Q_x^S} = MC_x$)만큼 생산자가 시장에 요구하는 최소판매가격($MC_x \geq P_x$)으로서 생산자의 유보가격(P_x)이다.

> 총비용(TC = Total Cost)
> 한계생산량까지의 총생산량을 생산하기 위해 투입된 모든 비용의 총합
>
> 한계비용(MC) = $\frac{\Delta TC}{\Delta Q^S}$
> 생산자가 추가적으로 1단위 더 생산할 때 발생하는 비용의 증가분

3. 공급

공급(supply)은 일정기간 동안에 시장가격(P_x)에 순응하는 생산자가 주어진 제약조건에서 이윤극대화를 달성하기 위해 생산할 의도가 있는 재화의 수량(Q_x^S)이다.

4. 공급함수

공급함수는 재화의 공급(Q_x^S, 종속변수, 내생변수)과 이에 영향을 미치는 해당 재화의 가격(P_x, 독립변수, 내생변수), 원자재 가격(r, w, 독립변수, 외생변수), 기술수준(A, 독립변수, 외생변수), 기상조건 등과 같은 독립변수들 간의 관계를 명시적으로 표현하는 함수이다.

➡ Q_x^S = F[P_x, r, w, A, 기상조건…]

➡ Q_x^S = F(P_x) [단, Ceteris − Paribus r, w, A, 기상조건…]

5. 생산자(기업)의 개별공급곡선(Individual Supply Curve, S_{x_i})

(1) 우상향하는 개별공급곡선의 직관적 도출

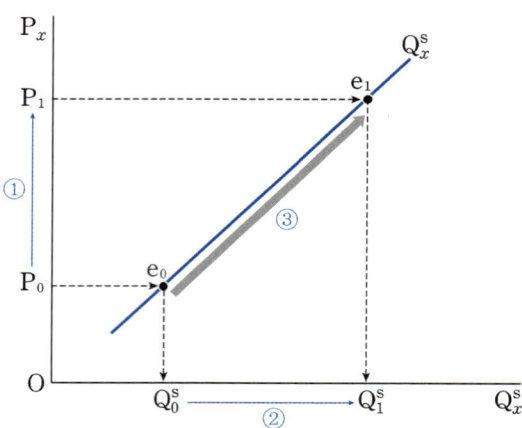

① 공급함수 : $Q_x^S = F(P_x) = a + bP_x$

생산자는 시장가격(P_x)이 상승하면, 즉 기업은 판매가격이 상승하면 총수입이 증가하여 더 많은 이윤을 획득할 수 있으므로 생산량을 늘려 극대화된 이윤에 도달하기 위해 공급량(Q_x^S)을 증가시키고 개별공급곡선은 우상향한다.

② 역공급함수 : $P_x = \dfrac{a}{b} + \dfrac{1}{b} Q_x^S$

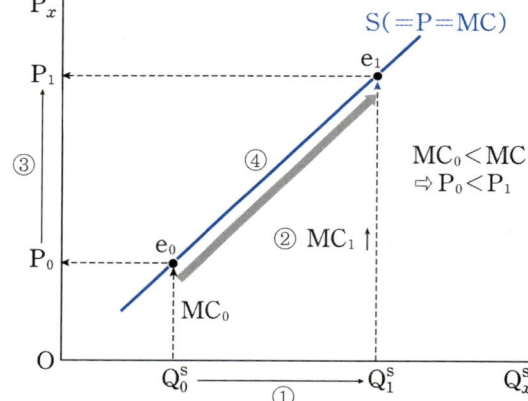

한계생산(Q_x^S)이 증가할수록 노동의 한계생산(MP_L)이 체감하여 한계비용(MC_x)은 점차 증가(체증)하고 생산자가 시장에 요구하는 최소판매가격인 유보가격도 점차 상승하므로 개별공급곡선은 우상향한다.

(2) 공급의 법칙

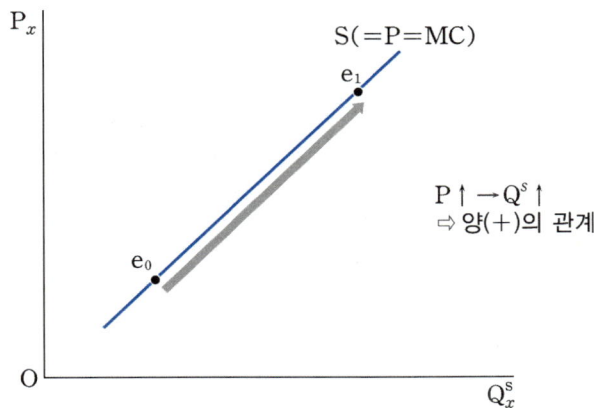

공급의 법칙(law of supply)은 다른 조건이 일정할 때(Ceteris – Paribus) 해당 재화의 가격(P_x)이 상승하면 우상향하는 공급곡선 상에서 기업의 이윤극대화를 달성하는 최적 공급량(Q_x^S)이 증가하므로 시장가격(P_x)과 공급량(Q_x^S) 간에 관찰되는 양(+)의 관계를 의미한다.

(3) 공급의 법칙의 예외 – 후방굴절하는 노동공급곡선

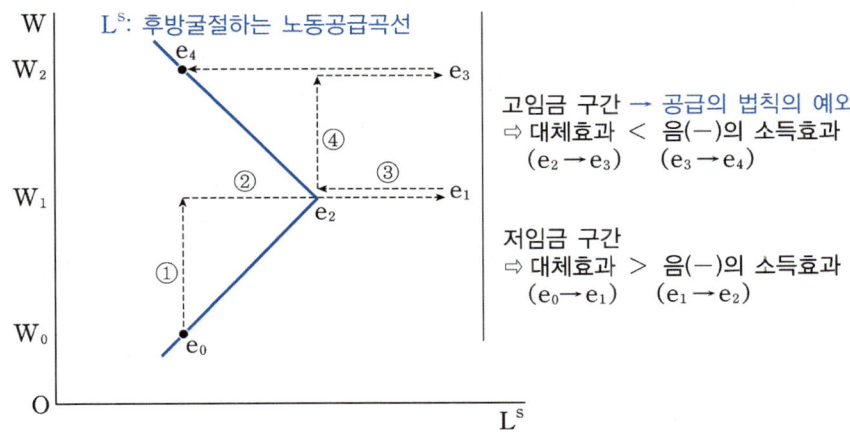

① 여가가 정상재일 때 저임금 구간에서 임금률(W)이 상승하면 노동공급(L^S)을 증가시키는 대체효과가 노동공급을 감소시키는 소득효과를 압도하여 노동공급은 증가한다. 따라서 저임금 구간에서 개인의 노동공급곡선은 우상향하므로 노동시장 가격(W)과 노동공급량(L^S) 간에 양(+)의 관계가 존재하는 공급의 법칙이 관찰된다.

② 그러나 고임금 구간에서 임금률(W)이 상승하면 노동공급을 감소시키는 소득효과가 노동공급(L^S)을 증가시키는 대체효과보다 우세하여 노동공급은 감소한다. 따라서 고임금 구간에서 개인의 노동공급곡선은 좌상향하므로 노동시장 가격(W)과 노동공급량(L^S) 간에 음(–)의 관계가 관찰되고 공급의 법칙이 성립하지 않는다.

6. 전체 재화시장의 공급곡선($\sum_{i=1}^{n} S_{x_i}$)

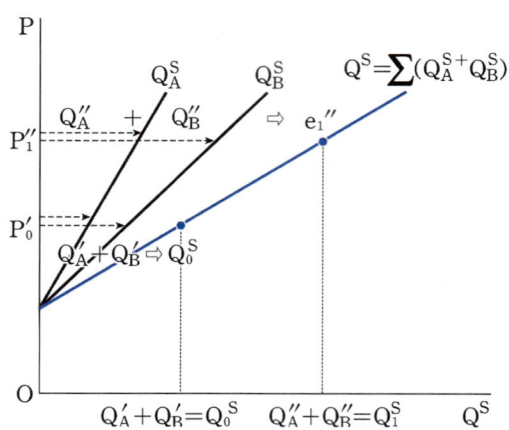

각각의 시장가격수준(P_x)에서 개별 기업의 공급량(S_{x_i})을 합하면 시장 전체의 공급량($\sum_{i=1}^{n} S_{x_i}$)이 도출되므로 시장수요곡선은 기업의 개별공급곡선을 수평합하여 도출된다. 그리고 개별공급 곡선을 수평합하면 가격이 상승할수록 시장의 공급량은 더욱 크게 증가하므로 시장공급곡선 은 개별공급곡선보다 완만하고 탄력적이다.

> **동일한 수요함수를 갖는 n명의 소비자가 존재하는 경우 시장수요곡선 도출**
> ① 개별 소비자의 수요함수
>   ➡ $Q^D = a - bP$
> ② 개별 소비자의 역수요함수
>   ➡ $P = \frac{a}{b} - \frac{1}{b} Q^D$
> ③ n명의 소비자가 존재하는 시장의 역수함수
>   ➡ $P = \frac{a}{b} - \frac{1}{n} \frac{1}{b} Q^D$
> ④ n명의 소비자가 존재하는 시장의 수요함수
>   ➡ $Q^D = na - nbP$

연습문제

1. 완전경쟁시장 내의 모든 기업은 이윤극대화를 추구한다. A 산업은 비용곡선이 TC(Q) = 10 + $\frac{Q^2}{2}$ 인 300개의 기업과 TC(Q) = $\frac{Q^2}{10}$ 인 200개의 기업으로 구성되어 있다. 신규 기업의 진입이 없는 경우 A 산업의 공급곡선은? (단, Q는 생산량이고, P=MC)

① Q = 300P   ② Q = 6000P   ③ Q = 1,000P   ④ Q = 1,300P

해설

공급곡선의 높이는 한계생산을 위한 한계비용(MC)이므로 총비용함수로부터 각 기업의 한계비용곡선을 도출한다.

1. 300개 기업의 공급곡선 도출

TC(Q) = 10 + $\frac{Q^2}{2}$

MC = $\frac{\Delta TC}{\Delta Q}$ = Q

300개의 기업은 동일한 MC곡선을 보유하고 있으므로 MC곡선을 수평합하여 300개 기업의 공급곡 선을 도출한다.

$Q_1 = MC_1$
$Q_2 = MC_2$
$\vdots$
$Q_{300} = MC_{300}$

$\sum_{i=1}^{300} Q_i = 300MC \ [\because MC_1 = MC_2 = \cdots = MC_{300}]$

300개 기업의 공급곡선(S = $\sum_{i=1}^{300} Q_i$) = 300MC = 300P

2. 200개 기업의 공급곡선 도출

$TC(Q) = \dfrac{Q^2}{10}$

$MC = \dfrac{\Delta TC}{\Delta Q} = \dfrac{Q}{5}$

200개의 기업은 동일한 MC곡선을 보유하고 있으므로 MC곡선을 수평합하여 200개 기업의 공급곡선을 도출한다.

$Q_1 = 5MC_1$

$Q_2 = 5MC_2$

⋮

$Q_{200} = 5MC_{200}$

$\sum_{i=1}^{200} Q_i = 1,000MC \ [\because MC_1 = MC_2 = \cdots = MC_{200}]$

200개 기업의 공급곡선($S = \sum_{i=1}^{200} Q_i$) = 1,000MC = 1,000P

3. A 산업의 공급곡선 도출

$\sum_{i=1}^{300} Q_i = 300P$

$\sum_{i=1}^{200} Q_i = 1,000P$

$\sum_{i=1}^{500} Q_i = 1,300P$

▶ ④

> **동일한 공급(비용)함수를 갖는 n개의 기업이 존재하는 경우 시장공급곡선 도출**
> ① 개별 기업의 공급함수
>   ➡ $Q^S = a + bP$
> ② 개별 기업의 역공급함수
>   ➡ $P = -\dfrac{a}{b} + \dfrac{1}{b}Q^S$
> ③ n개의 기업이 존재하는 시장의 역공급함수
>   ➡ $P = -\dfrac{a}{b} + \dfrac{1}{n}\dfrac{1}{b}Q^S$
> ④ n개의 기업이 존재하는 시장의 공급함수
>   ➡ $Q^S = na + nbP$

2. X재 시장은 동일한 소비자 100명과 동일한 생산자 100명으로 구성되어 있고, 시장수요곡선은 $Q^D = 500 - 100P$, 시장공급곡선은 $Q^S = 100P$이다. 시장에서 동일한 공급자가 100명에서 150명으로 증가하면 시장 균형 가격과 시장 균형 거래량은? (단, Q^D, Q^S, P는 각각 X재의 수요량, X재의 공급량, X재의 가격이다)

2025년 소방간부

	시장 균형 가격	시장 균형 거래량
①	1	200
②	1	400
③	2	200
④	2	250
⑤	2	300

해설

1. 개별 기업의 공급곡선 도출

동일한 공급자 100명의 개별 공급곡선을 수평합하여 시장공급곡선을 도출하였으니, 역으로 역시장공급곡선에 100을 곱해주면 개별 기업의 공급곡선이 도출된다.

➡ $Q^S = 100P$

➡ $P = \dfrac{1}{100} Q^S$

➡ $P = \dfrac{1}{n=100} Q^S$

∴ $P = Q^S$

2. 150개 기업을 수평합한 시장공급곡선
개별 기업의 공급곡선이 동일할 때 개별 기업의 역공급함수를 시장에 존재하는 기업의 수(n)로 나누면 시장공급곡선이 도출된다.

➡ $P = \dfrac{1}{n=150} Q^S$

➡ $Q^S = 150P$

3. 시장 균형 가격과 균형 거래량
시장수요곡선과 시장공급곡선이 일치하는 지점에서 완전경쟁시장의 균형에 도달한다.
$[Q^D = 500 - 100P] = [150P = Q^S]$
∴ P = 2, Q = 300

▶ ⑤

7. 내생변수의 변화와 외생변수의 변화

➡ 수요곡선 상의 이동과 수요곡선 자체의 이동
➡ 수요량의 변화와 수요의 변화

8. 시장의 균형가격과 균형거래량 결정

(1) 시장균형

시장균형(equilibrium)은 시장에 존재하는 상반된 힘이 상쇄된 상태로서 다른 지점으로 이동할 유인(incentive)이 존재하지 않는 안정적인 상태이다. 예를 들어 효용극대화 균형 소비조합에서 다른 소비조합으로 이동하면 효용이 하락하므로 외부적 충격(외생변수의 변화)이 없다면 합리적 소비자는 최초 효용극대화 균형에서 다른 소비조합으로 이동할 유인이 없다.

(2) 균형가격과 균형거래량의 결정

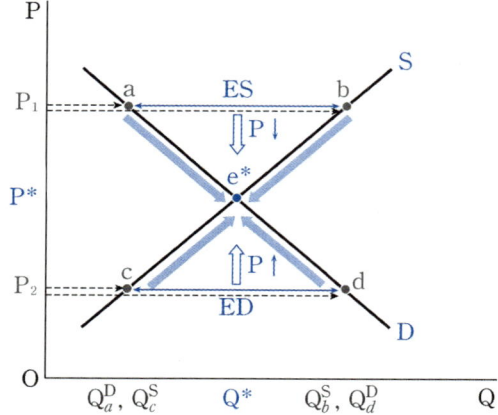

① 시장에는 수요와 공급의 상반된 힘이 작용한다.
② 특정 가격수준에서 공급량이 수요량보다 많은 초과공급(Excess Supply)이 존재하면 시장가격은 하락하면서 수요량이 증가하고 공급량이 감소하여 초과공급은 시장청산 (market clearing)된다.

③ 특정 가격수준에서 수요량이 공급량보다 많은 초과수요(Excess Demand)가 존재하면 시장가격은 상승하면서 공급량이 증가하고 수요량이 감소하여 초과수요는 시장청산(market clearing)된다.

④ 따라서 시장수요곡선(D)과 시장공급곡선(S)이 교차하는 e^*에서 P^*의 시장 균형 가격(Equilibrium Price)과 Q^*의 균형거래량(Equilibrium Quantity)이 결정된다. 그리고 시장균형에서 초과공급(Excess Supply)과 초과수요(Excess Demand)가 청산된다.

(3) 균형가격과 균형거래량의 변화

① 수요곡선의 이동 – 소비자주권
  ➡ 수요곡선이 이동하면 새로운 균형은 이동하지 않는 공급곡선 상에 위치
  ㉠ 수요 증가

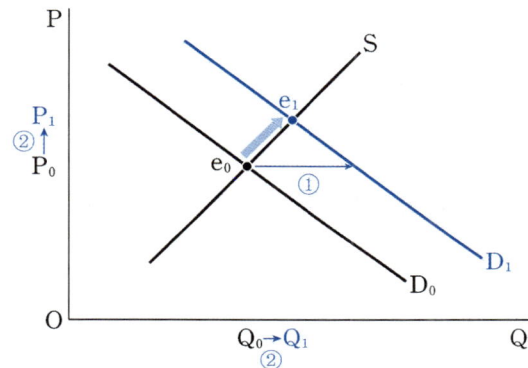

  ➡ 수요곡선의 우측 이동
  ➡ D↑ > S
  ➡ 초과수요(ED)
  ➡ 균형 시장가격(P)은 상승하고 균형 거래량도 증가

  ㉡ 수요 감소

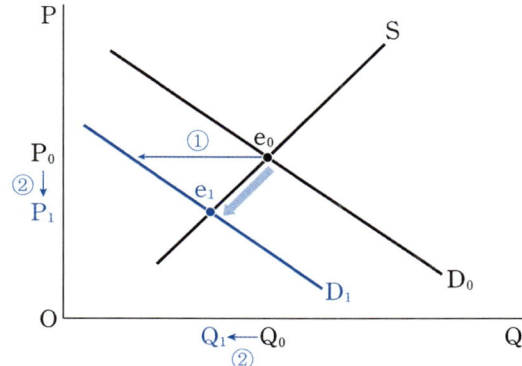

  ➡ 수요곡선의 좌측 이동
  ➡ D↓ < S
  ➡ 초과공급(ES)
  ➡ 균형 시장가격(P)은 하락하고 균형 거래량도 감소

> **소비자주권**
> 해당 재화에 대한 선호가 증가하여 수요곡선이 우측으로 이동하면 이윤극대화를 추구하는 생산자는 생산량을 늘려 시장 거래량이 증가한다. 이처럼 소비자의 선호와 요구가 기업의 생산 결정에 영향을 미쳐 희소한 자원배분에 소비자의 선호가 반영되는 경제 원리가 소비자주권(Consumer Sovereignty)이다.

② 공급곡선의 이동
➡ 공급곡선이 이동하면 새로운 균형은 이동하지 않는 수요곡선 상에 위치
㉠ 공급 증가

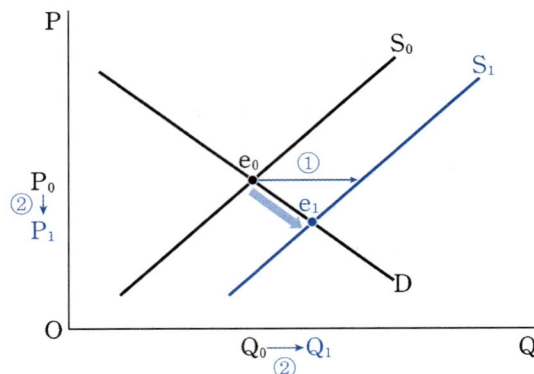

➡ 공급곡선의 우측 이동
➡ D < S↑
➡ 초과공급(ES)
➡ 균형 시장가격(P)은 하락하고 균형 거래량은 증가

㉡ 공급 감소

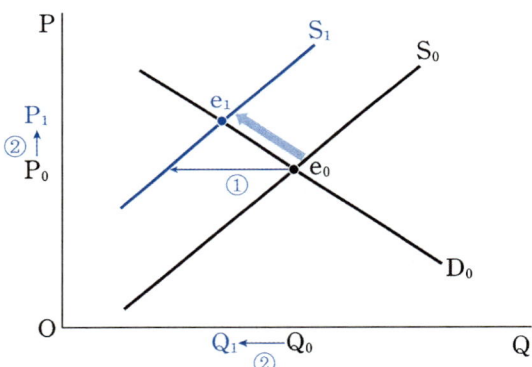

➡ 공급곡선의 좌측 이동
➡ D > S↓
➡ 초과수요(ED)
➡ 균형 시장가격(P)은 상승하고 균형 거래량은 감소

③ 수요곡선과 공급곡선의 동시 이동
➡ 최초 균형(e_0)에서 수요(D)와 공급(S)이 일치하여 초과수요(Excess Demand)나 초과공급(Excess Supply)이 청산된 상태: D = S
㉠ 수요 증가와 공급 증가

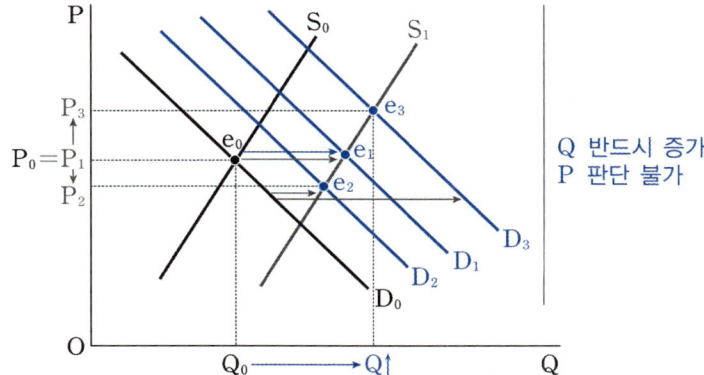

➡ 수요곡선과 공급곡선의 우측 이동
➡ D↑ & S↑
➡ 균형 거래량 반드시 증가
➡ 그러나, 초과수요(ED)인지 초과공급(ES)인지 판단 불가
➡ 균형 시장가격(P)의 변화는 판단 불가

㉡ 수요 증가와 공급 감소

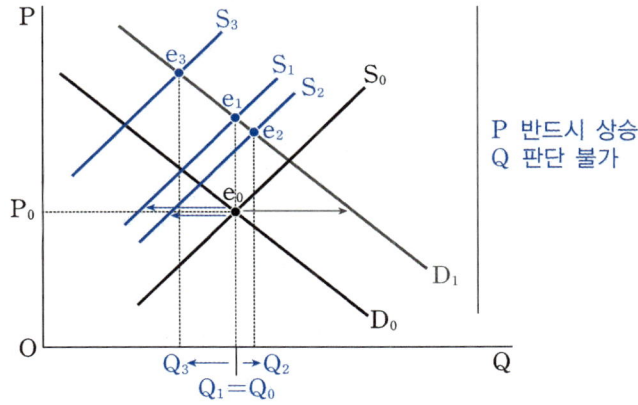

➡ 수요곡선의 우측 이동과 공급곡선의 좌측 이동
➡ D↑ > S↓
➡ 초과수요(ED)
➡ 균형 시장가격(P)은 반드시 상승
➡ 그러나, 균형 거래량의 증감은 판단 불가

ⓒ 수요 감소와 공급 감소

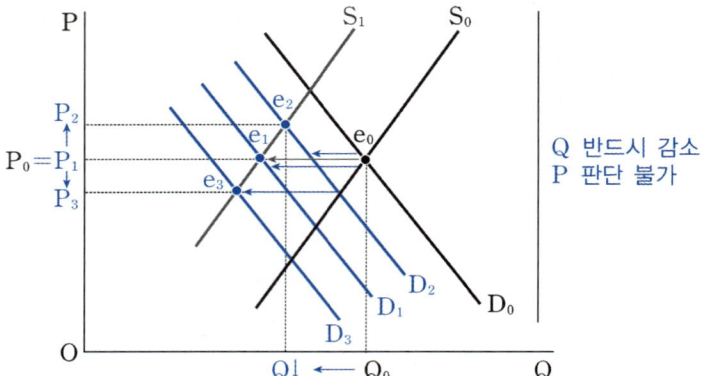

➡ 수요곡선과 공급곡선의 좌측 이동
➡ D↓ & S↓
➡ 균형 거래량 반드시 감소
➡ 그러나, 초과수요(ED)인지 초과공급(ES)인지 판단 불가
➡ 균형 시장가격(P)의 변화는 판단 불가

ⓓ 수요 감소와 공급 증가

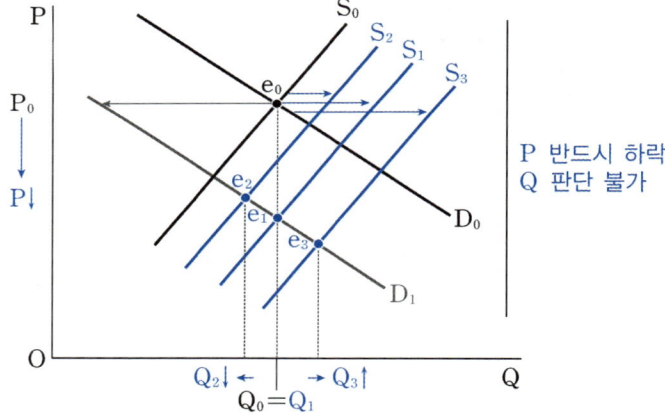

➡ 수요곡선의 좌측 이동과 공급곡선의 우측 이동
➡ D↓ < S↑
➡ 초과공급(ES)
➡ 시장가격(P)은 반드시 하락
➡ 그러나, 균형 거래량의 증감은 판단 불가

연습문제

1. 정상재인 어떤 재화의 단기 시장균형 변화에 관한 설명으로 옳은 것은? (단, 수요곡선은 우하향하며, 공급곡선은 우상향한다) **2024년 국가직 7급**

> (가) 기술개발로 생산비용 감소
> (나) 대체재의 가격 상승
> (다) 생산요소의 가격 상승
> (라) 소비자들의 소득 증가

① (가)와 (나)가 동시에 발생할 경우 균형 가격이 하락한다.
② (나)와 (다)가 동시에 발생할 경우 균형 거래량이 증가한다.
③ (다)와 (라)가 동시에 발생할 경우 균형 가격이 상승한다.
④ (라)와 (가)가 동시에 발생할 경우 균형 거래량이 감소한다.

해설

(가) 기술개발로 생산비용(MC) 감소
  ➡ 공급곡선의 수직 하방(우측) 이동
(나) 대체재의 가격 상승
  ➡ 1원당 한계효용이 하락한 대체재를 1원당 한계효용이 상승한 해당 재화로 대체
  ➡ 수요곡선의 우측 이동
(다) 생산요소의 가격 상승
  ➡ 노동과 자본의 가격(r, w)이 상승하면 한계비용(MC)이 상승
  ➡ 공급곡선의 수직 상방(좌측) 이동
(라) 소비자들의 소득 증가
  ➡ 명목소득(M)이 증가하여 실질소득($\frac{M}{P_x}$)이 증가하면 정상재의 수요 증가
  ➡ 수요곡선의 우측 이동

① (가)와 (나)가 동시에 발생할 경우

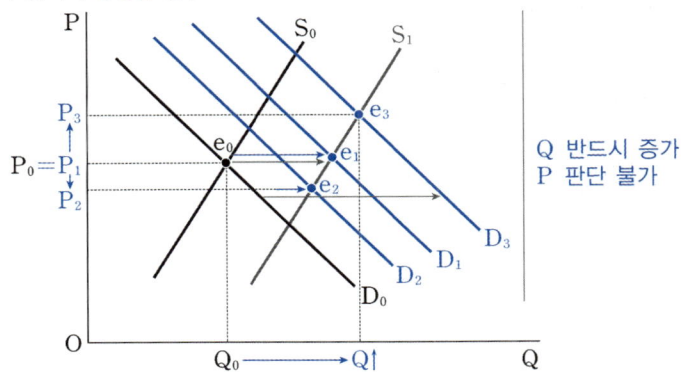

➡ 수요곡선과 공급곡선이 모두 우측으로 이동
➡ 균형 거래량 반드시 증가, 균형 가격은 판단 불가

수요곡선의 정의
주어진 가격(P)에 순응하여 소비자의 효용극대화를 달성하는 최적 소비량 조합을 연결한 궤적

수요곡선의 해석(높이)
한계소비에 따른 효용의 상승분(MU)만큼 소비자가 시장에 지불할 용의가 있는 최대 구매가격(P) 수준

공급곡선의 정의
주어진 가격(P)에 순응하여 생산자(기업)의 이윤극대화를 달성하는 최적 생산량 조합을 연결한 궤적

공급곡선의 해석(높이)
한계생산에 따른 비용의 상승분(MC)만큼 생산자가 시장에 요구하는 최소 판매가격(P) 수준

② (나)와 (다)가 동시에 발생할 경우

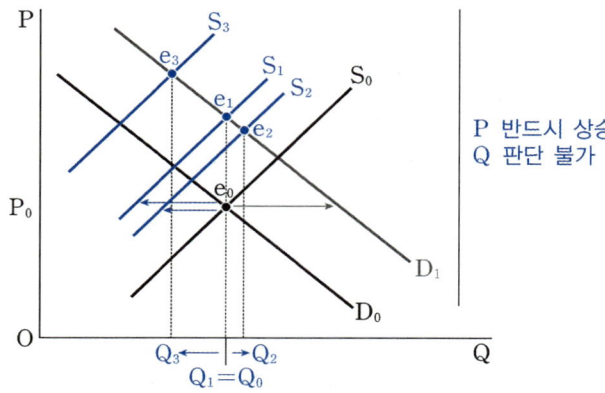

P 반드시 상승
Q 판단 불가

➡ 수요곡선의 우측이동과 공급곡선의 좌측 이동
➡ 균형 가격은 반드시 상승, 균형 거래량은 판단 불가

③ (다)와 (라)가 동시에 발생할 경우

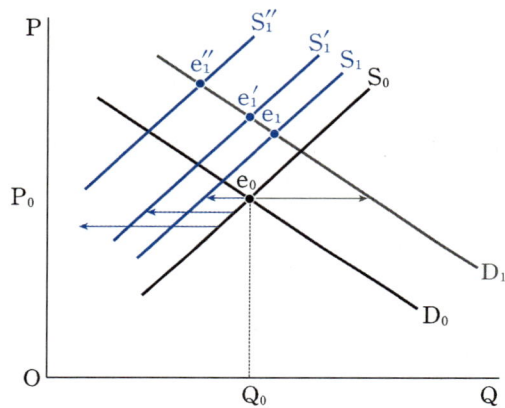

➡ 수요곡선의 우측이동과 공급곡선의 좌측 이동
➡ 균형 가격은 반드시 상승, 균형 거래량은 판단 불가

④ (라)와 (가)가 동시에 발생할 경우 ➡ ①과 동일
➡ 수요곡선과 공급곡선이 동시에 우측으로 이동
➡ 균형 거래량 반드시 증가, 균형 가격은 판단 불가

▶ ③

2. 다음 자료로부터 주어진 상황이 X재 시장의 균형가격과 균형거래량에 미치는 영향으로 옳은 것은? (단, X재는 수요와 공급 법칙을 따르며, 수요와 공급 곡선은 모두 직선이다)

2023년 국가직 9급

> (가) X재의 보완재 가격이 하락하였다.
> (나) X재의 대체재 가격이 하락하였다.
> (다) X재의 원재료 가격이 상승하였다.
> (라) X재의 공급자 수가 증가하였다.

	상황	균형가격	균형거래량
①	(가), (다)	상승	감소
②	(가), (라)	불분명	증가
③	(나), (다)	상승	감소
④	(나), (라)	상승	불분명

해설

(가) 수요곡선의 우측 이동   (나) 수요곡선의 좌측 이동

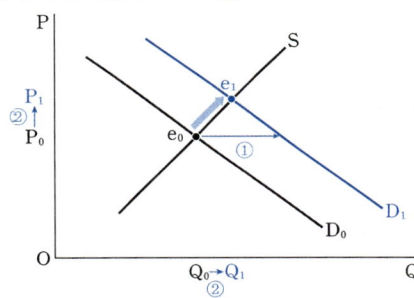
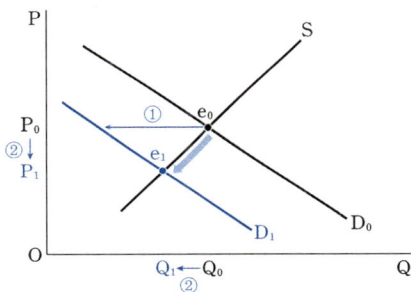

x재의 보완재 가격(p_y)이 하락하면 1원당 한계효용이 상승한 y재와 보완적으로 결합되어 소비되는 x재에 대한 수요가 증가한다.

x재의 대체재 가격(p_y)이 하락하면 1원당 한계효용이 상승한 y재로 1원당 한계효용이 하락한 x재를 대체하므로 x재에 대한 수요가 감소한다.

(다) 공급곡선의 수직 상방 이동   (라) 공급곡선의 우측 이동

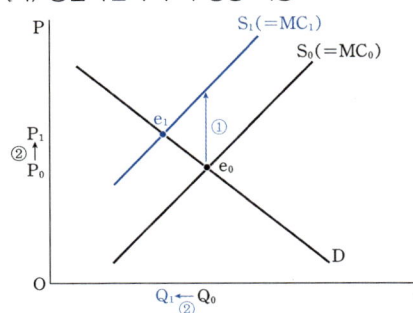
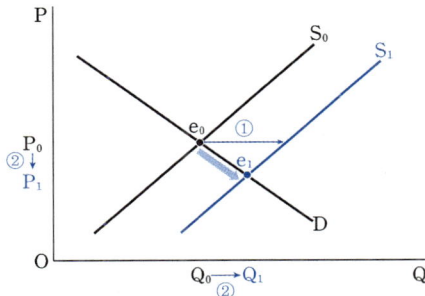

x재의 원재료 가격이 상승하면 한계비용이 상승하므로 공급곡선은 수직 상방으로 이동하여 공급이 감소한다.

x재의 공급자 수가 증가하면 개별 공급자를 단순 수평합하여 도출하는 시장 공급이 증가한다.

∴ (가), (라) 수요와 공급이 증가하면 균형거래량은 반드시 증가하나 균형가격은 수요과 공급의 상대적 증가폭에 의해 결정된다.

▶ ②

3. 현재 국제 유가 급등으로 휘발유 가격이 폭등했다. 이때, 정부가 교통, 에너지, 환경세의 세율을 인하한다면, 휘발유 시장의 변화로 옳은 것은? (단, 소비자는 휘발유와 음식에만 자신의 소득을 지출하고 휘발유와 음식은 모두 정상재이며, 교통, 에너지, 환경세의 세율을 제외한 모든 조건은 동일하다)   **2022년 국가직 9급**

① 휘발유의 소비량은 변화 없다.
② 휘발유의 소비량은 감소한다.
③ 휘발유의 시장 가격은 변화 없다.
④ 휘발유의 시장 가격은 하락한다.

해설

'현재 국제 유가 급등으로 휘발유 가격이 폭등했다.'는 공급곡선이 이동하기 전의 최초 상태(S_0)이다. 따라서 내생변수(휘발유 가격)가 아닌 외생변수인 '정부가 교통, 에너지, 환경세의 세율을 인하'한 이후부터 공급곡선이 이동한다.

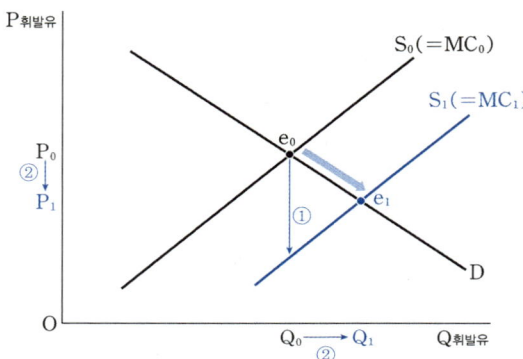

① 교통, 에너지, 환경 세율 인하
  ⇨ 휘발유 생산의 한계비용(MC_1) 하락
  ⇨ 휘발유 공급곡선의 수직 하방 이동
② 휘발유 시장가격 하락, 소비량 증가

최초 가격(= 급등한 가격)에서 정부가 교통, 에너지, 환경세의 세율을 인하하면 생산의 한계비용이 하락하여 공급곡선이 수직 하방(우측 이동)으로 이동하므로 휘발유의 시장가격은 하락하고 휘발유 소비량은 증가한다. (단, 수요곡선은 우하향하고, 공급곡선은 우상향한다.)

▶ ④

CHAPTER 03 탄력성

I 의의

탄력성(Elasticity)은 독립변수(분모에 위치한 변수)가 1% 변화할 때 종속변수(분자에 위치한 변수)의 변화율을 측정하는 지표이다. 탄력성은 독립변수에 대한 종속변수의 반응비율로서 시장에서 수요와 공급을 분석하고 정책 결정을 내리는데 핵심적인 도구이다. 탄력성을 통해 가격, 소득 및 기타 변수의 변화가 소비자의 효용극대화 선택과 생산자의 이윤극대화 선택에 미치는 영향을 명확하게 분석할 수 있다.

II 탄력성의 측정

$$\text{A의 B에 대한 탄력성} = \frac{\frac{\Delta A}{A} \times 100\%}{\frac{\Delta B}{B} \times 100\%}$$

- $= \infty$ ➡ A는 B에 대해 완전 탄력적
- > 1 ➡ A는 B에 대해 탄력적
- $= 1$ ➡ A는 B에 대해 단위 탄력적
- < 1 ➡ A는 B에 대해 비탄력적
- $= 0$ ➡ A는 B에 대해 완전 비탄력적

A의 B에 대한 탄력성은 독립변수인 B가 1% 변화할 때 종속변수인 A의 변화율을 측정하는 지표이다. 탄력성은 절대적 크기의 비율이 아니라 변화율(%)의 비율이므로 단위가 존재하지 않는다. 탄력성은 특정 변수를 측정하는 단위가 변하고(예 1kg = 1,000g = 0.001ton), 독립변수와 종속변수의 측정단위가 다르더라도 영향을 받지 않으므로 독립변수와 종속변수 간의 인과관계를 분석하는데 유용하다.

III. 수요의 가격탄력성(price elasticity of demand)

1. 정의

수요의 가격탄력성(price elasticity of demand)은 가격이 1% 변화할 때 수요량의 변화율을 측정하는 지표이다.

$$수요의\ 가격탄력성(\varepsilon_p) = -\frac{수요량의\ 변화율[\dot{Q}^D]}{해당\ 재화의\ 가격\ 변화율[\dot{P}]} = -\frac{\frac{\Delta Q^D}{Q^D} \times 100\%}{\frac{\Delta P}{P} \times 100\%}$$

$$= -\frac{\Delta Q^D}{\Delta P} \cdot \frac{P}{Q^D}$$

> - 수요의 가격탄력성 = 수요의 가격(에 대한) 탄력성
> - 수요의 가격탄력성 앞에 위치하는 '−'는 수요의 법칙(Law of Demand)을 충족하는 우하향의 수요곡선 상에서 관찰되는 가격과 수요량 간에 음(−)의 관계를 의미한다.
> - '$-\frac{\Delta Q^D}{\Delta P}$'는 수요함수[$Q^D = a - bP$]를 가격(P)으로 미분한 값
> - ε 그리스 문자(ε = E)로 입실론(Epsilon)으로 읽는다.
> - $\dot{P} = \frac{\Delta P}{P} \times 100\%$
> - $\dot{Q}^D = \frac{\Delta Q^D}{Q^D} \times 100\%$

2. 수요곡선이 완만할수록 수요는 가격에 탄력적

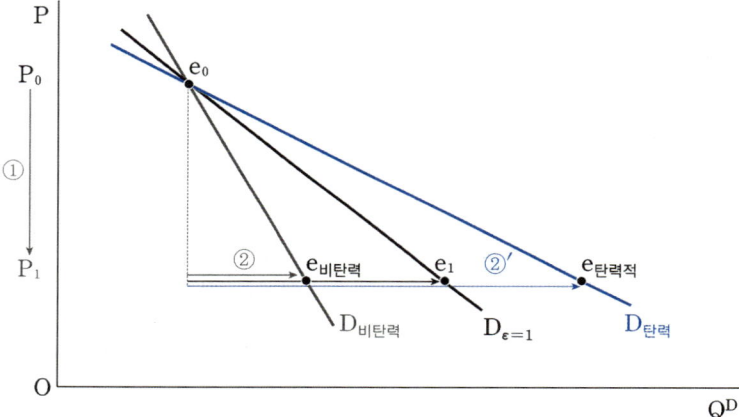

수요의 가격탄력성이 클수록 가격이 하락할 때 수요량이 대폭 증가하므로 수요곡선은 완만하고, 수요의 가격탄력성이 작을수록 가격이 하락할 때 수요량이 소폭 증가하므로 수요곡선은 가파르다.

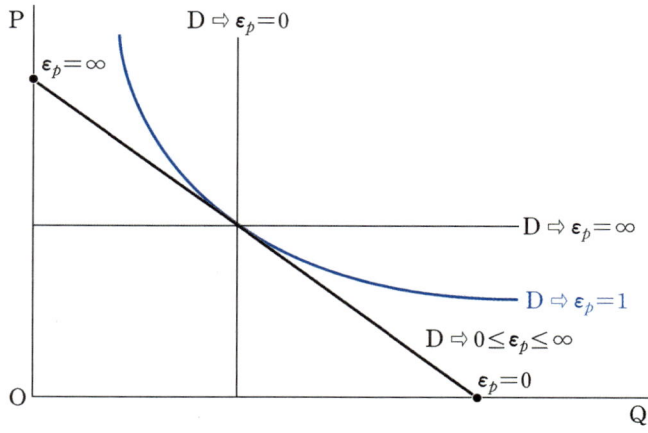

(1) **수직선** ➡ $\varepsilon_p = 0$, 수요는 가격에 대해 완전 비탄력적

(2) **수평선** ➡ $\varepsilon_p = \infty$, 수요는 가격에 대해 완전 탄력적

(3) **우하향하는 직선** ➡ $0 \leq \varepsilon_p \leq \infty$

수요의 가격탄력성[$-\frac{\Delta Q^D}{\Delta P} \cdot \frac{P}{Q^D}$]은 수요곡선의 기울기[$=\frac{\Delta P}{\Delta Q^D}$]에 반비례한다. 따라서 가격이 하락($-\Delta P$)할 때 수요량($\Delta Q^D$)이 더 많이 증가할수록 수요는 가격에 탄력적이고 수요곡선은 완만하다.

3. 수요의 가격탄력성 결정요인

가격변화에 대하여 수요량을 변경할 선택의 유인이 높을수록 수요량은 가격에 대해 탄력적이다.

(1) **대체재**
가격이 상승할 때 1원당 한계효용이 하락한 재화를 대체할 수 있는 대체재가 많을수록 수요는 가격 변화에 대해 탄력적이다.

(2) **재화의 필수성**
식료품과 의약품 등 필수재는 가격 변화에 비탄력적이고, 고급 레스토랑과 명품 가방 등 사치재는 가격 변화에 탄력적인 경향을 보인다.

(3) **시간의 경과**
단기에서 장기로 시간이 흐를수록 소비자는 대체재를 찾거나 소비습관(선호)을 변화시킬 가능성이 높아지므로 수요는 탄력적이다.

(4) **소비에서 차지하는 비중**
식료품과 주거비 등 개인의 소비지출에서 차지하는 비중이 큰 재화일수록 소비자는 가격 변화에 민감하게 반응하므로 수요는 더욱 탄력적이다.

(5) **재화의 분류범위**
재화의 범위를 좁게 정의하면 소고기 가격이 상승할 때 소고기를 대체할 수 있는 돼지고기와 닭고기 등 대체재가 많아 소고기는 가격에 탄력적이다. 그러나 재화의 범위를 넓게 범주화하면 육류가격이 상승할 때 육고기를 대체할 수 있는 재화를 찾기 어려우므로 육류는 가격에 비탄력적이다.

📝 변화율의 측정

1. 가정

① 본 어림산은 x의 변화율($\frac{\Delta x}{x} \times 100\%$)과 y의 변화율($\frac{\Delta y}{y} \times 100\%$)이 모두 10%보다 작을 때만 사용할 수 있다.

② 어림산을 이용해 도출한 변화율의 측정값은 계산의 편의를 도모하기 위해 정확성을 희생한 근사치이다.

$$\frac{\Delta z}{z} \times 100\% = \dot{z}$$
$$\frac{\Delta x}{x} \times 100\% = \dot{x}$$
$$\frac{\Delta y}{y} \times 100\% = \dot{y}$$

2. 곱하기 ➡ 더하기

$$z = F(x, y) = xy$$

① z에 영향을 미치는 변수는 x와 y이므로 z의 변화(Δz)는 x의 변화(Δx)로부터 발생하는 부분과 y의 변화(Δy)로부터 발생하는 부분으로 구분된다.

➡ $(z + \Delta z) = (z + \Delta x)(z + \Delta y)$
➡ $z + \Delta z = xy + y\Delta x + x\Delta y + \Delta x \Delta y$
➡ $\Delta z = y\Delta x + x\Delta y + \Delta x \Delta y$
  [$\because z = xy$]
➡ $\Delta z \fallingdotseq y\Delta x + x\Delta y$
  [$\because \Delta x \Delta y \fallingdotseq 0$]

② z의 변화율($\frac{\Delta z}{z} \times 100\%$)을 측정하기 위해 양변을 z로 나눈다.

➡ $\frac{\Delta z}{z} = \frac{y\Delta x}{(z=xy)} + \frac{x\Delta y}{(z=xy)}$
➡ $\frac{\Delta z}{z} = \frac{\Delta x}{x} + \frac{\Delta y}{y}$

③ $\dot{z} = \dot{x} + \dot{y}$

3. 나누기 ➡ 빼기

$$z = F(x, y) = \frac{x}{y} = xy^{-1}$$

① 변수 위에 붙은 지수는 자연로그의 개념을 이용해서 시간에 대해 미분하면 변수 앞으로 빠져 나와 계수가 되고 남은 변수는 변화율을 취해준다.

➡ $Q = AL^\alpha K^\beta$
➡ $\dot{Q} = \dot{A} + \alpha\dot{L} + \beta\dot{K}$

② 양변을 시간에 대해 미분하면

➡ $z = \frac{x}{y} = xy^{-1}$
➡ $\dot{z} = \dot{x} + (-1)\dot{y}$
➡ $\dot{z} = \dot{x} - \dot{y}$

4. 응용 – 탄력성

$$\varepsilon_p = -\frac{\frac{\Delta Q^D}{Q^D} \times 100\%}{\frac{\Delta P}{P} \times 100\%}$$

$$= -\frac{\dot{Q}^D}{\dot{P}}$$

> 수요의 가격탄력성은 재화의 가격이 1% 변화할 때 수요량의 변화율을 측정하는 지표이다.
>
> $$\varepsilon = -\frac{\frac{\Delta x}{x} \times 100\%}{\frac{\Delta p_x}{p_x} \times 100\%}$$
>
> $$= -\frac{\Delta x}{\Delta p_x} \cdot \frac{p_x}{x}$$

연습문제

수요의 탄력성에 대한 설명으로 옳지 않은 것은? **2022년 국가직 7급**

① 대부분 재화의 경우, 수요는 단기보다 장기에 더 가격탄력적이다.
② 재화의 대체재가 적을수록 수요는 더 가격탄력적이다.
③ 열등재의 경우, 수요의 소득탄력성은 음(−)의 값을 갖는다.
④ 두 재화가 보완재인 경우, 수요의 교차탄력성은 음(−)의 값을 갖는다.

해설
① 수요는 단기보다 장기에서 보다 탄력적이다.
② 대안과 선택을 변경할 유인이 많을수록 수요는 가격 변화에 탄력적이다. 따라서 대체재가 많을수록 탄력적이다.
③ 열등재는 소득이 증가할 때 수요가 감소하므로 음(−)의 소득효과(소득탄력성) 값을 갖는다.
④ 교차탄력성(ε_{xy}) > 0이면 대체재, ε_{xy} = 0이면 독립재, ε_{xy} < 0이면 보완재이다.

▶ ②

4. 점탄력성

점탄력성(Point Elasticity)은 수요곡선 상의 한 점, 즉 특정 가격 수준에서 측정하는 탄력성이다.

$$\varepsilon_p = -\frac{\frac{\Delta Q^D}{Q^D} \times 100\%}{\frac{\Delta P}{P} \times 100\%} = -\frac{\Delta Q^D}{\Delta P} \cdot \frac{P}{Q^D}$$

연습문제

수요함수는 $Q^D = 10 - 4P$이고 재화가격(P)이 1.25일 때 수요의 가격탄력성은?

① 0.5   ② 1   ③ 1.5   ④ 2

해설

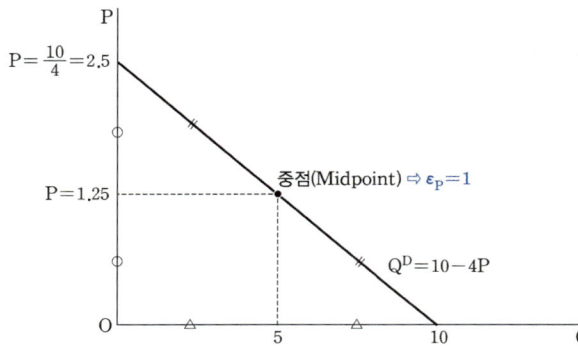

수요함수를 가격으로 미분하면 $\frac{\Delta Q^D}{\Delta P} = -4$이고, 수요함수에 재화가격[P = 1.25]을 대입하면 수요량(Q^D)을 도출할 수 있다.

➡ $Q^D = 10 - 4[P = 1.25] = 5$

➡ $\varepsilon_p = -\frac{\Delta Q^D}{\Delta P} \cdot \frac{P}{Q^D} = -(-4) \cdot \frac{P = 1.25}{Q^D = 5} = 1$

따라서 점탄력성은 수요함수를 통해 도출된다.

▶ ②

5. 호탄력성(arc elasticity)

호탄력성은 수요곡선 상에서 위치한 두 점 사이의 구간탄력성을 측정하는 지표이다. 구간탄력성은 출발점(기준점)에 따라 탄력성이 달라지는 문제를 해결하기 위해 두 점의 평균값을 기준점으로 사용하여 측정한다.

$$\widehat{\varepsilon_p} = -\frac{\dfrac{\Delta Q^D}{Q_1+Q_2} \times 100\%}{\dfrac{\Delta P}{P_1+P_2} \times 100\%} = -\frac{\dfrac{\Delta Q^D}{Q_1+Q_2}}{\dfrac{\Delta P}{P_1+P_2}} = -\frac{\Delta Q^D}{\Delta P} \cdot \frac{P_1+P_2}{Q_1+Q_2}$$

연습문제

X재에 대한 시장수요함수와 시장공급함수는 각각 $Q^D = 110 - 15P$와 $Q^S = 10 + 10P$이다. 최초 균형에서 기술진보로 한계비용(MC)이 5만큼 하락하면 공급곡선이 수직 하방으로 이동하여 새로운 균형에 도달한다. 두 균형 구간 사이에서 수요의 호탄력성($\widehat{\varepsilon_p}$)은?

① $\dfrac{3}{8}$ ② $\dfrac{9}{13}$ ③ 1 ④ $\dfrac{6}{5}$

해설

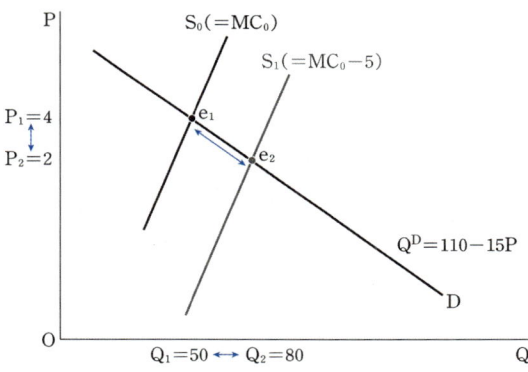

➡ 최초 균형 가격과 수요량
  $[Q^D = 110 - 15P] = [Q^S = 10 + 10P]$
  $P_1 = 4$, $Q_1 = 50$

➡ 주어진 가격($P_1 = 4$)에서 한계비용(MC)이 5만큼 하락하여 수직 하방으로 이동한 새로운 공급곡선은
  $Q^S = 10 + 10[P - (-5)]$, 즉 $Q^S = 10P + 60$이다.

➡ 새로운 균형 가격과 수요량
  $[Q^D = 110 - 15P] = [Q^S = 10P + 60]$

➡ 수요함수를 가격으로 미분하면 $\dfrac{\Delta Q^D}{\Delta P} = -15$
  $P_2 = 2$, $Q_2 = 80$

$$\widehat{\varepsilon_p} = -\frac{\dfrac{\Delta Q^D}{Q_1+Q_2}}{\dfrac{\Delta P}{P_1+P_2}} = -\frac{\Delta Q^D}{\Delta P} \cdot \frac{P_1+P_2}{Q_1+Q_2} = -(-15)\frac{4+2}{50+80} = \frac{9}{13}$$

▶ ②

6. 우하향하는 직선의 시장수요곡선과 수요의 가격탄력성

(1) 수요의 가격탄력성

가격이 상승할수록 수요량이 감소하면서 수요는 가격에 탄력적이고, 가격이 하락할수록 수요량이 증가하면서 수요는 가격에 비탄력적이다.

① 중점(M) ➡ 평균 = 한계, $\varepsilon_p = 1$

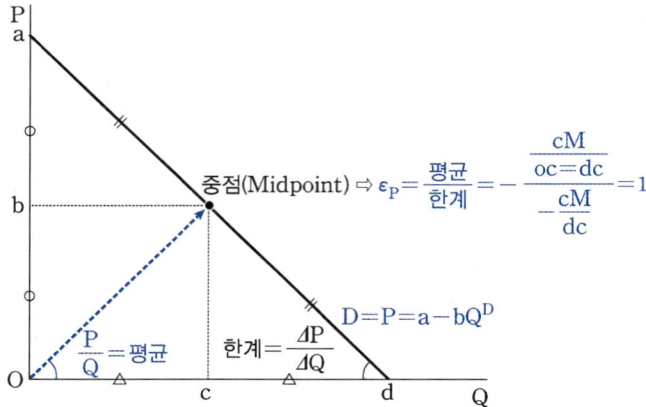

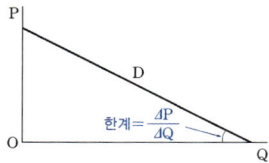

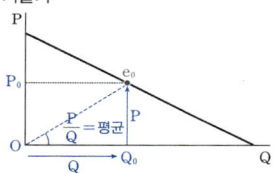

$$\varepsilon_p = -\frac{\frac{\Delta Q^D}{Q^D} \times 100\%}{\frac{\Delta P}{P} \times 100\%} = -\frac{\frac{P}{Q^D}}{\frac{\Delta P}{\Delta Q^D}} = \frac{평균}{한계} = -\frac{\frac{cb}{[0c=dc]}}{-\frac{cb}{dc}} = 1$$

수요곡선이 우하향하는 직선이면 수요곡선의 기울기와 무관하게 항상 중점에서 한계값과 평균값이 동일하므로 수요의 가격탄력성은 1이다.

② 중점보다 가격이 높은 좌상방 ➡ 평균 > 한계, $\varepsilon_p > 1$

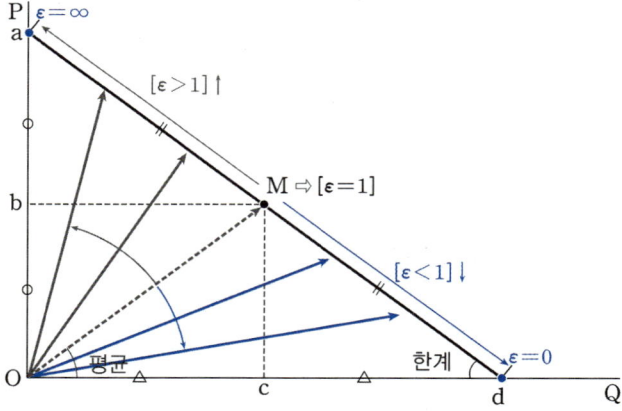

㉠ 수요곡선이 직선이면 모든 가격에서 한계값은 일정하고 중점보다 가격이 높은 좌상방은 한계값보다 평균값이 커서 수요의 가격탄력성은 1보다 크다. 그리고 가격이 상승할수록, 즉 수요량이 감소할수록 평균값은 점차 상승하므로 수요는 가격에 더욱 탄력적이다.

㉡ 수직 절편, 즉 수요량이 0인 경우에는 평균값이 무한대이므로 수요는 가격에 완전탄력적이다($\varepsilon_p = \infty$).

③ 중점보다 가격이 낮은 우하방 ➡ 평균 < 한계, $\varepsilon_p < 1$
  ㉠ 수요곡선이 직선이면 모든 가격에서 한계값은 항상 불변이고 중점보다 가격이 낮은 우하방은 한계값보다 평균값이 작아서 수요의 가격탄력성은 1보다 작다. 그리고 가격이 하락할수록, 즉 수요량이 증가할수록 평균값은 점차 하락하므로 수요는 가격에 더욱 비탄력적이다.
  ㉡ 수평 절편, 즉 가격이 0인 경우에는 평균값이 0이므로 수요는 가격에 완전 비탄력적이다($\varepsilon_p = 0$).

(2) 수요의 가격탄력성과 판매자(독점기업)의 총수입

➡ 수요자의 소비지출액 = 판매자의 총수입
➡ 독점기업이라 하더라도 우하향하는 수요곡선에 제약되므로 가격과 판매량을 동시에 증가시킬 수 없다. 따라서 수요의 가격탄력성에 의해 총판매수입이 결정된다.

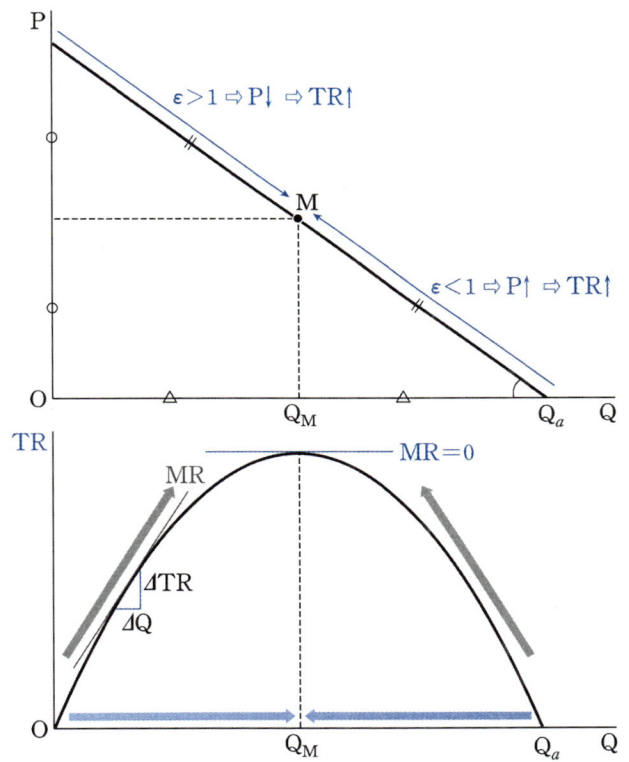

➡ 역수요함수 $P = a - bQ$
➡ 판매자의 총판매수입(TR) $= PQ = (a - bQ)Q = aQ - bQ^2$

우하향하는 수요곡선의 수직절편(Q = 0)에서는 판매량이 0이므로 총수입이 0이고, 수평절편(P = 0)에서는 판매가격이 0이므로 총수입이 0이다. 따라서 독점기업의 총수입곡선은 우하향하는 수요곡선의 중점에서 총판매수입이 극대화되는 역U자 형태이다.

총판매수입(Total Revenue) = [재화 1단위 판매가격(P)] × [총판매량(Q)]

수요의 가격탄력성과 총판매수입

$\varepsilon_p = -\dfrac{\dot{x}}{\dot{P_x}}$

[TR = P × Q = $p_x \times x$]을 시간에 대해 미분하여 변화율을 추정하면,

➡ $\dot{TR} = \dot{P} + \dot{Q} = \dot{p_x} + \dot{x}$

① $\varepsilon_p = -\dfrac{\dot{x}}{\dot{P_x}} > 1$ ➡ $\dot{p_x} < -\dot{x}$ ➡ $\dot{p_x} < 0$ ➡ $\dot{TR} = \dot{p_x} + \dot{x} > 0$

중점보다 가격이 높은 탄력적인 구간에서는 가격을 하락시켜야 가격의 하락률보다 수요량의 증가율이 커서 총수입이 증가한다. 따라서 탄력적인 구간에서는 판매량(= 수요량)이 증가할수록 총수입이 증가한다.

② $\varepsilon_p = -\dfrac{\dot{x}}{\dot{P_x}} < 1$ ➡ $\dot{p_x} > -\dot{x}$ ➡ $\dot{p_x} > 0$ ➡ $\dot{TR} = \dot{p_x} + \dot{x} > 0$

중점보다 가격이 낮은 비탄력적인 구간에서는 가격을 상승시켜야 가격의 상승률보다 수요량의 감소율이 작아 총수입이 증가한다. 따라서 비탄력적인 구간에서는 판매량(= 수요량)이 감소할수록 총수입이 증가한다.

③ 탄력적인 구간에서는 판매량이 증가할수록 한계수입(MR)의 증가분이 점차 감소한다. 비탄력적인 구간에서는 판매량이 감소할수록 한계수입(MR)의 감소분이 점차 감소한다. 따라서 단위 탄력적($\varepsilon_p = 1$)이고 한계수입(MR)이 0인 수요곡선의 중점에서 총수입이 극대화된다.

한계수입(Marginal Revenue) = $\dfrac{\Delta TR}{\Delta Q}$

한계수입(MR)은 총판매수입곡선(TR)의 접선의 기울기로 측정한다.

Tip
수요곡선이 우하향하는 직선이면 중점[$\varepsilon_p = 1$]을 확인하여 탄력적인 구간과 비탄력적인 구간을 구분해야 한다.

연습문제

1. 수요함수가 $Q = 100 - 2P$로 주어져 있을 때, 가격에 대한 수요의 점탄력성이 비탄력적이기 위한 P의 구간은? (단, P는 가격이고, Q는 수량이다) **2023년 지방직 7급**

① $0 < P < 25$ ② $25 < P < 50$
③ $0 < P < 50$ ④ $P > 50$

해설

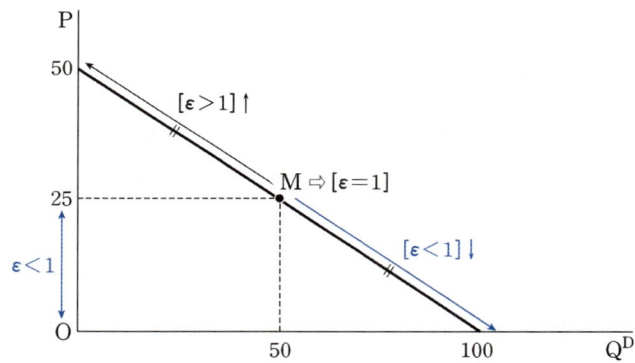

수요곡선이 우하향하는 직선이면 중점을 중심으로 좌상방은 탄력적인 구간이고 우하방은 비탄력적인 구간이다. 따라서 중점(P = 25)보다 가격이 낮은 구간($0 < P < 25$)에서 수요는 가격에 비탄력적이며 가격이 하락할수록 탄력성은 더욱 낮아진다.

▶ ①

2. X재의 수요함수가 Q = 200 − 4P일 때, 옳은 것만을 〈보기〉에서 고르면 모두 몇 개인가?
(단, P는 가격, Q는 수량이다)　　　　　　　　　　　　　　　　　　**2024년 국회직 8급**

―〔 보기 〕――――――――――――――――――――――――――
㉠ X재의 가격이 10이면 수요의 가격탄력성 절대값은 0.25이다.
㉡ X재의 가격이 10에서 11로 오르면 X재에 대한 소비자 지출은 늘어나고 수요량은 줄어든다.
㉢ X재의 가격이 50이면 수요의 가격탄력성은 완전 비탄력적이다.
㉣ X재의 가격이 높아질수록 수요의 가격탄력성은 커진다.
―――――――――――――――――――――――――――――

① 0개　　　　　　　　　　② 1개
③ 2개　　　　　　　　　　④ 3개
⑤ 4개

해설

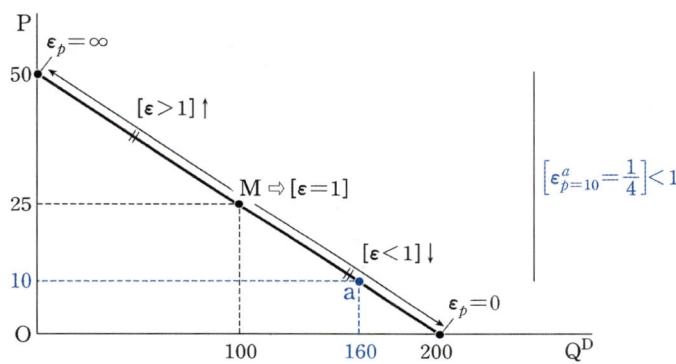

㉠ 수요의 가격탄력성은 재화의 가격이 1% 변화할 때 수요량의 변화율을 측정하는 지표이다.

$$\varepsilon_P = -\frac{\frac{\Delta x}{x} \times 100\%}{\frac{\Delta p_x}{p_x} \times 100\%} = -\frac{\Delta x}{\Delta p_x} \cdot \frac{p_x}{x} = -(-4) \cdot \frac{10}{160} = \frac{1}{4}$$

㉡ 우하향하는 수요곡선에서 중점의 가격탄력성 = 1
중점의 가격[P = 25]보다 작은 구간에서는 수요가 비탄력적이므로 재화가격이 상승하면 수요량의 감소분이 더 작아 총수입은 증가한다.

㉢ $\varepsilon_p = -\frac{\Delta x}{\Delta p_x} \cdot \frac{p_x}{x} = -(-4) \cdot \frac{50}{0} = \infty$, 완전 탄력적

㉣ $\varepsilon_p = -\frac{\Delta x}{\Delta p_x} \cdot \frac{p_x}{x} = -(-4) \cdot \frac{P}{200-4P}$

가격이 상승할수록 분자는 커지고 분모는 작아지므로 탄력성은 점점 커진다.

∴ 옳은 설명은 ㉠, ㉡, ㉣ 3개이다.

▶④

3. X재의 |수요량 변화율| ÷ |가격 변화율| = 2이다. 이에 대한 설명으로 옳은 것만을 〈보기〉에서 모두 고르면? (단, X재는 수요와 공급의 법칙을 따른다)

2024년 국회직 8급

[보기]
- ㉠ X재는 수요의 가격탄력성이 비탄력적이다.
- ㉡ X재의 공급이 감소하면 소비자의 총지출이 감소한다.
- ㉢ X재의 공급이 증가하면 공급자의 총수입이 증가한다.

① ㉠
② ㉡
③ ㉢
④ ㉡, ㉢
⑤ ㉠, ㉡, ㉢

해설

㉠ $\varepsilon = -\dfrac{\dot{x}}{\dot{P_x}} = \dfrac{수요량\ 변화율}{가격\ 변화율} = 2 > 1$, 탄력적

㉡ X재의 공급이 감소하여 공급곡선이 좌측으로 이동하면 수요는 가격에 탄력적이므로 가격의 상승분보다 소비량의 감소분이 커서 소비자의 총지출은 감소한다.

㉢ X재의 공급이 증가하여 공급곡선이 우측으로 이동하면 수요는 가격에 탄력적이므로 가격의 하락분보다 소비량의 증가분이 커서 소비자의 총지출(= 공급자의 총수입)은 증가한다.

▶ ④

7. 직각쌍곡선인 수요곡선의 가격탄력성 ➡ $\varepsilon_p = 1$

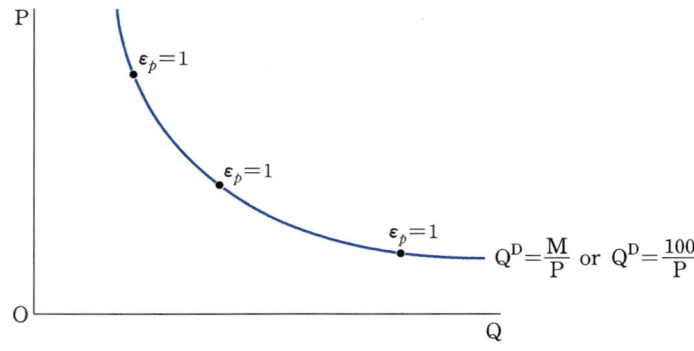

수요곡선이 우하향하는 직각쌍곡선이면 가격과 무관하게 어떠한 가격 수준에서도 수요의 가격탄력성(ε_p)은 항상 1이다.

➡ $Q = \dfrac{100}{P} = 100P^{-1}$

➡ 수요함수를 가격으로 미분하면 $\dfrac{\Delta Q^D}{\Delta P} = 100(-1)P^{-2} = -\dfrac{100}{P^2}$ 이다.

➡ $\varepsilon_p = -\dfrac{\dfrac{\Delta Q^D}{Q^D} \times 100\%}{\dfrac{\Delta P}{P} \times 100\%} = -\dfrac{\Delta Q^D}{\Delta P} \cdot \dfrac{P}{Q^D} = -[-\dfrac{100}{P^2}][\dfrac{P}{\dfrac{100}{P}}]$

$= [\dfrac{100}{P^2}][\dfrac{P^2}{100}] = 1$

📝 공급곡선이 이동하면 최초 균형과 새로운 균형은 수요곡선 상에 위치하므로 수요의 가격탄력성에 의해 총지출(= 총수입)의 증감이 결정된다.

📝 **직각쌍곡선**
모든 쌍곡선은 두 개의 점근선을 갖는데, 이 두 점근선이 수직으로 만나는 특별한 쌍곡선이 직각쌍곡선이다.

📝 $Q = \dfrac{100}{P}$ ➡ $[\dot{Q} = 1\dot{0}0 - \dot{P} = -\dot{P}]$

[∵ $1\dot{0}0 = \dfrac{\Delta 100}{100} \times 100\%$
$= \dfrac{100-100}{100} \times 100\% = 0\%$,
고정된 상수의 변화율은 0%이다.]

$\varepsilon_p = -\dfrac{\dot{Q}}{\dot{P}} = -\dfrac{-\dot{P}}{\dot{P}} = 1$

8. $Q = \dfrac{100}{P^\alpha}$ 인 수요함수의 가격탄력성 ➡ $\varepsilon_p = \alpha$

$Q = \dfrac{100}{P^\alpha}$ 인 수요함수의 가격탄력성은 가격과 무관하게 어떠한 소비조합에서도 항상 α이다.

➡ $Q = \dfrac{100}{P^\alpha} = 100P^{-\alpha}$

➡ 수요함수를 가격으로 미분하면 $\dfrac{\Delta Q^D}{\Delta P} = 100(-\alpha)P^{-\alpha-1} = 100(-\alpha)P^{-(\alpha+1)}$

$= -100\dfrac{\alpha}{P^{\alpha+1}}$ 이다.

➡ $\varepsilon_p = -\dfrac{\dfrac{\Delta Q^D}{Q^D} \times 100\%}{\dfrac{\Delta P}{P} \times 100\%} = -\dfrac{\Delta Q^D}{\Delta P} \cdot \dfrac{P}{Q^D}$

$= -[-100\dfrac{\alpha}{P^{\alpha+1}}][\dfrac{P}{\dfrac{100}{P^\alpha}}] = [100\dfrac{\alpha}{P^{\alpha+1}}][\dfrac{P^{\alpha+1}}{100}] = \alpha$

$Q = \dfrac{100}{P^\alpha}$ ➡ $[\dot{Q} = 1\dot{0}0 - \alpha\dot{P}$
$= 0\% - \alpha\dot{P} = -\alpha\dot{P}]$
$\varepsilon_p = -\dfrac{\dot{Q}}{\dot{P}} = -\dfrac{-\alpha\dot{P}}{\dot{P}} = \alpha$

9. 네트워크 외부효과

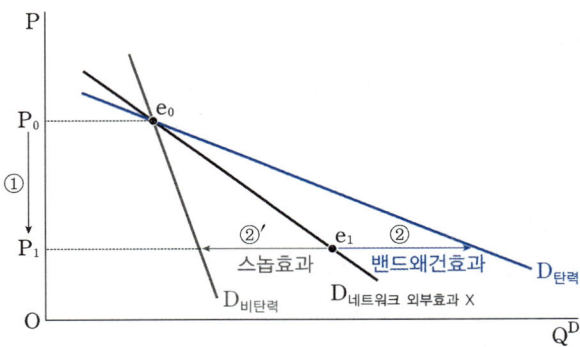

네트워크 외부효과는 소비자의 선택이 본인의 선호에만 의존하지 않고 해당 재화를 이용하는 소비자의 수에 영향을 받는 소비효과이다. 네트워크 외부효과는 특정 재화를 이용하는 사용자가 많을수록 재화의 가치가 상승하는 긍정적 네트워크 외부효과(= 밴드왜건 효과)와 사용자가 많을수록 재화의 가치가 하락하는 부정적 네트워크 외부효과(= 스놉 효과)로 구분된다.

(1) 밴드왜건효과 ➡ 탄력적인 수요곡선

밴드왜건(band-wagon)효과(= 편승효과, 악대차효과)는 소셜 미디어 플랫폼(SNS) 및 통신 네트워크, 소프트웨어와 같이 사용자가 증가할수록 재화의 가치가 상승하거나 패션 등 유행에 민감한 소비자가 다른 소비자의 구매행위에 영향을 받는 것을 말한다. 따라서 밴드왜건효과와 같은 긍정적 네트워크 외부효과가 존재하면 가격이 하락해서 다른 소비자의 수요가 증가할 때 개인의 수요량이 더욱 증가하므로 보다 탄력적인 수요곡선이 도출된다.

(2) 스놉효과 ➡ 비탄력적인 수요곡선

스놉(snob)효과(= 속물효과)는 사용자가 증가할수록 재화의 가치가 하락하거나 남들과 구분짓는 차별의 욕구가 강한 소비자가 다른 소비자의 구매행위에 영향을 받는 것을 의미한다. 따라서 스놉효과와 같은 부정적 네트워크 외부효과가 존재하면 가격이 하락하여 다른 소비자의 수요가 증가할 때 개인의 수요량이 오히려 감소하므로 보다 비탄력적인 수요곡선이 도출된다.

Ⅳ 수요의 소득탄력성

📝 수요(Q^D) − 가격(P) 평면에서 외생변수인 소득(M)이 변화하면 수요곡선 자체가 이동한다.

수요의 소득탄력성(ε_M^x, income elasticity of demand)은 소득(M)이 1% 변화할 때 수요의 변화율을 측정하는 지표이다.

$$\varepsilon_M^x = \frac{\frac{\Delta Q^D}{Q^D} \times 100\%}{\frac{\Delta M}{M} \times 100\%} = \frac{\Delta Q^D}{\Delta M} \cdot \frac{M}{Q^D}$$

(1) $\varepsilon_M^x > 0$ 이면 정상재

수요의 소득탄력성이 0보다 크면 소득이 증가할 때 수요가 증가하는 정상재(normal goods)이다. 소득이 증가하면 정상재의 수요가 증가하므로 수요곡선이 우측으로 수평 이동한다. 그리고 정상재는 수요의 소득탄력성에 의해 필수재와 사치재로 구분한다.

① $0 < \varepsilon_M^x < 1$ 이면 필수재

식품, 물, 의료서비스와 같은 필수재(necessity goods)는 소비자가 기본적인 생활을 위해 반드시 필요로 하는 상품이므로 소득의 변화와 상관없이 일정량을 구매한다. 따라서 수요가 소득 변화에 안정적이므로 수요의 소득탄력성이 1보다 작다.

② $\varepsilon_M^x > 1$ 이면 사치재

명품 브랜드 가방과 고급 자동차 및 시계와 같은 사치재(luxury goods)는 소비자의 소득이 증가할 때 수요가 더욱 증가하는 상품으로 소득 수준에 따라 수요가 크게 달라진다. 그러므로 수요가 소득 변화에 탄력적으로 반응한다.

📝 기펜재는 열등재이지만 모든 열등재가 기펜재는 아니다. 기펜재의 경우 가격이 하락할 때 상대가격의 하락으로 수요량이 증가하는 대체효과보다 실질소득이 증가하여 수요량이 감소하는 음(−)의 소득효과가 더 커서 수요량이 감소하므로 우상향하는 수요곡선이 도출된다. 그러나 기펜재가 아닌 열등재는 음(−)의 소득효과보다 대체효과가 커서 수요곡선이 우하향한다.

(2) $\varepsilon_M^x < 0$ 이면 열등재

저가 브랜드 제품, 중고 제품과 같은 열등재(inferior goods)는 소비자의 소득이 낮을 때 구매하지만 소득이 증가할수록 더 좋은 품질의 재화로 대체되어 수요가 감소하는 재화이다. 따라서 열등재는 실질소득이 증가할 때 수요가 감소하므로 음(−)의 소득효과가 발생한다.

연습문제

1. 갑의 일주일 소득은 1,000원에서 1,100원으로 증가했고, 이로 인해 갑의 햄버거에 대한 지출액은 300원에서 310원으로 증가했다. 이때, 햄버거에 대한 설명으로 옳은 것은? (단, 햄버거의 가격은 일정하다)

2022년 국가직 9급

① 햄버거는 정상재이면서 필수재이다.
② 햄버거는 정상재이면서 사치재이다.
③ 햄버거는 열등재이다.
④ 햄버거 수요의 소득탄력성은 탄력적이다.

해설

수요의 소득탄력성(ε_M^x) = $\dfrac{\dfrac{\Delta x}{x}}{\dfrac{\Delta M}{M}}$

$\varepsilon_M^x < 0$, 열등재

$\varepsilon_M^x > 0$, 정상재

$0 < \varepsilon_M^x < 1$, 필수재

$\varepsilon_M^x > 1$, 사치재

햄버거 지출액 = 햄버거 가격 × 햄버거 소비량
햄버거 지출액 = 햄버거 가격 + 햄버거 소비량
햄버거 지출액 = 0% + 햄버거 소비량

➡ 햄버거 소비량 = $\dfrac{\Delta x}{x}$ = $\dfrac{\Delta(310-300)}{300} \times 100\%$ = $\dfrac{1}{30}$ = 3.33%

➡ 소득 = $\dfrac{\Delta M}{M}$ = $\dfrac{\Delta(1100-1000)}{1000} \times 100\%$ = $\dfrac{1}{10}$ = 10%

➡ 0 < [햄버거의 소득탄력성(ε_M^x) = $\dfrac{\dfrac{\Delta x}{x} \times 100\%}{\dfrac{\Delta M}{M} \times 100\%}$ = $\dfrac{1}{3}$] < 1, 따라서 햄버거는 정상재이면서 필수재이다.

▶ ①

2. 어떤 사람이 소득 수준에 상관없이 소득의 절반을 식료품 구입에 사용한다. 다음 중 옳은 것을 모두 고르면?

2019년 서울시 7급 1회

> ㉠ 식료품의 소득탄력성의 절댓값은 1보다 작다.
> ㉡ 식료품의 소득탄력성의 절댓값은 1이다.
> ㉢ 식료품의 가격탄력성의 절댓값은 1보다 크다.
> ㉣ 식료품의 가격탄력성의 절댓값은 1이다.

① ㉠, ㉢
② ㉠, ㉣
③ ㉡, ㉢
④ ㉡, ㉣

> **해설**
> 소득의 절반을 식료품(x) 구입에 사용하므로 식료품의 수요함수는 다음과 같다.
> ➡ $p_x \times x = \dfrac{1}{2}M$, 수요함수를 시간에 대해 미분하여 변화율을 구하면
> ➡ $\dot{p_x} + \dot{x} = \dot{M}$
> ㉡ $\varepsilon_M = \dfrac{\dot{x}}{\dot{M}} = \dfrac{\dot{M}}{\dot{M}} = 1$
> ∴ 수요의 소득탄력성을 측정할 때 가격은 고정된 상태로 불변이므로 ($\dot{p_x} = 0$)이고 ($\dot{x} = \dot{M}$)이다.
> ㉣ $\varepsilon_p = -\dfrac{\dot{x}}{\dot{p_x}} = -\dfrac{-\dot{p_x}}{\dot{p_x}} = 1$
> ∴ 수요의 가격탄력성을 측정할 때 소득은 고정된 상태로 불변이므로 ($\dot{M} = 0$)이고 ($\dot{x} = -\dot{p_x}$)이다.
> ▶ ④

Ⅴ 교차탄력성

교차탄력성(ε_{xy}, cross elasticity of demand)은 다른 재화의 가격이 1% 변화할 때 해당 재화의 수요 변화율을 측정하는 지표이다.

$$\varepsilon_{xy} = \dfrac{\dfrac{\Delta x}{x} \times 100\%}{\dfrac{\Delta p_y}{p_y} \times 100\%} = \dfrac{\Delta x}{\Delta p_y} \cdot \dfrac{p_y}{x}$$

(1) $\varepsilon_{xy} > 0$ ➡ x재와 y재는 대체재

다른 재화(p_y)의 가격이 상승하면 1원당 한계효용이 하락한 y재를 1원당 한계효용이 상승한 x재로 대체하므로 p_y와 x재 수요는 양(+)의 상관관계가 존재한다. 따라서 교차탄력성(ε_{xy})이 0보다 크면 소비자에게 x재와 y재는 대체재(substitute goods)이다.

(2) $\varepsilon_{xy} < 0$ ➡ x재와 y재는 보완재

다른 재화(p_y)의 가격이 상승하면 1원당 한계효용이 하락하여 수요량이 감소하는 y재와 보완적으로 결합하여 소비되는 x재의 수요도 줄고, p_y와 x재 수요는 음(−)의 상관관계가 존재한다. 따라서 교차탄력성(ε_{xy})이 0보다 작으면 소비자에게 x재와 y재는 보완재(complementary goods)이다.

(3) $\varepsilon_{xy} = 0$ ➡ x재와 y재는 독립재

다른 재화(p_y)의 가격이 변하더라도 해당 재화의 수요(x)가 불변이면 x재와 y재는 다른 재화의 가격 변화에 의존하지 않는 독립재이다.

연습문제

1. X재의 수요함수가 $Q_X = 200 - 0.5P_X + 0.4P_Y + 0.3M$이다. P_X는 100, P_Y는 50, M은 100일 때, Y재 가격에 대한 X재 수요의 교차탄력성은? (단, Q_X는 X재 수요량, P_X는 X재 가격, P_Y는 Y재 가격, M은 소득이다)　　　　　　　　**2019년 국가직 7급**

① 0.1　　　　　　　② 0.2
③ 0.3　　　　　　　④ 0.4

해설

교차탄력성은 다른 재화의 가격이 1% 변화할 때 해당 재화의 수요량 변화율을 측정하는 지표이다.
➡ $Q_X = 200 - 0.5P_X + 0.4P_Y + 0.3M$
➡ $\dfrac{\Delta x}{\Delta p_y} = 0.4$
➡ $Q_X = 200 - 0.5[P_X = 100] + 0.4[P_Y = 50] + 0.3[M = 100] = 200$

$\therefore \varepsilon_{xy} = \dfrac{\dfrac{\Delta x}{x}}{\dfrac{\Delta p_y}{p_y}} = \dfrac{\Delta x}{\Delta p_y} \dfrac{p_y}{x} = 0.4 \times \dfrac{50}{200} = 0.1$

▶ ①

2. 탄력성에 대한 설명으로 가장 옳지 않은 것은?　　**2019년 서울시 7급 2회**
① 공급곡선이 원점을 지나는 직선일 때, 공급의 가격탄력성은 1이다.
② X재와 Y재 간 수요의 교차탄력성이 1보다 작을 때, 두 재화는 보완재이다.
③ 수요의 가격탄력성은 재화를 정의하는 범위와 탄력성 측정 기간에 영향을 받는다.
④ 기펜재(Giffen goods)에 대한 수요의 소득탄력성은 영(0)보다 작다.

해설
① 공급곡선이 원점을 지나는 직선이면 임의의 가격에서 한계와 평균이 일치하므로 공급의 가격탄력성은 항상 1이다.
② X재와 Y재 간 수요의 교차탄력성이 0보다 작을 때, 두 재화는 보완재이다.
③ 재화를 정의하는 범위가 좁고 탄력성 측정 기간이 길수록 수요는 가격에 대해 탄력적이다.
④ 기펜재(Giffen goods)는 음(−)의 소득효과가 발생하는 열등재이므로 수요의 소득탄력성은 영(0)보다 작다.

▶ ②

3. 다음은 X재에 대한 수요의 탄력성이다. X재 가격이 3% 오르고 소비자의 소득도 6% 증가할 때, X재의 수요량을 6% 증가시키기 위해 요구되는 Y재 가격의 변화는? (단, 수요의 가격탄력성은 절댓값으로 표시한다)　　**2023년 국가직 7급**

- 수요의 가격탄력성: 0.4
- 수요의 소득탄력성: 0.6
- Y재 가격 변화에 대한 수요의 교차탄력성: 0.6

① 2% 상승　　　　　② 3% 상승
③ 4% 상승　　　　　④ 6% 상승

📝 교차탄력성은 다른 재화의 가격이 1% 변화할 때 해당 재화의 수요 변화율을 측정하는 지표이다.

$\varepsilon_{xy} = \dfrac{\dfrac{\Delta x}{x}}{\dfrac{\Delta p_y}{p_y}} = \dfrac{\Delta x}{\Delta p_y} \dfrac{p_y}{x}$

$\varepsilon_{xy} > 0$ ➡ x재와 y재는 대체재
$\varepsilon_{xy} = 0$ ➡ x재와 y재는 독립재
$\varepsilon_{xy} < 0$ ➡ x재와 y재는 보완재

해설

$$\varepsilon_p = -\frac{\dot{x}}{\dot{P_x}} = 0.4$$

➡ $-\frac{\dot{x}}{\dot{P_x}} = -\frac{\dot{x}}{3\%} = 0.4$

➡ $\dot{x} = -1.2\%$

$$\varepsilon_M = \frac{\dot{x}}{\dot{M}} = 0.6$$

➡ $\frac{\dot{x}}{\dot{M}} = \frac{\dot{x}}{6\%} = 0.6$

➡ $\dot{x} = 3.6\%$

∴ $-1.2\% + 3.6\% + \dot{x} = 6\%$

$\dot{x} = 3.6\%$

$\varepsilon_{xy} = \frac{\dot{x}}{\dot{P_y}} = 0.6$

➡ $\frac{\dot{x}}{\dot{P_y}} = \frac{3.6\%}{\dot{P_y}} = 0.6$

➡ $\dot{p_y} = 6\%$

▶ ④

VI 공급의 가격탄력성

1. 정의

공급의 가격탄력성(price elasticity of supply)은 해당 재화의 가격이 1% 변화할 때 공급량의 변화율을 측정하는 지표이다.

$$공급의\ 가격탄력성(\eta) = +\frac{공급량의\ 변화율[\dot{Q^S}]}{해당\ 재화의\ 가격\ 변화율[\dot{P}]} = \frac{\frac{\Delta Q^S}{Q^S} \times 100\%}{\frac{\Delta P}{P} \times 100\%} = \frac{\Delta Q^S}{\Delta P} \cdot \frac{P}{Q^S}$$

📝 공급의 가격탄력성 앞에 위치하는 '+'는 가격과 공급량 간에 양(+)의 상관관계가 관찰되는 공급의 법칙(Law of Supply)을 충족하는 우상향의 공급곡선을 반영한다.

📝 $\cdot \frac{\Delta Q^S}{\Delta P}$'는 공급함수[$Q^S$ = a + bP]를 가격(P)으로 미분한 값

📝 η
그리스 문자로 에타(Eta)로 읽는다.

📝 $\dot{P} = \frac{\Delta P}{P} \times 100\%$

📝 $\dot{Q^S} = \frac{\Delta Q^S}{Q^S} \times 100\%$

2. 공급곡선이 완만할수록 공급은 가격에 탄력적

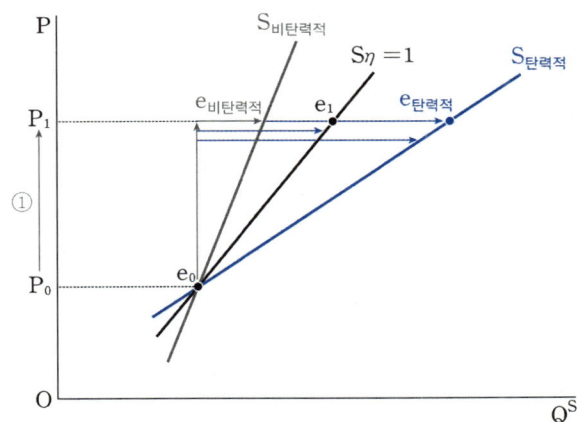

공급의 가격탄력성이 클수록 가격이 상승할 때 공급량이 대폭 증가하므로 공급곡선은 완만하고, 공급의 가격탄력성이 작을수록 가격이 상승할 때 공급량이 소폭 증가하므로 공급곡선은 가파르다.

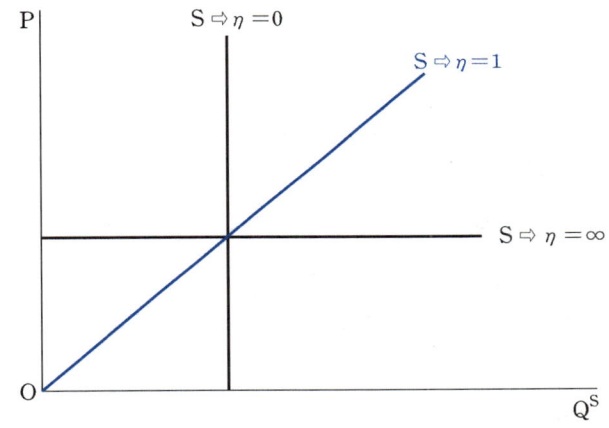

(1) **수직선** ➡ $\eta = 0$, 공급은 가격에 완전 비탄력적

(2) **수평선** ➡ $\eta = \infty$, 공급은 가격에 완전 탄력적

(3) **우상향하는 직선** ➡ $0 < \eta < \infty$

공급의 가격탄력성 [$\dfrac{\Delta Q^S}{\Delta P} \cdot \dfrac{P}{Q^S}$]은 공급곡선의 기울기 [$= \dfrac{\Delta P}{\Delta Q^S}$]에 반비례한다. 따라서 가격이 상승($\Delta P$)할 때 공급량($\Delta Q^S$)이 더 많이 증가할수록 공급은 가격에 탄력적이고 공급곡선은 완만하다.

3. 공급의 가격탄력성 결정요인

가격변화에 대하여 공급량을 신축적으로 조정할 수 있는 유인이 많을수록 공급량은 가격에 대해 탄력적이다.

(1) 짧은 생산 시간

제품 생산에 오랜 시간이 소요될수록 공급은 가격에 비탄력적이다. 공산품과 같이 상대적으로 짧은 시간 내에 생산이 가능한 재화는 가격 변화에 탄력적으로 공급량을 조절할 수 있다. 그러나 농산물과 같이 생산에 오랜 시간이 소요되는 경우 공급량을 가격 변화에 신축적으로 조절할 수 없으므로 공급은 비탄력적이다.

(2) 낮은 한계비용

한계생산에 따른 비용의 증가분인 한계비용이 작을수록 가격이 상승할 때 생산량을 대폭 증가시킬 수 있으므로 공급은 탄력적이다.

> 공급곡선의 높이는 기업이 한계생산을 위해 지출한 한계비용(MC)만큼 시장에 요구하는 최소요구판매가격(유보가격)이다. 따라서 생산량이 증가할 때 한계비용이 급격히 상승한다면 공급곡선은 더욱 가파르고 비탄력적이다.

(3) 재화(원자재)의 높은 보관가능성과 낮은 저장비용

최종재 생산을 위해 투입되는 원자재의 저장 비용이 낮고, 보관이 용이할수록 가격 변화에 생산량을 신축적으로 조정할 수 있으므로 탄력적이다.

(4) 가용한 유휴설비의 존재

기업이 보유한 유휴설비가 많을수록 시장가격이 상승할 때 생산량을 신축적으로 늘릴 수 있으므로 탄력적이다.

(5) 대체자원과 생산설비의 용도

기업이 대체자원이나 대체 공정을 용이하게 확보할 수 있고, 특정 재화 생산을 위한 생산설비의 다른 용도로의 전환이 수월할수록 생산량을 신축적으로 조정할 수 있으므로 탄력적이다.

(6) 낮은 진입장벽과 경쟁시장

진입장벽이 낮아 시장구조가 경쟁적일수록 기업은 시장가격의 변화에 순응하므로 경쟁기업은 독점기업보다 공급이 탄력적이다.

(7) 좁은 시장 범위

동일한 시장을 좁게 분류할수록 가격 변화에 따른 생산량의 공급 지역 변경이 공급량 변화에 반영되므로 탄력적이다.

(8) 장기

단기보다는 장기로 갈수록 가격변화에 대응하여 이윤극대화를 달성하는 최적 생산규모로의 조정이 용이하므로 탄력적이다.

(9) 완화된 정부 규제

정부가 조세와 규제로 시장에 개입하면 생산의 한계비용이 증가하므로 공급은 비탄력적이다. 따라서 시장의 자율성이 높을수록 기업은 가격 변화에 탄력적으로 대응할 수 있다.

4. 점탄력성

점탄력성(Point Elasticity)은 공급곡선 상의 한 점, 즉 특정 가격 수준에서 측정하는 탄력성이다.

$$\eta = \frac{\frac{\Delta Q^S}{Q^S} \times 100\%}{\frac{\Delta P}{P} \times 100\%} = \frac{\Delta Q^S}{\Delta P} \cdot \frac{P}{Q^S}$$

5. 직선의 우상향하는 공급곡선

$$\eta = \frac{\frac{\Delta Q^S}{Q^S} \times 100\%}{\frac{\Delta P}{P} \times 100\%} = \frac{\frac{P}{Q^S}}{\frac{\Delta P}{\Delta Q^S}} = \frac{평균}{한계}$$

(I) 원점에서 뻗어나가는 직선의 공급곡선 ➡ 한계 = 평균, $\left[\eta = \dfrac{평균}{한계}\right] = 1$

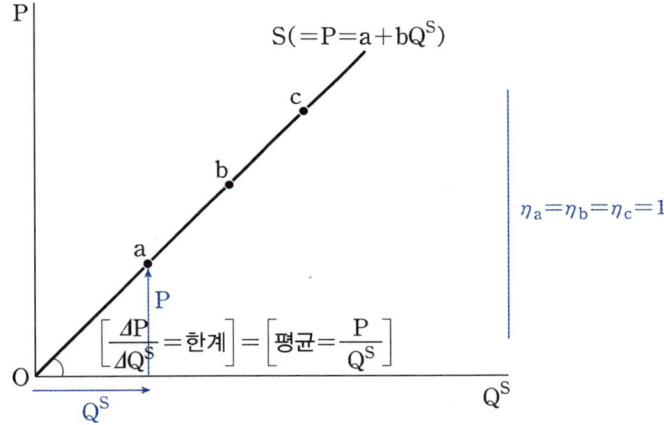

공급곡선이 원점에서 뻗어나가는 직선이면 공급곡선의 기울기와 무관하게 임의의 가격 수준에서 한계값과 평균값이 일치하므로 공급탄력성은 항상 1이다.

(2) **수직축에서 뻗어나가는 직선의 공급곡선** ➡ 평균 > 한계, $[\eta = \dfrac{평균}{한계}] > 1$

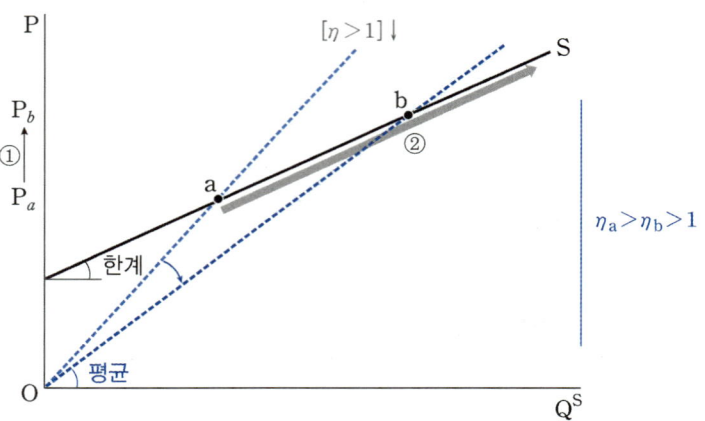

공급곡선이 수직축에서 뻗어나가는 우상향의 직선이면 한계값보다 평균값이 커서 공급탄력성은 1보다 크다. 그리고 가격이 상승할수록 한계는 일정하지만 평균이 점차 감소하므로 1보다 큰 공급탄력성이 하락하면서 1로 수렴한다.

(3) **수평축에서 뻗어나가는 직선의 공급곡선** ➡ 평균 < 한계, $[\eta = \dfrac{평균}{한계}] < 1$

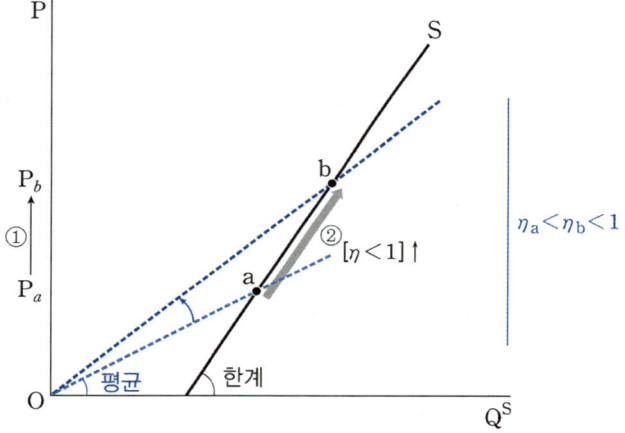

공급곡선이 수평축에서 뻗어나가는 직선이면 한계값보다 평균값이 작으므로 공급탄력성은 1보다 작다. 그리고 가격이 상승할수록 한계는 일정하지만 평균이 점차 증가하므로 1보다 작은 공급탄력성이 증가하면서 1로 수렴한다.

CHAPTER 04 수요·공급이론의 응용

I. 소비자잉여와 생산자잉여

1. 소비자잉여

(1) 수요곡선의 높이(MU)

수요곡선의 높이(P_x)는 한계소비에 따른 효용의 상승분($\frac{\Delta U}{\Delta Q_x^D} = MU_x$)만큼 소비자가 시장에 지불할 최대 용의가격(P_x)으로서 소비자의 유보가격($P_x \leq MU_x$)이다. 따라서 수요곡선 하방의 면적은 소비자가 시장에서 구매한 재화로부터 획득하는 총효용(TU $= \sum MU_x$)만큼의 최대지불용의금액이다.

(2) 소비자잉여(Consumer Surplus)

$$CS = 최대지불용의금액(가격)(\sum MU_x) - 실제지불금액(가격)$$

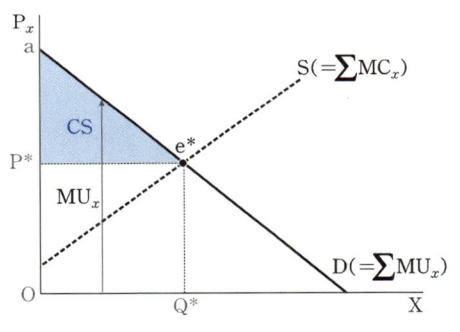

① 소비자잉여는 소비자가 시장의 거래에 참여하여 획득하는 교환의 이득으로서 수요곡선 하방의 면적인 최대지불용의금액($\sum MU_x$)에서 실제로 지불(지출)한 금액을 차감하여 측정한다.

② 소비자가 시장에 참여하여 획득하는 교환의 이득인 소비자잉여는 소비량(수요량)이 늘어날수록 증가한다. 따라서 수요의 법칙인 우하향하는 수요곡선에 의해 소비자의 수요량을 늘리기 위해서는 시장가격(수요자의 구매가격)이 하락해야 한다.

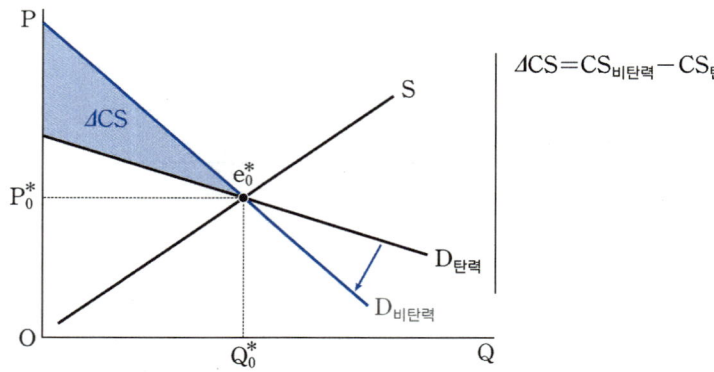

③ 수요곡선이 비탄력적일수록 소비자잉여는 증가한다.

2. 생산자잉여

(1) **공급곡선의 높이(MC)**

공급곡선의 높이(P_x)는 한계생산을 위한 비용의 상승분($\dfrac{\Delta TC}{\Delta Q_x^S} = MC_x$)만큼 생산자가 시장에 요구하는 최소 판매가격(P_x)으로서 생산자의 유보가격($P_x \geq MC_x$)이다. 따라서 공급곡선 하방의 면적은 기업이 생산을 위해 투입하는 총비용(TC = $\sum MC_x$)만큼의 최소요구판매금액(가격)이다.

> **한계생산**
> 공급자가 추가적으로 1단위 더 생산하는 공급량

(2) **생산자잉여(Producer Surplus)**

$$PS = 실제판매수입 - 최소요구판매금액(가격)(\sum MC_x)$$

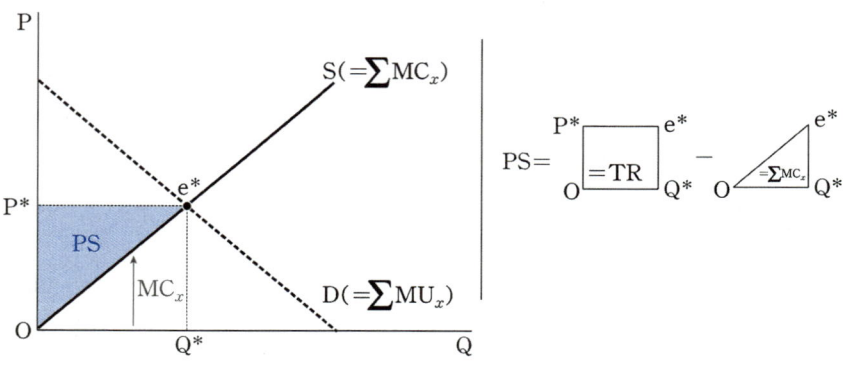

① 생산자잉여는 생산자가 시장의 거래에 참여하여 획득하는 교환의 이득으로서 실제판매수입에서 공급곡선 하방의 면적인 최소요구판매가격($\sum MC_x$)을 차감하여 측정한다.

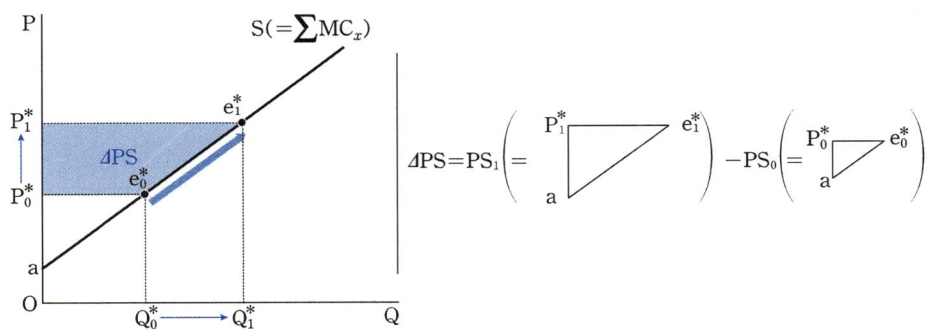

② 생산자가 시장에 참여해 얻는 교환의 이득인 생산자잉여는 생산량(공급량)이 늘어날수록 증가한다. 따라서 공급의 법칙인 우상향하는 공급곡선에 의해 생산자의 공급량을 늘리기 위해서는 시장가격(생산자의 판매가격)이 상승해야 한다.

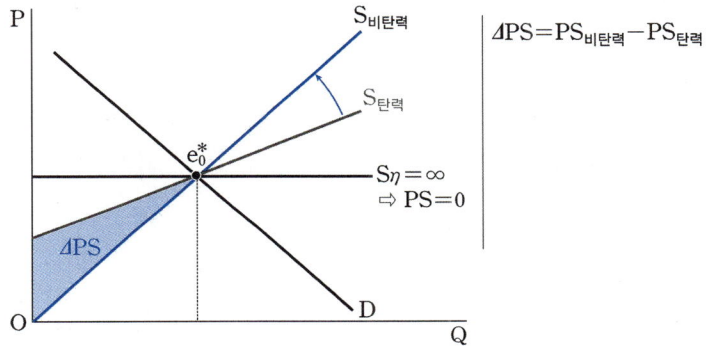

③ 공급곡선이 비탄력적일수록 생산자잉여는 증가한다.

3. 경제 전체의 총잉여 ➡ 사회후생

경제 전체의 총잉여는 시장에 참여하는 경제주체가 획득하는 교환의 이득의 총합으로서 경제적 잉여(Economic Surplus) 혹은 사회후생(Social Welfare)을 의미한다.

(1) 정부가 개입하지 않는 시장의 사회후생

사회후생(SW)은 소비자잉여(CS)와 생산자잉여(PS)의 합이다.

> CS = 최대지불용의금액(가격)($\sum MU_x$) − 실제지불금액(가격)
> PS = 실제판매수입 − 최소요구판매금액(가격)($\sum MC_x$)
> SW = 최대지불용의금액(가격)($\sum MU_x$) − 최소요구판매금액(가격)($\sum MC_x$)

사회후생은 재화를 소비하여 획득하는 시장의 총편익, 즉 총효용($\sum MU_x$)에서 균형거래량을 생산하기 위해 투입한 시장의 총비용($\sum MC_x$)을 차감하여 측정한다.

(2) 정부가 개입하는 시장의 사회후생

조세수입(T)은 정부로 유입되는 소득이므로 정부를 기준으로 사회후생을 증가시키는 양(+)의 소득이고, 재정지출(G)은 정부로부터 흘러나오는 지출이므로 정부를 기준으로 사회후생을 감소시키는 음(-)의 소득이다.

> CS = 최대지불용의금액(가격)($\sum MU_x$) - 실제지불금액(가격)
> PS = 실제판매수입 - 최소요구판매금액(가격)($\sum MC_x$)
> 정부의 재정흑자 = T - G
> SW = [최대지불용의금액(가격)($\sum MU_x$) - 최소요구판매금액(가격)($\sum MC_x$)] + [T - G]

(3) 사회후생을 극대화시키는 완전경쟁시장

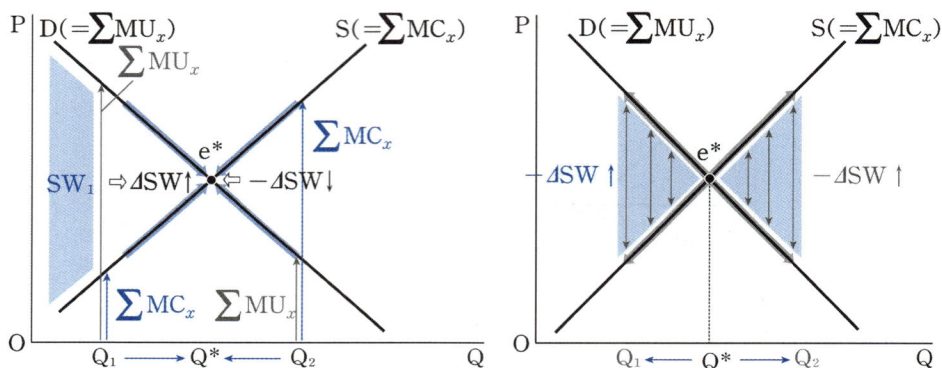

① 기업이 이윤극대화를 달성하는 목표 산출량을 생산하기 위해 노동과 자본을 고용하여 생산하고 시장에 공급(판매)하면 수요자가 소비한다.
② 사회후생(SW)은 소비자잉여와 생산자잉여의 합이므로 수요곡선 하방의 면적($\sum MU_x$)에서 공급곡선 하방의 면적($\sum MC_x$)을 차감하여 측정한다.
③ 완전경쟁시장의 균형거래량보다 과소 생산(Q_1)되면 생산량을 늘릴수록 사회후생이 증가하므로 거래량을 증가시킬 유인이 존재한다. 그리고 최적 자원배분 상태보다 과다 생산(Q_2)되면 수요곡선이 공급곡선의 하방에 위치하므로 생산량을 늘릴수록 사중손실(Deadweight Loss)이 증가하여 거래량을 감소시킬 유인이 존재한다. 따라서 완전경쟁시장에서 시장수요곡선과 시장공급곡선이 만나는 지점의 균형거래량(Q^*)은 더 이상 생산량을 늘리거나 줄일 유인이 없어 사회후생을 극대화하는 파레토 효율적인 자원배분 상태이다.

(4) 사중손실의 발생

① 사중손실(Deadweight Loss)은 파레토 비효율적인 자원배분으로 인해 발생하는 경제적 손실을 의미한다. 사회후생을 극대화하는 완전경쟁시장의 균형거래량을 벗어나 과소 혹은 과다 생산이 이루어지면 완전경쟁시장의 극대화된 사회후생보다 사회후생이 감소하는 사중손실이 초래된다.

② 사회후생이 극대화되는 사회적으로 바람직한 산출량 수준인 완전경쟁시장의 균형거래량보다 생산량이 감소할수록 추가적으로 얻을 수 있는 사회후생의 증가분[$\sum MU_x > \sum MC_x$]을 상실하므로 사중손실이 증가한다.

③ 완전경쟁시장의 파레토 효율적 거래량보다 실제 생산량이 과다 생산되면 수요곡선(MU_x)보다 공급곡선(MC_x)이 상방에 위치하므로 생산량이 증가할수록 생산의 한계비용이 소비의 한계효용(편익)보다 커서[$\sum MC_x > \sum MU_x$] 사중손실이 확대된다.

연습문제

시장수요함수와 시장공급함수는 다음과 같다.

$$Q^D = 200 - 2P$$
$$Q^S = 4P - 40$$

완전경쟁시장의 소비자잉여와 생산자잉여의 합인 사회후생은 얼마인가?

① 5,000 ② 5,200 ③ 5,400 ④ 5,600

해설
시장수요곡선과 시장공급곡선이 일치할 때 사회후생을 극대화하는 시장가격과 거래량이 결정된다.

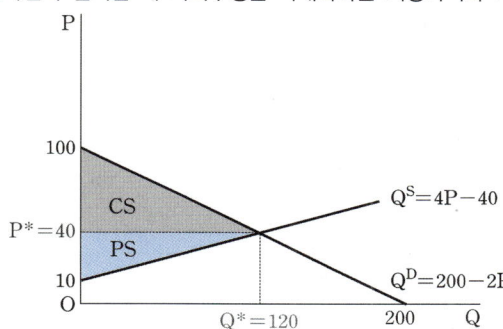

- [$Q^D = 200 - 2P$] = [$4P - 40 = Q^S$]
- ➡ $P^* = 40$, $Q^* = 120$
- ➡ 소비자잉여(CS) = 최대지불용의가격($\sum MU_x$) − 실제지불가격
  $$= \frac{1}{2}(100 - 40)120 = 3,600$$
- ➡ 생산자잉여(PS) = 실제판매수입 − 최소요구판매가격($\sum MC_x$)
  $$= \frac{1}{2}(40 - 10)120 = 1,800$$
- ➡ 사회후생(SW) = 최대지불용의가격($\sum MU_x$) − 최소요구판매가격($\sum MC_x$)
  $$= CS + PS$$
  $$= 3,600 + 1,800 = 5,400$$

▶ ③

II 최고가격제(가격상한제)

1. 의의

필수 식료품 및 의약품 가격 규제, 이자율 상한 가격 규제, 임대료 상한제, 아파트 분양가 규제와 같은 최고가격제(Price Ceiling)는 정부가 소비자를 보호하고 물가를 안정시키기 위해 균형시장가격(P^*)보다 낮은 수준에서 최고 가격을 설정하는 상한 가격 규제이다.

2. 가격상한제

소비자를 보호하고 물가 안정을 통해 저소득층의 기초 생활 안정을 도모하기 위해서는 수요자의 구매가격을 낮춰야하므로 최고가격은 시장균형가격보다 낮은 수준에서 설정되어야 한다.

3. 정부실패 – 파레토 비효율적 자원배분

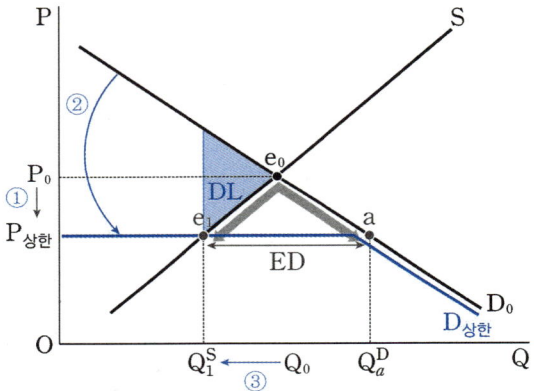

가격상한제가 도입되면 시장에서 최고가격보다 높았던 소비자의 최대지불용의가격, 즉 유보가격이 상한가격 수준으로 하락하므로 수요곡선($D_{상한}$)이 반시계 방향으로 회전이동한다.

(1) 초과수요 발생

시장균형가격보다 낮은 최고가격제가 도입되면 소비자의 구매가격이 하락하여 소비욕구가 증가하므로 수요량이 증가한다. 그러나 시장가격의 하락은 곧 생산자의 판매가격 하락을 의미하므로 공급의도가 위축되어 공급량이 감소한다. 그리고 최고가격제의 경직성으로 인해 시장의 초과수요는 청산되지 못한다.

(2) 사중손실 발생

최고가격제의 도입으로 공급량이 감소하면 균형거래량도 줄어든다. 따라서 최초 파레토 효율적인 자원배분상태보다 과소 생산되므로 사회후생이 감소하는 사중손실이 발생한다.

(3) 품질 하락

최고가격규제로 시장 판매가격이 하락하면 기업은 최초 극대화된 이윤을 동일하게 유지하기 위해 투입 원자재 비용을 낮출 유인이 존재하므로 외관상 판단이 불가능한 재화의 품질이 하락할 가능성이 높다.

(4) 암시장의 출현

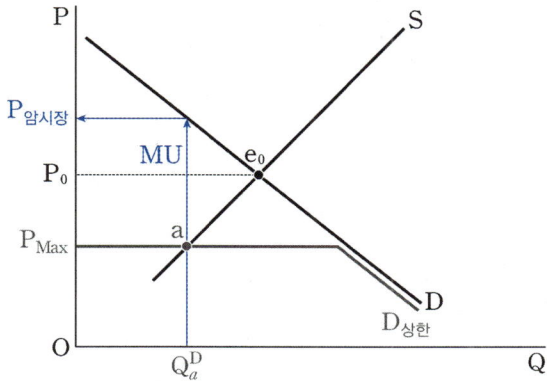

소비자가 최고가격규제의 대상 상품에 대해 강력한 선호를 보유하고 있다면 높은 욕구의 소비자는 정부의 감시망을 피해 지하경제에서 최초 수요곡선의 높이에 해당하는 한계효용(MU)만큼 최대로 가격을 지불할 용의가 있다. 그리고 암시장의 판매자는 독점기업처럼 제한된 공급망의 이점을 활용해 모든 리스크를 소비자에게 전가하므로 최초 수요곡선 상에서 암시장 가격을 설정한다. 따라서 최고가격제가 도입되면 최초 균형가격(P_0)보다 높은 가격($P_{암시장}$)에서 거래되는 암시장이 출현하며 시장이 위축되고 소비자잉여의 일부가 생산자에게 이전된다.

4. 초과수요의 해결방안

구분	선착순 (First − Come, First − Served)	배급제 (Rationing)
장점	• 소비자의 선호가 반영됨. • 낮은 자원배분 비용	공평한 자원배분
단점	불공평한 자원배분	• 소비자의 선호가 반영되지 못함. • 높은 자원배분(관리) 비용

III. 최저가격제(가격하한제)

1. 의의

추곡수매제(Autumn Grain Purchase Policy) 등 농산물 가격 지원과 최저임금제(Minimum wage policy)와 같은 최저가격제(Price Floor)는 정부가 생산자와 특정 산업을 보호하기 위해 시장균형가격보다 높은 수준에서 최저가격을 설정하는 하한 가격 규제이다.

2. 가격하한제

생산자와 특정 산업을 보호하기 위해서는 생산자의 판매가격을 높여줘야 하므로 최저가격은 시장균형가격보다 높은 수준에서 설정되어야 한다.

3. 최저가격의 하방경직성

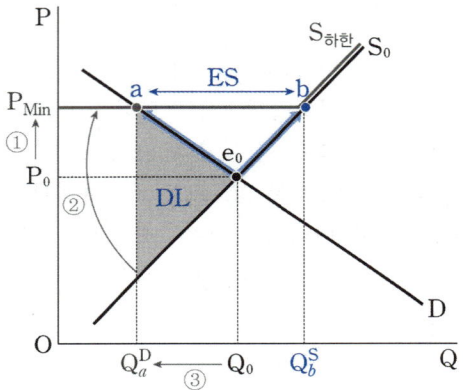

시장균형가격보다 높은 최저가격제가 도입되면 시장 판매가격의 상승으로 생산자의 공급의도가 확대되어 시장 공급량이 증가한다. 그러나 소비자의 구매가격이 상승하여 구매부담이 가중되므로 수요량은 감소한다. 그리고 최저가격제의 하방경직성 때문에 시장의 초과공급이 청산되지 않는다.

4. 최저임금제

(1) 의의

최저임금제(Minimum Wage Law)는 정부가 저숙련 근로자의 근로소득($M = W_{Min} \times L^d$) 제고를 목적으로 시장균형임금(W^*)보다 높은 수준에서 설정하는 임금하한제이다. 최저임금제의 하방경직성이 비자발적 실업을 발생시키므로 노동수요가 임금에 탄력적일수록 저숙련 근로자의 소득은 오히려 감소한다.

> **노동수요의 임금탄력성(ε_w)**
>
> $= - \dfrac{\dfrac{\Delta L^D}{L^D} \times 100\%}{\dfrac{\Delta W}{W} \times 100\%}$
>
> ➡ 임금(W)이 1% 변화할 때 노동 고용량(L^D)의 변화율을 측정하는 지표

(2) 최저임금의 하방경직성과 비자발적 실업

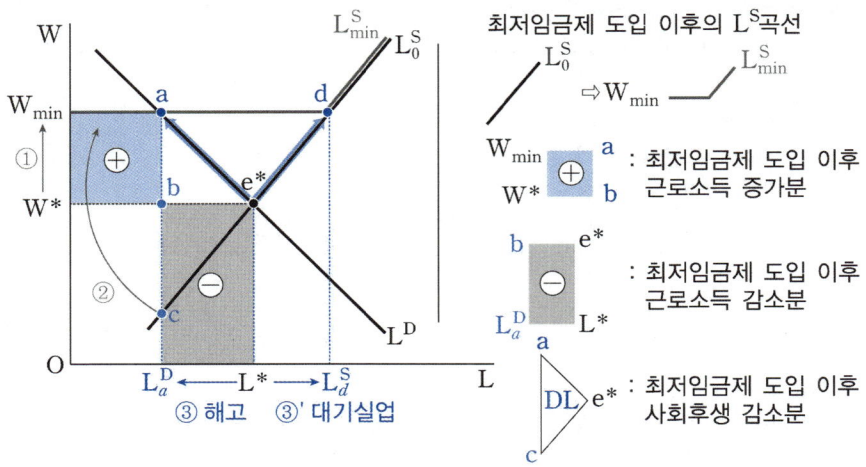

정부가 시장균형임금보다 높은 수준에서 최저임금을 설정하면 고용의 부담이 가중된 기업은 노동수요곡선 상에서 고용량을 줄이므로 해고가 발생한다. 또한 상승한 최저임금이 한계근로자의 유보임금을 상회하면 노동공급의사가 발생하므로 대기실업이 증가한다. 그리고 저숙련 근로자를 보호하기 위한 최저임금의 하방경직성 때문에 초과공급을 청산하지 못하므로 비자발적 실업[= 해고 + 대기실업]이 증가하여 자연실업률이 상승한다.

(3) 노동수요의 임금탄력성과 최저임금제 효과

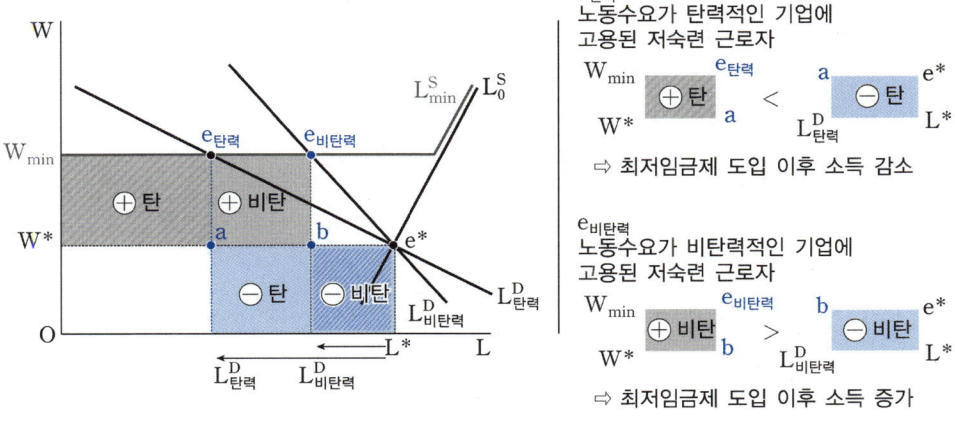

① 최저임금제의 정책대상집단은 저숙련 근로자이다.
② 저숙련 근로자를 고용하는 기업의 노동수요가 임금에 탄력적일수록 최저임금 인상으로 인한 소득의 증가분[⊕탄]보다 해고로 인한 소득의 감소분[⊖탄]이 커서 저숙련 근로자의 소득은 오히려 감소한다.
③ 저숙련 근로자를 고용하는 기업의 노동수요가 임금에 비탄력적일수록 최저임금 인상으로 인한 소득의 증가분[⊕비탄]이 해고로 인한 소득의 감소분[⊖비탄]을 압도하여 저숙련 근로자의 소득은 증가한다.

연습문제

1. 다음에서 임대료 규제의 효과로 옳은 것을 모두 고르면? 2019년 서울시 7급 1회

> ㉠ 암시장의 발생 가능성 증가
> ㉡ 장기적으로 주택공급의 감소
> ㉢ 주택의 질적 수준의 하락
> ㉣ 비가격 방식의 임대방식으로 임대주택의 비효율성 발생

① ㉠
② ㉠, ㉡
③ ㉠, ㉢
④ ㉠, ㉡, ㉢, ㉣

해설

임대료 규제는 정부가 소비자를 보호하고 인플레이션율을 낮추기 위해 시장 균형 가격보다 낮은 수준에서 가격을 규제하는 가격상한제이다.
㉠ 임대료 규제로 시장가격이 하락하면 주택공급이 감소하므로 강력하게 주택 수요를 희망하는 소비자는 시장수요곡선의 높이만큼 최대로 가격을 지불할 용의가 있다. 그리고 생산자는 정부의 규제를 벗어나기 위해 높은 위험에 대한 반대급부로 더 높은 가격을 설정하는 암시장이 형성된다.
㉡, ㉢ 시장가격의 하락은 주택 생산자의 공급의지를 약화시키므로 장기적으로 주택공급이 감소하고, 낮은 규제 가격에서도 이윤극대화를 추구하는 기업은 낮은 생산비용을 책정하므로 공급되는 주택의 질이 하락한다.
㉣ 가격상한제는 시장의 초과수요를 초래하므로 선착순, 추첨제, 배급제 등의 임대방식은 자원배분의 왜곡을 초래한다.

▶ ④

2. 어떤 상품시장의 수요함수는 $Q^d = 1{,}000 - 2P$, 공급함수는 $Q^s = -200 + 2P$이다. 이 상품시장에 대한 설명으로 옳은 것만을 〈보기〉에서 모두 고르면? 2019년 국회직 8급

[보기]

> ㉠ 현재 상품시장의 생산자잉여는 40,000이다.
> ㉡ 최고가격이 150으로 설정되는 경우, 초과수요량은 500이 된다.
> ㉢ 최고가격이 150으로 설정되는 경우, 암시장가격은 450이 된다.
> ㉣ 최고가격이 150으로 설정되는 경우, 사회적 후생손실은 40,000이 된다.

① ㉠, ㉡
② ㉠, ㉢
③ ㉡, ㉢
④ ㉠, ㉡, ㉢
⑤ ㉡, ㉢, ㉣

해설

$[Q^d = 1,000 - 2P] = [Q^s = -200 + 2P]$
∴ P = 300, Q = 400

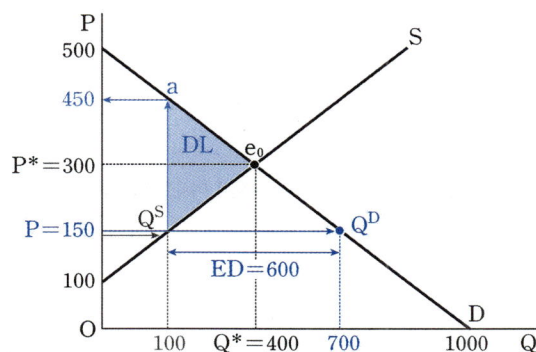

㉠ 최초 생산자잉여 $= \triangle P^* e_0 100 = \dfrac{1}{2}[300 - 100]400 = 40,000$

㉡ 최고가격이 150으로 설정되는 경우, 초과수요량은 600이다.

㉢ 최고가격이 150으로 설정되는 경우, 100의 거래량(소비량)에서 소비자가 최대로 지불할 용의가 있는 가격을 대변하는 수요곡선 상에서 암시장가격은 450이다.

㉣ 최고가격이 150으로 설정되는 경우, 시장거래량은 400에서 100으로 감소하여 사회적 후생손실(DL)이 발생한다.

$DL = \triangle e_0 a Q^S = \dfrac{1}{2}[450 - 150] \times [400 - 100] = 45,000$

▶ ②

Ⅳ. 농산물의 가격파동 ➡ 비탄력적인 수요곡선과 공급곡선

농산물 공급이 평년보다 대폭 증가하는 풍년에는 오히려 농부의 소득이 감소하고, 농산물 공급이 평년보다 대폭 감소하는 흉년에는 오히려 농부의 소득이 증가한다. 이는 농산물에 대한 수요와 공급이 모두 가격에 대해 비탄력적이기 때문이다.

1. 풍년의 역설 by 비탄력적인 농산물 공급곡선의 우측 이동

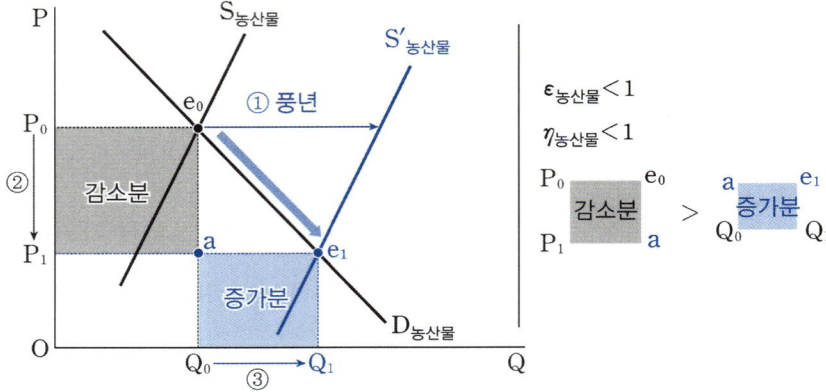

풍년에는 공급곡선이 우측으로 이동하면서 비탄력적인 수요곡선에 제약되어 농산물 가격은 대폭 하락하지만 소비량(판매량)은 소폭 증가한다. 따라서 판매가격 하락으로 인한 소득의 감소분이 판매량 증가로 인한 소득의 증가분을 압도하여 농부의 소득은 오히려 감소한다.

2. 흉년의 역설 by 비탄력적인 농산물 공급곡선의 좌측 이동

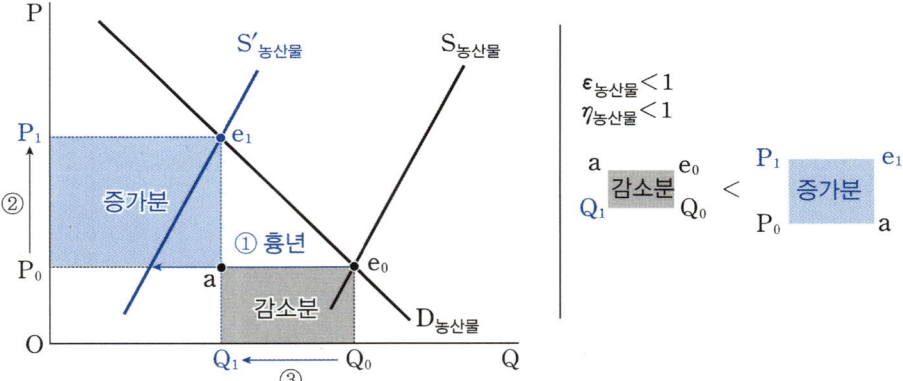

흉년에는 공급곡선이 좌측으로 이동하면서 비탄력적인 수요곡선에 의해 소비량(판매량)은 소폭 감소하지만 농산물 가격은 대폭 상승한다. 따라서 판매량 감소로 인한 소득의 감소분보다 판매가격 상승으로 인한 소득의 증가분이 커서 농부의 소득은 오히려 증가한다.

연습문제

2014년 기상 여건이 좋아 배추와 무 등의 농산물 생산이 풍년을 이루었다. 그러나, 농민들은 오히려 수입이 줄어 어려움을 겪는 현상이 발생하였다. 이러한 소위 '풍년의 비극'이 발생하게 된 원인으로 옳은 것은?　　　　　　　　　　　　　　　　　　　　　**2015년 지방직 7급**

① 가격의 하락과 탄력적 공급이 지나친 판매량 감소를 초래하였다.
② 가격의 하락과 비탄력적 공급이 지나친 판매량 감소를 초래하였다.
③ 공급의 증가와 탄력적 수요가 가격의 지나친 하락을 초래하였다.
④ 공급의 증가와 비탄력적 수요가 가격의 지나친 하락을 초래하였다.

해설

소비자의 농산물에 대한 수요는 가격에 대해 비탄력적이다. 풍년으로 농산물 공급이 증가하면 공급곡선이 우측으로 이동하여 새로운 균형지점은 이동하지 않는 수요곡선 상에 위치한다. 그리고 소비자의 농산물 지출액과 농부의 판매수입이 일치하므로 소비자의 가격탄력성에 의해 판매수입의 증감이 결정된다.

$$\varepsilon_p^{농산물} = -\frac{\dot{농산물}^D}{\dot{P}_{농산물}} < 1$$

➡ $-\dot{P}_{농산물} > \dot{농산물}^D$

시간에 대해 미분하여 변화율을 추정하면,
➡ [TR↓] = [P↓]×[Q↑]
➡ $\dot{TR}_{농산물} = \dot{P}_{농산물} + \dot{Q}_{농산물} = -\dot{P}_{농산물} + 농산물^D < 0$

농산물 수요는 비탄력적이므로 공급의 증가로 농산물 가격이 1% 하락할 때 농산물 소비량은 1%보다 작게 증가한다. 따라서 농부의 판매수입(= 농산물 소비지출액)은 오히려 감소하는 풍년의 역설이 발생하는 것이다.

▶ ④

V. 거미집 모형 : 정태적 기대 & $\eta < \varepsilon$ by 탄력적인 수요곡선의 이동

> **정태적 기대**
> ➡ $P_{t+1}^e = P_t$
> ➡ 2026년의 수박 가격은 2025년의 수박가격과 동일할 것으로 기대

> **단기적으로 공급은 완전 비탄력적**
> 농산물은 기후와 시간에 의해 단기에는 생산량을 늘릴 수 없어 완전 비탄력적이다.

농산물의 공급은 수요보다 비탄력적이고 농부는 정태적 기대에 입각하여 다음 해의 농산물 생산량을 결정한다. 이때 농산물에 대한 수요가 증가하면 단기적으로 농산물 공급은 완전 비탄력적이므로 농산물 시장에서 발생하는 초과수요는 즉각적으로 청산되지 않고 오랜 시간을 걸쳐 초과공급과 초과수요가 점진적으로 조정되어 균형에 수렴하는 거미집 모형이 관찰된다.

➡ 공급의 가격탄력성(η) < 수요의 가격탄력성(ε) ➡ 수렴 : 거미집 모형

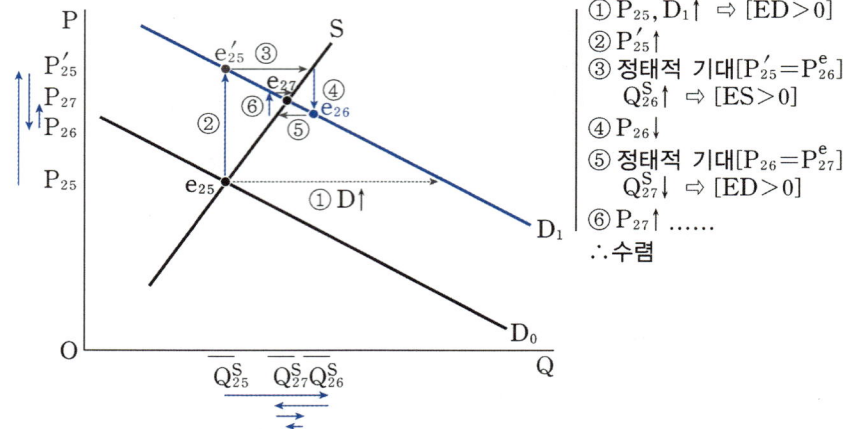

① $P_{25}, D_1 \uparrow \Rightarrow [ED>0]$
② $P'_{25} \uparrow$
③ 정태적 기대$[P'_{25}=P^e_{26}]$, $Q^S_{26} \uparrow \Rightarrow [ES>0]$
④ $P_{26} \downarrow$
⑤ 정태적 기대$[P_{26}=P^e_{27}]$, $Q^S_{27} \downarrow \Rightarrow [ED>0]$
⑥ $P_{27} \uparrow$ ......
∴ 수렴

① 25년의 최초 균형 e_{25}에서 여름에 무더위가 발생하여 수박에 대한 수요가 대폭 증가했다. 그러나 수박의 생산량은 25년 여름에는 더 이상 늘릴 수가 없으므로 $\overline{Q^S_{25}}$에서 고정되어 있다. 따라서 최초 가격(P_{25})에서 초과수요가 발생한다.

② $\overline{Q^S_{25}}$에서 완전 비탄력적인 수직의 공급곡선과 우측으로 이동한 수요곡선(D_1)이 만나는 e'_{25}에서 25년 여름의 수박 가격은 P'_{25}으로 상승한다.

③ 정태적 기대에 의존하는 농부는 26년의 수박 가격을 25년 여름의 P'_{25}으로 기대하여 26년 봄에 수박 생산량을 $\overline{Q^S_{26}}$으로 증가시키므로 초과공급이 증가한다.

④ 26년 여름에는 수박의 초과공급으로 $\overline{Q^S_{26}}$에서 수직인 공급곡선과 D_1의 수요곡선이 만나는 e_{26}에서 가격이 P_{26}으로 하락한다.

⑤ 그리고 여전히 정태적 기대에 의존하는 농부는 27년의 수박 가격을 26년 P_{26}으로 기대하므로 27년 봄에 수박 생산량을 $\overline{Q^S_{27}}$로 감소시켜 초과수요가 발생한다.

⑥ 이러한 과정이 반복되면서 최초 발생한 초과수요는 정태적 기대에 의해 즉각 청산되지 못하고 초과공급과 초과수요를 반복하면서 점차 균형에 수렴하는 거미집 모형이 관찰된다.

⑦ 정태적 기대에 의존하더라도 장기적으로 초과수요나 초과공급이 발산(확대)하지 않고 점차 청산되며 균형에 수렴하는 이유는 공급이 수요보다 가격에 비탄력적이기 때문이다. 만약 공급이 수요보다 탄력적이면 반복되는 초과수요와 초과공급은 점차 증가하여 수렴하지 못하고 발산하게 된다.

VI. 조세부담의 귀착

1. 의의

(1) 조세는 정부가 공공서비스를 제공하기 위한 재정수입을 조달하기 위해 개인과 기업 등 민간부문에게 반대급부를 지급하지 않고 강제로 부과하는 금전적인 부담이다.

(2) 정부가 소비자에게 조세를 부과하든 아니면 생산자에게 조세를 부과하든 형식적 납세의 무자와 무관하게 실질적인 조세부담의 귀착은 수요과 공급의 상대적 탄력성에 의해 결정된다. 이는 보다 탄력적인 경제주체가 보다 비탄력적인 경제주체에게 조세부담을 전가하기 때문이다.

(3) 따라서 수요가 가격에 탄력적일수록 생산자에게 귀착되는 조세부담[$T\frac{\varepsilon}{\varepsilon+\eta}$]이 증가하고, 공급이 가격에 탄력적일수록 소비자에게 귀착되는 조세부담[$T\frac{\eta}{\varepsilon+\eta}$]이 증가한다.

(4) 이때 시장 거래량의 축소로 초래되는 소비자잉여 감소분과 생산자잉여 감소분 합이 정부의 조세수입을 초과하여 사중손실이 발생한다.

(5) 그리고 조세부과로 인한 사중손실은 세율의 제곱(t^2)에 비례하고, 수요와 공급이 탄력적일수록 증가한다.

2. 조세부담의 전가

조세부담의 전가(shifting)는 조세를 부과받은 경제주체가 형식적 납세의무자가 아닌 다른 경제주체에게 조세부담을 떠넘기고 이전시키는 행위이다. 정부가 생산자(기업)에게 조세를 부과하면 생산자의 전가는 생산과정의 진행방향에 따라 전전, 소전, 후전으로 구분된다.

(1) **전전**
생산자가 생산방향과 동일하게 조세부담을 생산 이후의 소비자에게 판매가격 상승을 통해 전가하는 행위이다.

(2) **소전**
생산단계에서 경영의 합리화를 통해 조세부담을 생산자가 흡수하는 행위이다.

(3) **후전**
생산자가 생산방향과 반대로 조세부담을 생산 이전의 중간재 납품자와 생산요소공급자에게 원재료 구입비와 임금 하락을 통해 전가하는 행위이다.

3. 조세부담의 귀착

조세부담의 귀착(Tax Incidence)은 형식적 납세의무자가 다른 경제주체에게 조세부담을 전가한 행위가 완료되어 실제 담세자에게 실질적인 조세부담의 귀속이 결정된 상태이다.

4. 물품세: 종량세와 종가세

물품세는 특정 상품이나 서비스에 부과하는 간접세로서 종량세와 종가세로 구분할 수 있다.

(1) 종량세

종량세는 과세물건의 수량과 중량 등을 과세표준으로 정하고 단위당 일정금액으로 부과하는 조세이다.

① 생산자에게 종량세(T) 부과 ➡ 공급곡선의 수직 상방 이동

정부가 생산자에게 생산량 1단위당 30원의 정액의 종량세(T = 30원)를 부과하면 총 생산비용(TC)은 조세 부과 전보다 '30q'만큼 증가하고, 한계비용(MC)도 '30'만큼 상승한다.

➡ $TC_0 = aq^2 + bq + c \rightarrow TC_1 = [aq^2 + bq + c] + 30q$

➡ $MC_0 = 2aq + b \qquad \rightarrow MC_1 = [2aq + b] + [T = 30]$

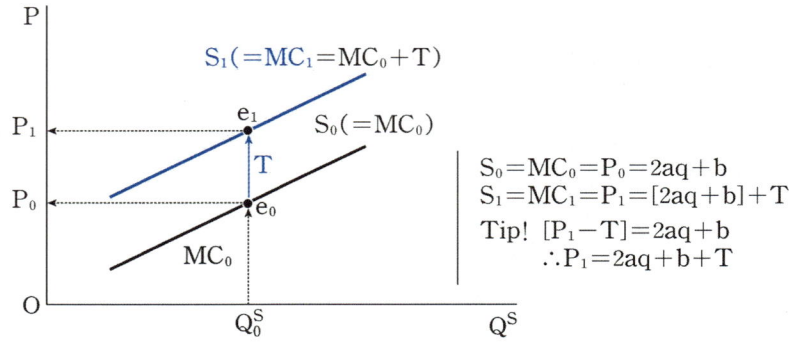

정부가 생산자에게 정액의 종량세(T)를 부과하면 생산자는 T만큼 생산의 한계비용 $[MC_1 = MC_0 + T]$이 상승하므로 시장에 요구하는 유보가격(최소요구판매가격)도 상승한다. 따라서 종량세를 부과받은 생산자는 재화 가격 상승을 통해 소비자에게 조세부담을 완전히 전가시키려 하고, 공급곡선(S = MC)은 종량세(T)만큼 수직 상방으로 이동한다.

② 소비자에게 종량세(T) 부과 ➡ 수요곡선의 수직 하방 이동

정부가 소비자에게 소비량 1단위당 30원의 정액의 종량세(T = 30원)를 부과하면 한계소비로부터 얻는 한계효용(MU)은 '30'만큼 하락한다.

➡ $MU_0 = a - 2bq \rightarrow MU_1 = [a - 2bq] - [T = 30]$

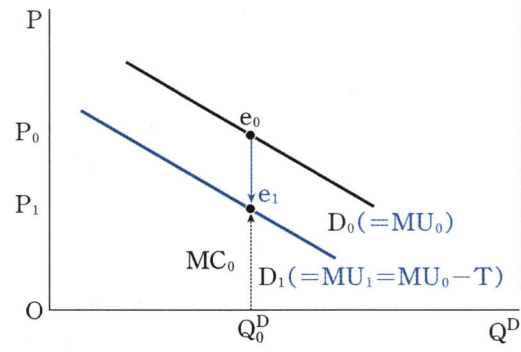

직접세
형식적 납세의무자와 실제 담세자가 일치하는 조세

간접세
형식적 납세의무자와 실제 담세자가 분리될 가능성이 높은 조세

공급곡선의 높이 ➡ [S = P = MC]
공급곡선의 높이(P_x)는 한계생산을 위한 비용의 상승분($\frac{\Delta TC}{\Delta Q_x^S} = MC_x$)만큼 생산자가 시장에 요구하는 최소 판매가격($P_x \geq MC_x$)으로서 생산자의 유보가격(P_x)이다.

수요곡선의 높이 ➡ [D = P = MU]
수요곡선의 높이(P_x)는 한계소비에 따른 효용의 상승분($\frac{\Delta U}{\Delta Q_x^D} = MU_x$)만큼 소비자가 시장에 지불할 용의가 있는 최대 가격($P_x \leq MU_x$)으로서 소비자의 유보가격(P_x)이다.

정부가 소비자에게 정액의 종량세(T)를 부과하면 소비자는 T만큼 한계소비의 한계효용 $[MU_1 = MU_0 - T]$이 하락하므로 시장에 지불할 용의가 있는 최대가격(유보가격)이 하락한다. 따라서 종량세를 부과받은 소비자는 재화 가격 하락을 통해 생산자에게 조세부담을 완전히 전가시키려 하고, 수요곡선(D = MU)은 종량세(T)만큼 수직 하방으로 이동한다.

(2) 종가세

종가세는 과세물건을 화폐금액으로 측정하는 과세표준에 일정한 비율을 곱하여 부과하는 조세이다.

① 생산자에게 종가세(t) 부과 ➡ 공급곡선의 상방 회전이동, $[P_0 = MC = (1-t)P_1]$

기업은 종가세를 부과받기 전과 후의 한계비용(MC)이 동일하므로 생산자는 종가세를 납부한 이후에도 시장에 요구하는 최소요구판매가격$[P_0 = MC = (1-t)P_1]$이 최초와 변함이 없다.

예를 들어 정부가 생산자에게 판매가격 1원당 40%의 종가세(t = 0.4)를 부과하면 생산자의 최소요구판매가격(P)을 대변하는 공급곡선은 다음과 같이 상방으로 회전이동한다.

➡ $S_0 = [P_0 = 20 + q]$

$P_0 = [MC = 20 + q] = (1-t)P_1$

$P_0 = [20 + q] = (1 - 0.4)P_1$

→ $(1 - 0.4)P_1 = 20 + q$

→ $S_1 = [P_1 = \dfrac{1}{1-0.4}(20+q)]$

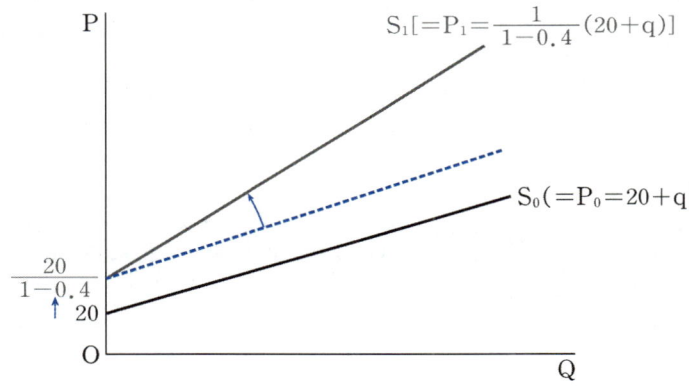

종가세를 부과받은 생산자는 종량세와 동일하게 재화 가격 상승을 통해 소비자에게 조세부담을 완전히 전가시키려 하고 공급곡선이 상방으로 이동한다. 그러나 수직 상방으로 이동하는 종량세와는 달리 가격의 일정비율로 세금을 부과하는 종가세는 생산량이 증가하여 가격이 상승할수록 종가세가 점차 증가하므로 공급곡선은 반시계방향으로 회전이동하면서 상방으로 이동한다.

② 소비자에게 종가세(t) 부과 ➡ 수요곡선의 하방 회전이동, $[P_1 = MU = (1-t)P_0]$

소비자는 종가세를 부과받기 전과 후의 한계소비로부터 얻는 한계효용(MU)이 동일하므로 소비자는 종가세를 납부하기 전과 후에 시장에 지불할 용의가 있는 최대지불용의가격$[P_1 = MU = (1-t)P_0]$이 최초와 변함이 없다.

예를 들어 정부가 소비자에게 판매가격 1원당 40%의 종가세(t = 0.4)를 부과하면 소비자의 최대지불용의가격(P)을 대변하는 수요곡선은 다음과 같이 하방으로 회전이동한다.

➡ $D_0 = [P_0 = 40 - q]$
   $P_1 = [MU = 40 - q] = (1-t)P_0$
   $P_1 = [40 - q] = (1-0.4)P_0$
   → $D_1 = [P_1 = (1-0.4)(40 - q)]$

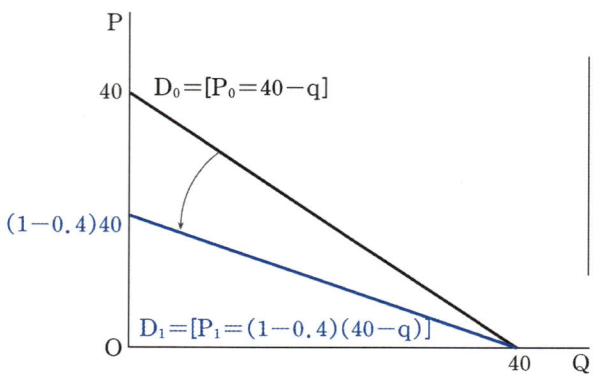

수평절편 → (P, q) = (0, 40)
⇨ P = 0이므로 종가세 부과 전후의 가격이 동일

종가세를 부과받은 소비자는 종량세와 동일하게 재화 가격 하락을 통해 생산자에게 조세부담을 완전히 전가시키려 하고 수요곡선이 하방으로 이동한다. 그러나 수직 하방으로 이동하는 종량세와는 달리 가격의 일정비율로 세금을 부과하는 종가세는 소비량이 감소하여 가격이 상승할수록 종가세가 점차 증가하므로 수요곡선은 수평절편(P = 0)을 중심으로 반시계방향으로 회전이동하면서 하방으로 이동한다.

연습문제

어떤 나라의 커피 시장의 수요곡선은 우하향하고 공급곡선은 우상향한다고 한다. 다음 중 이 나라의 정부가 커피에 대해 조세를 부과할 때 나타날 수 있는 현상으로 옳지 않은 것은?

2022년 국회직 8급

① 단위당 T원의 종량세를 공급자에게 부과했을 때의 커피 거래량과 소비자에게 부과했을 때의 커피 거래량은 동일하다.
② 커피 가격의 t%의 세율로 종가세를 공급자에게 부과했을 때의 커피 거래량과 소비자에게 부과했을 때의 커피 거래량은 동일하다.
③ 종량세를 소비자에게 부과하면 수요곡선은 아래로 평행이동한다.
④ 종가세를 소비자에게 부과하면 수요곡선의 기울기는 완만해진다.
⑤ 종가세를 공급자에게 부과하면 공급곡선의 기울기는 가팔라진다.

> **해설**
> ① 정부가 단위당 일정액의 종량세를 부과하면 수요곡선과 공급곡선은 수직 상하방으로 이동하므로 형식적 담세자와 관계없이 거래량에 미치는 영향은 동일하고 실질 조세부담은 수요와 공급의 상대적 탄력성에 의해 결정된다.
> ② 그러나 가격의 일정 비율로 종가세를 부과하면 수요곡선과 공급곡선이 회전이동하므로 종량세와 달리 누구에게 부과하는지에 따라 거래량에 미치는 영향이 달라진다.
> ③, ④ 종가세를 소비자에게 부과하면 최초보다 조세부담이 가중되어 구매가격이 상승할 때 소비가 더욱 감소하므로 수요는 가격에 더욱 탄력적으로 반응하고 수요곡선의 기울기는 보다 완만해진다.
> ⑤ 종가세를 공급자에게 부과하면 최초보다 조세부담이 가중되어 판매가격이 하락하므로 공급의도가 위축되어 공급은 가격에 더욱 비탄력적으로 반응하고 공급곡선의 기울기는 보다 가팔라진다.
> ▶ ②

5. 조세부과의 효과

소비자는 최초 구매가격(P_0)에서 소비자에게 귀착되는 부담분[$T\dfrac{\eta}{\varepsilon+\eta}$]만큼 조세부과 이후의 구매가격[$P_1 = P_0 + (T\dfrac{\eta}{\varepsilon+\eta})$]이 상승하여 수요량이 줄어들고 소비자잉여도 감소한다.

생산자는 최초 판매가격(P_0)에서 생산자에게 귀착되는 부담분[$T\dfrac{\varepsilon}{\varepsilon+\eta}$]만큼 조세부과 이후의 판매가격[$P_1 = P_0 - (T\dfrac{\varepsilon}{\varepsilon+\eta})$]이 하락하여 공급량이 줄어들고 생산자잉여도 감소한다. 소비자 부담분[$T\dfrac{\eta}{\varepsilon+\eta}$]과 생산자 부담분[$T\dfrac{\varepsilon}{\varepsilon+\eta}$]의 합[$T\dfrac{\eta}{\varepsilon+\eta} + T\dfrac{\varepsilon}{\varepsilon+\eta} = T$]은 조세부과분[$T$]과 일치한다.

(I) 생산자에게 정액의 종량세(T) 부과

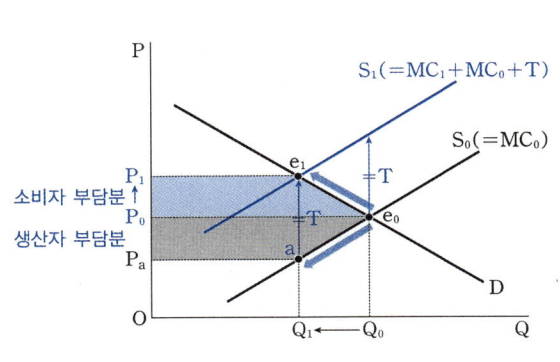

① $P_1 - P_0$
 = 조세부과 이후 단위당 소비자의 구매가격 상승분
 = 소비자 부담분
 = $P_1 - P_0$
 = $T\dfrac{\eta}{\varepsilon+\eta}$

② $T - [P_1 - P_0]$
 = 조세부과 이후 단위당 생산자의 판매가격 하락분
 = 생산자 부담분
 = $P_0 - P_a$
 = $T\dfrac{\varepsilon}{\varepsilon+\eta}$

③ 소비자잉여 감소분($-\Delta CS$) = ▨ $P_1e_1e_0P_0$
④ 생산자잉여 감소분($-\Delta PS$) = ▨ $P_0e_0aP_a$
⑤ 정부 조세수입($\Delta T = +\Delta SW$) = ▨ $P_1e_1aP_a$
⑥ 사중손실 = ▶ $e_1ae_0 = \dfrac{1}{2}\Delta QT$

정부가 생산자에게 생산 1단위당 정액의 종량세(T)를 부과하면 생산자는 부과받은 조세를 재화 가격 상승으로 소비자에게 완전히 전가시키려 하고 공급곡선은 수직 상방으로 이동한다. 그리고 우하향하는 수요곡선에 제약되어 소비자의 구매가격 상승분($P_1 - P_0$)만큼만 소비자에게 전가된다. 소비자에게 전가하지 못한 부분[$T - (P_1 - P_0)$]은 생산자가 부담하는 귀착분이다. 그리고 생산자는 귀착분만큼 판매가격이 하락해 공급량을 감소시키므로 사중손실이 발생한다.

(2) 소비자에게 정액의 종량세(T) 부과

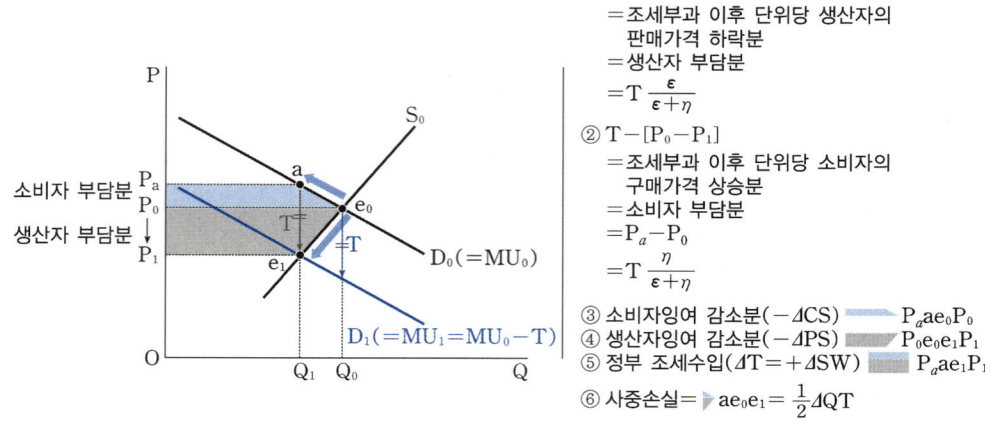

① $P_0 - P_1$
 = 조세부과 이후 단위당 생산자의 판매가격 하락분
 = 생산자 부담분
 = $T \dfrac{\varepsilon}{\varepsilon + \eta}$

② $T - [P_0 - P_1]$
 = 조세부과 이후 단위당 소비자의 구매가격 상승분
 = 소비자 부담분
 = $P_a - P_0$
 = $T \dfrac{\eta}{\varepsilon + \eta}$

③ 소비자잉여 감소분($-\Delta CS$) $P_a a e_0 P_0$
④ 생산자잉여 감소분($-\Delta PS$) $P_0 e_0 e_1 P_1$
⑤ 정부 조세수입($\Delta T = +\Delta SW$) $P_a a e_1 P_1$
⑥ 사중손실 = $a e_0 e_1 = \dfrac{1}{2} \Delta Q T$

정부가 소비자에게 구매 1단위당 정액의 종량세(T)를 부과하면 소비자는 부과받은 조세를 재화 가격 하락으로 생산자에게 완전히 전가시키려 하고 수요곡선이 수직 하방으로 이동한다. 그리고 우상향하는 공급곡선에 제약되어 생산자의 판매가격 하락분($P_0 - P_1$)만큼만 생산자에게 전가된다. 생산자에게 전가하지 못한 부분[$T - (P_0 - P_1)$]은 소비자에게 귀착되는 부담분이다. 그리고 소비자는 귀착분만큼 구매가격이 상승하여 소비량을 감소시키므로 사중손실이 발생한다.

(3) 형식적 납세자와 무관한 조세부과 효과

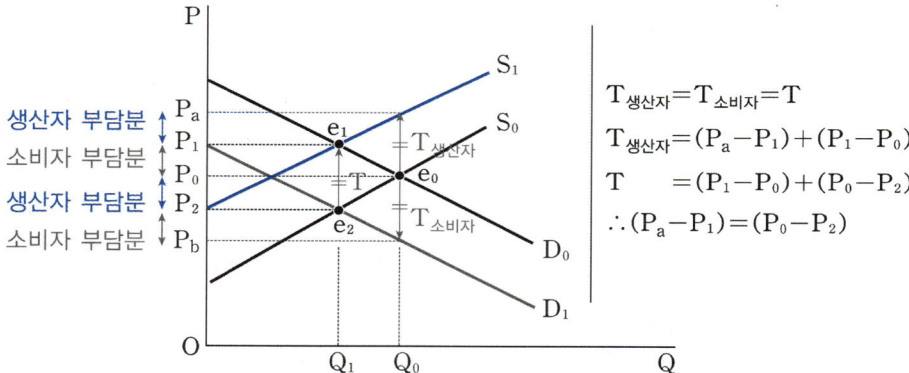

$T_{생산자} = T_{소비자} = T$
$T_{생산자} = (P_a - P_1) + (P_1 - P_0)$
$T \quad = (P_1 - P_0) + (P_0 - P_2)$
$\therefore (P_a - P_1) = (P_0 - P_2)$

정부가 소비자에게 부과하든 아니면 생산자에게 부과하든 형식적 납세자와 무관하게 동일액의 정액세($T_{생산자} = T_{소비자}$)를 부과하면 조세부과의 효과는 동일하다.

(4) **수요가 탄력적일수록 생산자의 조세부담 증가**

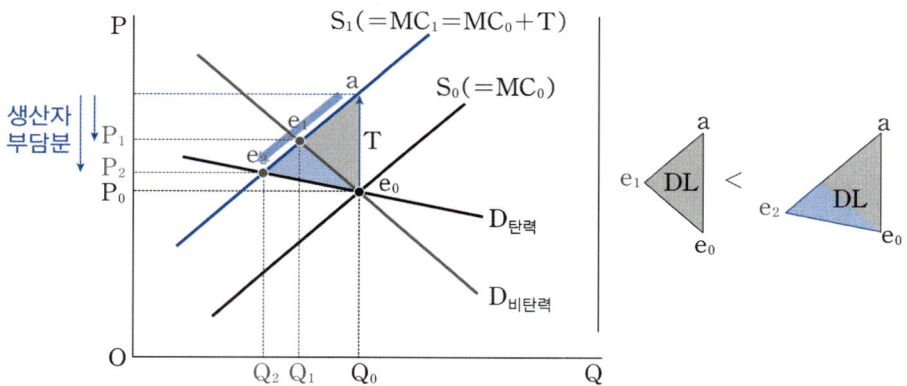

정부가 생산자에게 단위당 정액의 종량세(T)를 부과하면 수요의 가격탄력성이 클수록 생산자 부담이 증가한다. 그리고 생산자는 조세부담 증가로 인한 생산비용의 증가분을 생산량 감소로 대응하므로 시장 거래량이 줄고 사중손실이 확대된다. 따라서 사중손실은 수요의 가격탄력성(ε)이 클수록 확대된다.

(5) **공급이 탄력적일수록 소비자의 조세부담 증가**

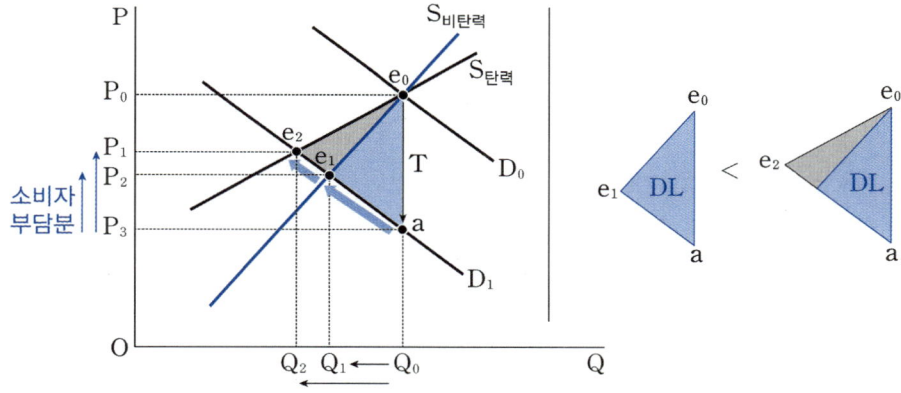

정부가 소비자에게 단위당 정액의 종량세(T)를 부과하면 공급의 가격탄력성이 클수록 소비자 부담이 증가한다. 그리고 조세부담 증가로 인한 세후 구매가격의 상승으로 소비자의 수요량이 감소하므로 시장 거래량도 줄고 사중손실이 확대된다. 따라서 사중손실은 공급의 가격탄력성(η)이 클수록 확대된다.

(6) **조세의 상대적 부담**

수요의 가격탄력성(ε)이 클수록 생산자에게 귀착되는 조세부담이 증가하고, 공급의 가격탄력성(η)이 클수록 소비자에게 귀착되는 조세부담이 증가한다. 따라서 소비자의 실질 조세부담은 공급탄력성(η)과 비례하고, 생산자의 실질 조세부담은 수요탄력성(ε)과 비례하므로 다음과 같은 식을 도출할 수 있다.

➡ $\dfrac{\text{소비자 귀착분}}{\text{생산자 귀착분}} = \left[\dfrac{\eta}{\varepsilon}\right]$

➡ $\dfrac{\text{소비자 귀착분}}{\text{생산자 귀착분}} = [\dfrac{\eta}{\varepsilon} = \dfrac{\dfrac{\eta}{\varepsilon+\eta}}{\dfrac{\varepsilon}{\varepsilon+\eta}} = \dfrac{T\dfrac{\eta}{\varepsilon+\eta}}{T\dfrac{\varepsilon}{\varepsilon+\eta}}]$

➡ 소비자 귀착분 $= T\dfrac{\eta}{\varepsilon+\eta}$

➡ 생산자 귀착분 $= T\dfrac{\varepsilon}{\varepsilon+\eta}$

(7) 특수한 경우의 조세부담 귀착

① 수요는 완전 비탄력적

➡ $[\varepsilon = 0,\ \eta \neq 0]$, 소비자 100% 부담

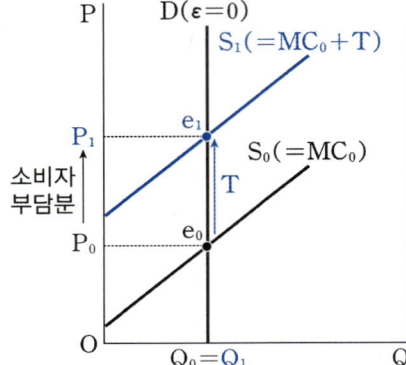

➡ 소비자 부담분 $= T \times \dfrac{\eta}{\varepsilon[=0]+\eta} = T$

➡ 생산자 부담분 $= T \times \dfrac{\varepsilon[=0]}{\varepsilon[=0]+\eta} = 0$

② 수요는 완전 탄력적

➡ $[\varepsilon = \infty,\ \eta \neq 0]$, 생산자 100% 부담

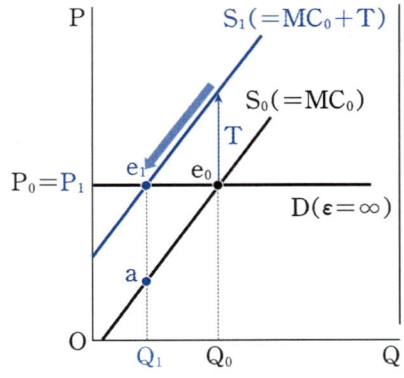

➡ 소비자 부담분 $= T \times \dfrac{\eta}{\varepsilon[=\infty]+\eta} = 0$

➡ 생산자 부담분 $= T \times \dfrac{\varepsilon[=\infty]}{\varepsilon[=\infty]+\eta} = T$

③ 공급은 완전 비탄력적
  ➡ [$\varepsilon \neq 0, \eta = 0$], 생산자 100% 부담

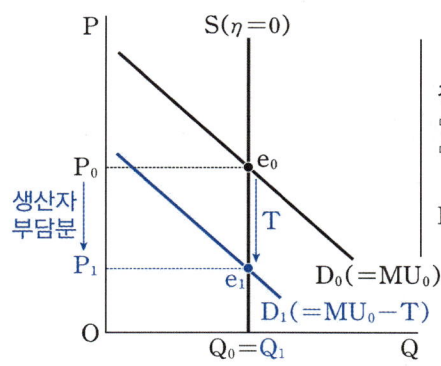

  ➡ 소비자 부담분 $= T \times \dfrac{\eta[=0]}{\varepsilon + \eta[=0]} = 0$

  ➡ 생산자 부담분 $= T \times \dfrac{\varepsilon}{\varepsilon + \eta[=0]} = T$

④ 공급은 완전 탄력적
  ➡ [$\varepsilon \neq 0, \eta = \infty$], 소비자 100% 부담

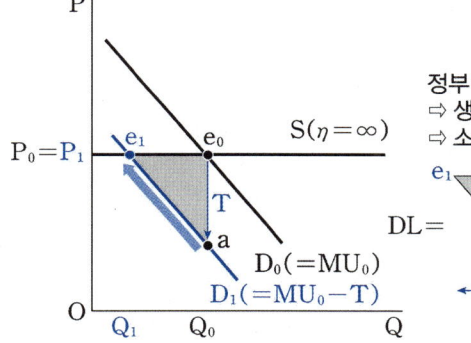
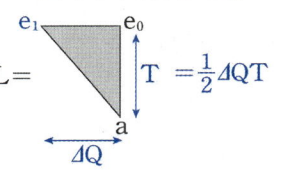

  ➡ 소비자 부담분 $= T \times \dfrac{\eta[=\infty]}{\varepsilon + \eta[=\infty]} = T$

  ➡ 생산자 부담분 $= T \times \dfrac{\varepsilon}{\varepsilon + \eta[=\infty]} = 0$

(8) 사중손실

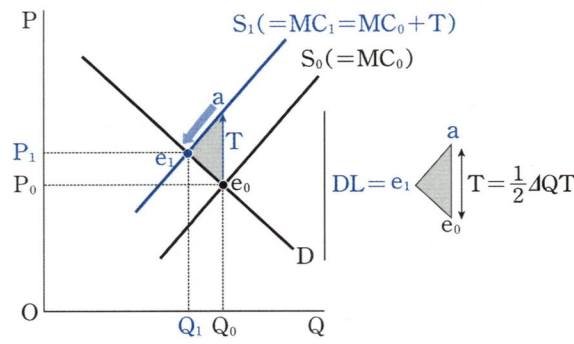

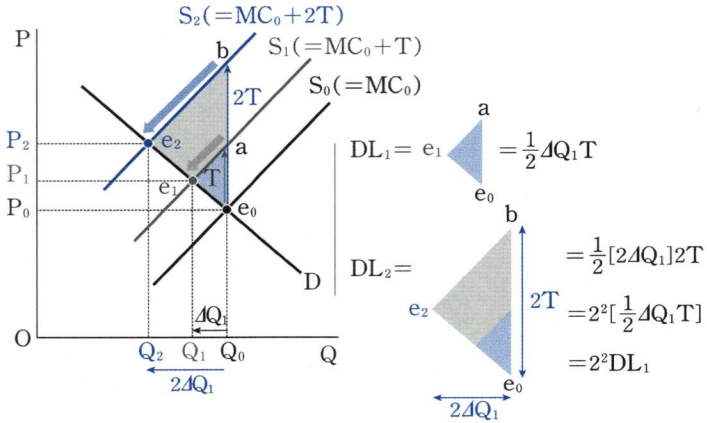

$T = t \cdot P$ (단, t는 세율)
$\Delta P = t \cdot P$
$\varepsilon_P = -\dfrac{\Delta Q}{\Delta P} \cdot \dfrac{P}{Q}$

➡ $DL = -\dfrac{1}{2} \Delta Q T$

$= -\dfrac{1}{2}\left[\dfrac{\Delta Q}{\Delta P} \cdot \dfrac{P}{Q}\right] \Delta P \cdot \dfrac{Q}{P} \cdot T$

$= -\dfrac{1}{2}[-\varepsilon_P] \cdot t \cdot P \cdot \dfrac{Q}{P} \cdot tP$

$= -\dfrac{1}{2} t^2 \cdot \varepsilon_P \cdot PQ$

① 조세가 2배(= 2T)로 증가하면 거래량도 2배(= 2ΔQ_1)로 감소하므로 사중손실(DL)은 세율(T = tP)의 제곱(t^2)에 비례한다.

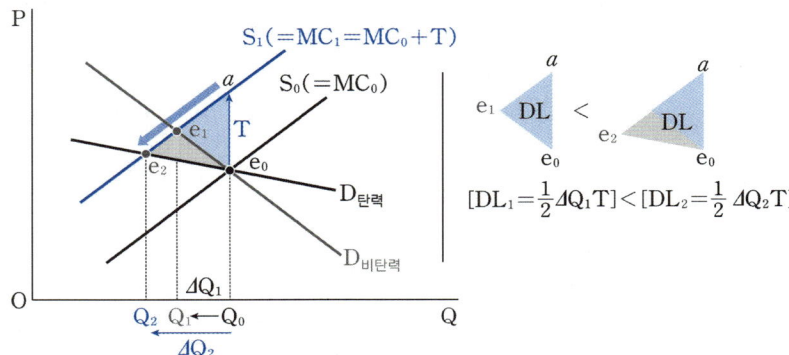

② 그리고 공급과 수요가 가격에 탄력적일수록 거래량이 더욱 크게 감소되므로 사중손실도 더욱 확대된다.

연습문제

1. 종량세(specific tax) 부과의 효과에 대한 설명으로 옳지 않은 것은?   2019년 지방직 7급
① 공급의 가격탄력성이 완전 탄력적인 재화의 공급자에게 종량세를 부과할 경우 조세 부담은 모두 소비자에게 귀착된다.
② 종량세가 부과된 상품의 대체재가 많을수록 공급자에게 귀착되는 조세부담은 작아진다.
③ 수요와 공급의 가격탄력성이 큰 재화일수록 종량세 부과의 자중손실이 크다.
④ 종량세 부과가 균형거래량을 변동시키지 않는다면 종량세 부과는 자중손실을 발생시키지 않는다.

해설
① 공급의 가격탄력성이 완전 탄력적($\eta = \infty$)이면 생산자의 조세부담분은 0이 되고 소비자가 모두 부담한다.

생산자의 조세부담분 $= T \times \dfrac{\epsilon}{\epsilon + \eta}$

소비자의 조세부담분 $= T \times \dfrac{\eta}{\epsilon + \eta}$

② 종량세가 부과된 상품의 대체재가 많을수록 수요는 가격에 대해 탄력적이므로 보다 탄력적인 소비자가 공급자에게 조세부담을 전가하고 공급자에게 귀착되는 조세부담은 증가한다.
③ 수요와 공급의 가격탄력성이 클수록 종량세 부과로 인한 가격변동에 대해 수요와 공급의 감소폭이 커지므로 자중손실이 더욱 확대된다.
④ 수요와 공급이 완전 비탄력이면 종량세를 부과해도 균형거래량이 불변이므로 자중손실을 발생시키지 않는다.

▶ ②

2. 어느 기업이 생산하는 물품에 대해 종량세를 부과하는 경우, 소비자에게 전가되는 조세 부담이 가장 큰 것은? (단, 종량세의 세율은 같고, 해당 물품에 대한 수요곡선은 우하향하는 직선이고 공급곡선은 우상향하는 직선이다)   2022년 국가직 9급
① 수요의 가격탄력성은 0.2, 공급의 가격탄력성은 1.8
② 수요의 가격탄력성은 0.3, 공급의 가격탄력성은 0.7
③ 수요의 가격탄력성은 0.7, 공급의 가격탄력성은 0.3
④ 수요의 가격탄력성은 1.8, 공급의 가격탄력성은 0.2

해설
정부가 소비자와 생산자 중에서 누구에게 조세를 부과하든 보다 탄력적인 경제주체가 비탄력적인 경제주체에게 조세를 전가하므로 실질적인 조세부담은 수요와 공급의 상대적 탄력성에 의해 결정된다.
① $\varepsilon : \eta = 0.2 : 1.8 = 1 : 9$

    소비자의 조세부담분 $= T \times \dfrac{9}{1+9}$

② $\varepsilon : \eta = 0.3 : 0.7 = 3 : 7$

    소비자의 조세부담분 $= T \times \dfrac{7}{3+7}$

📝 생산자의 조세부담분 $= T \dfrac{\varepsilon}{\varepsilon + \eta}$

📝 소비자의 조세부담분 $= T \dfrac{\eta}{\varepsilon + \eta}$

③ $\varepsilon : \eta = 0.7 : 0.3 = 7 : 3$

소비자의 조세부담분 $= T \times \dfrac{3}{7+3}$

④ $\varepsilon : \eta = 1.8 : 0.2 = 9 : 1$

소비자의 조세부담분 $= T \times \dfrac{1}{9+1}$

▶ ①

3. X재에 부과되던 물품세가 단위당 T에서 3T로 증가하였다. 그리고 X재에 대한 수요곡선은 우하향하는 직선이며, 공급곡선은 우상향하는 직선이다. 조세부과와 관련된 설명으로 옳지 않은 것은?

① 조세수입이 3배보다 작게 증가한다.
② 사중손실(deadweight loss)의 크기가 9배 증가한다.
③ 물품세를 부과할 때 사중손실은 단기보다 장기에서 더 작게 발생한다.
④ 새로운 균형에서 수요의 가격탄력성은 커진다.

해설

① 조세를 부과하면 시장거래량이 감소하므로 조세수입은 3배보다 작게 증가한다.
② 사중손실(deadweight loss)은 조세의 제곱에 비례하여 발생하므로 조세가 3배 증가하면 사중손실은 9배로 증가한다.
③ 장기일수록 수요와 공급이 보다 탄력적으로 변화되므로 조세부과에 따른 사중손실은 더욱 커진다.
④ 정부가 조세를 생산자와 소비자 누구에게 부과하든 소비자의 조세부담분만큼 구매가격은 상승한다. 따라서 수요곡선이 우하향하는 직선이면 소비자의 구매가격이 상승할수록 수요의 가격탄력성은 더욱 커진다.

▶ ③

4. 甲국에서 X재에 대한 국내 수요곡선과 국내 공급곡선은 다음과 같다.

- 국내 수요곡선: $Q_D = 700 - P$
- 국내 공급곡선: $Q_S = 200 + 4P$

소비자에게 X재 1개당 10의 세금이 부과될 때, 소비자가 지불하는 가격(P_B)과 공급자가 받는 가격(P_S)을 바르게 연결한 것은? (단, Q_D는 국내 수요량, Q_S는 국내 공급량, P는 X재 가격이다)

2021년 지방직 7급

	P_B	P_S		P_B	P_S
①	98	108	②	108	98
③	100	110	④	110	100

해설

정부가 단위당 일정액의 종량세를 부과할 때 소비자와 생산자 중에서 누구에게 조세를 부과하든 보다 탄력적인 경제주체가 비탄력적인 경제주체에게 조세를 전가하므로 수요와 공급의 상대적 탄력성에 의해 실질적인 조세부담이 결정된다.

$$\varepsilon = -\dfrac{\dfrac{\Delta x}{x} \times 100\%}{\dfrac{\Delta p_x}{p_x} \times 100\%} = -\dfrac{\Delta Q^D}{\Delta P} \cdot \dfrac{P}{Q^D} = -(-1) \cdot \dfrac{P}{Q}$$

Tip

본 문제는 계산형 문제가 아니다. 수요곡선과 공급곡선 모두 수직선이나 수평선이 아니므로 어느 일방이 조세를 100% 부담하지 않는다. 따라서 ③과 ④는 답이 될 수 없다. 그리고 조세를 부과하면 세후 소비자가 지불하는 구매가격(P_B)은 상승하고 공급자가 받는 판매가격(P_S)은 하락하므로 ①도 답이 될 수 없다.

$$r = \frac{\frac{\Delta x}{x} \times 100\%}{\frac{\Delta p_x}{p_x} \times 100\%} = \frac{\Delta Q^S}{\Delta P} \cdot \frac{P}{Q^S} = 4 \cdot \frac{P}{Q}$$

$\varepsilon : \eta = 1 : 4$

생산자의 조세부담분 $= T\dfrac{\varepsilon}{\varepsilon + \eta} = 10 \times \dfrac{1}{1+4} = 2$

소비자의 조세부담분 $= T\dfrac{\eta}{\varepsilon + \eta} = 10 \times \dfrac{4}{1+4} = 8$

소비자가 지불하는 가격(P_B) = 최초 가격(100) + 소비자의 조세부담분(8) = 108
공급자가 받는 가격(P_S) = 최초 가격(100) − 생산자의 조세부담분(2) = 98

▶ ②

Ⅶ 생산보조금의 귀속

1. 의의

(1) 농업 보조금, 에너지 보조금과 같은 생산보조금(Production Subsidy)은 정부가 특정 산업의 발전이나 상품의 생산을 촉진하기 위해 생산자에게 지급하는 재정지원이다. 정부가 생산자에게 생산량 1단위당 일정액의 보조금(S)을 지급하면 생산의 한계비용이 S만큼 하락하여 공급곡선이 수직 하방으로 이동하고 균형거래량이 증가한다.

(2) 이는 단위당 S만큼의 보조금은 수요와 공급의 상대적 탄력성에 의해 소비자와 생산자에게 귀속분이 결정되는데 소비자 귀속분[$S\dfrac{\eta}{\varepsilon + \eta}$]만큼 소비자의 구매가격[$P_1 = P_0 - (S\dfrac{\eta}{\varepsilon + \eta})$]이 하락하여 소비욕구가 증가하고, 생산자 귀속분[$S\dfrac{\varepsilon}{\varepsilon + \eta}$]만큼 생산자의 판매가격[$P_1 = P_0 + (S\dfrac{\varepsilon}{\varepsilon + \eta})$]이 상승하여 공급의도가 확대되기 때문이다.

(3) 그러나 소비자잉여 증가분과 생산자잉여 증가분 합이 정부의 생산보조금지출액에 미치지 못하므로 사중손실이 발생한다.

2. 생산보조금 효과

(1) 공급곡선의 수직 하방이동

정부가 생산자에게 생산량 1단위당 50원의 정액의 보조금(S = 50원)을 지급하면 총생산비용(TC)은 보조금 수령 전보다 '50q'만큼 감소하고, 한계비용(MC)도 '50'만큼 하락한다.

$TC_0 = aq^2 + bq + c \rightarrow TC_1 = [aq^2 + bq + c] - 50q$

$MC_0 = 2aq + b \quad\quad \rightarrow MC_1 = [2aq + b] - [S = 50]$

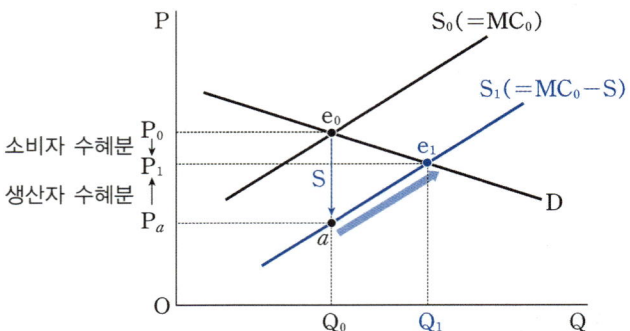

정부가 생산자에게 정액의 보조금(S)을 지급하면 생산자는 S만큼 생산의 한계비용[$MC_1 = MC_0 - S$]이 하락하므로 시장에 요구하는 유보가격(최소요구판매가격)도 하락한다. 그리고 더 많은 보조금을 수령하여 생산량을 늘려 이윤을 극대화하기 위해서는 소비자의 구매량이 증가해야하므로 소비자의 구매가격이 하락해야 한다. 따라서 생산보조금을 수령한 기업은 단위당 지급받은 보조금(S)만큼 공급곡선(S = MC)이 수직 하방으로 이동한다.

(2) 사중손실의 발생

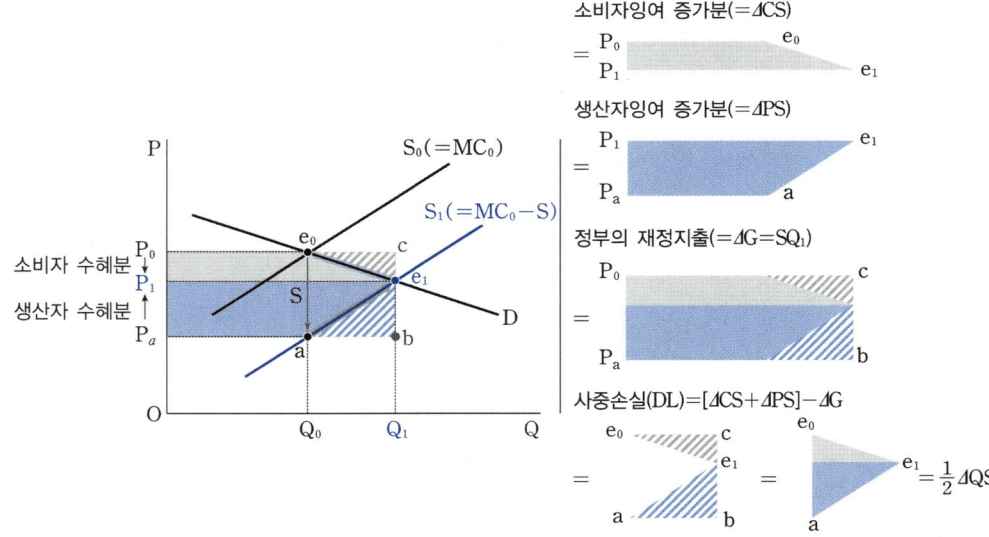

정부가 단위당 정액의 보조금(S)을 생산자에게 지급하면 수요와 공급의 상대적 탄력성에 의해 귀속분이 결정된다. 소비자는 귀속분만큼 구매가격이 하락하므로 소비량을 늘리고 소비자잉여가 증가한다. 생산자도 귀속분만큼 판매가격이 상승하므로 생산량을 늘려 생산자잉여가 증가한다. 그러나 소비자잉여 증가분과 생산자잉여 증가분 합이 정부의 생산보조금 재정지출분보다 작아 사중손실이 발생한다.

(3) **보조금의 귀속**

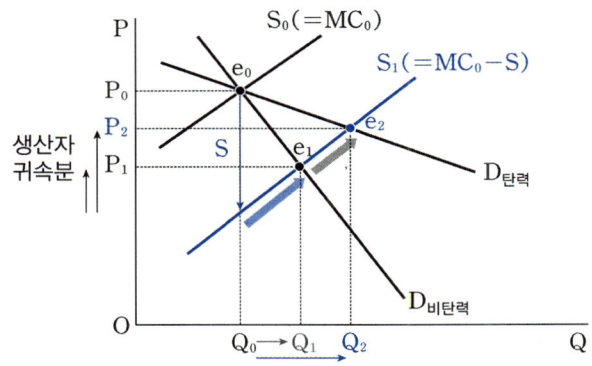

① 생산보조금을 수령한 기업은 감소한 생산비용을 재투자하여 더 높은 이윤을 얻기 위해 생산량을 늘리려 한다. 이때 기업은 우하향하는 수요곡선에 제약되므로 판매량을 증가시키기 위해서는 소비자의 구매가격을 낮춰주어야 한다.

② 수요가 가격에 비탄력적이면 소비량을 증가시키기 위해 판매가격을 대폭 하락시켜야 한다. 그러므로 수요가 비탄력적일수록 생산자에게 귀속되는 보조금 수혜분은 작아지고 생산량도 소폭 증가한다.

③ 수요가 가격에 탄력적이면 소비량을 증가시키기 위해 판매가격을 조금만 하락시켜도 소비량이 대폭 증가한다. 따라서 생산자에게 귀속되는 보조금 수혜분이 커서 생산량도 대폭 증가한다.

④ 수요의 가격탄력성(ε)이 클수록 생산자가 수혜하는 보조금 귀속분이 증가한다. 수요의 가격탄력성(ε)이 작을수록, 즉 상대적으로 공급의 가격탄력성(η)이 클수록 소비자에게 귀속되는 보조금이 증가한다. 그러므로 생산보조금 중에서 소비자의 귀속분은 공급탄력성(η)과 비례하고, 생산자의 귀속분은 수요탄력성(ε)과 비례하므로 다음과 같은 식을 도출할 수 있다.

➡ $\dfrac{\text{소비자 귀속분}}{\text{생산자 귀속분}} = [\dfrac{\eta}{\varepsilon}]$

➡ $\dfrac{\text{소비자 귀속분}}{\text{생산자 귀속분}} = [\dfrac{\eta}{\varepsilon} = \dfrac{\frac{\eta}{\varepsilon+\eta}}{\frac{\varepsilon}{\varepsilon+\eta}} = \dfrac{S\frac{\eta}{\varepsilon+\eta}}{S\frac{\varepsilon}{\varepsilon+\eta}}]$

➡ 소비자 귀속분 $= S\dfrac{\eta}{\varepsilon+\eta}$

➡ 생산자 귀속분 $= S\dfrac{\varepsilon}{\varepsilon+\eta}$

> **연습문제**

1. 정부가 X재에 대하여 종량세 부과 또는 보조금 지급을 고려하고 있다. (가), (나)에 들어갈 말을 바르게 연결한 것은? (단, 시장은 수요와 공급 법칙을 따른다) **2023년 지방직 7급**

- X재 수요의 가격탄력성이 작을수록 ㅤ(가)ㅤ 의 세금부담이 커진다.
- X재 공급의 가격탄력성이 클수록 ㅤ(나)ㅤ 의 보조금 혜택이 커진다.

	(가)	(나)		(가)	(나)
①	소비자	소비자	②	소비자	생산자
③	생산자	소비자	④	생산자	생산자

해설

(가) 생산자의 조세부담분 = $T\dfrac{\varepsilon}{\varepsilon+\eta}$

　　소비자의 조세부담분 = $T\dfrac{\eta}{\varepsilon+\eta}$

　　수요의 가격탄력성(ε)이 작을수록 생산자의 조세부담분은 작아지고 소비자의 조세부담분은 증가한다.

(나) 생산자의 보조금 수혜분 = $S\dfrac{\varepsilon}{\varepsilon+\eta}$

　　소비자의 보조금 수혜분 = $S\dfrac{\eta}{\varepsilon+\eta}$

　　공급의 가격탄력성(η)이 클수록 생산자의 보조금 수혜분은 작아지고 소비자의 보조금 수혜분은 증가한다.

▶ ①

2. A국에서 어느 재화의 수요곡선은 $Q_d = 280 - 3P$이고, 공급곡선은 $Q_s = 10 + 7P$이다. A국 정부는 이 재화의 가격상한을 20원으로 설정하였고, 이 재화의 생산자에게 보조금을 지급하여 공급량을 수요량에 맞추고자 한다. 이 조치에 따른 단위당 보조금은? (단, P는 이 재화의 단위당 가격이다) **2018년 국가직 7급**

① 10원　　② 12원
③ 14원　　④ 16원

해설

최초 시장균형가격
➡ $[Q_d = 280 - 3P] = [Q_s = 10 + 7P]$
∴ P = 27

소비자를 보호하기 위해 시장균형가격보다 낮은 수준에서 상한가격[$P_{상한가격} = 20$]을 설정하면 $[Q_d = 280 - 3 \times 20 = 220]$의 수요량이 발생한다.

정부가 생산자에게 단위당 S의 보조금을 지급하면 생산의 한계비용이 S만큼 하락하여 공급곡선은 S만큼 수직으로 하방이동한다.

P = $[\dfrac{1}{7}Q^S - \dfrac{10}{7}] - S$

그리고 이 수직으로 하방이동한 공급곡선 상에서 (P, Q) = (20, 220)의 조합이 위치하므로,

S = $[\dfrac{1}{7}Q^S - \dfrac{10}{7}] - P = \dfrac{220}{7} - \dfrac{10}{7} - 20 = 10$

▶ ①

3. 어떤 재화의 수요와 공급함수는 아래와 같다. 정부가 공급자에게 생산량 1단위당 30씩의 보조금을 지급할 때, 정부의 보조금 지출 총액(A)과 보조금으로 인한 후생손실(B)의 비율(A : B)로 옳은 것은?

2023년 국회직 8급

- 수요함수: $P = 100 - \frac{1}{2}Q_D$
- 공급함수: $P = 40 + \frac{1}{4}Q_S$

① 2 : 1
② 3 : 1
③ 4 : 1
④ 5 : 1
⑤ 6 : 1

해설

공급곡선의 높이는 한계생산에 따른 한계비용(MC)만큼 생산자가 시장에 요구하는 최소판매가격이다. 정부가 공급자에게 생산량 1단위당 30씩의 보조금을 지급하면 1단위당 30만큼 생산의 한계비용이 하락하므로 공급곡선(역공급함수 $P = 40 + \frac{1}{4}Q_S$)은 30만큼 수직 하방으로 이동한다.

➡ $P' = 40 + \frac{1}{4}Q_S - 30$

최초 균형 (P, Q) = (60, 80)이 보조금 지급 이후 (P, Q) = (40, 120)으로 가격은 하락하고 거래량은 증가한다.

보조금 지출 총액 = 120 × 30 = 3600

사중손실 = [120 − 80] × 30 × $\frac{1}{2}$ = 600

▶ ⑤

4. 甲국에서 X재에 대한 국내 수요곡선과 국내 공급곡선은 다음과 같다.

- 국내 수요곡선: $Q_D = 100 - P$
- 국내 공급곡선: $Q_S = P$

甲국 정부가 X재의 최저가격을 $P = 60$으로 설정하는 대신 X재를 구입하는 소비자에게 단위당 일정액의 보조금을 지급하려고 한다. 甲국 정부가 최저가격 설정 전의 거래량을 유지하고자 할 때 필요한 보조금의 총액은? (단, Q_D는 국내 수요량, Q_S는 국내 공급량, P는 X재 가격이다)

2021년 지방직 7급

① 250
② 500
③ 750
④ 1,000

Tip
최저가격이 도입되면 공급곡선이 변화한다. 변화된 공급곡선과 보조금 수령 이후 수직 상방으로 이동한 수요곡선이 최초 50의 균형 거래량과 일치하기 위해서는 수요곡선이 10만큼만 수직 상방으로 이동하면 되므로 1단위당 보조금은 10이다.

해설

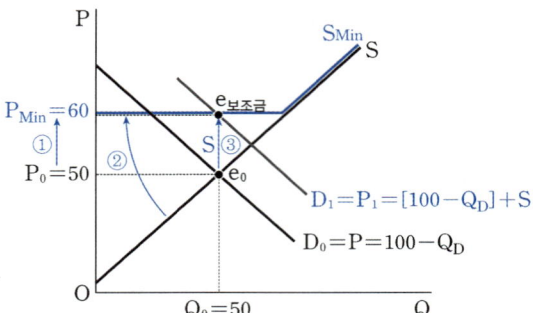

시장균형가격보다 높은 수준에서 최저가격($P=60$)을 설정하면 가격상승으로 구매부담이 가중된 소비자는 소비를 50에서 40으로 줄인다. 이때 최초 소비수준 50을 유지하기 위해 단위당 S의 보조금을 지출하면 수요곡선은 S만큼 수직 상방으로 이동한다. 이동한 수요곡선[$D_1 = P_1 = 100 - Q_D + S$] 상에서 60의 가격으로 50을 소비하므로 $60 = 100 - 50 + S$이고 단위당 보조금(S)은 10이다. 따라서 50의 소비량에 대해 단위당 10의 보조금을 지급하므로 정부의 보조금 지출총액은 500($= 50 \times 10$)이다.

▶ ②

MEMO

 정용수 경제학 미시편

Chapter 5 전통적 소비자선택이론
Chapter 6 소비자선택이론의 응용
Chapter 7 현시선호이론
Chapter 8 기대효용이론

PART

02

소비자 이론

CHAPTER 05 전통적 소비자선택이론

I 의의

전통적인 소비자선택이론은 효용함수와 무차별곡선 그리고 한계원리를 통해 개인의 효용극대화 최적 선택을 설명한다. 그리고 가격효과에 의해 우하향하는 수요곡선을 도출하고 가격소비곡선(PCC)과 소득소비곡선(ICC)을 통해 소비자의 선호를 분석한다.

II 효용

효용(Utility)은 소비자가 특정 상품이나 서비스를 소비함으로써 얻는 주관적인 만족, 행복, 기쁨을 측정하는 지표이다.

1. 기수적 효용 ➡ 효용함수

$$U(x, y) = 3xy^2$$
$$U_0(1, 2) = 12, \quad U_1(3, 4) = 144$$
$$\Delta U = U_1 - U_0 = 132$$

U_1은 U_0보다 132의 높은 효용을 얻는다. 이처럼 효용함수는 개인의 주관적인 만족을 절대적인 수치, 즉 기수적 효용으로 측정한다.

2. 서수적 효용 ➡ 무차별곡선

$$U_0(1, 2) < U_1(3, 4), \quad U_0보다\ U_1을\ 선호$$

x재와 y재가 재화(goods)이면 x재와 y재를 각각 더 많이 소비할수록 효용수준이 높다. 이처럼 서수적 효용은 효용의 절대적 수치는 알 수 없고 우열관계(순서)만을 측정한다.

📝 **재화**(goods)
소비가 증가하면 효용이 상승하는 상품

📝 **비재화**(bads)
소비가 증가하면 효용이 하락하는 상품

III 효용함수

$$U = F(X, Y)$$

1. 총효용과 한계효용

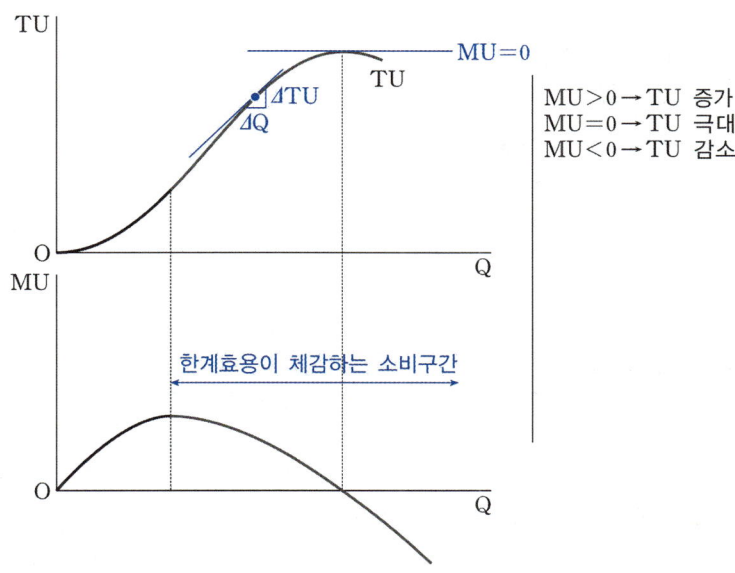

(1) 총효용
① 총효용(Total Utility)은 소비자가 특정 상품이나 서비스를 소비할 때 모든 단위로부터 얻는 주관적 만족의 총합이다.
② 재화(goods)는 소비량이 증가할수록 총효용이 증가하지만 일정 수준을 넘어서면 총효용이 감소하는 경험적 사실이 관찰된다.

(2) 한계효용
① 한계효용(Marginal Utility)은 소비자가 추가적으로 1단위 더 소비할 때, 즉 한계소비로부터 획득하는 총효용의 증가분이다.
② $MU = \dfrac{\Delta TU}{\Delta Q}$ ➡ $\Delta Q \times MU = \Delta TU$

한계효용(MU)은 총효용을 미분하여 계산하고, 총효용곡선의 접선의 기울기가 한계효용이다.

(3) 한계효용체감의 법칙

한계효용체감의 법칙(Law of Diminishing Marginal Utility)은 다른 재화의 소비량이 불변인 상태에서 일정 소비량 이후부터 재화 소비를 1단위 늘릴 때, 즉 한계소비로부터 발생하는 효용의 증가분인 한계효용(MU)이 점차 감소하는 경험적 사실을 의미한다.

📝 $\sum MU$ = TU
➡ 한계효용을 모두 더하여 적분하면 총효용

재화 소비량	총효용(U)	한계효용(MU)
Q = 3	20	
Q = 4	30	10[= 30 − 20]
Q = 5	38	8[= 38 − 30]
Q = 6	42	4[= 42 − 38]

➡ 재화(goods) 소비가 증가할수록 효용의 상승분이 점차 감소: $+10 \rightarrow +8 \rightarrow +4$
➡ 재화(goods) 소비가 감소할수록 효용의 하락분이 점차 증가: $-4 \rightarrow -8 \rightarrow -10$

(4) 총효용과 한계효용의 관계

① [MU > 0]이면 TU는 증가
② [MU = 0]이면 TU는 불변(극대)
③ [MU < 0]이면 TU는 감소

Ⅳ 무차별곡선이론

1. 의의

전통적 소비자선택이론은 무차별곡선과 예산선을 이용하여 소비자의 효용극대화 선택과정을 분석한다. 개인의 주관적인 만족을 서수적으로 측정하는 무차별곡선이론은 소비자선호의 기본공리를 충족하는 합리적 소비자만을 분석의 대상으로 관찰한다. 이때 소비자선호의 기본공리를 매개로 기수적 효용함수와 서수적 효용의 무차별곡선이론이 연결되어 소비자의 효용극대화 행동원리를 최적으로 설명할 수 있다.

2. 소비자선호의 공리

> **공리**
> 지극히 당연하고 자명한 진리여서 별도의 증명 없이 참으로 인정되는 원칙이나 명제

일반적으로 이하의 공리(Axiom)를 충족한 소비자를 합리적 경제주체로 전제한다.

(1) 완비성(= 완전성)

소비자는 자신의 선호에 대한 완전한 정보를 보유한다.
➡ [$U_{참외} > U_{수박}$ or $U_{참외} < U_{수박}$ or $U_{참외} = U_{수박}$]
예를 들어 소비자는 참외와 수박을 소비할 때 자신이 어느 재화로부터 더 높은 효용을 얻는지 혹은 무차별한지 비교하여 선택할 수 있다.

(2) 이행성 ➡ 선호의 일관성

소비자가 사과를 배보다 선호하고 배를 귤보다 선호한다면 소비자는 언제나 사과를 귤보다 선호한다.
➡ If ($U_{사과} > U_{배}$) & ($U_{배} > U_{귤}$), Then ($U_{사과} > U_{귤}$).

(3) 연속성

소비자의 효용은 급격하게 증가하거나 감소하지 않는다.

(4) 단조성

소비자의 효용은 소비량의 변화에 반드시 반응한다. 재화(goods) 소비량이 증가할수록 효용수준도 지속적으로 증가한다(The more, The better.).

(5) 볼록성

소비자는 극단의 소비보다 균형의 소비를 선호한다.

3. 무차별곡선

(1) 정의

무차별곡선(Indifference Curve)은 개인의 동일한 효용수준을 보장하는 x재와 y재의 소비조합[= (x, y)]을 연결한 궤적이다. 따라서 동일한 무차별곡선 상에 위치한 소비조합은 효용수준이 동일하므로 소비자에게는 무차별한 소비조합이다.

📝 단, x재와 y재는 모두 재화(goods)임.

(2) 특징

① 우하향하는 무차별곡선

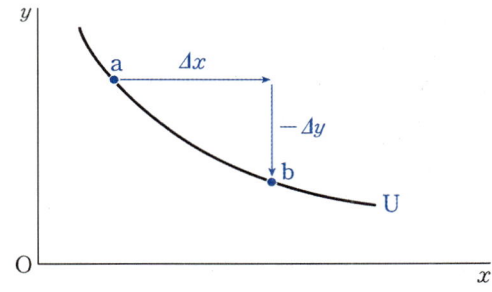

재화(goods)인 x재 소비(Δx)를 늘리면 효용이 증가하므로 동일한 효용을 유지하기 위해서는 재화(goods)인 y재 소비($-\Delta y$)를 줄여야 한다. 따라서 x재와 y재가 모두 재화(goods)이면 무차별곡선은 우하향한다.

② 우상방에 위치할수록 높은 효용수준

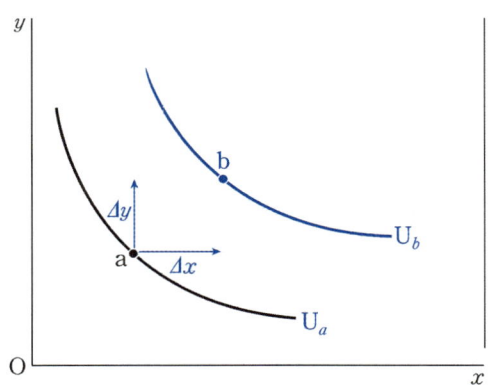

$$\Delta U = U_b - U_a = [\Delta x \cdot MU_x + \Delta y \cdot MU_y] > 0$$

무차별곡선이 원점으로부터 우상방에 위치할수록 재화(goods)인 x재와 y재를 각각 더 많이 소비하므로 효용수준이 높다.

③ 동일한 개인의 무차별곡선은 교차하지 않음

이행성의 공리를 충족하는 합리적 개인의 무차별곡선은 교차하지 않는다. 무차별곡선이 교차하면 동일 소비조합에서 한계대체율(MRS_{XY})이 다른, 즉 선호가 같지 않은 다른 개인이다.

④ 원점에 대해 볼록

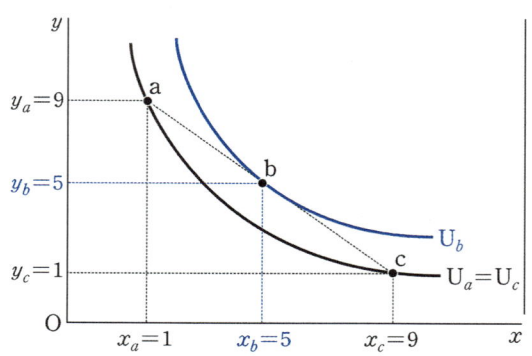

a, b, c 소비조합은 실질 구매력이 동일
$x_a + y_a$
$= x_b + y_b$
$= x_c + y_c$
$= 10$

a, b, c의 소비조합에서 개인의 실질 구매력은 동일하다. 일반적으로 극단의 소비보다 균형의 소비를 선호하는 합리적 개인은 동일한 실질 구매력으로 극단의 소비[$U_a = U_c$]를 할 때보다 균형의 소비(U_b)를 할 때 효용수준이 높다. 따라서 b와 같은 균형의 소비를 지나는 무차별곡선이 a와 c처럼 극단의 소비를 지나는 무차별곡선보다 우상방에 위치해야 하므로 무차별곡선은 원점에 대해 볼록하다.

> 무차별곡선이 볼록한 이유는 일반적으로 개인은 균형의 소비를 선호하므로 X재 소비가 증가할수록 Y재에 대한 X재의 한계효용이 점차 감소하여 한계대체율(MRS_{XY})이 체감하기 때문이다.

(3) 한계대체율

① 의의

한계대체율(Marginal Rate of Substitution, MRS_{XY})은 동일한 효용수준을 유지하면서 X재 소비 1단위(ΔX)를 늘릴 때 기꺼이 포기할 용의가 있는 Y재의 수량($-\Delta Y$)으로서 X재와 Y재 간의 주관적 교환비율($MRS_{XY} = -\dfrac{\Delta Y}{\Delta X}$)이다. 따라서 한계대체율은 개인의 효용수준이 불변일 때 X재 1단위가 대체할 수 있는 Y재의 수량으로서 Y재로 측정하는 X재 소비의 기회비용($\dfrac{-\Delta Y}{\Delta X}$)이다.

② 측정

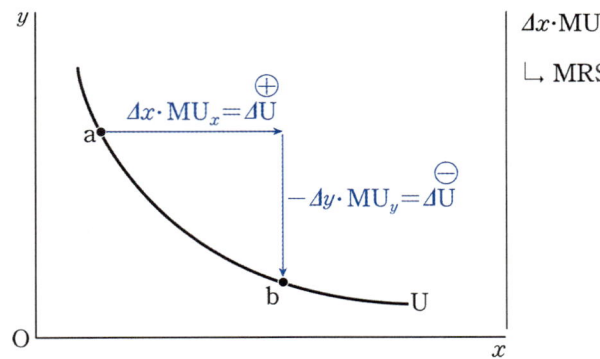

$$\Delta x \cdot MU_x = \Delta U = -\Delta y \cdot MU_y$$
$$\hookrightarrow MRS_{xy} = -\frac{\Delta y}{\Delta x} = \frac{MU_x}{MU_y}$$

실질소득이 불변일 때, 즉 무차별곡선 상에서 동일한 효용수준을 유지하기 위해서는 X재 소비 증가로 인한 효용의 상승분$[\Delta X \cdot MU_X]$과 포기하는 Y재 소비로 인한 효용의 하락분$[-\Delta Y \cdot MU_Y]$이 일치$[\Delta X \cdot MU_X] = [-\Delta Y \cdot MU_Y]$해야 한다. 따라서 한계대체율($MRS_{XY} = -\frac{\Delta Y}{\Delta X}$)은 Y재 한계효용에 대한 X재 한계효용의 상대적 비율$[MRS_{XY} = -\frac{\Delta Y}{\Delta X} = \frac{MU_X}{MU_Y}]$인 무차별곡선의 접선의 기울기로 측정한다.

$$[\Delta U_X = \Delta X \cdot MU_X] = [-\Delta Y \cdot MU_Y = -\Delta U_Y]$$
$$\Rightarrow -\frac{\Delta Y}{\Delta X} = \frac{MU_X}{MU_Y}$$
$$[MRS_{XY} = -\frac{\Delta Y}{\Delta X} = \frac{MU_X}{MU_Y}]$$

(4) X재 선호자의 가파른 무차별곡선

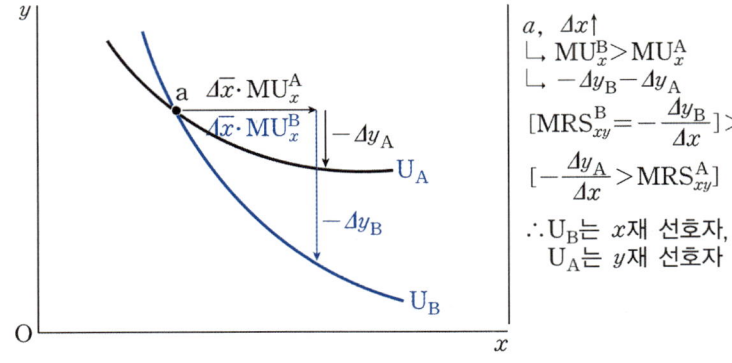

$a, \Delta x \uparrow$
$\hookrightarrow MU_x^B > MU_x^A$
$\hookrightarrow -\Delta y_B - \Delta y_A$

$[MRS_{xy}^B = -\frac{\Delta y_B}{\Delta x}] >$
$[-\frac{\Delta y_A}{\Delta x} > MRS_{xy}^A]$

∴ U_B는 x재 선호자, U_A는 y재 선호자

① B는 동일한 X재를 소비($\overline{\Delta x}$)하더라도 효용의 상승분이 A보다 크다($MU_x^B > MU_x^A$).
② 따라서 B는 대체할 수 있는 Y재도 더 많으므로($-\Delta Y_B > -\Delta Y_A$), 한계대체율이 크고 X재를 선호한다.
③ X재 선호자 B의 무차별곡선(U_B)은 Y재 선호자 A의 무차별곡선(U_A)보다 가파르다.

(5) 한계대체율체감의 법칙 ➡ 볼록한 무차별곡선 by 균형의 소비 선호

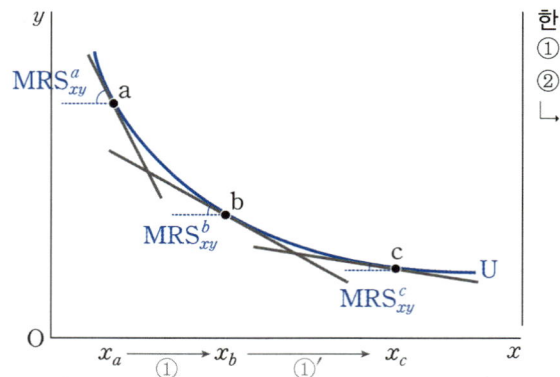

한계대체율체감의 법칙
① $x_a \to x_b \to x_c$
② $MRS_{xy}^a > MRS_{xy}^b > MRS_{xy}^c$
└ 볼록한 무차별곡선

> **극단의 소비를 선호**
> ➡ 한계대체율(MRS_{XY}) 체증
> ➡ 우하향하며 원점에 대해 오목한 무차별곡선

① 일반적으로 극단의 소비보다 균형의 소비를 선호하는 개인이 X재 소비(ΔX)를 늘릴수록 균형의 소비에서 벗어나므로 효용의 상승분(MU_X)은 점차 감소한다. 따라서 동일한 X재가 대체할 수 있는 Y재 수량($-\Delta Y$)이 점차 감소하는 한계대체율체감의 법칙(Law of Diminishing Marginal Rate of Substitution)이 관찰된다.

② 균형의 소비를 선호하는 개인은 X재 소비를 늘릴수록 한계대체율($MRS_{XY} = -\dfrac{\Delta Y}{\Delta X}$)이 체감하므로 우하향하는 무차별곡선은 원점에 대해 볼록하다.

> **교리상단**
> 단, X재와 Y재 모두 재화(goods)이다.
> ➡ 무차별곡선이 '교'차하면 '이'행성의 공리를 위배한다.
> ➡ 무차별곡선이 우'상'향하면 '단'조성의 공리를 위배한다.

참고학습

1. 교차하는 무차별곡선 ➡ 이행성 위배

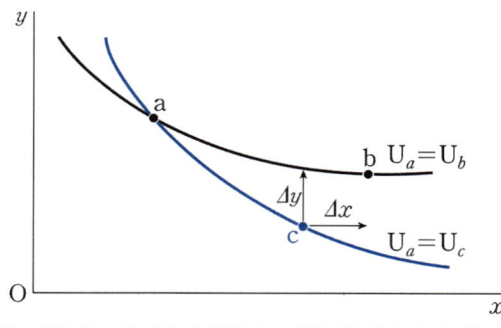

① 합리적(동일한) 개인은 이행성의 공리를 충족한다. 이행성을 충족하면 $U_a = U_b$이고 $U_a = U_c$일 때 $U_b = U_c$이어야 한다.
② b의 소비조합은 c의 소비조합보다 재화(goods)인 X재와 Y재를 모두 많이 소비하므로 [$U_b > U_c$]이다. 따라서 무차별곡선이 교차하면 이행성을 위배한다.
③ 교차하는 무차별곡선은 이행성을 위배하므로 동일한 개인이 아니고 다른 개인이다.

2. 우상향하는 무차별곡선 ➡ 단조성 위배

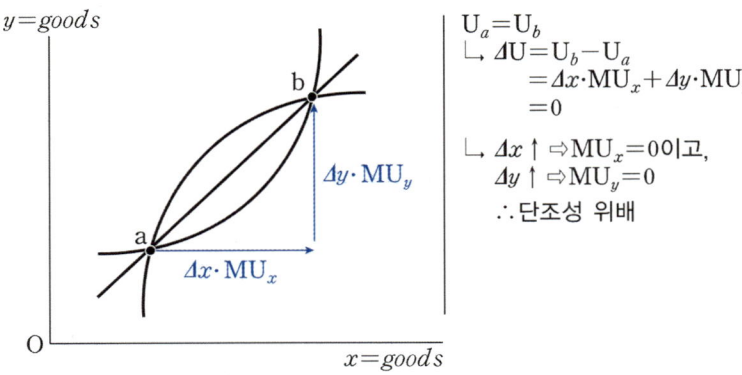

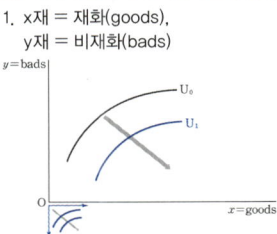

재화의 성격과 무차별곡선의 형태

1. x재 = 재화(goods), y재 = 비재화(bads)

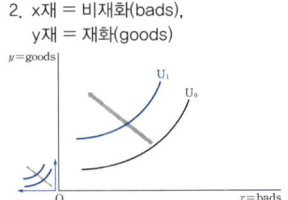

2. x재 = 비재화(bads), y재 = 재화(goods)

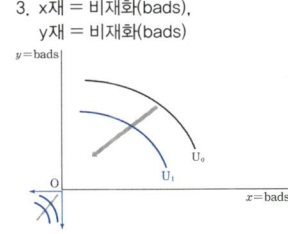

3. x재 = 비재화(bads), y재 = 비재화(bads)

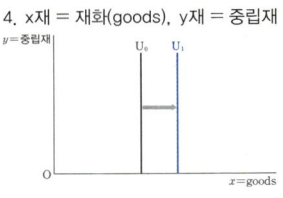

4. x재 = 재화(goods), y재 = 중립재

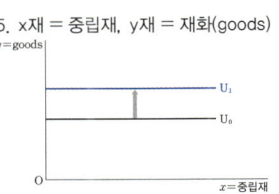

5. x재 = 중립재, y재 = 재화(goods)

① 무차별곡선은 동일한 효용수준의 소비조합을 연결한 궤적이다.
  ➡ $U_a = U_b$
② b의 소비조합은 a보다 재화(goods)인 X재와 Y재를 각각 더 많이 소비하고 있다.
  ➡ [$\Delta x > 0$]이고 [$\Delta y > 0$]이다.
③ a와 b의 효용수준이 동일($U_a = U_b$)하기 위해서는 효용의 변화분 합(ΔU)이 0이어야 한다.
  ➡ $\Delta U = U_b - U_a = \Delta x \cdot MU_x + \Delta y \cdot MU_y = 0$
④ X재와 Y재 모두 재화(goods)이므로 X재와 Y재 소비가 증가할 때 한계효용(MU_x, MU_y)은 0보다 작을 수 없다. 따라서 효용의 변화분(ΔU)이 0이 되기 위해서는 한계효용이 모두 0이어야 한다[$MU_x = MU_y = 0$].
⑤ 단조성의 공리는 효용은 소비에 의존하기 때문에 소비가 증가하면 효용도 반드시 증가해야 함을 의미한다. 따라서 무차별곡선이 우상향하면 소비가 증가하더라도 효용이 불변이므로 단조성의 공리를 위배한다.

4. 예산선

예산선(Budget line)은 주어진 소득으로 소비자가 구매할 수 있는 재화(X, Y)의 최대치를 연결한 궤적이다. 예산선 상의 소비조합과 내부의 소비조합은 소비자가 구매할 수 있는 소비의 기회집합이며, 예산선 외부의 소비조합은 현재 소득으로는 구매할 수 없는 소비영역이다.

(1) 우하향하는 예산선

최초 주어진 명목소득(M)과 재화가격(p_x, p_y)에서는 실질소득($\frac{M}{p_x}$, $\frac{M}{p_y}$)이 한정되어 있으므로 X재 소비를 늘리기 위해서는 Y재 소비를 줄여야 한다. 따라서 우하향하는 예산선은 자원(소득)의 유한성을 의미한다.

📝 $p_x \cdot X = p_y \cdot Y$
➡ $\dfrac{p_x}{p_y} = \dfrac{Y}{X}$

(2) 예산선의 기울기[$=\dfrac{p_x}{p_y}$]는 객관적 교환비율

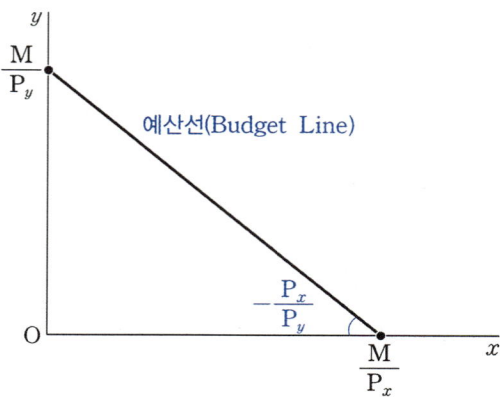

예산선의 기울기[$=\dfrac{p_x}{p_y}$]는 Y재에 대한 X재의 상대가격으로서 X재와 Y재 간의 객관적 교환비율이다.

(3) 수평 절편[$=\dfrac{M}{p_x}$]과 수직 절편[$=\dfrac{M}{p_y}$]

예산선의 수평 절편[$=\dfrac{M}{p_x}$]은 X재로 측정하는 실질소득이고, 수직 절편[$=\dfrac{M}{p_y}$]은 Y재로 측정하는 실질소득이다.

📝 **미시경제학의 명목소득과 실질소득**
- 명목소득(M)은 화폐 단위로 측정되는 소득
  예 M = 30,000원
- 실질소득($\dfrac{M}{p_x}$)은 실물 단위로 측정되는 소득
  예 M = 30,000원이고 p_x = 1,500원이면 명목소득 30,000원은 X재 20개를 구매할 수 있는 실질 구매력 [$\dfrac{M = 30,000원}{p_x = 1,500원} = 20개$]

(4) 가격 변화 ➡ 예산선의 회전이동 ➡ 상대가격 변화

① X재 가격 하락

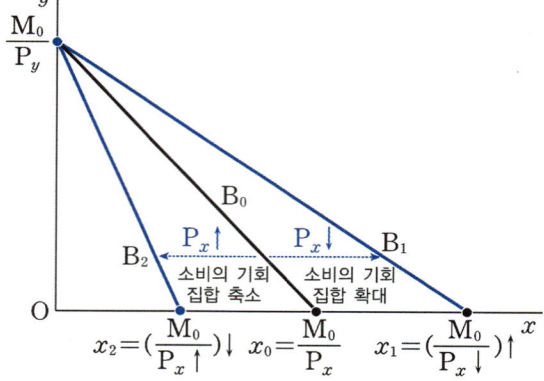

소득(M_0)과 Y재 가격(p_y)이 불변일 때 X재 가격(p_x)이 하락하면 임의의 Y재 소비 단위에 대하여 X재 소비의 기회집합이 확대된다. 따라서 예산선은 수직 절편[$=\dfrac{M_0}{p_y}$]을 중심으로 반시계방향으로 회전이동하고 예산선(B_1)의 기울기인 상대가격[$=\dfrac{p_x}{p_y}$]은 하락한다.

② X재 가격 상승

소득(M_0)과 Y재 가격(p_y)이 불변일 때 X재 가격(p_x)이 상승하면 임의의 Y재 소비 단위에 대하여 X재 소비의 기회집합이 축소된다. 따라서 예산선은 수직 절편[$=\frac{M_0}{p_y}$]을 중심으로 시계방향으로 회전이동하고 예산선(B_2)의 기울기인 상대가격[$=\frac{p_x}{p_y}$]은 상승한다.

③ Y재 가격 하락

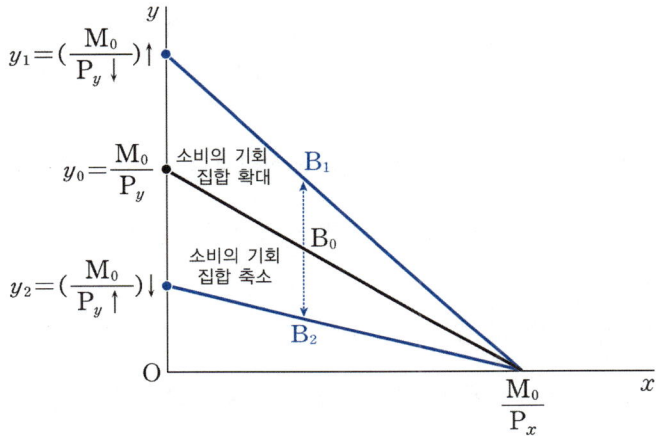

소득(M_0)과 X재 가격(p_x)이 불변일 때 Y재 가격(p_y)이 하락하면 임의의 X재 소비 단위에 대하여 Y재 소비의 기회집합이 확대된다. 따라서 예산선은 수평 절편[$=\frac{M_0}{p_x}$]을 중심으로 시계방향으로 회전이동하고 예산선(B_1)의 기울기인 상대가격[$=\frac{p_x}{p_y}$]은 상승한다.

④ Y재 가격 상승

소득(M_0)과 X재 가격(p_x)이 불변일 때 Y재 가격(p_y)이 상승하면 임의의 X재 소비 단위에 대하여 Y재 소비의 기회집합이 축소된다. 따라서 예산선은 수평 절편[$=\frac{M_0}{p_x}$]을 중심으로 반시계방향으로 회전이동하고 예산선의 기울기(B_2)인 상대가격[$=\frac{p_x}{p_y}$]은 하락한다.

(5) 소득 변화 ➡ 예산선의 평행 이동 ➡ 상대가격 불변

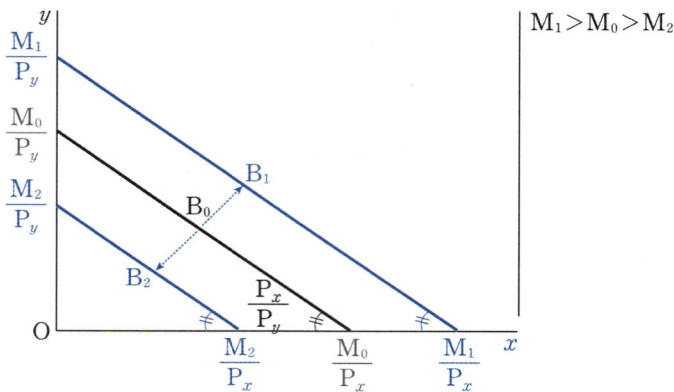

① 소득의 증가
재화가격이 불변일 때 명목소득(M)이 증가하면 소비의 기회집합이 확대되고 상대가격 $[\frac{p_x}{p_y}]$은 불변이므로 예산선은 우상방으로 평행이동한다.

② 소득의 감소
재화가격이 불변일 때 명목소득(M)이 감소하면 소비의 기회집합이 축소되고 상대가격 $[\frac{p_x}{p_y}]$은 불변이므로 예산선은 좌하방으로 평행이동한다.

X재와 Y재는 재화(goods)이고, 볼록성(균형의 소비 선호)을 충족하는 소비자를 전제

5. 소비자의 효용극대화 행동원리

목적식   Max U = f(X, Y)
제약식   s.t. M = p_xX + p_yY

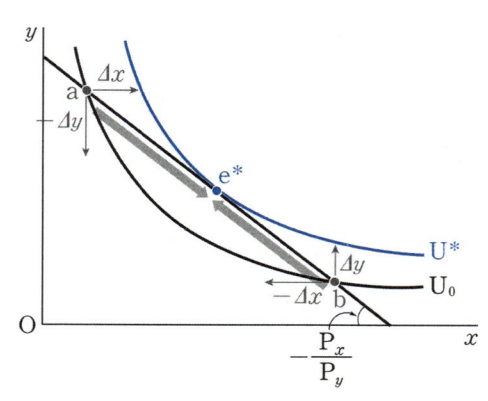

$a.\ MRS_{xy}^a > \frac{P_x}{P_y}$

↳ $\frac{MU_x}{MU_y} > \frac{P_x}{P_y}$

↳ $\frac{MU_x}{P_x} > \frac{MU_y}{P_y}$

∴ $x\uparrow$ 하고 $y\downarrow$

$b.\ MRS_{xy}^b < \frac{P_x}{P_y}$

↳ $\frac{MU_x}{MU_y} < \frac{P_x}{P_y}$

↳ $\frac{MU_x}{P_x} < \frac{MU_y}{P_y}$

∴ $x\downarrow$ 하고 $y\uparrow$

개인은 주어진 예산제약 아래에서 X재와 Y재 간의 주관적 교환비율인 한계대체율(MRS_{XY})과 객관적 교환비율인 상대가격($\frac{p_x}{p_y}$)이 일치[$MRS_{XY} = \frac{p_x}{p_y}$]하는 무차별곡선과 예산선의 접점에서 효용극대화를 달성한다. 이는 무차별곡선과 예산선이 접하는 소비조합은 X재와 Y재의 1원당 한계효용이 균등[$\frac{MU_X}{p_x} = \frac{MU_Y}{p_y}$]하므로 다른 소비조합으로 이동하면 효용이 하락하기 때문이다.

> 개인의 효용극대화 균형조건 ➡ 1원당 한계효용 균등의 법칙
> ➡ [$MRS_{XY} = -\frac{\Delta Y}{\Delta X} = \frac{MU_X}{MU_Y}$] = [$\frac{p_x}{p_y}$]
> ➡ [$\frac{MU_X}{p_x} = \frac{MU_Y}{p_y}$]

6. 가격효과 ➡ 보통수요곡선의 도출

(1) **가격효과 = 대체효과 + 소득효과**

① 가격효과

명목소득(M)이 일정할 때 해당 재화의 가격(p_x) 변화가 수요량에 미치는 영향을 가격효과라고 하고, 가격효과는 대체효과와 소득효과로 구분된다.

② 대체효과

X재의 가격(p_x)이 하락하면 Y재에 대한 X재의 상대가격($\frac{p_x}{p_y}$)이 하락한다. 이때 상대가격이 하락하면 실질소득이 불변일 때 동일한 효용수준을 유지하기 위해 1원당 한계효용이 하락한 Y재를 1원당 한계효용이 상승한 X재로 대체하므로 X재 수요량이 증가하는 대체효과(substitution)가 발생한다.

③ 소득효과

X재의 가격(p_x)이 하락하면 상대가격이 불변일 때 실질소득($\frac{M}{p_x}$)이 증가하므로 X재가 정상재이면 수요량은 증가하고 X재가 열등재이면 수요량은 감소하는 소득효과(income effect)가 발생한다.

(2) 정상재의 우하향하는 보통수요곡선

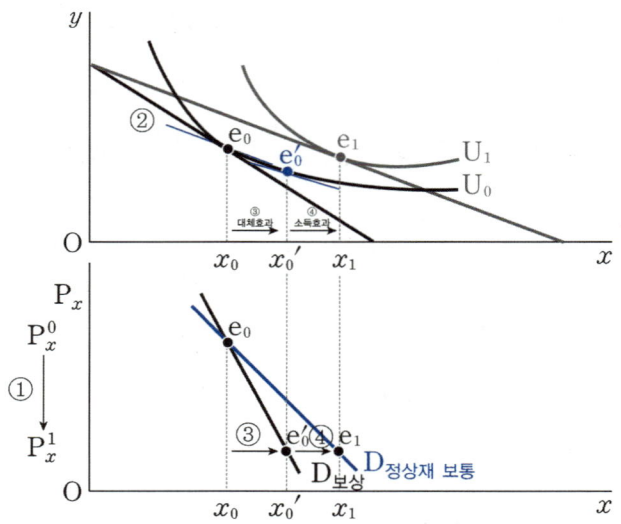

① 대체효과 ➡ $e_0 \to e_0'$

가격이 하락하면 상대가격도 하락하여 실질소득이 불변일 때 1원당 한계효용이 상승한 x재로 1원당 한계효용이 하락한 y재를 대체하므로 x재 수요량이 $x_0 \to x_0'$으로 증가한다.

② 소득효과 ➡ $e_0' \to e_1$

가격이 하락하여 실질소득이 증가하면 상대가격이 불변일 때 정상재인 x재 소비가 증가하는 소득효과에 의해 x재 수요량이 $x_0' \to x_1$으로 증가한다.

③ 우하향하는 정상재의 보통수요곡선

정상재는 가격이 하락할 때 대체효과와 소득효과 모두 수요량을 증가시키므로 우하향하는 보통수요곡선이 도출된다.

(3) 기펜재가 아닌 열등재의 우하향하는 보통수요곡선

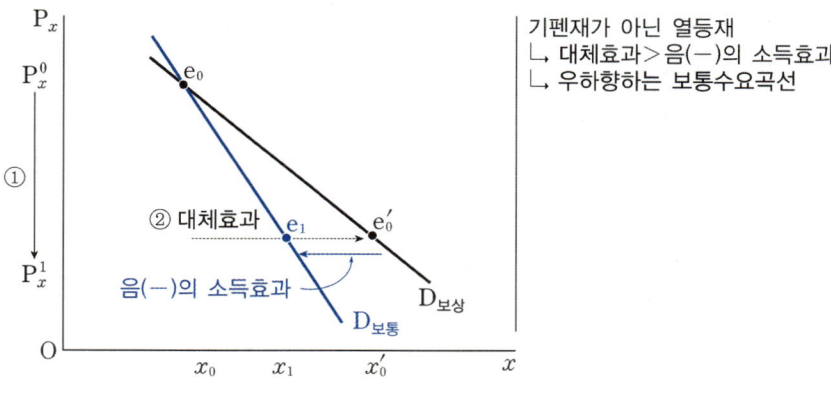

① 대체효과 ➡ $e_0 \to e_0'$

가격이 하락하면 상대가격도 하락하여 실질소득이 불변일 때 1원당 한계효용이 상승한 x재로 1원당 한계효용이 하락한 y재를 대체하므로 x재 수요량이 $x_0 \to x_0'$으로 증가한다.

② 소득효과 ➡ $e_0' \to e_1$

가격이 하락하여 실질소득이 증가하면 상대가격이 불변일 때 열등재인 x재 소비가 감소하는 소득효과에 의해 x재 수요량이 $x_0' \to x_1$으로 감소한다.

③ 우하향하는 열등재의 보통수요곡선

기펜재가 아닌 열등재는 대체효과가 음(−)의 소득효과보다 커서 수요의 법칙을 따르는 우하향의 보통수요곡선이 도출된다.

(4) **기펜재의 우상향하는 보통수요곡선**

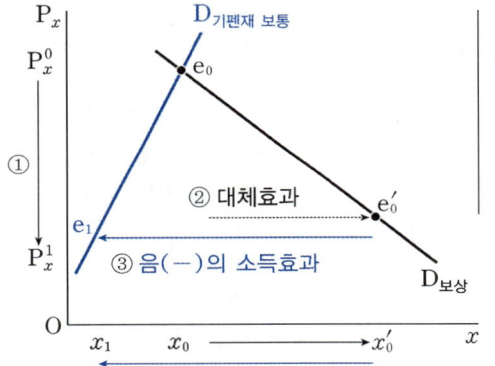

① 대체효과 ➡ $e_0 \to e_0'$

가격이 하락하면 상대가격도 하락하여 실질소득이 불변일 때 1원당 한계효용이 상승한 x재로 1원당 한계효용이 하락한 y재를 대체하므로 x재 수요량이 $x_0 \to x_0'$으로 증가한다.

② 소득효과 ➡ $e_0' \to e_1$

가격이 하락하여 실질소득이 증가하면 상대가격이 불변일 때 열등재인 x재 소비가 감소하는 소득효과에 의해 x재 수요량이 $x_0' \to x_1$으로 감소한다.

③ 우상향하는 기펜재의 보통수요곡선

기펜재는 음(−)의 소득효과가 대체효과를 압도하여 보통수요곡선이 우상향한다. 기펜재는 수요의 법칙을 위배한다.

> **보상변화**
> 보상변화(Compensating Variation, CV)는 가격변화에도 불구하고 원래 효용(실질소득)을 일정하게 유지하기 위해서 필요한 소득의 변화분이다. 즉 변화된 가격으로 최초 효용수준을 유지하기 위해 필요한 실질소득의 크기이다.

> **대등변화**
> 대등변화(Equivalent Variation, EV)는 가격 변화 이후의 효용을 최초 가격으로 달성하기 위해 필요한 실질소득의 크기이다.

7. 보상수요곡선

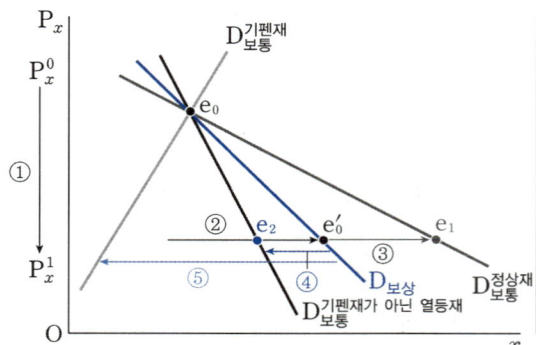

② 대체효과
③ 정상재의 소득효과
④ 기펜재가 아닌 열등재의 소득효과
⑤ 기펜재의 소득효과

(1) 보통수요곡선(Ordinary Demand Curve)은 대체효과와 소득효과의 합인 가격효과를 반영하여 도출되는 수요곡선이다. 이와 달리 보상수요곡선(Compensated Demand Curve)은 가격변화로 인한 실질소득의 변화분을 보상하여, 즉 소득효과를 제거하고 오로지 상대가격의 변화에 따른 대체효과만을 반영하는 수요곡선이다.

(2) 조세를 걷고 보조금을 지급하거나 외부효과가 발생하면 상대가격이 변하여 개인의 의사결정이 왜곡되므로 사중손실이 발생한다. 즉, 사중손실은 상대가격의 변화를 반영하는 대체효과에 의해 발생한다. 그러므로 상대가격의 변화만을 반영하는 보상수요곡선을 사용하면 사회후생과 소비자잉여를 보다 정확하게 측정할 수 있다.

(3) 대체효과는 가격과 수요량 간에 음(−)의 관계만이 존재하므로 정상재와 열등재에 관계없이 모든 재화의 보상수요곡선은 우하향한다. 따라서 기펜재의 보상수요곡선도 반드시 우하향한다.

> **연습문제**
>
> 두 재화 X와 Y의 무차별곡선에 대한 설명으로 옳지 않은 것은?   2023년 국가직 9급
> ① 두 재화 중 하나가 비재화라면 무차별곡선의 기울기는 음(−)이다.
> ② 무차별곡선이 원점에 대해 볼록한 이유는 한계대체율 체감의 법칙이 성립하기 때문이다.
> ③ 완전 대체관계가 있는 두 재화에 대한 무차별곡선은 원점에 대해 볼록하지 않은 직선이다.
> ④ 완전 보완관계가 있는 두 재화에 대한 무차별곡선은 '한계대체율 체감의 법칙'을 따르지 않는다.
>
> **해설**
> ① 무차별곡선은 동일한 효용수준을 달성하는 x재와 y재의 소비조합을 연결한 궤적이다. 재화(goods) 소비 증가로 인한 효용의 상승분을 비재화(bads)의 소비의 증가로 인한 효용의 하락분으로 상쇄시켜야 하므로 두 재화 중 하나가 비재화라면 무차별곡선은 우상향하므로 무차별곡선의 기울기는 양(+)이다.
> ② 무차별곡선의 접선의 기울기로 측정하는 한계대체율(MRS_{XY})이 체감하면 x재 소비가 증가할수록 무차별곡선이 점점 더 완만해지므로 원점에 대하여 볼록하다.
> ③ 완전 대체관계를 반영하는 선형의 효용함수는 모든 소비조합에서 한계대체율(MRS_{XY})이 일정하므로 무차별곡선은 직선이다.
> ④ 완전 보완관계가 있는 두 재화는 대체효과가 0이므로 한계대체율은 체감하지 않는다.
>
> ▶ ①

V. 다양한 효용함수

1. C − D 효용함수

$$U = Ax^\alpha y^\beta \quad [\text{단, } \alpha > 0 \text{이고 } \beta > 0 \text{이다.}]$$

➡ 콥(Cobb) − 더글라스(Douglas) 효용함수는 A가 불변일 때 X재와 Y재를 동시에 t배 증가시키면 효용도 $t^{(\alpha+\beta)}$배 증가하는 $(\alpha + \beta)$차 동차함수이다.

➡ 콥(Cobb) − 더글라스(Douglas) 생산함수는 기술수준(A)이 불변일 때 L과 K를 동시에 t배 증가시키면 생산량도 $t^{(\alpha+\beta)}$배 증가하는 $(\alpha + \beta)$차 동차함수이다.

(1) 체감하는 한계대체율과 볼록한 무차별곡선

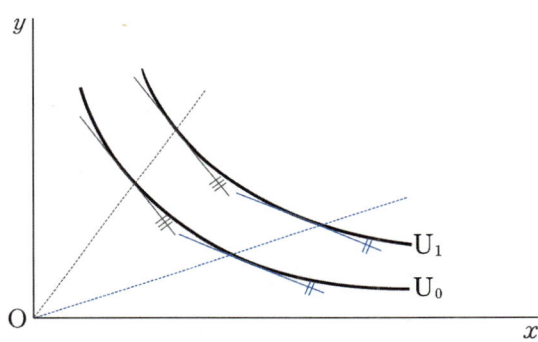

X재와 Y재는 소비를 늘리면 효용이 상승하는 재화(goods)이므로 무차별곡선은 우하향한다. 따라서 X재 소비를 늘릴 때 Y재 소비는 감소하므로 $(\alpha + \beta)$차 Cobb − Douglas 효용함수의 한계대체율 $[MRS_{XY} = \dfrac{\alpha}{\beta}\dfrac{y}{x}]$은 체감한다. 그러므로 C − D 효용함수의 특성을 반영하는 무차별곡선은 원점에 대해 볼록하다.

(2) 수요함수의 도출

① 수요함수
수요함수는 주어진 시장가격(p_x)과 이에 순응하는 소비자의 효용극대화를 달성하는 최적 수요량 간의 함수이다.

② 효용극대화 균형조건

$$\text{목적식 } \text{Max } U = Ax^\alpha y^\beta$$
$$\text{제약식 s.t. } M = p_x x + p_y y$$

📝 항상 수평축 변수(x재)의 지수를 α로, 수직축 변수(y재)의 지수를 β로 표시한다.

📝 X − Y 평면에서 무차별곡선의 도출
효용함수의 특성을 반영하는 무차별곡선은 X − Y 평면에서 Y로 정리하여 도출

➡ $U = Ax^\alpha y^\beta$

➡ $y = [\dfrac{U}{Ax^\alpha}]^{\frac{1}{\beta}} = \dfrac{U^{\frac{1}{\beta}}}{A^{\frac{1}{\beta}} x^{\frac{\alpha}{\beta}}}$

$= [\dfrac{U}{A}]^{\frac{1}{\beta}} \dfrac{1}{x^{\frac{\alpha}{\beta}}}$

[단, $[\dfrac{U}{A}]^{\frac{1}{\beta}} =$ 상수, $\alpha > 0$, $\beta > 0$]

➡ 무차별곡선은 우하향하며 원점에 대해 볼록

📝 $MU_X = \dfrac{\Delta U}{\Delta x} = A\alpha x^{\alpha-1} y^\beta$

📝 $MU_Y = \dfrac{\Delta U}{\Delta y} = A\beta x^\alpha y^{\beta-1}$

📝 $MRS_{XY} = \dfrac{MU_X}{MU_Y} = \dfrac{\alpha}{\beta}\dfrac{y}{x}$

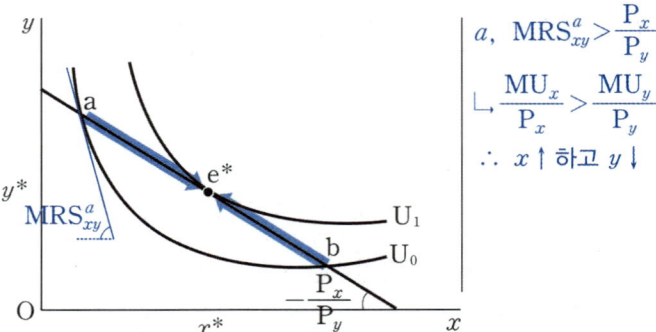

($\alpha + \beta$)차 C－D 효용함수의 한계대체율[$MRS_{XY} = \frac{\alpha}{\beta}\frac{y}{x}$]은 체감하므로 우하향하는 무차별곡선은 원점에 대해 볼록하다. 따라서 개인은 주어진 예산제약 아래에서 X재와 Y재 간의 주관적 교환비율인 한계대체율(MRS_{XY})과 객관적 교환비율인 상대가격($\frac{p_x}{p_y}$)이 일치[$MRS_{XY} = \frac{p_x}{p_y}$]하는 무차별곡선과 예산선의 접점에서 효용극대화를 달성한다. 이는 무차별곡선과 예산선이 접하는 소비조합은 X재와 Y재의 1원당 한계효용이 균등[$\frac{MU_X}{p_x} = \frac{MU_Y}{p_y}$]하므로 다른 소비조합으로 이동하면 효용이 하락하기 때문이다.

◉ C－D 효용함수의 효용극대화 균형조건

➡ [$MRS_{XY} = \frac{MU_X}{MU_Y} = \frac{\alpha}{\beta}\frac{y}{x}$] = [$\frac{p_x}{p_y}$]

➡ $\beta p_x \cdot x = \alpha p_y \cdot y$

➡ $p_y \cdot y = \frac{\beta}{\alpha} p_x \cdot x$ ······ ㉠

③ C－D 수요함수

㉠의 효용극대화 균형조건[$p_y \cdot y = \frac{\beta}{\alpha} p_x \cdot x$]을 예산제약식에 대입하여 X재의 수요함수를 도출한다.

➡ $M = p_x x + p_y y$

➡ $M = p_x x + [p_y y = \frac{\beta}{\alpha} p_x \cdot x]$

➡ $\frac{\alpha + \beta}{\alpha} p_x x = M$

➡ $x = \frac{\alpha}{\alpha + \beta} \frac{M}{p_x}$

동일한 효용극대화 행동원리에 의해 Y재의 수요함수를 도출하면 다음과 같다.

➡ $y = \frac{\beta}{\alpha + \beta} \frac{M}{p_y}$

(3) 우하향하는 직각쌍곡선의 C − D 수요곡선

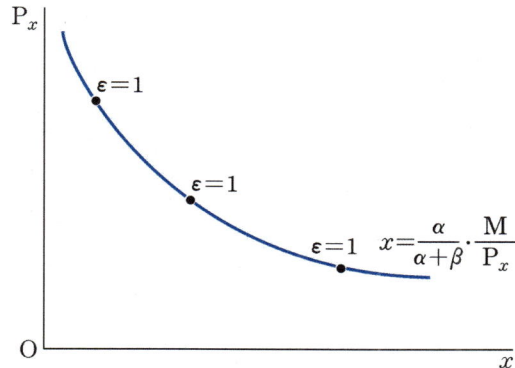

C − D 수요함수[$x = \dfrac{\alpha}{\alpha + \beta} \dfrac{M}{p_x}$]의 특징을 반영하는 C − D 수요곡선은 우하향하는 직각쌍곡선이다.

① 가격탄력성(ε_{p_x}) = 1

C − D 수요곡선은 우하향하는 직각쌍곡선이므로 수요의 가격탄력성은 가격과 무관하게 항상 1이다.

② 소득탄력성($\varepsilon_M^x = \varepsilon_M^y$) = 1

C − D 수요함수에 의하면 소비자는 항상 소득(M)의 일정 비율[$= \dfrac{\alpha}{\alpha + \beta}$]을 x재에 지출하므로 수요의 소득탄력성은 1이다.

③ 교차탄력성(ε_{xy}) = 0

Y재의 가격(p_y)변화는 X재 수요에 아무런 영향을 미치지 못하므로 Y재 가격에 대한 X재 수요의 교차탄력성은 0이다. 따라서 C − D 효용함수를 보유한 소비자는 X재와 Y재를 독립재로 인식한다.

📝 $x = \dfrac{상수}{p_x^\alpha}$ 수요함수의 가격탄력성 ➡ α

$x = \dfrac{상수}{p_x^\alpha}$ 를 시간에 대해 미분하면, 즉 자연로그를 취해주면,

➡ $\dot{x} = 상수 - \alpha \dot{p_x}$

➡ $\dot{x} = -\alpha \dot{p_x}$ [∵ 고정된 상수의 변화율(상수)은 항상 0]

➡ $\varepsilon_{p_x} = -\dfrac{\dfrac{\Delta x}{x} \times 100\%}{\dfrac{\Delta p_x}{p_x} \times 100\%}$

$= -\dfrac{\dot{x}}{\dot{p_x}} = -\dfrac{-\alpha \dot{p_x}}{\dot{p_x}} = \alpha$

📝 **교차탄력성**
- $\varepsilon_{xy} > 0$ ➡ X재와 Y재는 대체재
- $\varepsilon_{xy} < 0$ ➡ X재와 Y재는 보완재
- $\varepsilon_{xy} = 0$ ➡ X재와 Y재는 독립재

X – Y 평면에서 무차별곡선의 도출
효용함수의 특성을 반영하는 무차별곡선은 X – Y 평면에서 Y로 정리하여 도출
➡ U = ax + by
➡ $y = -\frac{a}{b}x + \frac{1}{b}U$
➡ 무차별곡선은 '$-\frac{a}{b}$'를 기울기로 갖는 우하향의 직선

📝 $MU_X = \frac{dU}{dx} = a$

📝 $MU_Y = \frac{dU}{dy} = b$

📝 $MRS_{XY} = \frac{MU_X}{MU_Y} = \frac{a}{b}$

2. U = ax + by ➡ 완전 대체 효용함수 : 선형 무차별곡선

(1) 한계대체율

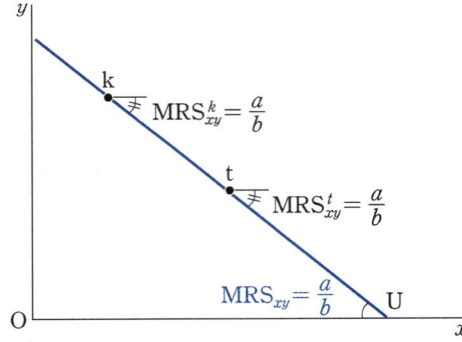

선형 효용함수의 한계대체율[MRS_{XY}]은 임의의 소비조합에서 항상 $\frac{a}{b}$로 일정하다. 어떠한 소비조합에서든 한계대체율이 일정하면 소비자는 X재와 Y재를 완전대체재로 인식한다.

(2) 수요함수의 도출과 수요곡선의 도해

① 효용극대화 균형조건

목적식   Max U = ax + by
제약식   s.t. $M = p_x x + p_y y$

X재와 Y재를 완전대체재로 인식하는 소비자는 X재와 Y재의 1원당 한계효용을 비교하여 1원당 한계효용이 높은 재화로 1원당 한계효용이 낮은 재화를 완전히 대체하여 효용극대화를 달성한다.

② $p_x > \frac{a}{b}p_y$ ➡ $[MRS_{XY} = \frac{a}{b}] < [\frac{p_x}{p_y}]$

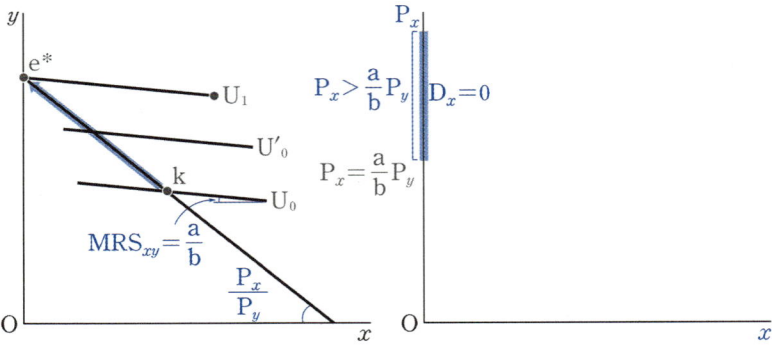

➡ $[MRS_{XY} = \frac{a}{b}] < [\frac{p_x}{p_y}]$

➡ $\frac{MU_X}{p_x} < \frac{MU_Y}{p_y}$

➡ 1원당 한계효용이 높은 Y재로 1원당 한계효용이 낮은 X재를 완전히 대체
➡ 수직절편[X = 0]인 e^*의 모서리해에서 효용극대화 달성
➡ 수요함수: $x^D = 0$
➡ 수요곡선은 수직선
➡ 가격탄력성(ε_{p_x}) = 0

③ $p_x = \dfrac{a}{b} p_y$

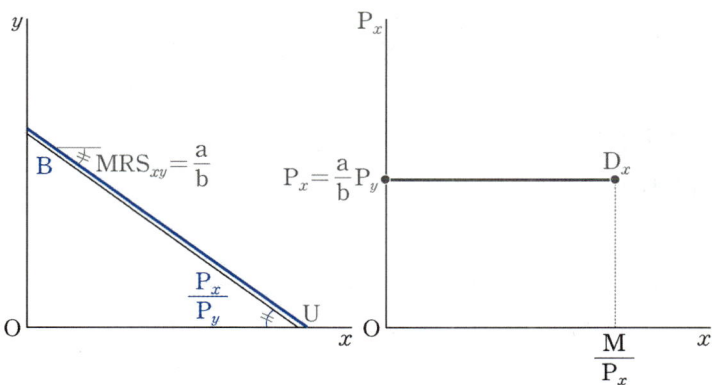

➡ $[MRS_{XY} = \dfrac{a}{b}] = [\dfrac{p_x}{p_y}]$

➡ $\dfrac{MU_X}{p_x} = \dfrac{MU_Y}{p_y}$

➡ X재와 Y재의 1원당 한계효용이 균등
➡ 예산선 상의 모든 소비조합에서 효용극대화 달성
➡ 수요함수: $x = [0 \sim \dfrac{M}{p_x}]$
➡ 수요곡선은 수평선
➡ 가격탄력성(ε_{p_x}) = ∞

④ $p_x < \dfrac{a}{b} p_y$ ➡ $[MRS_{XY} = \dfrac{a}{b}] > [\dfrac{p_x}{p_y}]$

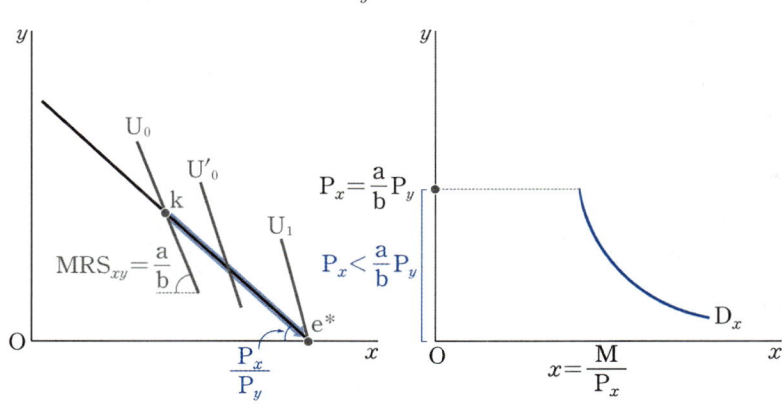

➡ $[MRS_{XY} = \frac{a}{b}] > [\frac{p_x}{p_y}]$

➡ $\frac{MU_X}{p_x} > \frac{MU_Y}{p_y}$

➡ 1원당 한계효용이 높은 X재로 1원당 한계효용이 낮은 Y재를 완전히 대체
➡ 수평절편[Y = 0]인 모서리해에서 효용극대화 달성
➡ 수요함수: $x = \frac{M}{p_x}$ [∵ $M = p_x x + p_y(y = 0)$]
➡ X재 가격(p_x)이 하락할수록 X재 수요량(x)은 더욱 증가
➡ 수요곡선은 직각쌍곡선
➡ 가격탄력성(ε_{p_x}) = 1

⑤ 완전대체재의 수요곡선

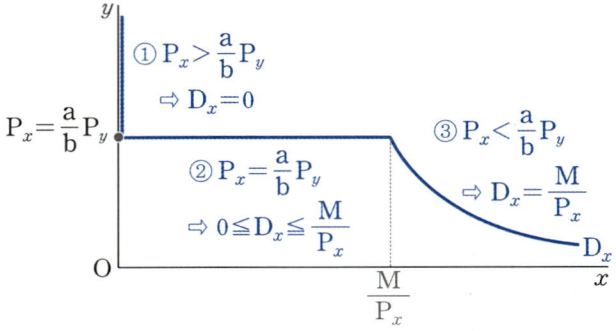

3. $U = Min[\frac{x}{a}, \frac{y}{b}]$ ➡ 레온티에프(완전 보완) 효용함수

레온티에프 효용함수는 생산과정에서 생산요소가 항상 일정한 비율로 보완적으로 결합되어 소비되므로 재화 간 대체가 전혀 불가능한 효용함수를 의미한다.

(1) 레온티에프 무차별곡선의 도출

$$U = Min[\frac{x}{a}, \frac{y}{b}] \text{ (단, a > 0이고, b > 0이다.)}$$

① $\frac{y}{b} > \frac{x}{a}$

➡ $y > \frac{b}{a}x$

➡ $U = Min[\frac{x}{a}, \frac{y}{b}] = \frac{x}{a}$

➡ $x = aU$, 무차별곡선은 수직선

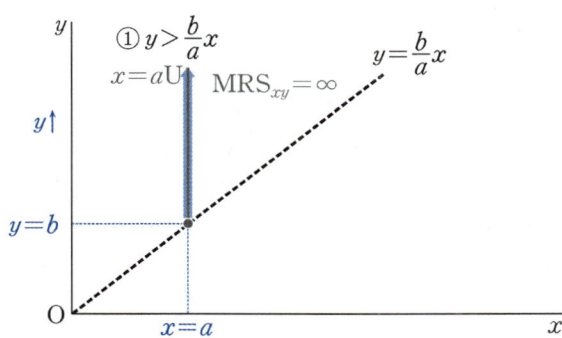

② $\dfrac{y}{b} < \dfrac{x}{a}$

➡ $y < \dfrac{b}{a} x$

➡ $U = \text{Min}[\dfrac{x}{a}, \dfrac{y}{b}] = \dfrac{y}{b}$

➡ $y = bU$, 무차별곡선은 수평선

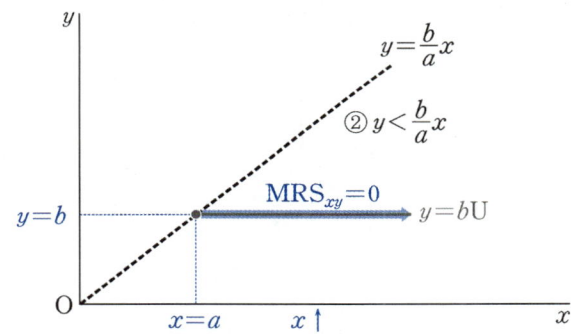

③ 레온티에프 무차별곡선

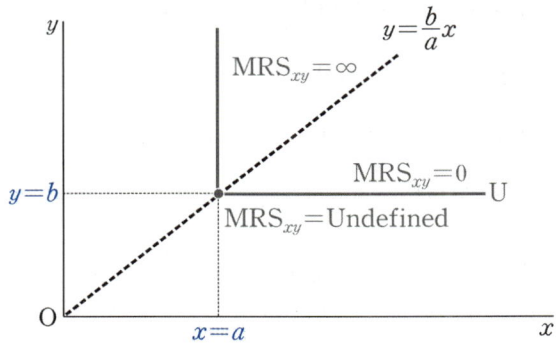

(2) 효용극대화 균형조건

$$\text{목적식} \quad \text{Max } U = \text{Min}[\frac{x}{a}, \frac{y}{b}]$$
$$\text{제약식} \quad \text{s.t. } M = p_x x + p_y y$$

효용극대화 균형조건: $y = \frac{b}{a}x$

➡ $U = \frac{x}{a} = \frac{y}{b}$

➡ $\frac{x}{a} = \frac{y}{b}$

➡ $y = \frac{b}{a}x$

➡ $x : y = a : b$

소비자는 $y = \frac{b}{a}x$ 직선 상에서 x재와 y재를 a대 b의 비율로 완전히 보완적으로 결합하여 소비함으로써 효용극대화를 달성한다.

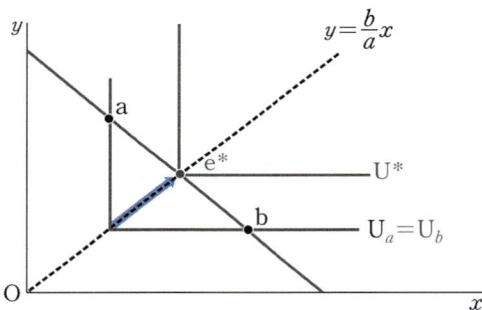

① 효용극대화 균형조건에 상대가격[$\frac{p_x}{p_y}$]이 영향을 미치지 않으므로 대체효과는 0이다.

② X재와 Y재를 완전보완재로 인식하는 소비자는 주어진 예산제약 아래에서 무차별곡선 및 예산선과 효용극대화 균형조건[$y = \frac{b}{a}x$]이 일치하는 e^*에서 효용극대화를 달성한다.

(3) 수요함수

효용극대화 균형조건[$y = \frac{b}{a}x$]을 예산제약식에 대입하여 X재의 수요함수를 도출한다.

$M = p_x x + p_y y$

➡ $M = p_x x + p_y [y = \frac{b}{a}x]$

➡ $x[p_x + \frac{b}{a}p_y] = M$

➡ $x = \dfrac{M}{p_x + \frac{b}{a}p_y}$

p_y가 하락하면 x재 수요가 증가하므로 교차탄력성(ε_{xy})은 음(-)의 값을 갖는다. 따라서 교차탄력성을 통해 X재와 Y재가 보완재 관계임을 확인할 수 있다. 레온티에프 효용함수의 효용극대화 균형조건에는 상대가격의 변화가 반영되지 않으므로 p_y가 하락하더라도 대체효과는 발생하지 않는다. 그러므로 오로지 실질소득($\frac{M}{p_y}$)의 증가로 정상재인 X재 소비가 증가하는 소득효과에 의해서만 교차탄력성이 음(-)의 값을 갖는 것이다.

참고학습

레온티에프 효용함수의 가격탄력성

$$x = \frac{M}{p_x + \frac{b}{a}p_y}$$

➡ $\dfrac{\Delta x}{\Delta p_x} = -\dfrac{M}{[p_x + \frac{b}{a}p_y]^2}$

$\varepsilon_p = -\dfrac{\frac{\Delta x}{x} \times 100\%}{\frac{\Delta p_x}{p_x} \times 100\%} = -\dfrac{\Delta x}{\Delta p_x} \cdot \dfrac{p_x}{x} = -[-\dfrac{M}{[p_x + \frac{b}{a}p_y]^2}]\dfrac{p_x}{\dfrac{M}{p_x + \frac{b}{a}p_y}}$

$= \dfrac{p_x}{p_x + \frac{b}{a}p_y}$

➡ a, b, p_y 모두 양수이므로 X재 수요의 가격탄력성은 1보다 작다. ($0 < \varepsilon_p < 1$)
➡ p_x가 하락할수록 X재 수요의 가격탄력성(ε_p)도 하락하므로 ε_p은 고정된 상수가 아니다.

(4) 수요곡선 ➡ 대체효과 = 0 (단, X재는 정상재)

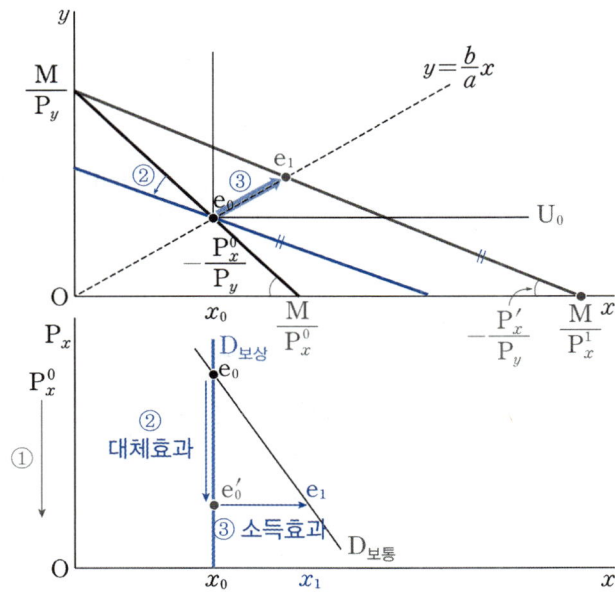

가격(p_x)이 하락해도 상대가격의 변화를 반영하는 대체효과가 발생하지 않으므로 가격효과는 정확히 소득효과와 일치한다. 가격이 하락하고 실질소득이 증가하면 정상재인 X재 소비가 증가하는 소득효과에 의해 레온티에프 효용함수로부터 도출되는 보통수요곡선은 우하향한다. 그러나 대체효과는 0이므로 보상수요곡선은 수직선이다.

(5) **효용극대화 균형조건[$y = \frac{b}{a}x$]과 가격소비곡선 및 소득소비곡선 일치**

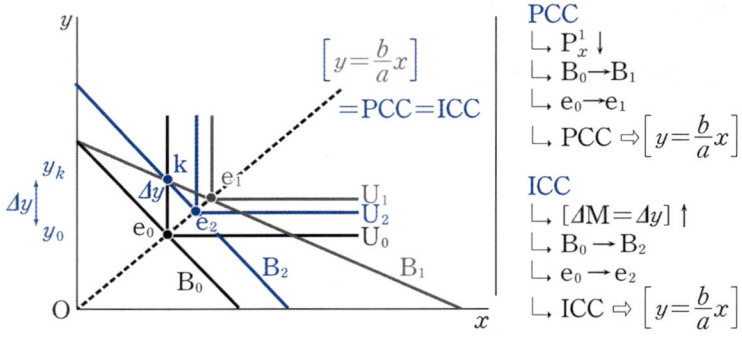

가격소비곡선(PCC)과 소득소비곡선(ICC) 모두 원점에서 뻗어 나오는 직선[$y = \frac{b}{a}x$]이다. 따라서 가격탄력성(ε_{p_x})은 0보다 크지만 1보다 작고, 소득탄력성($\varepsilon_M^x = \varepsilon_M^y$)은 항상 1이다.

> **참고학습**

$U = \text{Max}[\frac{x}{a}, \frac{y}{b}]$ (단, a > 0이고, b > 0이다.)

1. $\frac{y}{b} > \frac{x}{a}$

    ➡ $y > \frac{b}{a}x$

    ➡ $U = \text{Max}[\frac{x}{a}, \frac{y}{b}] = \frac{y}{b}$

    ➡ $y = bU$, 무차별곡선은 수평선

2. $\frac{y}{b} < \frac{x}{a}$

    ➡ $y < \frac{b}{a}x$

    ➡ $U = \text{Min}[\frac{x}{a}, \frac{y}{b}] = \frac{x}{a}$

    ➡ $x = aU$, 무차별곡선은 수직선

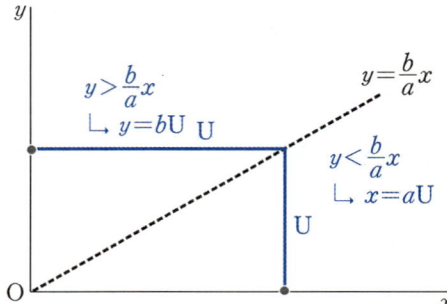

3. 효용극대화 선택 ➡ 모서리해

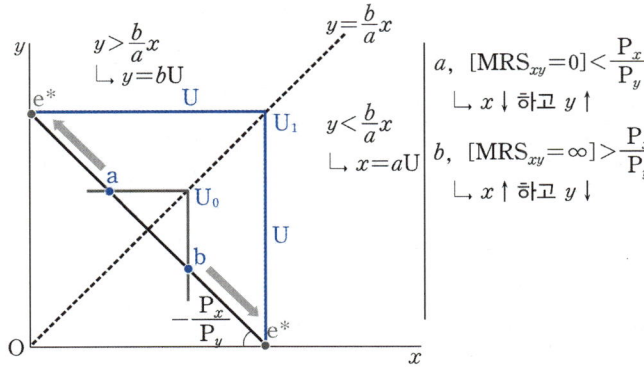

4. 준선형효용함수

$$U = a\sqrt{x} + y$$

(1) 의의

① 준선형효용함수(Quasi - linear Utility Function)는 소비자의 효용이 한 재화의 소비에 대해서는 선형(직선)이고, 다른 재화의 소비에 대해서는 비선형(곡선)인 선호체계를 반영한 효용함수이다.

② 그리고 Y재 선호에 대한 효용이 선형이면 Y재의 한계효용(MU_y)은 상수이므로 한계대체율(MRS_{XY})은 비선형 효용의 X재에 의해서만 결정된다.

(2) Y재에 대한 준선형효용함수 ➡ $U = a\sqrt{x} + by$

① 한계대체율과 무차별곡선

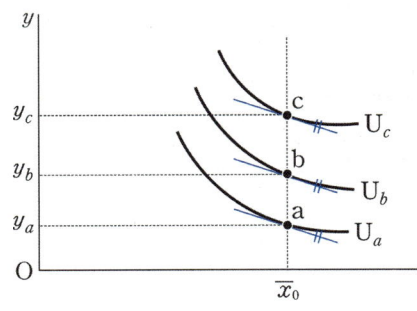

$$\text{MRS}_{xy} = \frac{a}{2b} \cdot \frac{1}{\sqrt{x}}$$
$$\hookrightarrow \text{MRS}_{xy}^a = \text{MRS}_{xy}^b = \text{MRS}_{xy}^c$$

📝 $MU_X = \dfrac{dU}{dx} = \dfrac{a}{2}\dfrac{1}{\sqrt{x}}$

$MU_Y = \dfrac{dU}{dy} = b$

➡ $MRS_{XY} = \dfrac{MU_X}{MU_Y}$
$= \dfrac{a}{2b}\dfrac{1}{\sqrt{x}}$

㉠ X재와 Y재 모두 재화(goods)이므로 무차별곡선은 우하향한다. 그리고 X재 소비가 증가할수록 한계대체율은 체감하므로 무차별곡선은 원점에 대해 볼록하다.

㉡ 그리고 Y재에 대한 준선형효용함수는 Y재 소비와 무관하게 한계대체율($MRS_{XY} = \dfrac{a}{2b}\dfrac{1}{\sqrt{x}}$)이 비선형 효용의 X재에 의해서만 결정되므로 무차별곡선은 X재 소비량이 같으면 한계대체율이 동일하다. 따라서 무차별곡선은 수직축에 대하여 평행하다.

📝 동조함수의 무차별곡선은 원점에서 뻗어 나오는 직선($\dfrac{y}{x} = k$ ➡ $y = kx$)에 대해 평행

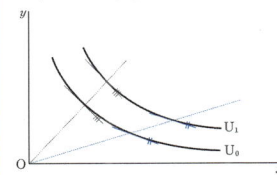

② 소득소비곡선(ICC)

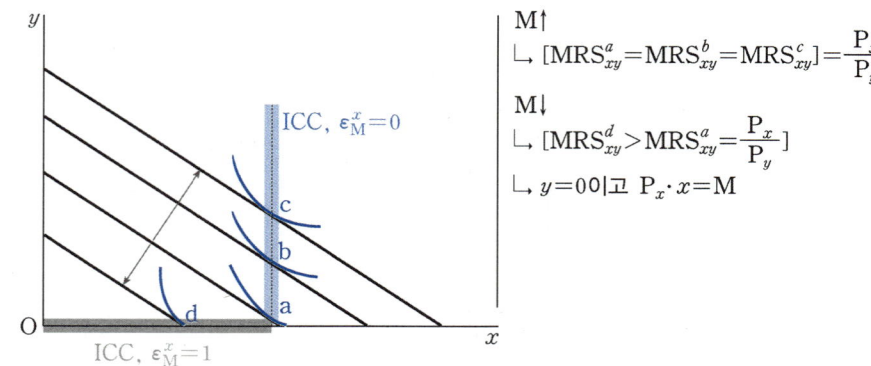

㉠ 소득이 임의의 소득[M^*]보다 클 때 소득의 증가로 예산선이 평행이동하면 상대가격($\frac{p_x}{p_y}$)이 불변이므로 효용극대화 균형조건[$MRS_{XY} = \frac{p_x}{p_y}$]은 변함이 없다. 따라서 한계대체율($MRS_{XY} = \frac{a}{2b}\frac{1}{\sqrt{x}}$)도 불변이어야 하므로 X재 소비는 변함이 없고 소득효과에 의해 정상재인 Y재 소비만 증가한다. 따라서 Y재에 대한 준선형효용함수의 소득소비곡선(ICC)은 수직선이다.

㉡ 그러나 소득이 임의의 소득[M^*]보다 작으면 X재 소비도 감소하여 한계대체율($MRS_{XY} = \frac{a}{2b}\frac{1}{\sqrt{x}}$)이 상승한다. 따라서 소득이 감소할 때에는 1원당 한계효용이 높은 X재만 소비하므로 소득소비곡선(ICC)은 수평축(Y = 0)과 일치한다.

(3) **X재에 대한 준선형효용함수** ➡ U = ax + b$\sqrt{y}$

① 한계대체율과 무차별곡선

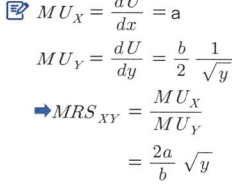

$MU_X = \frac{dU}{dx} = a$
$MU_Y = \frac{dU}{dy} = \frac{b}{2}\frac{1}{\sqrt{y}}$
➡ $MRS_{XY} = \frac{MU_X}{MU_Y}$
$= \frac{2a}{b}\sqrt{y}$

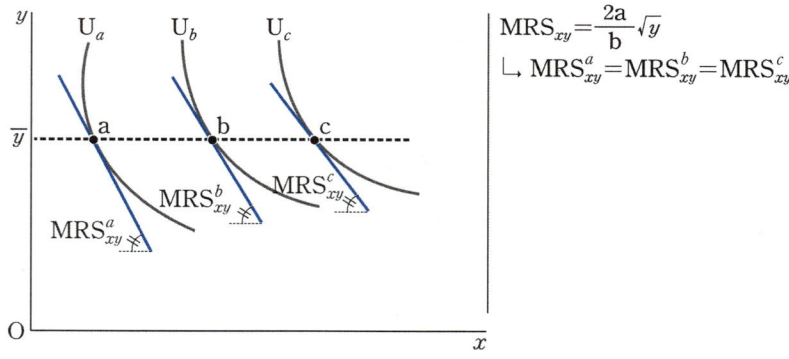

㉠ X재와 Y재 모두 재화(goods)이므로 무차별곡선은 우하향한다. 그리고 Y재 소비가 감소할수록 한계대체율은 체감하므로 무차별곡선은 원점에 대해 볼록하다.

㉡ 그리고 X재에 대한 준선형효용함수는 X재 소비와 무관하게 한계대체율($MRS_{XY} = \frac{2a}{b}\sqrt{y}$)이 비선형 효용의 Y재에 의해서만 결정되므로 무차별곡선은 Y재 소비량이 같으면 한계대체율이 동일하다. 따라서 무차별곡선은 수평축에 대하여 평행하다.

② 소득소비곡선(ICC)

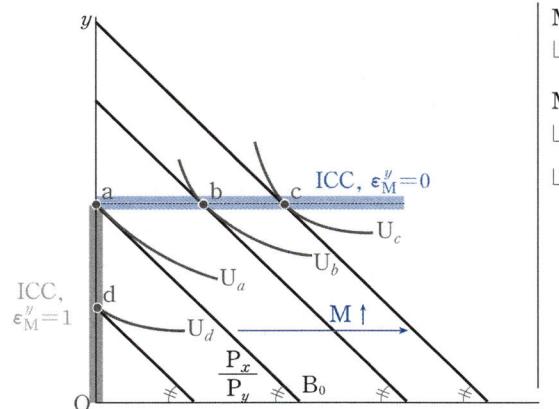

$M\uparrow$
$\quad\hookrightarrow [MRS^a_{xy}=MRS^b_{xy}=MRS^c_{xy}]=\dfrac{P_x}{P_y}$

$M\downarrow$
$\quad\hookrightarrow [MRS^d_{xy}<MRS^a_{xy}=\dfrac{P_x}{P_y}]$
$\quad\hookrightarrow x=0$이고 $P_y\cdot y=M$

㉠ 소득이 임의의 소득$[M^*]$보다 클 때 소득의 증가로 예산선이 평행이동하면 상대가격($\dfrac{p_x}{p_y}$)이 불변이므로 효용극대화 균형조건$[MRS_{XY}=\dfrac{p_x}{p_y}]$은 변함이 없다. 따라서 한계대체율($MRS_{XY}=\dfrac{2a}{b}\sqrt{y}$)도 불변이어야 하므로 Y재 소비는 변함이 없고 소득효과에 의해 정상재인 X재 소비만 증가한다. 따라서 X재에 대한 준선형 효용함수의 소득소비곡선(ICC)은 수평선이다.

㉡ 그러나 소득이 임의의 소득$[M^*]$보다 작으면 Y재 소비도 감소하여 한계대체율($MRS_{XY}=\dfrac{2a}{b}\sqrt{y}$)이 하락한다. 따라서 소득이 감소할 때에는 1원당 한계효용이 높은 Y재만 소비하므로 소득소비곡선(ICC)은 수직축(X = 0)과 일치한다.

연습문제

두 재화 X와 Y만을 소비하는 어느 소비자의 효용함수가 $U(X, Y)=2\sqrt{X}+Y$이다. X재와 Y재의 가격이 모두 1일 때, 이 소비자에 대한 설명으로 옳은 것만을 〈보기〉에서 모두 고르면?

2020년 국회직 8급

{ 보기 }

㉠ 이 소비자에게 X재는 정상재이다.
㉡ 소득이 1보다 작으면 Y재만 소비한다.
㉢ 소득이 1보다 클 때 소득소비곡선은 직선이다.
㉣ 한계대체율이 Y재 소비량에 영향을 받지 않는다.

① ㉠, ㉡ ② ㉠, ㉢
③ ㉡, ㉢ ④ ㉡, ㉣
⑤ ㉢, ㉣

해설
㉠ 소득이 1보다 클 때[M > 1] 소득이 증가해도 X재 소비는 1로 불변이다.
㉡ 소득이 1보다 작으면[M < 1] 1원당 한계효용이 높은 X재만 소비한다.

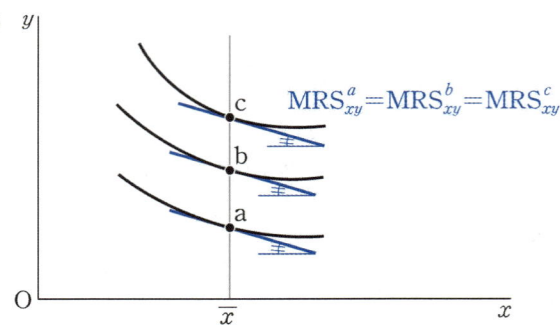

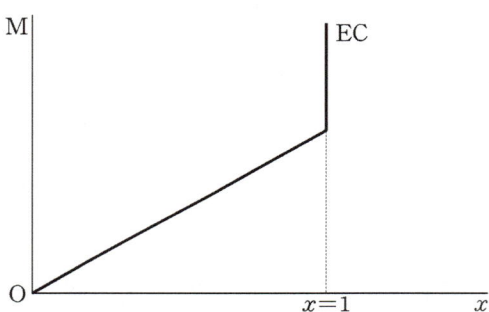

① 소득이 1보다 클 때,
[$M_0 > M_1 > M_2$] > 1
└ [$MRS_{xy}^{e_0} = \frac{1}{\sqrt{x}} = \frac{1}{\sqrt{1}} = 1$] = [$\frac{1}{1} = \frac{P_x}{P_y}$]

② 소득이 1보다 작을 때,
[$x = (\frac{M<1}{P_x=1})$] < 1
└ [$MRS_{xy}^{e_0'} = \frac{1}{\sqrt{x}} > 1$] > [$\frac{1}{1} = \frac{P_x}{P_y}$]
∴ e_0'에서 1원당 한계효용이 높은 x재만 소비

ⓔ 준선형효용함수
➡ 두 재화 중 한 재화에 대해서만 선형인 효용함수로서 두 재화 중 한 재화의 한계효용이 해당 재화의 소비량에 관계없이 일정한 효용함수이다.
$U(X, Y) = 2\sqrt{X} + Y$
➡ X재에 대해서는 비선형이고 Y재에 대해서는 선형인 효용함수
$MU_X = \frac{\Delta U}{\Delta X} = \frac{1}{\sqrt{X}}$
$MU_Y = \frac{\Delta U}{\Delta Y} = 1$
➡ Y재의 소비량에 관계없이 Y재의 한계효용이 일정한 효용함수
∴ Y재에 대한 준선형효용함수
$MRS_{XY} = \frac{MU_X}{MU_Y} = \frac{1}{\sqrt{X}}$
➡ Y재에 대한 준선형효용함수는 한계대체율이 X재에 의해서만 결정되므로 동일한 X재 소비량에 대해서는 Y재 소비와 무관하게 한계대체율이 같다.

▶ ⑤

Ⅵ. 가격소비곡선(PCC)

1. 의의

가격소비곡선(Price Consumption Curve)은 X − Y 평면에서 가격이 변화할 때 효용극대화를 달성하는 최적 소비조합(X, Y)을 연결한 궤적이다.

2. 가격소비곡선과 수요의 가격탄력성

(1) **수평의 PCC_1**

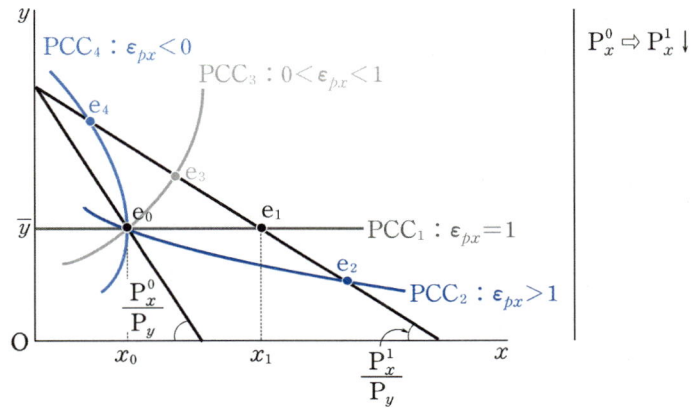

p_x가 하락할 때 Y재 소비는 불변($\dot{y}=0$)이면 PCC가 수평선이고 X재의 가격탄력성은 1이다.

(2) **우하향하는 PCC_2**

p_x가 하락할 때 PCC_2가 우하향하면 가격탄력성이 1인 e_1보다 X재 소비가 더 많이 증가하므로 X재의 가격탄력성은 1보다 크다.

(3) **우상향하는 PCC_3**

p_x가 하락할 때 PCC_3가 우상향하면 가격탄력성이 1인 e_1보다 X재 소비가 적게 증가하므로 X재의 가격탄력성은 0보다 크고 1보다 작다.

(4) **좌상향하는 PCC_4**

p_x가 하락할 때 X재 수요량이 감소하여 PCC_4가 우상향하면 X재의 가격탄력성은 0보다 작다. 따라서 수요곡선은 우상향하므로 X재는 기펜재이다.

📝 가격과 수요량 간의 관계를 예측하는 PCC곡선으로부터 수요곡선이 도출되고, 소득과 수요 간의 관계를 예측하는 ICC로부터 엥겔곡선이 도출된다.

📝 수요곡선(Demand Curve)은 가격(p_x) − 재화(X) 평면에서 가격이 변화할 때 효용극대화를 달성하는 조합(p_x, X)을 연결한 궤적

📝 M = p_xx + p_yy
➡ $\dot{M} = \dot{p_x} + \dot{x} + \dot{p_y} + \dot{y}$
➡ X재 수요의 가격탄력성을 측정할 때, M과 p_y는 고정: $\dot{M} = \dot{p_y} = 0$
➡ p_x가 하락할 때 Y재 소비는 불변이면 $\dot{y} = 0$
➡ $\dot{x} = -\dot{p_x}$

➡ $\varepsilon_{p_x} = -\dfrac{\dfrac{\Delta x}{x} \times 100\%}{\dfrac{\Delta p_x}{p_x} \times 100\%}$
$= -\dfrac{\dot{x}}{\dot{p_x}} = -\dfrac{-\dot{p_x}}{\dot{p_x}} = 1$

Ⅶ 소득소비곡선(ICC)과 엥겔곡선(EC)

1. 소득소비곡선

소득소비곡선(Income Consumption Curve)은 X − Y 평면에서 소득이 변화할 때 효용극대화를 달성하는 최적 소비조합(X, Y)을 연결한 궤적이다.

2. 소득의 가중평균 탄력성 합 = 1

$$p_x \cdot x + p_y \cdot y = M$$

➡ 예산식의 좌변과 우변을 모두 M으로 미분하면,

$$\frac{\Delta(p_x \cdot x)}{\Delta M} + \frac{\Delta(p_y \cdot y)}{\Delta M} = [\frac{\Delta(M)}{\Delta M} = 1]$$

➡ $[\frac{\Delta x}{\Delta M} \cdot \frac{M}{x}][\frac{p_x \cdot x}{M}] + [\frac{\Delta y}{\Delta M} \cdot \frac{M}{y}][\frac{p_y \cdot y}{M}] = 1$

➡ $\varepsilon_M^x [\frac{p_x \cdot x}{M}] + \varepsilon_M^y [\frac{p_y \cdot y}{M}] = 1$

$[\frac{p_x \cdot x}{M}$ = 총소득 중에서 x재 소비지출액이 차지하는 비중,

$\frac{p_y \cdot y}{M}$ = 총소득 중에서 y재 소비지출액이 차지하는 비중]

소득의 가중평균 탄력성 합은 항상 1이므로 X재와 Y재의 소득탄력성은 동시에 1보다 작을 수 없고, 동시에 1보다 클 수 없다. 즉, X재와 Y재는 모두 열등재가 될 수 없고, 모두 사치재도 될 수 없다. 이는 한 재화가 열등재이면 다른 재화는 반드시 사치재임을 의미한다. 또는 한 재화가 사치재라면 다른 재화는 필수재이거나 열등재이다.

> 소득이 0이면 X재와 Y재 소비량이 모두 0이므로 ICC는 항상 원점에서 출발한다.

3. 소득소비곡선과 소득탄력성

(1) 원점에서 뻗어 나오는 직선의 ICC

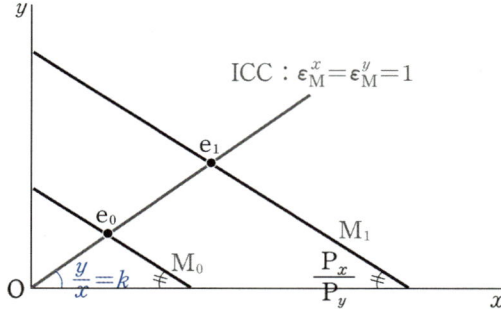

ICC가 원점에서 뻗어 나오는 직선이면 X재의 소득탄력성(ε_M^x)과 Y재의 소득탄력성(ε_M^y)은 모두 1이다.

> **참고학습**
>
> **원점에서 뻗어 나오는 직선의 ICC 소득탄력성 도출**
>
> $\varepsilon_M^x = \varepsilon_M^y = 1$
>
> ➡ ICC가 원점에서 뻗어 나오는 직선이면 ICC의 기울기, 즉 X재와 Y재의 소비비율($\frac{y}{x}$)이 항상 k로 일정하므로 $\frac{y}{x} = k$
>
> ➡ $y = kx$
>
> ➡ $M = p_x x + p_y y = p_x x + p_y[kx] = [p_x + kp_y]x$
>
> ➡ $x = \dfrac{1}{p_x + kp_y} M$
>
> ➡ $\dfrac{\Delta x}{\Delta M} = \dfrac{1}{p_x + kp_y}$
>
> ➡ $\varepsilon_M^x = \dfrac{\Delta x}{\Delta M} \cdot \dfrac{M}{x} = \dfrac{1}{p_x + kp_y} \dfrac{[M = (p_x + kp_y)x]}{x} = 1$
>
> ➡ 동일한 방식으로 $\varepsilon_M^y = 1$ 또는 소득의 가중평균탄력성 합은 항상 1이므로 $\varepsilon_M^x = 1$이면 $\varepsilon_M^y = 1$이다.

(2) ICC의 형태와 소득탄력성

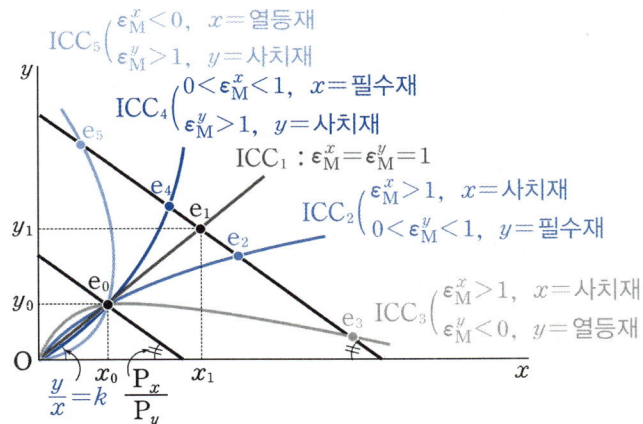

4. 엥겔곡선

(1) 원점에서 뻗어 나오는 직선의 EC

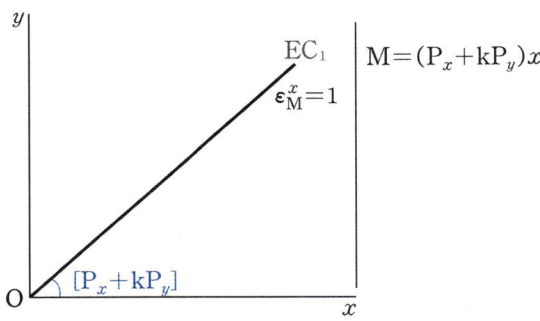

소득탄력성(ε_M^x)이 1이면 엥겔곡선은 원점에서 뻗어 나오는 직선이다.

📝 **엥겔곡선 ➡ 수직축이 소득(M)**

엥겔곡선(Engel Curve)은 재화(X) − 소득(M) 평면에서 소득이 변화할 때 효용극대화를 달성하는 소비 − 소득(X, M)조합을 연결한 궤적이다. 따라서 엥겔곡선의 기울기를 찾기 위해서는 좌변을 소득(M)으로 정리해야 한다.

➡ $x = \dfrac{M}{p_x}$

➡ $M = p_x \cdot x$

➡ 엥겔곡선은 p_x의 기울기를 갖는 원점에서 뻗어 나오는 직선

∴ $\varepsilon_M^x = 1$

> **참고학습**
>
> **원점에서 뻗어 나오는 직선의 EC 소득탄력성 도출**
>
> 소득탄력성(ε_M^x)이 1이면 ICC는 원점에서 뻗어 나오는 직선이므로 X재와 Y재의 소비비율($\frac{y}{x}$)이 항상 k로 일정해서 $\frac{y}{x}$ = k
>
> ➡ y = kx
> ➡ $M = p_x x + p_y y = p_x x + p_y[kx] = [p_x + kp_y]x$
> ➡ 엥겔곡선은 $[p_x + kp_y]$를 기울기로 갖는 원점에서 뻗어 나오는 직선
> ➡ 소득탄력성(ε_M^x)이 1일 때 p_x가 상승할수록 더욱 가파른 엥겔곡선

📝 엥겔곡선은 소득소비곡선을 닮았다.

(2) 엥겔곡선의 형태와 소득탄력성

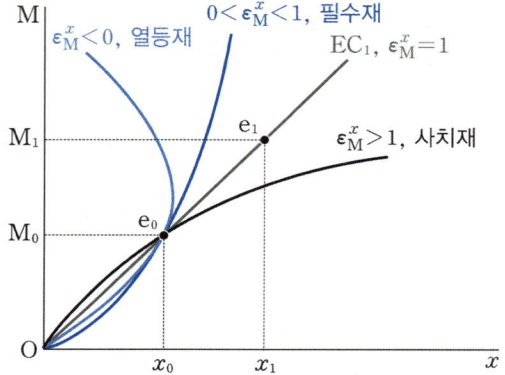

① 엥겔곡선이 우상향하면서 기울기가 체감하면 소득탄력성(ε_M^x)이 1보다 큰 사치재이다.

② 엥겔곡선이 우상향하면서 기울기가 체증하면 소득탄력성(ε_M^x)이 0보다 크고 1보다 작은 필수재이다.

③ 엥겔곡선이 좌상향하면 소득이 증가할수록 소비가 감소하므로 소득탄력성(ε_M^x)이 0보다 작은 열등재이다.

VIII 가치의 역설(Smith's paradox)

1. 의의

(1) 아담 스미스(A. Smith)는 인간의 삶에 필수적인 물(water)의 가격은 매우 낮지만, 사용하지 않더라도 인간의 생명을 위협하지 않는 다이아몬드(diamond)의 가격은 매우 높은 점에 대해 의문을 제기했다.

(2) 고전학파는 사용가치와 시장가격이 비례하지 않는 현상을 설명하지 못한 것이다.

(3) 이후 고전학파를 계승한 한계효용이론(Marginalism)이 사용가치와 교환가치(= 시장가격)를 구분하면서 가치의 역설은 경제학적으로 해명되었다.

2. 사용가치와 교환가치

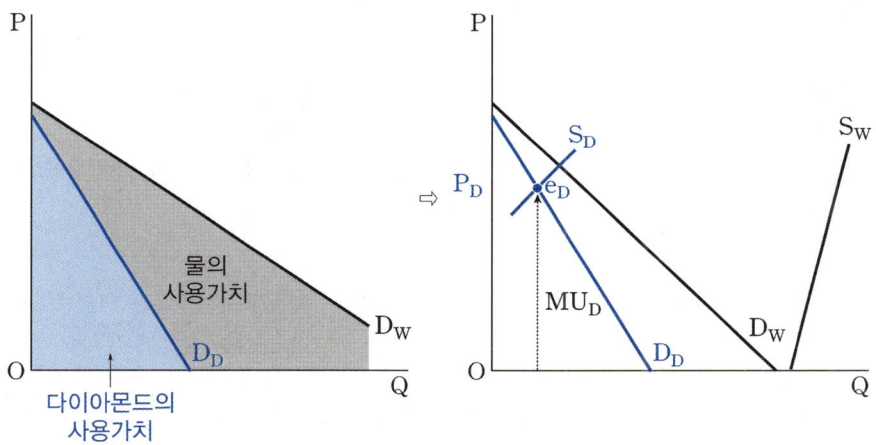

(1) 아담 스미스는 시장가격은 사용가치와 일치한다고 보았다. 사용가치는 재화소비에 따른 만족의 합인 총효용(total utility)을 의미하고 수요곡선 하방의 면적으로 측정된다.

(2) 그러나 한계효용학파에 따르면 시장가격은 사용가치가 아니라 교환가치에 의해 결정된다. 교환가치는 마지막으로 소비하는 한계소비에 의한 한계효용(marginal utility)으로써 수요곡선의 높이로 측정된다.

(3) 그리고 한계소비, 즉 시장의 거래량은 수요와 공급의 법칙에 의해 결정된다.

(4) 따라서 물은 사용가치가 높지만 수요보다 공급이 많아서 교환가치(= 시장가격)가 0에 가까운 자유재이다.

(5) 하지만 다이아몬드는 사용가치가 낮지만 수요보다 공급이 적어서 교환가치가 매우 높은 경제재이다.

(6) 그러므로 고전학파가 시장가격을 사용가치로 오인하면서 제기한 가치의 역설은 교환가치로 시장가격이 결정된다는 한계효용이론에 따르면 지극히 당연한 경제적 현상인 것이다.

소비자선택이론의 응용

I. 사회보장제도 — 현금보조, 현물보조, 가격보조

1. 의의

정부는 저소득계층의 기초생활보장과 소비촉진을 위해 현금보조, 현물보조, 가격보조 등의 사회보장제도를 운영하고 있다.

2. 현금보조

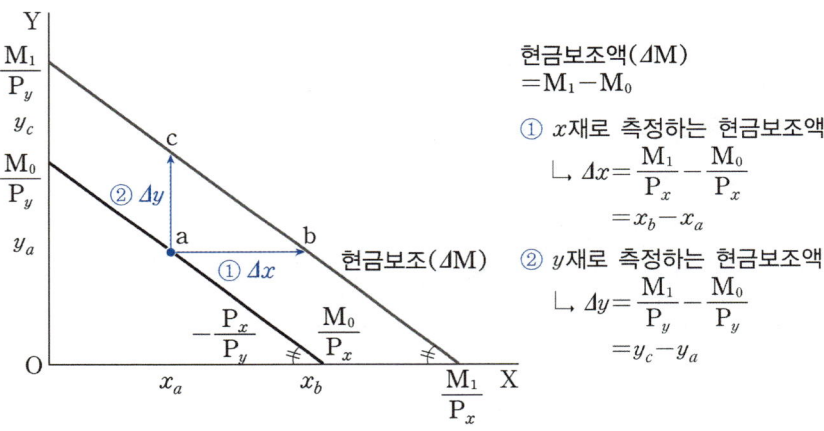

(1) 기초생활수당, 아동수당, 재난지원금과 같은 현금보조(Cash Transfer)는 정부가 일정액의 현금을 개인에게 이전하는 정책이다. 현금보조의 정책수혜자는 정부로부터 이전받은 현금만큼 소득만 증가하고 재화의 상대가격은 불변이므로 예산선은 우상방으로 평행이동한다.

(2) 현금보조는 상대가격에 영향을 미치지 않으므로 대체효과는 발생하지 않고 소득효과에 의해서만 소비가 영향을 받는다.

3. 현물보조

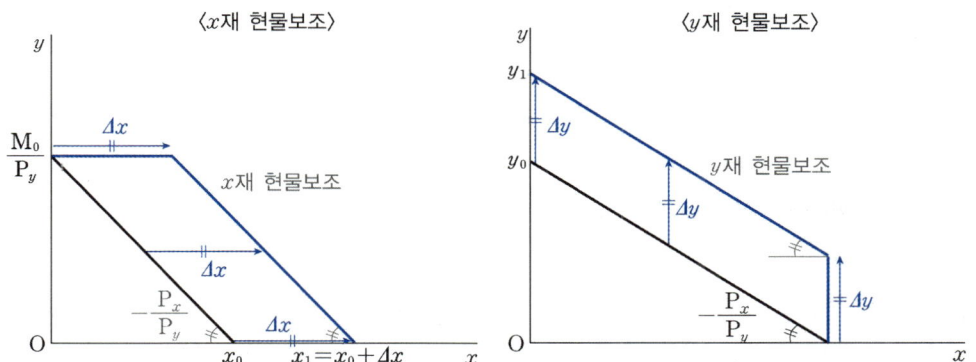

(1) 무상 급식, 무상 의료서비스, 식량배급과 같은 현물보조(In-kind Transfer)는 정부가 특정 재화나 서비스를 직접 지급하는 정책이다.

(2) 정부가 X재만을 현물로 지급하면 임의의 Y재 소비에 대해 동일의 X재 소비가 증가하므로 예산선은 우측으로 평행이동한다.

(3) 정부가 Y재만을 현물로 지급하면 임의의 X재 소비에 대해 동일의 Y재 소비가 증가하므로 예산선은 수직으로 평행이동한다.

(4) 현물보조도 현금보조와 동일하게 대체효과는 발생하지 않고 소득효과에 의해서만 소비가 결정된다.

4. 가격보조

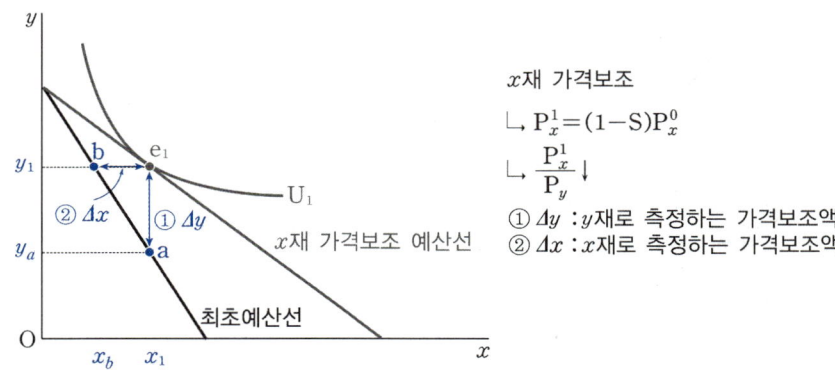

(1) 농산물 가격 지원, 전기요금 보조, 공공교통요금 할인과 같은 가격보조(Price Subsidy)는 정부가 특정 재화나 서비스를 구입할 때 가격의 일정비율(s)을 보조하는 정책이다.

(2) 정부가 X재 가격(p_x)의 일정비율(s)을 보조하면 소비자의 구매가격은 $(1-s)p_x$로 하락하므로 예산선은 수직절편을 중심으로 반시계방향으로 회전이동하고 상대가격 $\left[\dfrac{(1-s)p_x}{p_y}\right]$도 하락한다.

(3) **Y재로 측정하는 가격보조액** ➡ $\Delta y = y_1 - a$

X재에 대한 가격보조 이후에 소비자는 e_1을 선택했다. 가격보조 전에는 x_1을 구매할 때 최초 예산선 상의 a에서 y_a만 구매할 수 있었지만, 가격보조 이후에는 y_1만큼 Y재를 더 많이 구매할 수 있다. 따라서 Y재로 측정하는 가격보조액은 e_1과 a만큼의 수직거리인 Δy이다.

(4) **X재로 측정하는 가격보조액** ➡ $\Delta x = x_1 - b$

가격보조 전에는 y_1을 구매할 때 최초 예산선 상의 b에서 x_b만 구매할 수 있었지만, 가격보조 이후에는 x_1만큼 X재를 더 많이 구매할 수 있다. 따라서 X재로 측정하는 가격보조액은 e_1과 b만큼의 수평거리인 Δx이다.

(5) 현금보조나 현물보조와 달리 가격보조는 상대가격이 변화되어 대체효과가 발생하고, 1원당 한계효용이 상승한 X재로 하락한 Y재를 대체하므로 특정 재화의 소비 촉진을 유인하는데 현금보조와 현물보조 정책보다 우월하다.

5. 현금보조와 현물보조의 비교

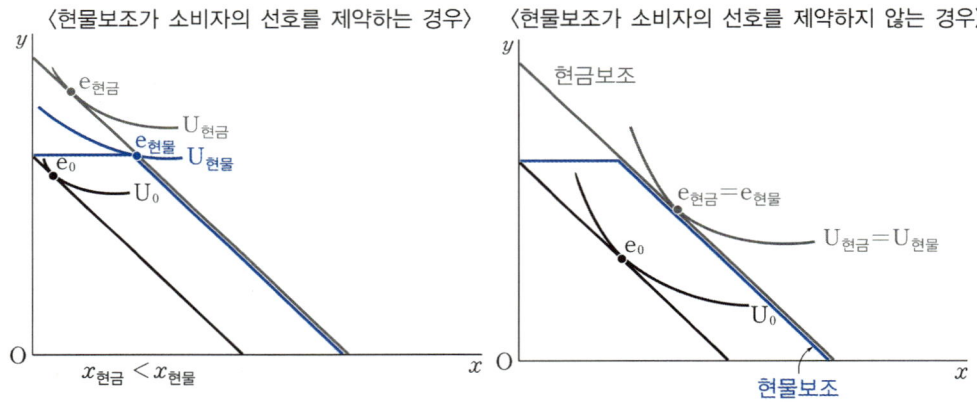

(1) 현금보조액과 동일액만큼 X재를 현물보조하면 소비자의 선호에 의해 효용과 X재 소비에 미치는 효과가 결정된다.

(2) X재를 현물보조할 때 소비자의 한계대체율(MRS_{xy})이 커서 Y재보다 X재를 선호한다면 소비자는 현금보조와 현물보조를 무차별하게 인식한다. 따라서 현금보조와 현물보조가 효용과 특정 재화 소비촉진에 미치는 효과는 동일하다.

(3) X재를 현물보조할 때 소비자가 X재보다 Y재를 선호한다면 한계대체율(MRS_{xy})이 작아 소비자의 선호는 현물보조로 제약된다. 현물보조의 소비자는 선호하는 Y재 소비가 감소하고 덜 선호하는 X재 소비를 늘리므로 현금보조의 혜택을 누리지 못해 효용이 하락한다. 따라서 현금보조는 현물보조보다 효용이 높고, 현물보조는 현금보조보다 소비자가 덜 선호하는 특정 재화의 소비촉진에 효과적이다.

6. 현금보조와 가격보조의 비교

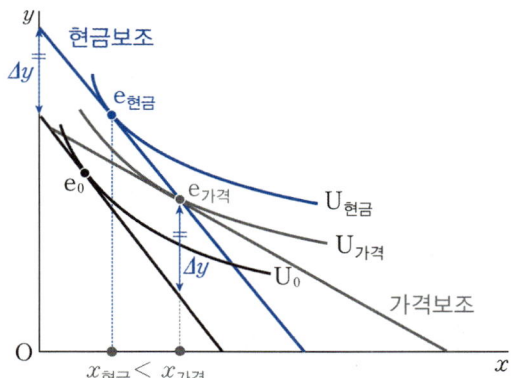

(1) X재에 대한 가격보조를 실시하면 소비자는 $e_{가격}$을 선택한다. 가격보조의 효용극대화 소비점인 $e_{가격}$을 기준으로 Y재로 측정하는 가격보조액(Δy)만큼 동일액을 현금으로 지급하면 현금보조의 예산선은 최초 예산선에서 (Δy)만큼 수직 상방으로 이동한다.

(2) 현금보조의 효용극대화 소비점인 $e_{현금}$은 가격보조보다 효용이 높지만, X재 소비량은 가격보조보다 적다.

(3) 가격보조에서 X재 소비가 더 많은 이유는 대체효과가 발생하지 않는 현금보조와 달리 가격보조는 X재의 상대가격을 하락시켜 1원당 한계효용이 상승한 X재로 1원당 한계효용이 하락한 Y재를 대체하는 대체효과가 발생하기 때문이다.

7. 정책효과

(1) **소비자 효용측면**: 현금보조 ≥ 현물보조 > 가격보조

효용수준은 소비의 기회집합과 비례한다. 따라서 동일액의 실질구매력을 소비자에게 지급한다면 예산선이 가장 많이 확대되는 현금보조정책이 다른 정책보다 우월하다.

(2) **소비 촉진**: 가격보조 > 현물보조 ≥ 현금보조

특정 재화의 소비를 촉진하기 위해서는 대체효과가 발생해야 한다. 따라서 상대가격의 하락으로 대체효과가 유일하게 발생하는 가격보조정책이 다른 정책보다 우월하다.

II. 소득세와 물품세

1. 물품세 부과효과

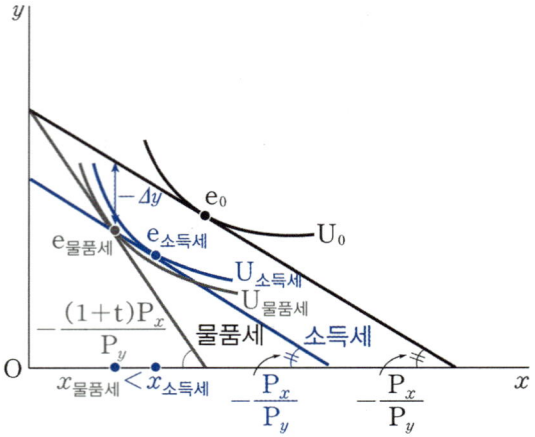

(1) 정부가 X재 가격에 대해 일정비율(t)의 물품세를 부과하면 소비자의 구매가격은 $(1+t)p_x$로 상승하므로 예산선은 수직절편을 중심으로 시계방향으로 회전이동하고 상대가격 $[\frac{(1+t)p_x}{p_y}]$은 상승한다.

(2) 물품세를 부과하면 상대가격이 상승하여 대체효과에 의해 X재 소비가 대폭 감소하고, 의사결정이 왜곡되므로 효용도 대폭 하락한다.

2. 소득세 부과효과

(1) Y재로 측정하는 물품세($-\Delta y$)와 동일액의 소득세를 부과하면 예산선은 좌하방으로 평행이동하고 상대가격은 불변이다.

(2) 소득세는 상대가격이 불변이므로 대체효과는 발생하지 않고 소비의 기회집합은 물품세보다 소폭 감소하여 효용의 하락폭이 작다.

3. 물품세와 소득세

(1) **소비자 효용측면**: 소득세 > 물품세

상대가격의 왜곡이 발생하지 않고 소비의 기회집합도 작게 감소하는 소득세가 물품세보다 우월하다. 그러나 소득세는 물품세보다 세원을 파악하기 위한 행정비용이 과다하게 발생하는 문제가 존재한다.

(2) **소비 감소**: 물품세 > 소득세

특정 재화의 소비를 줄이기 위한 목적은 상대가격의 상승으로 대체효과를 발생시키는 물품세가 소득세보다 효과적으로 달성할 수 있다.

III 실물부존모형

1. 의의

실물부존(real endowment)모형은 소득이 화폐단위의 명목소득(M)이 아니라 실물자원($\overline{x}, \overline{y}$)으로 주어지는 예산제약 아래에서 소비자의 효용극대화 선택과정을 설명하는 모형이다.

2. 예산선

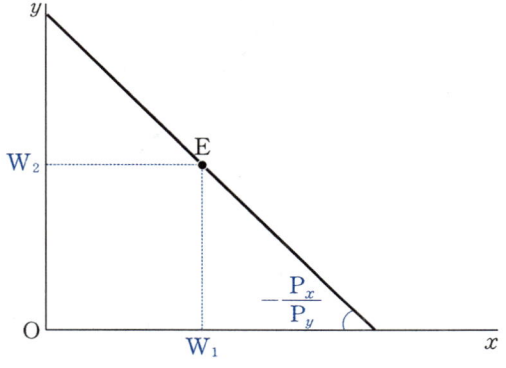

(1) 개인은 최초 주어진 실물부존자원(w_1, w_2)으로 가격과 무관하게 항상 초기부존점[E = ($x = w_1, y = w_2$)]만큼 소비할 수 있으므로 초기부존점은 예산선 상에 위치하고 예산선의 기울기는 Y재에 대한 X재의 상대가격[$= \dfrac{p_x}{p_y}$]이다.

(2) 가격이 변하더라도 언제나 초기부존점[E = (w_1, w_2)]은 소비가 가능하므로, 가격이 변할 때 예산선은 초기부존점(E)을 중심으로 회전이동한다.

> **초기부존점(E)**
> ➡ Endowment = ($x = w_1, y = w_2$)
> s.t. $p_x w_1 + p_y w_2 = p_x x + p_y y$
> [단, (w_1, w_2)는 최초 주어진 실물부존자원량, (x, y)는 소비량]
> ➡ $p_x[w_1 - x] + p_y[w_2 - y] = 0$

3. 효용극대화 선택 : X재 판매자(x < w_1)와 X재 구매자(x > w_1)

한계대체율(MRS_{xy})이 체감하는 개인은 볼록한 무차별곡선과 예산선이 접하는 지점에서 효용극대화를 달성한다.

(1) [$MRS^E_{w_1 w_2} = \dfrac{p_x}{p_y}$] ➡ **자급자족**

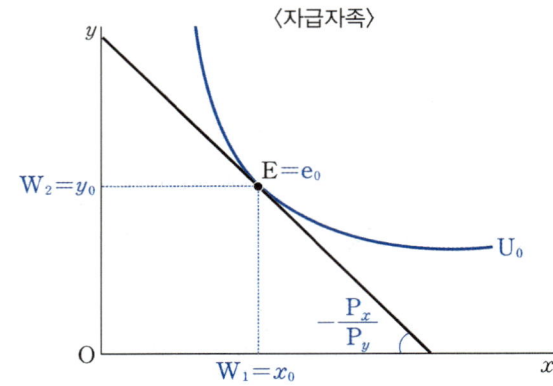

초기부존점(E)에서 한계대체율과 상대가격이 일치하는 개인은 e_0에서 최초 주어진 부존자원 혹은 직접 생산한 (w_1, w_2)를 소비하여 효용극대화를 달성하는 자급자족자이다.

(2) [$MRS^E_{w_1 w_2} < \dfrac{p_x}{p_y}$] ➡ **X재 판매자 = Y재 구매자**

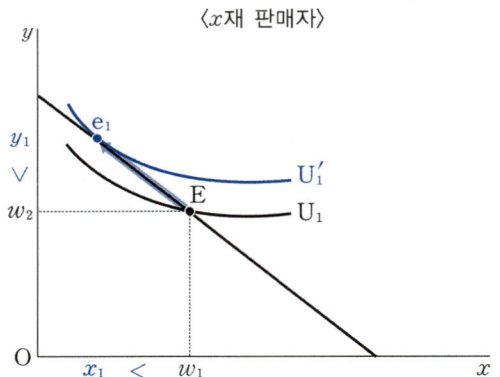

한계대체율이 낮은 Y재 선호자는 초기부존점(E)에서 한계대체율이 상대가격보다 작아 1원당 한계효용이 높은 Y재로 1원당 한계효용이 낮은 X재를 대체하여 e_1에서 효용극대화를 달성하고자 한다. 이를 위해 최초 w_1의 X재 부존자원 중 일부를 판매하여 최초 w_2의 부존자원보다 더 많은 Y재를 소비하므로 X재 판매자에 해당한다.

(3) $MRS^E_{w_1 w_2} > \dfrac{p_x}{p_y}$ ➡ X재 구매자 = Y재 판매자

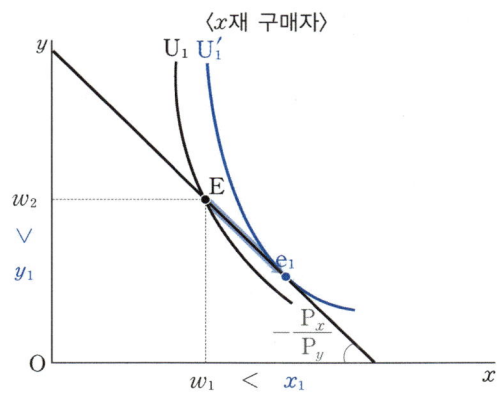

한계대체율이 높은 X재 선호자는 초기부존점(E)에서 한계대체율이 상대가격보다 커서 1원당 한계효용이 높은 X재로 1원당 한계효용이 낮은 Y재를 대체하여 e_1에서 효용극대화를 달성하고자 한다. 이를 위해 최초 w_2의 Y재 부존자원 중 일부를 판매하여 w_1의 부존자원보다 더 많은 X재를 소비하므로 X재 구매자에 해당한다.

4. 가격 변화

(1) p_x 상승

① 대체효과

p_x가 상승해서 상대가격[$= \dfrac{p_x}{p_y}$]이 상승하면 1원당 한계효용이 하락한 X재를 1원당 한계효용이 상승한 Y재로 대체한다. ➡ (X↓, Y↑)

② 소득효과

㉠ X재 판매자

ⓐ X재와 Y재 모두 정상재이면 p_x가 상승할 때 판매가격의 상승으로 실질소득이 증가하므로 X재와 Y재 소비가 모두 증가한다. ➡ (X↑, Y↑)

ⓑ X재와 Y재 모두 열등재이면 p_x가 상승할 때 판매가격의 상승으로 실질소득이 증가하므로 X재와 Y재 소비가 모두 감소한다. ➡ (X↓, Y↓)

㉡ X재 구매자

ⓐ X재와 Y재 모두 정상재이면 p_x가 상승할 때 구매가격의 상승으로 실질소득이 감소하므로 X재와 Y재 소비가 모두 감소한다. ➡ (X↓, Y↓)

ⓑ X재와 Y재 모두 열등재이면 p_x가 상승할 때 구매가격의 상승으로 실질소득이 감소하므로 X재와 Y재 소비가 모두 증가한다. ➡ (X↑, Y↑)

③ 가격효과

㉠ X재 판매자

ⓐ p_x가 상승할 때 X재 판매자이고 X재가 정상재이면 대체효과와 소득효과가 상반되므로 X재 소비의 증감을 판단할 수 없다.

> 최초 판매자는 가격 하락 이후에도 판매자, 최초 구매자는 가격 하락 이후에도 구매자로 동일함을 전제

ⓑ p_x가 상승할 때 X재 판매자이고 X재가 열등재이면 대체효과와 소득효과가 동일하므로 X재 소비는 반드시 감소한다. 그리고 X재 소비량의 감소는 X재 판매량의 증가를 의미한다.

ⓒ X재 구매자

ⓐ p_x가 상승할 때 X재 구매자이고 X재가 정상재이면 대체효과와 소득효과가 동일하므로 X재 소비는 반드시 감소한다. 그리고 X재 소비량의 감소는 X재 구매량의 감소를 의미한다.

ⓑ p_x가 상승할 때 X재 구매자이고 X재가 열등재이면 대체효과와 소득효과가 상반되므로 X재 소비의 증감을 판단할 수 없다.

(2) p_x 하락

① 대체효과

p_x가 하락해서 상대가격[$=\frac{p_x}{p_y}$]이 하락하면 1원당 한계효용이 상승한 X재로 1원당 한계효용이 하락한 Y재를 대체한다. ➡ (X↑, Y↓)

② 소득효과

㉠ X재 판매자

ⓐ X재와 Y재 모두 정상재이면 p_x가 하락할 때 판매가격의 하락으로 실질소득이 감소하므로 X재와 Y재 소비가 모두 감소한다. ➡ (X↓, Y↓)

ⓑ X재와 Y재 모두 열등재이면 p_x가 하락할 때 판매가격의 하락으로 실질소득이 감소하므로 X재와 Y재 소비가 모두 증가한다. ➡ (X↑, Y↑)

㉡ X재 구매자

ⓐ X재와 Y재 모두 정상재이면 p_x가 하락할 때 구매가격의 하락으로 실질소득이 증가하므로 X재와 Y재 소비가 모두 증가한다. ➡ (X↑, Y↑)

ⓑ X재와 Y재 모두 열등재이면 p_x가 하락할 때 구매가격의 하락으로 실질소득이 증가하므로 X재와 Y재 소비가 모두 감소한다. ➡ (X↓, Y↓)

③ 가격효과

㉠ X재 판매자

ⓐ p_x가 하락할 때 X재 판매자이고 X재가 정상재이면 대체효과와 소득효과가 상반되므로 X재 소비의 증감을 판단할 수 없다.

ⓑ p_x가 하락할 때 X재 판매자이고 X재가 열등재이면 대체효과와 소득효과가 동일하므로 X재 소비는 반드시 증가한다. 그리고 X재 소비량의 증가는 X재 판매량의 감소를 의미한다.

㉡ X재 구매자

ⓐ p_x가 하락할 때 X재 구매자이고 X재가 정상재이면 대체효과와 소득효과가 동일하므로 X재 소비는 반드시 증가한다. 그리고 X재 소비량의 증가는 X재 구매량의 증가를 의미한다.

> 최초 판매자는 가격 하락 이후에도 판매자, 최초 구매자는 가격 하락 이후에도 구매자로 동일함을 전제

ⓑ p_x가 하락할 때 X재 구매자이고 X재가 열등재이면 대체효과와 소득효과가 상반되므로 X재 소비의 증감을 판단할 수 없다.

연습문제

어떤 개인이 2가지 재화 X와 Y를 각각 Q_X, Q_Y만큼 생산하고 있다고 하자. 가격수용자인 이 개인은 X와 Y를 시장가격에 판매 혹은 구매함으로써 X와 Y를 C_X, C_Y만큼 소비하는 소비자이기도 하다. Q_X, Q_Y가 주어진 상태에서 X의 가격이 상승할 때 이 개인에게 발생할 변화로 옳은 것만을 모두 고르면? (단, X와 Y의 소비에 대한 무차별곡선은 일반적인 형태를 가지며 불확실성은 없다)
2022년 국회직 8급

[보기]

㉠ 가격 상승 전에 $C_X < Q_X$이었다면 가격 상승 이후 이 소비자의 효용은 증가한다.
㉡ 가격 상승 전에 $C_X = Q_X$이었다면 가격 상승 이후 이 소비자의 효용은 증가한다.
㉢ 가격 상승 전에 $C_X = Q_X$이었다면 가격 상승 이후에는 $C_X < Q_X$가 선택된다.
㉣ 가격 상승 전에 $C_X > Q_X$이었다면 가격 상승 이후에는 $C_X > Q_X$가 선택된다.

① ㉠, ㉡
② ㉠, ㉡, ㉢
③ ㉠, ㉡, ㉣
④ ㉠, ㉢, ㉣
⑤ ㉡, ㉢, ㉣

해설

실물부존모형은 소비자의 구매력이 화폐소득이 아니라 생산량, 즉 실물부존으로 주어졌을 때 소비자의 효용극대화 선택행위를 분석하는 모형이다. 실물부존모형의 초기부존점은 항상 예산선 상에 위치하므로 상대가격($\frac{P_X}{P_Y}$)이 변화하면 예산선은 초기부존점을 중심으로 회전이동한다.

㉠
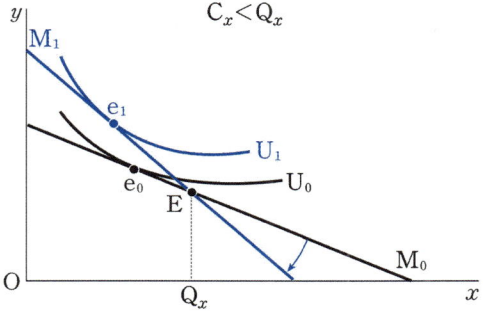

가격 상승 전에 $C_X < Q_X$이었다면, X재를 판매하여 Y재 소비를 늘리는 X재 판매자이다. 이때 p_x가 상승하면 상대가격($\frac{p_x}{p_y}$)이 상승하므로 예산선은 초기부존점(E)을 중심으로 시계방향으로 회전이동한다. 그리고 최초 e_0에 위치한 X재 판매자는 p_x가 상승하면 실질소득이 증가하여 소비의 기회집합이 확대되므로 이 소비자의 효용은 증가한다.

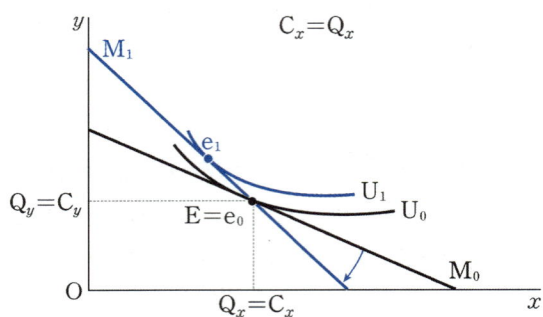

가격 상승 전에 $C_X = Q_X$이면 초기부존점(E)에서 효용극대화를 달성하는 자급자족자이다. p_x가 상승하면 초기부존점에서 한계대체율이 상대가격보다 작아지므로[$MRS^E_{w_1\,w_2} < \dfrac{p_x}{p_y}$] 1원당 한계효용이 하락한 X재를 1원당 한계효용이 상승한 Y재로 대체하려 한다. 그리고 p_x의 상승으로 보다 높은 가격에 X재를 판매해서 소비의 기회집합이 확대되므로 자급자족자의 효용은 증가하고 X재 소비는 초기부존량보다 감소한다.

ⓔ

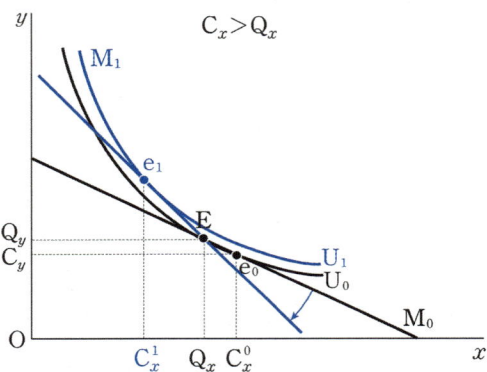

가격 상승 전에 $C_X > Q_X$인 X재 구매자도 p_x 상승 이후에는 X재와 Y재에 대한 선호도, 즉 한계대체율에 따라 X재 판매자로 전환하여 e_1에서 효용극대화를 달성할 수도 있다.

▶ ②

Ⅳ 피셔의 2기간 선택모형

1. 의의

피셔(I. Fisher)의 2기간 선택모형은 주어진 평생소득의 제약 아래에서 개인이 동태적 효용극대화를 달성하기 위해 두 기간의 최적 소비와 저축의 조합을 선택하는 시점 간 소비선택모형(Intertemporal Choice Model)이다.

 1기 ➡ 현재, 2기 ➡ 미래

2. 예산제약식

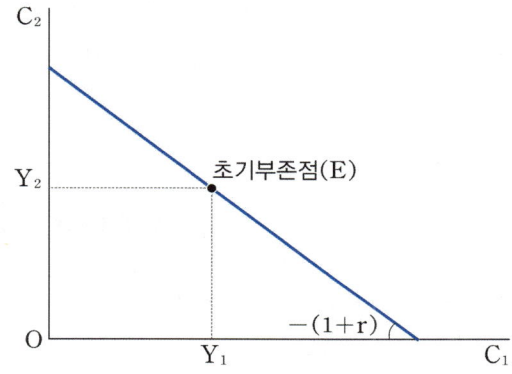

(1) 개인은 매 기에 주어진 소득으로 소비(C)와 저축(S)을 한다.
 ➡ $Y_1 = C_1 + S_1$
 ➡ $Y_2 = C_2 + S_2$

(2) 1기의 시장이자율(r)은 현재 소비(C_1)의 기회비용이므로 현재 소비의 가격(P_{C_1})이다.
 ➡ $P_{C_1} = r$

(3) 개인은 1기 소득(Y_1)과 2기 소득(Y_2)의 제약조건에서 1기 소비(C_1)와 2기 소비(C_2)를 선택한다.

(4) 시장의 실질이자율(r)을 매개로 원하는 만큼 차입과 저축이 가능한 완전한 자본시장을 가정한다.

> **참고학습**
>
> **시간할인율**(Time Discount Rate)
> ① 미래소득(Y_2)의 현재가치를 측정할 때 사용하는 할인율
> ② 시장이자율[r = 객관적인 자본의 사용자비용]을 주관적인 시간할인율(r)로 사용한다면
> ③ $Y_1(1+r) = Y_2$
> ④ $Y_1 = \dfrac{Y_2}{(1+r)}$
>
>   ➡ 시간할인율(r)이 높을수록 미래소득의 현재가치[$\dfrac{Y_2}{(1+r)}$]를 낮게 평가하는 현재지향적 선호자
>
>   ➡ 시간할인율(r)이 낮을수록 미래소득의 현재가치[$\dfrac{Y_2}{(1+r)}$]를 높게 평가하는 미래지향적 선호자
>
> ⑤ 개인은 1기에서 1기와 2기의 최적 소비조합(C_1, C_2)을 선택하므로 1기의 시장이자율(r)을 시간할인율(r)로 사용해서 미래 소득과 소비를 현재가치화한다.
> ⑥ $Y_1 + \dfrac{Y_2}{(1+r)} = C_1 + \dfrac{C_2}{(1+r)}$
>
>   ➡ $(1+r)[Y_1 - C_1] + [Y_2 - C_2] = 0$
>
>   개인은 시장이자율(r), 즉 현재 소비가격(P_{C_1})이 상승하든 하락하든 언제나 1기에서는 1기 소득만큼 소비[$Y_1 = C_1$]할 수 있고, 2기에서는 2기 소득만큼 소비[$Y_2 = C_2$]가 가능하다. 따라서 1기와 2기의 소득조합은 항상 예산선 상에 위치하는 초기부존점(Endowment)이다.
> ⑦ $C_2 = -(1+r)C_1 + (1+r)Y_1 + Y_2$
>
>   예산선의 기울기는 $-(1+r)$이고, 시장이자율(r)이 상승하거나 하락하면 예산선은 초기부존점[$E = (Y_1, Y_2)$]을 중심으로 회전이동한다.

3. 소비의 평준화

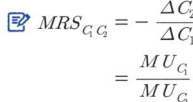

> U = F(C_1, C_2) [단, C_1과 C_2는 모두 정상재]

피셔의 2기간 선택모형은 생애에 걸친 소비의 평준화를 가정한다. 즉, 극단의 소비보다 균형의 소비를 선호하는 개인의 한계대체율($MRS_{C_1C_2}$)은 체감한다. 따라서 무차별곡선은 우하향하면서 원점에 대해 볼록하다.

4. 동태적 효용극대화 선택

> Max U = F(C_1, C_2)
> s.t. $C_2 = -(1+r)C_1 + (1+r)Y_1 + Y_2$

개인은 주어진 평생소득의 현재가치 제약조건 아래에서 1기와 2기 소비의 주관적 교환비율인 한계대체율($MRS_{C_1C_2}$)과 객관적 교환비율인 상대가격($\dfrac{1+r}{1}$)이 일치하는 무차별곡선과 예산선의 접점에서 효용극대화를 달성한다.

$$MRS_{C_1C_2} = \frac{1+r}{1}$$

(1) $MRS^E_{C_1C_2} > \frac{1+r}{1}$

➡ $\frac{MU_{C_1}}{MU_{C_2}} > \frac{1+r}{1}$

➡ $\frac{MU_{C_1}}{1+r} > \frac{MU_{C_2}}{1}$

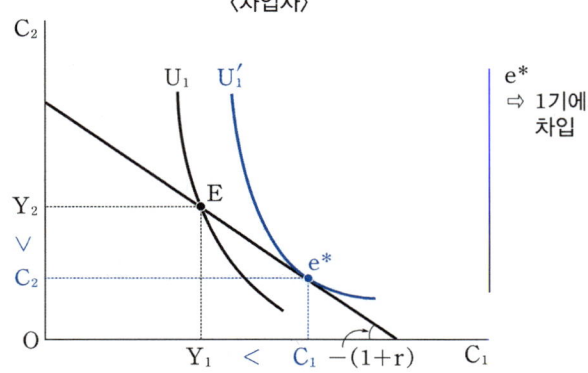

〈차입자〉

⇨ 1기에서 'C₁−Y₁' 만큼 차입

초기부존점(E)에서 한계대체율($MRS^E_{C_1C_2}$)이 시장이자율(1 + r)보다 큰 현재소비선호자는 1원당 한계효용이 높은 C_1으로 낮은 C_2를 대체하여 효용극대화를 추구하므로 차입자 [$C_1 > Y_1$]이다.

(2) $MRS^E_{C_1C_2} < \frac{1+r}{1}$

➡ $\frac{MU_{C_1}}{MU_{C_2}} < \frac{1+r}{1}$

➡ $\frac{MU_{C_1}}{1+r} < \frac{MU_{C_2}}{1}$

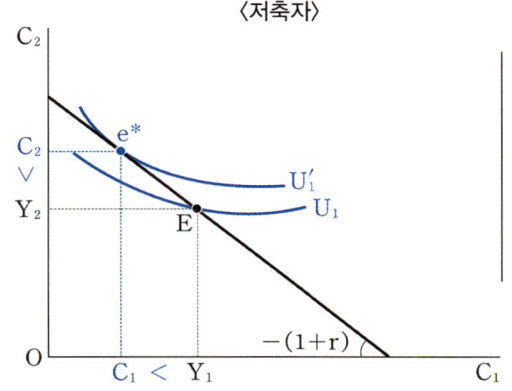

〈저축자〉

⇨ 1기에서 'Y₁−C₁' 만큼 저축

📝 **차입자**[$C_1 > Y_1$]
2기 저축[($S_2 = Y_2 - C_2$) > 0]을 담보로 자본을 차입하여 2기 소비를 1기로 앞당기는 개인

> **저축자[$C_1 < Y_1$]**
> 1기 저축[$S_1 = Y_1 - C_1$] > 0을 통해 현재 소비를 미래로 연기하는 개인

초기부존점(E)에서 한계대체율($MRS_{C_1 C_2}^{E}$)이 시장이자율(1 + r)보다 작은 미래소비선호자는 1원당 한계효용이 낮은 C_1을 높은 C_2로 대체하여 효용극대화를 추구하므로 저축자 [$C_1 < Y_1$]이다.

5. 시장이자율의 변화와 소비의 증감

시장이자율(r), 즉 현재 소비가격(P_{C_1})이 변하면 상대가격의 변화를 반영하는 대체효과와 실질소득의 변화를 반영하는 소득효과의 합인 가격효과에 의해 현재소비와 미래소비가 영향을 받는 가격효과가 발생한다.

(1) **시장이자율(r) 상승**

① 대체효과 ➡ [$C_1 \downarrow$, $C_2 \uparrow$]

r이 상승하여 P_{C_1}도 상승하면 미래소비에 대한 현재소비의 상대가격[$\frac{1+r}{1}$]도 상승한다. 실질소득이 불변일 때 동일한 효용수준을 유지하기 위해 1원당 한계효용이 하락한 C_1을 1원당 한계효용이 상승한 C_2로 대체한다.

② 소득효과: 저축자 ➡ [$C_1 \uparrow$, $C_2 \uparrow$], 차입자 ➡ [$C_1 \downarrow$, $C_2 \downarrow$]

r이 상승하면 저축자는 저축 이자율이 상승하므로 실질소득이 증가하여 정상재인 C_1과 C_2가 모두 증가한다. 그러나 차입자는 차입(대출) 이자율이 상승하므로 실질소득이 감소하여 정상재인 C_1과 C_2가 모두 감소한다.

③ 가격효과

시장이자율(r) 상승	대체효과	소득효과	가격효과
저축자	$C_1 \downarrow$, $C_2 \uparrow$	$C_1 \uparrow$, $C_2 \uparrow$	C_1 판단불가, $C_2 \uparrow$
차입자	$C_1 \downarrow$, $C_2 \uparrow$	$C_1 \downarrow$, $C_2 \downarrow$	$C_1 \downarrow$, C_2 판단불가

(2) **시장이자율(r) 하락**

시장이자율(r) 하락	대체효과	소득효과	가격효과
저축자	$C_1 \uparrow$, $C_2 \downarrow$	$C_1 \downarrow$, $C_2 \downarrow$	C_1 판단불가, $C_2 \downarrow$
차입자	$C_1 \uparrow$, $C_2 \downarrow$	$C_1 \uparrow$, $C_2 \uparrow$	$C_1 \uparrow$, C_2 판단불가

6. 시장이자율의 변화와 효용의 증감

(1) 시장이자율(r) 상승

① 저축자

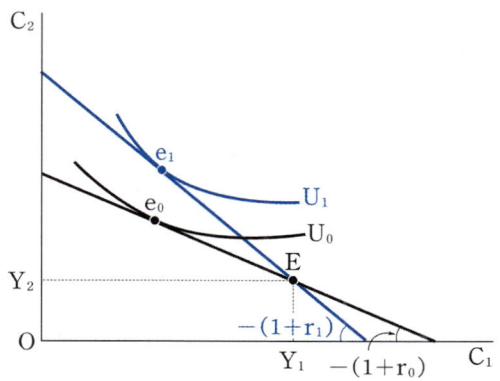

이자율이 r_0에서 r_1으로 상승하면 저축자의 이자소득이 증가하므로 예산선은 초기부존점(E)을 중심으로 시계 방향으로 회전이동하고 저축자의 실질소득은 증가한다. 따라서 시장이자율이 상승할 때 저축자의 효용은 반드시 상승한다.

② 차입자

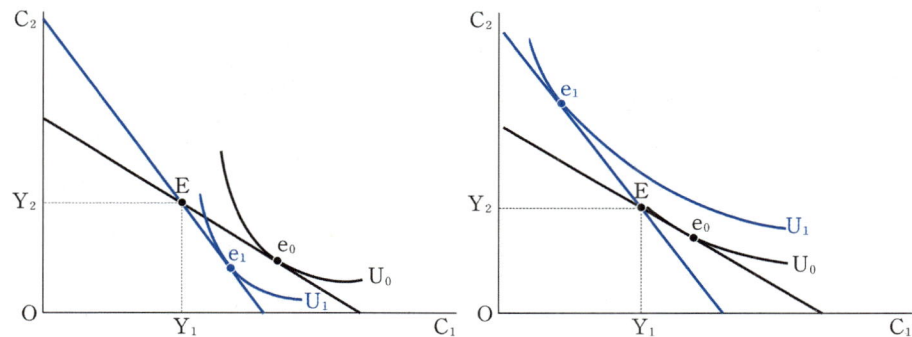

차입자의 선호, 즉 한계대체율($MRS_{C_1 C_2}$)에 의해 차입자의 효용은 상승할 수도 있고 하락할 수도 있다. 이자율이 상승한 이후에도 현재소비에 대한 선호가 높아 여전히 차입자를 선택한다면 감소한 실질소득에 비례하여 효용이 하락한다. 그러나 차입자이지만 상대적으로 미래소비에 대한 선호가 높다면 차입자는 이자율이 상승한 이후에 저축자로 전환하여 확대된 실질소득의 혜택을 누리고 효용이 상승한다. 따라서 이자율이 상승할 때 차입자의 효용변화는 판단할 수 없다.

(2) 시장이자율(r) 하락

① 차입자

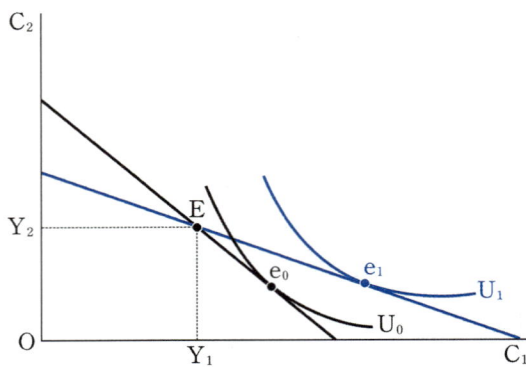

이자율이 r_0에서 r_1으로 하락하면 차입자의 이자 상환 부담이 감소하므로 예산선은 초기부존점(E)을 중심으로 반시계 방향으로 회전이동하고 차입자의 실질소득은 증가한다. 따라서 시장이자율이 하락할 때 차입자의 효용은 반드시 상승한다.

② 저축자

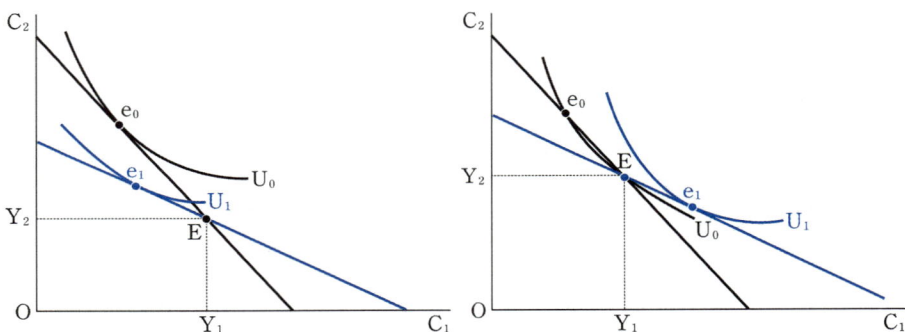

저축자의 선호, 즉 한계대체율($MRS_{C_1 C_2}$)에 의해 저축자의 효용은 상승할 수도 있고 하락할 수도 있다. 이자율이 하락한 이후에도 미래소비에 대한 선호가 높아 여전히 저축자를 선택한다면 감소한 실질소득에 비례하여 효용이 하락한다. 그러나 저축자이지만 상대적으로 현재소비에 대한 선호가 높다면 저축자는 이자율이 하락한 이후에 차입자로 전환하여 확대된 실질소득의 혜택을 누리고 효용이 상승한다. 따라서 이자율이 하락할 때 저축자의 효용변화는 판단할 수 없다.

연습문제

피셔의 2기간 소비선택이론에 대한 설명이다. 개인의 효용극대화 행동원리로 옳은 것은? (단, 현재소비와 미래소비는 모두 정상재이다)

① 이자율이 하락하면 차입자의 미래소비는 감소한다.
② 이자율이 상승하면 저축자의 현재소비는 증가한다.
③ 이자율이 하락하면 차입자의 미래소비는 증가한다.
④ 이자율이 상승하면 저축자의 미래소비는 증가한다.

해설

①, ③ 이자율이 하락하면 현재소비의 가격이 하락하므로 대체효과에 의해 현재소비는 증가하고 미래소비는 감소한다. 이때 저축자는 이자소득이 하락하여 실질소득이 감소하므로 현재소비와 미래소비가 모두 감소하지만 차입자는 대출이자비용이 감소하여 실질소득이 증가하므로 현재소비와 미래소비가 모두 증가한다. 따라서 차입자의 미래소비는 대체효과에 의해서는 감소하고 소득효과에 의해서는 증가하므로 알 수가 없다.

② 이자율이 상승하면 현재소비의 가격이 상승하므로 대체효과에 의해 현재소비는 감소하고 미래소비는 증가한다. 이때 저축자는 이자소득이 증가하여 현재소비와 미래소비가 모두 증가하지만 차입자는 대출이자비용이 증가하여 현재소비와 미래소비가 모두 감소한다. 따라서 저축자의 현재소비는 대체효과에 의해서는 감소하고 소득효과에 의해서는 증가하므로 알 수가 없다.

④ 그러나 저축자의 미래소비는 대체효과와 소득효과에 의해 모두 증가한다.

▶ ④

CHAPTER 07 현시선호이론

전통적 소비자선택이론(무차별곡선 이론)
- 공리를 가정
- 연역적 논리전개 사용

현시선호이론
- 귀납적 방법 사용
- 공리를 검증(확인)

I 의의

(1) 전통적 소비자선택이론은 완비성, 이행성, 연속성, 단조성, 볼록성의 공리를 충족하는 개인의 선호체계를 가정한다. 그리고 이러한 공리를 바탕으로 효용함수의 특성을 반영하는 무차별곡선과 예산선을 통해 우하향하는 수요곡선을 도출하여 소비자의 합리적 선택과정을 살펴보았다.

(2) 그러나 완비성, 이행성, 단조성 등의 공리는 추상적이며 객관적으로 검증이 어려운 가정이다. 따라서 추상적 공리로부터 도출된 수요의 법칙에 대한 의문이 존재한다.

(3) 이와 같은 무차별곡선이론에 대한 문제의식으로부터 출발한 현시선호이론(revealed preference theory)은 재화가격, 소득, 소비량처럼 시장에서 객관적으로 관찰가능한 소비자의 실제 구매행위에 근거하여 소비자 선호체계의 특성을 추론하고 수요함수를 예측하여 무차별곡선이론을 검증하였다.

(4) 현시선호이론은 직접 현시선호와 간접 현시선호, 약공리와 강공리를 통해 이행성, 볼록성과 같은 공리를 객관적으로 검증하여 참의 진리를 확인했다. 그리고 우하향하면서 볼록한 무차별곡선과 우하향하는 수요곡선을 도출하여 전통적 소비자선택이론의 타당성을 입증하였다.

Ⅱ 기본가정

1. 직접 현시선호 ➡ 동일한 예산집합

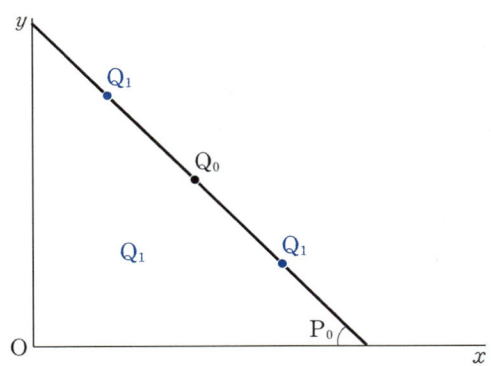

① 예산선 내부에 Q_1 위치
 ⇨ $P_0 \cdot Q_0 > P_0 \cdot Q_1$
② 예산선 상에 Q_1 위치
 ⇨ $P_0 \cdot Q_0 = P_0 \cdot Q_1$

∴ Q_0를 Q_1보다 직접 현시 선호

📝 $P_0 = (\frac{p_x}{p_y})_0$

📝 $Q_0 = (x_0, y_0)$

① 동일한 가격체계[$P_0 = (\frac{p_x}{p_y})_0$]의 동일한 예산집합을 가정한다.
② 특정 가격체계(P_0)에서 Q_0와 Q_1은 모두 구매가능한 재화묶음이다.
③ P_0의 가격체계에서 Q_0와 Q_1의 재화묶음을 모두 구매할 수 있었는데 Q_0를 선택했다.
④ 소비자는 Q_1보다 Q_0를 직접적으로 현시선호한다.
⑤ $P_0 Q_0 \geq P_0 Q_1$

2. 간접 현시선호 ➡ 다른 예산집합

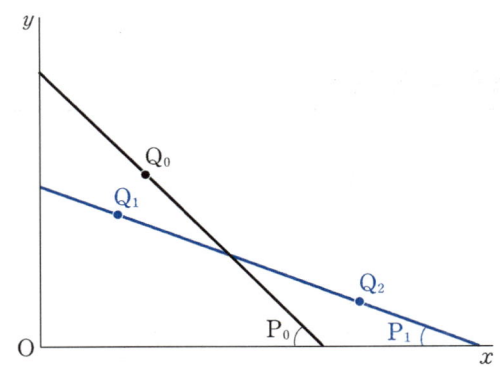

📝 간접 현시선호를 통해 약공리와 강공리를 분석

① P_0와 P_1은 다른 가격체계이고, 다른 예산집합이다.
② $P_0 Q_0 \geq P_0 Q_1$
 ➡ P_0의 가격체계에서 Q_0를 Q_1보다 직접적으로 현시선호한다.
③ $P_1 Q_1 \geq P_1 Q_2$
 ➡ P_1의 가격체계에서 Q_1을 Q_2보다 직접적으로 현시선호한다.
④ 소비자는 Q_0를 Q_2보다 간접적으로 현시선호한다.

3. 약공리 ➡ 선택의 일관성

① 약공리는 개인이 2개의 재화묶음 사이에서 선택의 일관성을 갖춰야 함을 의미한다.
② Q_0와 Q_1을 모두 구매할 수 있을 때 Q_0를 선택한 개인은 Q_0와 Q_1을 모두 구매할 수 있다면 언제나 Q_0를 선택해야 한다.
③ Q_0가 Q_1보다 직접 현시선호된다면, 가격체계와 소득이 변한 이후에도 Q_0와 Q_1을 모두 구매할 수 있다면 Q_1은 Q_0보다 직접 현시선호될 수 없다.
④ 따라서 선택의 일관성을 갖춘 합리적 개인은 약공리를 충족해야 한다.
⑤ 약공리를 충족하는 개인이 P_0의 가격체계에서 Q_0와 Q_1 중에서 Q_0를 선택하였고, P_1의 가격체계에서 Q_1을 선택했다. 이는 현재 소득으로는 P_1의 가격체계에서 Q_0를 구매할 수 없었기 때문이다. ➡ $P_1 Q_0 > P_1 Q_1$

> **이행성**
> 재화묶음이 3개 이상일 때 선택의 일관성

4. 강공리 ➡ 선택의 일관성(이행성)

① 강공리는 개인이 2개 이상의 재화묶음 사이에서 소비의 일관성을 가져야 함을 의미한다.
② Q_0가 Q_2보다 간접 현시선호된다면, Q_2는 Q_0보다 간접 현시선호될 수 없다.
③ 약공리는 재화묶음이 2개일 때만 적용되는 선택의 일관성이고, 강공리는 재화묶음이 3개 이상인 경우에도 적용되는 선택의 일관성이다.
④ 따라서 강공리를 만족하면 약공리는 자동적으로 충족되므로 강공리는 이행성의 공리이다.

III 약공리 충족과 위배 판단

1. 최초 재화묶음(Q_0) 구매 불가

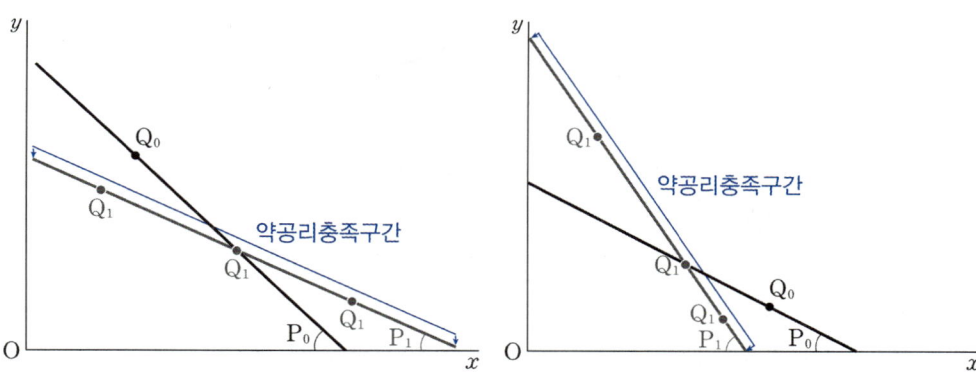

최초 P_0의 가격체계에서 Q_0를 선택했다. 하지만 새로운 P_1의 가격체계에서는 더 이상 Q_0를 구매할 수 없어서 선택한 Q_1은 약공리를 위배하지 않는다.

2. 최초 재화묶음(Q_0) 구매 가능

(1) 상대가격이 하락한 경우 ➡ $P_0 > P_1$

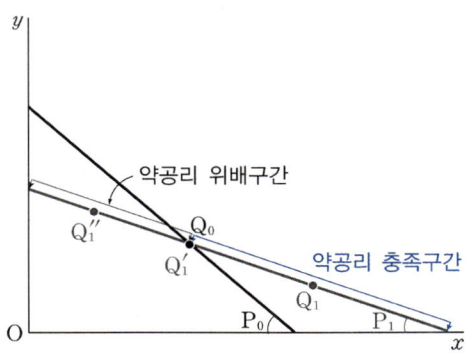

① 약공리 충족 ➡ Q_1

최초 P_0의 가격체계에서 Q_1을 구매할 수 없어서 Q_0를 선택했다. 하지만 새로운 P_1의 가격체계에서는 Q_1을 구매할 수 있어서 Q_0보다 Q_1을 선호하는 개인은 Q_1을 구매했다. 따라서 Q_1은 약공리를 위배하지 않는다.

② 약공리 충족 ➡ $Q_1' = Q_0$

최초 P_0의 가격체계와 새로운 P_1의 가격체계에서 모두 구매가능한 $Q_0 = Q_1'$을 일관되게 선택했다. Q_1'은 약공리를 위배하지 않는다.

③ 약공리 위배 ➡ Q_1''

최초 P_0의 가격체계에서 모두 구매가능한 Q_0와 Q_1'' 중에서 Q_0를 선택했다. 새로운 P_1의 가격체계에서도 Q_0와 Q_1''을 여전히 구매할 수 있다면 언제나 Q_0를 선택해야 약공리를 충족한다. 따라서 Q_1''은 약공리를 위배한다.

(2) 상대가격이 상승한 경우 ➡ $P_0 < P_1$

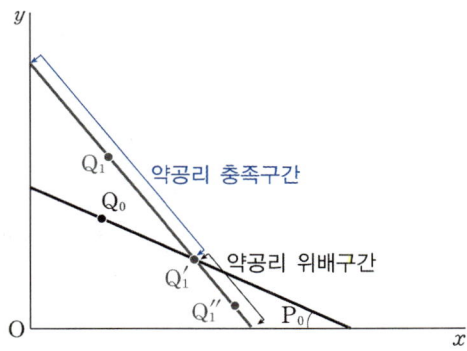

① 약공리 충족 ➡ Q_1

최초 P_0의 가격체계에서 Q_1을 구매할 수 없어서 Q_0를 선택했다. 하지만 새로운 P_1의 가격체계에서는 Q_1을 구매할 수 있어서 Q_0보다 Q_1을 선호하는 개인은 Q_1을 구매했다. 따라서 Q_1은 약공리를 위배하지 않는다.

② 약공리 위배 ➡ Q_1'

Q_0와 Q_1'은 최초 P_0와 새로운 P_1의 가격체계에서 모두 구매할 수 있다. 그러나 여전히 Q_0와 Q_1'을 모두 구매할 수 있었음에도 불구하고 Q_0가 아닌 Q_1'을 선택했다. 따라서 Q_1'은 약공리를 위배한다.

③ 약공리 위배 ➡ Q_1''

최초 P_0의 가격체계에서 모두 구매가능한 Q_0와 Q_1'' 중에서 Q_0를 선택했다. 새로운 P_1의 가격체계에서도 Q_0와 Q_1''을 여전히 구매할 수 있다면 언제나 Q_0를 선택해야 약공리를 충족한다. 따라서 Q_1''은 약공리를 위배한다.

Ⅳ 무차별곡선과 수요곡선의 도출

1. 의의

(1) 시장에서 약공리를 충족하는 합리적인 소비자의 실제 구매행위에 근거한 현시선호이론은 이행성, 볼록성 등의 공리를 전제하는 전통적 소비자선택이론의 타당성을 검증하였다.

(2) 현시선호이론의 직접현시와 간접현시 그리고 약공리를 통해 원점에 대해 볼록한 무차별곡선과 우하향하는 수요곡선이 도출된다.

(3) 현시선호이론의 검증으로 전통적 소비자선택이론의 논리적 정합성과 타당성을 확인하였다.

2. 우하향하면서 볼록한 무차별곡선의 도출

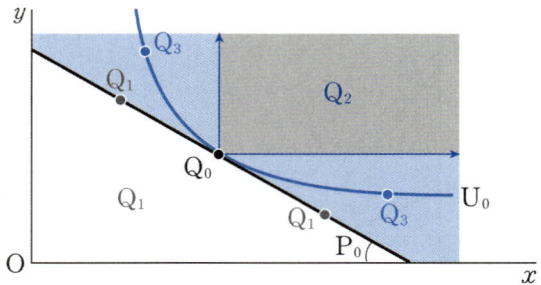

(1) 무차별곡선은 동일한 효용수준을 달성하는 X재와 Y재의 소비조합을 연결한 궤적이다.

(2) U(Q_0) > U(Q_1)

P_0의 가격체계에서 모두 구매할 수 있었던 Q_0와 Q_1의 재화묶음 중에서 Q_0를 선택했다. 따라서 Q_0는 Q_1보다 직접 현시선호되므로 Q_0의 효용은 Q_1보다 높다.

(3) $U(Q_0) < U(Q_2)$

Q_C 보다 우상방의 회색 영역에 존재하는 Q_2의 재화묶음은 Q_0 보다 재화(goods)인 X재와 Y재를 각각 더 많이 소비한다. 따라서 Q_0의 효용은 Q_2보다 낮다.

(4) Q_C와 동일한 효용수준을 달성하는 재화묶음은 P_0의 예산선 외부와 Q_2의 재화묶음 사이인 Q_3에 위치할 수밖에 없다.

(5) 무차별곡선이론은 볼록성의 공리를 전제로 볼록한 무차별곡선을 도출한다. 그러나 볼록성의 공리를 전제하지 않는 현시선호이론도 우하향하면서 볼록한 무차별곡선을 도출하고 한계대체율체감의 법칙을 직접 관찰할 수 있다.

3. 우하향하는 수요곡선의 도출

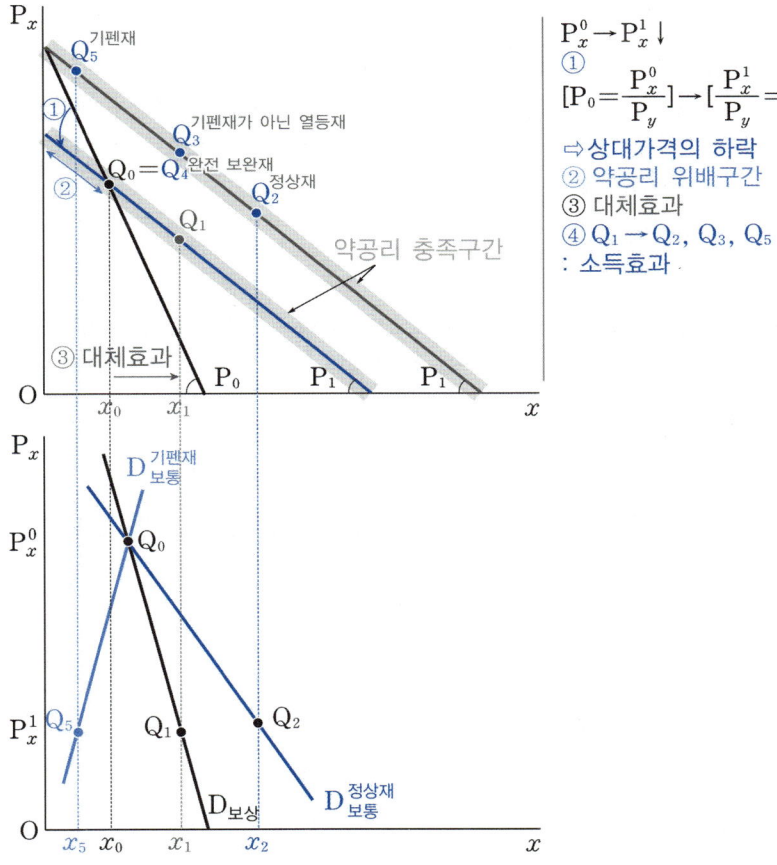

(1) 수요곡선은 주어진 가격체계에 순응하여 개인의 효용극대화를 달성하는 최적 소비조합을 연결한 궤적이다.

(2) 최초 P_0의 가격체계에서 Q_0를 선택하여 효용극대화를 달성했다. 이때 p_x^0가 p_x^1으로 하락하면 새로운 P_1의 가격체계 예산선은 수직절편을 중심으로 반시계방향으로 회전이동한다.

(3) 대체효과

실질소득이 불변일 때 동일한 효용수준[$U(Q_0)$]을 달성하기 위해 개인은 1원당 한계효용이 상승한 X재로 Y재를 대체하여 약공리를 충족하는 Q_1의 재화묶음을 선택한다. 대체효과에 의한 X재 소비량이 x_0보다 감소하면 약공리를 위배하므로 대체효과로 X재 소비는 감소할 수 없다.

(4) 소득효과

실질소득의 증가를 반영하는 P_1의 예산선 상에서 Q_2를 선택하면 모든 재화묶음이 약공리를 위배하지 않는다. 최초 P_0의 가격체계에서는 Q_2를 구매할 수 없어서 Q_0를 선택했기 때문이다.

① 정상재 ➡ 양(+)의 소득효과, $Q_0 \to Q_2$

p_x의 하락으로 실질소득이 증가하여 정상재인 X재 소비가 증가하면 정상재의 보통수요곡선은 우하향한다.

② 기펜재가 아닌 열등재 ➡ 음(-)의 소득효과, $Q_0 \to Q_3$

p_x의 하락으로 실질소득이 증가하면 열등재인 X재 소비는 감소한다. 이때 음(-)의 소득효과가 대체효과보다 작다면 열등재의 보통수요곡선은 우하향하고 보상수요곡선보다 가격탄력성이 비탄력적이다.

③ 기펜재 ➡ 음(-)의 소득효과, $Q_0 \to Q_5$

p_x의 하락으로 실질소득이 증가하면 열등재인 X재 소비는 감소한다. 이때 음(-)의 소득효과가 대체효과보다 크면 열등재의 보통수요곡선은 우상향한다. 이처럼 수요의 법칙을 위배하는 열등재를 기펜재라고 한다.

(5) 보상수요곡선 ➡ $Q_0 \to Q_1$

실질소득이 Q_0로 불변일 때 상대가격의 변화만을 반영하는 가격체계에서 약공리를 충족하는 구간의 X재 소비량은 x_0보다 많다. 따라서 대체효과만을 반영하는 보상수요곡선은 우하향한다.

완전보완재의 보상수요곡선

X재와 Y재가 완전보완재라면 대체효과가 0이므로 완전보완재의 보상수요곡선은 수직선이다.

연습문제

현시선호이론에 대한 설명으로 옳은 것을 모두 고르면?

⊙ 소비자의 선호체계에 볼록성이 있다는 것을 전제로 한다.
ⓒ 약공리를 통해 이행성을 확인할 수 있다.
ⓒ 어떤 소비자의 선택행위가 현시선호이론의 공리를 만족시킨다면, 이 소비자의 무차별곡선은 우하향하게 된다.
㉣ $P_0Q_0 \geq P_0Q_1$ 일 때, 상품묶음 Q_0가 선택되었다면, Q_0를 Q_1보다 간접 현시선호한다. (단, P_0는 가격벡터를 나타낸다.)
㉤ 강공리가 만족된다면 언제나 약공리는 만족된다.

① ⊙, ⓒ ② ⓒ, ㉣ ③ ⓒ, ㉣ ④ ⓒ, ㉤

해설

⊙ 전통적 소비자이론(무차별곡선이론)과 달리 현시선호이론은 완비성, 이행성, 연속성, 단조성, 볼록성의 공리를 전제하지 않는다.
ⓒ 약공리와 강공리를 통해 선호의 일관성을 확인할 수 있고, 재화묶음이 2개 이상인 경우, 즉 3개의 재화묶음에서 소비의 일관성을 보여주는 강공리는 이행성의 공리를 의미한다.
ⓒ 어떤 소비자의 선택행위가 현시선호이론의 공리를 만족시킨다면, 이 소비자의 무차별곡선은 우하향한다.
㉣ $P_0Q_0 \geq P_0Q_1$ ➡ 동일한 가격체계, 즉 동일한 예산선 상에서 상품묶음 Q_0가 선택되었다면, Q_0를 Q_1보다 직접 현시선호한다.
㉤ 재화묶음이 2개 이상인 경우에 소비의 일관성을 보여주는 강공리가 만족된다면 보다 완화된 조건인 약공리(재화묶음 2개인 경우)는 자동적으로 충족된다.

▶ ④

CHAPTER 08 기대효용이론

I 불확실성하의 소비자선택이론

(1) 지금까지의 전통적 소비자선택이론과 현시선호이론은 특정 사건이 발생할 확률이 100%인 확실성하에서 소비자의 효용극대화 행동원리를 설명하였다.

(2) 그러나 일반적인 선택과정에서는 특정 사건이 발생할 확률(p)과 해당 선택의 기대치(기대소득, 기대효용 등)가 불확실한 경우가 일반적이다.

(3) 다니엘 베르누이(Daniel Bernoulli)는 1738년에 세인트 피터스버그의 역설(St. Petersburg Paradox) 실험을 통해 기대효용에 입각하여 불확실성하의 소비자선택을 최초로 연구하였다. 그리고 1940년대에 존 폰 노이만(John von Neumann)과 오스카 모르겐슈타인(Oskar Morgenstern)은 기대효용가설(이론)로 불확실성하의 소비자선택이론을 체계화하였다.

(4) 불확실성하의 소비자선택이론 중 기대효용이론에 의하면 소비자는 미래의 불확실한 사건에 직면했을 때 위험과 불확실성 요소를 고려하여 기대효용을 극대화하는 최적 대안을 선택한다.

(5) 기대효용이론은 보험시장에서 위험에 대해 다양한 선호를 가진 소비자들의 선택과정을 분석하는 데 유용하다.

불확실성을 탐구하는 주요 경제이론
- 기대효용이론
- 게임이론
- 정보경제학

Ⅱ 세인트 피터스버그의 역설

1. 다니엘 베르누이(Daniel Bernoulli)의 세인트 피터스버그의 역설(St. Petersburg Paradox, 1738) 실험에 의하면 위험기피적 개인의 도박(불확실한 게임) 참가 여부는 기대소득(Expected income)이 아니라 기대효용(expected utility)에 근거하여 선택된다.

2. 서인트 피터스버그 게임 규칙은 다음과 같다.

(1) 게임의 참가비는 10,000루블이다.

(2) 참가자는 동전을 던져서 n번째에 처음으로 앞면이 나오면 게임이 종료되고 2^n루블 상금을 수령한다.

(3) 게임의 기대소득은 발생가능한 모든 사건의 기대소득을 합한 값이다.

　① [처음 동전을 던졌을 때 앞면(H)이 나올 확률($p_1 = \frac{1}{2}$)]

　　➡ 기대소득$[E(w)] = p_1 \times$ 상금 $= \frac{1}{2} \times 2$루블 $= 1$루블

　② [첫 번째는 뒷면(T)이고 두 번째에 처음 앞면(H)이 나올 확률($p_2 = \frac{1}{2}^2$)]

　　➡ 기대소득$[E(w)] = p_2 \times$ 상금 $= \frac{1}{2}^2 \times 2^2$루블 $= 1$루블

　③ [TTH, $p_3 = \frac{1}{2}^3$] ➡ 기대소득$[E(w)] = \frac{1}{2}^3 \times 2^3$루블 $= 1$루블

　④ [TTTH, $p_4 = \frac{1}{2}^4$] ➡ 기대소득$[E(w)] = \frac{1}{2}^4 \times 2^4$루블 $= 1$루블

　……

(4) 게임 참가비(10,000루블)보다 게임의 기대소득$[E(w) = \infty]$이 훨씬 컸음에도 불구하고 세인트 피터스버그 게임에 참가하는 사람은 없었다.

(5) 이를 통해 불확실한 게임에서 합리적 개인의 선택 기준은 기대소득이 아님을 확인하였다.

(6) 세인트 피터스버그의 역설은 불확실성하에서 개인의 합리적 선택은 기대소득이 아니라 기대효용(EU)에 입각하여 분석해야 한다는 아이디어를 제공했다.

(7) **베르누이의 해명**

　베르누이는 기대효용이론에 입각하여 세인트 피터스버그의 역설을 분석했다. 개인은 위험기피적이므로 게임에 참가할 때의 불확실한 기대소득으로부터 발생하는 기대효용이 게임이 참여하지 않을 때의 최초 효용수준보다 낮기 때문에 게임에 참가하지 않는 것이다.

📝 $\Sigma p = [p_1 + p_2 + p_3 + p_4 \cdots]$

$= \dfrac{\frac{1}{2}}{1 - \frac{1}{2}} = 1$

게임의 기대소득 = 1루블 + 1루블 + 1루블 + 1루블 + 1루블 … = ∞

📝 **베르누이의 해명**

게임의 참가 여부는 개인의 위험성향에 의해서 결정된다. 상금의 규모가 증가할 때 화폐의 기대치는 무한대로 체증하지만, 위험기피적 개인의 한계효용은 체감하므로 도박에 참가하지 않는다.

Ⅲ 불확실성의 주요 개념

1. 불확실성

(1) 불확실성을 특정 사건이 발생할 확률(p)이 불확실($0 < p < 1$)하여 복수의 결과가 발생할 수 있는 상황을 말한다.

(2) 측정이 가능한 불확실성을 위험(risk)이라고 한다.

2. 기대소득(EW)

(1) 기대소득은 불확실한 상황에서 예상되는 소득의 기대치(Expected value)를 말한다.

(2) 기대소득은 각 상황이 발생할 확률(p)로 각 상황별 소득을 가중평균하여 계산한다.

(3) 최초 재산(w_0)은 1,600원이고, 화재가 발생하면 1,200원의 손실이 발생한다. 화재가 발생할 확률(p)은 25%이다.

> $EW = pw_1 + (1-p)w_0 = [0.25 \times 400] + [0.75 \times 1,600] = 1,300$원
> (단, w_1 = 화재가 발생할 때 소득 = 최초 소득 - 손실액 = 1,600 - 1,200 = 400원)

3. 기대효용(EU)

(1) 기대효용은 불확실한 상황에서 예상되는 효용의 기대치(Expected value)를 말한다.

(2) 기대효용은 각 상황이 발생할 확률(p)로 각 상황별 효용을 가중평균하여 계산한다.

(3) 최초 재산(w_0)은 1,600원이고, 화재가 발생하면 1,200원의 손실이 발생하며, 화재가 발생할 확률(p)은 25%이다. 폰 노이만 - 모르겐슈타인 효용함수는 $U = \sqrt{w}$ 이다.

> $E[U(EW)] = p[U(w_1)] + (1-p)[U(w_0)] = 0.25[\sqrt{400}] + 0.75[U\sqrt{1,600}] = 35$

4. 공정한 게임(도박)

(1) 게임에 참가하기 전과 후의 기대소득(EW)이 일정하게 유지되는 상황

(2) 게임의 참가비와 게임에 참가했을 때의 기대소득이 동일한 게임

(3) A 복권의 1등 당첨 상금(w_1)은 10,000원이고, 2등 당첨 상금(w_2)은 5,000원이며, 1등과 2등 외에는 모두 낙첨으로 상금을 지급하지 않는다. 1등 당첨 확률(p_1)은 5%이고, 2등 당첨 확률(p_2)은 10%이다. 공정한 복권 가격은 얼마인가?

$$EW = p_1 w_1 + p_2 w_2 + p_3 w_3 = [0.05 \times 10{,}000] + [0.1 \times 5{,}000] + [0.85 \times 0] = 1{,}000원$$

복권 가격이 1,000원이면 복권의 기대소득(EW)과 일치하므로 공정한 복권이고, 복권 가격이 1,000원보다 높으면 구매자에게 불공정한 복권이다.

5. 공정한 보험

(1) 공정한 보험은 사고 발생 확률(p)과 보험료율[$\frac{보험료}{보험금}$]이 일치하는 보험이다.

➡ p > 보험료율[$\frac{보험료}{보험금}$] : 보험 가입자에게 유리한 보험

➡ p < 보험료율[$\frac{보험료}{보험금}$] : 보험 가입자에게 불리한 보험

(2) 사고가 발생하면 손실 전액을 보상하는 완전한 보험(full insurance)의 경우 보험료를 기대손실액만큼 지불하면 공정한 보험

(3) A의 최초 재산(w_0)은 1,600원이며, 화재가 발생하면 1,200원의 손실이 발생하고, 화재가 발생할 확률(p)은 25%이다. A가 완전한 보험(full insurance)에 가입할 때 공정한 보험료는 얼마인가?

> 기대소득(EW) = $pw_1 + (1-p)w_0$ = [0.25 × 400] + [0.75 × 1,600] = 1,300원
> 기대소득 + 기대손실 = 최초 재산(w_0)
> 기대손실 = 최초 재산(w_0) − 기대소득 = 1,600 − 1,300 = 300
> 보험료율[$\frac{공정보험료}{보험금 = 1{,}200}$] = [p = 0.25]
> ∴ 공정 보험료 = [기대손실 = 300]

> **보험료**(Premium)
> 보험 가입자가 보험 계약을 유지하기 위해 보험사에 지불하는 금액

> **보험금**(Insurance Benefit)
> 사망, 질병, 사고 등 사건이 발생했을 때 보험사가 보험 가입자나 피보험자에게 지급하는 금액

Ⅳ 기대소득과 기대효용

1. 사건이 발생하기 전의 최초 소득(w_0)과 사건이 발생한 이후의 소득(w_1)만 확인하면 기대효용함수를 도출하지 않고도 $U_0(w_0)$와 $U_1(w_1)$의 직선을 이용해 기대효용선을 도출해서 임의의 확률(p)에 대응하는 모든 기대효용(EU)을 계산할 수 있다.

2. 최초 재산(w_0)은 1,600원이고, 화재가 발생하면 1,200원의 손실이 발생하며, 화재가 발생할 확률(p)은 25%이다. 폰 노이만 − 모르겐슈타인 효용함수는 U = $\sqrt{w}$ 이다. 기대효용(EU)을 계산하시오. 그리고 화재 발생 확률이 50%와 60%일 때의 기대효용을 각각 계산하시오.

(1) [1 - p : p] 비율을 이용한 기대소득 계산

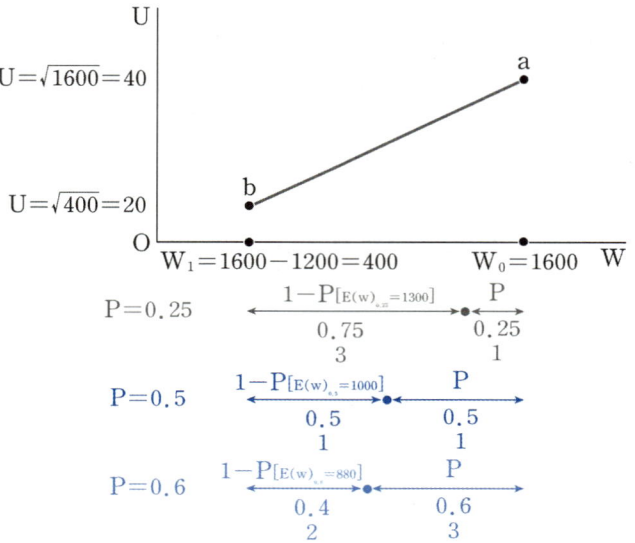

(2) 삼각형의 닮은 꼴을 이용한 기대효용 계산

① 기대효용함수를 이용한 계산

$$EU_{25\%} = p[U(w_1)] + (1-p)[U(w_0)] = 0.25[\sqrt{400}] + 0.75[U\sqrt{1,600}] = 35$$
$$EU_{50\%} = p[U(w_1)] + (1-p)[U(w_0)] = 0.5[\sqrt{400}] + 0.5[U\sqrt{1,600}] = 30$$
$$EU_{60\%} = p[U(w_1)] + (1-p)[U(w_0)] = 0.6[\sqrt{400}] + 0.4[U\sqrt{1,600}] = 28$$

② 기대효용선을 이용한 계산

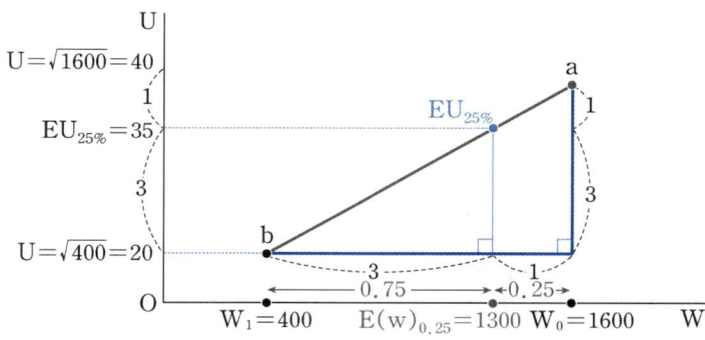

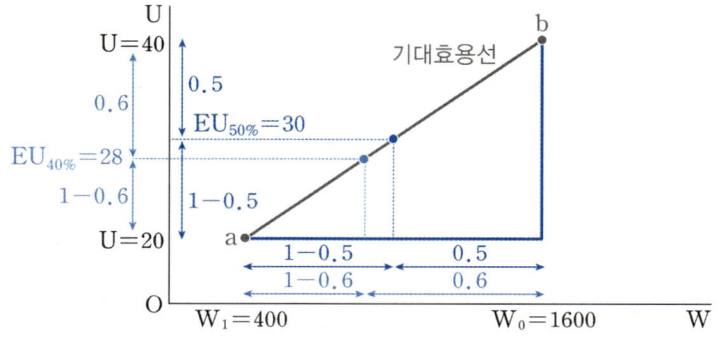

Ⅴ 위험기피성향과 폰 노이만 − 모르겐슈타인 효용함수의 형태

1. 상금 500원에 당첨될 확률이 50%이고, 상금 100원에 당첨될 확률이 50%인 복권이 있다. 폰 노이만 − 모르겐슈타인 효용함수는 $U = U(w)$이다.

> 기대소득$(EW) = pw_1 + (1-p)w_0 = [0.5 \times 500] + [0.5 \times 100] = 300$원
> 기대효용$\{E[U(300)]\} = p[U(w_1)] + (1-p)[U(w_0)] = 0.5[U(500)] + 0.5[U(100)]$

> **폰 노이만 − 모르겐슈타인 효용함수 $U = U(w)$**
> 확실한 소득으로부터 얻는 확실한 효용을 연결한 궤적
>
> **기대효용함수**
> $E[U(EW)] = pU(w_1) + (1-p)U(w_0)$
> 불확실한 기대소득(EW)으로부터 얻는 불확실한 기대효용(EU)을 연결한 궤적

2. 위험기피자의 오목한 효용함수

> U(확실한 소득 300원) $> E[U($불확실한 기대소득 300원$)]$

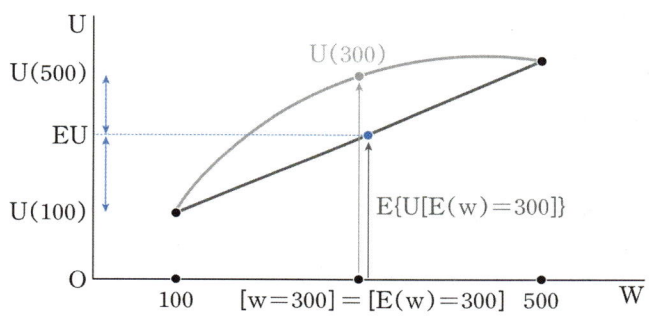

(1) 위험기피자는 불확실성이 내포된 자산(기대소득)보다 동일금액의 확실한 자산을 선호한다. 즉, 동일금액 300원이 주어지더라도 위험기피자는 불확실한 기대소득 300원으로부터 기대되는 불확실한 기대효용$\{E[U($불확실한 기대소득 300원$)]\}$보다 확실한 소득 300원으로부터 확실하게 얻을 수 있는 효용$[U($확실한 소득 300원$)]$을 더욱 선호한다.

(2) 따라서 위험기피자의 폰 노이만 − 모르겐슈타인 효용함수는 기대효용함수보다 상방에 위치하고 많은 소득에 대해 오목하다. 이는 위험기피자는 소득이 증가할수록 소득의 한계효용이 체감하기 때문이다.

3. 위험선호자의 볼록한 효용함수

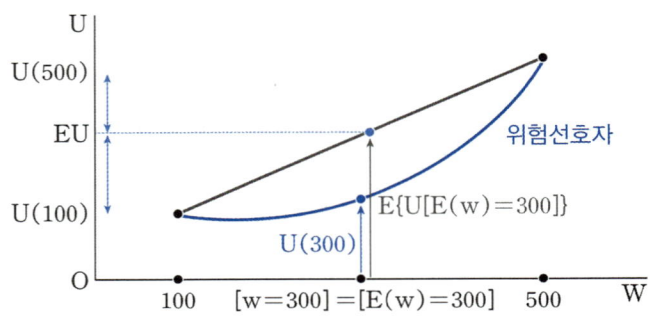

(1) 위험선호자는 확실한 자산보다 동일금액의 불확실성이 내포된 자산(기대소득)을 선호한다. 즉, 동일금액 300원이 주어지더라도 위험선호자는 확실한 소득 300원으로부터 확실하게 얻을 수 있는 효용[U(확실한 소득 300원)]보다 불확실한 기대소득 300원으로부터 기대되는 불확실한 기대효용{E[U(불확실한 기대소득 300원)]}을 더욱 선호한다.

(2) 따라서 위험선호자의 폰 노이만 - 모르겐슈타인 효용함수는 기대효용함수보다 하방에 위치하고 많은 소득에 대해 볼록하다. 이는 위험선호자는 소득이 증가할수록 소득의 한계효용이 체증하기 때문이다.

4. 위험중립자의 볼록한 효용함수

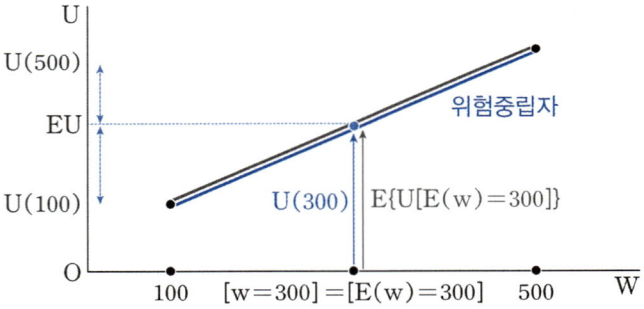

(1) 위험중립자는 불확실성이 내포된 자산(기대소득)과 동일금액의 확실한 자산을 무차별하게 인식한다. 즉, 위험중립자는 확실한 소득 300원으로부터 확실하게 얻을 수 있는 효용 [U(확실한 소득 300원)]과 불확실한 기대소득 300원으로부터 기대되는 불확실한 기대효용{E[U(불확실한 기대소득 300원)]}이 무차별하다.

(2) 따라서 위험중립자의 폰 노이만 - 모르겐슈타인 효용함수는 기대효용함수와 일치하고 우상향하는 직선이다. 이는 위험중립자는 소득에 비례하여 효용이 증가하므로 소득의 한계효용이 일정하기 때문이다.

Ⅵ 기대효용이론과 보험시장

1. 확실성등가(Certainty Equivalence) ➡ E[U(EW)] = U(CE)

(1) 확실성등가(CE)는 불확실한 기대소득(EW)으로부터 기대되는 불확실한 기대효용(EU)과 동일한 크기의 확실한 효용[U(CE)]을 달성하는 확실한 소득(CE)이다.

(2) CE의 측정

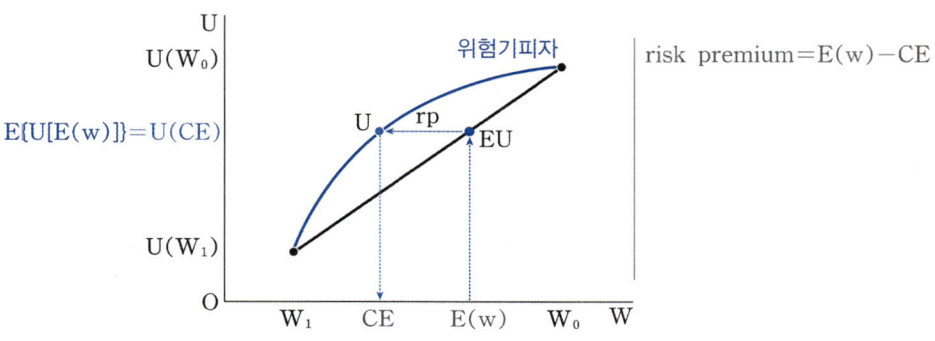

2. 위험프리미엄(Risk – Premium) ➡ rp = E(w) – CE

(1) 위험프리미엄(rp)은 불확실한 기대소득(E(w))으로부터 기대되는 불확실한 기대효용(EU)을 동일한 확실한 효용[U(CE)]으로 전환하기 위해 기꺼이 지불할 용의가 있는 금액이다.

$$위험프리미엄(rp) = 기대소득[E(w)] - 확실성등가(CE)$$

(2) 위험기피성향과 위험프리미엄

① 위험기피자 ➡ 양(+)의 위험프리미엄

위험기피자의 폰 노이만 – 모르겐슈타인 효용함수는 오목하므로 확실성등가는 기대소득보다 작다.

$$위험프리미엄(rp) = [기대소득[E(w)] - 확실성등가(CE)] > 0$$

② 위험선호자 ➡ 음(-)의 위험프리미엄

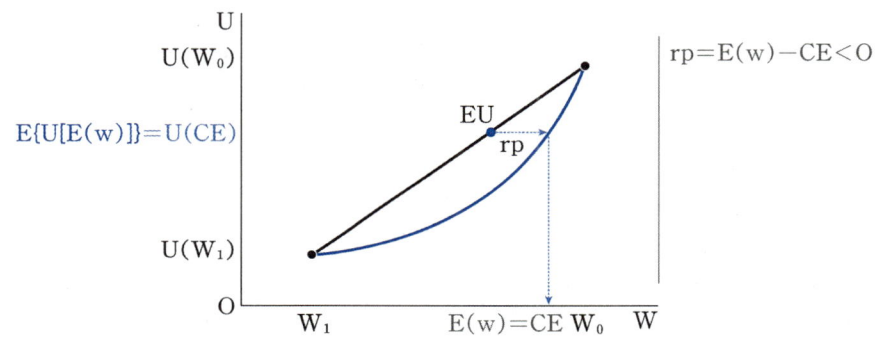

위험선호자의 폰 노이만 - 모르겐슈타인 효용함수는 볼록하므로 위험선호자의 확실성등가는 기대소득보다 크다.

> 위험프리미엄(rp) = [기대소득[E(w)] − 확실성등가(CE)] < 0

③ 위험중립자 ➡ 0의 위험프리미엄

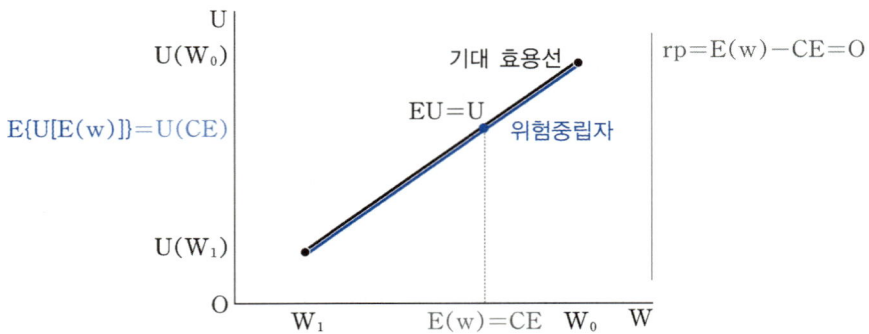

위험중립자의 폰 노이만 - 모르겐슈타인 효용함수는 기대효용함수와 일치하므로 위험중립자의 확실성등가는 기대소득과 같다.

> 위험프리미엄(rp) = [기대소득[E(w)] − 확실성등가(CE)] = 0

연습문제

A의 소득은 1,600만원이지만, 사고가 발생하면 1,200만원의 비용을 지출해야 한다. A의 효용함수는 $U(I) = \sqrt{I}$이고, 사고를 당할 확률은 25%이다. A가 완전한 보험(full insurance)에 가입하는 경우, 기대소득, 기대효용, 확실성등가, 위험프리미엄과 공정 보험료를 각각 계산하시오. (단, I는 A의 소득이다)   **2022년 국가직 7급**

해설

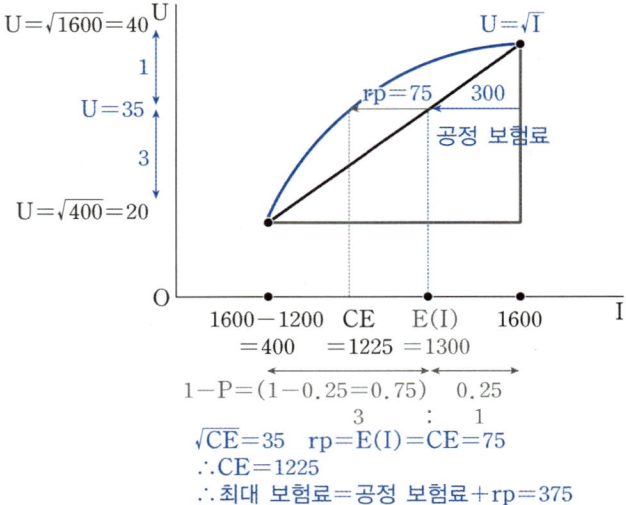

① 기대소득(EW) = $pw_1 + (1-p)w_0$ = [0.25 × 400] + [0.75 × 1600] = 1,300원
  ➡ 기대소득은 w_1부터 w_0까지를 '1 − p : p = 3 : 1'로 구분짓는 1,300원이다.

② 기대효용(EU) = E[U(EW)] = p[U(w_1)] + (1 − p)[U(w_0)] = 0.25[$\sqrt{400}$] + 0.75[U$\sqrt{1,600}$] = 35
➡ 기대효용은 삼각형의 닮은 꼴 비율을 활용해서 [U(w_1 = 400) = 20]과 [U(w_0 = 1,600) = 40]을 '3 : 1'로 구분짓는 35이다.
③ 확실성등가(CE)는 불확실한 기대효용 35를 확실한 효용으로 전환시키는 소득이다.
➡ U(CE) = 35
➡ [U(I) = $\sqrt{CE}$] = 35
∴ CE = 1,225
④ 위험프리미엄(rp) = 기대소득(EW) − 확실성등가(CE) = 1,300 − 1,225 = 75
⑤ 공정 보험료 = 기대손실액 = 300

3. 공정한 보험료 ➡ 보험료 하한선

(단, 완전한 보험과 위험기피자를 가정)

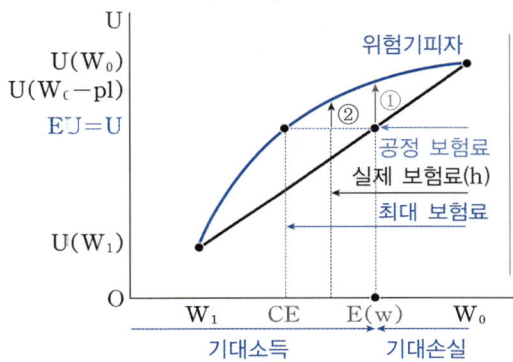

① 공정보험가입자가 누리는 보험의 이득 (효용의 상승분)
② 실제 보험료(h)를 납부할 때 보험가입에 따른 효용의 상승분
③ 보험회사의 기대이윤(π) 공정한 보험
  ∟ π = 보험료 수입(pl) − 보험금 지출(pl) = 0
  실제 보험
  ∟ π = 보험료 수입(h) − 보험금 지출(pl) > 0

(1) 공정한 보험은 사고 발생 확률(p)과 보험료율[$\frac{보험료}{보험금}$]이 일치하는 보험이므로 손실액을 전액 보상해주는 완전한 보험에서 공정한 보험료는 기대손실액(pl)과 일치한다.

공정한 보험료 = 기대손실액(pl)

(2) 공정한 보험에 가입한 이후에는 화재발생과 무관하게 w_0의 재산이 보장되고 공정보험료(pl)를 납부하고 있으므로 재산의 크기는 항상 (w_0 − pl)이다. 따라서 위험기피적 개인은 완전한 보험에 가입한 이후의 효용이 E[U(EW)]에서 ①만큼 올라간 U(w_0 − pl)으로 상승한다.

보험가입자의 보험의 이득 = U(w_0 − pl) − E[U(EW)] > 0

(3) 보험사가 공정한 보험을 판매할 때 보험료 수입액은 기대손실액(pl)과 일치한다. 또한 보험사는 기대손실액(pl)만큼 보험금 지출이 예상되므로 보험사의 기대이윤은 0이다.

보험사의 기대이윤 = 보험료 수입액(= pl) − 예상 보험금 지출액(pl) = 0

(4) 따라서 완전한 보험에서의 공정한 보험료(pl)는 보험사의 기대이윤을 0으로 만드는 보험료이다.

4. 최대한의 보험료 ➡ 보험료 상한선

(단, 완전한 보험과 위험기피자를 가정)

(1) 보험자는 보험의 이익을 누리기 위해 보험에 가입한다.

(2) 따라서 보험가입자가 지불할 용의가 있는 최대한의 보험료는 보험의 이득을 0으로 만드는 보험료이다. 그리고 보험의 이득을 0으로 만드는 소득은 확실성등가(CE)이다.

> 최대한의 보험료 = 공정한 보험료(pl) + 위험프리미엄(rp)

(3) 보험사가 최대한의 보험료 상품을 판매하면 보험료 수입액[pl + rp]은 예상 보험금 지출액(pl)을 초과하고 보험사의 기대이윤이 극대화된다.

> 보험사의 기대이윤 = 보험료 수입액[pl + rp] − 예상 보험금 지출액(pl) = rp

5. 현실적인 보험료

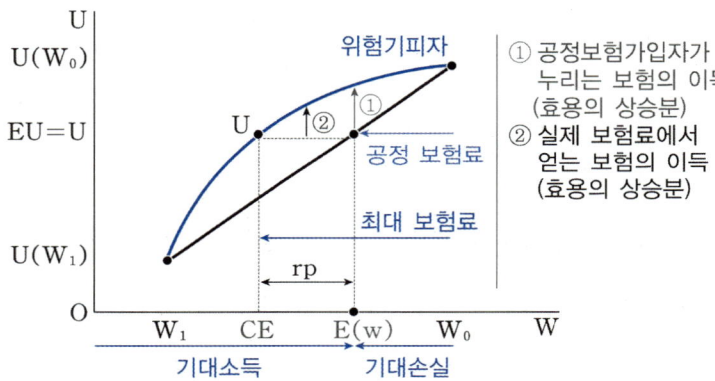

(1) 보험사가 공정한 보험료 상품을 판매하면 기대이윤이 0이므로 판매의 유인이 존재하지 않는다.

(2) 보험가입자가 최대한의 보험료 상품에 가입하면 보험의 이득이 0이므로 보험에 가입할 유인이 존재하지 않는다.

(3) 따라서 현실에서 실제 보험료는 보험가입자와 기업 모두 보험의 이득과 기대이윤이 0보다 큰 공정한 보험료와 최대한의 보험료 사이에서 결정된다.

> 공정 보험료 < 실제 보험료 < 최대한의 보험료

연습문제

A의 소득은 1,600만원이지만, 사고가 발생하면 1,200만원의 비용을 지출해야 한다. A의 효용함수는 $U(I) = \sqrt{I}$이고, 사고를 당할 확률은 25%이다. A가 완전한 보험(full insurance)에 가입하는 경우 보험료의 하한선과 상한선을 계산하고 실제 보험료가 책정되는 구간을 도출하시오. (단, I는 A의 소득이다)

해설

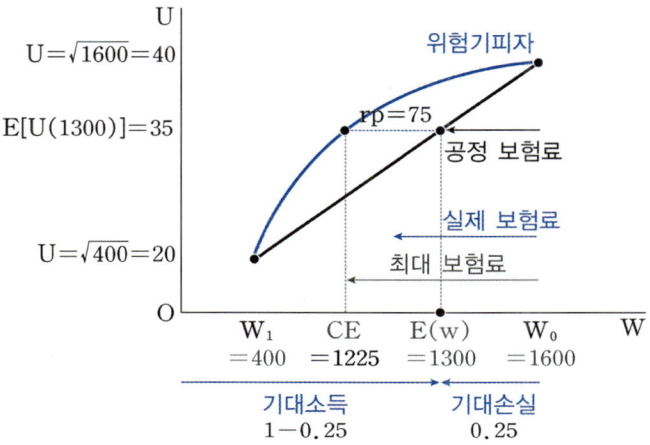

① 기대소득[E(w)] 1,300원, E[U[E(w)]] = 35
　확실성등가(CE) = 1,225
　∴ 위험프리미엄(rp) = 기대소득[E(w)] − 확실성등가(CE) = 1,300 − 1,225 = 75
② 보험료의 하한선 ⇒ [공정한 보험료 = 기대손실액(pl)]
　➡ 기대손실액(pl) = 최초 소득 − 기대소득 = 1,600 − 1,300 = 300
③ 보험료의 상한선 ⇒ [최대한의 보험료 = 공정한 보험료(pl) + 위험프리미엄(rp)]
　　　　　　　　　　 = 최초 소득 − 확실성등가(CE)
　　　　　　　　　　 = 1,600 − 1,225 = 375
④ [공정 보험료 = 300] < 실제 보험료 < [최대한의 보험료 = 375]

 정용수 경제학 미시편

Chapter 9 생산이론
Chapter 10 생산비용

PART

03

생산자 이론

CHAPTER 09 생산이론

I 기업과 생산활동

기업(Firm)은 생산요소(Factor of production)를 투입하여 재화와 서비스를 창출하거나 부가가치를 증대시키는 생산(production)의 주체이다.

1. 생산

(1) 생산(production)은 노동, 자본, 자연자원(토지)의 생산요소(Factor of production)를 투입하여 경제적 생산물(product)인 새로운 재화와 서비스를 창출하거나 기존 생산물의 부가가치를 증대시키는 행위이다.

(2) 제조업, 서비스업, 농어업 등 다양한 산업 부문에서 이루어지는 생산활동의 목적은 부가가치창출과 소비자욕구 충족이다.

(3) 따라서 생산은 유형 생산물의 산출에 국한되지 않고 사회후생을 증대시키는 모든 행위를 포함한다.

2. 생산요소

(1) 생산요소(Factor of production)는 기업이 생산과정에서 재화와 서비스의 생산물을 생산하기 위해 투입하는 모든 인적·물적·자연자원이다.

(2) 생산요소는 최초에 자연적으로 주어지는 본원적 생산요소인 노동 및 자연자원(토지)과 경제주체에 의해 인위적으로 만들어지는 파생생산요소인 자본으로 구분된다. 일반적으로 논의의 편의를 위해 토지와 같은 자연자원은 자본에 포함시켜 분석한다.

3. 기업

(1) 기업(Firm)은 노동과 자본의 생산요소를 투입해 재화와 서비스를 생산하는 주체로서 생산활동의 전문화를 추구하는 조직이다.

(2) 기업의 존재 이유

다음과 같은 전문화된 조직의 이점이 존재하는 기업은 개인보다 효율적으로 생산한다.
① 생산의 거래비용(transaction cost) 절감
② 대량생산의 이점 – 규모의 경제
③ 팀에 의한 생산의 이득(team production)

> 📝 **거래비용 절감**
> 개인은 자동차 생산을 위한 모든 생산요소를 시장에서 구입해야 하지만 기업은 조직 안에서 중간투입물을 자체적으로 조달할 수 있어 거래비용을 낮출 수 있다.

II 생산함수와 장·단기 구분

1. 생산함수

(1) 생산함수는 일정기간 동안 생산과정에 투입된 생산요소를 생산물로 전환시키는 기술적 과정을 포착한다.

(2) 따라서 생산함수는 일정기간 동안 투입된 생산요소와 산출물 간의 기술적 관계를 의미한다.

$$Q = F(L, K)$$

(3) 생산함수의 결과물인 생산물은 일정기간을 전제로 측정하는 유량(flow)이고, 생산물을 기수적으로 측정한다.

2. 단기와 장기의 구분

(1) 단기는 생산량과 생산규모를 변동시킬 수 없을 만큼 짧은 시간이다. 이에 반해 장기는 생산량과 생산규모를 변동시킬 수 있는 충분히 긴 시간이다. 따라서 단기와 장기는 절대적 단위가 아니라 개별 기업과 산업의 특성을 반영하는 상대적 지표이다.

(2) 개별 기업을 기준으로 자본($\overline{K}$)의 고정투입요소가 존재하면 단기이고, 모든 생산요소가 가변투입요소이면 장기이다.

(3) 산업 전체(시장)를 기준으로 개별 기업의 진입과 퇴거가 불가능하여 시장에 존재하는 기업의 수($\overline{n}$)가 고정되어 있으면 단기이고, 진입과 퇴거가 가능할만큼 충분히 긴 시간이 장기이다.

구분	단기	장기
개별 기업	자본($\overline{K}$)이 고정	노동과 자본 모두 가변적
산업 전체	진입과 퇴거가 불가능 ➡ 기업 수($\overline{n}$) 고정	진입과 퇴거가 가능 ➡ 기업 수($\overline{n}$) 유동적

> **단기와 장기**
>
> | 단기 | 고려되는 대상 기간 동안 자본 투입량의 변화가 불가능할 정도의 짧은 시간 |
> |---|---|
> | 장기 | 고려되는 대상 기간 동안 자본 투입량의 변화가 가능할 정도로 충분히 긴 시간 |

III. 단기생산함수

1. 의의

(1) 단기생산함수는 자본($\overline{K}$)이 고정된 단기에서 유일한 가변생산요소인 노동(L)이 자본과 결합되어 생산물을 생산하는 과정을 기술적으로 표현하는 함수이다.

$$Q = F(L, \overline{K}) = F(L)$$

(2) 자본이 고정된 단기에서는 수확체감의 법칙이 관측된다.

2. 총생산물

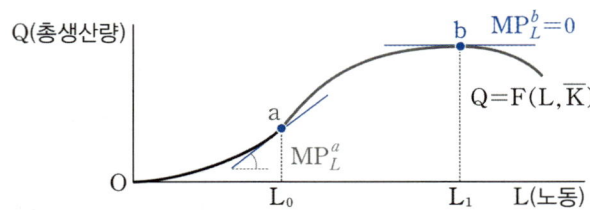

(1) 총생산물(Total Product)은 마지막으로 투입한 한계생산요소까지의 생산량을 모두 합한 생산물의 수량이다.

(2) 자본이 고정된 단기에서는 유일한 가변생산요소인 노동고용량(L)에 의존하여 총생산량(물)이 반응한다.

(3) 생산의 초기 단계에서 L_0의 노동투입량까지는 총생산물이 체증적으로 증가하지만, L_0의 노동투입량을 넘어서면 총생산물의 증가분이 점차 감소한다. 그리고 L_1의 노동투입량 이후부터는 생산량이 오히려 감소한다.

(4) 따라서 총생산물곡선은 원점에서 출발하면서 우측으로 이완된 S자 형태이다.

3. 한계생산물

(1) 한계생산물(Marginal Product)은 기업이 가변생산요소를 추가적으로 1단위 더 고용(투입)할 때 발생하는 생산물의 증가분이다.

$$\text{노동의 한계생산물}(MP_L) = \frac{\Delta Q}{\Delta L} = F(L + \Delta L, K) - F(L, K)$$

(2) 노동의 한계생산물(MP_L)은 총생산물함수[$Q = F(L, \overline{K}) = F(L)$]를 미분하여 측정하므로 총생산물곡선의 접선의 기울기로 측정된다.

📝 단기에서는 노동(L)이 유일한 가변생산요소이므로 기업의 노동고용량이 0이면 생산물(Q)도 0이다. 따라서 L − Q 평면 상의 단기총생산곡선은 원점에서 출발한다.

📝 자본의 한계생산물
➡ $MP_K = \frac{\Delta Q}{\Delta K}$
  = F(L, K + ΔK) − F(L, K)
➡ 자본이 고정된 단기에서는 MP_K는 정의되지 않는다.

📝 $MP_L = \frac{\Delta Q}{\Delta L}$
➡ 총생산물을 미분하면 한계생산물
➡ 총생산물곡선 접선의 기울기는 한계생산물

📝 $TP_L(= Q) = \sum_{i=0}^{n} MP_L$ (단, n은 총투입 노동량)
➡ 한계생산물을 적분하면 총생산물
➡ 한계생산물곡선 하방의 면적은 총생산물

4. 수확체감의 법칙

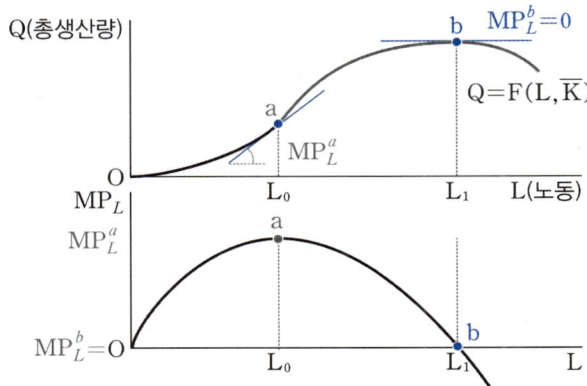

(1) 수확체감의 법칙(Law of Diminishing Returns)은 자본이 고정된 단기에서 임의의 노동 투입량(L_0) 이후부터는 노동고용이 증가할수록 생산물의 증가분이 점차 감소하는 경험적 생산관계를 의미한다.

(2) 생산의 초기 단계에서는 L_0까지 노동투입량을 증가시키면 충분한 자본과 분업의 이득을 통해 한계생산물이 체증적으로 증가한다.

(3) 그러나 자본이 고정된 단기에서는 임의의 노동투입량(L_0)을 넘어서면 단위 노동자당 가용 자본량($\frac{K}{L}$)이 점차 감소[($\frac{\overline{K}}{L\uparrow}$)↓]하여 MP_L이 체감한다.

(4) 따라서 MP_L이 극대화되는 노동투입량은 총생산물곡선의 변곡점인 L_0이다.

(5) 그리고 L_1의 고용수준 이후에는 노동투입량이 증가하더라도 총생산물이 오히려 감소한다. 이는 자본이 고정된 단기에서 일정 노동투입량(L_1) 이후부터는 과다 고용된 노동이 다른 생산요소의 생산활동을 방해하여 생산의 비효율성을 초래하기 때문이다.

(6) MP_L은 L_0까지는 증가하고 이후부터는 감소하므로 한계생산물곡선은 역U자 형태를 갖는다.

> 📝 수확체감의 법칙
> (Law of diminishing returns)
> = 한계생산체감의 법칙(Law of diminishing marginal product)
> ➡ 자본이 고정된 단기에서만 관찰되는 법칙

> 📝 $\frac{K}{L}$
> ➡ 요소집약도
> ➡ 자본 - 노동 비율
> ➡ 단위 노동자당 가용 자본량

> 📝 노동의 한계생산물(MP_L)은 단위 노동자당 가용 자본량($\frac{K}{L}$)과 양(+)의 관계
> ➡ 1명의 노동자가 사용할 수 있는 자본량이 증가하면 MP_L도 증가
> ➡ 1명의 노동자가 사용할 수 있는 자본량이 감소하면 MP_L도 감소

참고학습

수확체감의 법칙(Law of Diminishing Returns)

자본이 고정된 단기에서 임의의 노동투입량(L_0) 이후부터는 노동고용이 증가할수록 총생산물의 증가분이 점차 감소하는 경험적 생산관계를 의미한다.

노동 투입량	총생산물[$TP_L(=Q)$]	한계생산(MP_L)
L = 3	20	
L = 4	30	10[= 30 − 20]
L = 5	38	8[= 38 − 30]
L = 6	42	4[= 42 − 38]

➡ 노동투입량이 증가할수록 총생산물의 증가분이 점차 감소: +10 → +8 → +4
➡ 노동투입량이 감소할수록 총생산물의 감소분이 점차 증가: −4 → −8 → −10

5. 한계생산물과 총생산물의 관계

한계근로자의 한계생산물이 총생산물의 증감을 결정한다. 기업이 마지막으로 고용하는 한계근로자의 MP_L이 0보다 크면 총생산물($TP_L = Q$)은 증가하고, 0보다 작으면 총생산물($TP_L = Q$)은 감소한다.

(1) $MP_L > 0$ ➡ TP_L 증가

(2) $MP_L = 0$ ➡ TP_L 불변

(3) $MP_L < 0$ ➡ TP_L 감소

6. 평균생산물

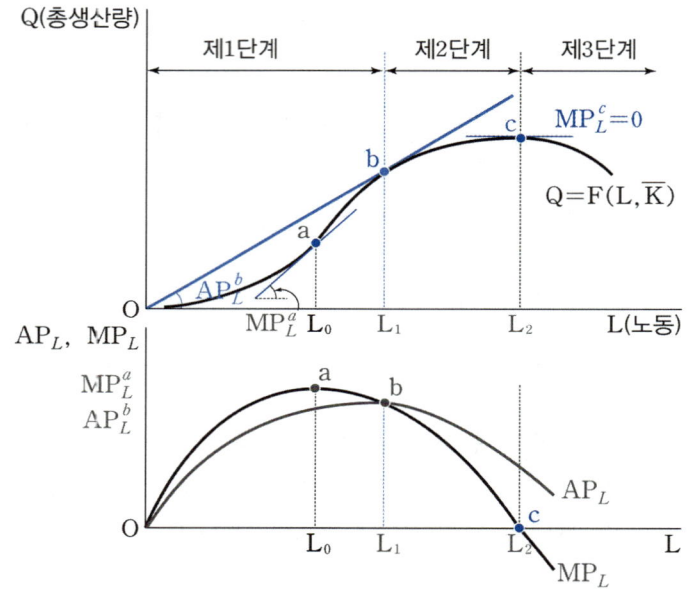

(1) 평균생산물(Average Product)은 총생산물(Q)을 투입된 총가변생산요소(L)로 나눈 값이다. 노동의 평균생산물(AP_L)은 노동 1단위당 생산물을 의미한다.

$$\text{노동의 평균생산물}(AP_L) = \frac{Q}{L} = \frac{Q = F(L, \overline{K})}{L}$$

(2) AP_L은 원점에서 총생산물곡선을 향해 뻗어나간 직선의 기울기($\frac{Q}{L}$)로 측정한다.

(3) 원점에서 총생산물곡선을 향해 뻗어나간 직선은 L_1의 고용량에서 총생산물곡선과 접한다. 생산활동이 시작되는 원점에서 L_1의 고용량까지는 AP_L이 증가하고 L_1의 고용량 이후부터는 AP_L이 감소한다.

⑷ 따라서 AP_L이 극대화되는 노동투입량은 L_1이다.

⑸ AP_L은 L_1까지는 증가하고 이후부터는 감소하므로 평균생산물곡선은 역U자 형태를 갖는다.

7. 한계생산물과 평균생산물의 관계

A학교의 갑, 을, 병의 경제학 점수는 70점, 80점, 90점이다. 중간고사 이후 경제학 점수가 92점인 정이 전학을 왔다. 전학생 정의 점수는 A학교의 기존 평균점수(80점)보다 높아서 정의 전학 이후에 A학교의 평균점수는 83점으로 상승했다. 전학생의 점수가 A학교의 평균점수 상승을 이끈 것이다.

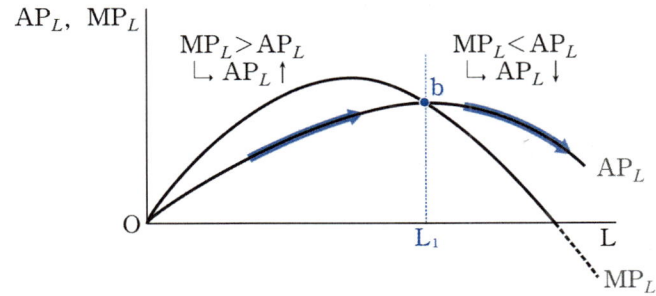

⑴ 한계근로자의 한계생산물이 평균생산물의 증감을 결정한다. 기업이 마지막으로 고용하는 한계근로자의 MP_L이 기존에 고용된 노동자의 AP_L보다 크면 한계근로자 투입 이후의 AP_L은 증가하고, MP_L이 기존에 고용된 노동자의 AP_L보다 작으면 AP_L은 감소한다.

$$MP_L > AP_L \Rightarrow AP_L \text{ 증가}$$
$$MP_L = AP_L \Rightarrow AP_L \text{ 불변}$$
$$MP_L < AP_L \Rightarrow AP_L \text{ 감소}$$

⑵ 이를 통해 AP_L이 상승하는 구간에서는 MP_L이 AP_L보다 크고, AP_L이 하락하는 구간에서는 MP_L이 AP_L보다 작음을 유추할 수 있다.

⑶ 노동투입량이 증가할수록 AP_L은 증가하다 L_1부터 감소한다. 따라서 AP_L이 극대화되는 L_1 전까지는 MP_L이 AP_L보다 크기 때문에 한계생산물곡선이 평균생산물곡선보다 상방에 위치한다. 그리고 L_1 이후부터는 MP_L이 AP_L보다 작기 때문에 한계생산물곡선이 평균생산물곡선보다 하방에 위치한다.

⑷ 따라서 한계생산물곡선은 평균생산물곡선의 극대점을 위에서 아래로 관통하며 한계생산물곡선의 극대점은 평균생산물곡선의 극대점보다 좌측에 위치하고 고용량이 작다.

⑸ 그리고 MP_L이 하락하더라도 MP_L이 AP_L보다 크면 AP_L은 증가한다.

8. 경제적 영역 ➡ 생산의 2단계

(1) 노동과 자본의 한계생산물을 기준으로 생산의 3단계를 구분한다.

(2) **생산의 1단계** ➡ $0 \leq L \leq AP_L$의 극대점

MP_K가 0보다 작으므로 자본은 열등투입요소이다. 열등투입요소가 존재하는 생산의 1단계는 경제적 분석의 영역이 아니다.

(3) **생산의 2단계** ➡ AP_L의 극대점 $\leq L \leq$ 총생산물 극대점

MP_L과 MP_K가 모두 0보다 커서 노동과 자본 모두 정상투입요소이다. 이윤극대화를 추구하는 기업은 정상투입요소만을 고용하므로 생산의 2단계는 경제적 영역이다. 생산의 2단계에서는 수확체감의 법칙이 성립한다.

(4) **생산의 3단계** ➡ $L \geq$ 총생산물 극대점

MP_L이 0보다 작으므로 노동은 열등투입요소이다. 열등투입요소가 존재하는 생산의 3단계는 경제적 분석의 영역이 아니다.

Ⅳ 장기생산함수

1. 의의

(1) 자본이 고정된 단기와 달리 모든 생산요소가 가변적인 장기에서 기업은 생산물시장에서 결정한 이윤극대화 생산량을 최소 비용으로 생산하기 위해 생산요소시장에서 최적의 고용조합(L, K)을 선택한다.

$$\begin{aligned} Q &= F(L,\ K) \\ &= AL^{\alpha}K^{\beta} \\ &= aL + bK \\ &= \text{Min}\ [\frac{L}{a},\ \frac{K}{b}] \end{aligned}$$

(2) 노동수요와 자본수요는 생산물시장에서 파생되는 수요이고, 생산물시장과 생산요소시장을 연결하는 매개고리는 생산함수이다.

(3) 생산물시장의 이윤극대화 생산량을 대변하는 등량곡선과 생산요소시장의 비용함수를 대변하는 등비용선을 통해 기업의 비용극소화 행동원리를 분석한다.

2. 등량곡선

(1) 의의

① 등량곡선(Iso-quant curve)은 동일한 이윤극대화 목표 산출량을 생산하는 노동과 자본의 고용조합(L, K)을 연결한 궤적이다.
② 기업이 동일한 목표 산출량을 생산하기 위해 선택 가능한 모든 생산공정, 즉 요소집약도를 연결하면 등량곡선이 도출된다.
③ 등량곡선은 노동과 자본 간의 대체가 가능한 장기생산함수의 특징을 반영한다.

(2) 등량곡선의 특징

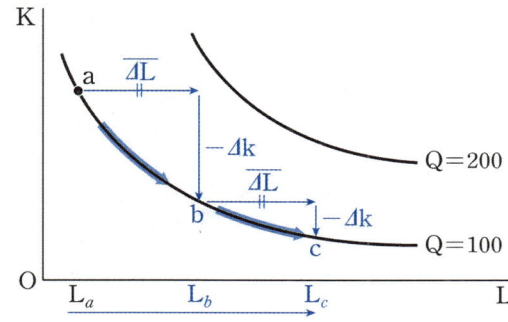

① **우하향하는 등량곡선**
정상투입요소인 노동투입량이 증가(ΔL)하면 동일한 목표 생산량을 유지하기 위해서는 정상투입요소인 자본투입량이 감소($-\Delta K$)해야 한다. 따라서 등량곡선은 우하향한다.

② **우상방에 위치할수록 생산량이 많은 등량곡선**
동일한 생산함수를 보유한 기업의 등량곡선이 원점에서 우상방에 위치할수록 정상투입요소인 노동과 자본을 보다 많이 투입해서 생산량이 증가한다. 따라서 동일한 기업의 등량곡선이 우상방에 위치할수록 생산량이 많다.

③ **교차하지 않는 동일한 기업의 등량곡선**
동일한 기업은 동일한 생산함수를 보유한다. 따라서 요소집약도($\frac{K}{L}$)가 동일한 고용조합에서는 한계기술대체율($MRTS_{LK}$)이 일정하므로 동일한 기업의 등량곡선은 교차하지 않는다.

④ **원점에 대해 볼록한 등량곡선**
일반적으로 생산요소는 본래의 생산성을 온전히 발현하는 최적 요소집약도($\frac{K}{L}$)를 보유한다. 따라서 노동투입량이 증가할수록 최적 요소집약도에서 벗어나므로 자본에 대한 노동의 한계생산은 점차 감소하여 한계기술대체율($MRTS_{LK}$)이 체감하고 등량곡선은 원점에 대해 볼록하다.

> **정상투입요소(Normal input)와 열등투입요소(Inferior input)**

정상투입요소	• 기업이 생산량을 늘리고 생산규모를 증설할 때 고용이 증가하는 생산요소 • 일반적으로 이윤극대화를 추구하는 기업은 정상투입요소만을 고용
열등투입요소	• 기업이 생산량을 늘리고 생산규모를 증설할 때 고용이 감소하는 생산요소 • 자동화과정에서 자본(기계)으로 대체되는 노동

(3) 요소집약도

① 의의

요소집약도($\frac{K}{L}$)는 기업이 생산물을 생산하기 위한 자본과 노동의 투입비율이다. 따라서 동일한 목표 산출량을 생산하기 위한 모든 요소집약도를 연결하면 등량곡선이 도출된다. 자본 — 노동비율($\frac{K}{L}$)인 요소집약도는 1단위 노동과 결합하는 자본의 크기로서 단위 노동자가 사용할 수 있는 자본량이다.

② 요소집약도의 측정

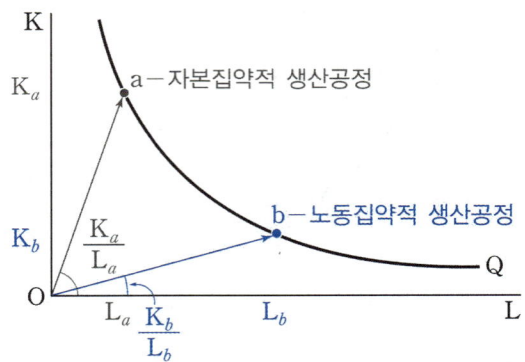

요소집약도($\frac{K}{L}$)는 원점에서 등량곡선을 향해 뻗어나간 직선의 기울기로 측정한다. 등량곡선의 모든 고용조합에서 요소집약도는 모두 다르므로 등량곡선은 동일한 목표 산출량을 생산하기 위한 모든 생산공정을 연결한 궤적이다.

③ 생산공정

생산공정은 기술적으로 재화생산을 위해 기업이 투입하는 자본 — 노동비율($\frac{K}{L}$)이다.

따라서 요소집약도($\frac{K}{L}$)가 높을수록 동일 생산량을 생산할 때 노동보다 자본을 많이 투입하는 자본집약적 생산공정이고, 요소집약도가 낮을수록 자본보다 노동을 많이 투입하는 노동집약적 생산공정을 의미한다.

④ 노동의 한계생산물(MP_L)

노동자는 이용할 수 있는 자본량이 많을수록 생산성이 상승한다. 따라서 단위 노동자당 가용자본량($\frac{K}{L}$)이 증가할수록 MP_L이 증가한다.

(4) 한계기술대체율

① 의의

한계기술대체율(Marginal Rate of Technical Substitution, $MRTS_{LK}$)은 기업이 동일한 목표 산출량을 생산하기 위해 추가적으로 노동 고용(ΔL)을 1단위 더 늘릴 때 감소시켜야 하는 자본량($-\Delta K$)이다. 이는 마지막으로 고용되는 한계근로자(ΔL)가 대체할 수 있는 자본량($-\Delta K$)의 크기($-\frac{\Delta K}{\Delta L}$)로서 생산의 기술적 효율성을 의미한다.

② 측정

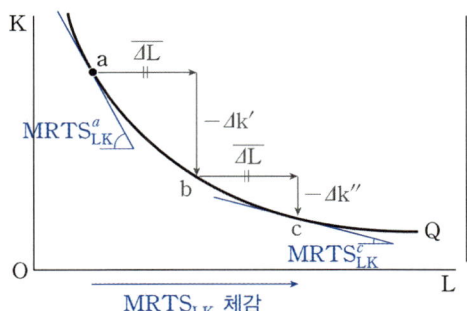

$$\text{MRTS}_{LK}^{a}=(=\frac{-\Delta k'}{\Delta L})>\text{MRTS}_{LK}^{c}=(=\frac{-\Delta k''}{\Delta L})$$

동일한 생산량을 유지하기 위해서는 노동투입량 증가로 인한 생산량의 증가분($\Delta L \cdot MP_L$)과 자본투입량 감소로 인한 생산량의 감소분($-\Delta K \cdot MP_K$)이 일치[($\Delta L \cdot MP_L$) = ($-\Delta K \cdot MP_K$)]해야 한다. 따라서 한계기술대체율($MRTS_{LK} = -\frac{\Delta K}{\Delta L}$)은 자본에 대한 노동의 상대비율[$-\frac{\Delta K}{\Delta L} = \frac{MP_L}{MP_K}$]이고 등량곡선 접선의 기울기로 측정한다.

③ 한계기술대체율체감의 법칙

㉠ 한계기술대체율체감의 법칙(Law of diminishing Marginal Rate of Technical Substitution)은 주어진 동일 목표 산출량을 유지하면서 노동투입량이 증가할수록 노동 1단위가 대체할 수 있는 자본량이 점점 감소하는 현상이다.

㉡ 생산요소는 본래의 생산성이 극대화되는 최적 요소집약도($\frac{K}{L}$)를 보유한다. 이때 노동투입량이 증가할수록 최적 요소집약도에서 벗어나고 자본에 대한 노동의 한계생산은 점차 감소하여 한계기술대체율($MRTS_{LK}$)이 체감하므로 등량곡선은 원점에 대해 볼록하다.

㉢ 노동과 자본에 대해 각각 한계생산이 체감하고 한 요소의 한계생산이 다른 요소 투입량의 변화에 영향을 받지 않을 때 한계기술대체율체감의 법칙이 성립한다. 노동투입량이 증가할수록 생산량의 증가분인 MP_L은 체감하고, 자본투입량이 감소할수록 생산량의 감소분인 MP_K는 체증하기 때문이다.

$$\Delta L \uparrow \Rightarrow MP_L \downarrow, \ -\Delta K \downarrow \Rightarrow MP_K \uparrow \ \Rightarrow \ MRTS_{LK} = \frac{MP_L \downarrow}{MP_K \uparrow} \Downarrow$$

㉣ 한계기술대체율이 체감하는 것은 두 생산요소 사이의 대체가능성이 완전하지 않음을 의미한다. 만약 두 생산요소 간의 대체가능성이 완벽하다면 모든 고용조합에서 노동과 자본의 대체비율은 일정하므로 한계기술대체율($MRTS_{LK} = -\frac{\Delta K}{\Delta L}$)도 불변이고 등량곡선은 직선의 형태를 갖는다.

(5) 경제적 영역 ➡ 생산의 2단계 ➡ 분계선 내부

① 분계선

분계선은 노동(L) - 자본(K) 평면에서 노동의 한계생산물(MP_L)과 자본의 한계생산물(MP_K)이 0인 고용조합(L, K)을 연결한 궤적이다.

② 분계선과 생산의 단계

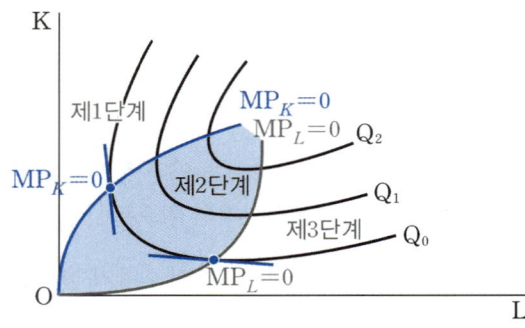

㉠ 생산의 제1단계 ➡ $MP_K < 0$
㉡ 생산의 제2단계 ➡ $MP_L > 0$이고 $MP_K > 0$, 경제적 영역
㉢ 생산의 제3단계 ➡ $MP_L < 0$

3. 등비용선

(1) 의의

① 등비용선(Iso - cost line)은 주어진 총비용(Total Cost, TC)으로 고용가능한 생산요소의 조합(L, K)을 연결한 궤적이다.

$$TC = wL + rK \quad [w는 임금, r은 자본의 사용자비용]$$

② 등비용선은 노동과 자본의 대체가 가능한 장기 비용선이다.

> **시장이자율**(interest, r)
> ➡ 자본 1단위 구매의 기회비용
> ➡ 자본의 사용자비용

(2) 등비용선의 특징

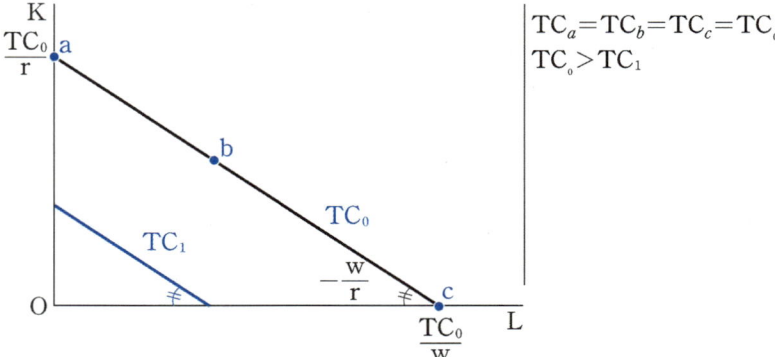

① 우하향하는 직선

총비용이 일정할 때 노동투입량을 늘리기 위해서는 자본투입량을 줄여야 하므로 등비용선은 우하향한다.

② 등비용선의 기울기($\frac{w}{r}$)

등비용선의 기울기는 자본에 대한 노동의 상대가격($\frac{w}{r}$)으로서 생산의 경제적 효율성을 의미한다.

③ 하방에 위치할수록 낮은 비용[단, r과 w는 불변]

생산요소가격이 불변일 때 등비용선이 하방에 위치할수록 노동과 자본의 투입량이 감소하므로 총비용이 감소한다.

(3) **등비용선의 회전이동** : 예산선과 등비용선의 회전이동 비교

① 소비자이론의 예산선

p_x가 하락하면 예산선의 기울기인 상대가격($\frac{p_x}{p_y}$)도 하락하므로 예산선은 수직절편($\frac{M}{p_y}$)을 중심으로 회전이동한다. 이는 p_y와 M이 불변이므로 p_x가 변하더라도 개인이 주어진 소득으로 최대로 소비할 수 있는 Y재 구매량이 불변이기 때문이다.

② 생산자이론의 등비용선

w가 하락하면 등비용선의 기울기인 상대가격($\frac{w}{r}$)도 하락하므로 등비용선은 최초 비용극소화 고용조합을 중심으로 회전이동한다. 소비자와 달리 기업은 모든 투입요소가 가변적인 장기에서 특정 생산요소를 최대로 고용해야 하는 제약조건이 없기 때문이다. 즉, 기업은 장기에서 언제나 상대가격의 변화와 기업의 생산함수를 고려해서 주어진 총비용을 극소화하는 최적 고용조합을 임의로 선택할 수 있다.

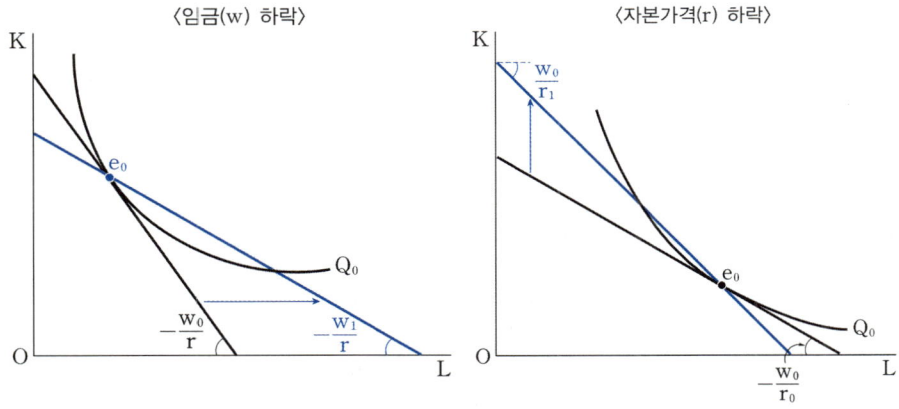

㉠ 임금(w) 하락

w가 하락하면 등비용선의 기울기인 상대가격($\frac{w}{r}$)도 하락하므로 등비용선은 최초 비용극소화 고용조합을 중심으로 반시계 방향으로 회전이동한다.

㉡ 자본가격(r) 하락

r이 하락하면 등비용선의 기울기인 상대가격($\frac{w}{r}$)은 상승하므로 등비용선은 최초 비용극소화 고용조합을 중심으로 시계 방향으로 회전이동한다.

Ⅴ. 기업의 비용극소화 행동원리

1. 생산물시장에서 기업의 이윤극대화 행동원리 — 한계원리

$$[MC = \frac{\Delta TC}{\Delta Q}] = [\frac{\Delta TR}{\Delta Q} = MR]$$

(1) 기업은 생산물시장에서 추가적으로 1단위 더 생산할 때 발생하는 비용의 증가분과 수입의 증가분을 비교하여 이윤극대화 최적 생산량(Q)을 결정한다.

(2) 한계생산을 위한 비용의 증가분인 한계비용(MC)과 한계생산으로부터 얻는 수입의 증가분인 한계수입(MR)이 일치하도록 이윤극대화 생산량을 결정한다.

2. 생산요소시장에서 기업의 비용극소화 행동원리

(1) 기업은 생산물시장에서 결정된 목표 산출량을 최소 비용으로 생산하여 이윤극대화를 달성하기 위해 노동과 자본의 최적 고용량을 결정한다.

$$\begin{aligned}&목적식 \quad Min \ TC = wL + rK \\ &제약식 \quad s.t. \quad Q = F(L, K)\end{aligned}$$

(2) **기업의 비용극소화 균형 조건**

$$[MRTS_{LK} = -\frac{\Delta K}{\Delta L} = \frac{MP_L}{MP_K}] = [\frac{w}{r}]$$

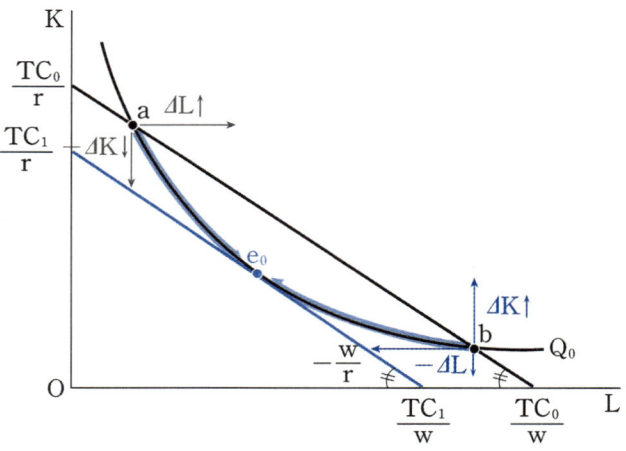

① a ➡ $MRTS_{LK} > \dfrac{w}{r}$

　　➡ $\dfrac{MP_L}{MP_K} > \dfrac{w}{r}$

　　➡ $\dfrac{MP_L}{w} > \dfrac{MP_K}{r}$

∴ 1원당 한계생산성이 높은 노동으로 1원당 한계생산성이 낮은 자본을 대체 ⇒ L↑, K↓

② b ➡ $MRTS_{LK} < \dfrac{w}{r}$

　　➡ $\dfrac{MP_L}{MP_K} < \dfrac{w}{r}$

　　➡ $\dfrac{MP_L}{w} < \dfrac{MP_K}{r}$

∴ 1원당 한계생산성이 낮은 노동을 1원당 한계생산성이 높은 자본으로 대체 ⇒ L↓, K↑

③ e_0 ➡ $MRTS_{LK} = \dfrac{w}{r}$

기업이 생산의 기술적 효율성인 한계기술대체율[$MRTS_{LK}$]과 생산의 경제적 효율성인 자본에 대한 노동의 상대가격[$\dfrac{w}{r}$]이 일치[$MRTS_{LK} = \dfrac{w}{r}$]하는 등량곡선과 등비용선의 접점에서 최적 고용조합(L, K)을 선택하면 비용극소화에 도달한다.

⊙ 투입비용 대비 한계산출량

> [$\dfrac{MP_L}{w} = \dfrac{MP_K}{r}$] : 1원당 한계생산물 균등의 법칙

등량곡선과 등비용선이 접하는 고용조합은 노동(L) 고용에 1원을 지출할 때 획득하는 총생산물의 증가분($\dfrac{MP_L}{w}$)과 자본(K) 구매에 1원을 지출할 때 획득하는 총생산물의 증가분($\dfrac{MP_K}{r}$), 즉 노동과 자본의 1원당 한계생산물이 균등[$\dfrac{MP_L}{w} = \dfrac{MP_K}{r}$]하여 총생산비용을 더 이상 낮출 수 없는 비용극소화 고용조합이기 때문이다.

> 📝 노동과 자본의 1원당 한계생산물이 균등한 지점에서 다른 고용조합으로 이동하면 한계생산이 체감하여 한계기술대체율체감의 법칙에 의해 동일한 목표 산출량을 생산하기 위한 총비용이 증가한다.

3. 임금(w) 하락

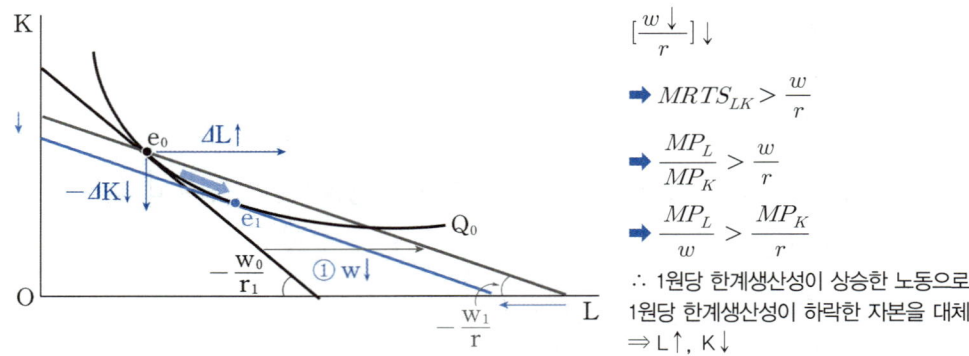

(1) 임금(w)이 하락하면 등비용선의 기울기인 상대가격($\frac{w}{r}$)도 하락하므로 등비용선은 최초 비용극소화 고용조합 e_0를 중심으로 반시계 방향으로 회전이동한다.

(2) e_0에서 한계기술대체율이 상대가격보다 높으므로 1원당 한계생산성이 상승한 노동으로 1원당 한계생산성이 하락한 자본을 대체하여 e_1에서 비용극소화를 통해 이윤극대화를 달성한다.

(3) 임금이 하락하면 생산기술이 불변이더라도 기업은 낮은 임금의 이점을 활용하기 위해 노동집약적인 생산공정으로 전환된다.

4. 자본의 사용자비용(r) 하락

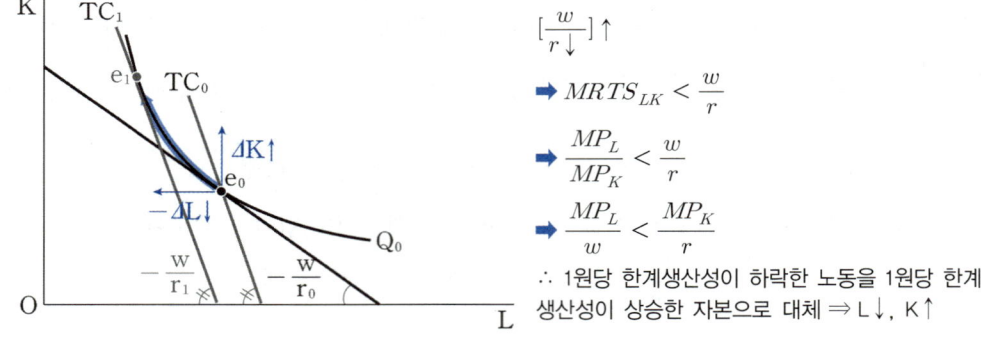

(1) 자본의 사용자비용(r)이 하락하면 등비용선의 기울기인 상대가격($\frac{w}{r}$)은 상승하므로 등비용선은 최초 비용극소화 고용조합 e_0를 중심으로 시계 방향으로 회전이동한다.

(2) e_0에서 한계기술대체율이 상대가격보다 낮으므로 1원당 한계생산성이 하락한 노동을 1원당 한계생산성이 상승한 자본으로 대체하여 e_1에서 비용극소화를 통해 이윤극대화를 달성한다.

(3) 자본의 사용자비용이 하락하면 생산기술이 불변이더라도 기업은 낮은 자본임대료의 이점을 활용하기 위해 자본집약적인 생산공정으로 전환된다.

VI. 규모에 대한 수익

1. 의의

(1) 규모에 대한 수익(Return to Scale)은 장기에서 모든 생산요소의 투입을 동일한 비율로 변화시킬 때 생산량의 변화를 측정하는 지표이다.

$$Q_0 = AF(L, K) \ [단, A는 기술수준 혹은 총요소생산성]$$
$$[Q_1 = AF(tL, tK)] \text{ vs } [tQ_0]$$

(2) 규모에 대한 수익은 기술수준(A)이 불변일 때 생산요소투입량과 생산량 간의 관계를 포착하는 개념이다. 따라서 규모에 대한 수익을 측정할 때는 기술수준은 고정되어 있어야 한다.

(3) 규모에 대한 수익은 모든 생산요소의 투입비율을 동시에 변화시키므로 모든 생산요소가 가변적인 장기에서 측정하는 개념이다.

(4) 자본이 고정된 단기생산함수는 수확체감의 법칙이 성립한다. 모든 생산요소가 가변적인 장기생산함수는 규모에 대한 수익이 성립한다. 따라서 수확체감의 법칙은 규모에 대한 수익 체증, 불변, 체감의 특성과 모두 양립할 수 있다.

(5) 규모에 대한 수익이 체증하면 규모의 경제가 존재하고, 규모에 대한 수익이 체감하면 규모의 불경제가 발생한다.

2. 측정

(1) **규모에 대한 수익 불변**

$$[Q_1 = AF(hL, hK)] = [hQ_0]$$

① 모든 생산요소 투입량이 h배 증가할 때 생산량도 h배만큼 증가하면 규모에 대한 수익은 불변이다.

② 규모에 대한 수익이 불변이면 생산량이 변하더라도 평균비용(AC)이 일정하다. 이는 모든 생산요소를 h배 증가시키기 위해 비용이 h배 증가할 때 생산량도 h배 증가했기 때문이다.

$$[AC_0 = \frac{(TC_0 = wL + rK)}{Q_0}] = [\frac{(TC_1 = whL + rhK)}{Q_1 = hQ_0} = AC_1]$$

규모에 대한 수익
= 규모에 대한 수확
= 규모에 대한 보수

규모의 경제(Economies of Scale)
생산량(Q)이 증가할 때 단위당 평균생산비용(AC)이 하락하는 현상

규모의 불경제(Diseconomies of Scale)
생산량(Q)이 증가할 때 단위당 평균생산비용(AC)이 상승하는 현상

평균비용(Average Cost)
$AC = \dfrac{TC = wL + rK}{Q}$

(2) 규모에 대한 수익 체증

$$[Q_1 = AF(hL,\ hK)] > [hQ_0]$$

① 모든 생산요소 투입량이 h배 증가할 때 생산량이 h배보다 많이 증가하면 규모에 대한 수익은 체증한다.
② 장기의 생산 초기에서는 생산규모를 증설하면 효율적 자원배분으로 분업화와 전문화의 이득이 발생하므로 규모에 대한 수익 체증이 관찰된다.
③ 규모에 대한 수익이 체증하면 생산량을 늘릴수록 평균비용(AC)은 하락한다. 이는 모든 생산요소를 h배 증가시키기 위해 비용이 h배 증가했지만 생산량은 h배보다 많이 증가했기 때문이다.

$$[AC_0 = \frac{(TC_0 = wL + rK)}{Q_0}] > [\frac{TC_1[= hTC_0]}{Q_1[\ > hQ_0]} = AC_1 \downarrow]$$

(3) 규모에 대한 수익 체감

$$[Q_1 = AF(hL,\ hK)] < [hQ_0]$$

① 모든 생산요소 투입량이 h배 증가할 때 생산량은 h배보다 작게 증가하면 규모에 대한 수익이 체감한다.
② 장기에서 일정 생산량을 넘어서면 생산규모를 증설할수록 경영의 비효율성이 발생하므로 규모에 대한 수익 체감이 관찰된다.
③ 규모에 대한 수익이 체감하면 생산량을 늘릴수록 평균비용(AC)은 상승한다. 이는 생산비용이 h배 증가했지만 생산량은 h배보다 작게 증가했기 때문이다.

$$[AC_0 = \frac{(TC_0 = wL + rK)}{Q_0}] < [\frac{TC_1[= hTC_0]}{Q_1[\ < hQ_0]} = AC_1 \uparrow]$$

(4) 규모에 대한 수익과 등량곡선

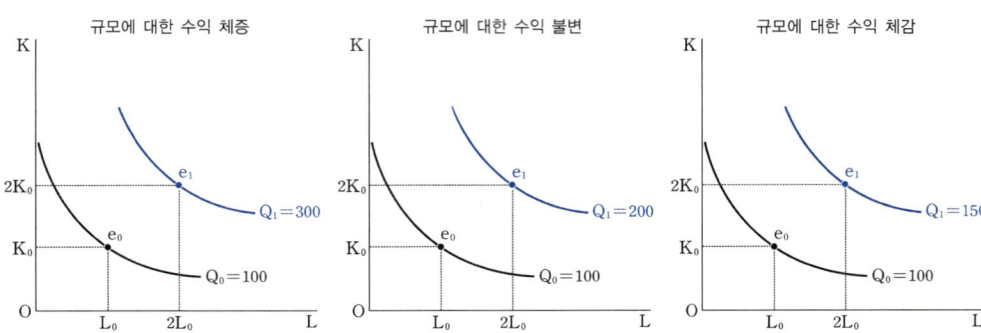

Ⅶ 다양한 장기생산함수

1. C − D 생산함수

$$Q = AL^\alpha K^\beta \quad [\text{단, A는 기술수준이고 } \alpha \text{와 } \beta \text{는 0보다 크다}]$$

콥(Cobb) − 더글라스(Douglas) 생산함수는 기술수준(A)이 불변일 때 L과 K를 동시에 t배 증가시키면 생산량도 $t^{(\alpha + \beta)}$배 증가하는 $(\alpha + \beta)$차 동차함수이다.

(1) 한계기술대체율 체감과 볼록한 등량곡선

$$[MRTS_{LK} = -\frac{\Delta K}{\Delta L} = \frac{MP_L}{MP_K} = \frac{\alpha}{\beta}\frac{K}{L}] \Rightarrow \frac{\alpha}{\beta}[\frac{K\downarrow}{L\uparrow}]\downarrow$$

① $MP_L = \dfrac{\Delta Q}{\Delta L} = A\alpha L^{\alpha-1}K^\beta$

$MP_K = \dfrac{\Delta Q}{\Delta K} = A\beta L^\alpha K^{\beta-1}$

② $[MRTS_{LK} = \dfrac{MP_L}{MP_K} = \dfrac{\alpha}{\beta}\dfrac{K}{L}] \Rightarrow \dfrac{\alpha}{\beta}[\dfrac{K\downarrow}{L\uparrow}]\downarrow$

노동과 자본은 모두 정상투입요소이므로 등량곡선은 우하향한다. 따라서 노동투입량이 증가할 때 자본투입량은 감소해서 C − D 생산함수의 한계기술대체율($MRTS_{LK}$)은 체감한다.

③ 한계기술대체율($MRTS_{LK}$)이 체감하므로 등량곡선은 원점에 대해 볼록하다.

(2) 비용극소화 균형조건

목적식 Min TC = wL + rK
제약식 s.t. $Q = AL^\alpha K^\beta$

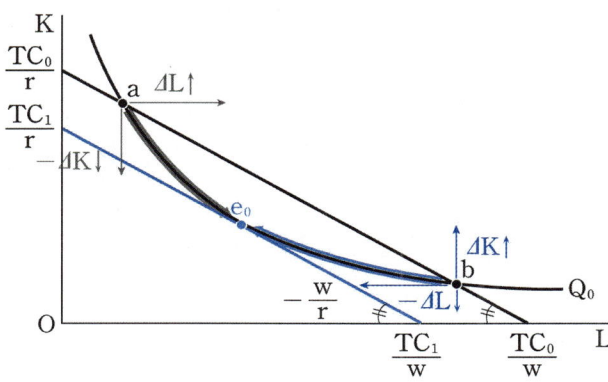

기업이 생산물시장에서 결정된 목표 산출량을 한계기술대체율($MRTS_{LK}$)과 자본에 대한 노동의 상대가격[$\frac{w}{r}$]이 일치[$MRTS_{LK} = \frac{w}{r}$]하는 등량곡선과 등비용선의 접점에서 최적 고용조합(L, K)을 선택하면 비용극소화에 달성한다.

$$[MRTS_{LK} = \frac{\alpha}{\beta}\frac{K}{L}] = [\frac{w}{r}] : 비용극소화 균형조건$$

(3) C − D 생산함수와 규모에 대한 수익

$$Q_0 = AF(L, K) = AL^\alpha K^\beta$$
$$Q_1 = AF(hL, hK) = A(hL)^\alpha(hK)^\beta = h^{(\alpha+\beta)}AL^\alpha K^\beta = h^{(\alpha+\beta)}Q_0$$

① $(\alpha + \beta) = 1$ ➡ 규모에 대한 수익 불변

$$[Q_1 = h^{(\alpha+\beta=1)}Q_0] = hQ_0$$

1차 C − D 생산함수는 기술수준(A)이 불변일 때 L과 K를 동시에 h배 증가시키면 생산량도 h배 증가하므로 규모에 대한 수익은 불변이다.

② $(\alpha + \beta) > 1$ ➡ 규모에 대한 수익 체증

$$[Q_1 = h^{(\alpha+\beta>1)}Q_0] > hQ_0$$

1차보다 큰 C − D 생산함수는 기술수준(A)이 불변일 때 L과 K를 동시에 h배 증가시키면 생산량은 h배보다 많이 증가하므로 규모에 대한 수익이 체증한다.

③ $(\alpha + \beta) < 1$ ➡ 규모에 대한 수익 체감

$$[Q_1 = h^{(\alpha+\beta<1)}Q_0] < hQ_0$$

1차보다 작은 C − D 생산함수는 기술수준(A)이 불변일 때 L과 K를 동시에 h배 증가시키면 생산량은 h배보다 적게 증가하므로 규모에 대한 수익이 체감한다.

(4) $(\alpha + \beta)$차 C − D 생산함수는 차수에 관계없이 언제나 대체탄력성(σ)이 1이다.

2. 선형 생산함수

$$Q = aL + bK \ [단, a > 0이고, b > 0이다]$$

임의의 고용조합에서 한계기술대체율($MRTS_{LK}$)이 언제나 일정하다면 L과 K는 완전대체 요소관계이다.

(1) **한계기술대체율 불변과 직선의 등량곡선**

$$[MRTS_{LK} = -\frac{\Delta K}{\Delta L} = \frac{MP_L}{MP_K} = \frac{a}{b}] \Rightarrow (L, K)와 무관$$

① $MP_L = \frac{\Delta Q}{\Delta L} = a$

$MP_K = \frac{\Delta Q}{\Delta K} = b$

② 선형 생산함수의 한계기술대체율($MRTS_{LK}$)은 모든 고용조합(L, K)에서 $\frac{a}{b}$로 일정하다. 이는 어떠한 고용조합에서도 노동과 자본이 동일한 비율로 대체가능하기 때문이다. 한계기술대체율($MRTS_{LK}$)이 언제나 일정하다면 기업은 L과 K를 완전대체요소관계로 고용한다.

③ 한계기술대체율($MRTS_{LK}$)이 일정하므로 등량곡선은 우하향하는 직선이다.

(2) **비용극소화 균형조건**

$$\begin{aligned} 목적식 \quad & Min\ TC = wL + rK \\ 제약식 \quad & s.t.\ Q = aL + bK \end{aligned}$$

기업은 생산물시장에서 결정된 목표 산출량을 최소 비용으로 생산하기 위해 한계기술대치율($MRTS_{LK}$)과 상대가격($\frac{w}{r}$)을 비교하여 1원당 한계생산성이 높은 생산요소로 1원당 한계생산성이 낮은 생산요소를 완전히 대체한다.

① $MRTS_{LK} > \frac{w}{r}$

➡ $\frac{MP_L}{MP_K} > \frac{w}{r}$

➡ $\frac{MP_L}{w} > \frac{MP_K}{r}$

∴ 1원당 한계생산성이 높은 노동으로 1원당 한계생산성이 낮은 자본을 완전히 대체한다.

⇒ $K = 0, L = \frac{TC}{w}$ (수평절편 = 모서리해)

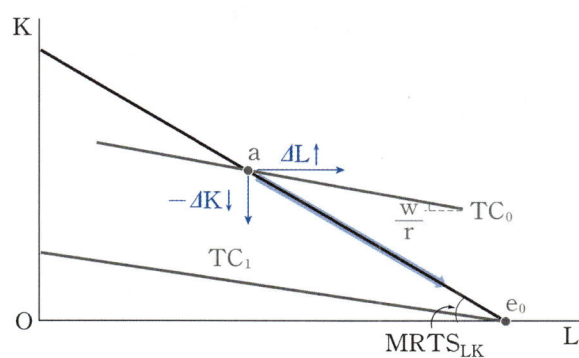

② $MRTS_{LK} < \dfrac{w}{r}$

➡ $\dfrac{MP_L}{w} < \dfrac{MP_K}{r}$

∴ 1원당 한계생산성이 높은 자본으로 1원당 한계생산성이 낮은 노동을 완전히 대체한다.

⇒ L = 0, K = $\dfrac{TC}{r}$ (수직절편 = 모서리해)

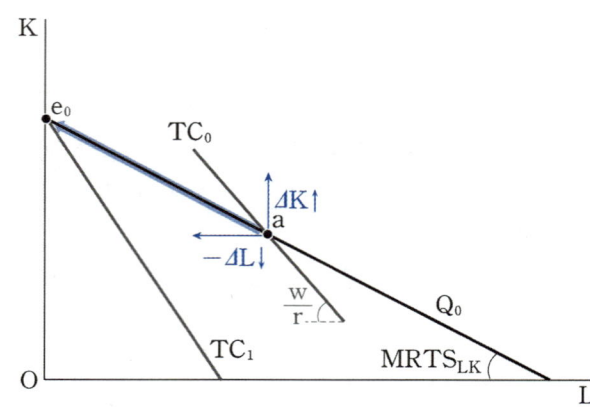

③ $MRTS_{LK} = \dfrac{w}{r}$

➡ $\dfrac{MP_L}{w} = \dfrac{MP_K}{r}$

∴ 노동과 자본의 1원당 한계생산성이 균등하므로 등량곡선 상의 모든 고용조합에서 비용극소화를 달성한다.

⇒ 0 ≤ L ≤ $\dfrac{TC}{w}$, 0 ≤ K ≤ $\dfrac{TC}{r}$

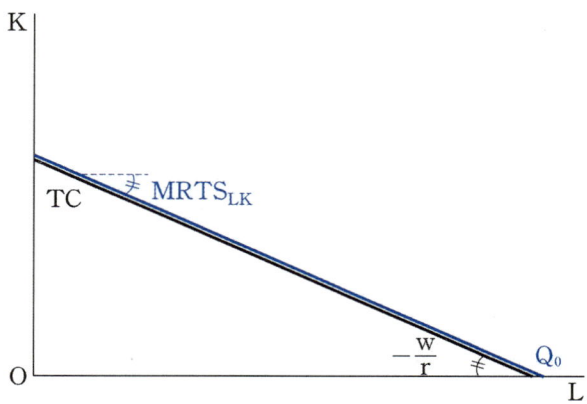

(3) 선형 생산함수 ➡ 1차 동차 생산함수 ➡ 규모에 대한 수익 불변

$$Q_0 = F(L, K) = aL + bK$$
$$Q_1 = F(hL, hK) = ahL + bhK = h[aL + bK] = hQ_0$$

선형 생산함수는 L과 K를 동시에 h배 증가시키면 생산량도 h배 증가하므로 1차 동차 생산함수이고 규모에 대한 수익 불변이다.

(4) 선형 생산함수를 보유한 기업은 노동과 자본을 완전히 대체할 수 있으므로 대체탄력성(σ)이 ∞이다.

3. 레온티에프 생산함수

(1) 의의

$$Q = \text{Min}\left[\frac{L}{a}, \frac{K}{b}\right] \text{ (단, } a > 0, b > 0\text{)}$$

① 레온티에프 생산함수는 생산과정에서 생산요소가 항상 일정한 비율로 보완적으로 결합되어 고용되므로 생산요소 간 대체가 전혀 불가능한 생산함수를 의미한다.
② 노동과 자본은 항상 [a : b]의 고정된 비율로 결합되어 고용되는 완전보완요소관계이다.
➡ 요소집약도($\frac{K}{L}$)가 $\frac{b}{a}$로 일정하다.

📝 레온티에프 생산함수
= 요소집약도($\frac{K}{L}$)가 일정한 생산함수

(2) 레온티에프 생산함수의 등량곡선 도출

① $\frac{L}{a} < \frac{K}{b}$

➡ $K > \frac{b}{a}L$

➡ $Q = \text{Min}\left[\frac{L}{a}, \frac{K}{b}\right] = \frac{L}{a}$

➡ $L = aQ$, 등량곡선은 수직선

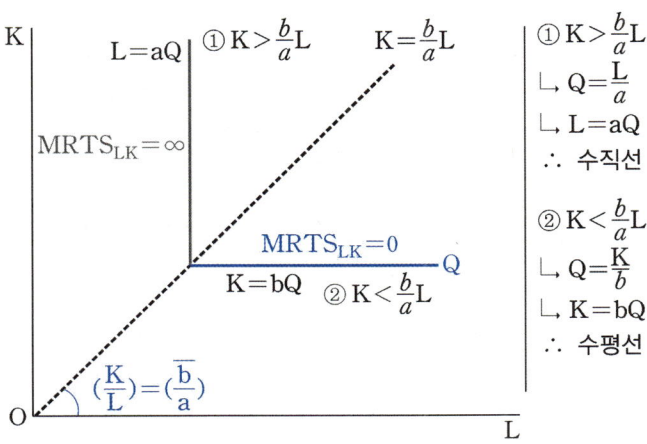

② $\frac{L}{a} > \frac{K}{b}$

➡ $K < \frac{b}{a}L$

➡ $Q = \text{Min}\left[\frac{L}{a}, \frac{K}{b}\right] = \frac{K}{b}$

➡ $K = bQ$, 등량곡선은 수평선

③ 레온티에프 등량곡선

레온티에프 생산함수의 특성을 반영하는 등량곡선은 원점에서 뻗어 나오는 $\left[K = \frac{b}{a}L\right]$의 직선을 기준으로 꺾인 ㄴ자 형태이다.

(3) **비용극소화 균형조건**

> 목적식   Min TC = wL + rK
> 제약식   s.t. Q = Min $\left[\frac{L}{a}, \frac{K}{b}\right]$

비용극대화 균형조건: $K = \frac{b}{a}L$

➡ $Q = \frac{L}{a} = \frac{K}{b}$

➡ $\frac{L}{a} = \frac{K}{b}$

➡ $K = \frac{b}{a}L$

➡ $L : K = a : b$

➡ L과 K를 a : b로 보완적으로 결합하여 고용

완전보완적인 생산함수를 보유한 기업은 L과 K를 a : b로 보완적으로 결합하여 $K = \frac{b}{a}L$ 직선상에서 비용극소화 고용량을 선택한다.

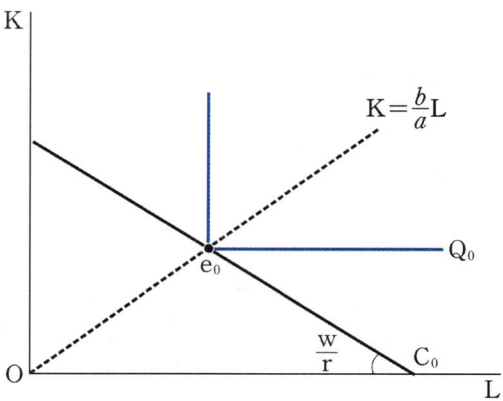

리온티에프 생산함수는 L과 K가 완전보완요소관계이므로 기업은 주어진 목표산출량 수준에서 등량곡선 및 등비용선과 비용극소화 균형조건[$K = \frac{b}{a}L$]이 일치하는 e_0에서 최적 고용조합을 선택한다.

(4) 레온티에프 생산함수 ➡ 1차 동차 생산함수 ➡ 규모에 대한 수익 불변

$$Q_0 = F(L, K) = \text{Min}\left[\frac{L}{a}, \frac{K}{b}\right]$$
$$Q_1 = F(hL, hK) = \text{Min}\left[h\frac{L}{a}, h\frac{K}{b}\right] = h\left\{\text{Min}\left[\frac{L}{a}, \frac{K}{b}\right]\right\} = hQ_0$$

레온티에프 생산함수는 1차 동차 생산함수이고 L과 K를 동시에 h배 증가시키면 생산량도 h배 증가하므로 규모에 대한 수익 불변이다.

(5) 레온티에프 생산함수를 보유한 기업은 노동과 자본 간의 대체가 불가능하므로 대체탄력성(σ)이 0이다.

대체탄력성

1. 의의

(1) 대체탄력성(elasticity of substitution)은 한계기술대체율이 변화할 때 생산량을 동일하게 유지하면서 한 생산요소가 다른 생산요소로 얼마나 쉽게 대체될 수 있는지, 즉 생산요소 간의 대체용이성을 측정하는 지표이다.

(2) 대체탄력성은 상대가격($\frac{w}{r}$)의 변화가 요소집약도($\frac{K}{L}$)에 미치는 영향을 측정하는 지표이므로 상대적으로 임금이 1% 변화할 때 상대소득($\frac{wL}{rK}$)의 증감을 예측할 수 있다.

(3) 생산량이 동일한 등량곡선 상에서 노동과 자본 사이의 대체용이성을 측정하는 대체탄력성은 생산함수의 특성을 반영하는 등량곡선의 형태로 분석할 수 있다.

(4) 선형 생산함수의 대체탄력성(σ)은 ∞이고, C−D 생산함수의 대체탄력성은 항상 1이며, 레온티에프 생산함수의 대체탄력성(σ)은 0이다.

> **생산의 교차탄력성과 대체탄력성**
>
> | 교차탄력성 | 모든 생산요소 간의 대체용이성을 측정 |
> |---|---|
> | 대체탄력성 | 노동(L)과 자본(K) 간의 대체용이성을 측정 |

> **CES 생산함수**
>
> CES 생산함수(Constant Elasticity of Substitution Production Function)는 임의의 등량곡선 상에서 대체탄력성이 동일한 생산함수
> ① $Q = AL^\alpha K^\beta$, C − D 생산함수
>   ➡ $\sigma = 1$
> ② $Q = aL + bK$, 선형 생산함수
>   ➡ $\sigma = \infty$
> ③ $Q = \text{Min}\left[\frac{L}{a}, \frac{K}{b}\right]$, 레온티에프 생산함수
>   ➡ $\sigma = 0$

2. 측정

$$대체탄력성(\sigma) = \frac{\frac{\Delta(\frac{K}{L})}{(\frac{K}{L})} \times 100\%}{\frac{\Delta MRTS_{LK}}{(MRTS_{LK})} \times 100\%} = \frac{\frac{\Delta(\frac{K}{L})}{(\frac{K}{L})} \times 100\%}{\frac{\Delta(\frac{w}{r})}{(\frac{w}{r})} \times 100\%}$$

(1) 대체탄력성(σ)은 생산량이 불변인 상태에서 한계기술대체율($MRTS_{LK}$)이 1% 변화할 때 요소집약도($\frac{K}{L}$)의 변화율을 측정하는 지표이다.

(2) 또한 비용극소화 균형조건인 $[MRTS_{LK} = \frac{w}{r}]$를 매개로 생산요소의 상대가격($\frac{w}{r}$)이 1% 변화할 때 반응하는 요소집약도($\frac{K}{L}$)의 변화율로도 측정할 수 있다.

3. 대체탄력성과 소득분배

(1) 대체탄력성(σ)이 1보다 크면 자본에 대한 노동의 상대가격($\frac{w}{r}$)이 1% 상승할 때 요소집약도($\frac{K}{L}$)는 1%보다 크게 상승하므로 자본에 대한 노동의 상대소득($\frac{wL}{rK}$)은 하락한다. 이는 상대적으로 임금이 1% 상승할 때 1원당 한계생산성이 하락한 노동을 1원당 한계생산성이 상승한 자본으로 1%보다 많이 대체하기 때문이다.

연습문제

노동과 자본의 대체탄력성(σ)은 5이다. 상대임금이 1% 상승할 때 자본소득에 대한 노동소득 ($\frac{wL}{rK}$)의 변화율을 계산하시오.

해설

① 대체탄력성(σ) = $\dfrac{\frac{\Delta(\frac{K}{L})}{(\frac{K}{L})}}{\frac{\Delta(\frac{w}{r})}{(\frac{w}{r})}} = \dfrac{(\frac{\dot{K}}{L})}{(\frac{\dot{w}}{r})} = 5$

↳ $\dfrac{\dot{K}}{L} = 5\dfrac{\dot{w}}{r}$

② 자본소득(rK)에 대한 노동소득(wL)의 상대적 비율($\frac{wL}{rK}$)은 다음과 같이 정리할 수 있다.

$$\frac{wL}{rK} = (\frac{w}{r}) \times (\frac{L}{K}) = (\frac{w}{r}) \times (\frac{K}{L})^{-1} \ [\because \frac{L}{K} = (\frac{1}{\frac{L}{K}})^{-1} = (\frac{K}{L})^{-1}]$$

이를 시간에 대해 미분하면, 즉 자연로그를 취해주면

$$[\frac{\dot{wL}}{rK}] = [(\frac{\dot{w}}{r}) \times (\frac{K}{L})^{-1}] = (\frac{\dot{w}}{r}) + (-1)(\frac{\dot{K}}{L}) = (\frac{\dot{w}}{r}) - (\frac{\dot{K}}{L})$$

③ $[\frac{\dot{wL}}{rK}] = (\frac{\dot{w}}{r}) - (\frac{\dot{K}}{L}) = (\frac{\dot{w}}{r}) - (\frac{\dot{K}}{L} = 5\frac{\dot{w}}{r}) = -4\frac{\dot{w}}{r}$

따라서 상대임금이 1% 상승하면($\frac{\dot{w}}{r} = 1\%$) 자본에 대한 노동소득 비율은 4% 하락한다.

(2) 대체탄력성(σ)이 1이면 자본에 대한 노동의 상대가격($\frac{w}{r}$)이 1% 상승할 때 요소집약도 ($\frac{K}{L}$)는 1%만큼 하락하여 상대소득($\frac{wL}{rK}$)은 변함이 없다. 이는 상대적으로 임금이 1% 상승할 때 1원당 한계생산성이 하락한 노동을 1원당 한계생산성이 상승한 자본으로 1%만큼 대체하기 때문이다.

> **연습문제**
>
> 노동과 자본의 대체탄력성(σ)은 1이다. 상대임금이 1% 상승할 때 자본소득에 대한 노동소득 ($\frac{wL}{rK}$)의 변화율을 계산하시오.
>
> **해설**
>
> ① 대체탄력성(σ) = $\frac{(\frac{\dot{K}}{L})}{(\frac{\dot{w}}{r})} = 1$
>
> ↳ $\frac{\dot{K}}{L} = \frac{\dot{w}}{r}$
>
> ② $[\frac{\dot{wL}}{rK}] = (\frac{\dot{w}}{r}) - (\frac{\dot{K}}{L}) = (\frac{\dot{w}}{r}) - (\frac{\dot{K}}{L} = \frac{\dot{w}}{r}) = 0$
>
> 따라서 대체탄력성(σ)이 1이면 상대임금이 변하더라도 상대소득비율은 상승하거나 하락하지 않고 일정하다.

(3) 대체탄력성(σ)이 1보다 작으면 자본에 대한 노동의 상대가격($\frac{w}{r}$)이 1% 상승할 때 요소집약도($\frac{K}{L}$)는 1%보다 작게 상승하므로 자본에 대한 노동의 상대소득($\frac{wL}{rK}$)은 상승한다. 이는 상대임금이 1% 상승할 때 1원당 한계생산성이 하락한 노동을 1원당 한계생산성이 상승한 자본으로 1%보다 적게 대체하기 때문이다.

4. 등량곡선의 곡률과 대체탄력성

대체탄력성은 생산량이 동일한 등량곡선 상에서 노동과 자본 사이의 대체용이성을 측정하므로 생산함수의 특성을 반영하는 등량곡선의 형태로 대체탄력성을 분석할 수 있다.

(1) 대체탄력성의 측정

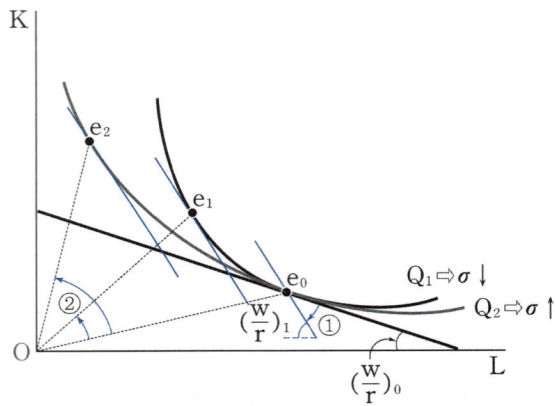

① 등량곡선 Q_1처럼 곡률이 커서 양축으로부터 동시에 멀어질수록 노동과 자본 간의 대체가 어려워서 대체탄력성이 작아진다. 상대가격이 상승[$(\frac{w}{r})_1$]해서 등비용선이 시계 방향으로 회전이동할 때 곡률이 클수록 1원당 한계생산물이 하락한 노동을 1원당 한계생산물이 상승한 자본으로 대체하기 어려워 요소집약도가 e_0에서 e_1으로 소폭 상승하기 때문에 대체탄력성이 작다.

② 등량곡선 Q_2처럼 곡률이 작아서 수평축과 수직축으로 점점 더 다가서고 우하향하는 직선에 가까울수록 노동과 자본 간의 대체가 용이하므로 대체탄력성이 커진다. 상대가격이 상승[$(\frac{w}{r})_1$]하면 곡률이 작을수록 1원당 한계생산물이 하락한 노동을 1원당 상승한 자본으로 대체하기 용이해서 요소집약도가 e_0에서 e_2로 대폭 상승하기 때문에 대체탄력성이 크다.

(2) 생산함수와 대체탄력성

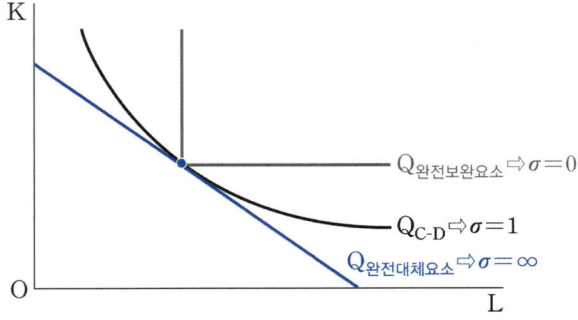

따라서 선형 생산함수의 대체탄력성(σ)은 ∞이고, C – D 생산함수의 대체탄력성은 항상 1이며, 레온티에프 생산함수의 대체탄력성(σ)은 0이다.

(3) (α + β)차 C - D 생산함수의 대체탄력성 = 1

$$Q = AL^\alpha K^\beta$$

① $MRTS_{LK} = -\dfrac{\Delta K}{\Delta L} = \dfrac{MP_L}{MP_K} = \dfrac{\alpha}{\beta}\dfrac{K}{L} = \dfrac{\alpha}{\beta}[\dfrac{K\downarrow}{L\uparrow}]\downarrow$

C - D 생산함수의 한계기술대체율($MRTS_{LK}$)은 체감하므로 등량곡선과 등비용선이 접하는 고용조합에서 비용극소화를 달성한다.

↳ $[MRTS_{LK} = \dfrac{\alpha}{\beta}\dfrac{K}{L}] = [\dfrac{w}{r}]$: 비용극소화 균형조건

↳ $\dfrac{\alpha}{\beta}\dfrac{K}{L} = \dfrac{w}{r}$

↳ $\dfrac{K}{L} = \dfrac{\beta}{\alpha}\dfrac{w}{r}$

② $\dfrac{K}{L} = \dfrac{\beta}{\alpha}\dfrac{w}{r}$

↳ $\dfrac{K}{L}$를 $\dfrac{w}{r}$로 나누면 $\dfrac{\frac{K}{L}}{\frac{w}{r}} = \dfrac{\beta}{\alpha}$ 이고,

↳ $\dfrac{K}{L}$를 $\dfrac{w}{r}$로 미분하면 $\dfrac{\Delta(\frac{K}{L})}{\Delta(\frac{w}{r})} = \dfrac{\beta}{\alpha}$ 이다.

따라서 $\sigma = \dfrac{\dfrac{\Delta(\frac{K}{L})}{(\frac{K}{L})}}{\dfrac{\Delta(\frac{w}{r})}{(\frac{w}{r})}} = \dfrac{\dfrac{\Delta(\frac{K}{L})}{\Delta(\frac{w}{r})} = \dfrac{\beta}{\alpha}}{\dfrac{(\frac{K}{L})}{(\frac{w}{r})} = \dfrac{\beta}{\alpha}} = 1$

따라서, 콥 - 더글라스 동차 생산함수의 대체탄력성은 차수에 관계없이 항상 1이다.

Ⅸ. $(\alpha + \beta)$차 C − D 동차 생산함수의 특징

$$Q = L^\alpha K^\beta \quad \text{[단, 생산물시장과 생산요소시장은 완전경쟁시장]}$$

1. 동조함수

$$MRTS_{LK} = \frac{MP_L}{MP_K} = \frac{\alpha}{\beta} \frac{K}{L}$$

동조함수는 한계기술대체율($MRTS_{LK}$)이 요소집약도($\frac{K}{L}$)에 의해 결정되는 함수이다. 동조함수는 요소집약도($\frac{K}{L}$)가 동일($\frac{K}{L} = \gamma$)하면 한계기술대체율($MRTS_{LK} = \frac{\alpha}{\beta}\gamma$)도 동일하므로 등량곡선은 원점에 대해 평행하다.

2. 생산의 노동탄력성과 자본탄력성

$$\text{생산의 노동탄력성} = \frac{\frac{\Delta Q}{Q}}{\frac{\Delta L}{L}} = \frac{\frac{\Delta Q}{\Delta L}}{\frac{Q}{L}} = \frac{MP_L}{AP_L} = \frac{\text{노동의 한계생산}}{\text{노동의 평균생산}} = \alpha$$

$$\text{생산의 자본탄력성} = \frac{\frac{\Delta Q}{Q}}{\frac{\Delta K}{K}} = \frac{\frac{\Delta Q}{\Delta K}}{\frac{Q}{K}} = \frac{MP_K}{AP_K} = \frac{\text{자본의 한계생산}}{\text{자본의 평균생산}} = \beta$$

3. 노동소득분배율과 자본소득분배율

완전경쟁 노동시장의 이윤극대화 조건: $W = P \cdot MP_L$

$$\text{노동소득분배율} = \frac{\text{노동소득}}{\text{총소득}} = \frac{WL}{PQ} = \frac{[P \cdot MP_L]L}{PQ} = \frac{[\alpha L^{\alpha-1} K^\beta]L}{Q} = \frac{\alpha Q}{Q} = \alpha$$

완전경쟁 자본시장의 이윤극대화 조건: $R = P \cdot MP_K$

$$\text{자본소득분배율} = \frac{\text{자본소득}}{\text{총소득}} = \frac{RK}{PQ} = \frac{[P \cdot MP_K]K}{PQ} = \frac{[\beta L^\alpha K^{\beta-1}]K}{Q} = \frac{\beta Q}{Q} = \beta$$

4. 1차 C – D 생산함수 ➡ 오일러의 정리 성립

$$MP_L = \frac{\Delta Q}{\Delta L} = \alpha L^{\alpha-1} K^\beta \Rightarrow MP_L \cdot L = \alpha L^\alpha K^\beta = \alpha Q$$

$$MP_K = \frac{\Delta Q}{\Delta K} = \beta L^\alpha K^{\beta-1} \Rightarrow MP_K \cdot K = \beta L^\alpha K^\beta = \beta Q$$

노동소득 = WL = (P · MP_L)L = P · αQ [∵ W = P · MP_L]
자본소득 = RK = (P · MP_K)K = P · βQ [∵ R = P · MP_K]

요소소득의 합계 = 노동소득 + 자본소득 = WL + RK = ($\alpha + \beta$)PQ

(1) $\alpha + \beta > 1$ ➡ [요소소득의 합계 = ($\alpha + \beta$)PQ] > 총생산물(PQ)

(2) $\alpha + \beta < 1$ ➡ [요소소득의 합계 = ($\alpha + \beta$)PQ] < 총생산물(PQ)

(3) $\alpha + \beta = 1$ ➡ [요소소득의 합계 = ($\alpha + \beta$)PQ] = 총생산물(PQ) ➡ 오일러의 정리
  C – D 1차 동차 생산함수를 보유한 기업은 각 생산요소에게 한계생산물만큼의 요소(실질)소득을 지급하면 총생산물이 모두 분배되고 기업의 초과이윤은 0이다.

5. 대체탄력성(σ) = 1

C – D 동차 생산함수의 대체탄력성은 차수에 관계없이 항상 1이다.

X 확장경로

1. 의의

(1) 확장경로(expansion path)는 장기에서 생산요소의 가격이 불변일 때 주어진 목표 산출량(Q)을 최소 비용으로 생산하는 고용조합(L, K)을 연결한 궤적이다.

(2) 목표 산출량(Q)이 0이면 투입하는 생산요소도 존재하지 않으므로 확장경로는 반드시 원점에서 출발한다.

(3) 생산함수의 특성과 노동과 자본의 성격에 의해 확장경로의 형태가 달라진다.

> 확장경로는 소비자선택이론에서 소득소비곡선(ICC)과 분석의 틀이 동일하다.

2. 확장경로의 형태

(1) **동조생산함수 ➡ 원점에서 뻗어 나오는 직선**

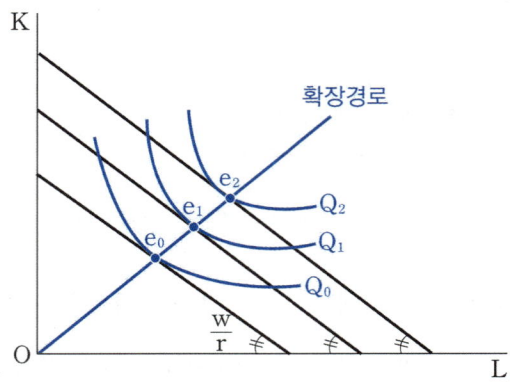

동조생산함수의 확장경로는 모두 원점에서 뻗어 나오는 방사선(직선)이다. C – D 동차생산함수는 동조함수이므로 확장경로는 원점에서 뻗어 나오는 직선이고, 모든 생산요소는 정상투입요소이다.

(2) **L = K = 정상투입요소 ➡ 우상향의 곡선**

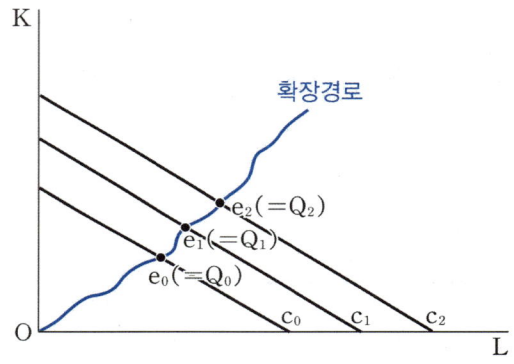

노동과 자본이 모두 정상투입요소이면 생산규모(Q)를 증설하는 과정에서 고용이 동시에 증가하므로 확장경로는 우상향의 곡선이 된다.

(3) **L = 열등투입요소, K = 정상투입요소**

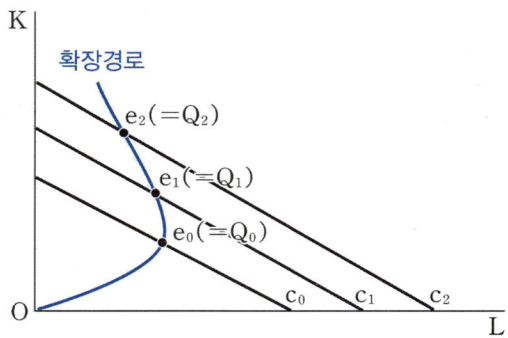

노동만이 열등투입요소(inferior input)이면 생산규모를 증설할 때 노동고용량이 감소하므로 확장경로는 좌상향한다. 이는 생산규모가 확장될수록 생산과정이 점차 기계화되어 자본이 노동을 대체하기 때문이다.

3. 확장경로와 장기총비용곡선

(1) 확장경로 상에 위치한 비용극소화 균형점에서 각 생산량에 대응하는 총비용을 측정할 수 있다.

(2) 따라서 확장경로를 통해 장기비용함수를 도출할 수 있다.

XI 기술진보

1. 자본집약적 기술진보

$MP_K \uparrow$

➡ $[\dfrac{MP_L}{MP_K \uparrow}] \downarrow = MRTS_{LK} \downarrow$

➡ $MRTS_{LK} < \dfrac{w}{r}$

➡ $\dfrac{MP_L}{w} < \dfrac{MP_K}{r}$

➡ 1원당 한계생산성이 상승한 자본으로 1원당 한계생산성이 하락한 노동을 대체

➡ 요소집약도($\dfrac{K}{L}$) $\uparrow$

➡ 자본집약적 생산공정으로 전환

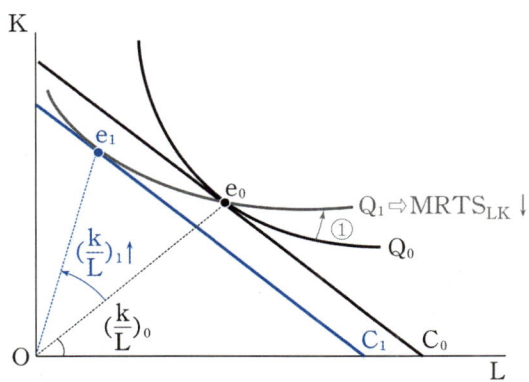

2. 노동집약적 기술진보

$MP_L \uparrow$

➡ $[\dfrac{MP_L \uparrow}{MP_K}] \uparrow = MRTS_{LK} \uparrow$

➡ $MRTS_{LK} > \dfrac{w}{r}$

➡ $\dfrac{MP_L}{w} > \dfrac{MP_K}{r}$

➡ 1원당 한계생산성이 상승한 노동으로 1원당 한계생산성이 하락한 자본을 대체

➡ 요소집약도$(\dfrac{K}{L}) \downarrow$

➡ 노동집약적 생산공정으로 전환

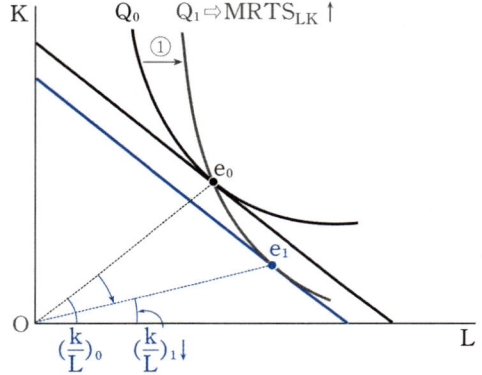

3. 중립적 기술진보

$[MP_K \uparrow] = [MP_L \uparrow]$

➡ $[\dfrac{MP_L \uparrow}{MP_K \uparrow}] = MRTS_{LK}$ 불변

➡ $MRTS_{LK} = \dfrac{w}{r}$

➡ 요소집약도$(\dfrac{K}{L})$ 불변

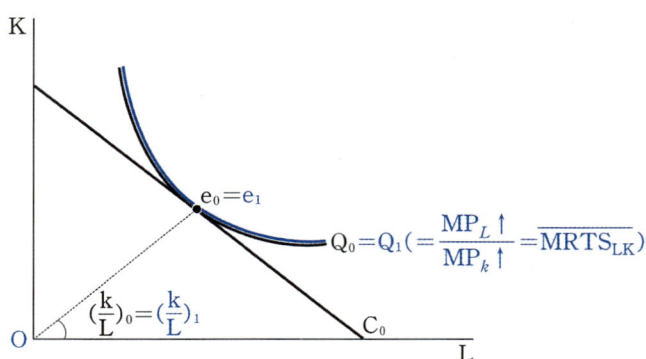

CHAPTER 10 생산비용

I 비용이론

1. 생산함수와 비용함수

(1) 생산함수는 주어진 기간 동안에 생산요소투입량과 생산물(량) 간의 기술적인 관계를 표현하는 함수이다.

(2) 비용함수는 주어진 기간 동안에 기업의 이윤극대화 목표 산출량을 최소 비용으로 생산하기 위한 비용의 관계를 명시적으로 드러내는 함수이다.

(3) 따라서 생산함수로부터 도출되는 비용함수는 생산기술을 화폐단위로 측정하여 비용극소화를 통해 이윤극대화를 추구하는 기업의 한계원리를 분석하는데 유용한 정보를 제공한다.

> 📝 **생산함수로부터 도출되는 비용함수**
> 생산함수와 비용함수는 쌍대관계

2. 비용

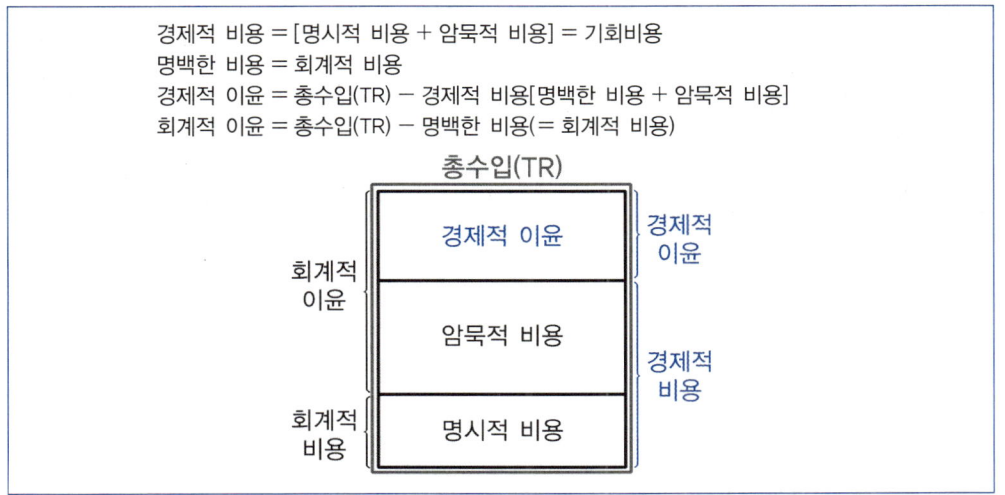

> 📝 $\pi = TR - TC$
> 일반적으로 경제학에서 이윤(π)은 경제적 이윤을 의미
> • $\pi > 0$ ➡ 기업은 정상이윤보다 큰 초과이윤을 획득
> • $\pi = 0$ ➡ 기업은 정상이윤만을 획득
> • $\pi < 0$ ➡ 기업은 정상이윤보다 작은 손실이 발생

> 📝 명시적 비용 = 명백한 비용 = 회계비용

(1) 경제학에서 각 경제주체에게 합리적 선택의 기초를 제공하는 비용은 어떤 대안을 선택함으로써 포기할 수밖에 없는 다른 가능성의 가치를 포함해야 한다. 따라서 경제적 비용(economic cost)은 기회비용(opportunity cost)으로 측정된다.

(2) **경제적 비용은 명시적 비용(explicit cost)과 암묵적 비용(implicit cost)의 합으로 구성된다.**
① **명시적 비용**
  명백한 비용은 인건비, 이자, 임대료, 원자재 구입비 등 기업이 생산과정에서 실제로 지출한 회계비용이다.
② **암묵적 비용 = 생산요소가 다른 용도에 사용될 때 얻을 수 있는 순편익 중 가장 큰 값**
  암묵적 비용은 기업이 소유한 생산요소에게 명백하게 지출하는 금전적 대가 이외에 추가적으로 포기해야 하는 자원의 경제적 가치이다. 그리고 암묵적 비용은 생산요소가 다른 용도에 사용될 때 얻을 수 있는 순편익 중 가장 큰 값으로 계산한다.
  ➡ 무급가족종사자가 다른 생산활동에 투입되었을 때 얻을 수 있는 순임금[임금 − 명시적 비용], 자신이 소유한 건물에서 생산활동을 하는 경제주체가 지출하지 않는 임대료(귀속임대료) 등이 암묵적 비용이다.
③ **회계적 비용**
  회계비용은 생산과정에서 실제로 지출한 비용으로서 명시적 비용만 포함된다.
④ **경제적 비용**
  경제적 비용은 생산과정에 소요된 모든 비용을 기회비용으로 측정한다. 경제적 비용에는 명시적 비용뿐만 아니라 암묵적 비용과 정상이윤도 포함된다.

> **사회적 비용과 사적 비용**
> 사회적 비용(Social Marginal Cost, SMC)
> = 사적 비용(Private Marginal Cost, PMC) + 외부한계비용(External Marginal Cost, EMC)
> ➡ 외부성(Externality)에서 학습

참고학습

정상이윤 − 기업 경영활동의 암묵적 비용
➡ 기업의 생산활동이 지속되기 위해 보장되어야 하는 최소한의 이윤

① 정상이윤은 기업이 자신의 자산과 노력을 투자한 보상으로 얻는 수익으로서 자본과 노동의 기회비용을 포함한 모든 비용을 정당하게 충당한 후의 순이익이다.
② 기업이 소유한 자산과 경영활동을 다른 생산활동에 투입했을 때의 수익보다 작지 않아야 정상이윤이 존재한다. 이는 현재 이윤이 다른 대안(투자)의 이윤보다 작다면 생산활동을 중단하고 더 높은 수익을 얻을 수 있는 대안으로 투자를 변경해야 한다는 것이다.
③ 따라서 정상이윤은 기업이 현재의 생산활동을 지속하기 위해 보장되어야 하는 최소한의 이윤을 의미한다.
④ 그리고 초과이윤은 정상이윤을 상회하는 이윤이다.

매몰비용
➡ 특정 용도로만 사용이 가능해서 다른 용도로 활용이 불가능한 생산시설에 지출된 고정비용 = 매몰비용
➡ 공장 부지, 재판매가 가능한 생산시설 등 다른 용도로 활용이 가능한 생산시설에 지출된 고정비용 = 매몰비용이 아닌 경제적 비용

① 매몰비용(sunk cost)은 과거에 지출한 고정비용 중에서 회수할 수 없는 비용이다.
② 매몰비용은 명백하게 지출된 비용 중에서 경제적 의사결정과정에 고려하면 안 되는 비용으로서 매몰비용을 경제적 비용에 포함시키면 경제적 선택이 왜곡된다.
③ 특정한 용도로만 사용이 가능한 생산요소는 다른 용도로 활용이 불가능하기 때문에 포기하는 대안의 순편익이 존재하지 않으므로 매몰비용의 경제적 비용은 0이다.
④ 예를 들어 광고에 지출된 비용은 어떤 방법으로도 회수할 수 없으므로 전형적인 매몰비용이고 경제적 의사결정 과정에서 비용에 포함되지 않는다.

II. 생산함수와 비용함수의 쌍대관계

1. 평균생산물과 평균비용

(1) 평균비용(AC)은 생산물 1단위당 생산비용으로서 총비용(TC)을 총생산물(Q)로 나눈 값이다.

$$TC = wL + rK$$

➡ [평균비용(AC) = $\dfrac{TC}{Q}$] = $\dfrac{wL}{Q} + \dfrac{rK}{Q} = \dfrac{\frac{wL}{L}}{\frac{Q}{L}} + \dfrac{\frac{rK}{K}}{\frac{Q}{K}} = \dfrac{w}{AP_L} + \dfrac{r}{AP_K}$

(2) 생산의 초기 단계에서는 노동과 자본의 평균생산물이 체증하여 평균비용은 체감한다. 그러나 일정 생산량(생산규모)을 넘어서면 평균생산물이 체감하므로 평균비용은 체증한다. 따라서 평균생산물과 평균비용 사이에는 음(−)의 쌍대성이 존재하고 평균생산물의 극대 생산량과 평균비용의 극소 생산량은 일치한다.

> 📝 생산물시장과 생산요소시장은 생산함수[Q = F(L, K)]를 매개로 연결
>
> 📝 노동의 평균생산물(AP_L) = $\dfrac{Q}{L}$
>
> 📝 자본의 평균생산물(AP_K) = $\dfrac{Q}{K}$
>
> 📝 단기 ➡ 수확체감의 법칙
> 자본이 고정된 단기에서는 한계생산물이 체증하다 체감하여 평균생산물도 체증하다 체감한다.
>
> 📝 장기 ➡ 규모에 대한 수익
> 모든 생산요소가 가변적인 장기에서는 규모에 대한 수익이 체증하다 체감하므로 평균생산물도 체증하다 체감한다.

2. 한계생산물과 한계비용

(1) 한계비용(MC)은 추가적인 1단위 생산을 위한 총비용의 증가분으로서 총비용(TC)을 한계생산물(ΔQ)로 미분한 값이다.

$$TC = wL + rK$$

➡ [한계비용(MC) = $\dfrac{\Delta TC}{\Delta Q}$] = $\dfrac{\Delta wL}{\Delta Q} + \dfrac{\Delta rK}{\Delta Q} = \dfrac{\frac{\Delta wL}{\Delta L}}{\frac{\Delta Q}{\Delta L}} + \dfrac{\frac{\Delta rK}{\Delta K}}{\frac{\Delta Q}{\Delta K}}$

$= \dfrac{w}{MP_L} + \dfrac{r}{MP_K}$

[단, 생산요소시장은 완전경쟁적이고 기업은 시장 임금과 자본 가격(r)에 순응한다.]

(2) 생산의 초기 단계에서는 노동과 자본의 한계생산물이 체증하여 한계비용은 체감한다. 그러나 일정 생산량(생산규모)을 넘어서면 한계생산물은 체감하므로 한계비용은 체증한다. 따라서 한계생산물과 한계비용 사이에는 음(−)의 쌍대성이 존재하므로 한계생산물 극대화 생산량과 한계비용 극소화 생산량은 일치한다.

> 📝 노동의 한계생산물(MP_L) = $\dfrac{\Delta Q}{\Delta L}$
>
> 📝 자본의 한계생산물(MP_K) = $\dfrac{\Delta Q}{\Delta K}$

제10장 생산비용

3. 한계생산물(MP_L)과 평균생산물(AP_L)

$$AP_L \text{ 상승} \Leftarrow MP_L > AP_L$$
$$AP_L \text{ 하락} \Leftarrow MP_L < AP_L$$

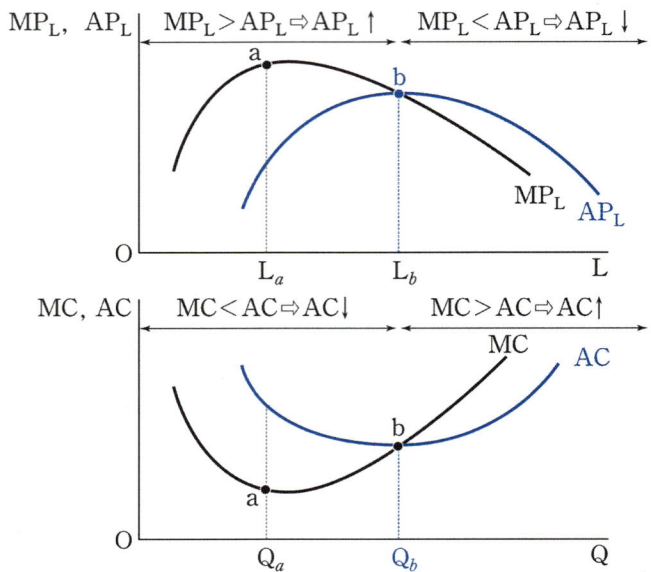

(1) AP_L이 상승하는 이유는 MP_L이 AP_L보다 크기 때문이다. 따라서 AP_L이 극대화되는 b 이전에는 MP_L곡선이 AP_L곡선보다 상방에 위치한다.

(2) AP_L이 하락하는 이유는 MP_L이 AP_L보다 작기 때문이다. 따라서 AP_L이 극대화되는 b 이후에는 MP_L곡선이 AP_L곡선의 하방에 위치한다.

(3) 그러므로 MP_L 극대화 고용량 L_a는 AP_L 극대화 고용량 L_b보다 좌측에 위치하고, MP_L곡선은 역U자 형태인 AP_L곡선의 극대점 b를 위에서 아래로 관통한다.

(4) AP_L 극대화 고용량 L_b에서 MP_L과 AP_L은 일치한다.

4. 한계비용(MC)과 평균비용(AC)

평균생산물(AP_L)이 체증하다 체감하므로 평균비용(AC)은 체감하다 체증한다. 따라서 평균생산물(AP_L)곡선은 역U자 형태이고 평균비용(AC)곡선은 U자 형태이다.

$$\text{AC 하락} \Leftarrow MC < AC$$
$$\text{AC 상승} \Leftarrow MC > AC$$

(1) AC가 하락하는 이유는 MC가 AC보다 작기 때문이다. 따라서 AC 극소화 생산량 Q_b 이전에는 MC곡선이 AC곡선보다 하방에 위치한다.

(2) AC가 상승하는 이유는 MC가 AC보다 크기 때문이다. 따라서 AC극소화 생산량 Q_b 이후에는 MC곡선이 AC곡선보다 상방에 위치한다.

(3) 그러므로 MC 극소화 생산량 Q_a는 AC 극소화 생산량 Q_b보다 좌측에 위치하고, MC곡선은 U자 형태인 AC곡선의 최소점 b를 아래에서 위로 관통한다.

(4) AC 극소화 생산량 Q_b에서 MC와 AC는 일치한다.

5. 비용곡선의 이동

$$한계비용(MC) = \frac{w}{MP_L} + \frac{r}{MP_K}$$

$$평균비용(AC) = \frac{w}{AP_L} + \frac{r}{AP_K}$$

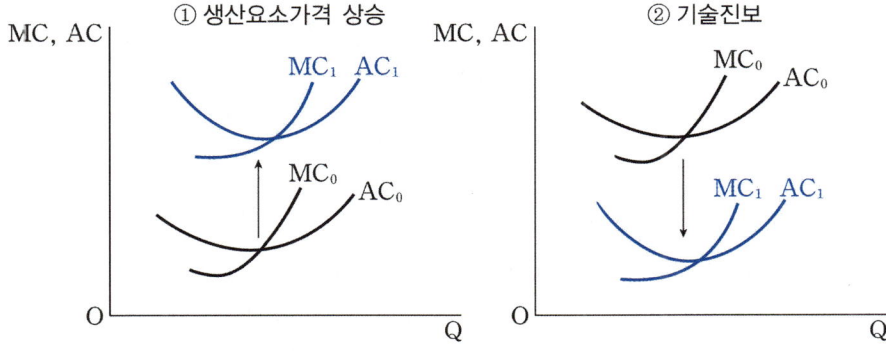

(1) **생산요소가격의 상승**

자본과 노동의 가격(r, w)이 상승하면 한계비용(MC)이 상승해서 평균비용(AC)도 상승하므로 MC곡선과 AC곡선이 모두 상방으로 이동한다.

(2) **기술진보**

노동과 자본의 한계생산성(MP_L, MP_K)이 상승하면 한계비용(MC)이 하락해서 평균비용(AC)도 하락하므로 MC곡선과 AC곡선이 모두 하방으로 이동한다.

Ⅲ 단기비용함수와 단기비용곡선

1. 단기총비용함수

$$TC = TVC + TFC$$

총비용함수(Total Cost Function)는 일정 기간 동안에 생산물시장에서 결정되는 이윤극대화 생산량(Q)을 최소비용으로 생산하는 총지출을 표현한 함수이다. 자본이 고정된 단기총비용함수는 생산량과 무관하게 발생하는 총고정비용(TFC)과 생산량과 비례하여 발생하는 총가변비용(TVC)의 합으로 구성된다.

(1) **총고정비용(Total Fixed Cost, TFC) = $r\overline{K}$**

최초 공장규모(생산규모)가 결정되면 시설투자를 위한 자본지출비용($r\overline{K}$)이 확정된다. 확정된 생산규모는 단기에서 생산량 변동과 무관하게 고정되어 있으므로 총고정비용은 자본구매비용이고, 생산량과 무관하게 일정하므로 총고정비용곡선은 수평선이다.

(2) **총가변비용(Total Variable Cost)**

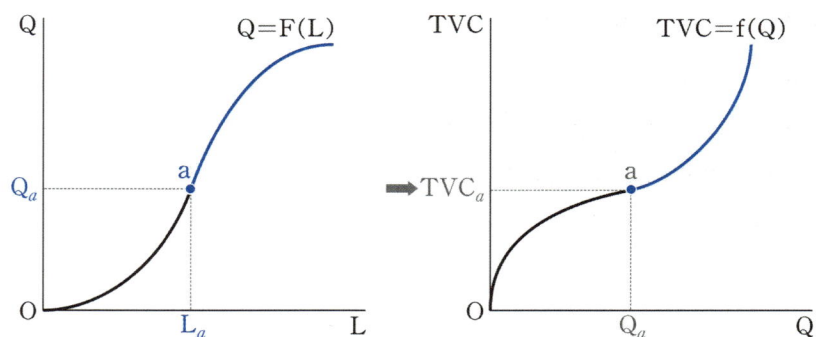

① 자본이 고정된 단기에서 유일한 가변생산요소는 노동(L)이므로 생산규모가 결정된 이후에 생산량을 늘리기 위해서는 노동투입량을 증가시켜야 한다. 따라서 총가변비용(TVC)은 노동비용(wL)이므로 유일한 가변생산요소인 노동투입량이 0이면 생산량도 0이므로 TVC곡선은 원점에서 출발한다.
② 그리고 생산량을 늘리기 위해 노동투입량이 증가할수록 노동의 한계생산(MP_L)은 체증하다 체감하므로 TVC는 체감하다 체증적으로 증가한다.

(3) 총비용(TC)

$$TC = TVC(=wL) + TFC(=r\overline{K})$$

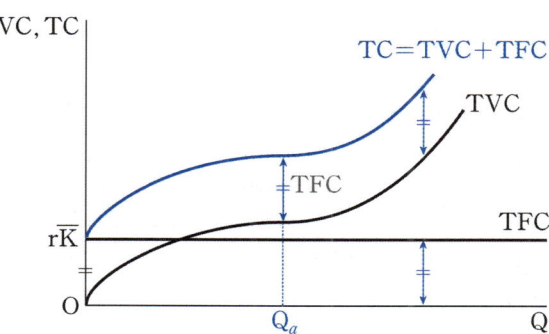

단기총비용은 TVC와 TFC의 합이므로 원점에서 출발하는 총가변비용곡선과 $r\overline{K}$에서 수평한 총고정비용곡선의 수직 합이 단기총비용곡선이다.

2. 한계비용 ➡ 총비용곡선 접선의 기울기 = 총가변비용곡선 접선의 기울기

$$TC = TVC(=wL) + TFC(=r\overline{K})$$
$$\Rightarrow [\text{한계비용(MC)} = \frac{\Delta TC}{\Delta Q}] = \frac{\Delta TVC}{\Delta Q} \ [\because \frac{\Delta TFC}{\Delta Q} = 0]$$

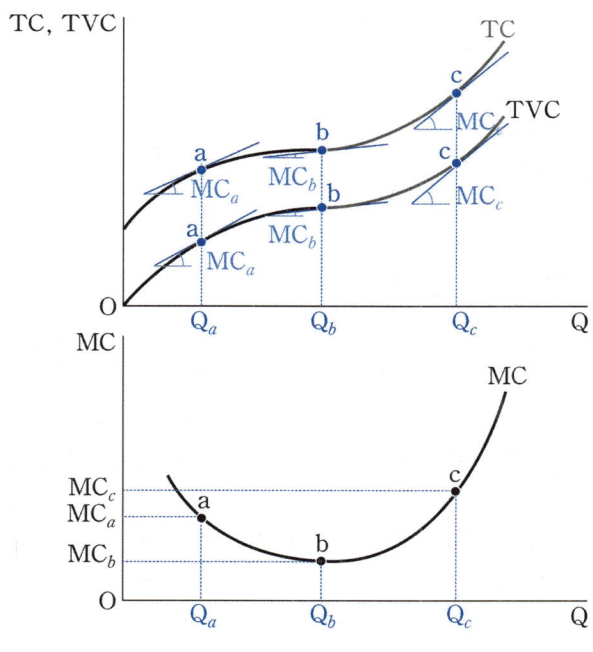

(1) 한계생산(ΔQ)을 위한 총비용의 증가분인 한계비용(MC)은 총비용을 한계생산물(ΔQ)로 미분한 값이고, 총고정비용은 생산량의 변동과 무관하게 고정되어 있으므로 $\frac{\Delta TFC}{\Delta Q}$는 0이다. 따라서 단기의 한계비용(MC)은 $\frac{\Delta TVC}{\Delta Q}$이다.

(2) MC = $\frac{\Delta TVC}{\Delta Q}$ ➡ [$\sum MC$ = TVC] ≠ TC

TVC를 미분한 값이 MC이므로 MC를 적분한 값은 TVC이다.

3. 평균비용

$$TC = TVC + TFC$$
$$\Rightarrow [평균비용(AC = \frac{TC}{Q})] = [평균가변비용(AVC = \frac{TVC}{Q})] + [평균고정비용(AFC = \frac{TFC}{Q})]$$

총비용 및 총가변비용과 총고정비용을 생산량으로 나누면 평균비용 및 평균가변비용과 평균고정비용이 도출된다.

(1) 평균고정비용

> 📝 **평균고정비용**
> 원점에서 총고정비용곡선을 향해 뻗어나간 직선의 기울기로 측정
>
> 📝 **평균가변비용**
> 원점에서 총가변비용곡선을 향해 뻗어나간 직선의 기울기로 측정
>
> 📝 **평균비용**
> 원점에서 총비용곡선을 향해 뻗어나간 직선의 기울기로 측정

$$AFC = \frac{TFC = r\overline{K}}{Q}$$

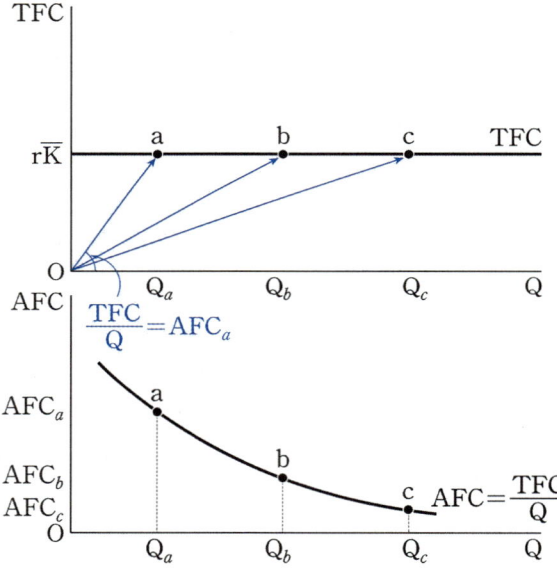

① 평균고정비용(AFC)은 생산량과 무관하게 발생하는 총고정비용을 생산량으로 나눈 값이다.
② 생산량이 증가할수록 평균고정비용은 지속적으로 감소하므로 평균고정비용곡선은 우하향의 직각쌍곡선이다.

(2) 평균가변비용

$$\text{AVC} = \frac{TVC}{Q}$$

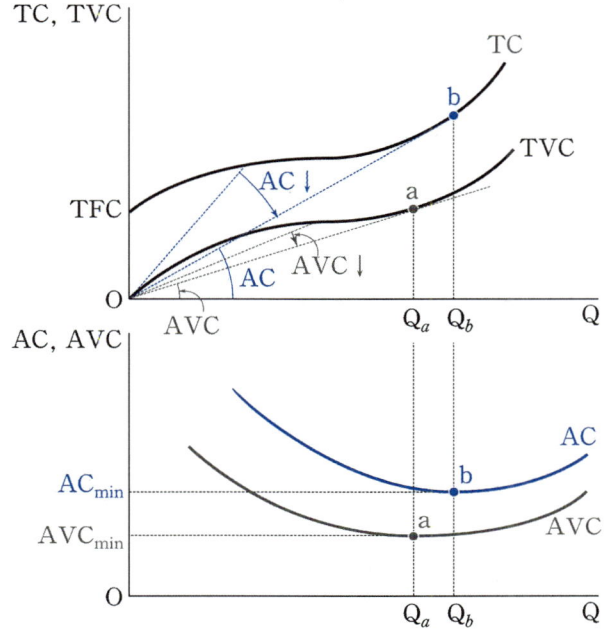

① 평균가변비용(AVC)은 총가변비용을 생산량으로 나눈 값이다.
② 생산량이 증가할수록 수확체감의 법칙에 의해 총가변비용은 체감에서 체증적으로 증가하므로 평균가변비용은 하락하다 상승한다. 따라서 평균가변비용곡선은 U자 형태이다.
③ 원점에서 총가변비용곡선을 향해 뻗어나간 직선의 기울기로 측정하는 평균가변비용은 총가변비용곡선과 접하는 a에서 극소값을 갖는다.
④ 따라서 평균가변비용의 최저점에서는 한계비용과 평균가변비용이 일치한다.

(3) 평균비용

$$\text{AC} = \text{AVC} + \text{AFC}$$

① 평균비용은 평균가변비용과 평균고정비용의 합이다.
② 생산의 초기 단계, 즉 낮은 수준의 산출량에서는 평균고정비용(AFC)이 급격히 하락하고, 일정 생산량 이후부터는 수확체감의 법칙에 의해 평균가변비용(AVC)이 빠른 속도로 상승하기 때문에 평균비용곡선은 U자 형태를 갖는다.
③ 원점에서 총비용곡선을 향해 뻗어나간 직선의 기울기로 측정하는 평균비용은 총비용곡선과 접하는 b에서 최소값을 갖는다.
④ 따라서 평균비용의 최저점에서는 한계비용과 평균비용이 일치한다.

4. 단기비용곡선들 사이의 관계

(1) 단기비용곡선의 도해

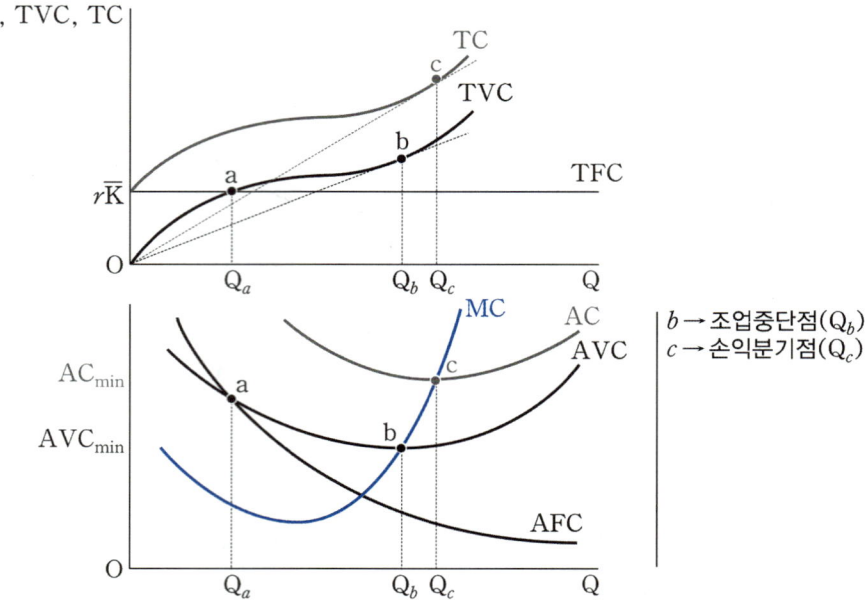

① AVC는 한계생산(MP_L)이 체감하다 체증하므로 AVC곡선은 U자 형태를 갖는다.

② AFC와 AVC의 합인 AC는 AFC와 AVC의 관계에 영향을 받는다.

③ 생산의 초기 단계에서는 AFC의 하락 폭이 AVC의 상승 폭보다 커서 AC가 하락하고, 일정 생산량 이후부터는 AVC의 상승 폭이 AFC의 하락 폭보다 커서 AC가 상승한다. 따라서 AC곡선도 U자 형태이다.

④ TC곡선은 TVC곡선보다 TFC만큼 수직 상방에 위치하므로 AC의 최소점 Q_c는 AVC의 최소점 Q_b보다 우측에 위치한다.

⑤ AVC의 최소점 Q_b와 AC의 최소점 Q_c에서는 원점에서 뻗어 나온 직선이 TVC곡선 및 TC곡선과 각각 접하므로 AVC의 최소값과 AC의 최소값은 MC와 일치한다.

⑥ 따라서 MC곡선은 AVC곡선과 AC곡선의 최소점을 관통한다.

(2) 조업중단점(단, 완전경쟁시장을 가정 ➡ P = MC)

$$\pi = TR - [TC = TVC + TFC] = (TR - TVC) - TFC = (P - AVC)Q - TFC$$

① AVC의 최소점인 Q_b 이전에서는 AVC곡선이 MC곡선보다 상방에 위치하므로 생산을 할수록 총고정비용을 상회하는 (AVC − P)Q의 추가적인 손실이 발생한다.

② 이는 Q_b 이전에는 총수입으로 총가변비용도 회수할 수 없기 때문이다.

③ 따라서 AVC의 최소점인 Q_b 이전에는 조업을 중단해야 이윤이 증가한다.

④ 그리고 AVC의 최소점인 Q_b 이후에는 MC곡선이 AVC곡선보다 상방에 위치하므로 생산량을 늘릴수록 총가변비용을 상회하는 추가적인 이윤이 증가한다.

⑤ 이는 생산량을 늘릴수록 총가변비용을 상회하는 총수입이 총고정비용을 회수해 나가기 때문이다.
⑥ 그러므로 AVC의 최소점인 Q_b가 기업의 생산활동 여부를 가늠짓는 조업중단점이다.
⑦ 조업중단점에서는 총수입으로 총가변비용만 충당할 수 있으므로 손실의 크기는 정확히 총고정비용(TFC)과 일치한다.

(3) 손익분기점

$$\pi = TR - TC = (P - AC)Q$$

① AC의 최소점인 Q_c 이전에서는 AC곡선이 MC곡선보다 상방에 위치하므로 손실이 발생한다.
② AC의 최소점인 Q_c 이후에는 MC곡선이 AC곡선보다 상방에 위치하므로 초과이윤이 존재한다.
③ 따라서 AC의 최소점인 Q_c는 MC(= P)와 AC가 일치해서 정상이윤($\pi = 0$)만을 획득하는 손익분기점이다.
④ 이는 기업이 손익분기점에서 총고정비용을 모두 회수했음을 의미한다.

(4) 조업중단점과 손익분기점 사이

① AVC의 최소점인 조업중단점 Q_b는 AC의 최소점인 손익분기점 Q_c보다 왼쪽에 위치한다.
② 조업중단점과 손익분기점 사이인 Q_b와 Q_c 사이에서 기업은 손실이 발생하더라도 조업을 중단하지 않고 생산량을 늘린다.
③ 이는 조업중단점 이후부터는 생산량을 늘릴수록 총가변비용을 상회하는 총수입으로 총고정비용을 회수할 수 있기 때문이다.

Ⅳ 장기비용함수와 장기비용곡선

1. 단기총비용곡선과 장기총비용곡선의 관계

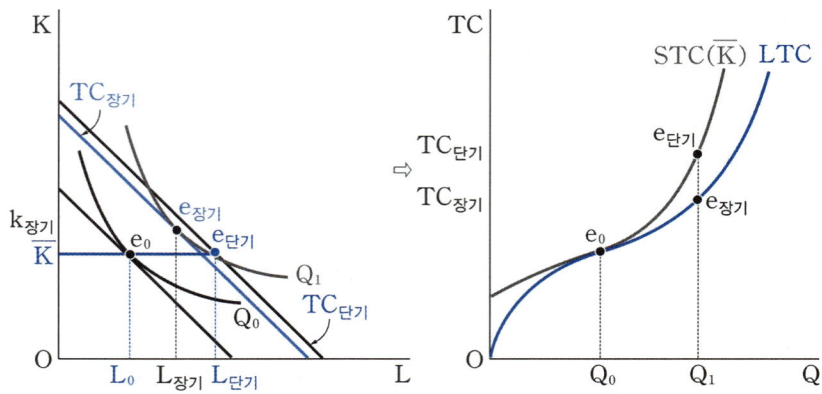

(1) 자본이 고정된 단기와 달리 자본이 가변적인 장기에서 기업은 비용극소화를 달성하도록 최적의 생산규모를 조정할 수 있으므로 동일한 생산량을 단기보다 낮은 비용으로 효율적으로 생산할 수 있다.

(2) 최초 장·단기 균형 e_0에서는 목표 산출량 Q_0를 동일한 비용으로 생산하였다.

(3) 기업의 목표 산출량이 Q_1으로 증가한다면 자본이 $\overline{K}$로 고정된 단기에서는 유일한 가변 생산요소인 노동량 조정을 통해 $e_{단기}$에서 $L_{단기}$를 고용해서 $TC_{단기}$의 높은 비용으로 비효율적인 생산이 이루어진다.

(4) 그러나 장기에서는 Q_1을 생산하기 위해 노동을 자본으로 대체하는 자본량 조정($K_{장기}$)을 통해 최적의 생산규모를 선택하여 $TC_{장기}$의 낮은 비용으로 생산할 수 있다.

(5) 따라서 Q_1을 생산하기 위한 단기총비용곡선[$STC(\overline{K})$]은 장기총비용곡선[LTC]보다 상방에 위치한다.

(6) 이는 단기보다 장기에서 보다 효율적인 생산이 이루어짐을 의미한다(LTC ≤ STC).

2. 규모에 대한 수익과 장기총비용곡선의 형태

[단, 생산규모의 변동과정에서 생산요소가격은 불변을 가정]

(1) **규모에 대한 수익 불변** ➡ 원점에서 뻗어 나오는 직선의 LTC곡선과 수평한 LAC곡선

> 📝 자본이 고정된 단기의 비용곡선은 수확체감의 법칙에 의해 결정되지만, 모든 생산요소가 가변적인 장기의 비용곡선은 규모에 대한 수익의 특성에 의해 결정된다.

> 📝 실제 생산량은 STC와 LTC가 일치하는 a와 b지점이다.

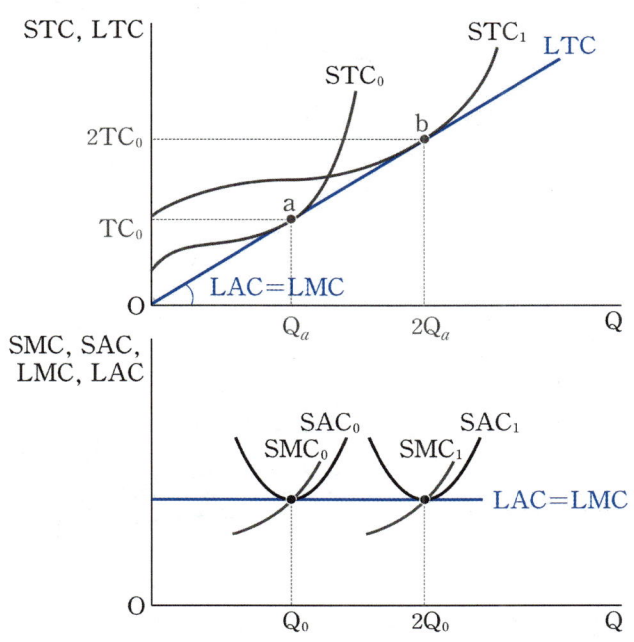

① 규모에 대한 수익 불변의 경우 모든 생산요소를 h배 증가시킬 때 생산량도 h배 증가한다.
② 생산량을 h배 증가시킬 때 장기총비용도 동일하게 h배 증가하므로 LTC곡선은 원점에서 뻗어 나오는 직선이다.
③ $[LAC_1 = \dfrac{(LTC_1 = whL + rhK) = hLTC_0}{Q_1 = hQ_0}] = [LAC_0 = \dfrac{LTC_0 = wL + rK}{Q_0}]$

규모에 대한 수익이 불변이면 비용의 증가분과 생산량의 증가분이 일치하므로 생산량이 증가할 때 장기평균비용(LAC)도 변함이 없고 항상 일정하다.
④ 따라서 LAC곡선은 생산량과 무관하게 일정하므로 수평선이다.
⑤ 생산량이 증가하더라도 LAC가 일정하므로 LMC는 LAC와 일치한다.
⑥ 이는 원점에서 LTC곡선을 향해 뻗어 나간 직선의 기울기인 LAC가 언제나 LTC곡선 접선의 기울기인 LMC와 일치하는 그림을 통해 확인할 수 있다.
⑦ LTC곡선이 원점에서 뻗어 나오는 직선이면 STC와 LTC가 일치하는 a와 b의 실제생산량이 각 생산규모에서의 SAC의 최소점이다.
⑧ 그러므로 규모에 대한 수익 불변인 경우에는 SAC의 최소점과 LAC의 최소점이 일치하는 최적생산규모에서 생산이 이루어진다.

(2) 규모에 대한 수익 체증 ➡ 오목한 LTC곡선과 우하향의 LAC곡선

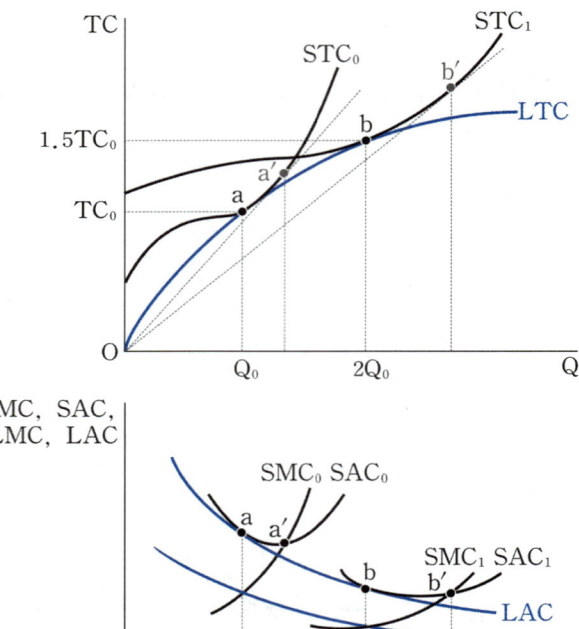

① 규모에 대한 수익 체증의 경우 모든 생산요소를 h배 증가시키면 생산량은 h배보다 많이 증가한다.
② 이는 생산량이 h배 증가할 때 생산요소는 h보다 적게 투입되므로 장기총비용은 h배보다 작게 증가함을 의미한다. 따라서 LTC곡선은 비용의 상승폭이 점차 감소하므로 많은 생산량에 대해 오목하다.
③ $[LAC_1 = \dfrac{(LTC_1 = whL + rhK) = hLTC_0}{Q_1 > hQ_0}] < [LAC_0 = \dfrac{LTC_0 = wL + rK}{Q_0}]$

규모에 대한 수익이 체증하면 비용의 증가분보다 생산량의 증가분이 커서 생산량이 증가할수록 장기평균비용(LAC)이 하락하는 규모의 경제가 성립한다.
④ 따라서 LAC곡선은 우하향한다.
⑤ 생산량이 증가할 때 LAC가 하락하므로 LMC곡선은 LAC곡선의 하방에 위치한다.
⑥ LTC가 체감적으로 증가해서 LTC곡선이 오목하면 STC_0의 생산규모에서 실제 생산지점 a는 SAC_0의 최소점인 a'의 효율적 생산량보다 좌측에 위치하고, 이는 현재 생산이 과소 생산되어 유휴설비가 존재함을 의미한다.
⑦ 그러므로 규모에 대한 수익이 체증하면 평균비용이 낮아지고, 기업은 더 많은 이윤을 얻기 위해 생산량을 늘릴 유인이 존재한다.

(3) 규모에 대한 수익 체감 ➡ 볼록한 LTC곡선과 우상향의 LAC곡선

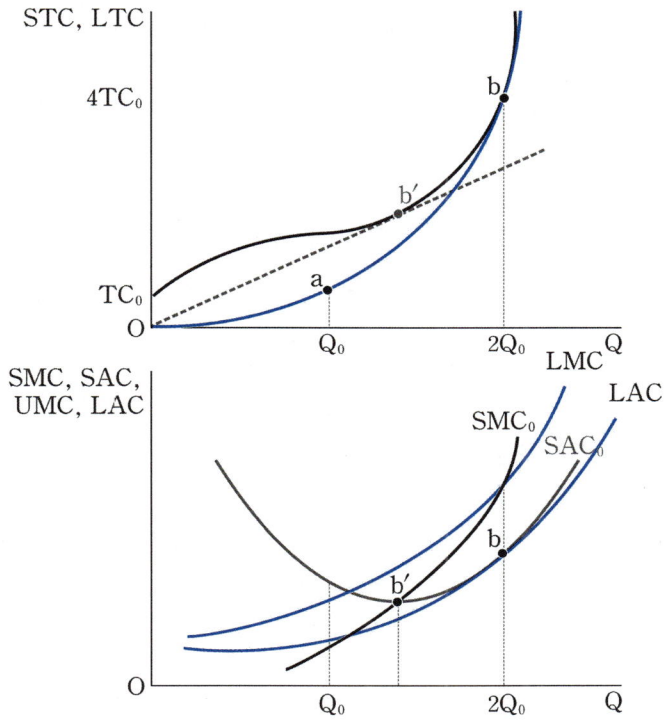

① 규모에 대한 수익 체감의 경우 모든 생산요소를 h배 증가시키면 생산량은 h배보다 작게 증가한다.
② 이는 생산량을 h배 늘리기 위해 생산요소는 h배보다 더 많이 투입해야 하므로 장기총비용은 h배보다 크게 증가함을 의미한다. 따라서 LTC곡선은 비용의 상승폭이 점차 증가하므로 많은 생산량에 대해 볼록하다.
③ $[LAC_1 = \dfrac{(LTC_1 = whL + rhK) = hLTC_0}{Q_1 < hQ_0}] > [LAC_0 = \dfrac{LTC_0 = wL + rK}{Q_0}]$

규모에 대한 수익이 체감하면 생산량의 증가분보다 비용의 증가분이 커서 생산량이 증가할수록 장기평균비용(LAC)이 상승하는 규모의 불경제가 발생한다.
④ 따라서 LAC곡선은 우상향한다.
⑤ 생산량이 증가할 때 LAC가 상승하므로 LMC곡선은 LAC곡선의 상방에 위치한다.
⑥ LTC가 체증적으로 증가해서 LTC곡선이 볼록하면 STC_0의 생산규모에서 실제 생산지점 b는 SAC_0의 최소점인 b'의 효율적 생산량보다 우측에 위치하고 과다 생산되고 있다.
⑦ 그러므로 규모에 대한 수익이 체감하면 평균비용이 낮아지고, 기업은 더 많은 이윤을 얻기 위해 생산량을 줄일 유인이 존재한다.

3. 일반적인 장기평균비용곡선

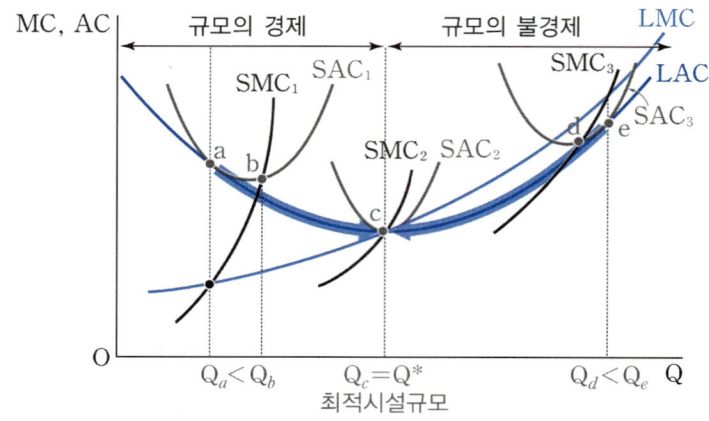

(1) U자 형태의 LAC곡선 도출

① 장기에서 생산의 초기 단계에서는 생산규모가 커질수록 분업화와 전문화에 따른 생산성의 향상, 대량거래의 이득으로 규모에 대한 수익이 체증하므로 규모의 경제가 발생한다.

② 그러나 생산규모가 일정 수준을 넘어서면 경영의 비효율성이 누적되어 규모에 대한 수익이 체감하므로 규모의 불경제가 초래된다.

③ 따라서 규모에 대한 수익의 특성을 반영하는 장기평균비용곡선은 U자 형태로 도출된다.

④ 단기에서는 한계생산체감의 법칙에 의해 SAC곡선이 U자 형태로 도출되지만, 장기에서는 규모에 대한 수익이 체증·불변·체감의 순으로 발생해서 LAC곡선이 U자 형태를 갖는 것이다.

⑤ 최적시설규모(optimum scale of plant)는 장기의 무수히 많은 설비규모 중에서 SAC의 최소점과 LAC의 최소점이 일치하는 생산규모이다. 규모에 대한 수익 불변인 LAC곡선의 최소점은 SAC곡선의 최소점과 접하므로 Q^*를 생산하는 SAC_2가 최적시설규모이다.

(2) 단기비용곡선과 장기비용곡선 간의 관계

① 규모에 대한 수익과 무관하게 항상 장기는 단기보다 효율적으로 생산하므로 STC곡선은 LTC곡선보다 상방에 위치하고, SAC곡선도 LAC곡선보다 상방에 위치한다.

② 장기균형은 단기균형의 집합체이다. 그러므로 a, c, e의 실제 생산 지점에서는 STC와 LTC가 일치하고, SAC와 LAC도 일치한다. 따라서 STC곡선과 LTC곡선이 접하는 생산량 수준에서는 SAC곡선과 LAC곡선도 접하고, SMC곡선과 LMC곡선은 교차한다.

③ Q^*의 최적시설규모보다 작은 설비규모에서는 과소 생산량 수준에서 SAC곡선과 LAC곡선이 접하고, Q^*보다 큰 설비규모에서는 과다 생산량 수준에서 SAC곡선과 LAC곡선이 접하고 있다.

④ 그러므로 LAC곡선은 SAC곡선의 포락선이다.

⑤ 또한 실제 생산 수준에서 STC곡선과 LTC곡선은 접하면서 일치하므로 LTC곡선도 STC곡선의 포락선이다.

⑥ 그러나 Q_a, Q_c, Q_e에서 SMC곡선과 LMC곡선은 교차하므로 LMC곡선은 SMC곡선의 포락선이 아니다.

⑦ Q_a, Q_c, Q_e 등 모든 생산량 수준에서 SMC곡선은 LMC곡선보다 가파르다. 이는 자본이 고정된 단기에서는 생산량을 늘릴 때 유일한 가변 생산요소인 노동으로만 조정할 수 있기 때문에 STC의 증가분이 크지만, 장기에서는 생산규모를 최적 수준으로 조정하므로 LTC의 증가분이 작기 때문이다. 따라서 SMC의 기울기가 LMC의 기울기보다 크다.

4. 현실의 장기평균비용곡선 ➡ L자 형태

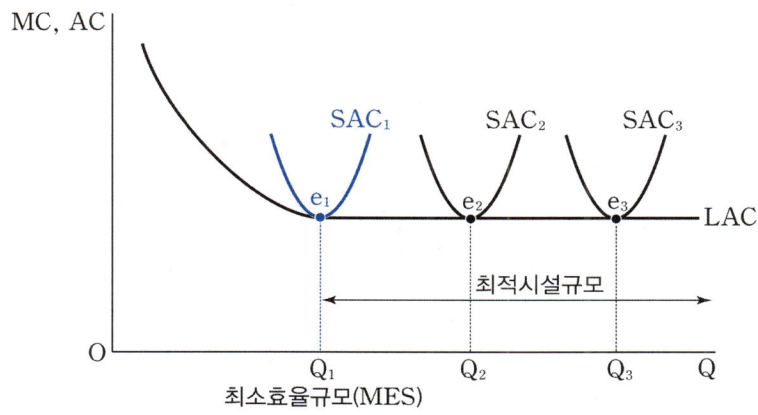

(1) 현실의 실증분석 결과 LAC곡선은 U자 형태가 아니라 L자 형태로 드러났다.

(2) LAC곡선이 L자 형태인 이유는 기업의 생산규모가 확대될수록 규모의 경제에 의한 비용의 하락분이 경영의 비효율성에 의해 초래되는 비용의 증가분을 상쇄하기 때문이다.

(3) 실제 검증대로 LAC곡선이 L자 형태로 도출되면 규모에 대한 수익 불변이 시작되는 Q_1부터 LAC곡선은 수평선이므로 Q_1 이후의 모든 설비규모가 최적시설규모이다.

(4) 무수히 많은 최적시설규모 중에서 설비규모가 가장 작은 SAC_1의 설비규모를 최소효율규모(Minimum Efficient Scale; MES)라고 한다.

V 비용함수의 계산

1. C – D 생산함수의 비용 측정

생산함수가 F(L, K) = $\sqrt{LK}$ 인 기업이 있다. 이 기업은 노동의 가격이 w = 4, 자본의 가격이 r = 4일 때 최소의 비용으로 10단위를 생산한다. 노동의 가격이 w = 1로 하락하고 생산량을 2배로 늘리는 경우 이 기업의 비용 변화분을 계산하시오. (단, L, K는 각각 노동, 자본이다.)

2022년 국회직 8급

해설

Min C = WL + rK
　　　= 4L + 4K
s.t. [Q = 10] = $\sqrt{LK}$

최초 비용극소화 균형조건

➡ $[MRTS_{LK} = -\dfrac{\Delta K}{\Delta L} = \dfrac{MP_L}{MP_K} = \dfrac{\frac{1}{2}}{\frac{1}{2}}\dfrac{K}{L}] = [\dfrac{4}{4} = \dfrac{W}{r}]$

➡ L = K

비용극소화 균형조건을 제약식인 생산함수에 대입하면,
[Q = 10] = $\sqrt{L\,L}$
➡ L = K = 10
∴ TC_0 = wL + rK = 4 × 10 + 4 × 10 = 80

노동의 가격이 w = 1로 하락하고 생산량을 2배로 늘리는 경우,
Min C = WL + rK
　　　= 1L + 4K
s.t. [Q = 20] = $\sqrt{LK}$

변화된 비용극소화 균형조건

➡ $[MRTS_{LK} = -\dfrac{\Delta K}{\Delta L} = \dfrac{MP_L}{MP_K} = \dfrac{\frac{1}{2}}{\frac{1}{2}}\dfrac{K}{L}] = [\dfrac{1}{4} = \dfrac{W}{r}]$

➡ L = 4K

비용극소화 균형조건을 제약식인 생산함수에 대입하면,
[Q = 20] = $\sqrt{4K\,K}$
➡ K = 10, L = 40
∴ TC_1 = wL + rK = 1 × 40 + 4 × 10 = 80

2. 선형 생산함수

A 기업의 생산함수는 $Q = L + 2K$이다. 여기에서 Q는 생산량, L은 노동투입량, 그리고 K는 자본투입량을 나타낸다. 노동의 단위당 임금이 300, 자본의 단위당 임대료가 500인 경우 이 기업의 비용함수 $C(Q)$를 도출하시오.

해설

비용극소화 균형조건
목적식   Min TC = wL + rK = 300L + 500K
제약식   s.t. Q = L + 2K

기업은 생산물시장에서 결정된 목표 산출량을 최소 비용으로 생산하기 위해 한계기술대체율 $[MRTS_{LK}]$과 상대가격$[\frac{w}{r}]$을 비교하여 1원당 한계생산성이 높은 생산요소로 1원당 한계생산성이 낮은 생산요소를 완전히 대체한다.

$[MRTS_{LK} = \frac{MP_L}{MP_K} = \frac{1}{2}] < [\frac{300}{500} = \frac{w}{r}]$

A 기업은 1원당 한계생산물이 높은 자본만을 고용하여 비용극소화를 추구하므로 노동 고용량은 0이다.

Q = 0 + 2K
➡ K = $\frac{1}{2}$Q

∴ TC = wL + rK = 300L + 500K = 500K = 500$[\frac{1}{2}$Q$]$ = 250Q

▶ TC = 250Q

3. 레온티에프 생산함수의 비용 측정

기업 A의 생산함수는 $Q = Min\{2L, K\}$이다. 고정비용이 0원이고 노동과 자본의 단위당 가격이 각각 2원과 1원이라고 할 때, 기업 A가 100단위의 상품을 생산하기 위한 총비용은? (단, L은 노동투입량, K는 자본투입량이다)   2018년 국가직 7급

해설

Min TC = wL + rK = 2L + 1K
s.t. [Q = 100] = Min[2L, K]

레온티에프(완전보완요소적) 생산함수를 보유한 기업의 비용극소화 균형조건
➡ [Q = 100] = 2L = K
➡ L = 50, K = 100
∴ TC = wL + rK = 2L + 1K = 2 × 50 + 1 × 100 = 200

▶ 200

4. 응용 생산함수

노동(L)과 자본(K)만을 고용하여 생산하는 기업 A의 생산함수는 $Q = \text{Max}[3L, 4K]$이다. 노동과 자본의 가격이 각각 w와 r일 때 비용함수는?

① $TC = \text{Min}[\frac{1}{3}wQ, \frac{1}{4}rQ]$
② $TC = \frac{1}{3}wQ + \frac{1}{4}rQ$
③ $TC = \text{Min}[4wQ, 3rQ]$
④ $TC = \text{Max}[\frac{1}{3}wQ, \frac{1}{4}rQ]$

해설

1) $3L > 4K$이면 $Q = 3L$
   ➡ $TC_1 = wL = \frac{1}{3}wQ \ [\because L = \frac{1}{3}Q]$

2) $3L < 4K$이면 $Q = 4K$
   ➡ $TC_2 = rK = \frac{1}{4}rQ \ [\because K = \frac{1}{4}Q]$

3) 비용극소화를 추구하는 기업은 두 비용함수 중에서 작은 비용함수를 선택하므로,
   $TC = \text{Min}[TC_1, TC_2]$
   $= \text{Min}[\frac{1}{3}wQ, \frac{1}{4}rQ]$

▶ ①

VI 규모에 대한 수익과 규모의 경제

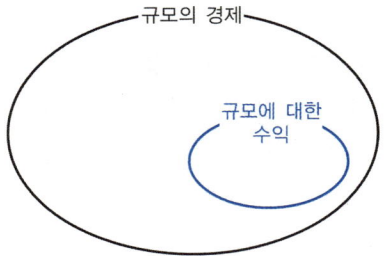

1. 규모에 대한 수익

(1) 규모에 대한 수익은 모든 생산요소를 h배만큼 동일한 비율로 변화시킬 때 사용하는 개념이므로 장기에서만 적용된다.

(2) $[LAC_1 = \dfrac{(LTC_1 = whL + rhK) = hLTC_0}{Q_1 > hQ_0}] < [LAC_0 = \dfrac{LTC_0 = wL + rK}{Q_0}]$

규모에 대한 수익이 체증하면 LAC가 하락하므로 규모의 경제가 성립한다.

2. 규모의 경제

(1) 규모의 경제는 기업이 생산량을 늘릴 때 평균비용이 하락하는 현상이다.

(2) 현실에서 기업은 생산량을 늘릴 때 모든 생산요소를 동일한 비율로 변화시키지 않는다.

(3) 규모의 경제는 생산요소의 투입비율이 다른 경우까지 포괄해서 평균비용이 하락하는 개념이다.

(4) 따라서 규모의 경제는 규모에 대한 수익의 필요조건이지만 충분조건은 될 수 없다.

VII 규모의 경제와 학습효과

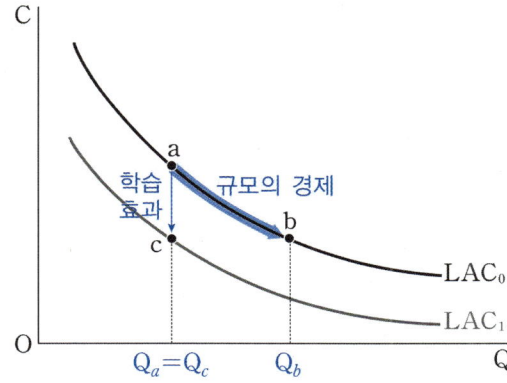

(1) 앞서 살펴보았듯이 기술이 진보하면 평균비용이 하락한다. 규모의 경제와 학습효과는 기술진보와는 다른 시간의 관점에서 평균비용의 하락을 설명한다.

(2) 학습효과(learning by doing)는 생산과정이 반복되면서 기업과 근로자의 축적된 경험으로 생산 과정의 효율성이 향상되어 단위당 생산 비용이 하락하는 현상이다.

(3) 이는 반복적인 생산 활동을 통해 기술이 개선되고, 작업 효율이 높아져 평균비용이 절감되었기 때문이다.

(4) 따라서 학습효과는 동일한 재화를 생산하는 평균비용이 하락하는 현상이므로 a에서 c로 LAC곡선 자체가 수직 하방으로 이동한다.

(5) 하지만 생산량이 증가할 때 평균비용이 하락하는 규모의 경제는 a에서 b로 LAC곡선 상에서 평균비용이 하락한다.

VIII 범위의 경제

1. 범위의 경제

$$C(X, Y) < [C(X) + C(Y)]$$

(1) 범위의 경제(economies of scope)는 한 기업이 여러 가지 재화를 동시에 결합하여 생산할 때의 비용[$C(X, Y)$]이 각 재화를 서로 다른 기업이 별도로 생산할 때의 비용[$C(X) + C(Y)$]보다 적게 소요되는 현상이다.

(2) 이는 연관성이 높은 재화들은 한 기업이 결합해서 생산하면 다른 기업이 개별 생산할 때보다 효율성이 상승하는 것을 의미한다.

(3) 따라서 한정된 자원(비용)으로 각 재화를 개별 생산할 때보다 결합해서 생산할수록 총생산량이 증가하므로 범위의 경제가 존재하면 생산가능곡선은 원점에 대해 오목한 형태로 도출된다.

(4) 소품종 - 대규모 생산을 통해 평균비용이 하락하는 규모의 경제와 달리 범위의 경제는 다품종 - 소규모 생산을 통해 평균비용이 하락한다.

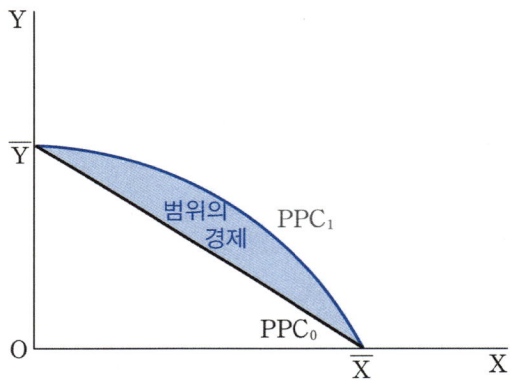

2. 범위의 경제가 성립하는 이유

(1) 범위의 경제는 한 재화를 생산하는 과정에서 발생하는 부산물이 다른 재화 생산에 투입되거나 다른 재화를 생산하더라도 기계와 같은 생산설비를 공동으로 이용할 수 있다면 생산비용을 절감할 수 있기 때문에 성립한다.

(2) 또한 기업규모가 일정 수준 이하일 때는 다른 재화를 생산하더라도 공동 경영이 가능하므로 별도의 추가 비용을 투입하지 않으면서 경영의 효율성을 제고할 수 있다.

3. 범위의 불경제

$$C(X, Y) > [C(X) + C(Y)]$$

(1) 범위의 불경제(diseconomies of scope)는 다른 기업이 개별 생산할 때보다 한 기업이 다른 재화를 결합하여 생산할 때 비용이 더욱 증가하는 현상이다.

(2) 이는 한 재화를 생산하는 과정에서 발생하는 부산물이 다른 재화 생산에 방해요소로 작용하는 경우에 발생한다.

(3) 예를 들어 숯을 생산하는 농가가 세탁업을 병행하고 있다면 숯을 생산하는 과정에서 발생하는 오염물질이 세탁물 건조에 방해요소로 작용하여 세탁 비용이 더욱 증가한다.

4. 규모의 경제와 범위의 경제

(1) 소품종 - 대량생산을 통해 비용을 절감하는 규모의 경제와 다품종 - 소량생산을 통해 비용을 낮추는 범위의 경제는 다른 개념이다.

(2) 따라서 규모의 경제가 존재하더라도 범위의 경제나 불경제가 모두 관찰될 수 있다. 또한 범위의 경제가 성립하더라도 규모의 경제나 불경제가 발생할 수 있다.

 정용수 경제학 미시편

Chapter 11 완전경쟁시장
Chapter 12 독점시장
Chapter 13 독점적 경쟁시장
Chapter 14 과점시장
Chapter 15 게임이론

PART

04

시장 이론

CHAPTER 11 완전경쟁시장

I 시장이론

1. 시장구조

> 시장에서는 다수의 소비자가 존재하는데 결집력이 약한 다수의 소비자는 가격순응자이므로 가격설정자가 될 수 없다. 따라서 시장구조는 시장에 존재하는 기업의 수와 기업 간의 관계에 의해 결정된다.

(1) 시장이론은 효용극대화를 추구하는 소비자와 이윤극대화를 추구하는 기업 간의 상호작용이 이루어지는 시장에서 상품가격 및 개별 기업과 산업의 생산량 결정이 이루어지는 과정을 분석한다.

(2) 상품가격과 생산량은 시장구조에 의해 영향을 받는다.

(3) 시장구조(market structure)는 시장에 존재하는 구매자와 판매자의 숫자와 규모 및 특성을 의미한다.

(4) 생산물시장은 기업의 수, 상품의 동질성, 자원의 이동성, 정보의 완전성 등의 시장구조에 의해 완전경쟁시장, 독점적 경쟁시장, 과점시장, 독점시장으로 구분된다.

　① 기업의 수 ➡ 가격순응자와 가격설정자
　　시장에 존재하는 기업과 소비자의 절대적인 숫자는 중요하지 않다. 해당 시장에 존재하는 기업이 가격순응자(price - taker)이면 완전경쟁시장이고, 가격설정자(price - setter)이면 비경쟁시장이다.

　② 상품의 동질성
　　시장에 존재하는 재화가 동질적일수록 기업이 가격을 조금만 인상하더라도 수요량이 대폭 감소하여 판매수입이 급감한다. 따라서 재화가 동질적일수록 기업은 시장가격에 순응하게 되므로 시장의 경쟁성이 높다.

　③ 자원의 이동성
　　자원이동성은 산업부문 간 생산요소의 이동비용과 새로운 기술의 습득 및 전파용이성을 의미한다. 따라서 특정 기업이 자원을 독점적으로 소유하지 않고, 시장으로의 진입(entry)과 퇴거(exit)가 자유로울수록 자원의 이동성이 높아 경쟁성이 제고된다.

　④ 완전한 정보
　　경제주체들이 시장거래와 관련된 경제적, 기술적 정보를 많이 보유할수록 완전한 정보에 다가서고 거래비용을 낮춰 효율적 자원배분이 이루어진다.

> **가격순응자와 가격설정자**
>
> | 가격
순응자 | 자신의 목적 달성을 위해 시장가격에 영향을 미치지 못하는 경제주체 |
> |---|---|
> | 가격
설정자 | 자신의 목적 달성을 위해 시장가격을 올리거나 내릴 수 있는 경제주체 |

2. 시장형태

(1) 동일한 제품을 생산·공급하는 기업의 수가 매우 많고 모든 기업이 가격순응적인 완전경쟁시장과 오로지 한 기업만이 상품의 유일한 공급자인 독점시장이 존재한다.

(2) 완전경쟁시장과 독점시장의 양 극단 사이에는 독점적 경쟁시장과 과점시장의 불완전경쟁시장형태가 위치한다.

(3) 독점적 경쟁시장은 독점시장과 완전경쟁시장의 성격이 공존한다. 독점적 경쟁시장은 대체성이 높지만 미묘한 제품의 차이로 소비자를 그룹별로 지배함으로써 독점기업처럼 가격을 설정한다. 그러나 시장의 진입 문턱이 낮아 자유로운 진입과 퇴거가 이루어지므로 완전경쟁기업처럼 장기균형에서의 초과이윤은 0이다.

(4) 과점시장은 독점시장보다는 많고 완전경쟁시장보다는 적은 소수의 기업 간에 상호의존성이 존재하는 시장이다.

3. 완전경쟁시장의 성립 조건

완전경쟁(perfect competition)시장은 다음의 네 가지 조건이 충족되는 시장이다.

(1) 가격순응자로서의 공급자와 수요자

시장에 참여하는 다수의 소비자와 기업은 시장가격에 어떠한 영향력을 행사할 수 없는 가격순응자이어야 한다. 모든 경제주체가 가격순응자이면 소비자와 기업 그리고 기업과 기업은 동등한 위치에서 공정하게 경쟁할 수 있다.

(2) 동질적인 상품

시장의 공급자가 모두 동질적인 상품을 공급해야 소비자는 기업에 종속되지 않고 완전경쟁시장이 된다.

(3) 자원의 완전한 이동성

자원이 특정 기업에게 독점되지 않아야 새로운 기업의 진입과 기존 기업의 퇴거가 자유로운 완전경쟁시장이다.

(4) 완전한 정보

경제주체들이 거래와 관련된 모든 경제적, 기술적 정보를 보유해야 파레토 효율적인 자원배분을 달성하는 완전경쟁시장이 성립한다.

Ⅱ 기업의 이윤극대화가설

➡ 1계조건: MR = MC
➡ 2계조건: [MR곡선의 기울기] < [MC곡선의 기울기]

1. 의의

(1) 기업은 생산기술과 생산투입요소를 활용하여 이윤극대화를 목표로 하는 전문조직이다.

(2) 생산이론에서 살펴본 비용극소화는 이윤극대화를 달성하는 필요조건일 뿐 충분조건은 아니다.

(3) 기업은 이윤극대화를 달성하는 목표생산량을 결정하고 이를 최소 비용으로 생산함으로써 극대화된 이윤을 얻을 수 있다.

(4) 따라서 기업의 이윤극대화가설은 기업의 이윤극대화 생산량 결정으로부터 출발한다.

2. 이윤극대화 생산량 결정

(1) **1계조건**: MR = MC

이윤극대화 필요조건(1계조건)은 기업이 추가적으로 1단위 더 생산할 때 발생하는 비용의 증가분인 한계비용(MC = $\frac{\Delta TC}{\Delta Q}$)과 한계생산으로부터 얻는 수입의 증가분인 한계수입(MR = $\frac{\Delta TR}{\Delta Q}$)이 일치하도록 생산량을 결정하는 것이다.

(2) **2계조건**: [MR곡선의 기울기] < [MC곡선의 기울기]

① MR = MC의 필요조건을 충족하는 생산량 중에서 MR곡선의 기울기가 MC곡선의 기울기보다 크면 생산량을 늘릴수록 한계수입이 한계비용보다 커서 이윤이 증가한다.

② MR = MC의 필요조건을 충족하는 생산량 중에서 MC곡선의 기울기가 MR곡선의 기울기보다 크면 생산량을 늘릴 때 이윤이 감소한다.

③ 이윤극대화 필요조건을 만족하는 MR = MC의 생산량 중에서 MC곡선의 기울기가 MR곡선의 기울기보다 큰, 더 많은 생산량 수준이 이윤극대화 충분조건이다.

(3) **완전경쟁기업과 불완전경쟁기업의 MR = MC**

① 완전경쟁기업의 MR = MC

㉠ 완전경쟁기업은 전체 생산물시장에서 결정된 가격에 순응한다. 이는 동질의 제품을 생산하는 완전경쟁기업이 시장가격(P)보다 높은 가격을 설정하면 판매량이 0이 되므로 이윤극대화를 추구하는 완전경쟁기업은 시장가격(P)보다 높거나 낮은 가격을 설정할 수 없음을 의미한다. 따라서 완전경쟁기업을 향한 개별수요곡선은 시장가격(P)에 대해 수평선이고 평균판매수입(AR)곡선 및 한계수입(MR)곡선과 일치한다.

㉡ 한계생산은 체증하다 체감하므로 한계비용은 체감하다 체증한다.

ⓒ 따라서 완전경쟁기업의 이윤극대화 생산량은 1계조건(MR = MC)을 만족하는 생산량 중에서 더 많은 생산량만이 2계조건까지 충족하는 이윤극대화 생산량이다.

② 불완전경쟁기업의 MR = MC

불완전경쟁기업은 소비자의 최대지불용의가격을 대변하는 시장수요곡선 상에서 이윤극대화가격을 설정한다. 그리고 시장수요곡선이 우하향하므로 불완전경쟁기업의 MR곡선도 우하향한다. 따라서 불완전경쟁기업의 이윤극대화 1계조건(MR = MC)은 2계조건까지 동시에 충족하는 이윤극대화 생산량이다.

3. 이윤극대화가설의 재음미

(1) 이윤극대화가설에 대한 비판

① 과도한 단순화

이윤극대화만을 단일 목표로 설정하는 이윤극대화가설은 실제로는 기업별로 다양한 목표를 추구한다는 점을 간과하고 있다.

② 낮은 현실 설명력

실제 기업의 선택은 이윤극대화가설보다 다른 대체가설에 의해서 보다 잘 설명되는 경우가 종종 관찰된다.

③ 불완전 정보

이윤극대화가설은 한계수입과 한계비용에 대한 완전한 정보를 전제로 하지만 실제 기업은 이에 대한 정보가 부족하다.

(2) 대체가설

① 장기이윤극대화가설

단기이윤은 일시적이므로 기업의 지속적 존립과 번창을 위해서는 장기이윤을 추구해야 한다고 가정한다. 따라서 기업은 일정하게 단절된 단기이윤이 아니라 장기적 지속가능성을 위해 생산규모, 설비투자, 비용 구조조정을 통해 장기이윤 극대화를 추구한다.

② 제약된 이윤극대화가설

기업은 최적의 이윤극대화를 제한하는 제약 안에서 차선의 이윤극대화를 추구한다. 즉, 생산 능력 제한, 재무구조, 시장점유율 유지 등의 제약 조건 내에서 가능한 최대의 이윤을 추구하는 것이다.

③ 매출액극대화가설

매출액이 감소하면 소비자의 신뢰도 및 충성도가 하락하고, 생산규모가 축소되어 인원감축 등 구조조정 비용이 증가하며 기업의 신용도가 하락해서 자금조달이 어려워지므로 전문 경영인은 이윤보다 매출액 극대화를 추구한다.

④ 만족이윤극대화가설

사이먼(H. Simon)은 정보의 비대칭성과 불확실성, 그리고 인간의 제한된 합리성(bounded rationality)으로 인해 실제로 최적의 극대화된 이윤을 달성하는 것이 불가능하므로 '충족하는 수준(satisficing)'에 도달하는 것을 목표로 할 것을 주장한다. 이는 기업은 목표 수익, 안정성, 성장의 지속성과 같은 적절한 선에서 만족할 만한 성과를 추구하는 것이 적절함을 의미한다.

(3) 이윤극대화가설을 위한 변론 – 생존원칙

다양한 대체가설이 등장했음에도 불구하고 현실의 치열한 시장경쟁에서 살아남은 기업들은 보편적으로 이윤극대화를 추구하는 기업이었다. 따라서 아직까지 이윤극대화가설보다 기업의 목표와 행동원리를 온전하게 설명해주는 대체가설은 존재하지 않는다.

III 산업의 생산물시장과 개별 기업이 직면하는 생산물시장의 구분

1. 산업의 생산물시장

산업의 생산물시장은 시장에 존재하는 개별 기업의 공급곡선을 수평합한 우상향의 시장공급곡선과 개별 소비자의 수요곡선을 수평합한 우하향의 시장수요곡선이 일치하는 지점에서 시장의 균형가격과 균형거래량이 결정되는 전체 생산물시장이다.

2. 개별 기업이 직면하는 생산물시장

개별 기업은 전체 생산물시장이 아닌 개별 기업이 직면하는 생산물시장에서 한계수입(MR)과 한계비용(MC)을 비교하여 이윤극대화 생산량을 결정하는 생산활동을 한다. 따라서 실제 생산활동이 이루어지는 공간인 개별 기업이 직면하는 생산물시장에서는 기업의 이윤극대화 행동원리(MR = MC)에 의해 최적 생산량을 결정하기 위해 한계수입(MR)곡선과 한계비용(MC)곡선을 도출하는 것이 핵심이다.

3. 전체 시장과 개별 기업이 직면하는 시장의 구분

(1) **완전경쟁시장** ➡ 전체 생산물시장과 개별 기업의 생산물시장 분리

다수의 경쟁기업이 존재하는 완전경쟁시장은 시장가격이 결정되는 전체 생산물시장과 시장에서 결정된 가격(P)에 순응(MR = P)하는 개별 경쟁기업이 직면하는 생산물시장이 분리되어 있다.

(2) **불완전경쟁시장** ➡ 전체 생산물시장과 불완전경쟁기업의 생산물시장 일치

독점기업과 독점적 경쟁기업은 전체 생산물시장과 개별 기업이 실제로 생산활동을 하는 생산물시장이 일치한다.

Ⅳ 모든 시장에 통용되는 일반원칙

1. 기업의 이윤극대화 생산량 결정 ➡ MR = MC

경쟁기업이든 불완전경쟁기업이든 시장의 경쟁성과 무관하게 모든 기업은 한계수입(MR)과 한계비용(MC)이 일치하도록 이윤극대화 생산량(Q)을 결정한다.

(1) 경쟁기업은 시장가격(P)에 순응하여 이윤극대화 생산량(Q)을 결정한다.

(2) 불완전경쟁기업은 이윤극대화 생산량(Q)을 우선 결정하고, 시장수요곡선(D = P) 상에서 가격(P)을 설정한다.

2. 개별 기업을 향한 수요곡선은 평균수입(AR)곡선

$$[\text{평균판매수입(Average Revenue)} = \frac{\text{총판매수입}(TR)}{\text{총판매량}(Q)} = \frac{PQ}{Q} = P] = D$$

시장의 경쟁성과 무관하게 소비자를 차별하지 않는 모든 기업은 자신을 향한 개별 수요곡선을 평균판매수입(D = P = AR)곡선으로 인식한다. 이는 P가 상수이든 변수이든 개별 기업을 향한 수요곡선의 높이는 항상 시장가격과 일치(D = P)하기 때문이다.

3. Amoroso − Robinson 공식

$$MR = \frac{\Delta \text{총판매수입}(TR)}{\Delta \text{총판매량}(Q)} = \frac{\Delta PQ}{\Delta Q} = P\frac{\Delta Q}{\Delta Q} + Q\frac{\Delta P}{\Delta Q} = P \cdot 1 + Q\frac{\Delta P}{\Delta Q} = P[1 + \frac{\Delta P}{\Delta Q}\frac{Q}{P}]$$

$$= P[1 + \frac{1}{\frac{\Delta Q}{\Delta P}\frac{P}{Q}}]$$

$$= P[1 - \frac{1}{\varepsilon}] \quad [\because \text{수요의 가격탄력성}(\varepsilon) = -\frac{\Delta Q}{\Delta P}\frac{P}{Q}]$$

(1) Amoroso − Robinson 공식에 의하면 기업의 한계수입(MR)은 수요의 가격탄력성(ε)과 역의 관계가 존재한다. 이는 모든 기업의 총판매수입은 소비자의 소비지출액과 일치하므로 소비자의 수요곡선에 의존함을 의미한다.

(2) 완전경쟁기업을 향한 개별 수요곡선은 수평선이므로 수요는 가격에 대해 완전탄력적이다($\varepsilon = \infty$). 따라서 Amoroso − Robinson 공식에 의하면 완전경쟁기업의 한계수입은 시장가격과 일치한다.

(3) Amoroso − Robinson 공식에 의하면 가격설정자인 불완전경쟁기업은 탄력적인 소비자에게는 낮은 가격을, 비탄력적인 소비자에게는 높은 가격을 설정한다.

📝 경쟁기업은 시장에서 결정된 가격(P)에 순응하므로 시장가격(P)은 고정된 상수이고 개별 수요곡선(D = P)은 시장가격 수준에서 수평선이다.
불완전경쟁기업은 이윤극대화 생산량을 선택한 후에 소비자의 최대지불용의가격을 대변하는 수요곡선(D) 상에서 가격(D = P)을 설정한다. 따라서 가격설정자인 불완전경쟁기업에게 시장가격은 변수이다.

📝 소비자를 완전히 차별하는 독점기업은 모든 소비자에게 수요곡선 상의 유보가격만큼을 차별가격으로 설정하므로 수요곡선은 평균수입(AR)곡선이 아니라 한계수입(MR)곡선이다.

📝 Δ = 미분(derivative)

V 완전경쟁시장의 단기균형

단기에서 완전경쟁기업의 생산규모(K)는 고정되어 있고, 시장으로의 진입과 퇴거는 불가능하므로 기업의 수(n)는 일정하다. 따라서 단기에서는 시장에 존재하는 개별 경쟁기업의 단기공급곡선을 수평합하여 시장공급곡선을 도출하고, 개별 수요곡선을 수평합하여 시장수요곡선을 도출한다.

완전경쟁시장은 시장수요곡선과 시장공급곡선이 일치하는 지점에서 사회후생이 극대화되는 균형가격과 균형거래량이 결정되고 파레토 효율적인 자원배분에 도달한다.

1. 완전경쟁기업의 이윤극대화 생산량 결정 ➡ P = MC

(1) 총판매수입과 총판매수입곡선

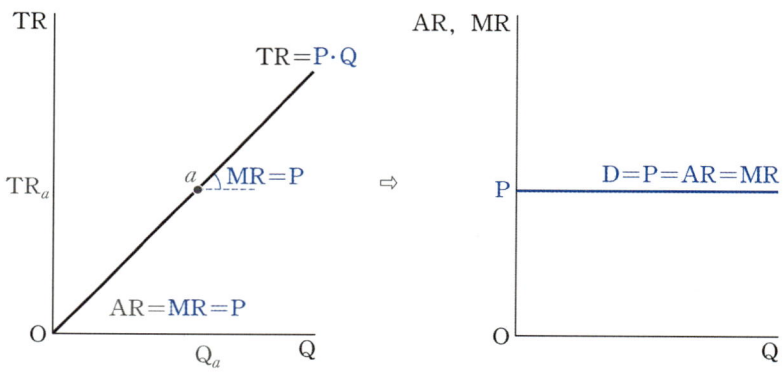

$$\text{총판매수입(TR)} = P \times Q$$
$$\Rightarrow \text{완전경쟁기업의 TR} = \overline{P} \times Q$$

① 기업의 총판매수입(Total Revenue)은 개별 판매가격(P)에 총판매량(Q)을 곱한 값이다.
② 완전경쟁기업은 가격순응자이므로 완전경쟁기업에게 시장가격은 고정된 상수($\overline{P}$)이다. 따라서 총판매수입은 판매량이 증가할수록 시장가격에 비례하여 증가한다.
③ 따라서 완전경쟁기업의 총판매수입(TR)곡선은 원점에서 뻗어 나오는 직선이다.

> 평균수입은 원점에서 총수입곡선을 향해 뻗어나간 직선의 기울기로 측정

(2) 평균수입과 평균판매수입곡선

$$\text{평균수입(AR)} = \frac{\text{총판매수입}(TR)}{\text{총판매량}(Q)}$$
$$\Rightarrow \text{완전경쟁기업의 AR} = \frac{TR}{Q} = \frac{\overline{P}Q}{Q} = \overline{P}$$

① 기업의 평균수입(Average Revenue)은 총판매수입(TR)을 총판매량으로 나눈 값으로 1단위 판매량당 수입을 의미한다.
② 가격순응자인 완전경쟁기업의 평균수입은 판매량과 무관하게 임의의 판매량 수준에서 언제나 시장가격(AR = $\overline{P}$)과 일치한다.
③ 따라서 완전경쟁기업의 평균수입(AR)곡선은 시장가격에 대하여 수평선이다.

(3) 한계수입과 한계수입곡선

$$한계수입(MR) = \frac{\Delta \text{총판매수입}(TR)}{\Delta \text{총판매량}(Q)}$$

➡ 완전경쟁기업의 $MR = \frac{\Delta [\overline{P}Q]}{\Delta Q} = \overline{P}$

> 한계수입은 총수입곡선 접선의 기울기로 측정

① 기업의 한계수입(Marginal Revenue)은 판매량이 1단위 증가할 때 발생하는 총수입의 증가분, 즉 한계판매량(ΔQ)에 따른 수입의 증가분(ΔTR)으로, 총판매수입을 총판매량으로 미분하여 측정한다.
② 가격순응자인 완전경쟁기업은 추가적으로 1단위 판매량이 증가할 때 시장가격($\overline{P}$)만큼 총수입이 증가하므로 한계수입은 시장가격(MR = $\overline{P}$)과 일치한다.
③ 따라서 완전경쟁기업의 한계수입(MR)곡선은 시장가격에 대하여 수평선이다.

(4) 완전경쟁기업 ➡ [D = P] = AR = MR

① 완전경쟁기업은 시장가격에 순응하므로 완전경쟁기업을 향한 개별 수요곡선은 시장가격에 대해 수평선(D = P)이다. 따라서 평균수입곡선도 시장가격에 대해 수평선(AR = P)이다.
② 판매량이 증가하더라도 평균수입(AR)이 불변이므로 한계수입(MR)은 평균수입과 일치한다.
③ 완전경쟁기업은 시장가격과 평균수입 그리고 한계수입이 항상 같다.

(5) 완전경쟁기업의 이윤극대화 생산량

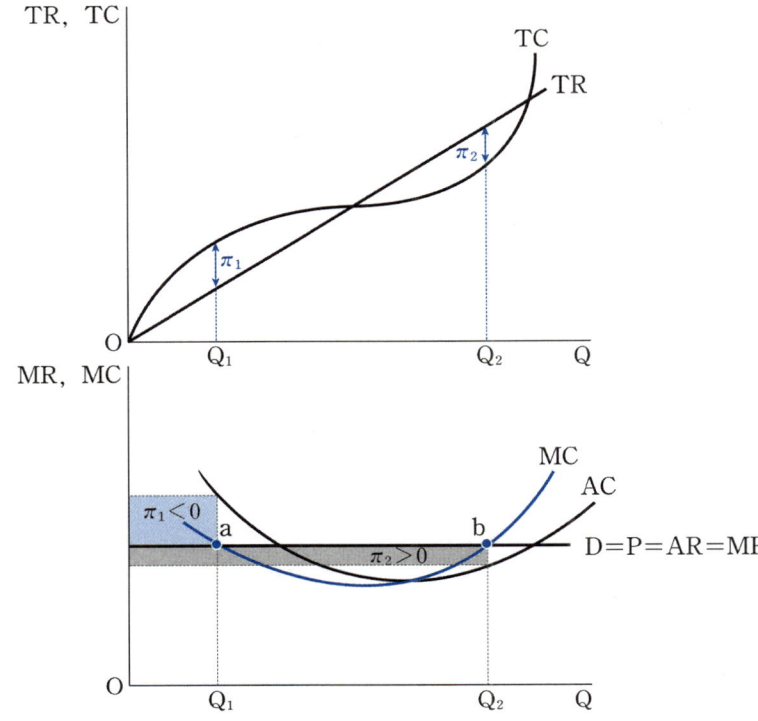

① 1계조건 : [MR = P] = MC ➡ P = MC

경쟁기업은 한계생산을 위한 비용의 증가분인 한계비용(MC = $\frac{\Delta TC}{\Delta Q}$)이 한계생산으로부터 얻는 수입의 증가분인 한계수입(MR = $\frac{\Delta TR}{\Delta Q}$ = $\frac{\Delta [\overline{P}Q]}{\Delta Q}$ = $\overline{P}$)과 일치하도록 생산량을 결정한다. 이때 경쟁기업의 한계수입은 시장가격과 일치(MR = P)하므로 경쟁기업의 이윤극대화 1계조건은 P = MC이고 한계비용은 체감하다 체증하므로 1계조건을 만족하는 생산량은 a와 b에서의 생산량인 Q_1과 Q_2이다.

② 2계조건 : [MR곡선의 기울기] < [MC곡선의 기울기]
  ⊙ 1계조건(MR = MC)의 필요조건을 충족하는 Q_1의 생산량에서는 MC곡선의 기울기가 MR곡선의 기울기보다 작아서 생산량을 늘릴수록 추가적인 양(+)의 이윤이 증가한다. 따라서 Q_1의 생산량은 이윤극대화 필요조건이지만 충분조건은 아니다.
  ⓒ 1계조건(MR = MC)을 충족하는 Q_2의 생산량에서는 MC곡선의 기울기가 MR곡선의 기울기보다 커서 생산량을 늘리거나 줄이면 이윤이 오히려 감소한다. 따라서 한계비용(MC)이 체증해서 MC곡선의 기울기가 MR곡선의 기울기보다 큰 Q_2의 생산량은 이윤극대화 충분조건까지 충족한다.

③ 완전경쟁기업의 이윤극대화 생산량 ➡ [P = MC]

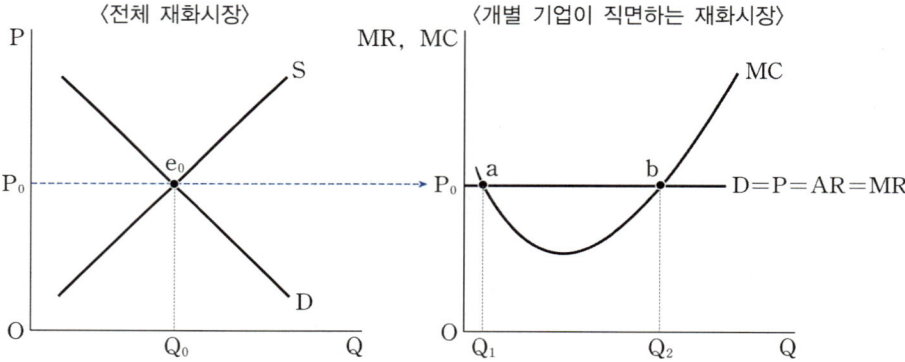

완전경쟁기업의 이윤극대화 생산량은 [MR = MC]를 만족하는 생산량 중 더 많은 생산량 수준에서 결정된다. 그리고 전체 생산물시장에서 결정된 시장가격(P_0)에 순응하면서 이윤극대화를 추구하는 경쟁기업은 항상 시장가격과 한계비용이 일치[P = MC]한다.

2. 완전경쟁기업의 단기공급곡선 도출

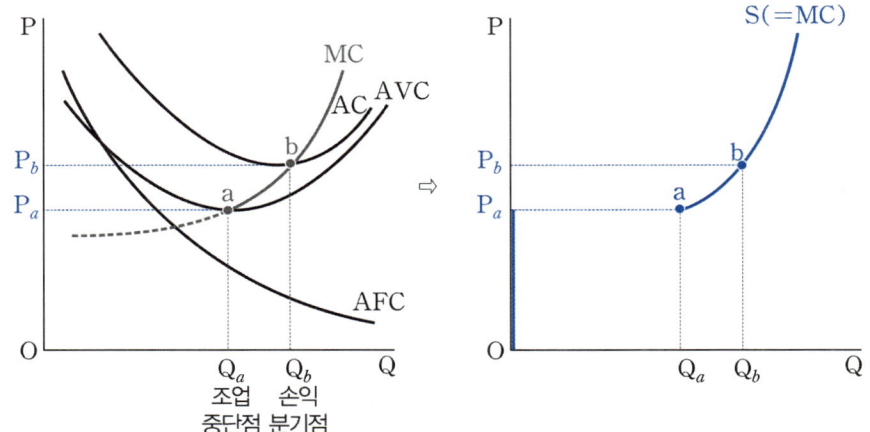

(1) 공급곡선(S)은 주어진 시장가격(P)에 순응하여 기업의 이윤극대화를 달성하는 최적 공급량(생산량) 조합을 연결한 궤적이다.

(2) 이윤극대화를 추구하는 완전경쟁기업은 시장가격과 한계비용이 일치(P = MC)하도록 이윤극대화 생산량을 결정하므로 한계비용곡선이 시장가격이다.

(3) $P < AVC_{Min}$

자본이 고정된 단기에서 평균가변비용곡선의 최저점(AVC_{Min})인 Q_a는 조업중단점이다. 이는 Q_a보다 적은 생산량에서는 한계비용(MC = P)이 평균가변비용(AVC)보다 작아 생산을 할수록 총고정비용(TFC)을 상회하는 추가적인 손실이 발생하기 때문이다. 따라서 경쟁기업은 시장가격이 평균가변비용보다 낮으면 조업을 중단하는 것이 이윤극대화 방안이다.

(4) $P \geq AVC_{Min}$

시장가격이 평균가변비용보다 같거나 크면 생산을 할수록 추가적인 이윤이 증가하여 총고정비용을 회수하고 이윤을 제고할 수 있다. 따라서 경쟁기업은 시장가격이 평균가변비용보다 높으면 생산량을 늘려 이윤극대화를 추구한다.

(5) **기업의 단기공급곡선(S = MC) ➡ 조업중단점 이후의 한계비용곡선**

이윤극대화를 추구하는 기업의 단기공급곡선은 조업중단점 이후의 한계비용곡선(S = MC)이다. 따라서 수확체감의 법칙에 의해 한계비용은 체증하므로 경쟁기업의 단기공급곡선은 우상향한다. 그리고 공급곡선의 높이(S = P = MC)는 한계생산을 위한 비용의 증가분(MC)만큼 기업이 시장에 요구하는 최소요구판매가격(MC = P)이다.

> **📝 이윤극대화의 이윤(π)**
> 이윤극대화의 이윤이 항상 양(+)의 초과이윤을 의미하는 것은 아니다. 기업은 A와 B의 유이한 대안 중에서 A를 선택하면 '-30'의 손실을 얻고, B를 선택하면 '-10'의 손실을 얻는다면 두 대안 중 더 극대화된 이윤을 얻는 B를 선택한다.

3. 산업 전체의 단기공급곡선

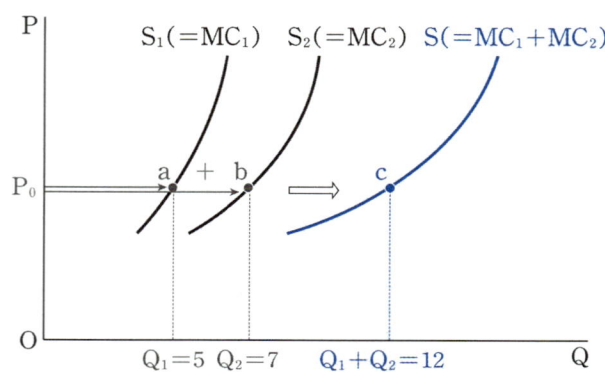

산업(시장) 전체의 단기공급곡선은 완전경쟁시장에 존재하는 개별 기업의 단기공급곡선 (Q_i^S)을 수평합[$\sum_{i=1}^{n} Q_i^S$]하여 도출한다.

4. 시장 수요곡선

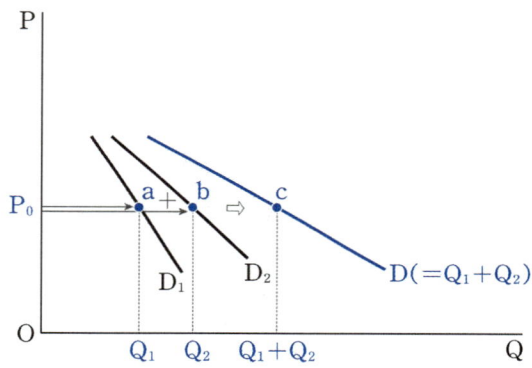

시장 수요곡선은 우하향하는 개별 소비자의 수요곡선(Q_i^D)을 수평합[$\sum_{i=1}^{n} Q_i^D$]하여 도출한다.

5. 완전경쟁시장의 단기균형

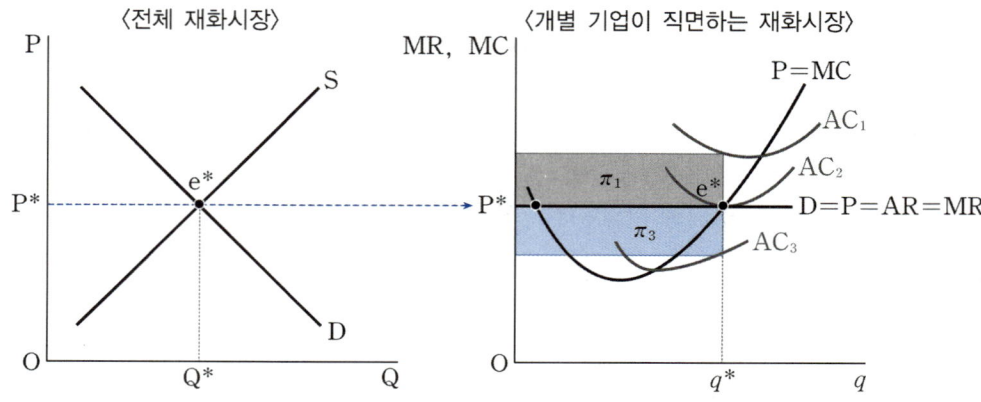

(1) 전체 생산물시장에서 우하향하는 시장수요곡선(D)과 우상향하는 시장공급곡선(S)이 일치하는 e^*에서 시장가격(P^*)이 결정된다. 그리고 시장가격(P^*)에 순응하는 경쟁기업은 개별 기업이 직면하는 생산물시장에서 $[\text{MR} = P^*] = \text{MC}$가 일치하는 e^*에서 이윤극대화 산출량(q^*)을 생산한다.

(2) 단기에서 [P = MC]를 만족하는 e^*에서 q^*를 생산해서 이윤극대화를 추구하는 경쟁기업은 가격(P)과 평균비용(AC)의 크기에 따라 초과이윤, 정상이윤, 손실을 얻을 수 있다.

$$\pi = \text{TR} - \text{TC} = P \cdot Q - AC \cdot Q = (P - AC)Q$$

> 📝 $AC = \dfrac{TC}{Q}$ ➡ $TC = AC \cdot Q$
> - $P > AC_1$ ➡ $\pi_1 > 0$, 초과이윤 획득
> - $P = AC_2$ ➡ $\pi_2 = 0$, 정상이윤
> - $P < AC_3$ ➡ $\pi_3 < 0$, 손실 발생

6. 생산자잉여와 이윤 간의 관계

$$\text{생산자잉여(PS)} = \text{실제판매수입(TR)} - \text{최소요구판매가격}(\sum MC_x)$$
$$\text{이윤}(\pi) = \text{TR} - \text{TC}$$

(1) 단기 ➡ 총고정비용(TFC) > 0

$$TC = TVC(=wL) + TFC(=r\overline{K})$$
➡ $[\text{한계비용(MC)} = \dfrac{\Delta TC}{\Delta Q}] = \dfrac{\Delta TVC}{\Delta Q} + [\dfrac{\Delta TFC}{\Delta Q} = 0]$
➡ $\text{MC} = \dfrac{\Delta TVC}{\Delta Q}$
➡ $[\sum MC = TVC] \neq TC$

① 생산자잉여(PS) = $\text{TR} - [\sum MC_x = \text{TVC}]$
② 이윤(π) = $\text{TR} - [\text{TC} = \text{TVC} + \text{TFC}]$
③ 생산자잉여(PS) = 이윤(π) + TFC
④ 총고정비용(TFC)이 존재하는 단기에서 생산자잉여는 이윤보다 총고정비용만큼 크다. 따라서 생산자잉여와 이윤의 차이는 총고정비용이다.

(2) 장기 ➡ 총고정비용(TFC) = 0

$$TC = TVC$$
➡ $[\text{한계비용(MC)} = \dfrac{\Delta TC}{\Delta Q}] = \dfrac{\Delta TVC}{\Delta Q} + [\dfrac{\Delta TFC}{\Delta Q} = 0]$
➡ $\text{MC} = \dfrac{\Delta TVC}{\Delta Q}$
➡ $[\sum MC = \text{TVC} = \text{TC}]$

① 생산자잉여(PS) = $\text{TR} - [\sum MC_x = \text{TVC} = \text{TC}]$
② 이윤(π) = $\text{TR} - [\text{TC} = \text{TVC}]$
③ 생산자잉여(PS) = 이윤(π)
④ 모든 생산요소가 가변적인 장기에서 총고정비용은 존재하지 않으므로 생산자잉여와 이윤은 일치한다.

Ⅵ 완전경쟁시장의 장기균형

1. 개별 기업의 장기공급곡선 도출 ➡ 최적시설규모 이후의 장기한계비용(LMC)곡선

(1) 공급곡선(S)은 주어진 시장가격(P)에 순응하여 기업의 이윤극대화를 달성하는 최적 공급량(생산량) 조합을 연결한 궤적이다.

(2) **장기에서 기업의 이윤극대화 행동원리 ➡ 조업중단과 생산활동**

장기에서도 시장가격에 순응하는 경쟁기업은 한계수입과 시장가격이 동일(MR = P)하므로 가격과 장기평균비용이 일치(MR = P = LMC = LAC)하도록 이윤극대화 생산량을 결정한다.

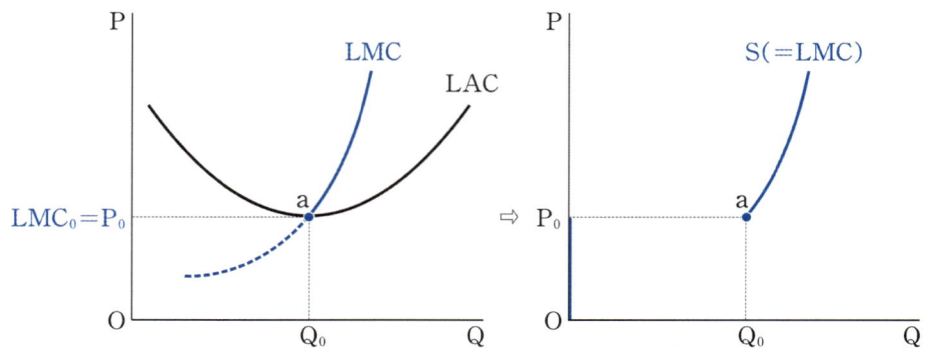

① P < LAC_{Min} ➡ π < 0, 손실 ➡ 조업중단, 퇴거

생산규모가 장기평균비용의 최소점(LAC_{Min})인 Q_0의 생산량보다 작으면 LMC곡선이 LAC곡선보다 하방에 위치하므로 손실이 발생하는 경쟁기업은 이윤극대화를 위해 조업을 중단한다.

② P = LAC_{Min} ➡ π = 0, 정상이윤 ➡ 생산활동 지속

생산규모가 장기평균비용의 최소점(LAC_{Min})인 Q_0에서는 LMC와 LAC가 일치하여 정상이윤만을 얻는다. 정상이윤은 기업이 생산활동을 지속하기 위해 보장되어야 하는 최소한의 이윤이다. 따라서 정상이윤을 얻는 경쟁기업은 완전경쟁시장 내에서 생산활동을 지속한다.

③ P > LAC_{Min} ➡ π > 0, 초과이윤 ➡ 생산활동 지속

생산규모가 장기평균비용의 최소점(LAC_{Min})인 Q_0의 생산량보다 많으면 LMC곡선이 LAC곡선보다 상방에 위치하므로 초과이윤을 얻는다. 정상이윤을 초과하는 이윤을 얻는 경쟁기업은 지속적인 생산활동을 통해 완전경쟁시장에서 이윤극대화를 추구한다.

(3) 장기에서 경쟁기업은 정상이윤과 초과이윤을 얻을 수 있는 최적시설규모(LAC_{Min}) 이후에서만 생산활동을 한다. 따라서 경쟁기업의 장기공급곡선은 최적시설규모(LAC_{Min})보다 많은 생산규모에서 LAC곡선의 상방에 위치하는 LMC곡선이다.

2. 장기균형

(1) 완전경쟁시장의 장기균형은 시장에 존재하는 경쟁기업이 정상이윤($\pi = 0$)만을 획득하여 더 이상 시장으로의 진입이나 퇴거의 유인이 존재하지 않아 균형가격(P^*)과 전체 생산량(Q^*)이 안정적으로 유지되는 상태이다.

(2) 주어진 시장가격(P)에 순응하여 이윤극대화 생산량을 결정(P = LMC)하는 경쟁기업은 비용극소화를 통해 이윤극대화를 추구하므로 장기평균비용의 최소점인 최적시설규모 [$SAC_{Min} = LAC_{Min}$]에서 이윤극대화 생산량을 결정한다.

$$\pi = TR - TC = P \cdot Q - LAC \cdot Q = (P - LAC_{Min})Q$$

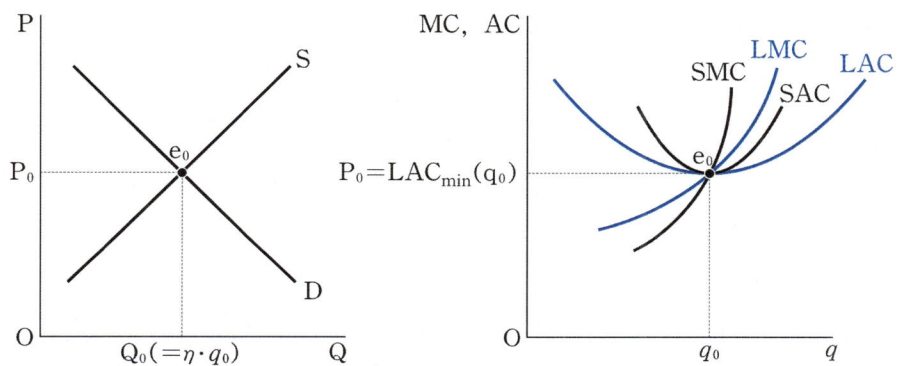

① $P_1 > LAC_{Min}$ ➡ $\pi > 0$, 초과이윤 ➡ 진입 ➡ $P_1 \downarrow$ ➡ $\pi = (P^* - LAC_{Min})Q = 0$
최초 시장가격(P_1)이 평균비용(LAC_{Min})보다 높아서 내부 경쟁기업이 초과이윤($\pi > 0$)을 획득하면, 외부 기업은 완전경쟁시장의 초과이윤을 좇아 시장으로 진입한다. 외부 기업이 진입하여 시장 전체의 공급량이 증가하면 시장가격이 하락하여 초과이윤은 사라지고 정상이윤만을 얻는다. 따라서 더 이상 진입의 유인이 존재하지 않는 장기균형에 도달한다.

② $P_1 < LAC_{Min}$ ➡ $\pi < 0$, 손실 ➡ 퇴거 ➡ $P_1 \uparrow$ ➡ $\pi = (P^* - LAC_{Min})Q = 0$
최초 시장가격(P_1)이 평균비용(LAC_{Min})보다 낮아서 내부 경쟁기업이 손실($\pi < 0$)을 입으면, 기존 기업은 시장에서 퇴거한다. 기존 기업이 퇴거하면서 시장 전체의 공급량이 감소하면 시장가격이 상승하여 손실이 점차 감소한다. 더 이상 손실이 발생하지 않으면 기존 기업은 퇴거하지 않고 시장에 존재하는 경쟁기업은 정상이윤을 회복한다. 따라서 퇴거의 유인이 존재하지 않는 장기균형에 도달한다.

③ 장기균형 ➡ [P = AR = MR = SAC_{Min}] = LAC_{Min} = LMC
장기균형에서 경쟁기업은 최적시설규모[$SAC_{Min} = LAC_{Min}$]에서 이윤극대화 산출량을 생산하고 정상이윤만을 획득한다. 그리고 시장가격은 평균수입, 한계수입, 단기평균비용, 장기평균비용, 장기한계비용과 일치한다.

VII 산업의 장기공급곡선

1. 산업의 장기공급곡선 도출 ➡ 장기균형($\pi = 0$)과 장기균형($\pi = 0$)을 연결한 궤적

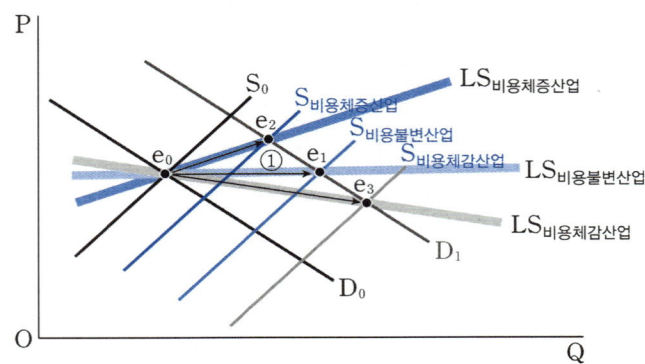

(1) 시장으로의 진입과 퇴거가 불가능한 단기에서는 개별 기업의 단기공급곡선을 수평합하여 산업의 단기공급곡선을 도출하였다. 그러나 기업의 진입과 퇴거가 가능한 장기에서는 매 시점마다 시장에 존재하는 기업의 수가 유동적이므로 개별 기업의 장기공급곡선을 수평합하여 산업의 장기공급곡선을 도출할 수 없다.

(2) 개별 경쟁기업이 생산물가격(P)과 생산요소의 가격(w, r)에 영향을 미칠 수 없는 것과 달리 산업은 생산활동과정에서 생산물가격(P)과 생산요소의 가격(w, r)에 영향을 미친다.

(3) 장기균형에서 경쟁기업은 오로지 정상이윤($\pi = 0$)만을 획득한다. 이러한 장기균형의 특징을 이용하여 산업의 장기공급곡선은 장기균형과 장기균형을 연결하여 도출된다.

(4) **생산요소의 가격과 평균비용의 관계**

$$TC = wL + rK$$

➡ [한계비용(MC) = $\dfrac{\Delta TC}{\Delta Q}$] = $\dfrac{\Delta wL}{\Delta Q} + \dfrac{\Delta rK}{\Delta Q} = \dfrac{\dfrac{\Delta wL}{\Delta L}}{\dfrac{\Delta Q}{\Delta L}} + \dfrac{\dfrac{\Delta rK}{\Delta K}}{\dfrac{\Delta Q}{\Delta K}} = \dfrac{w}{MP_L} + \dfrac{r}{MP_K}$

➡ [평균비용(AC) = $\dfrac{TC}{Q}$] = $\dfrac{wL}{Q} + \dfrac{rK}{Q} = \dfrac{\dfrac{wL}{L}}{\dfrac{Q}{L}} + \dfrac{\dfrac{rK}{K}}{\dfrac{Q}{K}} = \dfrac{w}{AP_L} + \dfrac{r}{AP_K}$

노동의 한계생산물(MP_L)과 자본의 한계생산물(MP_K)이 불변일 때 임금(w)과 자본가격(r)이 상승하면 한계비용(MC)이 상승하고 평균비용이 상승한다.

(5) 산업의 장기공급곡선의 형태는 생산규모가 증가할 때 생산요소의 가격변화를 반영하는 비용에 의해 결정된다.

(6) 비용불변산업의 장기공급곡선은 수평선이다. 그리고 비용체증산업의 장기공급곡선은 우상향하지만 비용체감산업의 장기공급곡선은 우하향한다.

2. 비용불변산업의 수평한 장기공급곡선

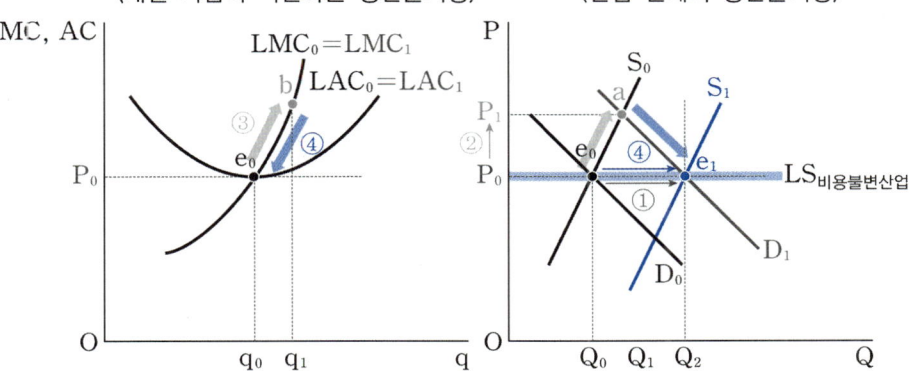

> 장기공급곡선을 도출하기 위해서는 시장수요곡선을 이동시켜야 한다.
>
> 장기균형에서 경쟁기업의 초과이윤
> $\pi = (P - LAC)Q = 0$

(1) 최초 e_0의 장기균형에서 시장수요(D)가 증가하면 시장가격(P)이 상승하여 완전경쟁시장 내의 경쟁기업은 초과이윤을 얻는다. 따라서 기존기업이 생산규모를 증설하는 과정에서 노동수요와 자본수요가 증가한다.

(2) 이때 생산요소수요의 증가분만큼 노동과 자본이 공급된다면 생산요소의 가격(w, r)은 불변이므로 평균비용(LAC)도 변함이 없다.

(3) 이는 기존기업만으로도 충분히 시장수요의 증가분에 대응하여 산업 전체의 공급량이 증가했음을 의미한다.

(4) 따라서 시장가격과 장기평균비용은 최초 장기균형과 일치하므로 산업의 장기공급곡선은 수평선으로 도출된다.

(5) 그리고 비용불변산업은 최초 장기균형과 새로운 장기균형에서 존재하는 경쟁기업의 수가 동일하다.

3. 비용체증산업의 우상향하는 장기공급곡선

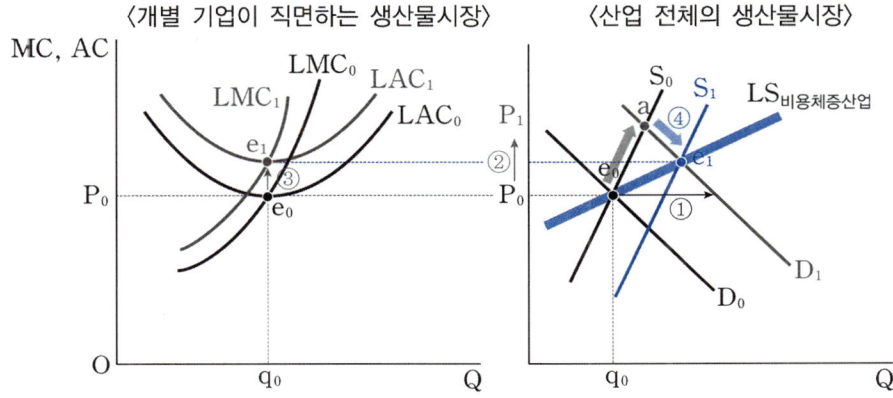

(1) 최초 e_0의 장기균형에서 시장수요(D)가 증가하면 시장가격(P)이 상승하여 완전경쟁시장 내의 경쟁기업은 초과이윤을 얻는다. 따라서 기존기업이 생산규모를 증설하는 과정에서 노동수요와 자본수요가 증가한다.

(2) 이때 생산요소수요의 증가분보다 노동과 자본의 공급량이 적다면 생산요소의 가격(w, r)은 상승하고 평균비용(LAC)도 상승한다.

(3) 평균비용의 상승으로 손실이 발생한 기업은 생산량을 줄이거나 시장에서 퇴거하므로 시장수요의 증가분보다 산업 전체의 공급량 증가분이 작다.

(4) 따라서 초과이윤이 0인 새로운 장기균형에서는 상승한 장기평균비용만큼 시장가격도 상승하여 산업의 장기공급곡선은 우상향한다.

(5) 그리고 비용체증산업의 새로운 장기균형에서는 최초 장기균형보다 퇴거한 기업 수만큼 더 적은 경쟁기업이 존재한다.

4. 비용체감산업의 우하향하는 장기공급곡선

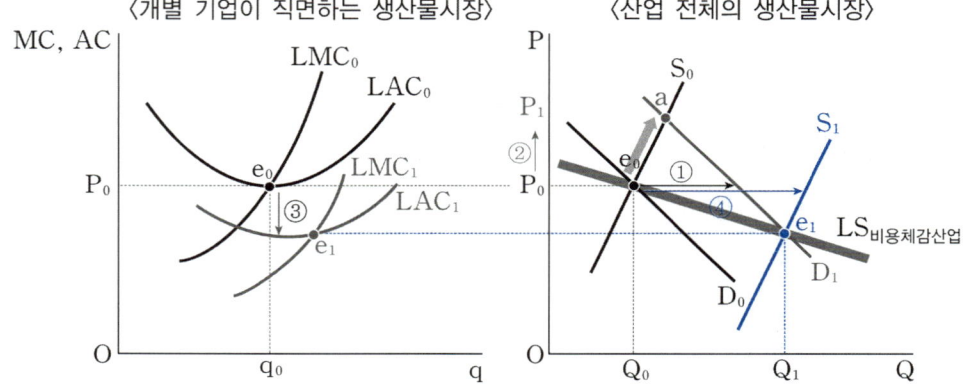

(1) 최초 e_0의 장기균형에서 시장수요(D)가 증가하면 시장가격(P)이 상승하여 완전경쟁시장 내의 경쟁기업은 초과이윤을 얻는다. 따라서 기존기업이 생산규모를 증설하는 과정에서 노동수요와 자본수요가 증가한다.

(2) 이때 생산요소수요의 증가분보다 노동과 자본의 공급량이 많다면 생산요소의 가격(w, r)은 하락하고 평균비용(LAC)도 하락한다.

(3) 평균비용의 하락으로 초과이윤이 증가한 기업은 생산량을 늘리고, 외부에서 진입하는 신규기업이 더욱 증가하여 시장수요의 증가분보다 산업 전체의 공급량 증가분이 많다.

(4) 따라서 초과이윤이 0이 되는 새로운 장기균형에서는 하락한 장기평균비용만큼 시장가격도 하락하여 산업의 장기공급곡선은 우하향한다.

(5) 그리고 비용체감산업의 새로운 장기균형에서는 최초 장기균형보다 진입한 기업의 수만큼 더 많은 경쟁기업이 존재한다.

VIII. 완전경쟁시장의 평가

1. 사회후생이 극대화되는 파레토 효율적 자원배분

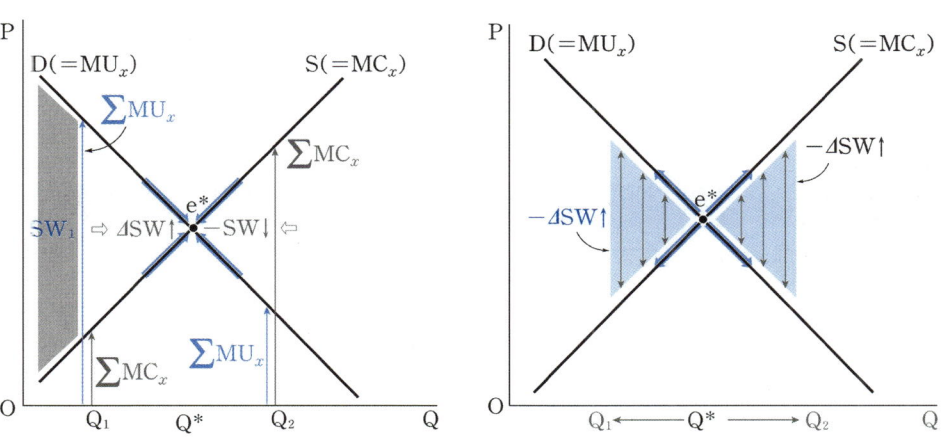

(1) 사회후생(SW)은 소비자잉여와 생산자잉여의 합이므로 수요곡선 하방의 면적($\sum MU_x$)에서 공급곡선 하방의 면적($\sum MC_x$)을 차감하여 측정한다.

(2) 완전경쟁시장의 균형거래량(Q^*)보다 과소 생산(Q_1)되면 수요곡선이 공급곡선보다 상방에 위치하므로 생산량을 늘릴수록 사회후생이 증가하여 거래량을 증가시킬 유인이 존재한다.

(3) Q^*보다 과다 생산(Q_2)되면 수요곡선이 공급곡선의 하방에 위치하므로 생산량을 줄일수록 사중손실(Deadweight Loss)이 감소하여, 즉 사회후생이 증가하여 거래량을 감소시킬 유인이 존재한다.

(4) 따라서 완전경쟁시장에서 시장수요곡선과 시장공급곡선이 일치하는 균형거래량(Q^*)은 더 이상 생산량을 늘리거나 줄일 유인이 없어 사회후생을 극대화하는 파레토 효율적인 자원배분 상태이다.

2. 장기균형 ➡ [P = LAC_{Min}] ➡ [π = (P − LAC_{Min})Q = 0]

(1) [MR = P] = [SMC = SAC = LAC = LMC] ➡ 최적시설규모(LAC_{Min})에서 생산

장기균형에서 개별 기업은 P = LMC를 만족하면서 장기평균비용의 최소점(LAC_{Min})인 최적시설규모에서 생산하므로 자원배분이 파레토 효율적이다.

(2) 정상이윤만을 획득

경쟁기업은 LAC의 최소점인 최적시설규모에서 생산하므로 시장가격과 평균비용이 일치[P = LAC_{Min}]하여 정상이윤만을 획득한다.

3. 단점

(1) 완전경쟁시장은 자원배분의 효율성은 달성하지만 소득분배의 공평성을 보장하지 못한다.

(2) 완전경쟁시장에서는 동질의 재화와 서비스만이 거래되므로 소비자의 다양한 기호를 충족시키지 못한다.

(3) 완전경쟁시장은 실제로 존재할 수 없는 이상적인 시장이다.

연습문제

완전경쟁시장에 대한 설명으로 가장 옳지 않은 것은?   **2020년 서울시 7급**

① 개별기업이 직면하는 수요곡선은 시장가격에서 그은 수평선이다.
② 단기에서 기업은 초과이윤을 얻을 수 있다.
③ 기업은 한계비용이 상품의 가격보다 낮다면 이윤 증대를 위해 생산량을 늘려야 한다.
④ 기업은 고정비용이 모두 매몰비용일 때 가격이 평균비용보다 낮다면 생산을 중단한다.

해설
④ 총고정비용이 존재하는 단기에서 기업은 고정비용이 모두 매몰비용일 때 가격이 평균가변비용보다 낮다면 생산을 할수록 평균고정비용을 넘어서는 손실이 확대되므로 이윤극대화를 위해 조업(생산)을 중단한다.
▶ ④

CHAPTER 12 독점시장

I 독점시장 개론

1. 독점

(1) 독점(Monopoly)은 시장의 상품과 서비스의 공급이 시장지배력을 갖는 유일한 기업에 의해서만 이루어지는 시장구조이다.

(2) 시장을 넓게 정의하면 운수산업은 고속버스, 고속철도(KTX), 일반열차, 여객기 등의 대체재가 존재하는 과점시장이다. 그러나 시장을 좁게 정의하면 철도산업은 한국철도공사(코레일)가 고속철도(KTX)와 일반열차를 독점적으로 공급하는 독점시장이다.

(3) 따라서 현실에서 관찰되는 시장 중에는 넓게 정의하면 과점시장이지만 좁게 정의하면 독점시장으로 분류되는 시장이 다수 존재한다.

2. 독점의 발생원인 ➡ 진입장벽

기존기업이 다음과 같은 진입장벽(entry barrier)을 활용하여 신규기업의 진입을 저지하면 독점시장이 형성된다.

(1) 특정 생산요소의 독점적 보유

(2) 규모의 경제로 인한 자연독점

(3) 특허권의 보유

(4) 정부에 의한 독점적 인허가 부여

3. 독점시장의 특징

(1) 높은 시장지배력 ➡ 가격설정자 ➡ 공급곡선(S)이 존재하지 않음

  ① 독점기업은 시장의 유일한 공급자이다. 따라서 높은 시장 지배력으로 이윤극대화를 달성하는 시장가격(P)을 설정한다.
  ② 독점기업은 가격설정자이므로 가격순응자를 전제로 하는 공급곡선(S)은 존재하지 않는다.

(2) 우하향하는 시장수요곡선에 제약

  ① 독점기업은 시장의 유일한 공급자이므로 전체 생산물시장(독점시장)과 독점기업이 직면하는 생산물시장이 일치한다. 즉, 독점시장이 곧 독점기업의 생산공간이다.

② 따라서 독점시장 전체의 우하향하는 시장수요곡선(D)은 독점기업을 향한 개별 수요곡선이다.

③ 독점기업은 우하향하는 개별 수요곡선 상에서 소비자의 최대지불용의가격(D = P)을 독점가격으로 설정하므로 독점가격과 판매량 간에는 음(-)의 상충관계가 존재한다.

④ 이는 시장지배력이 높은 독점기업도 판매수입(TR)을 늘리기 위해 독점가격과 판매량을 동시에 상승시킬 수는 없음을 의미한다.

(3) **순수독점기업과 차별독점기업**

① 독점기업은 수요곡선에 대한 정보의 완전성과 시장 지배력을 기준으로 모든 소비자에게 동일한 가격을 설정하는 순수독점기업과 다른 가격을 설정하는 차별독점기업으로 구분된다.

② 일반적으로 시장지배력이 높아 가격차별전략을 사용하는 독점기업은 순수독점기업보다 생산량이 많다.

> 독점시장에서 가격차별전략을 사용하는 독점기업으로 주어지지 않는다면 소비자를 차별하지 않는 순수독점기업으로 접근한다.

(4) **파레토 비효율적 자원배분과 파레토 효율적 자원배분의 공존**

① P > MC

일반적인 순수독점기업은 시장가격이 한계비용보다 높으므로 생산량이 완전경쟁시장보다 적어 사중손실이 발생하고 파레토 비효율성을 초래한다.

② P = MC

독점시장에서 1급 가격차별기업, 이부가격제, 자연독점에 대한 한계비용가격규제의 경우에는 독점가격과 한계비용이 일치하므로 독점시장의 생산량은 완전경쟁시장 생산량과 일치하고 파레토 효율적 자원배분에 도달한다.

II 독점시장의 단기균형

1. 독점기업의 이윤극대화 행동원리

(1) 독점기업은 가격설정자이므로 공급곡선(S)은 존재하지 않고 독점기업의 한계비용(MC)만 존재한다.

(2) 독점시장에서 시장수요는 시장의 유일한 공급자인 독점기업을 향하므로 독점기업은 시장수요곡선을 자신만의 개별 수요곡선으로 인식해서 한계수입(MR)곡선은 수요곡선의 하방에 위치한다.

(3) 독점기업도 경쟁기업과 동일하게 한계수입(MR)과 한계비용(MC)이 일치하도록 이윤극대화 생산량(Q)을 결정한다.

(4) 시장가격에 순응하는 완전경쟁기업과 달리 독점기업은 MR = MC에서 이윤극대화 생산량(Q)을 결정하고 소비자의 최대지불용의가격을 대변하는 수요곡선(D = P) 상에서 독점가격을 설정한다.

2. 독점기업의 총수입곡선과 한계수입곡선 도출

(1) 독점기업은 독점시장의 유일한 공급자이므로 전체 생산물시장은 곧 독점기업이 직면하는 생산물시장이다. 따라서 독점기업의 이윤극대화 생산량과 독점시장의 생산량은 일치한다.

(2) 우하향하는 직선의 시장수요곡선은 독점기업만을 향하므로 시장수요곡선은 독점기업을 향한 개별 수요곡선이다. 따라서 수평의 개별 수요곡선을 갖는 완전경쟁기업과 달리 독점기업의 수요곡선은 우하향하는 직선이다.

(3) 독점기업의 총수입곡선 ➡ 역U자 형태

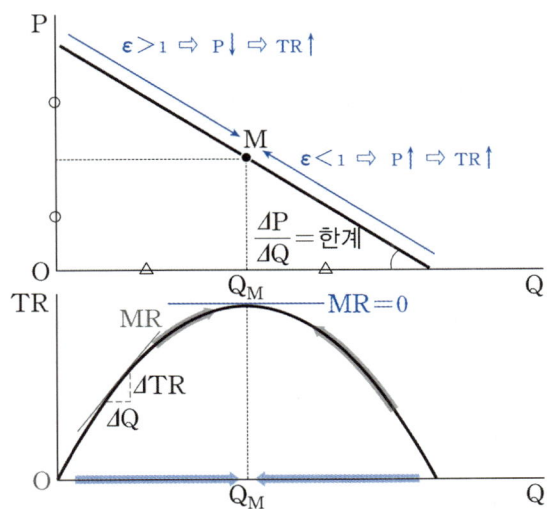

> **소비자의 소비지출액 = 독점기업의 총수입**
> 독점기업이라 하더라도 우하향하는 수요곡선에 제약되므로 가격과 판매량을 동시에 증가시킬 수 없다. 따라서 수요의 가격탄력성에 의해 독점기업의 총판매수입(TR)이 결정된다.

독점기업의 총판매수입곡선은 우하향하는 수요곡선의 수직절편(Q = 0)에서는 판매량이 0이므로 총수입이 0이고, 수평절편(P = 0)에서는 판매가격이 0이므로 총수입이 0이다. 따라서 독점기업의 총수입곡선은 우하향하는 수요곡선의 중점에서 총판매수입이 극대화되는 역U자 형태이다.

> **독점기업의 총수입**
> ➡ 독점기업의 역수요함수 $P = a - bQ$
> ➡ 독점기업의 총수입(TR) = PQ = $(a - bQ)Q = aQ - bQ^2$

(4) 독점기업의 한계수입(MR)곡선

① 시장의 경쟁성과 무관하게 모든 기업은 자신을 향한 개별 수요곡선(D = P)을 평균수입(AR = P)곡선으로 인식한다.

② 독점기업의 수요곡선은 우하향하는 직선이므로 판매량(Q)이 증가할수록 평균수입(AR)은 점차 하락한다.

③ 따라서 독점기업의 한계수입(MR)은 평균수입(AR)보다 작으므로 한계수입(MR)곡선은 평균수입(AR)곡선의 하방에 위치한다.

④ 한계수입곡선의 도출

➡ 독점기업의 역수요함수 $[D = P = AR] = a - bQ$

한계수입(MR) = $\dfrac{\Delta TR}{\Delta Q} = \dfrac{\Delta[(a-bQ)Q]}{\Delta Q} = \dfrac{\Delta[aQ - bQ^2]}{\Delta Q} = a - 2bQ$

독점기업의 한계수입곡선은 수요곡선과 수직절편은 동일하고 기울기만 2배인 우하향의 직선이다.

> $AR = \dfrac{[TR = PQ]}{Q} = P$

⑤ Amoroso - Robinson 공식 ➡ MR = P[1 - $\frac{1}{\varepsilon}$]

수요곡선의 중점에서 수요의 가격탄력성(ε)은 1이므로 Amoroso - Robinson 공식에 의해 한계수입(MR)은 0이고 총수입(TR)은 극대값을 갖는다.

> 독점기업의 MR곡선은 우하향하는 직선이므로 MR곡선의 기울기는 음(−)의 값을 갖는다. 따라서 독점시장에서 MR = MC인 생산량은 이윤극대화 1계조건과 2계조건을 모두 충족하는 충분조건이다.

3. 독점기업의 이윤극대화 생산량과 독점가격 설정

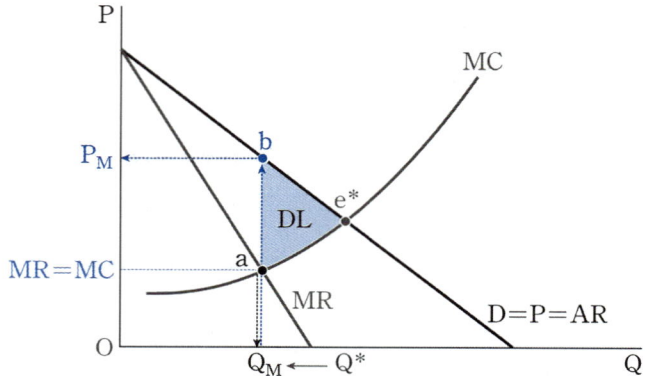

(1) 독점기업은 MR과 MC가 일치하는 a에서 이윤극대화 산출량 Q_M을 생산한다.

(2) 독점기업은 Q_M을 판매할 때 소비자의 최대지불용의가격(유보가격)을 대변하는 수요곡선(D = P) 상에서 독점가격(P_M)을 설정한다.

(3) 독점기업의 수요곡선은 한계수입곡선보다 상방에 위치하므로 독점가격은 한계수입과 한계비용보다 크다. ➡ P > [MC = MR]

(4) 독점가격은 한계비용보다 크고(P > MC), 독점시장의 생산량은 완전경쟁시장의 생산량보다 작으므로 사중손실이 발생한다.

(5) 순수독점시장의 자원배분은 파레토 비효율적이다.

4. 단기균형에서 독점기업의 이윤

(1) 자본이 고정된 단기에서는 독점기업도 완전경쟁기업처럼 초과이윤, 정상이윤, 손실을 모두 경험할 수 있다.

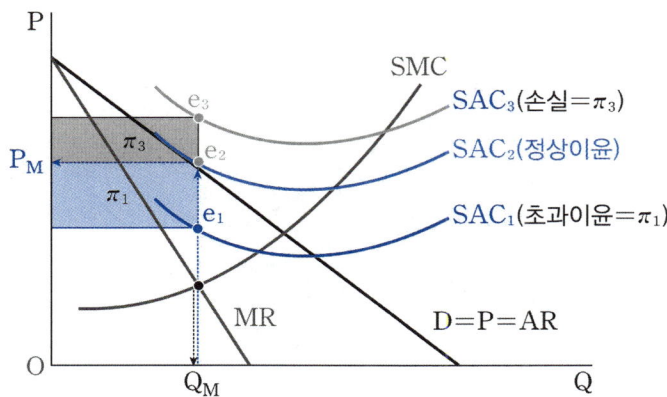

① $P > SAC_1$ ➡ $\pi_1 > 0$, 초과이윤 획득
② $P = SAC_2$ ➡ $\pi_2 = 0$, 정상이윤
③ $P < SAC_3$ ➡ $\pi_3 < 0$, 손실 발생

(2) 독점기업은 수요가 가격에 대해 비탄력적인 구간에서는 생산하지 않는다.

① [MC > 0] ➡ Amoroso − Robinson 공식, [MR = $P(1 - \frac{1}{\varepsilon}) > 0$] ➡ $\varepsilon > 1$

이윤극대화 생산량은 MC = MR이므로 한계비용이 0보다 크다면 한계수입도 0보다 크다. 따라서 Amoroso − Robinson 공식에 의해 한계비용이 0보다 크면 독점기업은 수요가 탄력적인 구간에서 생산한다.

② [MC = 0] ➡ Amoroso − Robinson 공식, [MR = $P(1 - \frac{1}{\varepsilon}) = 0$] ➡ $\varepsilon = 1$

이윤극대화 생산량은 MC = MR이므로 한계비용이 0이면 한계수입도 0이다. 따라서 Amoroso − Robinson 공식에 의해 한계비용이 0이면 우하향하는 수요곡선의 중점에서 생산량이 결정되므로 수요의 가격탄력성(ε)은 1이다.

III 독점시장의 장기균형

1. 장기균형의 도출 ➡ MR = [SMC = LMC]

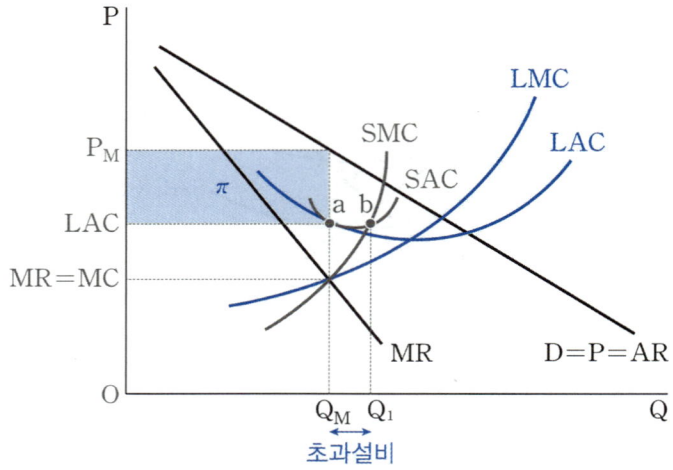

독점기업은 MR과 LMC가 일치하는 지점에서 Q_M을 생산하고 수요곡선(D = P) 상에서 P_M을 설정한다.

2. 장기균형의 특징

(1) **P > MC ➡ 과소생산에 따른 사중손실**

P = MC에서 결정되는 완전경쟁시장 생산량보다 과소 생산되므로 자원배분은 비효율적이다.

(2) **초과이윤 획득**

독점기업은 장기에서 이윤극대화를 위해 최적의 생산규모를 임의로 조정할 수 있으므로 일반적으로 단기보다 큰 초과이윤(π)을 획득한다.

(3) **초과설비 보유**

독점기업은 현재 보유한 생산규모(SAC)의 최적산출량 수준인 Q_1보다 좌측에서 Q_M을 생산하고 있다. 이는 독점기업이 현재 보유한 생산규모에서는 $[Q_1 - Q_M]$의 초과설비(유휴설비)를 보유하고 있어 생산이 비효율적으로 이루어지고 있음을 의미한다.

Ⅳ 가격차별

1. 의의

(1) 가격차별(price discrimination)은 순수독점기업보다 더 큰 이윤을 획득하기 위해 독점기업이 동일한 재화에 대해 소비자의 유형별로 각각 다른 판매가격을 설정하거나 동일한 소비자라도 구매량이 증가할수록 평균구매가격을 하락시켜 더 많은 소비를 유인하는 판매전략이다.

(2) 가격차별을 통해 시장 거래량이 확대되고 소비자는 선택의 폭이 많아져 사회후생이 증가하는 장점도 있지만, 독점기업이 높은 시장지배력으로 소비자잉여를 독점기업의 이윤으로 귀속시키는 단점이 존재한다.

> **직접적 가격차별: 제1급 가격차별과 제3급 가격차별**
> 독점기업이 소비자의 유보가격에 근거하여 소비자에게 다른 가격을 설정하는 가격차별
>
> **간접적 가격차별: 제2급 가격차별**
> 독점기업이 동일한 상품에 대해 구입량과 구입시점에 따라 다른 가격을 설정하는 가격차별

2. 제1급 가격차별 ➡ [D = MR = P] ➡ 완전가격차별

(1) 의의

① 제1급 가격차별은 소비자의 선호에 대한 완전한 정보를 바탕으로 각 단위의 재화에 대한 소비자의 최대지불용의가격(유보가격)을 독점가격으로 설정하는 직접적 가격차별이다.
② 독점기업은 소비자의 선호, 즉 시장수요곡선에 대한 완전한 정보를 보유하고 있다.
③ 제1급 가격차별은 독점기업이 시장수요곡선 상에서 매 소비자의 유보가격만큼 상이한 가격을 설정하여 소비자잉여를 모두 독점기업의 잉여로 전환시키는 완전가격차별이다.

(2) 이윤극대화 생산량 결정 ➡ [MR = P] = MC ➡ 완전경쟁시장 생산량

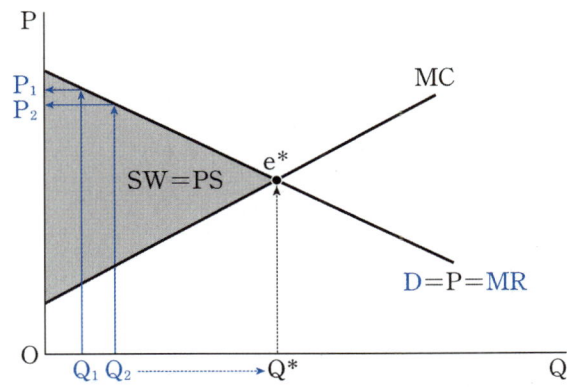

① 제1급 가격차별전략을 사용하는 독점기업도 MR과 MC가 일치하도록 이윤극대화 생산량을 결정한다.
② 제1급 가격차별은 독점기업이 소비자의 최대지불용의금액을 대변하는 수요곡선 상에서 독점가격을 설정하므로 시장수요곡선(D = P)이 곧 한계수입곡선(MR)이다.
③ 따라서 시장수요곡선(D = P = MR)과 한계비용곡선(MC)이 일치하는 e^*에서 Q^*의 생산량은 완전경쟁시장의 파레토 효율적 생산량과 동일하다. 이는 독점기업이 마지막으로 구매하는 한계소비자에게 설정하는 가격(P)과 한계비용(MC)이 일치하기 때문이다.

📝 소비자잉여 = 최대지불용의가격(소비자의 유보가격) − 실제지불가격

📝 **선형가격체계**(단일가격체계)
➡ 재화의 구입량과 무관하게 평균구매가격이 일정
➡ 제3급 가격차별

📝 **비선형가격체계**(구간가격체계)
➡ 구입량이 증가할수록 평균구매가격이 하락
➡ 제1급 가격차별과 제2급 가격차별

(3) 소결

① 제1급 가격차별의 독점시장에서는 생산량이 완전경쟁시장과 동일하므로 사회후생이 극대화되는 파레토 효율적 자원배분이 달성된다.
② 따라서 제1급 가격차별시장의 생산량은 순수독점시장의 생산량보다 많다.
③ 독점기업은 수요곡선 상에서 가격을 설정하므로 소비자잉여는 0이고, 소비자잉여는 모두 독점기업의 잉여(이윤)로 귀속된다.

3. 제2급 가격차별

(1) 의의

① 소비자의 선호체계, 즉 수요의 가격탄력성에 대한 불완전한 정보를 보유하고 있는 독점기업은 소비자에게 직접적으로 다른 가격을 설정할 수 없다.
② 소비자의 선호에 대한 불완전한 정보의 제약 하에서 독점기업은 소비자가 스스로 자신의 가격탄력성(선호)을 드러내도록 재화에 대해 구간별, 구매량별, 상품별로 다른 가격을 설정한다.
③ 소비자에게 직접적으로 차별가격을 설정하는 제1급 및 제3급 가격차별과 달리 제2급 가격차별은 소비하는 재화에 대해 다른 가격을 설정하여, 재화를 매개로 소비자를 차별하는 간접적 가격차별이다.
④ 제2급 가격차별은 구간가격설정, 다량할인, 버전차별, 장애물을 이용한 가격차별, 시점간 가격차별 등으로 유형화할 수 있다.

(2) 구간가격설정(block pricing)

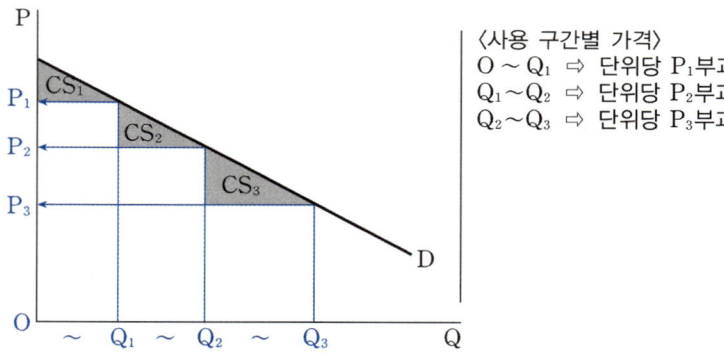

① 구간가격설정은 개별 소비자의 수요곡선이 주어진 상황에서 수요량을 몇 개의 구간으로 나누고 각 구간마다 다른 가격을 매기는 제2급 가격차별이다.
② 수도, 전화, 전기를 독점적으로 공급하는 공기업이 수도세, 전기세 요금체계에서 사용하는 가격설정 방식이 구간가격설정이다.
③ 구간별로 차별 가격을 설정하면 소비자잉여는 제1급 가격차별보다는 증가하지만, 순수독점시장보다는 감소한다. 제2급 가격차별은 순수독점가격보다 구간별로 소비자의 유보가격에 더욱 다가서는 높은 가격을 차등적으로 설정할 수 있기 때문이다.
④ 따라서 구간가격설정으로 소비자잉여가 독점기업에게 귀속되므로 순수독점기업보다 생산량이 증가한다.

(3) 다량할인
① 구간가격설정과 같은 방식하에서는 수요량이 많은 소비자일수록 상대적으로 더 낮은 가격(평균구매가격)을 지불하게 된다. 낮은 수요량에 대해 높은 가격을 받는 것으로 시작해 수요량이 늘어남에 따라 점차 가격이 낮아지기 때문이다.
② 따라서 제2급 가격차별은 많은 양을 구입하는 소비자에게 더 낮은 가격을 적용하는 다량할인(quantity discount)을 실시하는 것과 같다.

(4) 비선형가격설정
① 붕어빵을 1개 구입하면 1,000원을 받지만 3개를 구매하면 2,000원만 받는다면, 구매량이 증가할수록 평균구매가격이 하락한다. 마트에서 진행하는 1 + 1, 2 + 1 할인 행사도 많이 구매할수록 상대적으로 가격이 하락한다.
② 이처럼 제2급 가격차별은 소비자가 스스로 선호를 드러내도록 구매량에 따라 평균가격을 달리 설정하는 비선형가격설정(nonlinear pricing)이다.

(5) 장애물 가격차별
① 독점기업은 소비자가 스스로 자신의 유형을 드러내게 만드는 수단을 사용해서 탄력적인 소비자와 비탄력적인 소비자를 구분할 수 있다.
② 독점기업은 소비자들 앞에 일종의 장애물(hurdle)을 설치하고 이를 뛰어넘는 소비자는 낮은 가격을 지불할 용의가 있는 탄력적인 소비자로 간주해서 할인된 가격을 적용한다.
③ 예를 들어 신문에 실린 쿠폰(coupon)을 오려오거나, 온라인 웹사이트에서 쿠폰을 다운받아 출력해오는 소비자에게 할인 혜택을 제공하는 영업전략이 대표적인 장애물 가격차별이다.

(6) 시점간 가격차별
① 휴대폰, 컴퓨터와 같은 최신 디지털 제품은 출시될 때는 높은 가격에 팔리지만 시간이 지나면 가격이 큰 폭으로 하락한다. 소비자는 이러한 가격 패턴을 익히 알고 있지만 최신 제품이나 새 모델에 대해 유난히 관심이 많은 소비자는 가격이 하락할 때까지 기다리지 못하고 높은 가격을 지불하려고 한다.
② 이렇게 시점에 따라 다른 가격을 설정하는 방식을 시점간 가격차별(intertemporal price discrimination)이라고 한다.
③ 시점간 가격차별은 출시 초기에는 비탄력적인 소비자에게 높은 가격을 설정하고, 이후 가격이 하락하기만을 기다리는 탄력적인 소비자에게는 낮은 가격을 설정하는 제2급 가격차별이다.
④ 제3급 가격차별은 탄력성이 다른 소비자에게 다른 가격을 설정하지만, 시점간 가격차별은 동일한 소비자도 구매하는 시점에 따라 다른 가격을 지불해야 하므로 제2급 가격차별에 해당한다.

(7) 최대부하가격설정

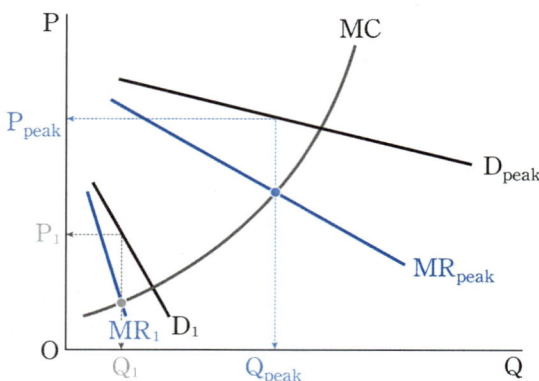

① 전기 사용료나 도로 통행료를 결정할 때 자주 활용되는 최대부하가격설정(peak load pricing)은 시점간 가격차별의 독특한 유형이다.
② 출퇴근 차량으로 도로 사용량이 정점에 달하는 러시아워에 도로를 사용할 때는 평소보다 더 높은 통행료를 부과한다. 한 여름에 무더위가 정점에 달하는 오후 시간에는 다른 시간대보다 더 높은 전기료를 설정한다.
③ 이처럼 최대부하가격설정은 어느 시점에 도로나 전기를 사용하느냐에 따라 다른 가격을 지불해야 하는 시점간 가격차별이다.
④ 지금까지의 제2급 가격차별은 오로지 소비자의 최대지불용의가격에만 의존해서 가격을 설정했지만, 최대부하가격설정은 생산비용상의 차이를 반영해서 시점간 차별가격을 설정한다.
⑤ 사용량이 정점에 달하면 한계비용도 체증적으로 증가하므로 높은 가격을 설정하는 것이다.
⑥ 따라서 최대부하가격설정은 한계비용을 반영해서 높은 가격을 설정하고 수요의 분산을 유인하므로 한정된 시설용량을 효과적으로 사용해서 자원배분의 효율성을 촉진한다.

(8) 소결

① 독점기업이 소비자의 선호에 대한 완전한 정보를 바탕으로 소비자별로 다른 가격을 설정하는 제1급 및 제3급 가격차별은 직접적 가격차별 방식이다. 소비자 스스로 자신의 선호를 드러내도록 제품에 대해 다른 가격을 설정하는 제2급 가격차별은 간접적 가격차별에 해당한다.
② 제2급 가격차별이 이루어지면 순수독점기업보다 생산량이 증가하므로 자원배분의 효율성이 제고된다.
③ 순수독점기업보다 이윤극대화 생산량이 증가하고 소비자잉여의 일부가 독점기업으로 이전되므로 이윤이 증가한다.

4. 제3급 가격차별

(1) 의의

① 제3급 가격차별은 선호와 가격탄력성과 같은 소비자의 특징에 따라 시장을 구분하고 분할하여 각 시장별로 다른 가격을 책정하는 가격전략이다.

② 시장에서 일반적으로 관찰되는 다음과 같은 가격차별이 제3급 가격차별이다.

㉠ 건강보험료 - 연령이 높을수록 보험료를 높게 책정

㉡ 나이 또는 연령 - 영화관에서 성인보다 학생의 관람료를 낮게 책정

㉢ 내수상품의 가격과 수출재 가격 - 동일한 가전제품의 내수가격보다 수출가격을 낮게 책정

(2) 제3급 가격차별의 가정

① 기업이 독점력을 보유하고 있어야 한다.

② 소비자별로 수요의 가격탄력성이 달라 그룹별로 분리할 수 있어야 한다.

③ 시장 간 차익거래(arbitrage)의 유인이 존재하지 않아 시장 간 재판매가 불가능해야 한다.

(3) 제3급 가격차별의 이윤극대화 행동원리

① 이윤극대화 균형조건

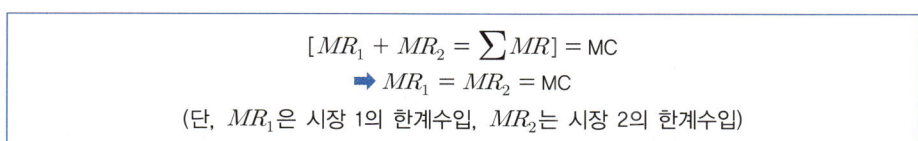

(단, MR_1은 시장 1의 한계수입, MR_2는 시장 2의 한계수입)

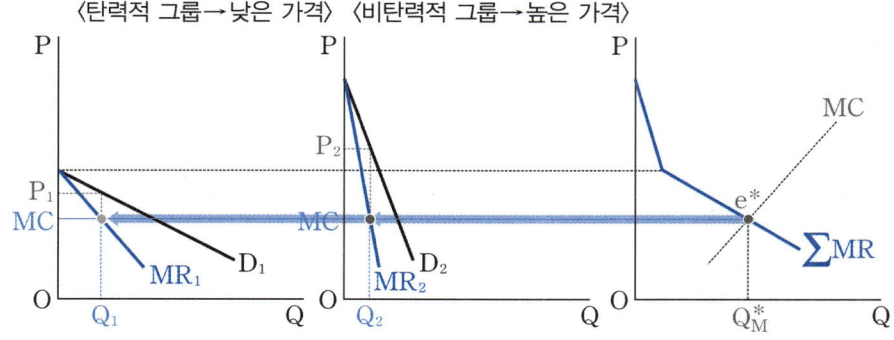

㉠ 독점기업은 시장 1과 2를 합한 전체 독점시장에서 이윤극대화를 달성하는 생산량을 결정한다. 그리고 전체 이윤극대화 생산량을 시장 1과 2의 한계수입이 일치하도록 각 시장에 배분하고, 각 시장의 수요곡선 상에서 독점가격을 설정한다.

㉡ 독점시장 전체의 생산량을 결정하기 위해 MR_1과 MR_2를 수평합하여 전체 시장의 한계수입곡선($\sum MR$)을 도출한다.

㉢ 전체 시장의 한계수입과 한계비용이 일치($\sum MR = MC$)하도록 이윤극대화 생산량을 결정한다.

㉣ 이윤극대화 생산량을 MC곡선에 대입하여 MC를 도출한다.

ⓒ $[MR_1 = MC = MR_2]$가 되도록 Q_1과 Q_2를 각 시장에 배분하고 D_1과 D_2에 대입하여 P_1과 P_2를 설정한다.

ⓔ 3급 가격차별의 이윤극대화 균형조건 → $[MR_1 = MR_2]$

Amoroso – Robinson 공식에 의해

$[MR_1 = P_1(1 - \frac{1}{\varepsilon_1})] = [P_2(1 - \frac{1}{\varepsilon_2}) = MR_2]$이므로 $\varepsilon_1 > \varepsilon_2$이면, $P_1 < P_2$이다.

따라서 제3급 가격차별에 의하면 독점기업은 상대적으로 탄력적인 소비자에게는 낮은 가격을 설정하고, 상대적으로 비탄력적인 소비자에게는 높은 가격을 설정한다.

② MC가 변수인 경우

시장 1과 시장 2에서의 수요함수와 총비용함수는 다음과 같다.

- 시장 1: $P_1 = 110 - 2Q_1$
- 시장 2: $P_2 = 70 - Q_2$
- 총비용함수: $TC = Q^2 + 10Q + 30$ (단, $Q = Q_1 + Q_2$)

독점기업이 생산하여 판매하는 X재를 두 개의 지역시장으로 나누어 가격차별을 실시할 때, 이윤을 극대화하는 각 시장에서의 가격 P_1과 P_2를 계산하시오. (단, 소비자 간의 차익거래는 금지되어 있고, P_i는 시장 i의 X재 가격, Q_i는 시장 i의 X재 수요량이고, $i = 1, 2$이다)

독점기업의 이윤극대화 행동원리
$[MR_1 + MR_2 = \sum MR] = MC$
➡ $MR_1 = MR_2 = MC$

해설

독점기업의 제3급 가격차별에 대한 문제이다.

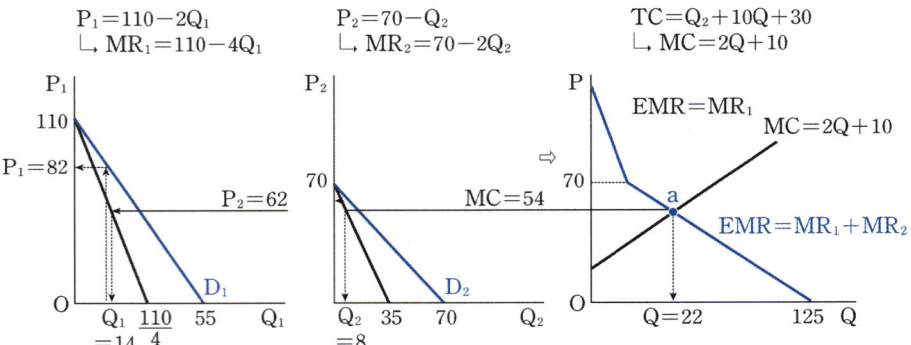

㉠ 시장 1과 2의 MR곡선을 수평합하여 전체 시장의 MR곡선을 도출한다.

$\sum MR = MR_1 + MR_2$

$+\begin{vmatrix} Q_1 = \dfrac{110}{4} - \dfrac{1}{4}MR_1 \\ Q_2 = 35 - \dfrac{1}{2}MR_2 \end{vmatrix}$

$Q = \dfrac{125}{2} - \dfrac{3}{4}MR$ ($\because Q_1 + Q_2 = Q,\ MR_1 = MR_2$)

➡ $\sum MR = \dfrac{250}{3} - \dfrac{4}{3}Q$

ⓛ 전체 시장의 한계수입($\sum MR$)과 한계비용(MC)이 일치하도록 이윤극대화 생산량을 결정한다.

$[\sum MR = \frac{250}{3} - \frac{4}{3}Q] = [2Q + 10 = MC]$

↳ ∴ Q = 22

ⓒ 이윤극대화 생산량 Q = 22를 MC에 대입한다.
MC = 2Q + 10 = 2 × 22 + 10 = 54

ⓔ $[MR_1 = MC = MR_2]$가 되도록 Q_1과 Q_2를 각 시장에 배분하고 D_1과 D_2에 대입하여 P_1과 P_2를 설정한다.

$[MR_1 = 110 - 4Q_1] = [54 = MC]$

↳ ∴ $[Q_1 = 14] \Rightarrow [P_1 = 110 - 2Q_1 = 110 - 2 \times 14 = 82]$

$[MR_2 = 70 - 2Q_2] = [54 = MC]$

↳ ∴ $[Q_2 = 8] \Rightarrow [P_2 = 70 - Q_2 = 70 - 8 = 62]$

▶ $P_1 = 82$, $P_2 = 62$

③ MC가 상수인 경우
어떤 독점기업이 시장을 A와 B로 나누어 이윤극대화를 위한 가격차별정책을 시행하고자 한다. A시장의 수요함수는 $Q_A = -2P_A + 60$이고, B시장의 수요함수는 $Q_B = -4P_B + 80$이라고 한다. 이 기업의 한계비용이 생산량과 관계없이 2원으로 고정되어 있을 때, A시장과 B시장에 적용될 상품가격을 계산하시오. (Q_A, Q_B는 각 시장에서 상품의 총수요량이고 P_A와 P_B는 상품가격이다) 2019년 서울시 7급 1회

해설

㉠ 제3급 가격차별은 시장 1과 2의 MR곡선을 수평합하여 전체 시장의 MR곡선을 도출하고 전체 시장의 한계수입($\sum MR$)과 한계비용(MC)이 일치하도록 이윤극대화 생산량을 결정한다. 그리고 도출된 이윤극대화 생산량을 MC에 대입하여 MC를 도출한다.

㉡ 즉, 이윤극대화를 달성하는 확정된 MC를 도출하기 위해 각 시장의 MR곡선을 수평합하는 것이다.

㉢ 그런데 본 문제와 같이 한계비용이 확정된 상수로 주어진 경우에는 각 시장의 한계수입곡선을 수평합하여 시장 전체의 한계수입곡선을 구할 필요가 없이 주어진 상수의 한계비용과 각 시장의 한계수입이 일치하도록 각 시장별 판매량을 배분하면 된다.

㉣ 문제에서 주어진 이윤극대화를 달성하는 MC와 각 시장의 MR_1과 MR_2가 일치하도록 각 시장에 배분되는 판매량과 가격을 각각 설정한다.

$P_A = 30 - \frac{1}{2}Q_A \Rightarrow MR_A = 30 - Q_A$

$P_B = 20 - \frac{1}{4}Q_B \Rightarrow MR_B = 20 - \frac{1}{2}Q_B$

제3급 가격차별의 이윤극대화 조건
$[MR_1 + MR_2 = \sum MR] = MC$
➡ $MR_1 = MR_2 = MC$

$$[MR_A = 30 - Q_A] = [2 = MC]$$

$$\therefore Q_A = 28, \ P_A = 30 - \frac{1}{2}(Q_A = 28) = 16$$

$$[MR_B = 20 - \frac{1}{2}Q_B] = [2 = MC]$$

$$\therefore Q_B = 36, \ P_B = 20 - \frac{1}{4}(Q_B = 36) = 11$$

▶ $P_A = 16, \ P_B = 11$

5. 가격차별에 대한 소론

(1) 일반적으로 가격차별전략을 사용하는 독점시장은 순수독점시장에 비해 생산량이 증가하고, 소비자 선택의 폭이 확대되므로 사회후생을 제고한다.

(2) 일반적으로 저소득계층은 수요의 가격탄력성이 높다. 따라서 상대적으로 탄력적인 저소득계층에 낮은 가격을 설정하면 저소득층에게 돌아가는 혜택이 증가하여 소득분배의 공평성을 제고할 수 있다.

(3) 그러나 가격차별은 상대가격을 왜곡시켜 파레토 비효율을 초래하는 문제점도 존재한다.

(4) 또한 소비자잉여가 독점기업의 이윤으로 전환되므로 소득분배의 불공평성을 초래할 수 있다.

Ⅴ 이부가격설정 및 묶어팔기와 끼워팔기

1. 의의

가격차별전략은 독점기업이 순수독점기업보다 더 큰 이윤을 얻기 위해 소비자에 따라 다른 가격을 설정하는 판매전략이다. 그 외의 판매전략으로는 이부가격설정, 묶어팔기, 끼워팔기 등이 있다.

2. 이부가격

(1) 이부가격(two-part tariff)은 구매권을 가진 소비자가 구매하는 재화량에 비례하여 이용가격을 설정하는 두 단계의 가격체계이다. 즉, 이부가격은 재화와 서비스를 구매할 수 있는 권리(entry fee)에 대하여 첫 번째 가격(first tariff)을 설정하고, 권리를 획득한 소비자의 구입량에 비례하여 두 번째 가격(second tariff)으로 사용료(usage fee)를 부과한다.

(2) 콘도나 골프장을 이용하려는 소비자는 회원권(first tariff)을 구매한 이후에 시설을 사용하는 횟수에 비례하여 이용료(second tariff)를 납부한다. 롯데월드에서 놀이기구를 타기 위해서는 입장료(first tariff)를 납부하고 놀이시설을 이용할 때마다 개별 요금(second tariff)을 추가로 납부해야 한다.

(3) 입장료와 사용료의 설정

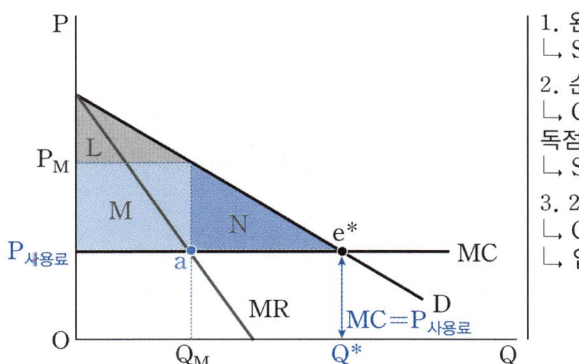

1. 완전경쟁시장
   └ SW=L+M+N=CS
2. 순수 독점기업
   └ CS=L
   독점이윤=M
   └ SW=L+M
3. 2부 가격제
   └ CS=0
   └ 입장료=L+M+N=독점이윤=SW

독점기업은 완전경쟁시장의 소비자잉여를 모두 독점이윤으로 흡수하여 이윤을 극대화하고자 한다. 따라서 이부가격제는 완전경쟁시장의 소비자잉여를 재화를 구입할 권리인 입장료(1부 가격)로 설정하고 한계비용(MC)을 두 번째 사용료(P)로 설정한다.

(4) 사용료(P)와 한계비용(MC)이 일치(P = MC)하므로 이부가격제의 생산량은 완전경쟁시장과 동일하고 사회후생이 극대화되는 파레토 효율적인 자원배분에 도달한다.

(5) 이부가격제는 1부 가격을 소비자잉여로 설정하고 사용료(P)를 한계비용(MC)으로 부과할 때 이윤극대화에 도달한다. 따라서 이부가격 설정을 하는 독점기업의 초과이윤은 1부 가격(입장료)과 일치한다(단, MC = AC).

(6) 소비자의 평균구매가격

$$평균구매가격 = \frac{1부\ 가격(CS) + 사용료(PQ)}{Q}$$
$$= \frac{1부\ 가격(CS)}{Q} + \frac{PQ}{Q} = \frac{1부\ 가격(CS)}{Q} + P$$

이부가격제에서는 구매량이 증가할수록 평균구매가격이 하락한다. 따라서 제2급 가격차별하에서의 다량(수량)할인과 비슷한 성격을 갖는다.

(7) 독점기업이 이부가격 설정을 통해 이윤을 극대화하기 위해서는 시장 내에 존재하는 소비자의 선호도(수요의 가격탄력성)가 동일해야 한다. 독점시장에 존재하는 개별 소비자의 수요행태가 다르다면 각 소비자의 최대지불용의금액이 다르므로 평균적인 소비자잉여에 근거한 1부 가격이 진입장벽으로 작용하여 이탈하는 소비자가 발생하기 때문이다. 따라서 이부가격제는 소비자들의 수요 행태가 다양할 때는 비효율적이다.

3. 묶어팔기 ➡ 소비자 간의 수요 사이에 음(−)의 상관관계

(1) 의의

① 묶어팔기(bundling)는 여러 상품을 한꺼번에 묶어 파는 판매전략이다.
② 묶어팔기는 개별판매 없이 오로지 묶은 셋트로만 판매하는 순수 묶어팔기(pure bundling)와 묶어팔기를 하면서 개별 상품을 따로 파는 혼합 묶어팔기(mixed bundling) 방식으로 구분된다.

(2) 독점기업의 이윤극대화 행동원리

① 소비자의 최대지불용의금액을 대변하는 수요곡선 상에서 독점가격을 설정하는 독점기업은 소비자의 유보가격을 기준으로 개별판매와 묶어팔기의 이윤을 비교하여 이윤극대화 판매전략을 결정한다.
② 소비자 간의 수요 사이에 음(−)의 상관관계(correlation) 존재 ➡ $\pi_{묶어팔기} > \pi_{개별판매}$
빵과 커피에 대한 철수와 영희의 최대지불용의가격은 다음과 같고 총생산비용은 0으로 가정한다.

구분	빵의 유보가격	커피의 유보가격
철수	500	700
영희	800	300

빵에 대한 최대지불용의가격은 영희가 높고, 커피에 대한 최대지불용의가격은 철수가 높아서 철수와 영희의 빵과 커피에 대한 수요는 음(−)의 상관관계가 존재한다.

㉠ 개별판매
   ⓐ 빵 가격이 500이면 철수와 영희가 모두 구매하므로 $\pi_{빵} = 500 \times 2 = 1{,}000$이다.
   ⓑ 빵 가격이 800이면 영희만 구매하므로 $\pi_{빵} = 800 \times 1 = 800$이다.
   ⓒ 커피 가격이 300이면 철수와 영희가 모두 구매하므로 $\pi_{커피} = 300 \times 2 = 600$이다.
   ⓓ 커피 가격이 700이면 철수만 구매하므로 $\pi_{커피} = 700 \times 1 = 700$이다.
   ⓔ 따라서 독점기업이 빵과 커피를 개별판매할 때에는 빵은 500, 커피는 700으로 가격을 설정하여 총 1,700의 이윤을 얻는다.

㉡ 묶어팔기
   ⓐ 빵과 커피 묶음 가격이 1,100이면 철수와 영희가 모두 구매하므로 $\pi_{빵+커피} = 1{,}100 \times 2 = 2{,}200$이다.
   ⓑ 빵과 커피 묶음 가격이 1,200이면 철수만 구매하므로 $\pi_{빵+커피} = 1{,}200 \times 1 = 1{,}200$이다.
   ⓒ 따라서 독점기업은 빵과 커피를 1,100의 묶음 가격으로 판매하여 2,200의 이윤을 얻는다.

㉢ 소비자 간의 수요 사이에 음(−)의 상관관계가 존재할 때에는 개별판매보다 묶어팔기를 통해 더 큰 이윤을 얻을 수 있다. 이는 묶어팔기를 통해 소비자잉여의 일부가 생산자에게 이전되었기 때문이다.

📝 **소비자 간의 수요 사이에 음(−)의 상관관계(correlation)**
각 재화에 대한 최대지불용의금액의 소비자가 다른 경우

📝 **소비자 간의 수요 사이에 양(+)의 상관관계(correlation)**
각 재화에 대한 최대지불용의금액의 소비자가 동일한 경우

③ 소비자 간의 수요 사이에 양(+)의 상관관계(correlation) 존재 ➡ $\pi_{개별판매} > \pi_{묶어팔기}$

빵과 커피에 대한 철수와 영희의 최대지불용의가격은 다음과 같고 총생산비용은 0으로 가정한다.

구분	빵의 유보가격	커피의 유보가격
철수	800	700
영희	500	300

빵과 커피에 대한 최대지불용의가격은 모두 철수가 높으므로 철수와 영희 사이의 빵과 커피에 대한 수요는 양(+)의 상관관계가 존재한다.

㉠ 개별판매
ⓐ 빵 가격이 500이면 철수와 영희가 모두 구매하므로 $\pi_{빵} = 500 \times 2 = 1{,}000$이다.
ⓑ 빵 가격이 800이면 철수만 구매하므로 $\pi_{빵} = 800 \times 1 = 800$이다.
ⓒ 커피 가격이 300이면 철수와 영희가 모두 구매하므로 $\pi_{커피} = 300 \times 2 = 600$이다.
ⓓ 커피 가격이 700이면 철수만 구매하므로 $\pi_{커피} = 700 \times 1 = 700$이다.
ⓔ 따라서 독점기업이 빵과 커피를 개별판매할 때에는 빵은 500, 커피는 700으로 가격을 설정하여 총 1,700의 이윤을 얻는다.

㉡ 묶어팔기
ⓐ 빵과 커피 묶음 가격이 800이면 철수와 영희가 모두 구매하므로 $\pi_{빵+커피} = 800 \times 2 = 1{,}600$이다.
ⓑ 빵과 커피 묶음 가격이 1,500이면 철수만 구매하므로 $\pi_{빵+커피} = 1{,}500 \times 1 = 1{,}500$이다.
ⓒ 따라서 독점기업은 빵과 커피를 800의 묶음 가격으로 판매하여 1,600의 이윤을 얻는다.

㉢ 소비자 간의 수요 사이에 양(+)의 상관관계가 존재할 때에는 묶어팔기보다 개별판매를 통해 더 큰 이윤을 얻을 수 있다.

(3) 사회적 관점에서 본 묶어팔기
① 공정한 경쟁 저해 ➡ 가격차별
혼합 묶어팔기의 경우 각 상품의 개별 구매자와 묶음 상품 구매자는 동일한 재화에 대해 다른 가격을 지불한다. 따라서 묶어팔기는 독점기업이 더 큰 이윤을 얻기 위한 넓은 의미의 가격차별 범주에 속하는 판매전략이다. 그리고 독점기업은 묶어팔기 판매전략을 경쟁자를 시장에서 몰아내기 위한 수단으로 사용함으로써 공정한 경쟁을 저해한다.

② 효율성 제고
소비자가 자동차 옵션을 개별적으로 선택하는 경우에 비해 완전한 정보를 보유한 생산자가 유기적으로 옵션을 결합하여 묶음으로 판매하면 안전성과 효율성이 동시에 제고된다. 또한 묶어팔기는 개별 구매를 위해 소비자가 지불해야 하는 탐색비용과 거래비용을 줄이고 생산자의 유통비용을 절약할 수 있다.

4. 끼워팔기

(1) 의의

① 끼워팔기(tying)는 주된 재화를 구입하기 위해서는 반드시 종된 부수적인 재화도 함께 구입하도록 강요하는 묶어팔기 판매전략이다. 순수 묶어팔기는 끼워팔기의 전형적인 사례이다.

② 끼워팔기는 순수 묶어팔기와 구분될 수 있다. 빵과 커피를 묶음 상품으로 판매하는 순수 묶어팔기 판매전략에서 빵과 커피는 소비자에게 개별 상품으로서 독자적인 의미를 갖는다. 그러나 반드시 자기 회사의 커피캡슐만 사용하도록 설계된 커피머신을 판매하는 경우 커피머신에 끼워파는 커피캡슐은 커피머신이 없다면 아무 의미도 갖지 못한다.

(2) 독점력의 파급

① 한 시장에서 강한 독점력을 갖는 기업이 다른 시장에서의 이윤을 더욱 크게 증가시키기 위한 목적으로 끼워팔기 판매전략을 사용한다.

② 커피머신과 커피캡슐을 모두 생산하는 기업이 커피머신 시장에서는 독점적 위치를 차지하고 있지만 커피캡슐시장에서는 치열한 경쟁에 직면해 있다면 커피머신에 커피캡슐을 끼워파는 전략을 사용해서 커피캡슐 판매로 더 큰 이윤을 만들 수 있다.

③ 컴퓨터 운영체제 시장에서 윈도우(Windows)로 독점적 지위를 구축하고 있는 마이크로소프트사가 윈도우에 인터넷 - 익스플로어(Internet Explorer) 웹브라우저를 끼워팔아서 운영체제 시장의 독점력을 웹브라우저 시장으로 확대한 행위는 기업이 시장지배력을 확장하기 위해 끼워팔기를 이용한 대표적 사례이다.

> 아이패드와 호환성이 높은 아이펜슬, 프린터와 잉크 카트리지, 커피머신과 커피캡슐은 끼워팔기의 사례이다.

VI 다공장독점

1. 의의

(1) 다공장독점은 시장에서 독점력을 갖는 독점기업이 다수의 공장에서 재화를 생산하여 단일 시장에 판매하는 경우를 의미한다.

(2) 다공장독점 모형은 협조적으로 행동하는 과점기업이 카르텔을 결성한 후에 독점기업처럼 이윤극대화 생산량을 결정하고 카르텔에 속한 기업에게 생산량을 배분하는 카르텔 모형과 유사하다.

2. 다공장독점기업의 이윤극대화 행동원리

(1) **이윤극대화 균형조건**

$$[MC_1 + MC_2 = \sum MC] = MR$$
$$\Rightarrow MC_1 = MC_2 = MR$$

(단, MC_1과 MC_2는 공장 1과 2의 한계비용이고 모두 체증한다.)

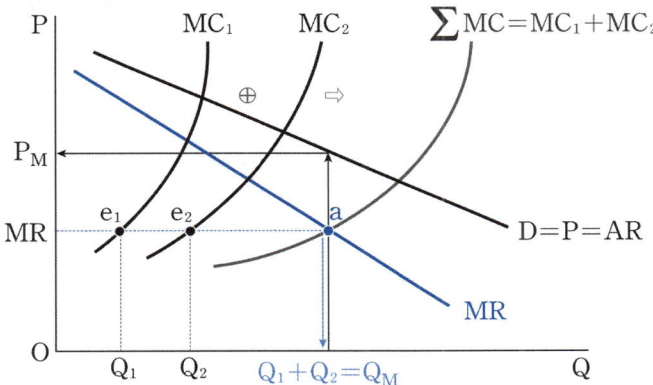

① 독점기업은 전체 독점시장에서 이윤극대화 생산량을 결정하고 가격을 설정한다. 그리고 전체 이윤극대화 생산량을 최소 비용으로 생산하기 위해 공장 1과 2의 한계비용이 일치하도록 각 공장에 생산량을 배분한다.

② 독점시장 전체의 생산량을 결정하기 위해 MC_1과 MC_2를 수평합하여 독점시장 전체의 한계비용곡선($\sum MC$)을 도출한다.

③ 전체 독점시장의 한계비용과 한계수입이 일치($\sum MC = MR$)하도록 이윤극대화 생산량(Q)을 결정하고 수요곡선 상에서 독점가격을 설정한다.

④ 이윤극대화 생산량을 MR(Q)에 대입하여 MR을 도출한다.

⑤ 이윤극대화 생산량을 최소 비용으로 생산하기 위해 $[MR = MC_1(Q_1) = MC_2(Q_2)]$이 되도록 Q_1과 Q_2를 각 공장에 배분한다.

연습문제

1. 동일한 재화를 두 개의 공장에서 생산하는 기업이 있다. 공장 1과 공장 2의 비용함수는 각각 $C_1(Q_1) = 6Q_1^2$ 및 $C_2(Q_2) = 4Q_2^2$이다. 시장의 역수요함수는 P = 880 − 2Q이다. 이윤을 극대화하는 공장 1과 2의 최적 생산량은? (단, Q_1은 공장 1의 생산량, Q_2는 공장 2의 생산량이다)

해설

$[MC_1 + MC_2 = \sum MC]$ = MR
➡ $MC_1 = MC_2$ = MR

① 독점시장 전체의 생산량을 결정하기 위해 MC_1과 MC_2를 수평합하여 독점시장 전체의 한계비용 곡선($\sum MC$)을 도출한다.

$MC_1 = 12Q_1$ ➡ $Q_1 = \dfrac{1}{12} MC_1$

$MC_2 = 8Q_2$ ➡ $Q_2 = \dfrac{1}{8} MC_2$

$[Q_1 + Q_2 = \sum Q] = \dfrac{5}{24}$ MC [∵ $MC_1 = MC_2$]

∴ $\sum MC = \dfrac{24}{5}$ Q

② 전체 독점시장의 한계비용과 한계수입이 일치($\sum MC$ = MR)하도록 이윤극대화 생산량을 결정한다.

③ P = 880 − 2Q ➡ MR = 880 − 4Q

$[\sum MC = \dfrac{24}{5} Q]$ = [880 − 4Q = MR]

∴ Q = 100

④ 이윤극대화 생산량을 MR곡선에 대입하여 MR을 도출한다.
➡ MR = 880 − 4[Q = 100] = 480

⑤ 각 공장의 한계비용이 체증하면 독점기업은 최소 비용으로 생산하기 위해 $[MC_1 = MC_2$ = MR]이 되도록 생산량을 각 공장에 배분한다.

➡ $Q_1 = \dfrac{1}{12}[MC_1 = 480] = 40$

➡ $Q_2 = \dfrac{1}{8}[MC_2 = 480] = 60$

⑥ $[MC_1 = 12Q_1] = [8Q_2 = MC_2]$

➡ $12Q_1 = 8Q_2$

➡ $\dfrac{Q_1}{2} = \dfrac{Q_2}{3}$

➡ $Q_1 : Q_2 = 2 : 3$

∴ $Q_1 = \dfrac{2}{2+3} 100 = 40$, $Q_2 = \dfrac{3}{2+3} 100 = 60$

▶ $Q_1 = 40$, $Q_2 = 60$

2. 독점기업 A는 동일한 상품을 생산하는 두 개의 공장을 가지고 있다. 두 공장의 비용함수와 A기업이 직면한 시장수요곡선이 다음과 같을 때, A기업의 이윤을 극대화하는 각 공장의 생산량을 계산하시오. (단, P는 가격, Q는 총생산량, Q_1은 공장 1의 생산량, Q_2는 공장 2의 생산량이다)

2020년 국가직 7급

- 공장 1의 비용함수: $C_1(Q_1) = 40 + Q_1^2$
- 공장 2의 비용함수: $C_2(Q_2) = 90 + 6Q_2$
- 시장수요곡선: $P = 200 - Q$

해설

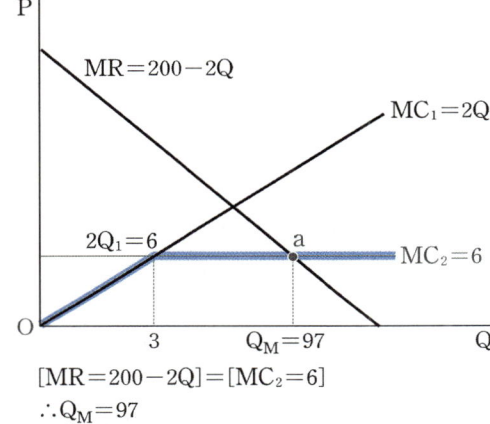

$$[MR = 200 - 2Q] = [MC_2 = 6]$$
$$\therefore Q_M = 97$$

$MC_1(Q_1) = 2Q_1$
$MC_2(Q_2) = 6$

임의의 생산량 수준에서 동일 생산량을 보다 저렴하게 생산하는 공장의 한계비용곡선이 독점기업의 한계비용곡선이다. 따라서 최초 3단위까지는 공장 1의 한계비용이 공장 2보다 낮으므로 공장 1의 한계비용곡선이 독점기업의 한계비용곡선이 되고, 생산량이 3단위를 초과하면 공장 2의 한계비용이 공장 1보다 낮으므로 공장 2의 한계비용이 독점기업의 한계비용곡선이다.

한계수입곡선(MR) = 200 − 2Q

독점기업은 한계수입[MR = 200 − 2Q]과 한계비용[$MC_2(Q_2) = 6$]이 일치하는 a에서 97의 이윤극대화 생산량을 결정하고 최초 3개는 공장 1에서, 나머지 94개는 공장 2에서 생산하여 이윤극대화를 달성한다.

▶ $Q_1 = 3$, $Q_2 = 94$

3. 독점기업 A는 두 개의 공장을 가지고 있으며, 제1공장과 제2공장의 한계비용곡선(MC)은 각각 $MC_1 = 100 + 4Q_1$, $MC_2 = 180 + 2Q_2$이다. A기업의 이윤을 극대화하는 생산량이 총 140단위일 때, 제1공장과 제2공장의 생산량은? (단, Q_1은 제1공장의 생산량, Q_2는 제2공장의 생산량이다)

2024년 지방직 7급

	제1공장 생산량(Q_1)	제2공장 생산량(Q_2)
①	60	80
②	70	70
③	80	60
④	90	50

해설
다공장독점의 이윤극대화 행동원리
➡ $[MC_1 = 100 + 4Q_1] = [MC_2 = 180 + 2Q_2]$
➡ $2Q_1 - Q_2 = 40$ … ①
두 공장의 총생산량 = 140
➡ $Q_1 + Q_2 = 140$ … ②
①식과 ②식을 연립하면,
∴ $Q_1 = 60$, $Q_2 = 80$

▶ ①

Ⅶ 독점시장 평가

1. 자원배분의 효율성 ➡ 독점에 따른 후생손실

(1) P > MC ➡ 과소생산

① 독점시장은 완전경쟁시장보다 생산량이 적고 시장가격이 한계비용보다 높아 사회후생이 감소한다.

② 가격(P)이 한계비용(MC)보다 높다는 것은 한계생산을 위한 비용의 증가분보다 소비자의 한계소비에 따른 효용의 증가분이 더 큰 것을 의미한다. 그러므로 생산량이 증가하면 사회후생은 더욱 증가하므로 P > MC의 생산량은 사회후생의 감소분이 존재하는 비효율적인 생산량이다.

(2) 초과설비 ➡ 자원의 낭비

① 완전경쟁기업의 장기균형에서는 최적시설규모(LAC_{Min})에서 효율적인 생산이 이루어지지만, 독점기업은 평균비용의 최저점인 최적시설규모에 미치지 못하는 산출량을 생산함으로써 초과설비를 보유한다. 따라서 보유한 생산규모를 온전히 활용하지 못하고 유휴설비가 존재하므로 자원이 낭비된다.

② 평균비용의 최저점보다 왼쪽에서 과소생산을 하면 최소 비용으로 생산이 이루어지지 못하므로 자원배분의 비효율성을 초래한다.

(3) 러너지수

① 독점시장에서 사중손실이 초래되는 이유는 우월한 독점적 지위를 활용해서 시장가격이 한계비용을 초과하기 때문이다.

② 따라서 가격과 한계비용의 차이가 클수록 사중손실이 증가하므로 러너는 다음과 같이 독점도(degree of monopoly)를 측정한다.

$$\text{러너의 독점도(dm)} = \frac{P - MC}{P}$$

📝 **P**
수요곡선의 높이(D = P)는 한계소비에 따른 효용의 증가분만큼 소비자의 최대지불용의가격(금액)

③ 독점도는 0과 1 사이의 값을 갖는다.
④ 완전경쟁시장은 P = MC이므로 독점도가 0이고 자원배분이 파레토 효율적이다.
⑤ 러너지수가 1에 다가설수록 독점도가 높고 후생손실이 증가한다.
⑥ 러너지수는 Amoroso – Robinson 공식을 통해 수요의 가격탄력성과 역의 관계를 갖는다.

$$\text{러너의 독점도(dm)} = \frac{P-MC}{P} = \frac{P-[MC=MR=P(1-\frac{1}{\varepsilon})]}{P}$$
$$= \frac{P-P(1-\frac{1}{\varepsilon})}{P} = \frac{1}{\varepsilon}$$

⑦ 이를 통해 독점기업의 수요의 가격탄력성(ε)이 클수록 한계비용에 가까운 낮은 가격을 설정하므로 독점도가 낮아 사중손실이 작게 발생함을 알 수 있다.

2. 소득재분배 ➡ 소비자잉여의 감소분

독점시장은 완전경쟁시장에 비해 생산량이 감소하고 시장가격이 상승하므로 소비자잉여가 감소한다. 그리고 소비자잉여 감소분 중 일부는 독점기업의 잉여(이윤)로 이전되는 부의 재분배가 발생한다.

3. 독점과 기술혁신

(1) 긍정적 입장

슘페터(J. Schumpeter)에 의하면 독점기업이 초과이윤을 연구개발에 투자함으로써 기술혁신을 촉진하는 긍정적 효과가 존재한다.

(2) 부정적 입장

독점기업은 경쟁압력이 없고 임의로 가격을 설정할 수 있으므로 원가절감과 기술혁신의 유인이 존재하지 않는다.

VIII. 독점기업 규제

1. 의의

(1) 독점은 자원배분의 효율성, 소득분배의 공평성 등 여러 측면에서 사회후생을 감소시키므로 바람직하지 못하다.

(2) 따라서 정부는 가격규제(가격상한제), 조세부과, 경쟁촉진을 통해 독점도를 낮춰 독점의 폐해를 교정하고 자원배분의 효율성을 높이고자 한다.

2. 가격규제 ➡ 최고가격제

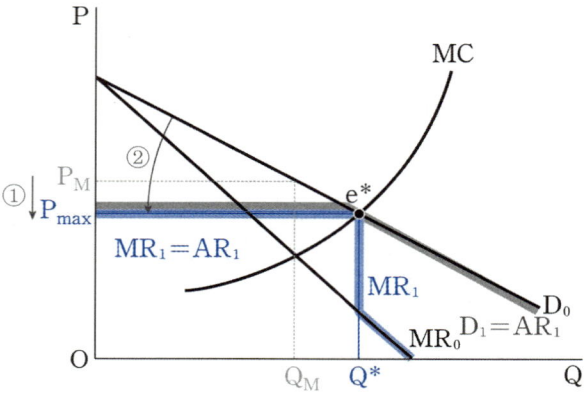

(1) 정부는 파레토 효율적 자원배분을 유도하고 소비자를 보호하기 위해 독점가격(P_M)보다 낮은 상한가격($P_{\max}$)을 설정한다.

(2) 정부가 상한가격($P_{\max}$)으로 독점기업을 규제하면 소비자의 최대지불용의가격이 $P_{\max}$로 하락하므로 수요곡선도 e^*를 중심으로 반시계방향으로 회전이동하여 D_1이 된다.

(3) $D_1 = AR_1$이므로, AR_1곡선이 수평인 구간($0 \sim Q^*$)에서는 판매량이 변하더라도 평균수입(AR)이 일정하므로 한계수입과 평균수입이 일치($MR_1 = AR_1$)한다.

(4) 독점기업은 MR_1과 MC가 일치하는 e^*에서 생산량을 결정하고, D_1곡선 상에서 $P_{\max}$를 독점가격으로 설정한다.

(5) 따라서 정부가 완전경쟁시장의 균형가격을 상한가격으로 설정하면 파레토 효율적인 자원배분에 도달할 수 있다.

(6) 그러나 실제로 정부는 독점기업의 한계비용에 대한 불완전한 정보를 보유하고 있고, 자연독점기업을 한계비용으로 규제하면 손실이 발생해서 생산을 중단하므로 최고가격제는 현실에서 사용되기 어렵다.

IX 자연독점

1. 자연독점의 형성

(1) 생산규모가 큰 산업에서는 다수의 기업이 경쟁하는 경우보다 하나의 기업이 생산할 때 더욱 낮은 비용으로 생산이 이루어져 자연독점(Natural monopoly)이 형성된다.

(2) 전기, 통신, 수도산업은 초기에 대규모의 설비투자비용(TFC)이 투입되지만 추가적인 한계생산을 위한 한계비용은 매우 작다. 따라서 생산량이 증가할수록 대폭 하락하는 평균고정비용이 소폭 상승하는 평균가변비용을 압도하여 평균비용이 하락하는 규모의 경제가 발생한다.

(3) 규모의 경제가 존재하면 시장을 선점한 기업이 낮은 평균비용의 이점을 활용해서 후발 기업의 진입을 저지할 수 있다.

(4) 시장수요가 평균비용(AC)이 하락하는 규모의 경제 구간에 위치할 때, 즉 시장수요곡선(D)이 평균비용(AC)의 최소점보다 좌측에 위치할 때 자연독점시장이 형성된다.

2. 자연독점시장의 파레토 비효율적 자원배분

(1) 평균비용이 하락하면 한계비용곡선은 평균비용곡선보다 하방에 위치한다.

(2) 자연독점기업도 $MR = MC$인 지점에서 이윤극대화 생산량을 결정하고 한계수입곡선보다 상방에 위치한 수요곡선(D) 상에서 독점가격을 설정하므로 독점시장가격은 한계비용보다 크다($P > MC$).

(3) 따라서 자연독점시장에서는 $P = MC$인 지점에서 생산하는 완전경쟁시장보다 생산량이 적은 독점의 비효율성이 발생한다.

3. 자연독점기업에 대한 정부규제 ➡ 직접적인 가격규제

(1) 독점이 정당화되는 유일한 경우가 규모의 경제가 존재하는 자연독점이다. 자연독점은 여러 기업이 경쟁하면서 나누어 생산하는 것보다 한 기업이 전체를 생산하는 것이 비용측면에서 효율적이기 때문이다.

(2) 자연독점기업을 분할하여 경쟁을 유도하면 오히려 생산비용이 상승하는 비효율성이 확대된다.

(3) 그러므로 자연독점에서는 규모의 경제로 인한 생산의 효율성을 유지하면서 동시에 독점의 비효율성을 제거하기 위해 한계비용 가격설정, 평균비용 가격설정, 이중가격설정의 직접적인 가격규제 정책을 사용한다.

4. 한계비용 가격설정(P = MC)

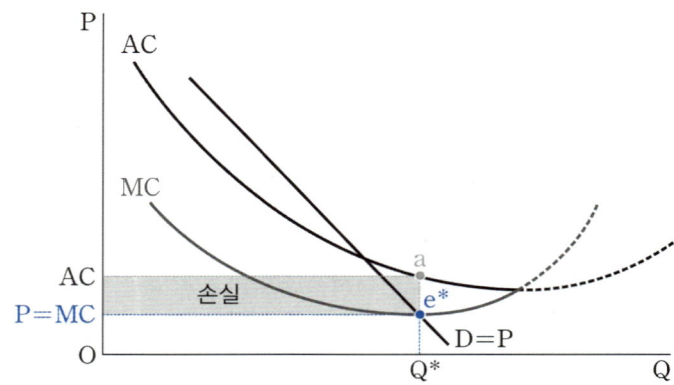

(1) 정부는 자연독점시장에서 파레토 효율성을 달성하기 위해 완전경쟁시장의 산출량을 유도한다.

(2) 자연독점기업은 MR = MC에서 이윤극대화 생산량을 결정한다.

(3) 따라서 시장수요곡선(D = P)과 한계비용(MC)이 교차하는 지점의 가격을 상한가격으로 설정하면 자연독점기업은 이윤극대화를 위해 D = P = MC인 완전경쟁시장의 산출량까지 생산량을 늘린다.

(4) 그러나 규모의 경제가 성립하는 구간에서 AC곡선은 MC곡선보다 상방에 위치하므로 한계비용 가격설정에서 독점기업은 손실이 발생한다.

(5) 따라서 정부가 한계비용 가격설정에서 발생하는 손실을 정부 보조금으로 보전해주지 않는다면 독점기업은 생산활동을 중단할 것이다.

> **평균비용 가격설정**
> 영국의 경제학자 램지(Frank Ramsey)가 최초로 고안한 자연독점 가격규제

5. 평균비용 가격설정(P = AC) ➡ 램지 가격설정(Ramsey pricing)

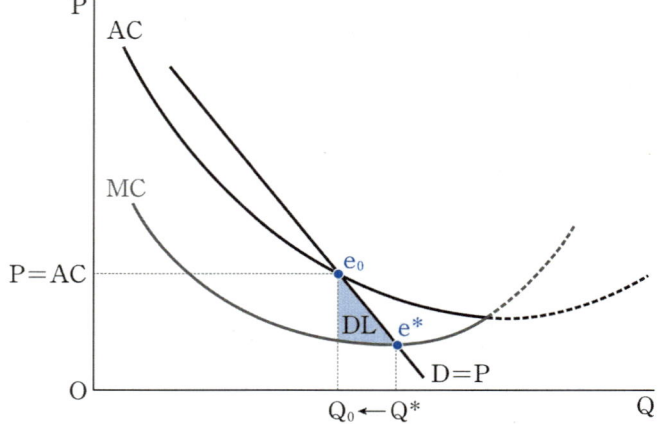

(1) 한계비용 가격설정은 자원배분의 측면에서는 최선책(first best)이지만 실제로 자연독점 기업의 생산을 유인하기 위해서는 손실에 대한 보전이 필요하다.

(2) 그러나 정부가 보조금을 지급할 여력이 없거나 각종 규제로 인해 보조금을 직접 지급할 수 없다면 차선책(second best)으로 가격을 평균비용에 일치시키는 방식이 최선의 가격설정 규제이다.

(3) 정부가 시장수요곡선(D = P)과 평균비용곡선(AC)이 교차하는 지점의 가격을 상한가격으로 설정하면 독점기업은 이윤극대화($\pi = 0$)를 달성하기 위해 D = P = AC인 지점에서 생산량을 결정한다.

(4) 평균비용 가격설정의 규제방식은 파레토 효율적인 자원배분에는 도달하지 못하지만 독점기업이 손실은 보지 않으면서 가능한 많은 재화를 낮은 가격에 공급하도록 유인할 수 있는 장점이 있다.

(5) 그러나 원자재 가격 상승으로 평균비용이 높아지더라도 상승한 평균비용만큼 가격을 인상하면 되므로 독점기업은 생산비용을 낮추기 위해 노력할 유인이 존재하지 않는다.

6. 이중가격설정

(1) 평균비용 가격설정은 독점기업이 손실을 보지는 않아 공급은 이루어지지만 독점기업으로 하여금 이상적인 수준의 산출량을 선택하도록 유인하지 못한다.

(2) 파레토 효율적인 생산량에 도달하는 한계비용 가격설정의 장점과 독점기업에게 손실이 발생하지 않는 평균비용 가격설정의 장점을 동시에 살리기 위해 이중가격설정이 도입되었다.

(3) 정부는 독점기업이 한계적 소비자에게는 한계비용에 해당하는 낮은 가격을 받아 파레토 효율성을 달성하고, 이때 발생하는 손실은 다른 비탄력적인 소비자에게 높은 가격을 설정하여 메울 수 있도록 하는 이중가격설정(two - tier pricing)을 허용한다.

(4) 이중가격설정은 독점기업이 동일한 재화에 대해 소비자 그룹별로 낮은 가격과 높은 가격을 설정하도록 정부가 용인하는 가격차별이다.

CHAPTER 13 독점적 경쟁시장

I 의의

> **독점적 경쟁시장 ➡ 차별화된 경쟁시장**
>
> 독점적 경쟁시장은 차별화된 상품의 생산자가 무수히 많은 시장이다. 그러나 상품의 차별화 정도가 매우 커서 완전히 다른 상품으로 인식되면 시장 자체가 분리되고 경쟁이 존재하지 않기 때문에 독점적 경쟁시장에 포함되지 않는다. 따라서 차별화된 상품이 하나의 시장(상품그룹)에 포함되기 위해서는 상품 간의 대체성이 높아 경쟁관계가 존재해야 한다.

(1) 챔벌린(Edward chamberlin)에 의해 제기된 독점적 경쟁시장(monopolistic competition)은 완전경쟁과 독점의 중간적 시장형태로서 무수히 많은 판매자가 있고 진입과 퇴거가 자유로운 완전경쟁시장의 특징과 자신과 동일한 품질의 상품을 파는 다른 생산자가 존재하지 않는 독점시장의 특징이 공존한다.

(2) 독점적 경쟁시장은 다수의 기업이 동일 상품그룹에 포함될 만큼 유사하지만 차별화된 상품을 판매하고, 기업의 진입과 퇴거가 완전히 자유로운 시장이다.

(3) 식당, 미용실, 주유소, 네일아트샵과 같은 독점적 경쟁시장에서는 다수의 기업이 대체성은 높으나 차별화된 상품으로 전체 소비자를 그룹별로 분할하고 독점적으로 지배하여 이윤극대화를 추구한다.

(4) 독점적 경쟁기업이 생산하는 차별화된 상품은 대체성이 높아 진입장벽이 매우 낮다. 따라서 장기적으로는 자유로운 진입과 퇴거를 통해 독점적 경쟁기업은 정상이윤만을 획득한다.

II 독점적 경쟁시장의 가정

> **산업과 상품그룹(product group)**
>
> | 산업 | 모두가 동질적인 상품을 생산하는 기업 집단 |
> |---|---|
> | 상품그룹 | 같은 산업에 속하지만 조금씩 다른 재화를 생산하는 기업 집단 |

(1) 한 상품그룹에는 다수의 기업이 존재하고, 각 기업은 조금씩 질이 다른 차별화된 재화를 생산한다.

(2) 한 상품그룹 내에 존재하는 독점적 경쟁기업 사이에는 상호의존성이 존재하지 않는다.

(3) 한 상품그룹 내의 독점적 경쟁기업이 생산하는 재화는 상호 간의 대체성이 매우 높다. 그러므로 독점적 경쟁시장이 전제하는 차별화는 어느 기업이든 별 어려움 없이 유사한 상품을 만들어 경쟁할 수 있을 정도의 차별화이다.

(4) 한 상품그룹 내에 속하는 모든 기업들은 똑같은 수요곡선과 비용곡선을 보유한다.
  [단, (4)의 가정은 차별화된 상품을 생산하는 독점적 경쟁시장의 특성을 고려하며 매우 제한적인 가정임.]

Ⅲ 독점적 경쟁시장의 특징

1. 차별화된 상품(differentiated products) ➡ 수평적 차별화 ➡ 독점시장의 특징

⑴ **수직적 차별화**(vertical differentiation)

소비자가 품질의 우열을 인식할 수 있도록 동일 상품그룹 내에서 품질의 차이로 차별화를 추구하는 방식이다. 동일한 가전제품그룹 내에서 특수한 공정을 거치고 특별한 원자재를 사용했는지에 따라 보급형, 프리미엄, 하이엔드 순으로 품질의 우열을 구분한다.

⑵ **수평적 차별화**(horizontal differentiation)

① 품질의 우열과 무관하게 다양한 소비자의 기호에 맞춰 상품 차별화를 추구하는 방식이다. 예를 들어 비누에 대한 다양한 소비자의 선호를 반영하여 세정기능, 향균작용, 향기 등 조금씩 다른 특징을 갖는 비누가 생산된다.

② 독점적 경쟁기업은 수평적 차별화를 통해 개별 소비자의 기호에 부응하는 차별화된 상품을 생산하여 소비자를 그룹별로 지배할 수 있는 독점력을 확보한다.

③ 수평적 차별화는 소비자의 다양한 욕구에 부응하는 긍정적인 측면과 동질의 상품 간에 포장방법, 빛깔, 냄새 등으로 사소한 차이를 만들기 위해 자원을 낭비하는 부정적인 측면이 공존한다.

2. 가격설정자 ➡ 독점기업보다 탄력적인 우하향의 수요곡선

⑴ 독점적 경쟁기업은 차별화된 상품으로 소비자를 그룹별로 분할하여 독점적으로 지배하므로 독점기업처럼 우하향하는 수요곡선에 직면한다.

⑵ 그러므로 가격수용자인 완전경쟁기업과 달리 독점적 경쟁기업은 가격설정자이고, 독점적 경쟁기업의 공급곡선은 존재하지 않는다.

⑶ 그러나 독점적 경쟁기업의 차별화된 상품은 대체성이 매우 높으므로 독점적 경쟁기업이 직면하는 수요곡선은 독점기업보다 탄력적이다.

3. 비가격경쟁

⑴ 독점적 경쟁시장에서 기업은 가격보다는 상품의 차별화를 통해 경쟁한다.

⑵ 독점적 경쟁시장에서는 소비자의 기호에 부응하는 차별화된 상품을 생산하여 시장지배력을 높일수록 더 큰 이윤을 얻을 수 있다.

⑶ 수평적 차별화를 통해 소비자의 기호에 부합하는 차별화된 상품을 생산하더라도 상품 간 대체성이 높으므로 시장점유율을 높이기 위한 광고, 포장, 애프터서비스 등의 비가격경쟁이 활발하다.

> 비가격경쟁은 독점시장보다 상호의존성이 존재하는 과점시장에서 훨씬 치열하다.

4. 자유로운 진입과 퇴거 ➡ 장기균형의 초과이윤 = 0 ➡ 장기균형의 특징

독점적 경쟁기업이 생산하는 차별화된 상품은 대체성이 높아 진입장벽이 매우 낮으므로 장기에는 자유로운 진입과 퇴거를 통해 완전경쟁기업처럼 초과이윤은 없고 오로지 정상이윤만을 획득한다.

Ⅳ 단기균형

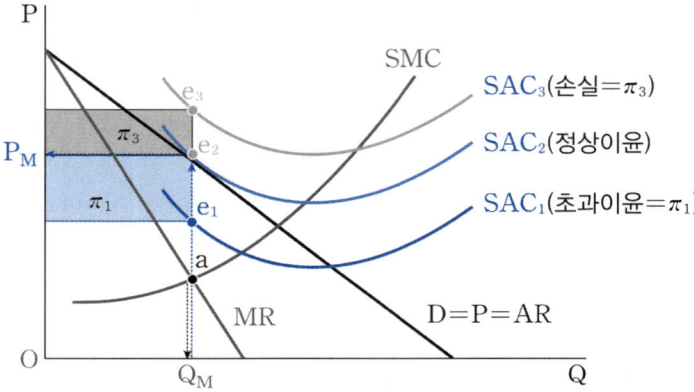

➡ $P > SAC_1$ ➡ $\pi_1 > 0$, 초과이윤 획득
➡ $P = SAC_2$ ➡ $\pi_2 = 0$, 정상이윤
➡ $P < SAC_3$ ➡ $\pi_3 < 0$, 손실 발생

(1) 독점적 경쟁시장에서 각 기업은 차별화된 상품을 판매하기 때문에 소비자를 그룹별로 분할하여 독점적으로 지배한다.

(2) 따라서 전체 시장수요곡선 중 일부분이 자신의 상품에 대한 개별 수요곡선이므로 독점적 경쟁기업이 직면하는 수요곡선은 독점기업의 수요곡선과 같이 우하향하는 직선이다. 하지만 독점기업과 달리 상품 간의 대체성이 매우 높기 때문에 수요곡선이 훨씬 탄력적이다.

(3) 또한 독점적 경쟁기업이 가격을 상승시키면 대체재로 수요가 이동하여 해당기업의 수요가 감소하지만, 차별된 상품으로 일부 소비자를 여전히 지배하고 있기 때문에 수요가 완전히 사라지진 않는다.

(4) 독점적 경쟁기업은 MR = MC가 일치하는 a에서 이윤극대화 생산량(Q_M)을 결정하고, 수요곡선(D = P) 상에서 가격(P_M)을 설정하여 이윤극대화를 추구한다.

(5) 독점적 경쟁시장으로의 진입과 퇴거가 불가능한 단기에서 독점적 경쟁기업은 가격(P)과 평균비용(AC)의 크기에 따라 손실을 볼 수도 있고, 초과이윤을 얻을 수도 있다.

V 장기균형

1. 조정과정 ➡ 진입과 퇴거 ➡ 정상이윤

(1) 독점적 경쟁시장의 유사한 상품 사이에는 대체성이 높아 진입장벽이 매우 낮으므로 진입과 퇴거가 자유롭다.

(2) 초과이윤이 발생하면 대체성이 높은 상품을 생산하는 기업이 진입하므로 독점적 경쟁기업에 대한 수요가 감소하여 수요곡선이 좌측으로 이동하고 가격이 하락한다.

(3) 손실이 발생하면 기존의 일부 기업이 퇴거하므로 독점적 경쟁기업에 대한 수요가 증가하여 수요곡선이 우측으로 이동하고 가격이 상승한다.

(4) 따라서 독점적 경쟁시장의 장기균형에서 각 기업은 정상이윤만을 획득한다.

2. 장기균형의 특징

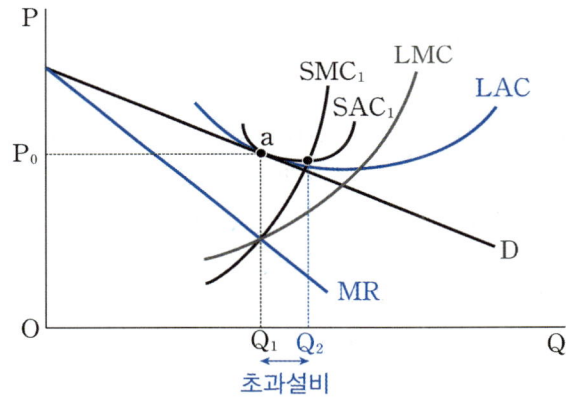

(1) 수요곡선과 LAC곡선이 접하는 a에서 정상이윤만을 획득한다.
   ➡ 장기균형에서는 $P = LAC = SAC$가 성립한다.

(2) P > MC이므로 완전경쟁시장보다 과소생산되어 자원배분이 비효율적이다.

(3) 규모의 경제가 발생하는 구간에서 생산이 이루어진다.

(4) **초과설비($Q_2 - Q_1$)를 보유한다.**

독점기업이 보유하는 초과설비는 자원의 낭비이지만, 독점적 경쟁기업의 초과설비는 다양한 재화를 공급하기 위한 생산능력의 보유로도 해석할 수 있다.

VI. 독점적 경쟁시장의 평가

1. 장점 : 다양한 재화 생산 ➡ 소비자의 후생 증가

독점적 경쟁시장은 완전경쟁시장보다 소비자의 욕구에 부합하는 다양한 제품이 공급되므로 소비자 만족도가 높다.

2. 단점

(1) P > MC ➡ 과소생산 ➡ 자원배분의 비효율성

① 독점적 경쟁시장은 완전경쟁시장보다 생산량이 적고 시장가격이 한계비용보다 높아 사회후생이 감소한다.

② 가격(P)이 한계비용(MC)보다 높다는 것은 한계생산을 위한 비용의 증가분보다 소비자의 한계소비에 따른 효용의 증가분이 더 큰 것을 의미한다. 그러므로 생산량이 증가하면 사회후생은 더욱 증가하므로 P > MC의 생산량은 사회후생의 감소분이 존재하는 비효율적인 생산량이다.

(2) 초과설비의 보유

① 완전경쟁기업은 장기균형에서 최적시설규모(LAC_{Min})에서의 효율적인 생산이 이루어지지만, 독점적 경쟁시장은 평균비용의 최저점인 최적시설규모에 미치지 못하는 산출량을 생산함으로써 초과설비를 보유한다. 따라서 보유한 생산규모를 온전히 활용하지 못하고 유휴설비가 존재하므로 자원이 낭비된다.

② 평균비용의 최저점보다 왼쪽에서 과소생산을 하면 최소 비용으로 생산이 이루어지지 못하므로 자원배분의 비효율성이 초래된다.

(3) 비가격경쟁에 따른 자원의 낭비

시장지배력을 높이기 위한 광고, 포장 등의 비가격경쟁으로 자원이 낭비된다.

(4) 수평적 차별화 ➡ 낮은 기술혁신

일반적으로 독점적 경쟁기업은 수평적 차별화를 통해 상품차별화를 추구하므로 기술혁신의 유인이 낮다.

과점시장

I 의의

(1) 과점시장(Oligopoly)은 진입장벽으로 인해 새로운 기업의 진입이 어렵거나 불가능한 상황에서 상호의존적인 소수의 기업이 시장을 지배하며 경쟁과 협력이 복합적으로 나타나는 시장이다.

(2) 과점시장에서는 독점시장보다는 많고 완전경쟁시장보다는 적은 소수의 기업이 존재한다. 소수의 기준은 공급자들이 서로의 존재를 인식하기에 충분할 만큼의 적은 크기이다. 예를 들어 석유산업·항공산업·통신산업처럼 소수의 기업이 실질적으로 시장을 장악하고 지배적인 위치를 점하고 있는 시장이 과점시장이다.

(3) 과점시장에는 소수의 기업만이 존재하므로 개별기업이 시장에서 차지하는 비중이 상당히 높다. 따라서 과점기업 간에는 특정 기업의 생산량과 가격 결정이 다른 기업의 이윤에 영향을 미치는 상호의존성이 존재한다.

(4) 상호의존성에 의해 각 기업은 경쟁기업의 반응을 예측하여 선택을 달리하는 전략적 상황에 처하게 된다. 그리고 가격경쟁, 무모한 경쟁을 피하기 위해 담합, 독점적 경쟁 등의 전략적 행동을 선택한다.

(5) 과점시장에 단 두 개의 기업만이 존재하는 형태를 복점(duopoly)시장이라고 한다.

(6) 과점시장에서 거래되는 상품의 질이 동일하면 순수과점(pure oligopoly)시장이고, 차별화된 상품을 생산하면 차별과점(differentiated oligopoly)시장이다.

> 상호의존성과 전략적 상황

> 독점시장이나 완전경쟁시장과 달리 과점시장의 본질은 기업들 사이에 존재하는 상호의존성(interdependence)이다.

II 진입장벽

과점시장은 유무형의 진입장벽이 새로운 기업의 진입을 저지할 경우에 형성된다.

1. 규모의 경제 ➡ 진입저지가격설정

규모의 경제가 발생하는 산업에서는 기존 기업이 낮은 비용의 이점을 활용해서 신규 기업의 진입을 저지할 수 있다.

2. 낮은 자원의 이동성 ➡ 생산요소의 독점적 소유와 특허권

과점시장을 선점한 기업들이 생산기술과 생산요소를 독점적으로 소유해서 기업 간의 자원 이동성이 낮으면, 신규 기업이 과점시장으로 진입하더라도 필수 생산요소를 확보하지 못해 생산을 할 수 없다.

3. 정부규제 및 인허가

엄격한 규제 및 까다로운 인허가 절차 요건은 신규 기업의 시장 진입을 방해하는 높은 문턱이다.

4. 차별화된 제품과 고객의 높은 충성도

다양한 차별적 상품을 생산하고 고객 충성도가 높은 기업이 존재한다면 새로운 상품에 대한 수요가 없으므로 신규 기업이 진입할 여지가 없다.

III 과점이론의 구분

1. 추측된 변화에 입각한 모형 ➡ 독자적 행동모형

(1) 생산량 결정모형 - 꾸르노모형, 슈타켈버그모형

(2) 가격 결정모형 - 베르뜨랑모형, 굴절수요곡선모형

2. 불완전한 담합 - 가격선도모형

3. 완전한 담합 - 카르텔모형

Ⅳ 독자적 행동모형

1. 추측된 변화(conjectural variance)

(1) 과점시장에 존재하는 기업들이 담합을 통하여 공동의 의사결정을 하는 협조적 행동모형과 달리 독자적 행동모형은 각 기업이 다른 기업과 무관하게 독립적으로 이윤극대화를 달성하는 생산량과 가격을 결정하는 과정을 분석한다.

(2) 그럼에도 과점시장의 기업 간에는 상호의존성이 존재하므로 각 기업은 상대방의 반응에 대해 추측한 결과에 기초해 독자적으로 행동한다.

(3) **추측된 변화(conjectural variance)는 자신이 선택한 행동에 대해 상대방의 반응을 예측한 값이다.**

   ① 산출량의 추측된 변화(conjectural variance in output; CV_q) ➡ $CV_q = \dfrac{\Delta Q_j}{\Delta Q_i}$

   생산량에 대한 추측된 변화(CV_q)는 한(i) 기업이 생산량을 조정(ΔQ_i)할 경우에 경쟁상대인 상대기업(j)의 생산량 변화분(ΔQ_j)에 대한 예측치이다.

   ② 가격의 추측된 변화(conjectural variance in price; CV_p) ➡ $CV_p = \dfrac{\Delta P_j}{\Delta P_i}$

   가격에 대한 추측된 변화(CV_p)는 한(i) 기업이 가격을 조정(ΔP_i)할 경우에 경쟁상대인 상대기업(j)의 가격 변화분(ΔP_j)에 대한 예측치이다.

(4) 독자적 행동모형은 생산량에 대한 추측된 변화(CV_q)를 근간으로 하는 꾸르노모형과 슈타켈버그모형, 가격에 대한 추측된 변화(CV_p)가 핵심인 베르뜨랑모형과 굴절수요곡선모형으로 구분된다.

2. 꾸르노모형

(1) 가정

   ① 꾸르노시장은 두 기업만이 존재한다. ➡ 복점시장
   ② 두 기업이 동질적인 상품을 생산한다. ➡ 순수과점시장
   ③ 두 기업은 자신의 이윤극대화 생산량을 동시에 결정한다. ➡ 동시게임
   ④ 두 기업의 생산량에 관한 추측된 변화(CV_q)는 모두 0이다.

   ➡ $CV_q = \dfrac{\Delta Q_j = 0}{\Delta Q_i} = 0$

   ➡ 생산량에 관한 추측된 변화(CV_q)가 0이라는 것은 꾸르노기업이 이윤극대화 생산량을 결정(변화)하더라도 상대기업의 생산량은 반응하지 않을 것으로 예상함을 의미한다.

   ➡ 따라서 각 꾸르노기업은 상대방의 생산량(전략)이 주어진 상태에서 각자 자신의 이윤극대화 생산량을 결정하는 추종자(follower)이므로 꾸르노균형은 내쉬균형이다.

(2) 꾸르노 기업의 이윤극대화 행동원리

동일한 재화를 생산하는 기업 1과 기업 2가 동시에 생산량을 결정하는 복점시장의 시장수요함수는 Q = 20 − P이다. 두 기업 모두 고정비용이 없고, 한계비용은 2로 일정할 때 꾸르노 균형과 시장가격을 도출하시오. (단, Q는 두 기업의 생산량의 합이고, P는 시장가격이다)

해설

① 반응곡선의 도출 ➡ [$q_1 - q_2$ 평면]

반응곡선(reaction curve)은 상대 기업의 생산량이 주어졌을 때 자신의 이윤극대화를 달성하는 최적 반응생산량 조합을 연결한 궤적이다.

➡ 꾸르노기업 1의 반응곡선은 이윤함수로부터 도출된다.

$MC_1 = MC_2 = 2$

Q = 20 − P

P = 20 − Q = 20 − ($q_1 + q_2$) [∵ Q = $q_1 + q_2$]

$\pi_1 = TR_1 - TC_1$
$\quad = Pq_1 - TC_1$
$\quad = [20 - q_1 - q_2]q_1 - TC_1$ [∵ P는 q_1과 q_2에 의해 결정되는 변수이므로 π_1을 q_1으로 미분하기 위해서 P를 q_1과 q_2로 치환한다.]

기업 1은 기업 2의 생산량이 q_2로 주어졌을 때 이윤극대화를 달성하는 q_1을 결정하므로 π_1을 q_1으로 미분하여 기업 1의 반응곡선을 도출한다.

$\dfrac{d\pi_1}{dq_1} = [MR_1 = 20 - 2q_1 - q_2] - [MC_1 = 2] = 0$

$18 - 2q_1 - q_2 = 0$

[➡ π_1을 q_1으로 미분하여 이윤극대화 생산량을 결정하는 과정은 $MR_1 = MC_1$이고, 상대방의 생산량을 주어진 것으로 가정($CV_q = 0$)하므로 기업 1에게 q_2는 변수가 아니라 상수이다.]

∴ 기업 1의 반응곡선 $R_1(q_1) = 9 - \dfrac{1}{2}q_2$

➡ 꾸르노기업 2의 반응곡선도 동일한 방식으로 도출하면,

$\pi_2 = TR_2 - TC_2$
$\quad = Pq_2 - TC_2$
$\quad = [20 - q_1 - q_2]q_2 - TC_2$

$\dfrac{d\pi_2}{dq_2} = [MR_2 = 20 - q_1 - 2q_2] - [MC_2 = 2] = 0$

$18 - q_1 - 2q_2 = 0$

∴ 기업 2의 반응곡선 $R_2(q_2) = 9 - \dfrac{1}{2}q_1$

> 기업 1의 이윤극대화 생산량 q_1은 상대 기업의 전략적 행동인 q_2에 의해 결정되므로 반응곡선은 과점시장의 특징인 상호의존성을 의미한다.

② 꾸르노균형 ➡ 내쉬균형

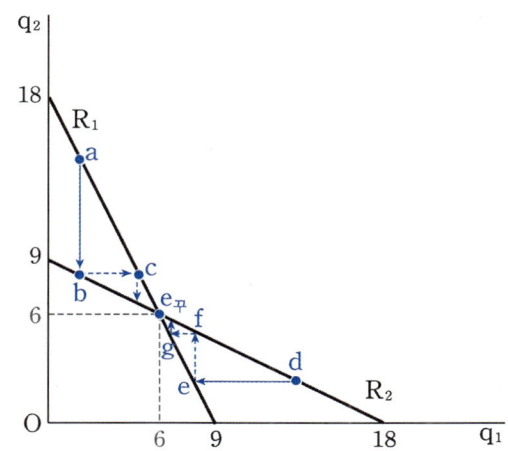

㉠ 꾸르노균형은 상대방의 생산량이 주어졌을 때 기업 1과 2 모두 자신의 생산량을 조정할 유인이 없는 상태이다.

㉡ b지점은 R_2에 위치하고 R_1에서는 벗어났다. 따라서 기업 1은 이윤극대화를 달성하기 위해 q_1을 늘려 R_1의 c로 이동할 유인이 존재한다.

㉢ c지점은 R_2에서 벗어나 있으므로 기업 2는 이윤극대화를 위해 q_2를 줄여 R_2로 이동할 것이다.

㉣ 그리고 꾸르노균형은 더 이상 q_1과 q_2를 변경할 유인이 없는 R_1과 R_2가 교차하는 $e_{\text{꾸}}$에서 달성된다.

$R_1 \Rightarrow q_1 = 9 - \dfrac{1}{2}q_2,\ R_2 \Rightarrow q_2 = 9 - \dfrac{1}{2}q_1$

$R_1(q_1)$과 $R_2(q_2)$를 연립하면 꾸르노균형은 $(q_1, q_2) = (6, 6)$이고 시장가격은 $P = 20 - (q_1 + q_2) = 20 - (6 + 6) = 8$이다.

▶ $(q_1,\ q_2) = (6,\ 6),\ P_{\text{꾸}} = 8$

(3) 꾸르노모형의 확장 ➡ 꾸르노기업 수(n) = ∞ ➡ 완전경쟁시장 산출량

연습문제

동질적 재화를 생산하는 기업 A와 B는 꾸르노(Cournot) 경쟁을 하고 있다. 이 복점시장의 역수요함수는 $P = 90 - Q$이고, 두 기업의 비용함수는 각각 $C_A(q_A) = 10q_A$와 $C_B(q_B) = 20q_B$이다. 꾸르노모형의 균형에서 기업 A와 B의 생산량을 바르게 연결한 것은? (단, P는 시장가격, Q는 $Q = q_A + q_B$인 시장생산량이고, q_A와 q_B는 각각 기업 A와 B의 생산량이다)

2024년 국가직 9급

	q_A	q_B		q_A	q_B
①	20	15	②	30	20
③	35	25	④	40	30

해설

꾸르노 기업의 이윤극대화 행동원리

복점시장에서 역수요함수는 $P = 90 - q_A - q_B$ (∵ $Q = q_A + q_B$)

A 기업의 이윤함수 ➡ $\pi_A = TR_A - TC_A$
$= P \times q_A - TC_A$
$= (90 - q_A - q_B) \times q_A - 10q_A$

$\dfrac{d\pi_A}{dq_A} = \dfrac{\Delta[(90 - q_A - q_B) \times q_A]}{\Delta q_A} - [MC_A = 10] = 0$

$90 - 2q_A - q_B - 10 = 0$

∴ A 기업의 반응함수 ➡ $q_A = 40 - \dfrac{1}{2}q_B$

B 기업의 이윤함수 ➡ $\pi_B = TR_B - TC_B$
$= P \times q_B - TC_B$
$= (90 - q_A - q_B) \times q_B - 20q_B$

$\dfrac{d\pi_B}{dq_B} = \dfrac{\Delta[(90 - q_A - q_B) \times q_B]}{\Delta q_B} - [MC_B = 20] = 0$

$90 - q_A - 2q_B - 20 = 0$

∴ B 기업의 반응함수 ➡ $q_B = 35 - \dfrac{1}{2}q_A$

A 기업과 B 기업의 반응함수를 연립하면 $q_A = 30$, $q_B = 20$이고, 시장가격은 $P = 90 - q_A - q_B = 90 - 30 - 20 = 40$이다.

▶ ②

3. 슈타켈버그모형

(1) **의의**

① 꾸르노모형은 두 꾸르노기업이 모두 생산량에 관한 추측된 변화(CV_q)가 0인 추종자임을 전제했다.
② 그러나 현실에서는 상대방의 반응곡선에 대한 완전한 정보를 보유한 기업이 먼저 생산량을 결정하여 자신에게 유리한 상황을 만드는 선도자가 존재한다.
③ 슈타켈버그(H. von Stackelberg)는 두 기업 중 하나 또는 둘 모두가 산출량에 관해 추종자가 아닌 선도자의 역할을 하는 모형을 제시했다.
④ 슈타켈버그모형에서는 선도자가 먼저 생산량을 결정하고 추종자가 뒤따라 생산량을 결정하는 순차게임의 경우에 슈타켈버그균형에 도달한다.

(2) **가정**

① 복점기업 1과 2는 동일한 품질의 재화를 생산한다. ➡ 순수과점
② 선도자(leader)는 상대 기업의 반응함수에 대한 완전한 정보를 보유하여 생산량을 먼저 결정한다.
③ 추종자(follower)는 선도자의 생산량이 주어진($CV_q = 0$) 이후에 이윤극대화 생산량이 결정된다.

(3) 두 기업 모두 선도자로 행동하는 경우

동일한 재화를 생산하는 기업 1과 기업 2가 생산량을 결정하는 복점시장의 시장수요함수는 Q = 20 − P이다. 두 기업 모두 고정비용이 없고, 한계비용은 2로 일정할 때 슈타켈버그균형과 시장가격을 계산하시오. (단, Q는 두 기업의 생산량의 합이고, P는 시장가격이다)

해설

① 선도자 1의 이윤극대화 행동원리

Max $\pi_1 = TR_1 - TC_1$

s.t. $R_2(q_2) = 9 - \frac{1}{2}q_1$

선도기업 1은 상대기업 2의 반응곡선을 제약조건 삼아 이윤극대화를 달성하는 최적 생산량 q_1을 결정한다.

$MC_1 = 2$, $P = 20 - Q = 20 - (q_1 + q_2)$ [∵ $Q = q_1 + q_2$]

$\pi_1 = TR_1 - TC_1$
$= Pq_1 - TC_1$
$= [20 - q_1 - q_2]q_1 - TC_1$
$= [20 - q_1 - 9 + \frac{1}{2}q_1]q_1 - 2q_1$ [∵ $R_2(q_2) = 9 - \frac{1}{2}q_1$]
$= [11 - \frac{1}{2}q_1]q_1 - 2q_1$

상호의존성이 존재하는 추종자와 달리 선도자는 π_1을 q_1으로 미분하여 이윤극대화를 달성하는 최적 생산량을 독자적으로 결정할 수 있다.

$\frac{d\pi_1}{dq_1} = 9 - q_1 = 0$

∴ $q_1 = 9$

② 선도자 2의 이윤극대화 행동원리

Max $\pi_2 = TR_2 - TC_2$

s.t. $R_1(q_1) = 9 - \frac{1}{2}q_2$

선도기업 2 역시 상대기업 1의 반응곡선을 제약조건 삼아 이윤극대화를 달성하는 최적 생산량 q_2를 결정한다. 따라서 선도자 1의 이윤극대화 행동원리와 동일하게 $q_2 = 9$이다. $P = 20 - (q_1 + q_2) = 20 - (9 + 9) = 2$이다. 각 기업의 한계비용이 동일하고 일정할 때 두 기업이 모두 선도자로 행동하면 슈타켈버그 생산량과 가격은 완전경쟁시장과 일치한다.

③ 선도자 1과 2의 이윤 = 0

$\pi_1 = TR_1 - TC_1 = Pq_1 - 2q_1 = (P-2)q_1 = (2-2)9 = 0$
$\pi_2 = TR_2 - TC_2 = Pq_2 - 2q_2 = (P-2)q_2 = (2-2)9 = 0$

▶ $(q_1, q_2) = (9, 9)$, $P_{슈} = 2$

완전경쟁시장 산출량
➡ [P = MR] = MC
➡ [P = 20 − Q] = 2
∴ $Q^* = 18$

(4) 선도자와 추종자로 행동할 경우

① 선도자 1의 이윤극대화 행동원리

Max $\pi_1 = TR_1 - TC_1$

s.t. $R_2(q_2) = 9 - \frac{1}{2}q_1$

선도기업 1은 추종기업 2의 반응곡선을 제약조건 삼아 이윤극대화를 달성하는 최적 생산량 $q_1 = 9$를 결정한다.

② 추종자 2의 이윤극대화 행동원리

$R_2(q_2) = 9 - \frac{1}{2}[q_1 = 9] = 4.5$

추종기업은 선도기업의 이윤극대화 생산량 $q_1 = 9$에 의존하여 $q_2 = 4.5$를 생산한다.

③ 선도자와 추종자의 이윤

선도자와 추종자가 존재할 때의 시장가격은 P = 20 - ($q_1 + q_2$) = 20 - (9 + 4.5) = 6.5이다.

선도자의 이윤 ➡ $\pi_1 = TR_1 - TC_1 = Pq_1 - 2q_1 = (P-2)q_1 = (6.5-2)9 = 40.5$

추종자의 이윤 ➡ $\pi_2 = TR_2 - TC_2 = Pq_2 - 2q_2 = (P-2)q_2 = (6.5-2)4.5 = 20.25$

(5) 슈타켈버그균형

① 선도자와 선도자 ➡ 슈타켈버그 전쟁상태

두 기업이 모두 선도자로 행동하면 각 기업의 이윤은 선도자와 추종자가 존재하는 복점시장보다 작다. 따라서 각 선도자는 다른 선도자를 추종자로 전환시킬 전략적 행동의 유인이 존재하므로 선도자와 선도자가 존재하는 복점시장은 내쉬균형이 아니다.

② 선도자와 추종자 ➡ 슈타켈버그 균형상태

한 기업만이 선도자로 행동하는 경우에 선도자와 추종자의 이윤은 모두 선도자로 행동하는 경우보다 크다. 따라서 선도자는 물론이고 추종자 역시 자신의 전략적 행동을 바꿀 유인이 존재하지 않는다. 그러므로 선도자와 추종자가 순차적으로 생산량을 결정하는 경우에는 슈타켈버그균형에 도달하고, 슈타켈버그균형은 내쉬균형이다.

4. 베르뜨랑모형

(1) 의의

① 꾸르노모형과 슈타켈버그모형은 모두 기업들이 생산량으로 경쟁하는 상황을 상정하고 있지만, 일반적으로 기업들이 가격경쟁을 통해 시장점유율을 높이려고 하는 경우가 더 많이 관찰된다.

② 베르뜨랑(J. Bertrand)은 이러한 현실을 반영하여 가격의 추측된 변화(CV_p)를 핵심으로 하는 과점시장 분석모형을 제시했다.

(2) 가정

① 두 복점기업은 자신의 가격을 동시에 결정한다. ➡ 동시게임

② 각 기업의 가격에 대한 추측된 변화(CV_p)는 모두 0으로 가정한다.

➡ $CV_p = \dfrac{\Delta P_j = 0}{\Delta P_i} = 0$

➡ 가격에 관한 추측된 변화(CV_p)가 0이라는 것은 베르뜨랑기업이 이윤극대화 가격을 결정(변화)하더라도 상대기업의 가격은 반응하지 않을 것으로 예상함을 의미한다.

➡ 따라서 각 베르뜨랑기업은 상대방의 가격(전략)이 주어진 상태에서 각자 자신의 이윤극대화 가격을 결정하는 추종자(follower)이므로 베르뜨랑균형은 내쉬균형이다.

③ 소비자는 가격에 대하여 완전한 정보를 보유한다.

④ 가격변화에 대해 소비자는 반응하지 않는다.

(3) 순수과점 베르뜨랑모형

동일한 재화를 생산하는 기업 1과 기업 2가 가격경쟁을 벌이고 있는 복점시장의 시장수요함수는 Q = 20 - P이다. 두 기업 모두 고정비용이 없고, 한계비용은 2로 일정할 때 베르뜨랑균형과 시장가격을 도출하시오. (단, Q는 두 기업의 생산량의 합이고, P는 시장가격이다)

해설

순수과점 베르뜨랑기업의 이윤극대화 행동원리 ➡ $[P_1 = \text{MC} = P_2]$ ➡ 완전경쟁시장

① 두 기업의 상품이 동질적이고 각 기업의 한계비용이 일정하면서 동일할 때, 베르뜨랑기업은 상대기업보다 가격을 낮게 설정함으로써 시장수요를 모두 점유할 수 있다.

② 따라서 각 기업 모두 상대방이 한계비용보다 더 높은 수준에서 설정한 가격을 계속 유지할 것이라고 예상($CV_p = 0$)할 때, 각 기업의 최적대응은 상대기업보다는 낮지만 한계비용보다는 같거나 큰 가격을 설정하는 것이다.

③ 예를 들어 기업 1이 10의 가격을 설정하면 기업 2는 10보다 낮은 9의 가격으로 대응하면 시장수요를 모두 끌어올 수 있다. 그리고 기업 1 역시 이에 반응하여 기업 2가 설정한 9보다 낮은 가격으로 대응하면 기업 2에게 빼앗긴 시장수요를 다시 가져올 수 있다.

④ 이러한 과정이 반복된다면 결국 기업 1과 2는 모두 경쟁기업에게 시장수요를 빼앗기지 않으면서 손실이 발생하지 않도록 한계비용(MC = 2)으로 최적 가격($P_1 = P_2 = 2$)을 설정한다. 따라서 순수과점 베르뜨랑모형의 가격은 한계비용과 일치하므로 생산량은 완전경쟁시장과 동일하고 파레토 효율적인 자원배분에 도달한다.

➡ $P_1 = [\text{MC} = 2] = P_2$

⑤ 상품의 질과 가격이 동일하고 소비자가 이에 대한 완전한 정보를 보유한다면 시장수요는 각 기업에게 골고루 분산되므로 각 기업은 완전경쟁시장 산출량의 절반씩을 균등하게 생산할 것이다.

➡ $[q_1 = q_2] = \dfrac{1}{2} Q^* = 9$

⑥ 베르뜨랑역설(Bertrand paradox) ➡ 순수과점 베르뜨랑균형 = 완전경쟁시장 균형
결국 한계비용이 일정하면서 동일한 순수과점 베르뜨랑모형에서는 더 큰 이윤을 얻기 위한 치열한 가격경쟁(베르뜨랑경쟁)의 결과, 가격과 한계비용이 일치(P = MC)하는 파레토 효율성이 달성되고 각 베르뜨랑기업의 초과이윤은 0이 되는 베르뜨랑역설이 발생한다.

⑦ 그러나 순수과점 베르뜨랑균형에서는 두 기업의 상품이 동일하고, 한계비용이 일정하면서 같아야 한다는 매우 제한적인 가정이 요구된다. 또한 가격의 변화에 대해 수요조건이 전혀 반응하지 않는 비현실적인 가정을 전제한다. 따라서 순수과점 베르뜨랑모형은 현실설명력이 낮은 한계가 존재한다.

▶ $(P_1, P_2) = (2, 2)$, $(q_1, q_2) = (9, 9)$

(4) 차별과점 베르뜨랑모형

차별화된 재화를 생산하는 기업 1과 기업 2가 직면한 수요함수는 각각 $q_1 = 25 - p_1 + 0.5p_2$, $q_2 = 35 - p_2 + p_1$ 이다. 기업 1과 2의 한계생산비용은 생산량과 관계없이 5로 동일하고, 두 기업은 동시에 비협조적으로 가격을 결정하는 베르뜨랑경쟁을 한다. 베르뜨랑균형에서의 기업 1과 2의 가격을 도출하시오. [단, q_i와 p_i는 각각 기업 $i(i = 1, 2)$의 생산량과 가격이고, 고정비용은 0이다]

해설

① 가격에 대한 추측된 변화(CV_p)를 0으로 가정하는 베르뜨랑경쟁에서 기업 1과 2는 각각 자신의 이윤극대화를 달성하는 p_1과 p_2를 동시에 설정하므로 상대방이 설정한 가격에 의존한다. 따라서 각 기업의 반응곡선을 도출한 후에 베르뜨랑균형을 탐색할 수 있다.

② 그리고 반응곡선이 교차하는 지점에서는 상대방의 가격이 주어진 상태($CV_p = 0$)에서 각 기업 모두 더 이상 가격을 변화시킬 유인이 없으므로 베르뜨랑균형이 달성된다.

③ 수요함수의 의미 ➡ 대체재

$q_1 = 25 - p_1 + 0.5p_2$

기업 2가 가격(p_2)을 인상하면 기업 1이 생산한 재화에 대한 수요(q_1)가 증가하므로 교차탄력성이 0보다 크다($\varepsilon_{q_1 q_2} > 0$). 따라서 소비자는 차별적인 상품인 q_1과 q_2를 대체재로 인식한다.

④ 반응곡선의 도출 ➡ [$p_1 - p_2$ 평면]

반응곡선(reaction curve)은 상대 기업의 가격이 주어졌을 때($CV_p = 0$) 자신의 이윤극대화를 달성하는 최적 반응가격의 조합을 연결한 궤적이다.

➡ 베르뜨랑기업 1의 반응곡선은 이윤함수(π_1)를 p_1으로 미분하여 도출한다.

기업 1의 이윤함수

➡ $\pi_1 = TR_1 - TC_1$
$= p_1 q_1 - [TC_1 = 5q_1]$
$= p_1(25 - p_1 + 0.5p_2) - [5q_1 = 5(25 - p_1 + 0.5p_2)]$
$= p_1(25 - p_1 + 0.5p_2) - [5(25 - p_1 + 0.5p_2)]$

📝 $MC_1 = 5$ ➡ $TC_1 = 5q_1$

[∵ q_1은 p_1과 p_2에 의해 결정되는 변수이므로 π_1을 p_1으로 미분하기 위해서는 q_1을 p_1과 p_2로 치환해야 한다.]

$$\frac{d\pi_1}{dp_1} = \frac{d[p_1(25-p_1+0.5p_2)]}{dp_1} - \frac{d[5(25-p_1+0.5p_2)]}{dp_1}$$
$$= [25 - 2p_1 + 0.5p_2] - [-5] = 0$$

[∵ 베르뜨랑모형은 상대방의 가격이 주어진 상태($CV_p = 0$)를 가정하므로 기업 1에게 p_2는 고정된 상수이다.]

∴ 기업 1의 반응함수 ➡ $-2p_1 + 0.5p_2 + 30 = 0$ ➡ $R_1(p_1) = 15 + \frac{1}{4}p_2$

➡ 동일한 이윤극대화 행동원리로 베르뜨랑기업 2의 반응곡선도 이윤함수(π_2)를 p_2로 미분하여 도출한다.

기업 2의 이윤함수
➡ $\pi_2 = TR_2 - TC_2$
$= p_2 q_2 - [TC_2 = 5q_2]$
$= p_2(35 - p_2 + p_1) - [5q_2 = 5(35 - p_2 + p_1)]$
$= p_2(35 - p_2 + p_1) - [5(35 - p_2 + p_1)]$

[∵ q_2는 p_1과 p_2에 의해 결정되는 변수이므로 π_2를 p_2로 미분하기 위해서 q_2를 p_1과 p_2로 치환해야 한다.]

$$\frac{d\pi_2}{dp_2} = \frac{d[p_2(35-p_2+p_1)]}{dp_2} - \frac{d[5(35-p_2+p_1)]}{dp_2}$$
$$= [35 - 2p_2 + p_1] - [-5] = 0$$

[∵ 베르뜨랑모형은 상대방의 가격이 주어진 상태($CV_p = 0$)를 가정하므로 기업 2에게 p_1은 고정된 상수이다.]

∴ 기업 2의 반응함수 ➡ $-2p_2 + p_1 + 40 = 0$ ➡ $R_2(p_2) = 20 + \frac{1}{2}p_1$

📝 **우상향하는 반응곡선의 의미**
소비자는 q_1과 q_2를 대체재로 인식하므로 p_2가 상승하면 q_1에 대한 수요가 증가하고, 기업 1은 상승한 시장점유율을 바탕으로 더 높은 가격을 설정한다.

📝 $MC_2 = 5$ ➡ $TC_2 = 5q_2$

⑤ 베르뜨랑균형 ➡ 내쉬균형

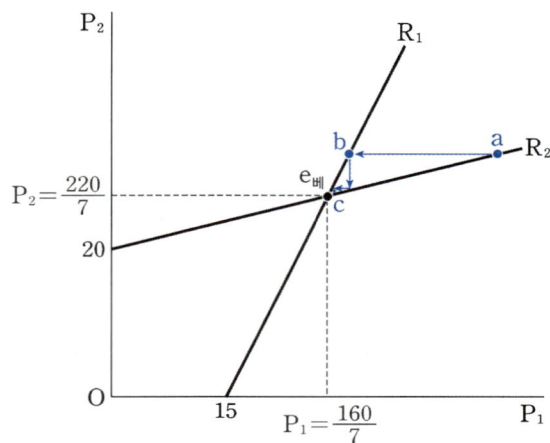

㉠ 베르뜨랑균형은 상대방의 가격이 주어졌을 때 기업 1과 2 모두 자신의 가격을 조정할 유인이 없는 상태이다.

㉡ a지점은 R_2에 위치하지만 R_1에서는 벗어났다. 따라서 기업 1은 이윤극대화를 달성하기 위해 p_1을 인하하여 R_1의 b로 이동할 유인이 존재한다.

㉢ 그리고 b지점은 R_2에서 벗어나 있으므로 기업 2는 이윤극대화를 위해 p_2를 인하해 R_2의 c로 이동할 것이다.

㉣ 그리고 베르뜨랑균형은 더 이상 p_1과 p_2를 조정할 유인이 없는 R_1과 R_2가 교차하는 $e_{베}$에서 달성된다.

$$R_1 \Rightarrow p_1 = 15 + \frac{1}{4}p_2, \quad R_2 \Rightarrow p_2 = 20 + \frac{1}{2}p_1$$

따라서 $R_1(p_1)$과 $R_2(p_2)$를 연립하면 베르뜨랑균형은 $(p_1, p_2) = (\frac{160}{7}, \frac{220}{7})$이다.

5. 굴절수요곡선모형

> **굴절수요곡선**
> 가격에 관한 추측된 변화(CV_p)를 기반으로 과점기업이 인식하는 자신의 개별 수요곡선

(1) 의의

① 과점시장에서 담합이 존재하면 한계비용(MC)이 변하더라도 시장가격은 반응하지 않고 안정적으로 유지되는 과점가격의 경직성이 관찰된다.

② 그러나 스위지(P. Sweezy)에 의해 제시된 굴절수요곡선모형에 따르면 과점시장 내에서 담합이나 협조가 없더라도 각 기업의 가격에 관한 추측된 변화(CV_p)가 비대칭적이므로 과점시장의 가격은 안정적이다.

③ 각 기업의 가격에 관한 추측된 변화(CV_p)는 비대칭성(asymmetry)을 갖기 때문에 기업이 인식하는 수요곡선이 굴절(kink)되어 불연속적인 한계수입곡선이 도출된다. 따라서 불연속적인 한계수입곡선 사이에서 한계비용(MC)이 변하더라도 과점시장 가격은 안정적으로 유지된다.

④ 굴절수요곡선모형은 과점시장이 균형에 도달하는 과정이 아니라 균형에서의 가격 경직성을 설명하는 모형으로, 가격은 담합이 아니라 가격에 관한 추측된 변화(CV_p)가 비대칭적이기 때문에 경직적이다.

(2) 가정 ➡ 비대칭적인 가격에 관한 추측된 변화(CV_p)

① 각 기업은 가격 인상과 인하를 고려할 때 경쟁기업의 가격반응(CV_p)에 대해 다음과 같이 예상한다.

② 가격 인상 ➡ $CV_p = \dfrac{\Delta P_2}{\Delta P_1} = 0$

최초 균형에서 자신이 가격을 인상($\Delta P_1 > 0$)한다면 경쟁기업은 상대가격을 낮춰 시장점유율을 높이기 위해 함께 가격을 인상하지 않고 현재가격을 유지($\Delta P_2 = 0$)할 것으로 예측한다.

③ 가격 인하 ➡ $CV_p = \dfrac{\Delta P_2}{\Delta P_1} = 1$

최초 균형에서 자신이 가격을 인하($\Delta P_1 < 0$)한다면 경쟁기업은 상대가격이 상승하여 고객을 빼앗기지 않도록 함께 가격을 인하($\Delta P_1 = \Delta P_2$)할 것으로 예측한다.

(3) 굴절수요곡선의 도출

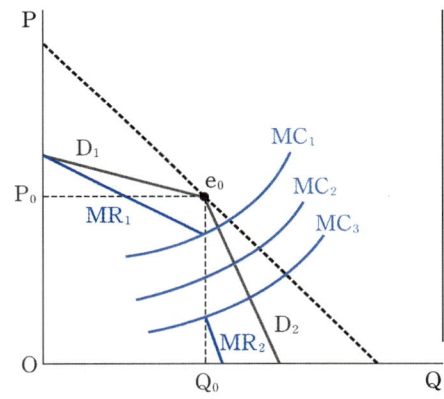

D_1: 과점기업이 가격을 인상할 때 인식하는 탄력적인 수요곡선
D_2: 과점기업이 가격을 인하할 때 인식하는 비탄력적인 수요곡선

① 가격 인상 구간 ➡ 탄력적인 수요곡선으로 인식

최초 균형 e_0에서 과점기업은 자신이 가격을 인상할 때 상대기업은 가격을 인상하지 않을 것으로 예상($CV_p = 0$)한다. 따라서 자신이 생산하는 재화에 대한 수요량(D_1)이 대폭 감소하므로 자신을 향한 개별 수요곡선을 탄력적으로 인식한다.

② 가격 인하 구간 ➡ 비탄력적인 수요곡선으로 인식

최초 균형 e_0에서 과점기업은 자신이 가격을 인하할 때 상대기업도 함께 가격을 인하할 것으로 예상($CV_p = 1$)한다. 자신이 생산하는 재화에 대한 수요량(D_2)이 소폭 증가하여 자신을 향한 개별 수요곡선을 비탄력적으로 인식한다.

③ 불연속적인 한계수입곡선

㉠ 시장의 경쟁성과 무관하게 소비자를 차별하지 않는 모든 기업은 자신을 향한 개별 수요곡선(D = P)을 평균수입곡선(AR)으로 인식하므로 수요곡선의 하방에 수직절편은 동일하고 기울기만 2배인 한계수입곡선(MR)이 위치한다.

㉡ 최초 균형 e_0에서 과점기업이 인식하는 개별 수요곡선이 굴절하므로 최초 이윤극대화 생산량 수준에서 불연속적인 한계수입곡선(MR)이 도출된다.

(4) 과점시장 가격의 안정성

최초 균형 e_0에서 한계수입곡선(MR)이 불연속적인 구간 내에서는 한계비용(MC)이 상승하거나 하락하더라도 MR = MC의 이윤극대화 생산량을 변동시킬 유인이 발생하지 않으므로 시장가격은 최초 가격수준에서 경직적으로 유지된다.

V 불완전한 담합 – 가격선도모형

1. 의의

(1) 산출량과 가격에 대한 추측된 변화에 기반하여 각 기업이 독자적으로 이윤극대화를 추구한다고 상정하는 독자적 행동모형은 과점시장을 온전히 설명할 수 없다.

(2) 베르뜨랑 역설과 같은 기업 간의 치열한 가격경쟁은 오히려 기업의 이윤을 낮추게 되므로 과점기업은 명백한 합의(담합)나 암묵적인 방법으로 협조체계를 구축하려는 강력한 유인이 존재하기 때문이다.

(3) 카르텔과 같은 명백한 담합은 불공정 경쟁과 자원배분의 비효율성을 초래하므로 각국은 카르텔을 엄격하게 규제하고 있다.

(4) 그러므로 과점시장에서는 독자적 행동을 지양하고 규제로부터 벗어나 과점기업들 공동의 이익을 추구하는 암묵적인 상호협조 체계가 관찰된다.

(5) 가격선도모형(price leadership model)은 지배적 기업이 군소기업과 경쟁하지 않고 우월한 독점적 지위를 활용해 이윤극대화 가격을 설정하면 군소기업은 지배적 기업이 설정한 가격에 순응하는 불완전 담합을 설명한다.

(6) 따라서 가격선도모형에서 지배적 기업은 이윤극대화 시장가격을 설정하는 선도자이고, 군소기업들은 지배적 기업이 설정한 시장가격에 순응하여 생산량(= 판매량)을 결정하는 추종자이다.

2. 지배적 기업의 이윤극대화 행동원리

지배적 기업인 A와 다수의 군소기업으로 구성된 시장이 있다. 군소기업들의 공급함수를 모두 합하면 $Q^S(P) = 200 + P$이고, 시장수요곡선은 $D(P) = 400 - P$이며, A의 비용함수는 $C(y) = 20y$이다. 이때 지배적 기업 A의 잔여수요함수 $D_A(P)$와 시장가격(P)을 도출하시오. (단, y는 지배적 기업 A의 생산량이다)

해설

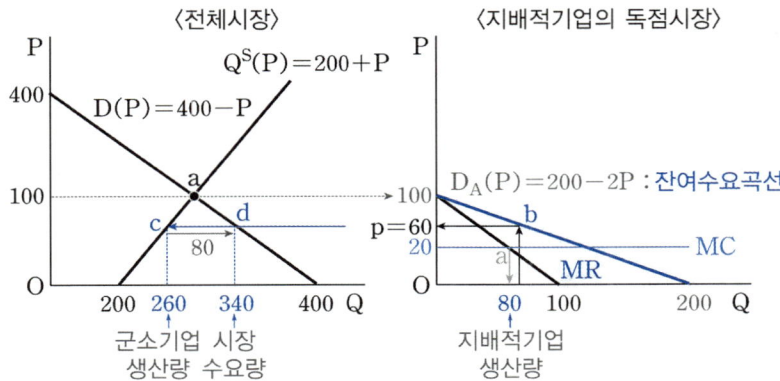

(1) 지배적 기업은 군소기업과 경쟁하지 않고 독점적 지위를 이용해서 이윤극대화를 추구할 때 더 큰 이윤을 획득한다.

(2) 따라서 지배적 기업이 설정한 시장가격(P)에 존재하는 시장수요 중에서 지배적 기업의 선도가격(P)에 순응하는 군소기업의 생산량을 모두 판매하도록 허용한다. 즉, 시장수요 $D(P) = 400 - P$에서 군소기업의 생산량인 $Q^S(P) = 200 - P$를 차감한 수요가 과점시장의 잔여수요함수 $D_A(P)$이다.

$D(P) = 400 - P$
$- Q^S(P) = 200 + P$
➡ $D_A(P) = 200 - 2P$

(3) 과점시장의 잔여수요[$D_A(P)$]는 오롯이 지배적 기업을 향할 수밖에 없으므로 잔여수요는 지배적 기업의 개별 수요곡선이다.

(4) 지배적 기업은 자신의 개별 수요곡선을 평균수입(AR)으로 인식하므로 한계수입곡선(MR)은 개별 수요곡선의 하방에 위치한다.

$P = 100 - \frac{1}{2} D_A$ ➡ $MR = 100 - Q$

(5) 잔여수요 시장에서 지배적 기업은 독점기업처럼 행동하므로 MR과 MC가 일치하도록 $Q = 80$을 생산하고, 잔여수요곡선 상에서 선도가격 $P = 60$을 설정한다.

➡ $[MR = 100 - Q] = [20 = MC]$, $Q = 80$
➡ $P = 100 - \frac{1}{2}[D_A = 80]$, $P = 60$

(6) 추종자인 군소기업들은 지배적 기업이 설정한 선도가격 $P = 60$에 순응하여 $Q^S(P = 60) = 200 + 60 = 260$을 생산한다.

(7) 지배적 기업이 설정한 선도가격 $P = 60$에 순응하는 시장수요 $D(P = 60) = 400 - 60 = 340$은 군소기업들이 260, 그리고 지배적 기업이 80을 공급한다.

▶ 잔여수요함수 $D_A(P) = 200 - 2P$, 시장가격 $P = 60$

3. 불완전한 담합

이와 같은 가격선도모형에서 지배적 기업이 가격설정자(선도자)로 행동하고 군소기업들이 가격순응자(추종자)로 행동하면 각 기업의 이윤이 극대화되므로 암묵적인 협조체제가 형성된다.

Ⅵ 완전한 담합 - 카르텔모형

1. 의의

(1) 담합(collusion)은 기업들이 독자적으로 행동하지 않고 공동으로 의사결정을 하는 행위이다.

(2) 담합을 하는 이유는 기업들이 담합을 통해 더 많은 이윤을 얻을 수 있는 유인이 존재하기 때문이다.

(3) 과점기업들이 담합하여 하나의 통합된 기업처럼 행동하면 독점기업에 준하는 위치를 확보한다.

(4) 카르텔(cartel)은 과점시장 내의 공동 의사결정이 명백하고 완전하게 이루어진 담합이다.

(5) 카르텔모형은 다공장 독점기업과 유사하므로 카르텔모형과 다공장 독점기업의 이윤극대화 균형조건은 동일하다.

2. 카르텔의 이윤극대화 행동원리

(1) **이윤극대화 균형조건**

카르텔은 전체 과점시장에서 이윤극대화 생산량을 결정하고 가격을 설정한다. 그리고 전체 이윤극대화 생산량을 최소 비용으로 생산하기 위해 카르텔을 구성하는 기업 1과 2의 한계비용이 일치하도록 각 복점기업에 생산량을 배분한다.

$$[MC_1 + MC_2 = \sum MC] = MR$$
$$\Rightarrow MC_1 = MC_2 = MR$$
(단, MC_1과 MC_2는 과점기업 1과 2의 한계비용이다.)

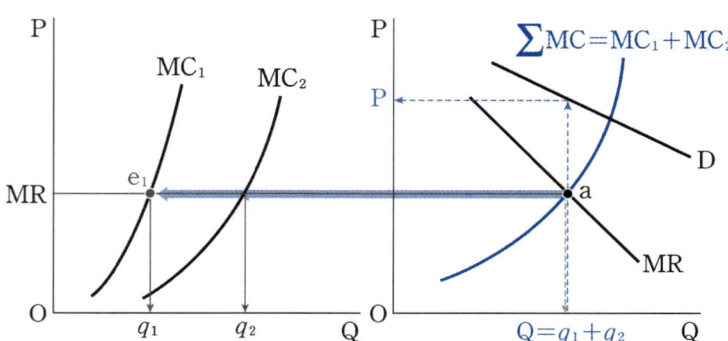

(2) 과점시장 전체의 생산량을 결정하기 위해 MC_1과 MC_2를 수평합하여 카르텔 전체의 한계비용곡선($\sum MC$)을 도출한다.

(3) 카르텔의 한계비용($\sum MC$)과 한계수입(MR)이 일치($\sum MC = $ MR)하도록 이윤극대화 생산량(Q)을 결정하고 수요곡선 상에서 카르텔가격(P_M)을 설정한다.

(4) 이윤극대화 생산량을 MR(Q)에 대입하여 MR을 도출한다.

(5) 이윤극대화 생산량을 최소 비용으로 생산하기 위해 [MR $= MC_1(q_1) = MC_2(q_2)$]가 되도록 복점기업 1과 2에게 q_1과 q_2를 배분한다.

3. 카르텔의 내재적 불안정성

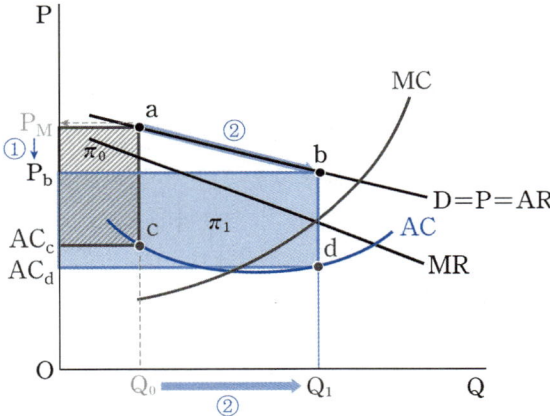

(1) 카르텔에 속한 기업은 다른 기업들이 모두 카르텔 가격(P_M)을 준수할 때 자신만 가격을 P_b로 낮춘다면 탄력적인 수요곡선 상에서 판매량이 Q_1으로 대폭 증가하여 π_1의 더 큰 이윤을 얻는다. 하지만 카르텔 협정을 준수한 기업은 수요를 빼앗겨 생산량이 Q_0보다 감소하고 이윤은 π_0보다 감소한다.

(2) 명백한 담합(P_M)을 준수하지 않고 가격을 내리는 기업은 보다 탄력적인 수요곡선에 직면한다. 그러므로 카르텔 소속 기업들이 약속을 위반해서 가격을 낮출 유인이 카르텔모형 내에 존재한다.

(3) 이때 한 기업이 카르텔을 이탈하면 나머지 기업들도 빠른 속도로 협정을 위반하므로 카르텔은 급속하게 붕괴된다. 따라서 카르텔모형은 내재적으로 붕괴의 유인이 상존한다.

VII 그 밖의 과점시장이론

1. 비용할증 가격설정(mark - up pricing or full - cost pricing)

(1) 현실의 과점시장에서는 앞서 논의한 행동모형과 달리 정상 산출량 수준에서의 평균비용(AC)에 적정 마진율(이윤부가율) m을 부가하는 단순한 방식으로 판매가격(P)을 설정하는 과점기업들이 다수 관찰된다.

> 비용할증 가격설정 ➡ [P = (1 + m)AC] (단, m = mark - up)

(2) **비용할증 가격설정과 이윤극대화의 양립가능성**

수요의 가격탄력성(ε)이 3과 5일 때 비용할증 가격설정(mark - up pricing)으로 이윤극대화를 추구하는 과점기업의 마진율(m)을 도출하시오.

해설

① 과점기업의 비용할증 가격설정은 얼핏 주먹구구에 가까운 비합리적인 가격설정 방식처럼 보인다.
② 왜냐하면 이윤극대화 기업은 MR = MC 생산량 수준에서 가격을 설정해야 하지만 비용할증 가격설정은 수요 측 요인을 고려하지 않기 때문이다.
③ 그러나 다음의 관점에서 가격설정이 이루어지면 현실에서 이윤극대화를 추구하는 과점기업들이 비용할증 가격설정방식을 따르는 이유를 수긍할 수 있다.
  ➡ P = (1 + m)AC, m으로 정리하면
  ➡ $m = \dfrac{P - AC}{AC}$

  이윤극대화를 추구하는 기업의 정상 산출량은 장기평균비용곡선의 최저점에서 생산된다. 한계비용곡선은 장기평균비용곡선의 최저점을 관통하므로 장기평균비용곡선의 최저점에서는 AC = MC이다.
  ➡ $m = \dfrac{P - MC}{MC}$

  이윤극대화를 추구하는 기업은 MR = MC에서 생산량을 결정한다.
  ➡ $m = \dfrac{P - MR}{MR}$

  Amoroso - Robinson 공식 ➡ MR = P$[1 - \dfrac{1}{\varepsilon}]$

  ➡ $m = \dfrac{P - P(1 - \frac{1}{\varepsilon})}{P(1 - \frac{1}{\varepsilon})} = \dfrac{\frac{1}{\varepsilon}}{1 - \frac{1}{\varepsilon}} = \dfrac{1}{\varepsilon - 1}$

④ $\varepsilon = 3$이면, $m = \dfrac{1}{3 - 1} = 50\%$로 설정하고, $\varepsilon = 5$이면, $m = \dfrac{1}{5 - 1} = 25\%$로 설정한다.

📝 비용할증 가격설정으로 이윤극대화를 추구하는 과점기업이 초과이윤을 얻기 위해서는 마진율(m)이 0보다 커야하므로, $\varepsilon > 1$이어야 한다. 이윤을 극대화하는 기업이 직면하는 수요의 가격탄력성(ε)은 언제나 1보다 같거나 크기 때문에 $\varepsilon > 1$의 제약조건은 현실설명력이 높다.

⑤ 따라서 비용할증 가격설정은 수요의 가격탄력성과 반비례하도록 마진율(m)을 설정하면 수요 측 요인이 가격설정과정에 반영되어 이윤극대화 가격설정과 양립가능하다.

2. 경합시장모형

(1) 의의
① 과점시장은 낮은 경쟁성으로 P > MC이므로 파레토 비효율적인 자원배분이 초래된다.
② 정부는 과점시장의 효율성을 제고하기 위해 경쟁성을 높이고자 한 산업에 존재하는 기업의 수를 늘리는데 초점을 맞추는 공정거래정책을 실시했다.
③ 그러나 1970년대 후반 보몰(W. Baumol)과 윌릭(R. Willig) 등은 경합시장모형을 통해 과점시장의 진입과 이탈의 장벽을 제거하는 것이 더욱 효율적인 정책임을 제시했다.

(2) 경합시장의 효율적 자원배분 ➡ P = MC
① 경합시장(contestable market)은 완전한 진입과 이탈의 자유가 보장된 시장이다.
② 완전한 진입과 이탈의 자유는 거래비용이 0임을 의미한다.
③ 진입과 이탈을 위한 거래비용이 존재하지 않으면 특정 산업에서 일시적인 초과이윤이 발생할 경우 외부기업이 진입하여 초과이윤을 뺏어가고, 손실이 발생하기 전에 사라진다.
④ 따라서 경합시장에 존재하는 기업들은 평균비용의 최저점에서 생산해야 하며, 가격을 한계비용보다 높게 설정할 수 없다. 평균비용의 최저점을 벗어나 비효율적으로 생산하면 외부 기업이 진입하여 보다 낮은 비용으로 위협하고, 초과이윤을 얻기 위해 한계비용보다 높은 가격을 설정하면 외부 기업이 진입할 유인을 제공하기 때문이다.
⑤ 그러므로 경합시장에 존재하는 기업들은 평균비용의 최저점에서 생산하므로 평균비용과 한계비용이 일치(AC = MC)하고, 가격을 한계비용보다 높게 설정할 수 없어 가격은 한계비용과 동일(P = MC)하다.
⑥ 따라서 경합시장은 존재하는 기업 수와 무관하게 기업이 언제나 최적시설규모에서 최소 비용으로 생산하고 정상이윤[$\pi = (P - AC)q = 0$]만을 얻기 때문에 완전경쟁시장처럼 파레토 효율성을 달성한다.

(3) 진입과 이탈의 장벽 제거
경합시장모형에 따르면 과점시장의 경쟁성을 제고하기 위해 막대한 재정을 투입하여 기업 수를 늘릴 필요 없이 해당 산업으로의 진입과 이탈의 장벽을 제거하면 기업 수와 무관하게 충분히 파레토 효율적 자원배분을 실현할 수 있다.

Ⅷ 과점시장 평가

(1) 과점시장은 완전경쟁시장이나 독점시장보다 기술혁신이 잘 이루어지고, 다양한 재화가 생산되므로 소비자의 선택의 폭이 넓다.

(2) 과점시장의 생산량은 완전경쟁시장 생산량보다 적고, 광고 등 치열한 비가격 경쟁이 나타나 자원배분이 비효율적이다.

CHAPTER 15 게임이론

I 의의

(1) 기업 간의 상호의존성(interdependence)이 존재하는 과점시장에서 각 기업은 독자적으로 행동하든 협조적으로 행동하든 상대방의 반응까지 고려해야 하는 게임상황(game situation)에 직면한다.

(2) 그리고 게임상황에 위치한 모든 경제주체는 다른 경제주체의 의사결정이 자신의 보수에 미치는 영향까지 포함하는 전략적 고려(strategic consideration)를 해야 한다.

(3) 게임이론(game theory)은 경제주체(경기자) 간에 상호의존성이 존재하여 전략적 고려가 필요한 게임상황에서 각 경기자의 합리적 의사결정을 분석하는 이론이다.

II 게임이론의 기본 골격

1. 게임

게임(game)은 둘 이상의 경제주체가 상호연관관계를 통해 각자 자신의 이익을 추구하고 있지만 일방이 자신이 원하는 방향으로 결과를 좌우할 수 없는 경쟁적 상황을 의미한다.

2. 게임의 구성요소

경기자, 전략, 보수, 정보 등 게임의 구성요소들이 조합되는 형태에 의해 게임의 특성이 결정된다.

(1) 경기자(player)는 게임의 기본적인 의사결정 단위를 구성하는 주체이다.

(2) 전략(strategy)은 게임에서 선택할 수 있는 행동에 대한 계획이다.

(3) 보수(payoff)는 게임의 결과로 경기자가 얻을 수 있는 대가이다.

(4) 보수행렬(payoff matrix)은 게임의 결과로서 나타나는 모든 보수의 수치를 하나의 표에 체계적으로 정리해 놓은 도표 형식이다.

(5) 정보는 경기자가 행동을 선택하는 순간에 게임에 대해 알고 있는 내용을 의미한다.

📝 불완전 정보를 가정하는 경우를 제외하고 일반적으로 모든 경기자는 게임의 구조에 대한 완전한 정보를 갖는다고 상정한다.

Ⅲ 게임의 균형

1. 의의

(1) 게임의 균형(equilibrium)은 각 경기자가 선택한 전략에 의해 도출된 결과에 모든 경기자가 만족하여 더 이상 전략을 변화시킬 유인이 없는 상태이다.

(2) 게임의 균형은 각 경기자가 선택하는 전략의 조합으로 도출된다.

(3) 게임의 균형은 우월전략균형, 내쉬균형, 혼합전략균형으로 구분된다.

> 📝 우월전략균형과 내쉬균형은 경기자가 여러 전략 중에서 한 가지 전략만을 선택하는 순수전략을 전제로 논의한다.

2. 우월전략균형

(1) **정의**
  ① 우월전략(dominant strategy)은 상대방이 어떤 전략을 선택하는지에 관계없이 항상 자신의 보수를 더 크게 만드는 전략이다.
  ② 우월전략균형(dominant strategy equilibrium)은 모든 경기자에게 우월전략이 존재할 때 도달하는 우월전략과 우월전략의 결과(짝)이다.

(2) **우월전략균형의 도출**

다음은 기업 A와 기업 B의 공격적 투자 혹은 보수적 투자 전략에 따른 이익을 나타내는 보수행렬(payoff matrix)이다. 이에 대한 설명으로 옳은 것은? (단, 표의 괄호에서 앞의 숫자는 기업 A의 이익, 뒤의 숫자는 기업 B의 이익이다)   2022년 국가직 7급

기업 A \ 기업 B	공격적 투자	보수적 투자
공격적 투자	(10, 5)	(9, 3)
보수적 투자	(8, 4)	(7, 2)

① 기업 A는 우월전략을 가지고 있지 않다.
② 유일한 내쉬균형(Nash equilibrium)이 존재한다.
③ 죄수의 딜레마(prisoner's dilemma)의 한 예로 볼 수 있다.
④ 두 기업이 어떤 전략을 선택할지 예측하기 어렵다.

해설

①, ②, ④ A 기업이 공격적 투자를 선택하면 B 기업은 공격적 투자를 선택할 때 더 큰 보수를 얻고, A 기업이 보수적 투자를 선택하면 B 기업은 공격적 투자를 선택할 때 보수가 더 크다. 따라서 B 기업은 A 기업의 전략과 무관하게 항상 공격적 투자를 선택하는 우월전략이 존재한다.
B 기업이 공격적 투자를 선택하면 A 기업은 공격적 투자를 선택할 때 더 큰 보수를 얻고, B 기업이 보수적 투자를 선택하면 A 기업은 공격적 투자를 선택할 때 보수가 더 크다. 따라서 A 기업은 B 기업의 전략이 어떻게 주어지든 항상 공격적 투자를 선택하므로 우월전략이 존재한다.

따라서 A와 B 기업 모두 우월전략이 존재하므로 (공격적 투자, 공격적 투자) = (10, 5)가 우월전략균형이며 유일한 내쉬균형이다.

③ 죄수의 딜레마는 우월전략균형이 존재하고 개인의 합리성이 사회적 합리성을 보장하지 못하는 자원배분상태이다. 그런데 A와 B의 합리적 선택인 (10, 5)는 다른 어떤 전략조합보다 보수가 큰 사회적 합리성을 달성하므로 본 게임에서는 죄수의 딜레마가 관찰되지 않는다.

▶②

3. 내쉬균형

(1) 의의

① 우월전략균형의 개념은 직관적으로 명백하지만 전략적 상황에 직면한 과점기업(경기자)이 상대방의 전략에 반응하지 않는 우월전략은 현실 설명력이 낮고 관찰하기 어렵다.

② 따라서 상대방이 선택하는 모든 전략에 대해 최적전략인 우월전략의 조건을 약화시키고, 상호의존성을 강화하여 상대방의 주어진 전략에 대해서만 최적전략으로 반응하는 균형의 개념이 요구되었다.

③ 내쉬균형(Nash equilibrium)은 각 경기자가 상대방의 전략을 주어진 것으로 보고 자신에게 가장 유리한 최적전략을 선택할 때 도달하는 결과(균형)이다. 즉, 내쉬균형은 상대방의 최적전략에 대해 최적대응이 될 수 있는 내쉬균형전략의 결과(짝)이다. 따라서 내쉬균형은 상대방의 전략이 주어졌을 때 각 경기자가 더 이상 자신의 전략을 변경할 유인이 없는 안정적인 상태이다.

④ 내쉬균형은 우월전략균형보다 약화된 균형의 개념이므로 우월전략균형이 존재하지 않아도 내쉬균형은 존재할 수 있다. 그리고 우월전략균형은 반드시 내쉬균형이다.

(2) 내쉬균형의 일반화 ➡ 상호일관성

➡ 기업 A가 선택할 수 있는 전략은 $a_1, a_2, a_3, \cdots a_n$ 이다.

➡ 기업 B가 선택할 수 있는 전략은 $b_1, b_2, b_3, \cdots b_n$ 이다.

➡ $r_A(b)$는 B가 선택한 각 전략에 대한 기업 A의 최적 대응전략이다.

➡ $r_B(a)$는 A가 선택한 각 전략에 대한 기업 B의 최적 대응전략이다.

① $a^* = r_A(b^*)$

A는 상대방이 전략 b^*를 선택할 것으로 기대하면 최적 대응전략으로 a^*를 선택한다.

② $b^* = r_B(a^*)$

B는 상대방이 전략 a^*를 선택할 것으로 기대하면 최적 대응전략으로 b^*를 선택한다.

③ 내쉬균형 = (a^*, b^*)

내쉬균형은 이상 ①과 ②의 상호일관성을 만족하는 전략의 짝이다. 따라서 내쉬균형에서 각 경기자의 상대방에 대한 기대와 자신이 선택하는 행동은 상호일관된 성격을 가지므로 내쉬균형은 상호일관성(mutual consistency)을 공식화한 개념이다.

📖 **추종자와 추종자**

$CV_q = 0$과 $CV_p = 0$을 가정하는 꾸르노균형과 베르뜨랑균형은 각 복점기업이 상대방의 전략인 생산량과 가격을 주어진 것으로 가정(기대)하고 선택한 최적전략의 결과이므로 내쉬균형이다.

📖 **선도자와 추종자**

슈타켈버그모형에서 선도기업은 추종자의 모든 전략(반응함수)에 대한 이윤극대화 최적 생산량을 결정하므로 우월전략이 존재한다. 추종자는 선도자의 최적 생산량(우월전략)에 반응하여 최적 대응(내쉬균형전략)을 선택한다. 따라서 슈타켈버그균형은 선도자와 추종자 모두 다른 전략으로 변경할 유인이 없는 내쉬균형이다.

📖 **내쉬균형과 우월전략균형**

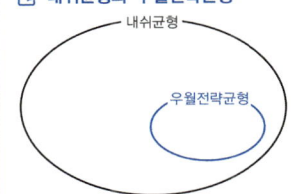

(3) **내쉬균형의 도출**

① 동일한 상품을 경쟁적으로 판매하고 있는 두 기업 A와 B는 이윤을 극대화하는 광고 전략을 고려하고 있다. 다음은 두 기업이 전략을 동시에 선택할 경우 기대되는 보수행렬이다. 내쉬균형을 도출하시오. (단, A와 B는 전략을 동시에 선택하고 합리적으로 행동하며 본 게임은 1회만 행해진다. 괄호 안의 왼쪽 값은 A의 보수, 오른쪽 값은 B의 보수를 나타낸다)

		B	
		광고함	광고 안함
A	광고함	(18, 12)	(24, 9)
	광고 안함	(9, 16)	(30, 20)

㉠ A가 광고함을 선택하면 B는 광고함을 선택하고, A가 광고 안함을 선택하면 B는 광고 안함을 선택하므로 B는 우월전략이 없다.

㉡ B가 광고함을 선택하면 A는 광고함을 선택하고, B가 광고 안함을 선택하면 A는 광고 안함을 선택하므로 A는 우월전략이 없다.

㉢ 우월전략균형은 존재하지 않지만 [(광고함, 광고함) = (18, 12)]와 [(광고 안함, 광고 안함) = (30, 20)]의 내쉬균형이 두 개 존재한다.

② 갑과 을은 각각 U, M, D와 L, C, R 3개의 전략 중 하나를 선택할 수 있다. 동시선택게임의 보수행렬이 다음과 같을 때, 내쉬균형을 도출하시오. (단, 1회성 게임이며, 보수행렬의 괄호 안 첫째 숫자는 갑의 보수이고, 둘째 숫자는 을의 보수이다)   **2024년 국가직 7급**

		을		
		L	C	R
갑	U	(−20, −20)	(0, 20)	(20, 40)
	M	(20, 0)	(−40, −40)	(−10, 30)
	D	(40, 20)	(30, −10)	(−5, −5)

㉠ 갑이 U를 선택하면 을은 R을 선택하고, 갑이 M을 선택하면 을은 R을 선택한다. 그리고 갑이 D를 선택하면 을은 L을 선택하므로 을은 우월전략이 없다.

㉡ 을이 L을 선택하면 갑은 D를 선택하고, 을이 C를 선택하면 갑은 D를 선택한다. 그리고 을이 R을 선택하면 갑은 U를 선택하므로 갑은 우월전략이 없다.

㉢ 순수전략 내쉬(Nash)균형은 [(D, L) = (40, 20)]과 [(U, R) = (20, 40)]이다.

(4) **내쉬균형의 특징**

① 우월전략균형은 내쉬균형이지만 내쉬균형이 항상 우월전략균형은 아니다.

② 내쉬균형이 파레토 효율성을 보장하지는 않는다. 개인이 사적 이익을 추구한 결과인 내쉬균형과 파레토 개선이 불가능한 상태인 파레토 효율적 자원배분은 다른 개념이다.

③ 내쉬균형은 유일하게 혹은 복수로 존재할 수도 있지만 모든 게임에서 항상 순수전략 내쉬균형이 존재하는 것은 아니다. 그러나 혼합전략을 허용하면 모든 게임에 있어 내쉬균형은 항상 존재한다.

> **연습문제**

내쉬균형에 대한 설명으로 가장 옳지 않은 것은?　　　　　　　　　　　　2024년 서울시 7급
① 상대방의 전략이 주어져 있을 때 자신의 입장에서 최적인 전략을 내쉬균형전략이라고 부르고 각 경기자가 이 전략을 선택할 때 이를 내쉬균형이라고 한다.
② 어떤 게임에서 우월전략균형이 존재하지 않아도 내쉬균형은 존재할 수 있는데 그 이유는 내쉬균형이 이루어지는 데 충족되어야 하는 조건이 상대적으로 더 약하기 때문이다.
③ 어떤 게임에서 순수전략만 허용할 경우 내쉬균형은 언제나 한 개 이상 존재한다.
④ 우월전략균형은 내쉬균형의 성격을 갖게 되지만 그 역은 성립하지 않는다.

> **해설**

③ 순수전략게임에서 내쉬균형이 존재하지 않는 이유는 최적의 순수균형전략이 존재하지 않기 때문이다. 즉, 경기자 쌍방은 상대방의 전략에 따라 순수전략을 변경할 유인이 존재하여 상호일관성이 없을 경우에 내쉬균형이 존재하지 않는다. 그래서 내쉬균형을 도출하기 위해 혼합전략을 사용하는 것이다.
▶ ③

4. 혼합전략 내쉬균형

(1) 순수전략과 혼합전략

① 순수전략은 경기자가 여러 대안의 전략 중에서 특정 한 가지 전략만을 선택하고 고수하는 행동이다.
② 혼합전략은 경기자가 여러 행동을 적절히 혼합해서 사용하기 위해 각 순수전략을 선택할 확률을 결정하는 행동이다.

(2) 혼합전략의 보수극대화 확률(probability) 선택

① 순수전략게임에서 내쉬균형이 존재하지 않는 이유는 최적의 순수균형전략이 존재하지 않기 때문이다. 즉, 경기자 쌍방은 상대방의 전략에 따라 순수전략을 변경할 유인이 존재하여 상호일관성이 없다.
② 혼합전략을 사용하는 경기자는 각 순수전략의 기대보수를 비교하여 더 큰 보수를 기대할 수 있는 순수전략을 선택한다.
③ 내쉬균형이 존재하려면 상대방의 전략이 확정되어야 한다. 따라서 혼합전략을 사용할 때 각 경기자의 최적전략은 상대방이 어떠한 전략을 선택하든 각 전략의 기대보수를 동등하게 만들어 다른 전략으로 변경할 유인이 없도록 하는 최적 확률(probability)을 부여하는 것이다.
④ 혼합의 기초가 되는 확률의 결정
　㉠ 경기자는 상대방이 어떤 전략을 선택하든 각 순수전략의 기대보수를 동등하게 만드는 확률(p)을 설정한다.
　㉡ 상대방이 선택할 수 있는 순수전략의 기대보수가 동등하다면 상대방은 전략을 변경할 유인이 없다.
　㉢ 상대방이 전략을 변경할 유인이 없다면 자신에게 초래될 수 있는 불리한 결과를 방지할 수 있는 최상의 혼합전략이 존재하므로 혼합전략 내쉬균형에 도달할 수 있다.

(3) 혼합전략 내쉬균형의 도출

다음은 갑과 을의 전략 선택에 따라 결정되는 보수구조이다. 갑이 전략 A를 선택할 확률을 p, 을이 전략 C를 선택할 확률을 q라고 하자. 혼합전략 내쉬균형 하에서의 최적 전략 p, q를 도출하시오. (단, 보수 행렬의 괄호 안 첫 번째는 갑의 보수, 두 번째는 을의 보수를 나타낸다)

2022년 국회직 8급

		을	
		C	D
갑	A	(50, 50)	(80, 20)
	B	(90, 10)	(20, 80)

해설

① 내쉬균형은 상대방의 전략이 주어진 상태에서 각 경기자 모두 보수를 극대화하여 다른 전략으로 변경할 유인이 없는 상태이다.

② 갑이 A를 선택하면 을은 C를 선택하고, 갑이 B를 선택하면 을은 D를 선택한다. 그러나 을이 C를 선택하면 갑은 B를 선택하고, 을이 D를 선택하면 갑은 A를 선택한다. 따라서 순수전략 내쉬균형은 존재하지 않는다.

③ 이처럼 순수전략게임에서 내쉬균형이 존재하지 않는 이유는 경기자 쌍방은 상대방의 전략에 따라 순수전략을 변경할 유인이 존재하므로 상호일관성이 없기 때문이다.

④ 따라서 혼합전략을 사용할 때 각 경기자의 최적전략은 상대방이 어떠한 전략을 선택하든 각 순수전략의 기대보수를 동등하게 만들어 다른 전략으로 변경할 유인이 없도록 하는 최적 확률(probability)을 부여하는 것이다.

⑤ 갑은 을이 C 순수전략을 선택할 때의 기대보수와 D 순수전략을 선택할 때의 기대보수가 동등하도록 확률(p)을 부여한다.
을이 C를 선택할 경우 기대보수 $= p \times 50 + (1-p) \times 10 = 10 + 40p$
을이 D를 선택할 경우 기대보수 $= p \times 20 + (1-p) \times 80 = 80 - 60p$
➡ $10 + 40p = 80 - 60p$
∴ $p = 0.7$

⑥ 을은 갑이 A 순수전략을 선택할 때의 기대보수와 B 순수전략을 선택할 때의 기대보수가 동등하도록 확률(q)을 부여한다.
갑이 A를 선택할 경우 기대보수 $= q \times 50 + (1-q) \times 80 = 80 - 30q$
갑이 B를 선택할 경우 기대보수 $= q \times 90 + (1-q) \times 20 = 20 + 70q$
➡ $80 - 30q = 20 + 70q$
∴ $q = 0.6$

▶ $p = 0.7$, $q = 0.6$

Ⅳ 최소극대화전략

1. 의의

(1) 내쉬균형은 게임에 참여하는 모든 경기자를 자신의 보수를 극대화하는 합리적 경제주체로 상정하여 도출되는 균형이다. 즉, 내쉬균형은 자신은 물론 상대방에게도 합리성을 요구한다.

(2) 그러나 상대방의 합리성에 대해 의구심을 갖고 있는 경기자는 최악의 결과를 회피하기 위해 최소극대화전략을 사용한다.

(3) 최소극대화전략(maximin strategy)은 각 전략을 선택하였을 때 예상되는 최소 보수 중에서 더 큰 최소 보수를 선택하는 전략이다.

2. 최소극대화전략의 도출

게임상황에 있는 경기자 갑과 을이 선택할 수 있는 전략과 전략선택에 따른 보수표가 다음과 같다. 을이 갑의 합리성에 대해 의심을 갖을 때의 균형을 도출하시오. (단, 각 전략 조합에서 괄호 안의 첫 번째 숫자는 경기자 갑의 보수, 두 번째 숫자는 경기자 을의 보수이다)

		을	
		전략 c	전략 d
갑	전략 a	(6, 7)	(3, 1)
	전략 b	(12, 4)	(4, 6)

(1) **내쉬균형**

갑의 우월전략은 b이므로 갑은 항상 전략 b를 선택한다. 갑의 전략이 b로 주어졌을 때 을은 보수를 극대화하는 전략 d를 선택한다. 따라서 (전략 b, 전략 d) = (4, 6)이 내쉬균형이다.

(2) 을이 갑의 합리성에 대해 의심한다면, 자신이 전략 d를 선택했을 때 갑이 합리적 전략인 b가 아니라 비합리적 전략인 a를 선택할 수 있음을 경계할 것이다.

(3) **을이 최소극대화전략을 사용할 때의 균형**

① 을이 전략 c를 선택할 때 최소 보수는 4이고, 전략 d를 선택할 때 최소 보수는 1이다. 을은 갑의 비합리적 선택으로 인한 최악의 결과를 방지하기 위해 전략 c를 선택하여 위험을 회피한다.
② 그러나 을의 의심과 달리 갑은 적극적 극대화전략인 우월전략 b를 선택한다.
③ 따라서 을이 최소극대화전략을 사용할 때의 균형은 (전략 b, 전략 c) = (12, 4)이다.
④ 을은 최소극대화의 위험회피전략을 선택한 대가로 내쉬균형보다 보수가 감소하였다.

3. 소결

(1) 내쉬균형은 모든 경기자가 적극적 극대화전략을 사용하는 합리성을 전제하지만, 최소극대화전략은 상대방이 비합리적인 선택을 할 때 발생하는 최악의 결과를 회피하기 위한 전략이다.

(2) 따라서 최소극대화전략은 상대방의 전략과 무관하게 오로지 자신의 보수만을 기준으로 전략을 선택하므로 위험기피자의 보수적인 행동을 반영하는 전략이다.

V 용의자의 딜레마와 카르텔

1. 가정

용의자의 딜레마 게임은 상호 간에 상호 의사소통이 불가능하며, 1회 게임이다.

2. 균형의 도출 ➡ 독자적 행동모형

		을	
		자백	부인
갑	자백	(−4, −4)	(0, −15)
	부인	(−15, 0)	(−1, −1)

[단, '−'는 처벌로서 음(−)의 보수를 의미한다. '−4'는 4년의 형량이다.]

(1) 용의자의 딜레마 게임에서 자백의 전략은 자신의 보수만을 극대화하는 이기적(독자적) 행동 전략이고, 부인의 전략은 공동의 보수를 극대화하는 협조적 행동 전략이다.

(2) **상호 간 협조가 불가능 ➡ 독자적 행동 선택 ➡ 우월전략균형**

① 경찰은 두 명의 용의자를 격리해서 심문하기 때문에 용의자 간에 상호 의사전달이 불가능해서 협조적 전략을 선택할 수 없다.

② 따라서 용의자 갑과 을은 상대방의 전략과 상관없이 독자적으로 자신의 보수를 극대화하는 자백의 우월전략을 선택하고 우월전략균형 (자백, 자백) = (−4, −4)에 도달한다.

(3) **1회 게임 ➡ 보복이 불가능 ➡ 담합의 유인 없음 ➡ 독자적 행동모형 ➡ 우월전략균형**

① 용의자의 딜레마 게임은 의사소통이 불가능한 1회 게임을 가정한다.

② 만약 상황이 바뀌어 협조가 가능하다면 갑과 을은 함께 협조하여 (부인, 부인) = (−1, −1)로 담합한다.

③ 그러나 용의자 딜레마 게임에서는 담합을 하더라도 각 용의자는 약속을 위반하고 자백을 선택할 유인이 존재한다. 왜냐하면 갑이 약속을 이행하기 위해 끝까지 부인하더라도

을이 자백으로 담합을 위반하면 갑의 형량은 1년에서 15년으로 대폭 증가하게 되고, 그럼에도 다음 게임에서 갑이 자백으로써 을에게 보복할 수 있는 기회가 존재하지 않기 때문이다.

④ 따라서 1회 게임에서는 협조적인 전략을 선택할 무언의 압력, 즉 담합의 유인이 존재하지 않으므로 각 용의자는 독자적으로 사적 이익을 추구하고 우월전략균형에 도달한다.

3. 소결

(1) 용의자의 딜레마 게임은 상호 협조가 불가능하고 1회 게임이므로 협조적으로 행동할 수 없다.

(2) 각 용의자는 독자적 행동으로 우월전략균형에 도달하지만 우월전략균형은 파레토 개선이 가능한 파레토 비효율적인 자원배분상태이다.

(3) 따라서 용의자의 딜레마는 독자적으로 사적 이익을 추구하는 개인의 합리성이 공동의 보수를 극대화하는 사회적 합리성을 보장하지 못하는 역설적인 상황을 설명하는 것이다.

4. 카르텔의 안정성

(1) 의의

① 용의자의 딜레마 게임은 1회 게임을 전제한다.
② 그러나 실제 과점시장에서 각 기업들은 동일한 게임을 수차례 되풀이하는 반복게임의 상황에 직면한다.
③ 유한반복게임에서는 역진적 귀납법에 의해 마지막 게임에서 협정을 위반하는 기업이 더 큰 이득을 얻는다. 이에 대한 완전한 정보를 보유한 각 기업은 상대방보다 먼저 담합을 위반하려 하므로 유한반복게임은 파레토 효율적인 결과가 균형이 될 수 없다.
④ 이와 달리 무한반복게임에서는 담합을 위반한 비협조적인 상대방에게 보복이 가능하므로 파레토 효율성을 실현할 수 있다.

(2) **과점시장에서 복점기업 A와 B는 협조적으로 행동하여 카르텔 협정을 준수하기로 약속했다. 1회 게임, 유한반복게임, 무한반복게임의 상황에 직면할 때 카르텔의 안정성을 판단하시오.**

		기업 B	
		협정 위반	협정 준수
기업 A	협정 위반	(4, 4)	(10, 1)
	협정 준수	(1, 10)	(8, 8)

① 1회 게임 ➡ 용의자의 딜레마 게임 ➡ 보복이 불가능 ➡ 카르텔 붕괴

용의자의 딜레마 게임과 같은 1회 게임은 과점기업이 카르텔 협정을 위반해도 상대방이 보복할 수 없으므로 담합의 유인이 존재하지 않는다. 그러므로 1회 게임에서는 카르텔 협정은 유지될 수 없고 필연적으로 붕괴된다.

② 유한반복게임
  ㉠ 동일한 게임이 5회만 반복되는 유한반복게임을 가정한다.
  ㉡ 역진적 귀납법(backward induction)에 의해 마지막 다섯 번째 게임을 살펴보자. 다섯 번째 게임에서 A는 협정을 준수하지만 B가 협정을 위반하면 균형은 (8, 8)에서 (1, 10)으로 바뀌고 보수가 하락한 A는 B에게 보복할 수 없다.
  ㉢ 다섯 번째 게임에 대한 완전한 정보를 보유한 A가 네 번째 게임에서 협정을 먼저 위반하더라도 B는 보복할 수단이 없다. B 역시 이러한 유한반복게임에 대한 완전한 정보를 보유하고 있으므로 A보다 먼저 위반을 선택하려 한다.
  ㉣ 따라서 유한반복게임에서는 협정을 위반하더라도 상대방이 보복할 수 없으므로 용의자의 딜레마 게임처럼 독자적으로 행동하여 (위반, 위반) = (4, 4)의 우월전략균형에 도달하고 카르텔은 붕괴된다.
  ㉤ 그러므로 카르텔이 안정적으로 유지되기 위해서는 상대방이 협정을 위반할 때 언제라도 보복이 가능해야 하므로 반복의 횟수가 유한하지 않아야 한다.

③ 무한반복게임
  ㉠ 무한반복게임에서도 A와 B가 협조하지 않고 독자적으로 행동하면 용의자의 딜레마인 우월전략균형을 벗어날 수 없다.
  ㉡ 그러나 무한반복게임에서는 A가 협정을 위반해서 8에서 10으로 보수가 증가하면, B는 즉시 위반의 보복 전략을 사용해서 A의 보수를 4로 낮춘다.
  ㉢ 이처럼 무한반복게임에서는 각 기업이 협정을 위반할 유인이 없으므로 (준수, 준수) = (8, 8)이 내쉬균형이 되고 카르텔은 안정적으로 유지될 수 있다.

> **보복전략의 유형**
> 1. 냉혹한 방아쇠 전략(grim trigger strategy) : 상대방이 한번 협정을 위반한 순간부터 결코 협조하지 않고 보복을 지속하는 전략
> 2. 눈에는 눈, 이에는 이 전략(tit-for-tat strategy) : 상대방이 협정을 위반하면 비협조로 보복하지만, 상대방이 다시 협조하면 자신도 협조로 전환하는 맞대응 전략

VI 순차게임

1. 의의

(1) 과점시장에서는 두 경기자가 동시에 행동을 취하는 동시게임보다 한 경기자가 먼저 전략을 선택한 이후에 이를 보고 자신의 행동을 결정하는 순차게임(sequential game)이 더욱 많이 관찰된다.

(2) 보수행렬(payoff matrix) 형태의 정규형(normal form)은 동시게임을 표현하기에 적합하고, 게임나무(game tree) 형태의 전개형(extensive form)은 순차게임을 표현하기에 적합하다.

(3) 순차게임에서 나중에 행동하는 경기자는 먼저 의사결정을 하는 경기자의 행동을 보고 대응하므로 최적전략이 존재한다. 그러나 먼저 의사결정을 하는 경기자는 자신보다 뒤에 행동하는 상대방의 전략에 따라 대응전략이 달라져야 하기 때문에 최적전략이 존재하지 않는다.

(4) 그러므로 동시게임은 내쉬조건만을 충족하면 합리적 균형인 내쉬균형에 도달하지만, 순차게임의 합리적 균형은 내쉬조건과 신빙성조건을 동시에 충족해야 하는 완전균형이다.

2. 완전균형 ➡ 내쉬조건과 신빙성조건의 동시 충족

(1) 내쉬조건(Nash condition)은 상대방의 전략이 주어진 상태에서 독자적 행동으로 자신의 보수를 더 이상 증가시킬 수 없는 상태이다.

(2) 신빙성조건(credibility condition)은 특정 전략에 내포되어 있는 위협이나 약속이 신빙성을 갖추고 있어야 함을 의미한다. 즉, 어떤 전략에도 신빙성이 없는 위협이나 약속이 포함되어서는 안 된다.

(3) 완전균형(perfect equilibrium)은 내쉬조건뿐 아니라 신빙성조건도 충족하는 합리적 균형이다.

3. 완전균형의 도출

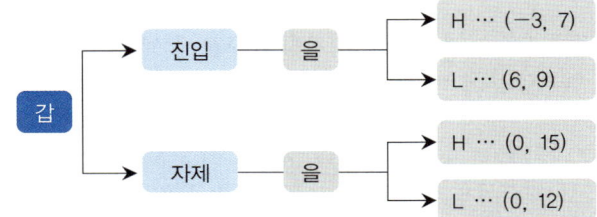

(1) 갑이 먼저 의사결정을 하고 나면 이를 관찰한 을이 갑의 전략 조건에 대응하여 최적전략을 선택하는 순차게임이다.

(2) 갑은 해당 산업으로의 진입과 자제를 선택할 수 있다. 을은 많은 생산(H)으로 최초의 높은 보수를 유지하기 위해, 갑이 진입하면 손실이 발생하도록 언제나 많은 생산(H)으로 대응하리라 강하게 위협하고 있다.

(3) 순차게임은 실제 게임의 진행방향과 반대로 게임나무의 마지막 단계부터 거꾸로 올라가는 역진적 귀납법으로 균형을 탐색한다.

(4) 갑이 진입하면 을은 더 큰 보수를 얻을 수 있는 적은 생산(L)을 최적전략으로 선택하고, 갑이 자제하면 을은 더 큰 보수를 얻을 수 있는 많은 생산(H)을 최적전략으로 선택한다. 따라서 내쉬조건은 (진입, L)과 (자제, H)이다.

(5) 그리고 갑이 진입하면 언제나 많은 생산(H)으로 대응한다는 을의 위협은 신빙성이 없다. 왜냐하면 자신의 보수극대화를 추구하는 을은 갑이 진입하면 더 큰 보수를 얻기 위해 적은 생산(L)을 선택하기 때문이다.

(6) 따라서 을이 어떠한 상황에서도 H를 선택하리라는 위협은 신빙성조건을 충족하지 못한 헛된 위협이다.

(7) 그러므로 내쉬조건 중 신빙성조건까지 모두 충족한 (진입, L) = (6, 9)가 순차게임의 완전균형이다.

Ⅶ 경매이론

1. 의의

(1) 경매이론(auction theory)은 정보가 완전히 갖춰지지 못한 상태에서 경제주체들의 전략적 행위가 가격에 미치는 영향을 분석하는데 유용한 정보를 제공한다.

(2) 현실 경제에서 예술작품, 골동품, 광물자원, 농·수산물, 정부사업 등 수많은 상품들이 경매의 교환방식으로 거래되고 있다.

(3) 이는 당일 수확한 농산물과 갓 잡은 생선과 같은 특정 상품은 표준적인 가치(standard value)가 존재하지 않고, 정부사업과 같이 투명한 절차를 요구하는 경우에는 경매를 통해 교환하는 것이 효과적이기 때문이다.

(4) 경매는 특정 시점에 시장에 참여한 경기자가 부르는 값에 기초해 자원이 배분되는 절차와 가격이 결정되는 수준에 대해 명백하게 규정해 놓은 시장제도이다.

(5) 경매는 교환의 거래비용을 낮추고 상품에 대하여 가장 높은 가치를 부여한 사람에게 상품이 배분되도록 유인하므로 자원배분의 효율성을 높인다.

(6) 따라서 경매제도는 상품에 대해 가장 높은 가치를 부여한 사람이 구매자가 될 수 있도록 파레토 효율성이 달성되고, 판매자의 수입극대화가 보장되도록 설계되어야 바람직하다.

2. 경매의 구분

(1) **경매대상 물건의 성격 차이**

① 경매는 객관적 가치가 존재하는 물건을 거래하는 공통가치 경매와 객관적 가치가 없는 물건이 거래되는 개인가치 경매로 구분된다.

② 공통가치 경매(common value auction)는 광물채굴권과 같이 자원의 객관적 가치(objective value)가 존재하지만, 불완전한 정보를 가지고 있는 경기자들은 각자 상이한 평가액(valuation)을 보유한 상황에 놓인 경매이다.

> **참고학습**
>
> **공통가치 경매와 승자의 불행(winner's curse)**
> - 석유채굴권, 정부발주사업, 주파수 경매 등은 경매 대상 물건의 객관적 가치가 존재한다. 그러나 각 경기자는 객관적 가치에 대한 정보가 부족하여 실제 가치보다 평가액을 과대 평가할 수 있다.
> - 이렇게 객관적 가치가 존재하는 공통가치 경매에서 낙찰자가 물건을 과대평가하여 객관적 가치보다 높은 가격을 지불하면 경매에 승리하고도 오히려 손실이 발생하는 승자의 불행이 초래된다.

③ 개인가치 경매(private value auction)는 예술품처럼 객관적 가치가 존재하지 않아서 본질적으로 경기자마다 상이한 평가액(valuation)이 발생하고 다른 경기자의 평가액에 대해 불완전한 정보를 보유한 상황에 위치하는 경매이다.

(2) 경매진행방식의 차이

① 소더비(Sotheb'y)나 크리스티(Christie's)의 예술품 경매처럼 경기자가 부르는 가격(bid)이 관찰되는 공개경매(open – outcry bidding) 방식과 정부사업 경매처럼 경기자가 상대방이 부르는 가격을 관찰할 수 없는 입찰제(sealed bid) 방식으로 구분된다.

② 공개경매

공개경매 방식은 부르는 가격을 점차 올려가는 영국식 경매와 점차 내려가는 네덜란드식 경매로 구분된다.

㉠ 영국식 경매(English auction)는 예술품이나 골동품을 거래할 때 부르는 가격을 점차 올려가다 최고 가격을 부르는 경기자가 경매대상 물건을 구매할 수 있는 권리를 확보하는 경매방식이다. 영국식 경매는 다른 경기자가 부르는 가격을 관찰하면서 자신이 부르는 가격을 수정할 수 있다.

㉡ 네덜란드식 경매(Dutch auction)는 신선도가 중요한 꽃이나 생선을 거래할 때 경매인이 최고가에서부터 가격을 낮춰가다가 정해진 시간 내에 부르는 가격에 구매할 사람이 나타나면 종료되는 방식이다. 그러나 시간이 경과해도 구매자가 없으면 부르는 가격을 다시 낮춰서 진행하는 경매방식이다.

③ 입찰제

다른 경기자가 써내는 가격을 관찰할 수 없는 입찰제는 최고가격입찰제와 제2가격입찰제로 구분된다.

㉠ 최고가격입찰제(first – price sealed bid auction)는 최고가격을 써낸 경기자가 물건을 구매할 수 있는 권리를 낙찰받고, 자신이 써낸 최고가격을 지불해야 거래가 종료된다.

㉡ 제2가격입찰제(second – price sealed bid auction)는 최고가격을 써낸 경기자가 물건을 구매할 수 있는 권리를 낙찰받지만, 써낸 가격 중 두 번째로 높은 가격(차가)만을 지불하면 된다. 이는 경기자가 의도적으로 평가액보다 낮은 가격을 써내는 것을 방지하기 위해 제안되었다.

> 'auction'의 어원은 라틴어 'augere'
> ➡ augere = 증가시킨다.

3. 경매제도의 비교

(1) 영국식 경매

경기자	경기자의 평가액	경매가격(오름차순)	소비자잉여(CS)
갑	100원	70.000…1원	100 − 70.000…1 > 0
을	70원	70.000…1원	70 − 70.000…1 < 0
병	50원	50.000…1원	50 − 50.000…1 < 0

① 영국식 경매는 50원보다 낮은 가격에서 시작해서 부르는 가격(bid)을 점차 올려간다.

② 경매가격이 50원을 상회하는 순간 병은 낙찰을 받으면 소비자잉여가 음(−)이 되어 손실이 발생하므로 경매를 포기한다.

③ 경매가격이 70원을 상회하는 순간 을도 병처럼 손해가 발생하므로 경매를 포기한다.

④ 따라서 예술품에 대해 가장 높이 평가한 갑에게 낙찰되고, 갑은 두 번째로 높게 평가한 을의 평가액(70.000….1원 ≒ 70원)만큼 지불하므로 소비자잉여가 양(+)이 되어 경매에 참여할 유인이 존재한다.

⑤ 영국식 경매에 참여한 각 경기자는 자신의 평가액보다 높거나 낮은 금액을 부를 유인이 존재하지 않는다. 만약 갑과 을이 모두 100원으로 평가액이 동등할 때 낙찰을 받기 위해 더 높은 가격(bid)을 부르면 낙찰받는 즉시 손해(CS＜0)가 발생한다. 한편 자신의 평가액보다 낮은 가격(bid)을 부르면 낙찰받을 확률이 하락하고, 소비자잉여는 증가하지 않는다.

⑥ 따라서 영국식 경매에서 각 경기자는 현재 경매가격이 자신의 평가액보다 낮으면 경매에 계속 참가하고, 높으면 포기하는 우월전략이 존재한다. 이는 상대방의 전략(평가액)과 무관하게 경기자의 보수(소비자잉여)는 오로지 경매가격과 자신의 평가액에 의해서만 결정되기 때문이다.

⑦ 그리고 영국식 경매는 언제나 경매대상 물건을 최고로 평가하는 경기자에게 자원이 배분되므로 파레토 효율성을 달성한다.

(2) 네덜란드식 경매

경기자	경기자의 평가액	경매가격(오름차순)	소비자잉여(CS)
갑	100원	100원	100 − 100 = 0
	$V^e_{을}$	P	100 − P ＞ 0
을	70원	70원	
	$V^e_{을}$	P	

(갑은 을의 평가액을 모르고, $V^e_{을}$은 을의 평가액에 대한 갑의 예측치이다.)

① 네덜란드식 경매는 100원보다 높은 가격에서 시작해서 경매인이 부르는 가격(bid)이 점차 내려간다.

② 경매가격이 100원보다 높으면 갑과 을 모두 낙찰을 받는 즉시 소비자잉여가 음(−)이 되어 손실이 발생하므로 구매의사를 표명하지 않는다.

③ 경매가격이 100원일 때 갑이 구매의사를 밝혀 낙찰을 받으면 소비자잉여는 0이다.

④ 그러므로 갑은 자신의 평가액으로 물건을 낙찰받으면 소비자잉여가 존재하지 않으므로 경매참가의 이득을 얻기 위해서는 자신의 평가액보다 낮은 가격에서 구매의사를 밝혀야 한다.

⑤ 갑에게 최대 이득을 안겨주는 경매가격은 을의 평가액보다 조금 높은 가격(70.00...1원)이다.

⑥ 이때 각 경기자는 상대방의 평가액에 대해 정보가 부족하므로 경쟁자의 평가액을 예측하고, 해당 예측값보다 조금 높은 가격을 써내야 이득을 극대화할 수 있다.

⑦ 그러나 경매의 이득(CS)을 높이고자 경쟁자의 평가액을 낮게 예측할수록 오류가 발생할 확률이 높아져 경매에서 패배할 수 있다.

⑧ 이처럼 네덜란드식 경매에서 승리자의 이득은 다른 경기자의 평가액에 의존하므로 각 경기자에게 우월전략이 존재하지 않는다.

⑨ 그리고 갑이 을의 평가액을 과소 평가해서 을이 낙찰을 받는다면 물건의 가치를 가장 높게 평가하는 경기자에게 자원이 배분되지 않으므로 파레토 비효율성이 발생할 수 있다.

(3) 최고가격입찰제

경기자	경기자의 평가액	갑이 써낸 가격	소비자잉여(CS)
갑	100원	100원	100 − 100 = 0
	$V^e_{을}$	P	100 − P > 0
을	70원	70원	
	$V^e_{을}$	P	

(갑은 을의 평가액을 모르고, $V^e_{을}$ 은 을의 평가액에 대한 갑의 예측치이다.)

① 최고가격입찰제에서 갑은 자신의 평가액만큼 가격을 써내면 평가금액과 지불가격이 일치하므로 소비자잉여는 0이다.
② 따라서 최고가격입찰제도는 네덜란드식 경매처럼 경기자가 양(+)의 이득을 얻기 위해서는 자신의 평가액보다는 낮고 경쟁자의 평가액보다는 높게 가격을 써내야 한다.
③ 그러므로 최고가격입찰제도 경쟁자의 평가액에 의해 전략적 행동이 영향을 받으므로 우월전략은 존재하지 않고, 경쟁자의 평가액을 과소평가하면 가장 높게 평가하는 경기자에게 자원이 배분되지 않는 파레토 비효율성이 초래될 수 있다.

(4) 제2가격입찰제

경기자	경기자의 평가액	갑과 을이 써낸 가격	소비자잉여(CS)
갑	100원	100원	100 − 70 > 0
을	70원	70원	

(갑은 을의 평가액을 모른다.)

① 제2가격입찰제에서는 물건을 최고로 평가하는 갑이 낙찰을 받고, 두 번째로 높게 써낸 을의 평가액을 구매가격으로 지불하므로 낙찰받는 즉시 양(+)의 소비자잉여가 존재한다.
② 따라서 제2가격입찰제는 영국식 경매처럼 각 경기자가 자신의 평가액을 그대로 써내는 것이 우월전략이고, 물건의 가치를 가장 높게 평가하는 경기자에게 자원이 배분되는 파레토 효율성이 충족된다.

(5) 소결

① 영국식 경매와 제2가격입찰제
두 경매방식 모두 경쟁자의 평가액과 무관하게 자신의 평가액대로 입찰하는 것이 우월전략이고, 물건에 가장 높은 가치를 부여하는 경기자에게 자원이 배분되는 파레토 효율성이 달성된다.

② 네덜란드식 경매와 최고가격입찰제
두 경매방식 모두 두 번째로 높게 평가하는 경쟁자의 평가액을 예측하여 자신의 평가액보다 낮은 금액을 가격으로 써내야 하므로 우월전략이 존재하지 않는다. 그리고 경쟁자의 평가액에 대한 예상치가 실제 평가액보다 낮으면 가장 높은 가치를 부여한 경기자에게 자원이 배분되지 않으므로 파레토 효율성을 보장할 수 없다.

4. 동등수입정리

(1) 다음과 같은 네 가지 조건이 충족된다면 판매자는 최고가격입찰제와 제2가격입찰제에서 얻는 평균적인 판매수입이 동등하다.

① 각 경매참가자가 보유하고 있는 경매 대상의 가치에 대한 정보는 상호 독립적이다.
② 각 경매참가자는 모두 위험중립적이다.
③ 각 경매참가자는 동질적이다.
④ 경매 승리자가 지불하는 금액은 오로지 자신이 부른 가격(bid)에 의해서만 결정된다.

> **동질적**
> 소득이나 재산 등 경제적 여건이 동일

(2) 최고가격입찰제는 네덜란드식 경매와 동일한 경매방식이고, 제2가격입찰제는 영국식 경매와 동일한 경매방식이다.

(3) 그러므로 이상의 조건이 모두 충족되면 네 가지 경매방식에서 기대되는 판매자의 평균수입은 같아진다.

연습문제

기업 A와 B는 자신의 생산량 결정에 있어서 대량 생산(H)과 소량 생산(L) 중 하나를 선택할 수 있다. 두 기업이 동시에 생산량을 한 번만 선택하는 게임의 보수행렬이 다음과 같을 때, 이 게임에 대한 설명으로 옳지 않은 것은? (단, 보수행렬의 괄호 안 첫 번째 숫자는 기업 A의 보수이고, 두 번째 숫자는 기업 B의 보수를 나타낸다) **2024년 국가직 9급**

		기업 B	
		H	L
기업 A	H	(5, −1)	(a, 0)
	L	(6, 4)	(10, 0)

① 기업 B의 우월전략은 존재하지 않는다.
② $a < 10$일 때, 기업 A의 우월전략은 L이다.
③ $a = 10$일 때, 순수전략 내쉬균형은 2개 존재한다.
④ $a > 10$일 때, 순수전략 내쉬균형은 존재하지 않는다.

해설

① 기업 A가 H를 선택하면 기업 B는 L을 선택하고, 기업 A가 L을 선택하면 기업 B는 H를 선택하므로 A의 전략에 따라 B의 보수극대화 전략이 달라지므로 우월전략은 존재하지 않는다.
② $a < 10$일 때 기업 B가 H를 선택하면 기업 A는 L을 선택하고, 기업 B가 L을 선택하면 기업 A는 L을 선택하므로 B의 전략과 무관하게 A의 보수극대화 전략은 L이므로 우월전략은 L이다.
③ $a = 10$일 때 기업 B가 H를 선택하면 기업 A는 L을 선택하고, 기업 B가 L을 선택하면 기업 A는 L을 선택하든 H를 선택하든 무차별하므로 (H, L)과 (L, H)의 내쉬균형이 2개 존재한다.
④ $a > 10$일 때 기업 B가 H를 선택하면 기업 A는 L을 선택하고, 기업 B가 L을 선택하면 기업 A는 H를 선택하므로 (H, L)과 (L, H)의 내쉬균형이 2개 존재한다.

▶ ④

MEMO

 정용수 경제학 미시편

Chapter 16 완전경쟁 생산요소시장
Chapter 17 불완전경쟁 요소시장
Chapter 18 소득분배이론

PART 05

생산요소시장 이론

CHAPTER 16 완전경쟁 생산요소시장

I 생산요소시장

(1) 생산요소시장은 기업이 생산물시장에서 결정한 이윤극대화(MR = MC) 생산량(Q)을 최소비용으로 생산하기 위해 투입하는 노동(L)과 자본(K) 등의 생산요소를 거래하는 시장이다.

(2) **노동수요는 재화시장에서 파생되는 수요** ➡ **생산함수 : Q = F(L, K)**

기업은 생산물시장에서 이윤극대화 생산량을 결정한 후에 생산요소시장에서 노동과 자본을 고용하므로 노동수요 등 생산요소에 대한 수요는 재화(생산물)시장에서 파생되는 수요이다. 따라서 생산물시장과 생산요소시장을 연결하는 매개고리는 기업의 생산함수이다.

(3) 개인은 한정된 총가용시간에서 여가를 줄여 노동을 생산하고 기업에게 판매한다.

(4) 그러므로 노동시장에서는 노동을 생산하는 개인이 노동공급자이고, 노동을 고용하는 기업이 노동수요자이다.

(5) 기업은 노동과 자본을 사용하는 반대급부로 노동소득과 자본소득을 생산요소의 공급자에게 분배한다. 그리고 개인은 노동을 생산해서 기업에게 판매한 수입인 근로소득(WL)으로 재화시장에서 기업이 생산한 재화와 서비스를 구매한다.

(6) 노동시장은 기업과 개인이 모두 임금순응자인 완전경쟁 노동시장과 임금설정자가 존재하는 불완전경쟁 노동시장으로 구분된다.

	기업	개인	
① 완전경쟁 노동시장	임금 순응자	임금 순응자	
② 불완전경쟁 노동시장	임금 설정자	임금 순응자	수요독점
	임금 순응자	임금 설정자	공급독점
	임금 설정자	임금 설정자	쌍방독점

📝 **노동시장**
➡ 노동을 생산해서 기업에게 판매(임대)하는 근로자 = 채권자
➡ 노동을 임대해서 고용하는 기업 = 채무자

📝 **재화시장**
➡ 개인 = 소비자
➡ 기업 = 생산자

II 완전경쟁 노동시장

(1) 완전경쟁 노동시장에서 개인과 기업은 모두 노동시장에서 결정된 시장임금(W)에 순응하는 임금순응자이다.

(2) 개인의 노동공급곡선(L^S)은 주어진 시간당 임금률(W)에 순응하여 개인의 효용극대화를 달성하는 최적 노동공급량(L^S) 조합을 연결한 궤적이다. 그리고 개인의 노동공급곡선을 수평합하여 시장 노동공급곡선을 도출한다.

(3) 기업의 노동수요곡선(L^D)은 주어진 시장 임금(W)에 순응하여 기업의 이윤극대화를 달성하는 최적 노동고용량(L^D) 조합을 연결한 궤적이다. 기업의 노동수요곡선으로부터 산업(시장)의 노동수요곡선이 도출된다.

(4) 완전경쟁 노동시장에서는 우상향하는 시장 노동공급곡선과 우하향하는 시장 노동수요곡선이 교차하는 지점에서 시장임금(W)이 결정되고, 전체 노동시장에서 결정된 시장임금(W)에 순응하여 기업은 이윤극대화를 달성하는 최적 노동량을 고용한다.

(5) 따라서 완전경쟁 노동시장은 시장임금(W)이 결정되는 전체 노동시장과 개별기업이 고용을 결정하는 개별기업이 직면하는 노동시장이 분리(구분)된다.

> 완전경쟁 노동시장은 생산물시장도 완전경쟁시장이라고 가정한다.

> 불완전경쟁 노동시장(수요독점 및 공급독점)은 전체 노동시장과 개별 기업이 직면하는 노동시장이 일치한다.

III 노동공급곡선

1. 소득 – 여가 선택모형

(1) 개인의 효용극대화 행동원리

> 목적식   Max   U = F(L, C) [단, 여가(L)와 기타재(C)는 모두 재화(goods)]
> 제약식   s.t. $C = \frac{W_0}{1}(T - L) + \frac{V_0}{1}$
> [W_0는 시간당 임금률, 1원은 기타재의 단위 가격, T(총가용시간) = L(여가) + L^S(노동), V_0는 비근로소득]

① 개인은 주어진 예산제약 조건에서 효용극대화를 달성하는 최적의 여가(L)와 기타재화(C)의 소비조합을 탐색하여 최적의 노동생산량을 결정한다.

② 개인의 효용극대화 균형조건: $[(MRS_{LC} = \frac{MU_L}{MU_C})] = [\frac{W_0}{1}] \Rightarrow [\frac{MU_L}{W_0} = \frac{MU_C}{1}]$

효용극대화를 추구하는 개인은 여가와 기타재에 대한 개인의 주관적 교환비율인 한계대체율(MRS_{LC})과 시장의 객관적 교환비율인 기타재에 대한 여가의 상대가격($\frac{W_0}{1}$)이

> 분석의 편의를 위해 비근로소득(V_0)은 0으로 가정

일치하는 무차별곡선과 예산제약선의 접점[$MRS_{LC} = -\frac{\Delta C}{\Delta L} = \frac{MU_L}{MU_C}$]= [$\frac{W_0}{1}$]에서 최적의 소비조합을 선택한다. 왜냐하면 무차별곡선과 예산선의 접점에서는 여가와 기타재의 1원당 한계효용이 균등[$\frac{MU_L}{W_0} = \frac{MU_C}{1}$]하여 다른 소비조합으로 이동하면 한계효용체감의 법칙에 의해 효용이 하락하기 때문이다.

(2) 무차별곡선 ➡ L − C 평면에서 우하향하면서 볼록한 무차별곡선

① 의의

㉠ 무차별곡선은 개인의 동일한 효용수준을 보장하는 여가(L)와 기타재(C)의 소비조합을 연결한 궤적이다.

㉡ 여가와 기타재 모두 재화(goods)이므로 무차별곡선은 우하향하고, 합리적 개인은 균형의 소비를 선호하므로 한계대체율(MRS_{LC})이 체감하고 원점에 대해 볼록하다.

㉢ 기수적 효용함수의 특성을 반영하는 서수적 효용의 무차별곡선은 여가를 선호할수록 여가의 기회비용($\frac{-\Delta C}{\Delta L}$)이 높아 한계대체율[$MRS_{LC} = \frac{-\Delta C}{\Delta L}$]이 커서 가파른 무차별곡선으로 대변된다.

② 무차별곡선의 특징(공리)

㉠ 우하향하는 무차별곡선(단조성)

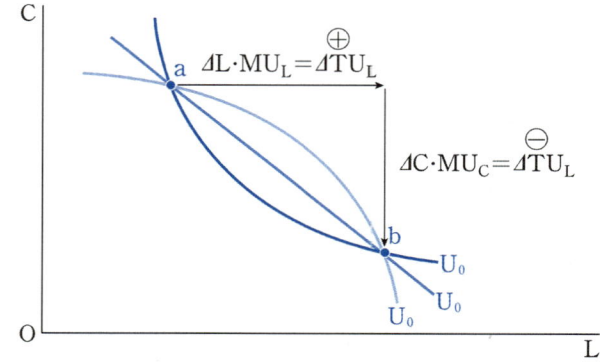

여가와 기타재는 재화(goods)이므로 소비가 증가할수록 개인의 효용은 높아지는 단조성의 공리를 충족한다. a에서 여가 소비를 늘리면[$\Delta L \cdot MU_L$] 효용이 상승하므로 동일한 효용(U_0)을 유지하기 위해서는 재화(goods)인 기타재 소비를 줄여야 한다[$-\Delta C \cdot MU_C$]. 따라서 무차별곡선은 우하향한다.

ⓛ 원점으로부터 멀어질수록 높은 효용수준

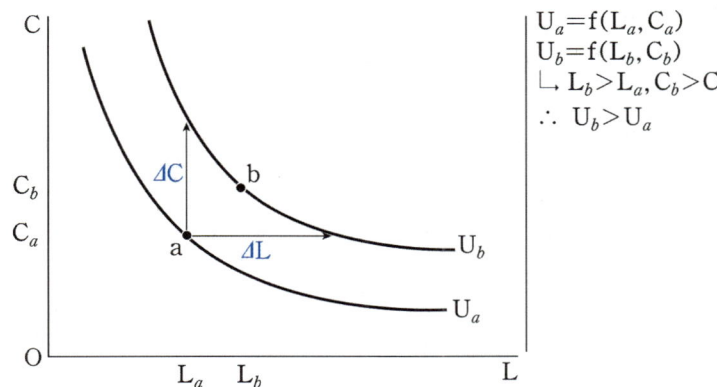

여가와 기타재는 재화(goods)이므로 여가와 기타재의 소비가 모두 증가하면 개인의 효용은 반드시 상승한다. 따라서 원점을 기준으로 우상방에 위치한 무차별곡선은 좌하방에 위치한 무차별곡선보다 효용수준이 높다.

ⓒ 교차하지 않는 무차별곡선(이행성)

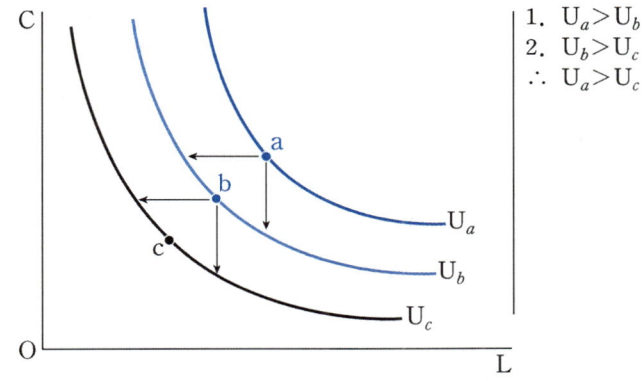

개인의 서수적 효용을 대변하는 무차별곡선은 a 소비조합을 b보다 선호하고, b 소비조합을 c보다 선호한다면 a는 c보다 선호되는 이행성의 공리를 충족한다.

ⓔ 볼록한 무차별곡선(볼록성)

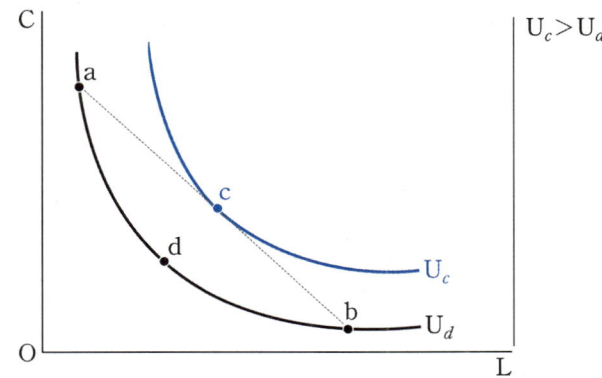

합리적 개인은 극단의 소비보다 균형의 소비를 선호한다. 동일한 실질구매력(a, b, c)을 보유한 개인은 극단의 소비(a 혹은 b)보다 균형의 소비(c)를 선호하므로 a와

b를 지나는 무차별곡선보다 c를 지나는 무차별곡선이 보다 우상방에 위치해야 한다. 따라서 균형의 소비를 선호하면 무차별곡선은 원점에 대해 볼록하다. 이는 균형의 소비를 선호하면 여가 소비를 늘릴수록 여가가 대체할 수 있는 기타재가 감소하여 한계대체율이 체감하기 때문이다.

③ 한계대체율(Marginal Rate of Substitution in Leisure & Consumption : MRS_{LC})

  ㉠ 정의

  한계대체율(MRS_{LC})은 여가 소비 한 단위(ΔL)를 늘릴 때 동일한 효용수준을 유지하기 위해 기꺼이 포기할 용의가 있는 기타재($-\Delta C$)의 크기로서, 여가 1단위가 대체할 수 있는 기타재의 수량($-\frac{\Delta C}{\Delta L}$)이다. 따라서 한계대체율($MRS_{LC}$)은 개인의 선호를 반영하는 여가와 기타재(노동) 간의 주관적 교환비율[$MRS_{LC} = -\frac{\Delta C}{\Delta L}$]이다.

  ㉡ 측정

$$[\Delta U_L = \Delta L \cdot MU_L] = [-\Delta C \cdot MU_C = -\Delta U_C]$$
$$\Rightarrow -\frac{\Delta C}{\Delta L} = \frac{MU_L}{MU_C}$$
$$[MRS_{LC} = -\frac{\Delta C}{\Delta L} = \frac{MU_L}{MU_C}]$$

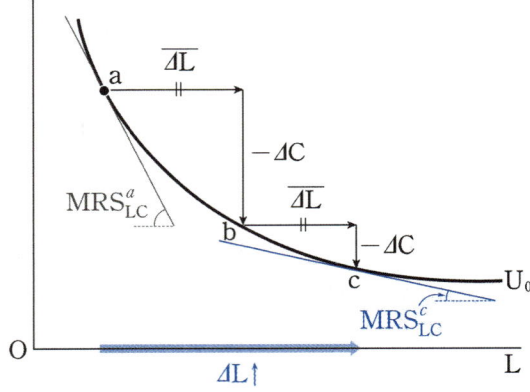

  동일한 효용수준을 유지하기 위해서는 여가 소비 증가로 인한 효용의 상승분[$\Delta L \cdot MU_L$]과 기타재 소비 감소로 인한 효용의 하락분[$-\Delta C \cdot MU_C$]이 일치[$\Delta L \cdot MU_L = -\Delta C \cdot MU_C$]해야 하므로 한계대체율[$MRS_{LC} = -\frac{\Delta C}{\Delta L}$]은 무차별곡선 상에서 기타재의 한계효용에 대한 여가의 한계효용 간의 상대적 비율[$MRS_{LC} = -\frac{\Delta C}{\Delta L} = \frac{MU_L}{MU_C}$]로서 측정한다. 따라서 한계대체율은 무차별곡선 접선의 기울기이다.

ⓒ 여가의 기회비용과 한계대체율

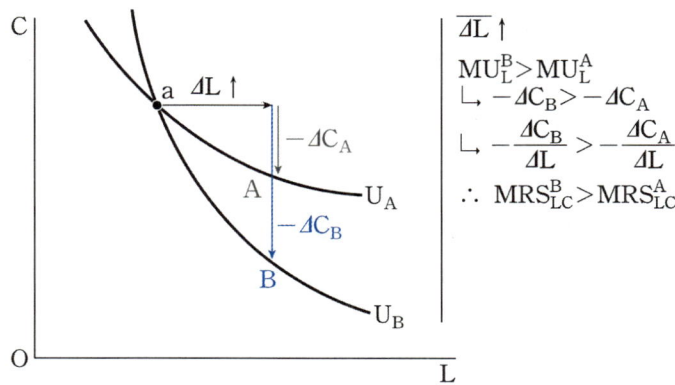

ⓐ 여가를 선호할수록 동일한 여가 소비 증가로 인한 효용의 상승분이 더 크다.

ⓑ 그리고 여가의 기회비용($-\frac{\Delta C}{\Delta L}$)은 주어진 총가용시간의 제약조건에서 여가를 1단위 더 소비(ΔL)할 때 동일한 효용수준을 유지하기 위해 포기해야 하는 기타재($-\Delta C$)의 크기이다.

ⓒ 따라서 여가의 기회비용($-\frac{\Delta C}{\Delta L}$)이 클수록 한계대체율[$MRS_{LC} = -\frac{\Delta C}{\Delta L}$]이 높아 동일 소비조합에서 가파른 무차별곡선으로 대변되는 여가선호자이다.

(3) 예산선

① 예산제약식 ➡ $C = \frac{W_0}{1}(T-L) + \frac{V_0}{1}$

[W_0는 시간당 임금률, 1원은 기타재의 단위 가격, T(총가용시간) = L(여가) + L^S(노동), V_0는 비근로소득]

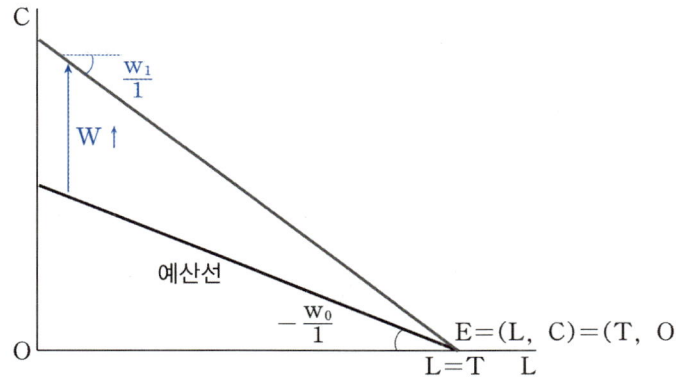

㉠ T(총가용시간) = L(여가) + L^S(노동)

개인은 주어진 총가용시간(T)에서 여가와 노동공급을 선택한다.

㉡ [W_0 = 시간당 임금률] ➡ 여가의 기회비용 = 여가의 가격

총가용시간이 한정되어 있으므로 1시간의 여가를 늘리기 위해서는 1시간의 노동공급을 포기해야 한다. 이는 여가 1시간을 소비할 때 1시간의 노동공급으로 얻을

수 있었던 시간당 임금률(W_0)을 포기한다는 의미이다. 따라서 시간당 임금률 (W_0)은 여가의 기회비용이고 여가의 가격이다.

ⓒ 실질 시간당 임금률 ➡ $\dfrac{W_0}{1}$

$$[1원 \times C = W_0(T-L)] \Rightarrow [C = \dfrac{W_0}{1}(T-L)]$$

노동시장 외부인 초기부존점에서 노동공급($L^S = T-L$)이 증가할수록 시간당 임금률(W_0)에 비례하여 근로소득[$W_0(T-L)$]이 증가하고, 이 소득으로 1원의 기타재를 C만큼 소비할 수 있다. 따라서 기타재로 측정하는 실질 시간당 임금률은 $\dfrac{W_0}{1}$이다.

ⓔ 노동시장 외부인 초기부존점(E)에서 노동공급(T−L)이 증가할수록 실질 시간당 임금률($\dfrac{W_0}{1}$)에 비례하여 기타재 소비의 기회집합이 확대된다. 따라서 예산선은 초기부존점(E)에서 뻗어 나오면서 $\dfrac{W_0}{1}$를 기울기로 갖는 좌상향의 직선이다.

② 시간당 임금률의 상승 ➡ E를 중심으로 시계방향으로 회전이동

시간당 임금률이 상승(W_1)하면 동일 노동공급에 대하여 실질소득이 증가하여 더 많은 기타재를 소비할 수 있다. 따라서 예산선은 초기부존점(E)을 중심으로 시계방향으로 회전이동한다.

📝 초기부존점(E)
노동시장 외부에서 경제활동에 참여하지 않을 때 최대로 소비가능한 소비의 기회집합

E = (L, C) = (T, V_0)

📝 노동시장 외부인 초기부존점(E)에서는 노동공급이 0이므로 시간당 임금률이 상승하더라도 실질소득은 불변이다. 그러므로 시간당 임금률이 변할 때 예산선은 소득효과가 발생하지 않는 초기부존점을 중심으로 회전이동한다.

📝 분석의 편의를 위해 $V_0 = 0$으로 가정

(4) 개인의 효용극대화 행동원리

목적식   Max U = F(L, C) [단, 여가(L)와 기타재(C)는 모두 재화(goods)]
제약식   s.t. $C = \dfrac{W_0}{1}(T-L)$
[W_0는 시간당 임금률, 1원은 기타재의 단위 가격, T(총가용시간) = L(여가) + L^S(노동)]

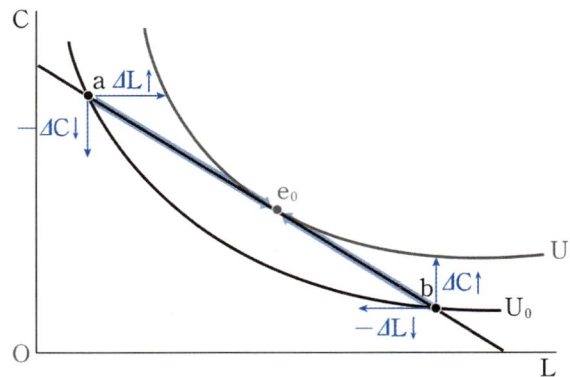

① a, $[MRS_{LC} > \frac{W_0}{1}]$ ➡ $[\frac{MU_L}{W_0} > \frac{MU_C}{1}]$ ➡ L↑ & C↓

a에서는 한계대체율(MRS_{LC})이 상대가격($\frac{w}{1}$)보다 커서 1원당 한계효용이 높은 여가로 1원당 한계효용이 낮은 기타재를 대체하면 효용이 상승한다.

② b, $[MRS_{LC} < \frac{W_0}{1}]$ ➡ $[\frac{MU_L}{W_0} < \frac{MU_C}{1}]$ ➡ L↓ & C↑

b에서는 한계대체율(MRS_{LC})이 상대가격($\frac{w}{1}$)보다 작아서 1원당 한계효용이 낮은 여가를 1원당 한계효용이 높은 기타재로 대체하면 효용이 상승한다.

③ e_0, $[(MRS_{LC} = \frac{MU_L}{MU_C})] = [\frac{W_0}{1}]$ ➡ $[\frac{MU_L}{W_0} = \frac{MU_C}{1}]$

무차별곡선과 예산선이 접하는 e_0에서는 한계대체율(MRS_{LC})과 상대가격($\frac{W_0}{1}$)이 일치하여 여가와 기타재의 1원당 한계효용이 균등$[\frac{MU_L}{W_0} = \frac{MU_C}{1}]$하므로 다른 소비조합으로 이동할 유인이 없어 효용극대화를 달성한다.

2. 후방굴절하는 노동공급곡선의 도출

(1) 의의

① 노동공급곡선은 주어진 시장 임금(시간당 임금률)에 순응하여 개인의 효용극대화를 달성하는 최적 노동공급량 조합을 연결한 궤적이다.

② 개인의 **효용극대화 행동원리**: 소득 – 여가 선택모형
개인은 여가와 기타재 간의 주관적 교환비율인 한계대체율(MRS_{LC})과 객관적 교환비율인 기타재에 대한 여가의 상대가격($\frac{W}{1w}$)이 일치하도록 노동을 공급(생산)하여 효용극대화를 추구한다.

③ 시간당 임금률(W)이 상승하면 여가의 기회비용, 즉 여가의 가격이 상승한다. 여가 가격이 상승하면 상대가격의 상승을 반영하는 대체효과와 실질소득의 증가를 반영하는 소득효과의 합인 가격효과에 의해 여가 소비량이 결정된다.

④ 여가 가격(W)의 상승으로 기타재에 대한 여가의 상대가격($\frac{W}{1w}$)이 상승하면 실질소득이 불변일 때 동일한 효용수준을 유지하기 위해 1원당 한계효용이 하락한 여가를 1원당 한계효용이 상승한 기타재로 대체하는 효과에 의해 노동공급은 증가한다[대체효과].

⑤ 시간당 임금률이 상승하면 동일 노동공급에 대해 실질소득이 증가한다.
  ㉠ 상대가격이 불변일 때 실질소득의 증가로 열등재인 여가 소비는 감소하므로 노동공급은 증가한다[소득효과].
  ㉡ 상대가격이 불변일 때 실질소득의 증가로 정상재인 여가 소비는 증가하므로 노동공급은 감소한다[소득효과].

> **기타재(Common goods)**
> • 여가 이외에 개인의 효용에 영향을 미치는 모든 소비가능한 재화
> • 기타재 = 소비재 = 복합재

⑥ 따라서 여가가 열등재이면 대체효과와 소득효과 모두 노동공급을 증가시키므로 노동공급곡선은 언제나 우상향하고 후방굴절하는 노동공급곡선은 도출되지 않는다.

⑦ 여가가 정상재이면 대체효과와 소득효과는 반대방향으로 작용하므로 후방굴절하는 노동공급곡선이 도출된다.

　㉠ 저임금 구간에서는 시간당 임금률이 상승할 때 노동공급을 증가시키는 대체효과가 노동공급을 감소시키는 소득효과를 압도하여 임금과 노동공급 간에 양(+)의 관계가 관찰되고 노동공급곡선은 우상향한다.

　㉡ 고임금 구간에서는 시간당 임금률이 상승할 대 노동공급을 증가시키는 대체효과보다 노동공급을 감소시키는 소득효과가 더 커서 임금과 노동공급 간에 음(-)의 관계가 관찰되므로 노동공급곡선은 좌상향한다.

　㉢ 그러므로 저임금과 고임금을 구분짓는 임계 임금수준에서 노동공급곡선은 후방굴절한다.

⑧ 후방굴절하는 노동공급곡선은 근로자가 저임금 구간에서는 노동공급을 늘려 기타재 소비를 증가시키는 방향으로 효용극대화를 추구하고, 고임금 구간에서는 노동공급을 줄여 여가 소비를 늘리는 방향으로 효용극대화를 추구하는 현실을 적실성 높게 설명한다(단, 여가는 정상재).

(2) 가격효과

시간당 임금률이 상승해서 여가 가격이 상승하면 상대가격의 변화를 반영하는 대체효과와 실질소득의 변화를 반영하는 소득효과의 합에 의해 여가 소비량이 변하는 가격효과가 발생한다.

① 대체효과

시간당 임금률이 상승해서 기타재에 대한 여가의 상대가격이 상승하면 실질소득이 불변일 때 동일한 효용 수준을 유지하기 위해 1원당 한계효용이 하락한 여가를 1원당 한계효용이 상승한 기타재로 대체하는 효과에 의해 개인의 노동공급은 증가한다.

② 소득효과

시간당 임금률이 상승하면 상대가격이 불변일 때 동일 노동공급에 대하여 실질소득이 증가하여 정상재인 여가 소비는 증가하고 열등재인 여가 소비는 감소하는 소득효과가 발생한다.

(3) 후방굴절하는 노동공급곡선의 도해

① 여가는 열등재 ➡ 우상향하는 노동공급곡선

시간당 임금률이 상승해서 실질소득이 증가하면 열등재인 여가 소비는 감소하므로 노동공급은 증가한다. 따라서 소득효과와 대체효과 모두 노동공급을 증가시키므로 노동공급곡선은 우상향한다.

② 여가는 정상재 ➡ 후방굴절하는 노동공급곡선 가능

시간당 임금률이 상승해서 실질소득이 증가하면 정상재인 여가 소비는 증가하므로 대체효과와 소득효과의 우열관계에 따라 후방굴절하는 노동공급곡선이 도출될 수 있다.

㉠ 저임금 구간

대체효과가 소득효과를 압도 ➡ 우상향하는 노동공급곡선

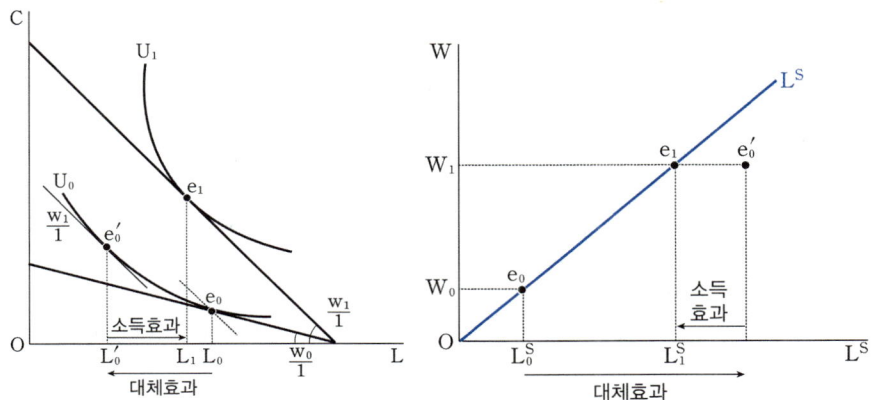

ⓐ 대체효과: $e_0 \to e_0'$

e_0에서 기타재에 대한 여가의 상대가격이 상승($\frac{W_0}{1} < \frac{W_1}{1}$)하면 실질소득이 불변일 때 동일한 효용수준(U_0)을 유지하기 위해 1원당 한계효용이 하락한 여가를 1원당 한계효용이 상승한 기타재로 대체($L_0 - L_0'$)하기 위해 노동공급이 증가하는 대체효과가 발생한다.

ⓑ 소득효과: $e_0' \to e_1$

시간당 임금률이 상승($W_0 < W_1$)하면 동일 노동공급에 대한 실질소득이 증가하므로 정상재인 여가 소비를 늘리는($L_0' < L_1$) 소득효과가 발생한다. 따라서 확대된 예산선과 무차별곡선이 접하는 e_1에서 개인은 효용극대화(U_1)를 달성한다.

ⓒ 대체효과 > 소득효과

저임금 구간에서 시간당 임금률이 상승하면 노동공급을 증가시키는 대체효과가 감소시키는 소득효과를 압도하므로 $[W - L^S]$ 평면에서 노동공급곡선은 우상향한다.

㉡ 고임금 구간

소득효과가 대체효과를 압도 ➡ 좌상향하는 노동공급곡선

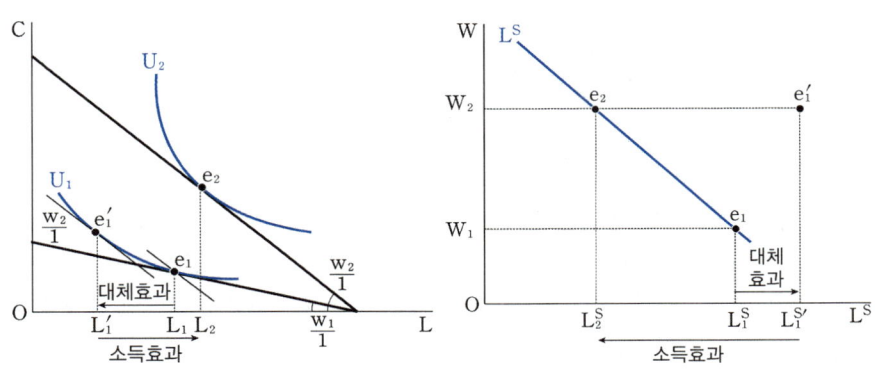

고임금 구간에서 시간당 임금률이 상승($W_1 \to W_2$)하면 노동공급을 감소시키는 소득효과가 노동공급을 증가시키는 대체효과를 압도하므로 $[W-L^S]$ 평면에서 노동공급곡선은 좌상향한다.

ⓒ 후방굴절 노동공급곡선 도출

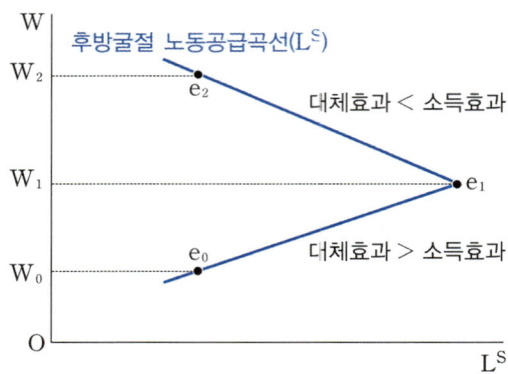

여가가 정상재이면 저임금 구간과 고임금 구간을 구분짓는 임계 임금(W_1)을 기준으로 노동공급곡선은 후방굴절한다.

(4) 소결

① 후방굴절 노동공급곡선은 저임금 구간에서는 상대가격조정 메커니즘에 의해 노동시장을 청산하려는 대체효과가 우월하고, 고임금 구간에서는 실물경제효과로서 소득효과가 지배적인 경험적 통찰에 근거한다.

② 따라서 낮은 임금수준에서는 대체효과가 우세하지만 높은 임금수준에서는 소득효과가 우월하여 임금이 상승할수록 고소득자가 여가 소비를 증가시키는 선택이 관찰되는 노동시장을 적절하게 설명한다.

3. 노동공급곡선의 높이 ➡ 유보임금

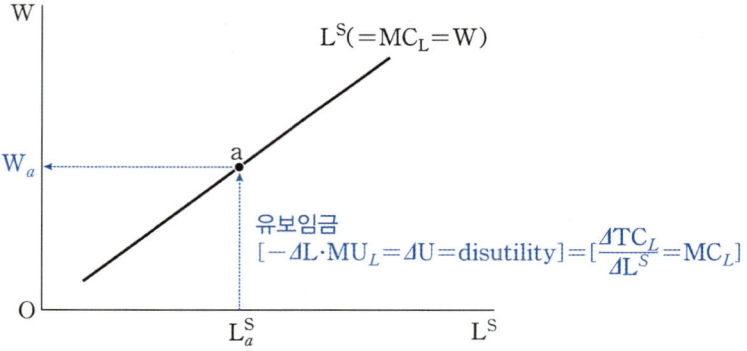

(1) 개인은 주어진 총가용시간에서 노동을 추가적으로 1단위 더 생산(ΔL^S)하기 위해서는 여가 소비($-\Delta L$)를 1단위 줄여야 한다. 따라서 노동을 1단위 더 생산하기 위해서는 여가 소비 감소로 인한 효용의 하락분($-\Delta L \cdot MU_L$)만큼 노동생산의 한계비용($MC_L = \dfrac{\Delta TC_L}{\Delta L^S} = -\Delta L \cdot MU_L$)이 발생한다.

(2) 그러므로 노동공급곡선의 높이($L^S = W$)는 한계노동을 생산하기 위한 비용의 증가분인 노동생산의 한계비용($MC_L = \dfrac{\Delta TC_L}{\Delta L^S}$)만큼 시장에 요구하는 최소한의 임금(W)인 유보임금을 의미한다.

(3) 노동공급곡선의 높이는 노동생산을 위한 기회비용인 유보임금이므로 개인의 주관적 임금률인 유보임금보다 시장의 객관적 임금률이 작으면 개인은 노동을 생산하지 않고 경제활동에 참여하지 않는다.

4. 시장 전체의 노동공급곡선

(1) 우상향하는 시장 노동공급곡선

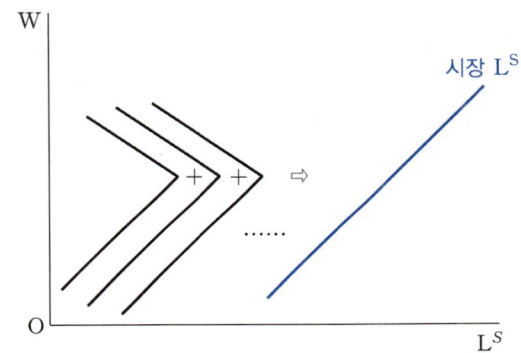

① 시장 노동공급곡선은 주어진 임금률에 순응하여 시장 내에 존재하는 노동공급의사의 총합이므로 개인의 노동공급곡선을 수평합하여 시장 전체의 노동공급곡선을 도출한다.
② 개인의 노동공급곡선은 후방굴절하지만 개인마다 저임금과 고임금을 구분짓는 임계임금수준은 모두 다르다. 따라서 이를 올림차순으로 수평합하면 시장 전체의 노동공급곡선은 우상향한다.

(2) 노동공급곡선의 탄력성
① 부문 간 이동비용이 낮아 노동의 이동가능성이 클수록 시장 전체 노동공급곡선은 완만하고 노동공급은 임금에 탄력적이다.
② 측정 기간이 길수록 시장 전체의 노동공급은 임금에 대해 탄력적이다.

> 보편적으로 현실의 합리적 개인에게 여가는 정상재이다.

VI 노동수요곡선

1. 의의

(1) 노동수요는 재화시장에서 파생되는 수요 ➡ 생산함수 : Q = F(L, K)

기업은 생산물시장에서 이윤극대화 생산량을 결정한 후에 생산요소시장에서 노동과 자본을 고용하므로 노동수요 등 생산요소에 대한 수요는 재화(생산물)시장에서 파생되는 수요이다. 이때 생산물시장과 생산요소시장을 연결하는 매개고리는 기업의 생산함수이다. 따라서 기업의 노동수요를 이해하기 위해서는 생산함수로 연결되는 생산물시장과 생산요소시장에서의 이윤극대화 행동원리를 살펴보아야 한다.

(2) 한계원리

기업은 생산물시장과 생산요소시장 그리고 완전경쟁시장과 불완전 경쟁시장 등 어떠한 시장에서도 한계원리에 의해 이윤극대화 선택을 한다. 따라서 생산물시장에서의 이윤극대화 균형조건(MC = MR)과 노동시장에서의 이윤극대화 균형조건[$MFC_L = MRP_L$]은 동일한 행동원리이다. 이러한 이윤극대화 행동원리를 이해하기 위해 노동의 총요소비용(TFC_L), 평균요소비용(AFC_L), 한계요소비용(MFC_L), 한계수입생산(MRP_L), 한계생산가치(VMP_L)부터 학습해야 한다.

2. 노동수요의 기본개념

(1) 노동의 총요소비용(Total Factor Cost ; TFC_L)

노동의 총요소비용(TFC_L)은 노동을 고용하기 위한 총비용으로서 단위 노동자당 고용비용(W)에 총고용량(L)을 곱한 값이다.

$$TFC_L = W \cdot L$$

(2) 노동의 평균요소비용(Average Factor Cost ; AFC_L)

① 노동의 평균요소비용(AFC_L)은 단위 노동자당 총비용으로서 총요소비용(TFC_L)을 고용된 총노동자(L)로 나눈 값이다.

$$AFC_L = \frac{TFC_L}{L} = \frac{WL}{L} = W$$

② 노동자를 차별하지 않는 기업은 고용된 모든 노동자에게 동일한 임금(W)을 지급하므로 시장의 경쟁성과 무관하게, 즉 완전경쟁노동시장이든 수요독점노동시장이든 언제나 자신을 향한 개별 노동공급곡선(L^S = W)을 평균요소비용($AFC_L = \frac{WL}{L} = W = L^S$)으로 인식한다.

(3) 노동의 한계요소비용(Marginal Factor Cost ; MFC_L)

① 노동의 한계요소비용(MFC_L)은 노동자 한 명을 추가적으로 고용할 때, 즉 한계근로자 (ΔL)를 고용하기 위한 노동비용의 증가분(ΔTFC_L)으로 TFC_L을 L로 미분하여 측정한다.

$$MFC_L = \frac{\Delta TFC_L}{\Delta L} = \frac{\Delta TC}{\Delta L} = \frac{\Delta TC}{\Delta Q} \cdot \frac{\Delta Q}{\Delta L} = MC \cdot MP_L$$

[∵ TC = TFC_L(= WL) + TFC_K(= rK)

➡ $\frac{\Delta TC}{\Delta L} = \frac{\Delta TFC_L}{\Delta L} + (\frac{\Delta(TFC_K = rK)}{\Delta L} = 0) = \frac{\Delta TFC_L}{\Delta L}$]

② MFC_L은 기업이 한계근로자(ΔL)를 고용해서 한계생산(ΔQ)을 하기 위해 발생하는 비용의 증가분(ΔTC)을 의미한다.

(4) 노동의 한계수입생산(Marginal Revenue Product ; MRP_L)

① 노동의 한계수입생산(MRP_L)은 기업이 한계근로자(ΔL)로부터 얻는 수입의 증가분(ΔTR)으로 총수입(TR)을 L로 미분하여 측정한다.

$$MRP_L = \frac{\Delta TR}{\Delta L} = \frac{\Delta TR}{\Delta Q} \cdot \frac{\Delta Q}{\Delta L} = MR \cdot MP_L$$

② MRP_L은 기업이 한계근로자(ΔL)를 고용해서 한계생산(ΔQ)을 하고 이를 재화시장에 판매해서 얻는 수입의 증가분(ΔTR)이다.

(5) 노동의 한계생산가치(Valuer of Marginal Product ; VMP_L)

① 노동의 한계생산(물)가치(VMP_L)는 한계생산물(ΔQ)의 시장가치로서 한계생산물(MP_L)에 시장가격(P)을 곱한 값으로 측정한다.

$$VMP_L = P \cdot MP_L$$

② 노동수요곡선(L^D = W)의 높이는 한계근로자의 한계생산물가치(VMP_L)만큼 기업이 시장에 지불할 용의가 있는 최대 임금(W)이다.

3. 단기에서 개별 기업의 노동수요곡선(L^D) ➡ 한계생산체감의 법칙

(1) 의의

① 노동수요곡선(L^D = W)은 주어진 시장 임금(W)에 순응하여 기업의 이윤극대화를 달성하는 최적 고용량(L^D) 조합을 연결한 궤적이다.

② 경쟁기업의 이윤극대화 행동원리 ➡ W = [P · MP_L = VMP_L]

경쟁기업은 시장임금(W)과 노동자의 한계생산물가치(VMP_L)가 일치하도록 최적 고용량을 결정하여 이윤극대화를 달성한다.

③ 임금이 하락할수록 고용의 부담이 완화된 기업은 고용량을 확대한다. 이때 자본이 고정된 단기에서는 고용량을 늘릴수록 노동자당 가용 자본량이 감소하여 노동의 한계생산성이 체감하므로 노동수요곡선은 우하향한다.

④ 노동수요곡선의 높이는 기업이 한계근로자를 고용할 때 획득하는 한계생산물가치(VMP_L)만큼 기업이 한계근로자에게 최대로 지불할 용의가 있는 임금(W)이다.

(2) 기업의 이윤극대화 행동원리

① 개별 기업의 이윤극대화 행동원리[$MFC_L = MRP_L$]는 재화시장의 이윤극대화 행동원리[MC = MR]와 정확히 일치한다.

② 노동시장의 이윤극대화 행동원리 ➡ [$MFC_L = MC \cdot MP_L$] = [$MR \cdot MP_L = MRP_L$]

이윤극대화를 추구하는 개별 기업은 한계근로자를 고용할 때 발생하는 비용의 증가분인 노동의 한계요소비용[$MFC_L = \dfrac{\Delta TFC_L}{\Delta L} = \dfrac{\Delta TC}{\Delta L} = \dfrac{\Delta TC}{\Delta Q} \cdot \dfrac{\Delta Q}{\Delta L} = MC \cdot MP_L$]과 한계근로자로부터 얻는 수입의 증가분인 노동의 한계수입생산[$MRP_L = \dfrac{\Delta TR}{\Delta L} = \dfrac{\Delta TR}{\Delta Q} \cdot \dfrac{\Delta Q}{\Delta L} = MR \cdot MP_L$]이 일치[$MFC_L = MRP_L$]하도록 최적 노동량을 고용한다.

③ 완전경쟁 노동시장 ➡ MFC_L = W

$$MFC_L = \dfrac{\Delta TFC_L}{\Delta L} = \dfrac{\Delta(WL)}{\Delta L} = \dfrac{W\Delta L}{\Delta L} = W$$

노동시장이 완전경쟁적이면 기업은 시장에서 결정된 임금(W)에 순응하므로, 개별 기업에게 임금(W)은 상수이다. 따라서 완전경쟁 노동시장에서 한계근로자의 한계요소비용[MFC_L]은 근로자의 임금[W]과 일치한다.

[MR = $\dfrac{\Delta TR}{\Delta Q} = \dfrac{\Delta(PQ)}{\Delta Q}$
 = $\dfrac{P\Delta Q}{\Delta Q} = P$]

④ 완전경쟁 재화시장 ➡ [MR = P] ➡ [$MR \cdot MP_L$ = P $\cdot MP_L$]

$$MRP_L = MR \cdot MP_L = P \cdot MP_L = VMP_L$$

완전경쟁시장의 개별 기업은 가격순응자(Price taker)로 행동하므로 기업의 한계수입[MR]은 최종 재화의 시장가격[P]과 일치한다. 따라서 재화시장이 완전경쟁적이면 노동의 한계수입생산(MRP_L)과 한계생산물가치(VMP_L)는 정확히 일치한다.

⑤ 완전경쟁 노동시장의 이윤극대화 행동원리 ➡ W = [P $\cdot MP_L = VMP_L$]

㉠ 시장의 경쟁성과 무관하게 기업의 이윤극대화 균형조건은 [$MFC_L = MRP_L$]이다.

㉡ 그런데 노동시장과 재화시장이 모두 완전경쟁적이면 [MFC_L = W]이고, [$MRP_L = VMP_L$]이므로 경쟁 기업은 임금(W)과 한계생산물가치(VMP_L)가 동일하도록 최적 고용량을 결정한다.

(3) 우하향하는 개별 기업의 단기 노동수요곡선 도출

① 수확체감의 법칙(Law of diminishing returns)

자본이 고정된 단기에서 기업이 고용량(L)을 증가시킬수록 단위 노동자당 가용 자본량($\frac{\overline{K}}{L}$)이 감소하므로 한계생산물(MP_L)이 점차 감소하는 수확체감의 법칙이 성립한다.

② 그래프의 도해

㉠ 단기 총생산함수

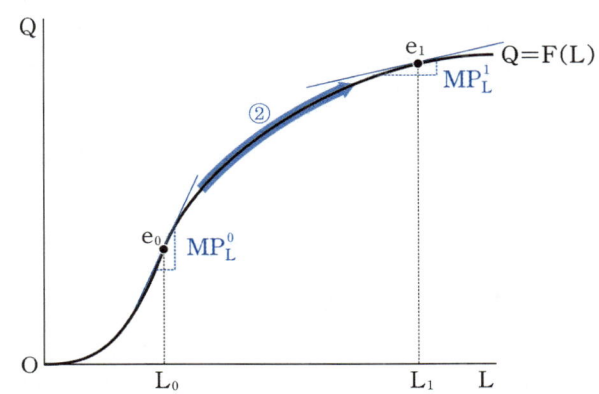

㉡ 개별 기업의 단기 노동수요곡선

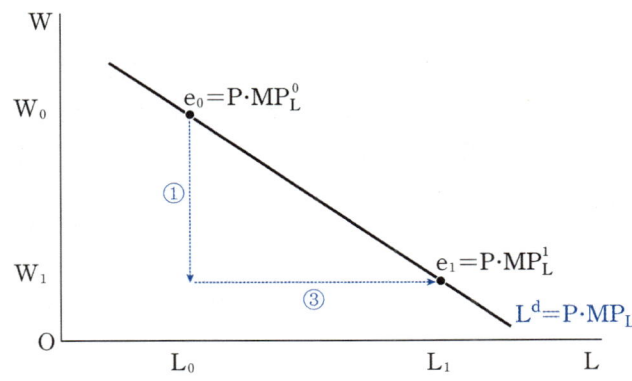

ⓐ 기업은 주어진 시장 임금(W_0)에 순응하여 한계근로자의 한계생산물가치 $[P \cdot MP_L^0 = VMP_L^0]$와 일치하도록 최적 고용량($L_0$)을 결정하여 이윤극대화를 달성한다.

ⓑ 시장 임금(W_1)의 하락으로 노동비용이 감소한 기업은 생산량을 늘려 더 큰 이윤을 얻고자 유일한 가변생산요소인 노동고용량을 증가시킨다. 이는 임금이 한계생산물가치보다 낮아 고용의 부담이 완화된 기업이 고용량을 늘릴 여력이 확대된 것을 의미한다.

ⓒ 이때 고용을 늘릴수록 자본이 고정된 단기에서는 한계생산물이 체감하므로 무한정 고용을 늘릴 수 없다. 이는 수확체감의 법칙이 기업의 생산규모 증설을 제약하기 때문이다.

ⓓ 따라서 총생산함수 접선의 기울기로 측정하는 노동의 한계생산물과 하락한 임금이 일치하는 e_1까지 고용량을 증가시키면(L_1), 새로운 임금(W_1)수준에서도 이윤극대화를 달성한다.

ⓔ 그러므로 각각의 임금수준에서 이윤극대화를 달성하는 최적 고용량 조합을 연결하면 기업의 단기 노동수요곡선은 우하향한다.

ⓕ 기업의 단기 노동수요곡선이 우하향하는 이유는 수확체감의 법칙 때문이다. 만약 한계생산이 체감하지 않는다면 임금이 하락할 때 기업은 무한정 고용량을 증가시킬 수 있으므로 노동수요곡선은 수평선으로 도출된다.

ⓖ 노동수요곡선의 높이는 기업이 한계근로자를 고용할 때 획득하는 한계생산물가치(VMP_L)만큼 시장에 최대로 지불할 용의가 있는 임금(W)이다. 따라서 시장가격(P)이나 한계생산물(MP_L)이 상승하면 한계생산물가치(VMP_L)도 상승하므로 노동수요곡선은 수직 상방으로 이동한다.

4. 단기에서 산업 전체의 노동수요곡선(L^D)

(1) **의의 − 비탄력적인 산업의 단기 노동수요곡선**

① 완전경쟁 재화시장에서 가격에 순응하는 개별 기업과 달리 산업은 이윤극대화를 위한 노동수요를 고용하는 과정에서 재화의 시장가격(P)에 영향을 미친다.

② 그러므로 개별 기업의 노동수요곡선을 단순 수평합하여 산업의 단기 노동수요곡선을 도출할 수 없다.

③ 시장 임금(W)이 하락하면 우하향하는 개별 기업의 노동수요곡선을 따라 고용량이 증가하고 비례적으로 생산량도 증가하므로 산업 전체의 공급량이 확대된다. 따라서 시장공급곡선의 우측 이동으로 재화가격(P)이 하락하여 개별 기업보다 비탄력적인 산업의 단기 노동수요곡선이 도출된다.

(2) **산업의 단기 노동수요곡선**

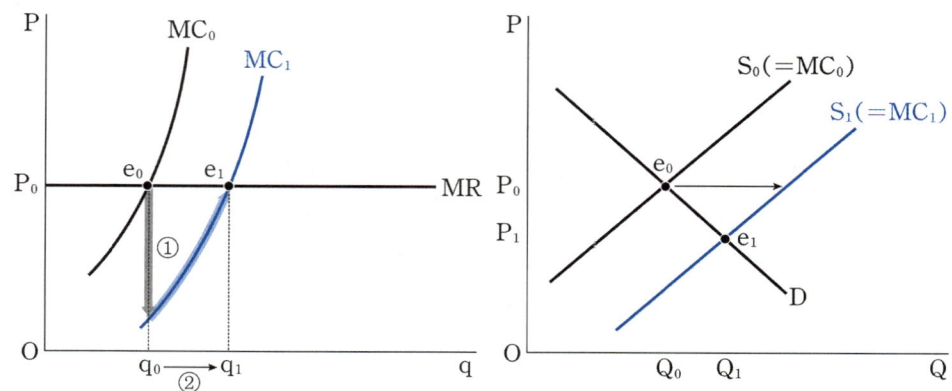

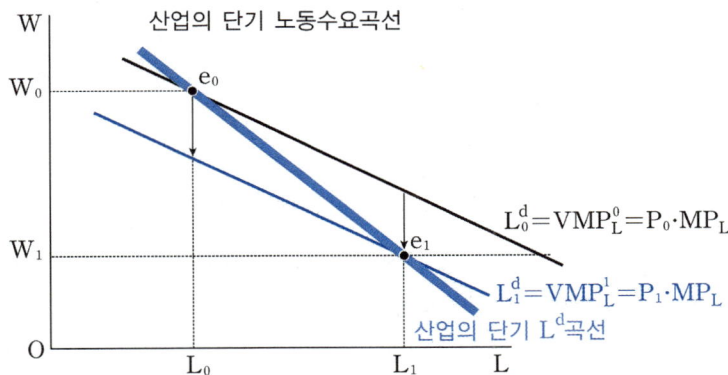

① 임금이 하락하면($W_0 > W_1$) 노동비용의 감소로 개별 기업의 한계생산비용도 하락하여($MC_0 > MC_1$) e_0에서 한계비용곡선이 수직 하방으로 이동한다.
② 그러므로 산업 내에 존재하는 기업 수가 고정된 단기에서 생산량 증가로 산업 전체의 공급도 증가하므로 시장공급곡선이 S_0에서 S_1으로 우측 이동한다.
③ 따라서 생산물시장의 새로운 균형인 e_1에서 시장가격이 하락하여($P_0 > P_1$) 한계생산물가치도 감소하므로($P_0 \cdot MP_L > P_1 \cdot MP_L$) 개별 기업의 노동수요곡선은 수직 하방 이동한다.
④ 그러므로 개별 기업의 노동수요곡선을 단순 수평합하여 도출하는 시장 전체의 노동수요곡선보다 실제 산업의 노동수요곡선은 비탄력적이다.

(3) 소결

단기의 산업 전체 노동수요 결정과정에서 시장의 생산량 확대가 재화의 가격을 하락시키는 영향을 고려해야 하므로 산업의 노동수요곡선은 개별 기업의 노동수요곡선보다 비탄력적으로 도출된다. 즉 가격순응자인 기업의 단기 노동수요곡선을 수평으로 더하는 단순한 방식은 생산량의 변동이 재화의 가격에 미치는 영향이 간과되어 산업의 노동수요 결정과정을 설명할 수 없다.

5. 장기에서 개별 기업의 노동수요곡선(L^D)

(1) 의의

① 기업의 장기 노동수요곡선(L^D)은 주어진 시장 임금(W)에 순응하여 기업의 이윤극대화 목표 산출량을 최소 비용으로 생산하는 최적 노동고용량(L^D) 조합을 연결한 궤적이다.
② 기업은 생산의 기술적 효율성인 한계기술대체율($MRTS_{LK}$)과 경제적 효율성인 자본에 대한 노동의 상대가격($\frac{w}{r}$)이 일치[$(MRTS_{LK}) = (\frac{w}{r})$]하는 등량곡선과 등비용선의 접점에서 최적 고용량(L)을 결정한다.
③ 임금이 하락하면 상대가격의 하락을 반영하는 대체효과와 생산비용의 감소로 생산규모를 증설하는 과정에서 정상투입요소의 고용이 증가하는 규모효과에 의해 장기 노동수요곡선은 우하향한다.

④ 자본이 고정된 단기와 달리 장기에는 기업이 생산규모를 최적으로 조정할 수 있기 때문에 장기 노동수요곡선은 단기보다 탄력적이다.

(2) 기업의 비용극소화 행동원리

> 목적식   Min C = WL + rK
> 제약식   s.t. Q = F(L, K) (단, L과 K는 정상투입요소)

① 기업은 주어진 시장 임금(W)에 순응하여 생산물시장에서 결정된 목표 산출량(Q)을 최소 비용으로 생산하기 위한 최적 고용량을 선택한다.

② 기업은 생산의 기술적 효율성인 한계기술대체율($MRTS_{LK}$)과 경제적 효율성인 상대가격($\frac{w}{r}$)이 일치[($MRTS_{LK} = \frac{MP_L}{MP_K}) = (\frac{w}{r})$]하는 등량곡선과 등비용선의 고용조합에서 최적 고용량(L)을 결정한다.

③ 등량곡선과 등비용선이 접하는 고용조합은 노동과 자본의 1원당 한계생산물이 균등[$\frac{MP_L}{w} = \frac{MP_K}{r}$]하여 다른 고용조합으로 이동하면 한계생산체감의 법칙에 의해 목표 산출량을 생산하기 위한 총비용이 증가하므로 총생산비용을 더 이상 낮출 수 없는 비용극소화 고용조합이다.

(3) 기업의 장기 노동수요곡선의 도출: 대체효과와 규모효과

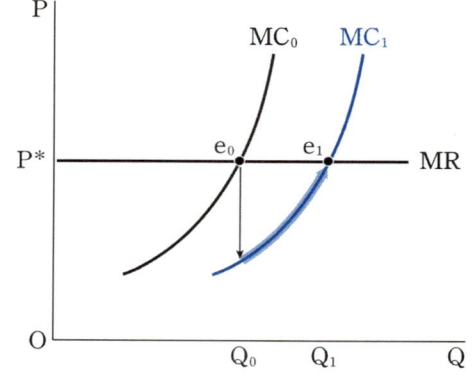
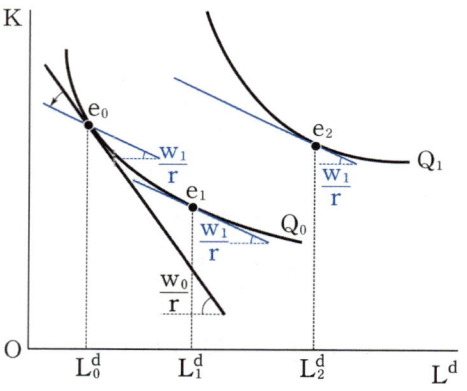
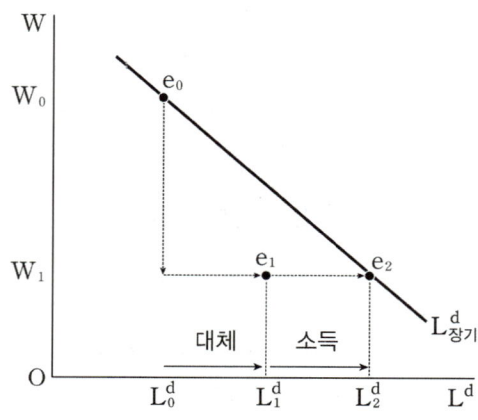

① $W_0 \to W_1$: 하락
② $\dfrac{W_0}{L} \to \dfrac{W_1}{L}$: 노동의 상대가격↓
   ➡ 대체효과[동일 목표 산출량을 생산하기 위해 고용부담이 가중된 자본(K)을 노동(L)으로 대체]로 인하여 노동수요 증가
③ 임금하락으로 $MFC_L \downarrow = MC \downarrow$
④ 생산규모(q) 증설을 위한 규모효과
   ➡ 정상투입요소인 L↑ & K↑
   ㉠ 대체효과
      임금이 하락하면 자본에 대한 노동의 상대가격이 하락하여 기업은 주어진 최초의 목표 산출량을 최소 비용으로 생산하기 위해 1원당 한계생산물이 하락한 자본을 1원당 한계생산물이 상승한 노동으로 대체($L_0^d \to L_1^d$)하므로 노동수요는 증가한다.
   ㉡ 규모효과
      임금이 하락하면 상대가격이 불변일 때 노동의 한계요소비용이 하락하여 생산의 한계비용도 감소한다. 따라서 생산규모를 증설하는 과정에서 정상투입요소인 노동과 자본의 고용이 증가하므로($L_1^d \to L_2^d$) 노동수요는 증가한다.

(4) 소결

임금이 하락하면 대체효과와 규모효과 모두 노동수요를 증가시키므로 장기 노동수요곡선은 우하향한다. 그리고 비용극소화를 위해 노동을 임의의 자본과 대체하고 보완적으로 결합할 수 있으므로 장기의 노동수요곡선은 단기보다 탄력적이다.

대체효과와 규모효과	
대체효과	노동과 자본 간의 대체요소 관계를 반영
규모효과	노동과 자본 간의 보완요소 관계를 반영

6. 마셜(Marshall)의 파생수요법칙

(1) 의의

마셜의 파생수요법칙은 장기에서 노동수요의 임금탄력성에 영향을 미치는 4가지 요소를 대체효과와 규모효과의 관점에서 분석한다.
① 다른 생산요소와의 대체가 용이하고,
② 노동을 대체하는 생산요소의 공급탄력성이 클수록, 대체효과가 커져서 보다 탄력적인 노동수요곡선이 도출된다.
③ 총생산비용에서 노동이 차지하는 비중이 크고,
④ 최종재화의 가격탄력성이 클수록, 규모효과가 확대되어 보다 탄력적인 노동수요곡선이 도출된다.

📝 마셜의 파생수요법칙 이외에 한계생산물이 천천히 체감하고, 측정기간이 길수록 노동수요는 임금에 대해 더욱 탄력적이다.

(2) 다른 생산요소(K)와의 대체용이성 - 대체효과

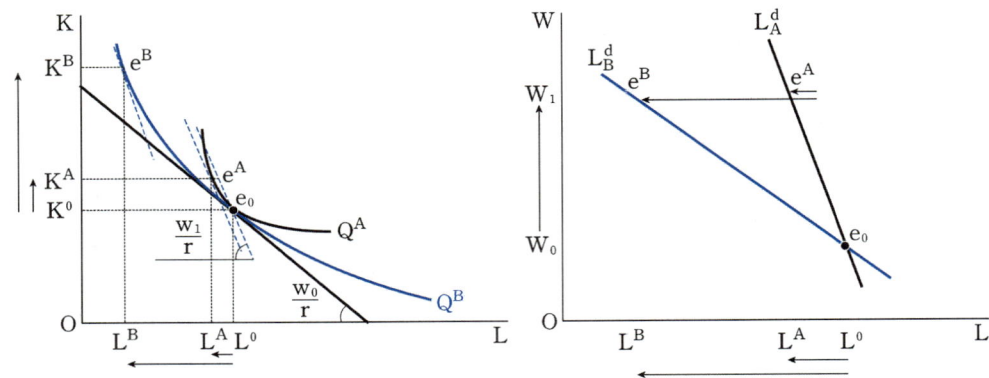

① 한계기술대체율($MRTS_{LK}$)의 변화율에 대한 요소집약도($\frac{K}{L}$) 변화율로 정의되는 대체탄력성이 클수록 임금이 상승할 때 1원당 한계생산성이 하락한 노동을 1원당 한계생산성이 상승한 자본으로 대체하기 수월하므로 노동수요는 큰 폭으로 감소한다.

$$[\sigma = \frac{\frac{\Delta(\frac{K}{L})}{(\frac{K}{L})}\%}{\frac{\Delta MRTS_{LK}}{MRTS_{LK}}\%} = \frac{\frac{\Delta(\frac{K}{L})}{(\frac{K}{L})}\%}{\frac{\Delta(\frac{W}{r})}{(\frac{W}{r})}\%}]$$

② 생산함수의 특성을 반영하는 등량곡선은 대체탄력성이 클수록(Q^B) 보다 완만한 형태로 도해된다. 따라서 임금이 상승($W^0 < W^1$)할 때 고용부담이 가중된 노동을 자본으로 대폭 대체하므로 보다 탄력적인 노동수요곡선(L_B^d)이 도출된다.

(3) 대체 생산요소(K)의 공급탄력성 - 대체효과

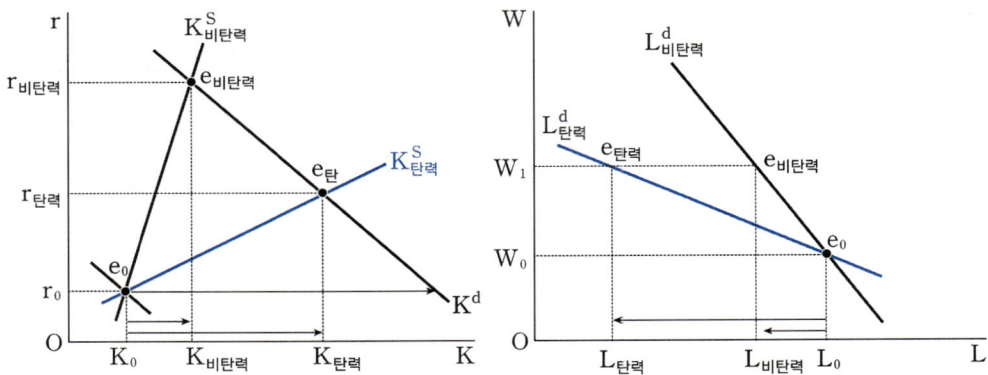

① 노동을 대체하는 자본의 공급탄력성이 클수록 임금이 상승할 때 자본의 공급이 즉각적으로 대폭 증가한다. 따라서 임금이 상승할 때 노동을 대체하는 자본이 즉각적으로 공급될수록 대체되는 노동량도 증가하여 보다 탄력적인 노동수요곡선이 도출된다.

② 이는 자본의 공급이 탄력적일수록 기업은 노동을 자본으로 대체하려는 의지를 보다 낮은 가격으로 신속하게 실현할 수 있기 때문이다.

(4) 총생산비용에서 노동이 차지하는 비중 − 규모효과

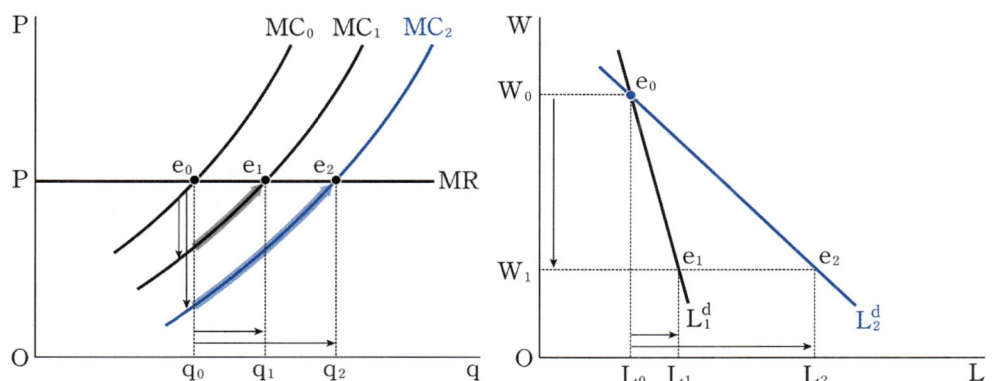

① 총생산비용(TC) 중에서 노동비용(WL)이 차지하는 비중($\frac{WL}{TC}$)이 클수록 임금이 하락할 때 노동비용이 대폭 감소하여 한계비용(MC_2)이 더욱 크게 하락한다. 따라서 생산규모의 증설(q_2)이 더욱 확대되어 노동수요가 큰 폭으로 증가하므로 노동수요는 임금에 탄력적으로 반응한다.

② 임금이 하락($W^0 > W^1$)하면 노동비용의 비중이 클수록 한계비용의 하락폭이 커지고 규모효과가 크게 반영되어 노동수요가 대폭 증가한다($L_0 \to L_1{'}$).

(5) 최종생산물의 가격탄력성 − 규모효과

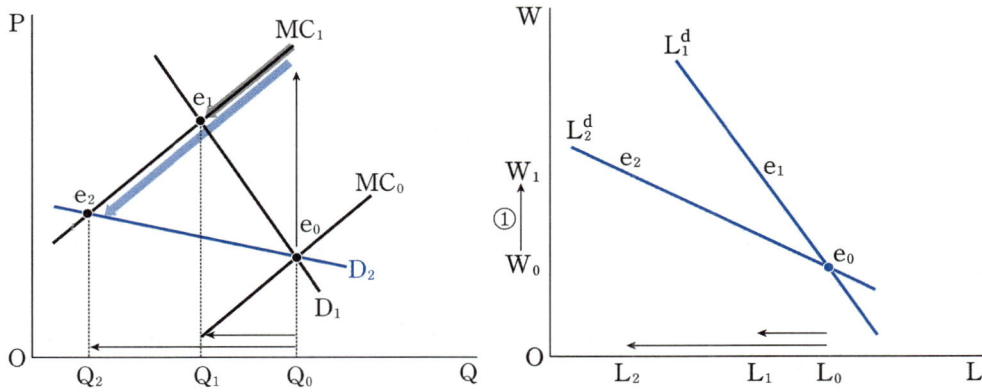

임금이 상승하면 한계비용이 상승한다. 그리고 기업은 임금상승으로 인한 비용의 증가분을 가격상승으로 소비자에게 전가시키려 하므로 공급곡선(S = MC)은 수직 상방으로 이동한다. 최종재화의 가격탄력성이 클수록 소비자 전가 폭이 작아지므로 고용의 부담이 가중된 기업은 생산규모를 대폭 감소시킨다(Q_2). 따라서 재화시장에서 파생되는 노동수요 역시 큰 폭으로 감소하므로 보다 탄력적인 노동수요곡선이 도출된다.

(6) 소결

① 마샬(Marshall)의 파생수요법칙은 노동수요의 임금 탄력성에 영향을 미치는 요인을 대체효과와 규모효과의 관점에서 분석하여 기업과 노동자 간의 협력적 관계를 통해 효용과 이윤을 제고할 수 있는 통로를 탐색한다.

② 최종생산물에 대한 수요의 탄력성이 낮을수록 기업의 경쟁력은 상승하고 시장지배력은 높아진다. 독점적 노동조합은 노동수요곡선이 비탄력적일수록 임금인상을 통한 노조원의 효용극대화를 용이하게 실현할 수 있다.

③ 따라서 기업의 노동수요곡선이 비탄력적일수록 독점적 노조의 임금인상 요구에 기업이 재화가격 상승으로 수용할 여력이 커지므로 대화를 통한 상생의 기업문화가 조성된다.

④ 이를 위해 노동자를 대변하는 독점적 노조는 시장 경쟁력을 높이기 위한 기업의 품질 제고 요청에 원가절감 노력과 불량률 감소 등 최대 생산성으로 화답한다. 이처럼 생산물시장과 생산요소시장 간에 선순환 구조가 확립되면 기업은 독점적 노조의 임금인상 요구를 효율임금에 입각하여 수용하여 파레토 개선적인 협상의 장이 마련될 수 있다.

7. 완전경쟁 노동시장의 균형

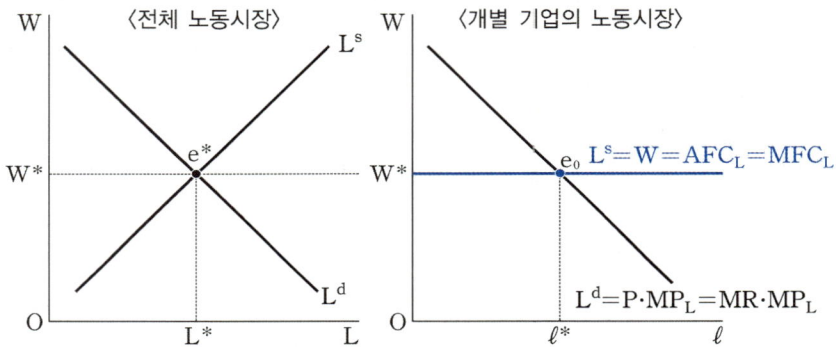

(1) 전체 노동시장에서 우상향하는 시장 노동공급곡선(L^S)과 우하향하는 시장 노동수요곡선(L^D)이 교차하는 e^*에서 시장 균형임금(W^*)이 결정된다.

(2) 완전경쟁기업이 시장 균형임금(W^*)보다 임금을 조금만 상승시켜도 해당 기업을 향한 노동공급량은 대폭 증가하고, 임금을 조금만 하락시켜도 고용을 할 수 없다. 따라서 개별 기업을 향한 노동공급은 시장 임금(W^*)에 완전 탄력적이므로 개별 기업이 직면하는 노동공급곡선($L^S = W^*$)은 시장 임금(W^*) 수준에서 수평선이다.

(3) 완전경쟁기업의 개별 노동수요곡선[$L^D = P \cdot MP_L = MR \cdot MP_L$]은 우하향한다.

(4) 그러므로 완전경쟁 노동시장은 시장임금이 결정되는 전체 노동시장과 실제 고용이 결정되는 개별 기업이 직면하는 노동시장이 구분된다.

(5) 완전경쟁기업 ➡ [$L^S = W = AFC_L = MFC_L$]

$$[AFC_L = \frac{TFC_L}{L} = \frac{WL}{L} = W] = [MFC_L = \frac{\Delta TFC_L}{\Delta L} = \frac{\Delta(WL)}{\Delta L} = \frac{W\Delta L}{\Delta L} = W]$$

① 노동자를 차별하지 않는 기업은 고용된 모든 노동자에게 동일한 임금(W)을 지급한다. 따라서 시장의 경쟁성과 무관하게, 즉 완전경쟁 노동시장이든 수요독점 노동시장이든 모든 기업은 자신을 향한 개별 노동공급곡선(L^S = W)을 평균요소비용($AFC_L = \frac{WL}{L}$ = W = L^S)으로 인식한다.

② 기업의 고용량이 증가하거나 감소하더라도 AFC_L이 W^* 수준에서 불변이다. 이는 MFC_L이 AFC_L과 일치하기 때문이다.

③ 따라서 완전경쟁기업은 $MFC_L = MRP_L$이며 $W^* = VMP_L$인 e_0에서 최적 노동량(l^*)을 고용한다.

연습문제

다음은 A기업의 한계생산물과 비용을 나타낸다. $w=5$, $r=10$인 경우, 최대산출량을 가져다주는 노동과 자본을 바르게 연결한 것은? (단, L은 노동, K는 자본, w는 임금, r은 자본의 임대료이다)

2022년 국가직 7급

- 노동의 한계생산물: $MP_L = 100K - L$
- 자본의 한계생산물: $MP_K = 100L - 4K$
- 비용: $wL + rK = 1,000$

	노동	자본		노동	자본
①	70	65	②	80	60
③	90	55	④	100	50

해설

기업의 이윤극대화 행동원리
➡ [$W = P \cdot MP_L$], [$r = P \cdot MP_K$]
➡ 5 = P[$100K - L$] — ①
➡ 10 = P[$100L - 4K$] — ②

①을 ②로 나누어 정리하면
L = 2K

$wL + rK = 1,000$
➡ 5L + 10K = 1,000
➡ 5[L=2K] + 10K = 1,000

∴ L=100, K=50

▶ ④

CHAPTER 17 불완전경쟁 요소시장

I 의의

(1) 수요독점 노동시장은 유일한 기업이 전체 시장의 노동을 독점하여 고용하는 시장이다.

(2) 공급독점 노동시장은 유일한 공급자(독점적 노조)가 시장 전체의 노동을 독점하여 생산하고 판매하는 시장이다.

(3) 전체 노동시장과 개별 기업이 직면하는 노동시장이 분리되는 완전경쟁 노동시장과 달리 수요독점시장과 공급독점시장은 전체 노동시장이 곧 수요독점기업과 공급독점자가 직면하는 노동시장이다.

(4) 수요독점기업은 독점적 지위를 활용해 이윤극대화 임금을 설정하므로 임금순응자를 전제로 하는 노동수요곡선은 존재하지 않고 한계생산물가치곡선(VMP_L)만이 관찰된다. 그리고 생산물시장이 경쟁적이면 한계수입과 시장가격이 동일(P = MR)하므로 한계생산물가치곡선과 한계수입곡선도 일치[$P \cdot MP_L = MR \cdot MP_L$]한다. 그러나 생산물시장이 독점시장이면 시장가격이 한계수입보다 커서(P > MR) 한계수입생산곡선은 한계생산물가치곡선보다 하방에 위치한다[$P \cdot MP_L > MR \cdot MP_L$].

(5) 수요독점 노동시장에서 기업은 [$MFC_L = MRP_L$]이 달성되도록 이윤극대화 고용량을 결정하고 한계근로자의 유보임금(최소요구임금)을 대변하는 노동공급곡선 상에서 수요독점 임금을 설정한다.

(6) 공급독점자는 노동의 유일한 생산자이다. 따라서 이윤극대화, 총판매수입극대화, 총고용극대화를 달성하는 임금을 설정할 수 있으므로 노동공급곡선은 존재하지 않고 노동생산의 한계비용곡선(MC_L)만이 존재한다.

(7) 생산물시장의 독점기업처럼 노동시장의 유일한 생산자인 공급독점자는 [$MC_L = MR_L$]이 달성되도록 이윤(순소득)극대화 노동 생산량을 결정하고, 기업의 최대지불용의임금을 대변하는 노동수요곡선 상에서 임금을 설정한다.

(8) 불완전경쟁 요소시장의 구분

	생산물시장	노동시장	이윤극대화 행동원리
1. 수요독점시장	완전경쟁 ➡ P = MR	수요독점	$MFC_L = [MRP_L = VMP_L]$
2. 수요독점시장	독점 ➡ P > MR	수요독점	$MFC_L = MRP_L$
3. 공급독점시장		공급독점	$MC_L = MR_L$
4. 쌍방독점	비경쟁	쌍방독점	협상

II 수요독점 노동시장

1. 경쟁적 생산물시장과 수요독점시장

(1) 수요독점기업의 이윤극대화 행동원리

근로자를 차별하지 않는 수요독점기업은 한계근로자를 고용할 때 발생하는 비용의 증가분인 노동의 한계요소비용($MFC_L = MC \cdot MP_L$)과 수입의 증가분인 노동의 한계수입생산($MRP_L = MR \cdot MP_L$)이 일치하도록 이윤극대화 고용량을 결정한다. 그리고 한계근로자의 최소요구임금인 유보임금 수준을 대변하는 노동공급곡선(L^S = W) 상에서 수요독점 임금(W_M)을 설정하여 이윤극대화를 달성한다.

(2) 완전경쟁 재화시장(P = MR)

전체 재화시장에서 결정된 가격에 순응하는 완전경쟁기업은 시장가격(P)을 벗어난 가격을 설정할 수 없으므로 수평의 수요곡선(D = P)에 직면한다. 그리고 모든 기업은 자신의 개별 수요곡선(D = P)을 평균수입(AR = $\dfrac{TR = PQ}{Q}$ = P)으로 인식하는데 판매량(Q)이 변하더라도 평균수입(AR)이 일정하므로 한계수입(MR)과 평균수입은 일치한다(MR = AR). 따라서 완전경쟁 재화시장의 기업은 가격과 한계수입이 일치(P = MR)하므로 노동시장에서 한계수입생산과 한계생산물가치도 일치($MRP_L = MR \cdot MP_L = P \cdot MP_L = VMP_L$)한다.

(3) 수요독점 노동시장

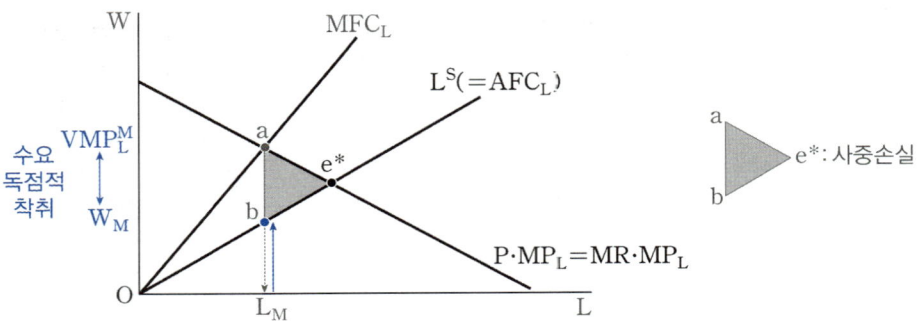

① 수요독점기업은 임금설정자이므로 임금순응자를 대변하는 노동수요곡선은 존재하지 않고 한계생산물가치곡선(VMP_L)만이 존재한다. 그리고 재화시장이 경쟁적이므로 한계생산물가치곡선(VMP_L)은 한계수입생산곡선(MRP_L)과 일치한다.

② 수요독점시장의 노동공급곡선은 수요독점기업만을 향한다. 따라서 시장 노동공급곡선은 수요독점기업의 개별 노동공급곡선이다.

③ 근로자를 차별하지 않는 수요독점기업은 자신의 개별 노동공급곡선($L^S = W$)을 노동의 평균요소비용($AFC_L = \dfrac{TFC_L = WL}{W} = W$)으로 인식한다.

④ 고용(L)이 증가할수록 평균요소비용(AFC_L)이 상승하므로 노동의 한계요소비용(MFC_L)은 평균요소비용보다 커서($MFC_L > AFC_L$), 노동공급곡선($L^S = W = AFC_L$)의 상방에 한계요소비용곡선이 위치함을 유추할 수 있다.

⑤ MFC_L은 노동공급곡선($L^S = W = AFC_L$)과 수직 절편은 동일하고 기울기는 2배인 우상향의 직선이다.

⑥ 근로자를 차별하지 않는 수요독점기업은 MFC_L과 MRP_L이 일치하는 a에서 이윤극대화 고용량(L_M)을 결정한 후에, 한계근로자의 유보임금을 대변하는 노동공급곡선($L^S = W$) 상에서 수요독점임금(W_M)을 설정한다.

⑦ 수요독점기업은 한계근로자를 기준으로 한계생산물가치보다 낮은 임금을 지급하므로 [$VMP_L - W_M$]의 수요독점적 착취를 획득한다. 또한 완전경쟁 노동시장에 비해 고용이 감소하여 파레토 비효율적인 자원배분이 발생한다.

2. 독점시장과 수요독점시장

(1) 수요독점기업의 이윤극대화 행동원리

근로자를 차별하지 않는 수요독점기업은 한계근로자를 고용할 때 발생하는 비용의 증가분인 노동의 한계요소비용($MFC_L = MC \cdot MP_L$)과 수입의 증가분인 노동의 한계수입생산($MRP_L = MR \cdot MP_L$)이 일치하도록 이윤극대화 고용량을 결정한다. 그리고 한계근로자의 최소요구임금인 유보임금 수준을 대변하는 노동공급곡선($L^S = W$) 상에서 수요독점 임금(W_M)을 설정하여 이윤극대화를 달성한다.

(2) 독점시장(P > MR)

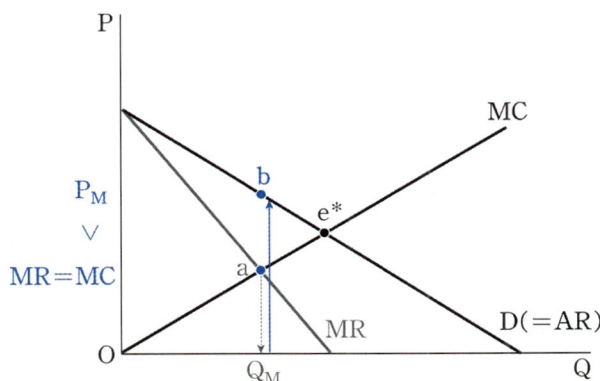

① 독점기업은 가격 설정자이므로 가격 순응자를 전제로 하는 공급곡선은 존재하지 않고 한계비용(MC)곡선만이 존재한다.
② 그리고 재화시장에 존재하는 생산자는 독점기업이 유일하므로 우하향하는 시장수요 곡선은 독점기업이 직면하는 개별 수요곡선(D = P)이다.
③ 소비자를 차별하지 않는 독점기업은 자신의 개별 수요곡선(D = P)을 평균수입($AR = \frac{TR = PQ}{Q}$ = P)으로 인식하는데, 판매량(Q)이 증가할수록 평균수입이 하락하므로 한계수입이 평균수입보다 낮아(MR < AR), 수요곡선의 하방에 한계수입곡선이 위치함을 유추할 수 있다.
④ 독점기업 역시 한계수입과 한계비용이 일치(MR = MC)하도록 이윤극대화 생산량을 결정하고 소비자의 최대지불용의가격을 대변하는 수요곡선(D = P) 상에서 독점가격을 설정한다.
⑤ $[(P \cdot MP_L = VMP_L) > (MRP_L = MR \cdot MP_L)]$
따라서 독점시장의 한계수입은 재화가격보다 낮아(P > MR), 수요독점기업의 한계수입생산은 한계생산물가치보다 낮다.

(3) **수요독점기업의 고용과 임금 설정**

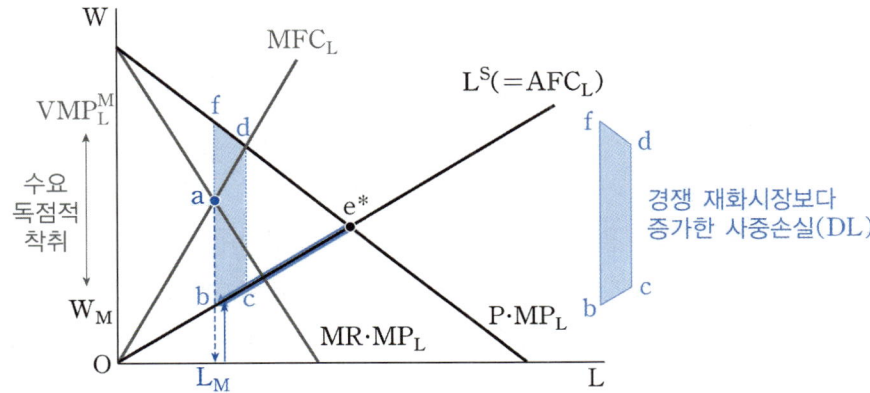

① 근로자를 차별하지 않는 수요독점기업은 노동의 한계요소비용(MFC_L)곡선과 한계수입생산(MRP_L)곡선이 일치하는 a에서 이윤극대화 고용량(L_M)을 결정하고, 한계근로자의 유보임금을 대변하는 노동공급곡선(L^S) 상에서 수요독점임금(W_M)을 설정한다.
② 완전경쟁시장에 위치한 수요독점기업보다 고용과 임금이 더욱 감소하고 수요독점기업의 단위 노동자당 수요독점적 착취($VMP_L^M - W_M$)는 더욱 증가하므로 파레토 비효율(사중손실)이 더욱 확대된다.

3. 수요독점시장에서의 최저임금제

(1) 최저임금의 의의

① 최저임금제(W_{Min})는 정부가 저숙련 근로자의 근로소득 제고를 목적으로 최초 시장임금보다 높은 수준에서 설정하는 임금하한제이다.
② 파레토 효율적 자원배분을 보장하는 완전경쟁 노동시장에 최저임금제를 도입하면 해고와 비자발적 실업의 증가로 사중손실을 초래하는 시장실패가 관찰된다.
③ 그러나 수요독점기업의 독점적 지위로 고용과 임금이 감소하고 수요독점적 착취가 존재하는 수요독점시장에 최저임금제를 적용하면 고용과 임금이 모두 증가하고 사중손실이 감소해서 시장실패가 교정된다.
④ 그리고 시장실패를 교정하기 위한 정부개입은 수요독점적 착취가 존재하는 구간에서 최저임금(W_{Min})을 설정해야만 타당성을 확보할 수 있다.

(2) 최저임금제 도입 후의 노동공급곡선의 변화

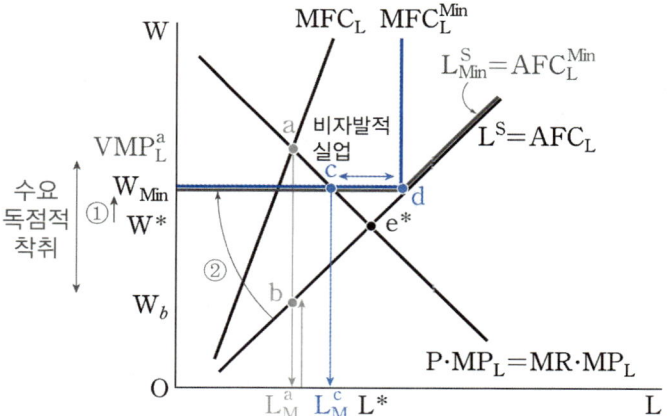

① 수요독점시장에서 고용과 임금은 수요독점기업의 이윤극대화 행동원리인 [$MFC_L = MRP_L$]에 의해 결정되므로 최저임금제가 도입된 이후의 노동공급곡선($L_{Min}^S = W_{Min} = AFC_L^{Min}$)을 찾아내서 보이지 않는 한계요소비용($MFC_L^{Min}$)을 유추해야 한다.
② 노동공급곡선($L^S = W$)의 높이는 한계근로자의 유보임금(최소요구임금)이다.

③ 정부가 최저임금제(W_{Min})를 도입하면 최저임금보다 낮았던 한계근로자의 유보임금이 최저임금 수준으로 상승하므로 최저임금제가 도입된 이후의 노동공급곡선($L_{Min}^S = W_{Min} = AFC_L^{Min}$)은 ' __/ ' 형태로 회전이동한다.

④ 최저임금(W_{Min}) 수준에서 노동공급이 임금에 대해 완전 탄력적인 구간에서는 AFC_L^{Min}도 일정하다. 따라서 고용이 증가하더라도 AFC_L^{Min}이 불변이므로 MFC_L^{Min}과 AFC_L^{Min}은 일치($MFC_L^{Min} = AFC_L^{Min}$)하고, 최초의 우상향하는 노동공급곡선으로 복귀하면 MFC_L^{Min}도 최초와 동일하므로 최저임금제가 도입된 이후의 MFC_L^{Min} 곡선은 ' __∫ ' 형태로 변화된다.

(3) 최저임금의 설정 범위 ➡ [$W_a < W_{Min} \leq VMP_L^a$] : 수요독점적 착취가 존재하는 구간

① 임금하한제로서의 최저임금(W_{Min})은 최초 수요독점임금(W_a)보다 낮은 수준에서 설정될 수 없다. ➡ [$W_a < W_{Min}$]

② 그리고 W_{Min}이 VMP_L^a보다 높으면 어떠한 기업이든 노동자를 고용할수록 손실이 발생한다. 그러므로 고용의 부담이 가중된 기업은 고용량을 줄이므로 정부개입이 사회후생을 더욱 감소시키게 된다. 따라서 시장실패를 교정하기 위한 최저임금은 VMP_L^a보다 높은 수준에서 설정될 수 없다. ➡ [$W_{Min} \leq VMP_L^a$]

(4) 최저임금제의 경제적 효과

① 고용 증가, 임금 상승

수요독점기업은 MFC_L^{Min}과 MRP_L이 일치하는 c에서 이윤극대화 고용량(L_M^c)을 결정하고 노동공급곡선($L_{Min}^S = W_{Min}$) 상에서 최저임금(W_{Min})을 지급한다. 최저임금제로 인해 고용이 증가하여 사중손실이 감소하고, 근로자의 임금이 상승하며 수요독점적 착취가 일정 부분 제거된다.

② 비자발적 실업의 증가

㉠ 최초 수요독점시장에는 실업이 존재하지 않는다. 수요독점시장의 고용량이 완전경쟁시장보다는 감소하더라도, 수요독점기업은 노동공급곡선 상에서 수요독점임금을 설정하므로 고용량과 노동공급의사가 정확하게 일치하기 때문이다.

㉡ 그러나 최저임금제의 도입으로 고용량은 증가하더라도 최저임금에서의 노동공급의사가 고용량을 초과($L_{Min}^S > L_M^a$)하므로 비자발적 실업이 증가한다. 이는 최저임금이 최초 수요독점임금보다 높은 수준에서 설정되는 임금하한제이기 때문이다.

㉢ 하지만 최저임금이 완전경쟁시장의 균형 임금(W^*) 이하에서 설정되는 경우에는 비자발적 실업은 발생하지 않는다.

III. 공급독점 노동시장

1. 의의

(1) 공급독점자는 노동의 유일한 생산자이다. 그러나 현대 산업에서 한 명의 노동자가 높은 전문화·복잡화를 요구하는 최종 재화를 생산하는 모습은 관찰하기 어렵다. 그러므로 공급독점자는 유일한 노동자가 아니라 다수의 근로자를 대변하는 유일한 의사결정권자인 독점적 노조를 상정한다.

(2) 노동의 유일한 생산자인 공급독점자는 임금 설정자이므로 노동공급곡선은 존재하지 않고 노동생산의 한계비용곡선(MC_L)만이 존재한다.

(3) 노동을 독점적으로 공급하는 독점적 노조는 이윤(= 순수입)극대화, 소득(수입)극대화, 고용극대화의 3가지 목적에 따라 고용과 임금을 달리 선택한다.

(4) 공급독점자는 이윤극대화, 총판매수입극대화, 총고용극대화의 목적에 부합하는 노동생산량을 먼저 결정하고 기업의 최대지불용의임금을 대변하는 노동수요곡선 상에서 임금을 설정한다.

2. 공급독점 노동시장의 곡선

(1) 공급독점자는 임금설정자이므로 노동공급곡선은 존재하지 않고 한계노동을 생산하기 위한 비용의 증가분인 노동의 한계비용곡선[$MC_L = \dfrac{\Delta TC_L}{\Delta L^S}$]만이 관찰된다.

(2) TR_L, AR_L, MR_L

① **노동의 총판매수입**(TR_L) = WL

노동의 총판매수입(TR_L)은 공급독점자가 생산한 노동을 기업에게 판매해서 얻는 총수입으로서 총판매량(L)에 단위당 판매가격(W)을 곱한 값으로 측정한다.

② **노동의 평균판매수입**(AR_L) = $\dfrac{TR_L}{L}$

노동의 평균판매수입(AR_L)은 공급독점자가 판매한 노동 1단위의 평균수입으로서 TR_L을 L로 나눈 값이다.

③ **노동의 한계판매수입**(MR_L) = $\dfrac{\Delta TR_L}{\Delta L}$

노동의 한계판매수입(MR_L)은 공급독점자가 추가적으로 1단위의 노동(ΔL)을 판매할 때 얻는 판매수입의 증가분(ΔTR_L)으로서 TR_L을 L로 미분하여 측정한다.

(3) 공급독점 노동시장 전체의 노동수요곡선은 유일한 노동생산자인 공급독점자를 향한다. 따라서 공급독점자는 자신의 개별 노동수요곡선 상에서 이윤극대화 임금(W)을 설정하므로 개별 노동수요곡선(L^D = W)을 노동의 평균판매수입곡선($AR_L = \dfrac{TR_L}{L} = \dfrac{WL}{L} =$ W = L^D)으로 인식한다.

(4) 공급독점자가 노동을 판매할수록 AR_L이 하락한다. 이는 MR_L이 AR_L보다 작기 때문이다. 따라서 MR_L곡선은 AR_L곡선보다 하방에 위치한다.

3. 이윤극대화 목적 ➡ [$MC_L = MR_L$]

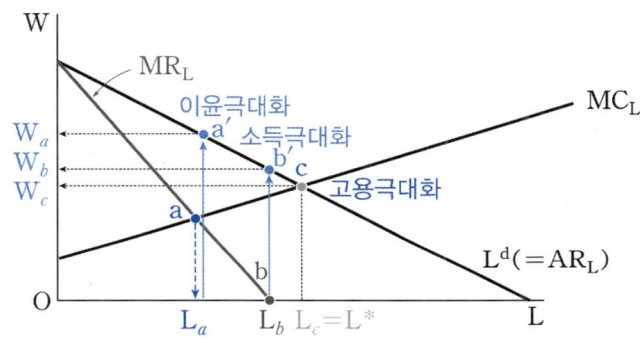

> 📝 이윤[= 순수입 = 총판매수입 (TR_L) − 총노동생산비용(TC_L)]

(1) 이윤극대화를 추구하는 공급독점자는 노동을 추가적으로 1단위 더 생산할 때 발생하는 비용의 증가분인 노동의 한계비용(MC_L)과 이를 판매할 때 얻는 수입의 증가분인 노동의 한계수입(MR_L)이 일치하는 a에서 최적 노동 생산량(L_a)을 결정한다.

(2) L_a를 구매하는 기업이 최대로 지불할 용의가 있는 임금을 대변하는 노동수요곡선(L^d) 상에서 이윤극대화 임금(W_a)을 설정한다.

4. 총소득(TR_L) 극대화

총소득(TR_L) 극대화를 추구하는 공급독점자는 노동 판매의 한계수입(MR_L)이 0이 될 때까지 노동을 생산(L_b)하고, 기업의 최대지불용의임금수준을 대변하는 노동수요곡선(L^d) 상에서 임금(W_b)을 설정하여 총근로소득(TR_L = WL) 극대화를 추구한다.

> 📝 노동의 한계판매수입(MR_L) = $\dfrac{\Delta TR_L}{\Delta L}$
> ➡ $\sum MR_L = TR_L$
> ➡ TR_L을 미분하면 MR_L이므로, MR_L을 적분하면 TR_L이다.

5. 총고용량 극대화

총고용량 극대화를 추구하는 독점적 노조는 기업의 최대지불용의임금(W)과 노동생산의 한계비용(MC_L)이 일치하는 C에서 극대화된 고용량을 결정하고, 노동수요곡선(L^d) 상에서 임금(W_c)을 설정한다. 그리고 총고용량을 극대화하는 고용량과 임금은 완전경쟁 노동시장의 파레토 효율적 자원배분과 일치한다.

VI 쌍방독점

1. 의의

(1) 쌍방독점(bilateral monopoly)은 노동의 생산자와 구매자가 각각 유일해서 수요독점과 공급독점이 공존하는 노동시장이다.

(2) 예를 들어 외딴 섬에 철광석을 채굴할 수 있는 광산(공급독점자)이 하나이고, 철광석을 구매하여 철을 제련하는 기업(수요독점자)도 하나만 존재하는 시장이 쌍방독점시장이다. 혹은 특정 산업에 존재하는 여러 기업들이 하나의 교섭단체를 구성하여 독점적 노조를 상대로 단체협약을 체결하는 시장도 쌍방독점시장이다.

2. 공급독점자의 이윤극대화 행동원리 ➡ $MC_L = MR_L$

공급독점자는 자신의 개별 노동수요곡선(L^D = W)을 노동의 평균판매수입곡선(L^D = W = AR_L)으로 인식하므로 노동수요곡선의 하방에 한계수입곡선(MR_L)이 위치한다. 그리고 $MC_L = MR_L$인 a에서 이윤극대화 생산량(L_a^S)을 결정하고 기업의 최대지불용의임금을 대변하는 노동수요곡선(L^D) 상에서 이윤극대화 임금(W_b)을 설정하고자 한다.

3. 수요독점기업의 이윤극대화 행동원리 ➡ $MFC_L = MRP_L$

수요독점기업은 자신의 개별 노동공급곡선(L^S = W)을 노동의 평균요소비용(AFC_L = W)으로 인식하므로 노동공급곡선의 상방에 한계요소비용곡선(MFC_L)이 위치한다. 그리고 $MFC_L = MRP_L$인 c에서 이윤극대화 고용량(L_c^D)을 결정하고 노동자의 최소요구임금을 대변하는 노동공급곡선(L^S) 상에서 이윤극대화 임금(W_d)을 지급하고자 한다.

4. 협상 ➡ $L_c^D \leq L \leq L_a^S$

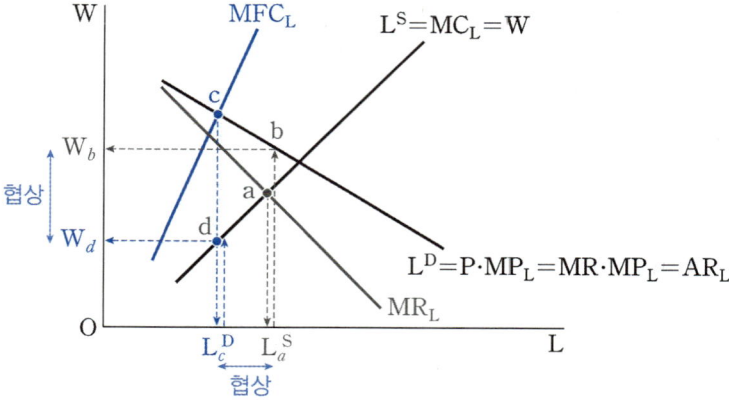

쌍방독점시장에서는 시장을 벗어나 수요독점기업과 독점적 노조의 협상력을 통해 고용과 임금이 결정된다. 이때 수요독점력이 클수록 낮은 임금이, 공급독점력이 클수록 높은 임금이 결정된다.

CHAPTER 18 소득분배이론

I. 의의 ➡ 기능별 소득분배이론과 계층별 소득분배이론

(1) 소득분배이론은 생산요소와 구성원들 사이에 소득이 분배되는 과정을 설명한다.

(2) 기능별 소득분배이론(functional distribution of income)은 생산물이 생산에 참여한 각 생산요소의 기능에 따라 임금, 이자, 지대, 이윤으로 분배되는 과정을 분석한다. 그리고 생산물시장과 생산요소시장은 생산함수로 연결되어 있다. 따라서 생산함수의 특성을 반영하는 대체탄력성과 기능별 소득분배는 밀접한 관련을 가진다.

(3) 계층별 소득분배이론(size distribution of income)은 소득의 원천과 관계없이 소득계층별로 생산물이 분배되는 과정을 설명한다. 그리고 구성원 간의 공평한 소득분배가 중요하므로 균등성(equality)을 중심으로 계층별 소득불평등도를 측정한다.

II. 기능별 소득분배론 ➡ 임금, 이자, 지대, 이윤

1. 임금

(1) 정의 및 종류

① 임금은 일정기간 동안 노동자가 생산활동에 제공한 근로서비스의 반대급부로서 명목임금과 실질임금으로 구분된다.

② 명목임금(W)은 노동자가 근로서비스를 제공한 대가로 수취하는 명시적인 화폐액이다.

③ 실질임금($\frac{W}{P}$)은 명목임금(W)의 실질구매력($\frac{W}{P}$)으로서 실물단위로 측정된다.

➡ $\frac{W = 10,000원}{P_{라면} = 2,000원} = 5봉지$

➡ 명목임금이 1만원이고 라면의 가격이 2,000원이면 실질임금은 라면 5봉지이다.

(2) 임금의 결정원리

① 임금은 노동시장에서 수요와 공급의 법칙에 의해 결정된다.
② 모든 시장이 완전경쟁적이면 명목임금(W)은 한계생산물가치(P · MP_L)와 일치한다.

$$\text{명목임금(W)} = P \cdot MP_L \Rightarrow \text{실질임금}(\frac{W}{P}) = MP_L$$

(3) 임금격차의 발생요인

① 능력의 차이 ➡ MP_L
　타고난 능력이 뛰어날수록 한계생산성(MP_L)이 높아 더 많은 임금을 받는다.

② 위험 ➡ 보상적 임금격차
　근로자의 한계생산성(MP_L)이 동일하더라도 기업이 제공하는 근로조건(산업재해율, 일시적 해고와 같은 위험)에 의해 임금격차가 발생한다.

③ 교육, 직업훈련, 노동이동 ➡ 인적자본(HK)의 차이 ➡ MP_L
　학교교육을 마치기 이전까지의 교육, 내부 노동시장에서의 직업훈련, 파레토 효율적 노동이동과 같은 인적자본투자의 차이가 근로자 간 임금격차를 발생시킨다.

④ 차별적 선호 ➡ 기호적 차별
　기업, 동료, 고객의 차별적 선호가 근로자 간 임금차별을 초래한다.

⑤ 계약 전 정보의 비대칭성 ➡ 통계적 차별
　기업이 근로자의 생산성에 대한 불완전한 정보를 보유하고 있을 때 해당 노동자(지원자)가 속한 집단의 과거 평균생산성에 의존하여 생산성을 추정하면 의도하지 않은 임금차별이 발생한다.

⑥ 계약 이후 정보의 비대칭성 ➡ 근무태만
　근로자에 대한 감시가 불가능하고 많은 비용이 소요될 경우 태만을 방지하기 위한 효율임금, 성과급제, 이연보수임금 등과 같은 유인급여는 임금격차를 유도한다.

2. 이자

(1) 정의 및 종류

① 이자(interest)는 일정기간 동안 자본소유자가 생산활동에 제공한 자본서비스에 대한 반대급부, 즉 자본가로부터 차입한 자본에 대한 사용료이다.
② 따라서 이자는 자본구매의 기회비용으로서 자본의 사용자비용이다.
③ 이자는 명목이자율과 실질이자율로 구분된다.
　㉠ 명목이자율은 화폐로 측정하는 원금에 대한 이자의 비율이다.

$$\text{명목이자율} = \frac{\text{이자} = 2{,}000원}{\text{원금} = 10{,}000원} \times 100\% = 20\%$$

ⓒ 실질이자율은 실물로 측정하는 원금에 대한 이자의 비율이다.

$$\text{실질이자율} = \frac{\text{이자} = \text{사과 2개}}{\text{원금} = \text{사과 10개}} \times 100\% = 20\%$$

(2) 이자율의 결정 ➡ 거시경제학

① 고전학파의 대부자금시장모형 ➡ 실질이자율 결정

고전학파는 실물변수인 저축과 투자가 결정되는 대부자금시장에서 실질이자율이 결정된다고 보았다.

② 케인즈의 유동성선호설 ➡ 명목이자율 결정

케인즈는 화폐시장에서 수요와 공급에 의해 명목이자율이 결정되고, 이자율을 통해 화폐시장과 생산물시장이 연결된다고 설명한다.

3. 지대

(1) 차액지대론 ➡ 지대

① 고전적 의미의 지대(rent)는 토지 소유자에게 귀속되는 이윤을 의미한다.
② 비교우위론으로 유명한 영국의 경제학자 리카르도(D. Ricardo)는 차액지대론(theory of differential rent)을 통해 비옥한 토지 소유자가 어떻게 양(+)의 이윤을 얻는지 그 과정을 분석했다.
③ 리카르도는 토지가 희소해지면 최소한으로 받아야 할 임대료를 초과하는 차액지대가 발생하므로 땅 주인이 양의 이윤을 얻는다고 보았다.
④ 그리고 리카르도의 차액지대를 토지뿐 아니라 모든 자원(생산요소)으로 확장시킨 개념이 경제적 지대이다.

(2) 이전수입과 경제적 지대

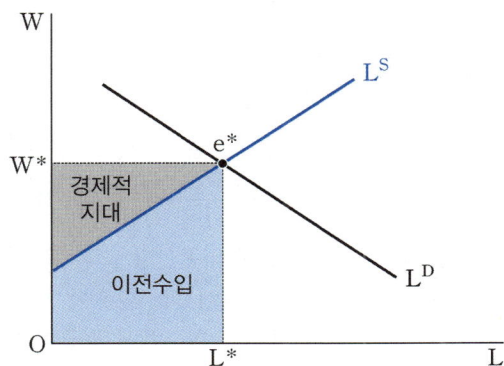

① 전용수입 ➡ 기회비용

㉠ 전용수입(이전수입, transfer earnings)은 특정 생산요소를 생산해서 공급하기 위해 투입된 총비용만큼 자원의 소유자가 시장에 요구하는 최소한의 금액이다.
㉡ 따라서 전용수입은 자원의 공급이 현재 용도에서 다른 용도로 이전되지 않도록 하기 위해 지급해야 하는 최소한의 금액이다.

> **전용수입**
> 생산요소를 현재의 고용상태에 묶어두기 위한 기회비용

ⓒ 개인이 주어진 총가용시간(T = L^S + L)에서 L_0^S의 노동을 생산하기 위해서는 여가 소비 감소로 인한 효용의 하락분이 발생한다. 노동의 총소득이 L_0^S의 노동을 생산하기 위한 총비용인 노동공급곡선 하방의 면적보다 작다면 개인은 차라리 노동을 생산하지 않고 여가를 소비하는 것이 낫다.
ⓓ 그러므로 자원공급자가 생산요소를 공급할 때 요구하는 최소 금액인 전용수입은 생산요소의 공급을 위한 기회비용이다.

② 경제적 지대 = 총소득 − 전용수입(기회비용)
ⓐ 차액지대가 토지의 주인이 받아야 할 임대료를 초과한 부분이듯이, 경제적 지대(economic rent)는 자원의 소유자가 그 자원을 제공하기 위해 받아야 하는 최소한의 금액인 전용수입을 초과하여 얻는 부분이다.
ⓑ 자원이 희소하지 않으면, 즉 생산요소의 공급이 완전탄력적이면 자원의 소유자는 자원을 공급하기 위해 반드시 받아야 하는 최소한의 금액만을 정확하게 받고 추가로 획득하는 수입이 없다. 따라서 자원이 희소하지 않으면 총수입과 전용수입이 일치하므로 경제적 지대는 0이다.
ⓒ 그러나 희소한 자원을 사용하기 위해서는 생산의 기회비용을 초과하는 추가적인 대가를 지불해야 하므로 경제적 지대가 발생한다. 따라서 경제적 지대는 생산요소의 공급이 비탄력적이기 때문에 추가로 발생하는 소득이다.
ⓓ 그리고 경제적 지대는 자원의 희소성을 반영하므로 희소성이 클수록, 즉 공급이 비탄력적일수록 증가한다.
ⓔ 유명 연예인이나 스포츠 스타가 천문학적인 소득을 얻는 이유는 이들을 대체할 자원이 없어 희소하기 때문이다. 따라서 이들 소득의 대부분은 경제적 지대이다.

③ 생산요소의 공급탄력성과 경제적 지대

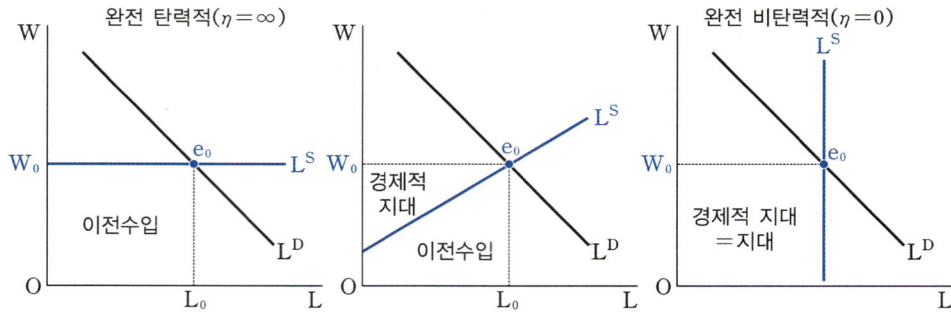

ⓐ 경제적 지대는 생산요소의 희소성에 의존한다. 그리고 자원의 희소성은 공급곡선의 가격탄력성에 반영되어 있다. 자원이 희소할수록 가격이 상승하더라도 공급이 많이 증가하지 않는다. 따라서 자원이 희소해서 공급이 비탄력적일수록 총소득에서 경제적 지대가 차지하는 비중은 상승한다.
ⓑ 자원이 무한해서 공급곡선이 완전 탄력적이면 경제적 지대는 존재하지 않고 총소득은 전용수입과 일치한다.

④ 지대추구행위
  ㉠ 지대추구행위는 고정된 생산요소로부터 발생하는 경제적 지대를 극대화하기 위해 생산요소의 공급을 제한해서 비탄력적인 공급을 유인하는 행동이다.
  ㉡ 생산요소의 공급이 비탄력적일수록 자원이 희소해서 전용수입은 감소하고 경제적 지대는 증가하기 때문이다.
  ㉢ 생산물시장에서 독점기업이 독점이윤을 얻기 위해 독점적 지위를 추구하는 행위도 지대추구행위이다.

> 📝 독점기업의 이윤 = 독점지대

⑤ 준지대

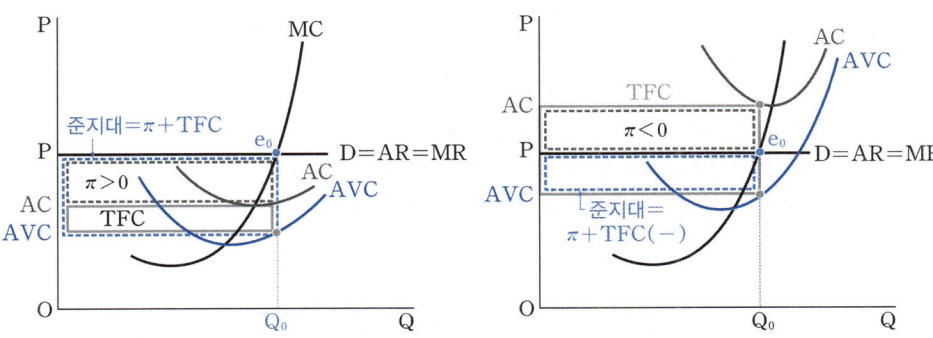

  ㉠ 준지대(quasi-rent)는 자본이 고정되어 있는 단기에서 고정투입생산요소에게 귀속되는 보수이다.
  ㉡ 16장에서 살펴보았듯이 가변생산요소는 투입량의 변화에 따른 비용과 수입의 크기를 비교하여 가격을 결정한다. 그러나 고정투입요소는 투입량을 변화시킬 수 없어 한계생산의 개념이 존재하지 않으므로 고정투입요소의 보수 결정은 가변생산요소와 다른 방식으로 접근해야 한다.
  ㉢ 경제적 지대는 한 생산요소가 받고 있는 보수(총소득) 중에서 기회비용(전용수입)을 뺀 잉여(residual)로 정의된다. 그리고 경제적 지대의 비용인 전용수입에는 가변투입요소와 고정투입요소의 기회비용이 모두 포함되어 있다.
  ㉣ 그러면 기업의 총판매수입(TR) 중에서 가변투입요소에게 지급되는 보수인 총가변비용(TVC)을 제한 값이 고정투입요소에게 지급되는 준지대임을 확인할 수 있다.

> 준지대 = 총수입(TR) − 총가변비용(TVC)
> 이윤(π) = 총수입(TR) − 총가변비용(TVC) − 총고정비용(TFC)
> 준지대 = 총고정비용(TFC) + 이윤(π)

  ㉤ 단기에서 재화가격이 평균가변비용보다 작아(P < AVC) 총수입이 총가변비용에 미달하면 기업은 조업을 중단한다. 따라서 준지대는 음(−)이 될 수 없다.
  ㉥ 모든 생산요소가 가변적인 장기에는 고정투입요소가 없다. 따라서 장기에는 준지대의 개념이 존재하지 않는다.
  ㉦ **경제적 지대와 준지대의 비교**
    예를 들어, 의사가 되기 위한 총비용은 5억원이고, 의사면허 취득 이후에 얻는 평생소득의 현재가치는 30억원이다. 그리고 의사면허 취득 이후에 의료서비스 생산을 위한 추가적인 가변비용은 발생하지 않는다.

> 📝 준지대와 생산자잉여
> 준지대
> = 총수입(TR) − 총가변비용(TVC)
> 생산자잉여
> = 총수입(TR) − 총가변비용(TVC)
> 준지대는 생산자잉여와 유사한 개념이다. 그러나 생산자잉여는 고정비용이 있을 때나 없을 때나 모두 사용하지만, 준지대는 고정비용이 존재하는 경우에만 사용된다.

ⓐ 경제적 지대 = 총소득 − 전용수입(TVC − TFC) = 30억원 − [0 + 5억원]
   = 25억원(≒ π)
ⓑ 준지대 = 총소득 − 총가변비용(TVC) = 30억원 − 0원 = 30억원
ⓒ 의사가 되기 위해 투입한 5억원은 고정투입비용(TFC)이고, 다른 직업을 선택하더라도 회수할 수 없는 매몰비용이다.
ⓓ 준지대 = 총고정비용(TFC) + 이윤(π) = 5억원 + 25억원 = 30억원

4. 이윤

(1) 정의

① 이윤은 기업가가 노동, 자본, 자연자원 등 생산요소를 결합하여 조직적인 생산활동을 수행해서 얻게 되는 이득으로서 기업가에게 지급하는 경영활동의 대가이다.
② 이윤은 기업활동을 통해 얻은 총수입에서 생산투입요소에게 지급한 보수를 제하고 남은 잔여소득이므로 크기가 유동적이고 불확실하다.

(2) 종류

① 회계적 이윤은 총수입에서 명시적인 회계비용을 뺀 값이다.
② 정상이윤은 기업가가 생산활동을 중단하지 않고 지속하기 위해 보장되어야 하는 최소한의 이윤이다. 즉 정상이윤은 기업가의 기회비용으로서 경제적 비용에 포함된다.
③ 초과이윤은 정상이윤을 상회하는 이윤이다.

III 계층별 소득분배론

1. 소득분배지표

(1) 소득분배지표는 능력과 소득의 원천에 관계없이 고소득층과 저소득층 간의 계층별 소득분배를 측정하는 지표이다.

(2) 계층별 소득분배는 계층 간의 공평한(equitable) 소득분배를 추구하고 다음의 하위 개념들을 포함한다.
① 균등성(equality): 구성원 간 소득의 편차가 크지 않아야 한다.
② 공정성(fairness): 소득은 사전에 정해진 불편부당의 원칙에 의해 분배되어야 한다.
③ 개인의 정당한 권리(rights): 소득분배과정에서 어떠한 구성원도 자신의 권리를 부당하게 침해당해서는 안 된다.
④ 받을만한 자격(deserts): 구성원은 누가 보더라도 각자 받을만한 자격만큼 소득을 분배받아야 한다.

(3) 이상의 네 가지 조건을 모두 충족하는 소득분배 방법을 찾기는 어렵다. 따라서 일반적으로 측정이 용이한 균등성을 중심으로 계층별 소득분배의 공평성을 평가한다.

(4) 계층별 소득분배의 균등성을 측정할 수 있는 대표적인 소득분배지표로는 십분위분배율, 소득 5분위배율, 로렌츠곡선, 지니계수, 앳킨슨지수 등이 있다.

2. 십분위분배율

(1) 정의

전체 소득계층은 소득점유율을 기준으로 10%씩 10개 구간으로 구분되고, 최하위 40%의 소득점유율을 최상위 20%의 소득점유율로 나누어 측정한다.

$$십분위분배율 = \frac{최하위\ 40\%\ 계층의\ 누적\ 소득\ 점유율}{최상위\ 20\%\ 계층의\ 누적\ 소득\ 점유율}$$

(2) 균등성 ➡ 완전불균등(0) < 십분위분배율 < 완전균등(2)

① 완전 균등한 소득분배 = 2
  계층 간 소득분배가 완전 균등한 사회에서는 모든 계층이 점유하고 있는 소득이 동일하다. 즉, 하위와 상위를 구분할 수 없다. 따라서 최하위 40% 계층의 소득은 최상위 20% 계층 소득의 2배이므로 십분위분배율은 2이다.

② 완전 불균등한 소득분배 = 0
  완전 불균등한 사회에서는 극소수의 최상위 계층이 전체 소득을 모두 점유하고 있어 최하위 40% 계층의 소득점유율은 0%이고 십분위분배율은 0이다.

③ 따라서 십분위분배율이 클수록(= 2에 다가갈수록) 더욱 균등한 소득분배상태이다.

3. 소득 5분위배율

(1) 정의

전체 소득계층은 소득점유율을 기준으로 20%씩 5개 구간으로 구분되고, 최상위 20%의 소득점유율을 최하위 20%의 소득점유율로 나누어 측정한다.

$$소득\ 5분위배율 = \frac{최상위\ 20\%\ 계층의\ 누적\ 소득\ 점유율}{최하위\ 20\%\ 계층의\ 누적\ 소득\ 점유율}$$

(2) 균등성 ➡ 완전 균등(1) < 소득 5분위배율 < 완전 불균등(∞)

① 완전 균등한 소득분배 = 1
  완전 균등한 사회에서는 모든 계층이 점유하고 있는 소득이 동일해서 최상위 20%와 최하위 20% 계층의 소득은 동일하므로 소득 5분위배율은 1이다.

② 완전 불균등한 소득분배 = ∞
  완전 불균등한 사회에서는 극소수의 최상위 계층이 전체 소득을 모두 점유하고 있고 최하위 20% 계층의 소득점유율은 0%에 가까우므로 소득 5분위배율은 ∞이다.

4. 로렌츠곡선

(1) 정의

수평축은 인구의 누적점유율로, 수직축은 소득의 누적점유율로 이루어진 정사각형 내에서 계층별 소득분포 사이의 대응관계를 연결한 궤적인 로렌츠곡선은 일국의 소득불평등도를 서수적으로 측정하는 지표이다.

(2) 균등성

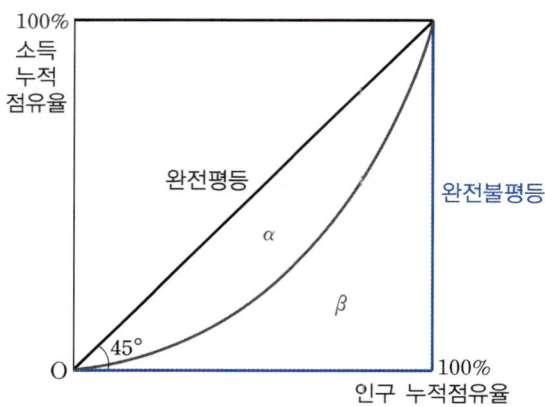

① 완전 균등한 소득분배 ➡ 대각선
   모든 계층이 균등하게 소득을 점유하고 있으면 인구 누적점유율과 소득 누적점유율이 일치하므로 로렌츠곡선은 대각선이다.
② 완전 불균등한 소득분배 ➡ ┘자
   완전 불균등한 사회에서는 극소수의 최상위 계층이 전체 소득의 대부분을 점유하고 있으므로 로렌츠곡선은 ┘자 형태이다.
③ 초승달 형태의 로렌츠곡선이 대각선으로 접근할수록 균등한 사회이고, 수평축 모서리에 다가설수록 불균등한 사회이다.

5. 지니계수

(1) 정의

$$\text{지니계수} = \frac{\alpha}{\alpha + \beta}$$

지니계수(Gini index)는 서수적으로 소득분배상태를 측정하는 로렌츠곡선을 기수적으로 계량화하는 소득분배지표이다. 로렌츠곡선은 상호 교차하는 경우에 양국의 소득분배상태를 서수적으로 비교할 수 없는 한계가 존재한다. 따라서 일반적인 초승달 모양의 로렌츠곡선이 경계짓는 α와 β의 넓이를 통해 소득분배의 균등성을 측정한다.

(2) 균등성 ➡ 완전 균등(0) < 지니계수 < 완전 불균등(1)

① 완전 균등한 소득분배상태 ➡ 지니계수 $= \dfrac{(\alpha = 0)}{(\alpha = 0) + \beta} = 0$

모든 계층이 균등하게 소득을 점유하고 있으면 로렌츠곡선은 대각선과 일치하므로 $\alpha = 0$이다. 따라서 지니계수는 0이다.

② 완전 불균등한 소득분배상태 ➡ 지니계수 $= \dfrac{\alpha}{\alpha + (\beta = 0)} = 1$

완전 불평등한 소득분배상태의 로렌츠곡선은 ⌐형태이므로 $\beta = 0$이다. 따라서 지니계수는 1이다.

③ 소득분배가 균등할수록 지니계수는 0으로 작아지고, 불균등할수록 지니계수는 1로 커진다.

(3) 평가

지니계수는 로렌츠곡선이 교차하면 소득 불평등도를 서수적으로 비교할 수 없는 로렌츠곡선의 한계를 보완하기 위해 고안되었다. 그런데 지니계수 역시 소득 불평등도를 기수적으로 측정할 때, 지니계수가 동일하다면 소득불평등도를 비교할 수 없는 내재적 한계(bias)가 발생한다.

① 하위 계층 50%가 소득 20%를 점유, 상위 계층 50%가 소득 80% 점유
  ➡ 지니계수 $= 0.5 - 0.2 = 0.3$
② 하위 계층 60%가 소득 30%를 점유, 상위 계층 40%가 소득 70% 점유
  ➡ 지니계수 $= 0.6 - 0.3 = 0.3$
③ 하위 계층 70%가 소득 40%를 점유, 상위 계층 30%가 소득 60% 점유
  ➡ 지니계수 $= 0.7 - 0.4 = 0.3$
④ 하위 계층 80%가 소득 50%를 점유, 상위 계층 20%가 소득 50% 점유
  ➡ 지니계수 $= 0.8 - 0.5 = 0.3$

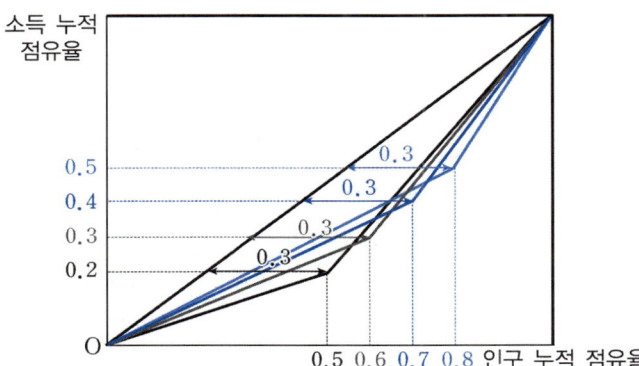

6. 앳킨슨지수 ➡ 완전 균등(0) < 앳킨슨지수 < 완전 불균등(1)

(1) 의의

$$\text{앳킨슨지수(A)} = 1 - \frac{Y_e}{\overline{Y}}$$

[$\overline{Y}$ = 일국의 산술평균소득, Y_e = 균등분배대등소득]

① 앳킨슨지수(Atkinson index)는 균등분배대등소득(Y_e)과 평균소득($\overline{Y}$)을 이용해서 소득불평등도를 측정한다.
② 균등분배대등소득(Y_e)은 현재와 동등한 사회후생수준을 얻을 수 있는 완전 균등한 소득분배상태에서의 평균소득이다.
③ 균등분배대등소득(Y_e)은 사회후생함수를 통해 도출되므로 평가자의 주관적 가치가 반영되는 한계가 존재한다.
④ 구성원이 공평한 사회를 지향할수록 균등분배대등소득(Y_e)은 커져서 현재 평균소득($\overline{Y}$)에 수렴하므로 앳킨슨지수는 작아진다.

(2) 완전 균등한 소득분배상태 ➡ $Y_e = \overline{Y}$ ➡ A = 0

완전 균등한 사회에서는 평균소득($\overline{Y}$)과 균등분배대등소득(Y_e)이 일치한다. 따라서 앳킨슨지수(A)는 0이다.

(3) 완전 불균등한 소득분배상태 ➡ $Y_e = 0$ ➡ A = 1

극단적으로 완전 불균등한 사회에서는 최상위 계층의 소득을 균등하게 배분해서 구성원들의 소득이 조금만 증가해도 최초의 사회후생수준을 달성할 수 있다. 따라서 완전 불균등한 사회에서는 균등분배대등소득(Y_e)이 매우 작아 0에 가까워 앳킨슨지수(A)는 1이다.

연습문제

소득분배와 관련된 지표에 대한 설명으로 옳지 않은 것은?   **2022년 국가직 7급**

① 10분위분배율은 최하위 40% 소득계층의 소득점유율을 최상위 20% 소득계층의 소득점유율로 나눈 값이다.
② 5분위배율은 값이 커질수록 소득분배가 불평등함을 나타낸다.
③ 지니계수는 값이 커질수록 소득분배가 불평등함을 나타낸다.
④ 지니계수는 특정 소득계층의 소득분배상태 측정에 유용하다.

해설
④ 지니계수는 인구누적점유율과 소득누적점유율의 조합을 연결한 로렌츠곡선으로부터 도출된다. 따라서 전체(누적) 소득계층의 소득분배상태를 측정하고, 특정 소득계층의 소득분배에 대한 정보는 제공하지 못하는 한계가 존재한다.

▶ ④

MEMO

 정용수 경제학 미시편

Chapter 19 일반균형이론과 후생경제학
Chapter 20 시장실패와 정부개입

PART 06

시장과 효율성

CHAPTER 19 일반균형이론과 후생경제학

I 효율성과 공평성

$$\text{Max } SW = F(U_A,\ U_B)$$
$$\text{s.t. } UPF$$

(1) 후생경제학은 사회후생(Social Welfare) 평가를 다루는 경제학의 한 분야이다.

(2) 바람직한 최선의 사회후생은 자원배분의 효율성(efficiency)과 소득분배의 공평성(equity)을 동시에 충족하는 사회상태이다.

(3) 바람직한 사회는 일반경쟁균형에 도달한 자원배분의 효율성을 제약조건 삼아 사회후생 극대화를 달성하는 최선의 소득분배를 선택한다.

(4) 자원배분의 효율성은 파레토효율성의 관점에서 일반균형분석으로 평가하고, 소득분배의 공평성은 가치판단문제를 포함하는 사회후생함수(SW)로 접근한다.

(5) 따라서 바람직한 사회를 위한 필요조건인 일반경쟁균형에 도달하는 과정을 우선 탐색하고 다양한 사회후생함수를 검토한다.

II 일반경쟁균형

1. 부분균형분석과 일반균형분석

(1) 지금까지의 분석은 특정 시장을 다른 시장과 분리시켜 독립적으로 다루는 부분균형분석(partial equilibrium analysis)의 틀 안에서 이루어졌다.

(2) 그러나 한 시장에서 일어난 일은 다른 시장에 영향을 끼치므로 모든 시장은 밀접한 상호연관관계를 맺고 있다.

(3) 따라서 현실성 높은 경제분석을 위해서는 각 시장 사이에 존재하는 상호연관관계를 명시적으로 고려하는 일반균형분석(general equilibrium analysis)의 틀을 사용해야 한다.

2. 일반균형이론

(1) 일반균형이론의 전개
① 19세기 말 프랑스 경제학자 왈라스(Leon Walras)와 파레토(Vifredo Pareto)에 의해 최초 고안된 일반균형이론은 이후 신고전파 이론과 결합하면서 발전하였다.
② 모든 시장을 고려하는 일반균형이론은 주로 수리적 접근방식을 활용해서 분석한다.

(2) 일반균형의 의미
① 일반균형(general equilibrium)은 한 경제 안의 모든 시장, 즉 모든 생산물시장과 생산요소시장이 동시에 균형을 달성하고 있는 상태이다.
② 일반균형은 다음의 네 가지 조건이 충족된 상태이다.
　㉠ 모든 소비자는 주어진 예산제약하에서 효용극대화를 달성하는 최적의 상품묶음을 선택하고 있다.
　㉡ 모든 소비자가 원하는 만큼의 생산요소가 공급되고 있다.
　㉢ 모든 기업은 주어진 여건하에서 이윤극대화를 달성한다.
　㉣ 주어진 가격체계하에서 모든 생산물시장과 생산요소시장에서의 수요량과 공급량이 일치한다.
③ 일반균형분석은 개별 시장에서 각 경제주체가 사익을 추구하면 자동적으로 공익도 극대화된다는 아담 스미스의 보이지 않는 손(invisible hand)을 증명하는 이론이고, 신고전파 주류경제학의 이념적 기초를 형성하고 있다.
④ 따라서 일반균형은 모든 경제주체가 각자 이익극대화를 추구하는 상황에서 모든 상품에 대한 수요량과 공급량이 일치하는 상태를 의미한다.

> 📝 일반균형은 모든 경제주체가 가격수용자로 행동하는 완전경쟁시장을 전제한다.

3. 초과수요와 왈라스법칙

(1) 왈라스법칙
① 왈라스법칙(Walras's Law)은 어떤 가격체계가 주어져도 경제 전체의 총초과수요의 가치는 항상 0이 됨을 의미한다.
② 따라서 개별 시장에서 초과수요가 존재하더라도 전체 시장의 모든 초과수요의 총합은 0이므로 총수요와 총공급은 항상 일치한다.
③ 예를 들어 n개의 재화가 존재할 때, (n − 1)개의 시장이 균형이면 나머지 한 시장도 자동적으로 균형임을 뜻한다.

(2) 도출
① 어떤 소비자가 한 재화(x)를 사려고 할 때 그는 반드시 다른 재화(y)를 대가로 제공해야 한다. 그러므로 모든 의도된 거래에서 각 경제주체는 자신이 수요하려고 하는 재화와 동등한 가치를 갖는 다른 재화를 공급하게 된다.
➡ $P_i D_i = P_j S_j$

> 📝 일반균형은 초과수요로 분석
> - 총수요(gross demand): 소비자의 최종 선택
> - 순수요(net demand): 총수요와 초기 부존의 차이
> - 초과수요(excess demand): 소비자의 수요(D)에서 초기 부존(S)을 뺀 값

② 따라서 경제 전체에 대한 수요의 가치를 모두 더하면 반드시 공급의 가치를 모두 더한 것과 같아진다. 개별적인 시장에서 수요와 공급의 가치가 일치한다는 보장은 없어도, 전체의 관점에서는 총수요의 가치($\sum P_x D_x$)와 총공급의 가치($\sum P_y S_y$)는 항상 일치한다.

➡ $\sum_{i=1}^{n} P_i D_i = \sum_{j=1}^{n} P_j S_j$

③ 그러므로 어떠한 가격체계(P_i)가 주어진다 하더라도 경제 전체의 초과수요(ED = D − S)의 총가치[$\sum_{i=1}^{n}(D_i - S_i)$]는 항상 0이 된다.

➡ $\sum_{i=1}^{n} P_i D_i = \sum_{j=1}^{n} P_j S_j$

➡ $[P_1 D_1 + P_2 D_2 + \cdots + P_n D_n] = [P_1 S_1 + P_2 S_2 + \cdots + P_n S_n]$

➡ $P_1(D_1 - S_1) + P_2(D_2 - S_2) + \cdots + P_n(D_n - S_n) = 0$

➡ $\sum_{i=1}^{n} P_i(D_i - S_i) = P_i \sum_{i=1}^{n}(D_i - S_i) = 0$

∴ $\sum_{i=1}^{n}(D_i - S_i) = 0 \ (\because P_i > 0)$

④ 이는 n개의 시장 중에서 (n − 1)번째까지의 시장이 균형이면 마지막 n번째 시장도 균형이 됨을 의미한다. 또는 특정 시장이 초과수요이면 초과공급인 시장이 반드시 하나 이상 존재한다는 것이다.

4. 파레토효율성

(1) 개념

① 파레토효율성(Pareto efficiency)은 어느 누구에게도 손해가 가지 않게 하면서 어떤 사람에게는 이득이 되도록 변화시키는 것이 불가능한 자원배분상태이다.
② 파레토개선은 자원배분이 달라질 때 어느 누구에게도 손해가 가지 않게 하면서 최소한 한 사람 이상에게 이득을 가져다 줄 수 있는 변화이다.
③ 따라서 파레토효율성은 더 이상의 파레토개선(Pareto improvement)이 불가능한 자원배분상태를 의미한다.
④ 파레토개선이 가능한 자원배분상태는 파레토 비효율적이다.

(2) 파레토개선

① i와 j의 자원배분이 주어져 있을 때 i에서 모든 경제주체의 보수가 j보다 같거나 크면 i는 j에 대해 파레토우위(Pareto superior)를 점한다.
② 반대로 j는 i에 대해 파레토열위(Pareto inferior)에 위치한다.
③ 어느 누구의 보수도 낮추지 않으면서 특정 경제주체의 보수를 높이는 파레토개선은 파레토열위에서 파레토우위로의 자원배분 변화이다.

(3) 일반경쟁균형 ➡ 종합적 파레토효율성

완전경쟁시장의 일반경쟁균형은 생산의 파레토효율성[$MRTS_{LK}^i = \frac{w}{r}$ ➡ MRT_{xy}]과 교환의 파레토효율성[$MRS_{xy}^i = \frac{P_x}{P_y}$ ➡ $MRS_{xy}^A = MRS_{xy}^B$]을 동시에 충족하는 종합적 파레토효율성[$MRS_{xy}^A = MRS_{xy}^B = MRT_{xy}$]이 달성되는 자원배분상태이다.

5. 생산의 파레토효율성

(1) 의의

생산의 파레토효율성은 한 재화의 생산을 감소시키지 않으면 더 이상 다른 재화의 생산을 증가시킬 수 없는 생산요소의 배분상태이다.

(2) 모색과정($tâ$)

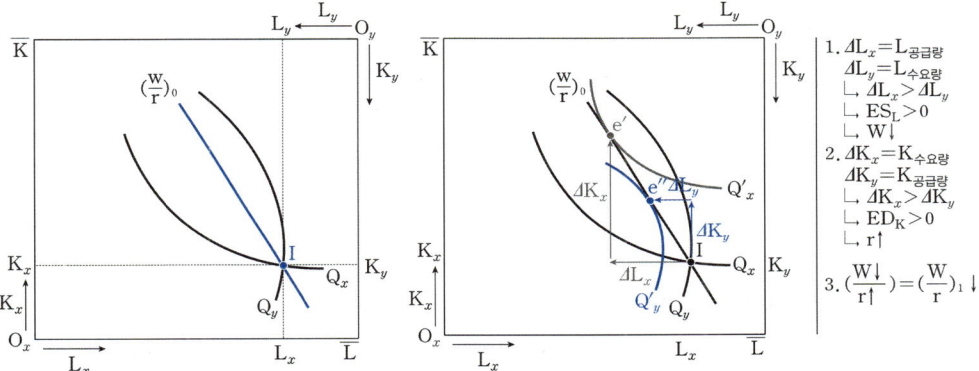

> 모색과정 = 왈라스적 조정과정

① 생산요소 공간의 에지워스박스 : 2재화(x, y) − 2생산요소(L, K)
   ➡ $L_x + L_y = \overline{L},\ K_x + K_y = \overline{K}$
   경제 내에 주어진 모든 생산요소는 X재와 Y재 생산에만 투입된다.

② 초기부존자원(Initial endowment) ➡ I
   최초 X재와 Y재 생산에 투입되는 노동과 자본은 각각 (L_x, K_x)와 (L_y, K_y)로 주어져 있다.

③ 가격 순응자 ➡ $(\frac{w}{r})_0$

   기업은 주어진 시장가격 $(\frac{w}{r})_0$에 순응하여 생산량 극대화를 달성하는 최적의 고용조합을 탐색한다.

④ I, $MRTS_{LK}^x < (\frac{w}{r})_0$

   X재를 생산하는 기업은 주어진 등비용선을 제약조건삼아 e'에서 이윤극대화 산출량을 생산하기 위해 노동(ΔL_x)을 판매(공급)해서 자본(ΔK_x)을 고용(수요)하려고 한다.

⑤ I, $MRTS_{LK}^{y} > (\frac{w}{r})_0$

Y재를 생산하는 기업은 주어진 등비용선을 제약조건삼아 e''에서 이윤극대화 산출량을 생산하기 위해 자본(ΔK_y)을 판매(공급)해서 노동(ΔL_y)을 고용(수요)하려고 한다.

⑥ $\Delta L_x > \Delta L_y$ ➡ $w \downarrow$

노동시장은 노동공급량(ΔL_x)이 노동수요량(ΔL_y)보다 많은 초과공급(ES)상태이므로 임금은 하락한다.

⑦ $\Delta K_x > \Delta K_y$ ➡ $r \uparrow$

자본시장은 자본수요량(ΔK_x)이 자본공급량(ΔK_y)보다 많은 초과수요(ED)상태이므로 자본가격은 상승한다.

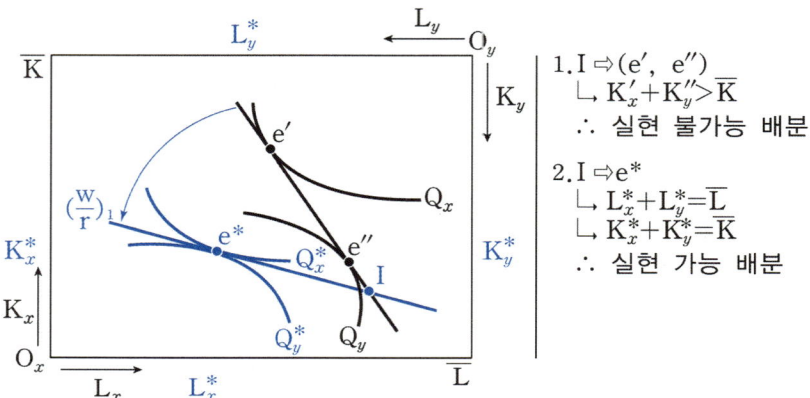

⑧ e'와 e'' ➡ 실현 불가능 배분

e'와 e''는 자본의 총수요량 가치($K_x' + K_y''$)가 총공급량 가치($\overline{K}$)보다 많으므로 실현 불가능한 배분상태이다.

⑨ e^* ➡ 생산의 파레토효율성 달성, $MRTS_{LK}^{x} = MRTS_{LK}^{y}$

X재와 Y재 생산의 한계기술대체율이 동일한 e^*는 더 이상 파레토개선이 불가능한 파레토 효율적인 생산요소배분상태이다.

> **배분**(allocation)
> 경제 내의 초기부존자원이 구성원에게 나누어져 있는 상태
>
> **실현가능배분**(feasible allocation)
> 경제 내의 초기부존자원을 초과하지 않는 배분상태

(3) 파레토개선 조건 ➡ $MRTS_{LK}^x < -\dfrac{\Delta K}{\Delta L} < MRTS_{LK}^y$

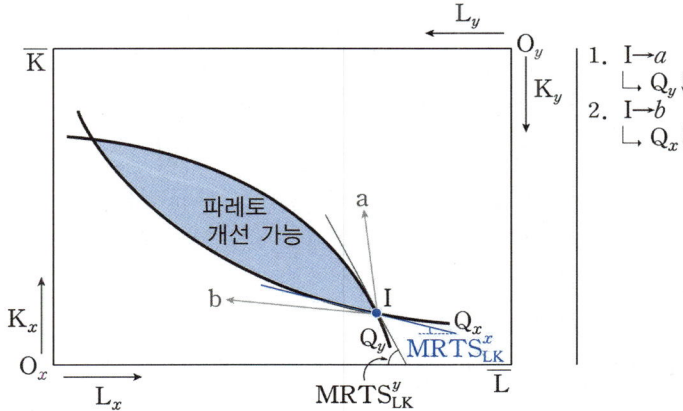

① I → a

초기부존자원 I에서 노동과 자본의 교환비율($-\dfrac{\Delta K}{\Delta L}$)이 $MRTS_{LK}^y$ 보다 크면 Y재 생산이 감소하므로 파레토개선이 불가능하다.

② I → b

초기부존자원 I에서 노동과 자본의 교환비율($-\dfrac{\Delta K}{\Delta L}$)이 $MRTS_{LK}^x$ 보다 작으면 X재 생산이 감소하므로 파레토개선이 불가능하다.

③ 따라서 파레토개선이 가능한 노동과 자본의 교환비율($-\dfrac{\Delta K}{\Delta L}$)은 X재와 Y재의 한계 기술대체율 사이에서 결정되어야 한다.

(4) 계약곡선과 생산가능곡선

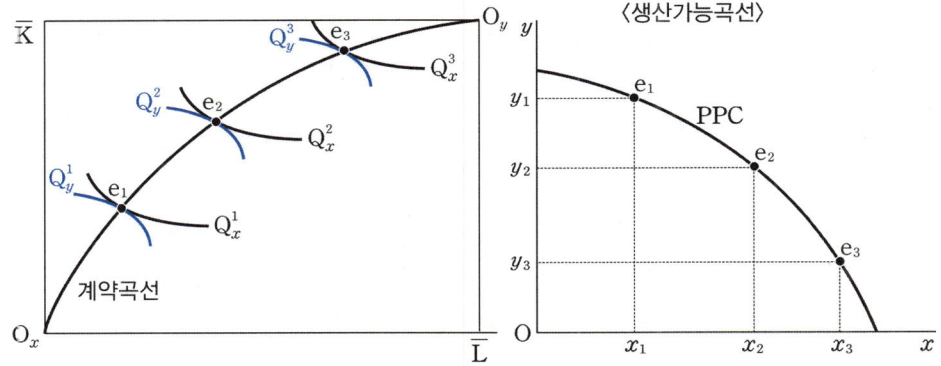

① 생산요소공간의 계약곡선(contract curve)은 주어진 가격($\dfrac{w}{r}$)에 순응하여 생산의 파레토효율성을 달성하는 고용조합을 연결한 궤적으로서 X재와 Y재의 등량곡선 접점을 연결한 선이다.

② 계약곡선 ➡ 생산의 파레토효율성 달성, $MRTS_{LK}^{x} = MRTS_{LK}^{y}$

등량곡선의 접점에서는 파레토개선이 불가능하므로 파레토 효율적인 자원배분을 달성한다. 따라서 생산의 파레토효율성을 달성하는 계약곡선 상에서는 X재와 Y재의 등량곡선이 접하므로 한계기술대체율도 일치($MRTS_{LK}^{x} = MRTS_{LK}^{y}$)한다.

③ 생산의 파레토효율성을 달성하는 생산량 조합 (X, Y)를 X - Y 평면의 생산공간에 옮기면 우하향하면서 원점에 대해 볼록한 생산가능곡선(PPC)이 도출된다.

④ 생산요소공간의 파레토 효율적인 계약곡선을 생산물 공간으로 옮긴 것이 생산가능곡선(PPC)이므로 생산가능곡선 상의 모든 (X, Y)조합은 생산의 파레토효율성을 달성한다.

⑤ [$MRTS_{LK}^{x} = MRTS_{LK}^{y}$] ➡ MRT_{xy}

  ㉠ 한계변환율(MRT_{XY})의 정의

  한계변환율(MRT_{XY})은 생산가능곡선(PPC) 상에서 X재 생산(ΔX)을 추가적으로 1단위 더 증가시키려 할 때 감소하는 Y재($-\Delta Y$)의 수량($MRT_{XY} = -\frac{\Delta Y}{\Delta X}$)이다.

  ㉡ 한계변환율(MRT_{XY})의 측정

$$MRT_{XY} = -\frac{\Delta Y}{\Delta X} = \frac{MC_X}{MC_Y}$$

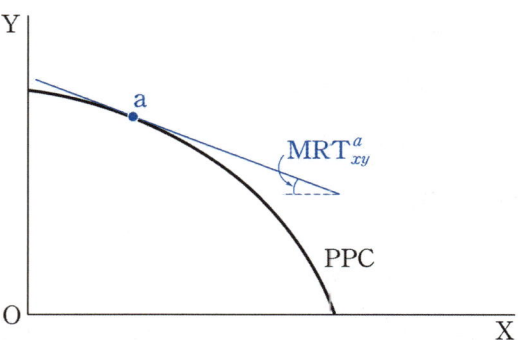

자원은 유한하므로 X재 생산을 증가시킬 때 Y재에 투입되었던 노동과 자본을 X재 생산에 투입해야 한다. 따라서 Y재 생산에서 감소하는 노동량과 자본량(ΔL_Y, ΔK_Y)은 X재 생산에 추가적으로 투입되는 노동량과 자본량(ΔL_X, ΔK_X)과 각각 동일하다. 따라서 X재 생산을 위한 비용의 증가분($\Delta X \cdot MC_X$)과 Y재 생산 감소로 인한 비용의 하락분($-\Delta Y \cdot MC_Y$)이 일치[$\Delta X \cdot MC_X = -\Delta Y \cdot MC_Y$ → ($-\frac{\Delta Y}{\Delta X} = \frac{MC_X}{MC_Y}$)]하므로 한계변환율($MRT_{XY}$)은 생산가능곡선 접선의 기울기($MRT_{XY} = -\frac{\Delta Y}{\Delta X} = \frac{MC_X}{MC_Y}$)로 측정한다.

6. 교환의 파레토효율성

(1) 의의

교환의 파레토효율성은 한 소비자의 효용을 감소시키지 않으면 더 이상 다른 소비자의 효용을 증가시킬 수 없는 자원배분상태이다.

(2) 모색과정($tâ$)

📝 모색과정 = 왈라스적 조정과정

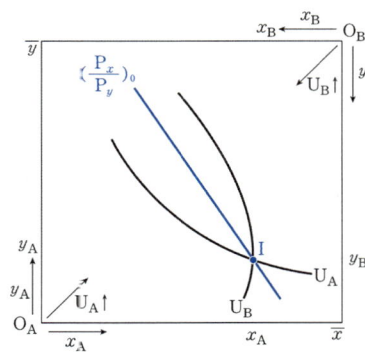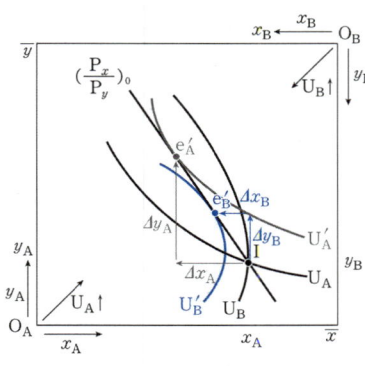

1. Δx_A = A의 x재 공급량
   Δx_B = B의 x재 수요량
   └ $\Delta x_A > \Delta x_B$
   └ $ES_x > 0$
   └ $P_x \downarrow$

2. Δy_A = A의 y재 수요량
   Δy_B = B의 y재 공급량
   └ $\Delta y_A > \Delta y_B$
   └ $ED_y > 0$
   └ $P_y \uparrow$

3. $(\frac{P_x \downarrow}{P_y \uparrow}) = (\frac{P_x}{P_y}) \downarrow$

① 생산물 공간의 에지워스박스 : 2 소비자(A, B) - 2 재화(X, Y)
➡ $x_A + x_B = \overline{X}$, $y_A + y_B = \overline{Y}$

A와 B는 생산의 파레토효율성을 달성하는 생산량 ($\overline{X}$, $\overline{Y}$) 내에서만 소비할 수 있다.

② 초기부존량(Initial endowment) ➡ I

최초 A와 B의 초기부존량은 (x_A, y_A)와 (x_B, y_B)로 주어져 있다.

③ 가격 순응자 ➡ $(\frac{P_x}{P_y})_0$

소비자는 주어진 시장가격 $(\frac{P_x}{P_y})_0$에 순응하여 효용극대화를 달성하는 최적의 소비조합을 탐색한다.

④ I, $MRS_{XY}^A < (\frac{P_x}{P_y})_0$

A는 주어진 예산제약에 순응하여 e_A'에서 효용극대화를 달성하기 위해 X재(Δx_A)를 판매(공급)해서 Y재(Δy_A)를 소비(수요)하려고 한다.

⑤ I, $MRS_{XY}^B > (\frac{P_x}{P_y})_0$

B는 주어진 예산제약에 순응하여 e_B'에서 효용극대화를 달성하기 위해 Y재(Δy_B)를 판매(공급)해서 X재(Δx_B)를 소비(수요)하려고 한다.

⑥ $\Delta x_A > \Delta x_B$ ➡ $P_x \downarrow$

X재 시장은 공급량(Δx_A)이 수요량(Δx_B)보다 많은 초과공급(ES)상태이므로 P_x는 하락한다.

⑦ $\Delta y_A > \Delta y_B$ ➡ $P_y \uparrow$

Y재 시장은 수요량(Δy_A)이 공급량(Δy_B)보다 많은 초과수요(ED)상태이므로 P_y는 상승한다.

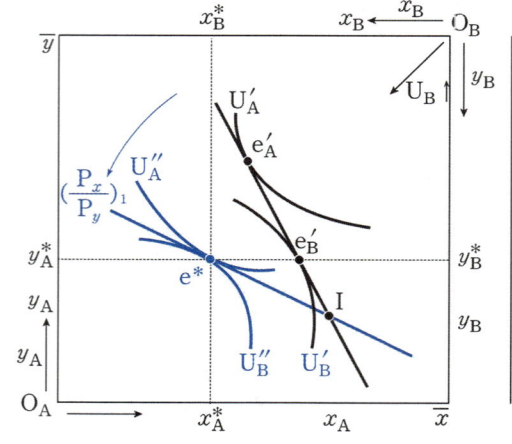

⑧ e'_A과 e'_B ➡ 실현 불가능 배분

e'_A과 e'_B은 Y재의 총수요량 가치($y'_A + y''_B$)가 총공급량 가치($\overline{Y}$)보다 많으므로 실현 불가능한 배분상태이다.

⑨ e^* ➡ 교환의 파레토효율성 달성, $MRS^A_{XY} = MRS^B_{XY}$

A와 B의 한계대체율이 동일한 e^*는 더 이상 파레토개선이 불가능한 파레토 효율적인 배분상태이다.

(3) 파레토개선 조건 ➡ $MRS^A_{xy} < -\dfrac{\Delta y}{\Delta x} < MRS^B_{xy}$

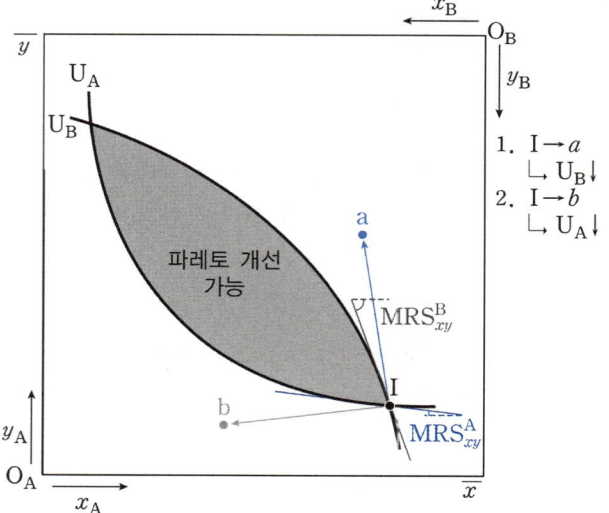

① I → a

초기부존자원 I에서 X재와 Y재의 교환비율($-\frac{\Delta y}{\Delta x}$)이 MRS_{xy}^B 보다 크면 B의 효용이 하락하므로 파레토개선이 불가능하다.

② I → b

초기부존자원 I에서 X재와 Y재의 교환비율($-\frac{\Delta y}{\Delta x}$)이 MRS_{xy}^A 보다 작으면 A의 효용이 하락하므로 파레토개선이 불가능하다.

③ 따라서 파레토개선이 가능한 X재와 Y재의 교환비율($-\frac{\Delta y}{\Delta x}$)은 X재와 Y재의 한계대체율 사이에서 결정되어야 한다.

(4) **계약곡선과 효용가능곡선**

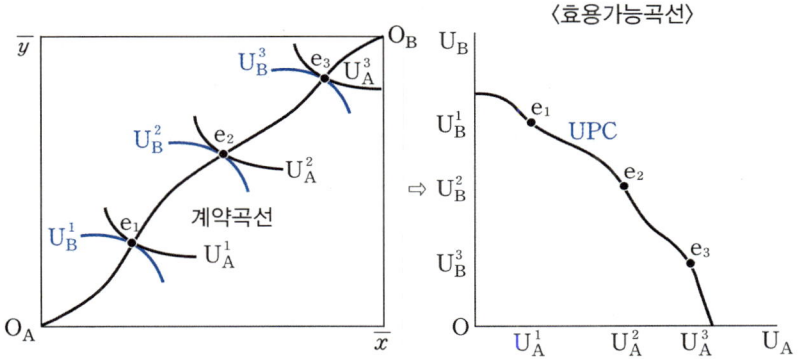

① 생산물 공간의 계약곡선(contract curve)은 주어진 가격($\frac{P_x}{P_y}$)에 순응하여 교환의 파레토효율성을 달성하는 소비조합을 연결한 궤적으로서 A와 B의 무차별곡선 접점을 연결한 선이다.

② 계약곡선 ➡ 교환의 파레토효율성 달성, $MRS_{XY}^A = MRS_{XY}^B$

무차별곡선의 접점에서는 파레토개선이 불가능하므로 파레토 효율적인 자원배분을 달성한다. 따라서 교환의 파레토효율성을 달성하는 계약곡선 상에서는 A와 B의 무차별곡선이 접하므로 한계대체율도 일치($MRS_{XY}^A = MRS_{XY}^B$)한다.

③ 교환의 파레토효율성을 달성하는 효용조합 (U_A, U_B)를 $U_A - U_B$ 평면의 효용공간에 옮기면 우하향하는 효용가능곡선(Utility Possibility Curve : UPC)이 도출된다.

④ 생산물 공간의 파레토 효율적인 계약곡선을 효용공간으로 옮긴 것이 효용가능곡선(UPC)이므로 효용가능곡선 상의 모든 (U_A, U_B)조합은 교환의 파레토효율성을 달성한다.

7. 종합적 파레토효율성

(1) 의의

① 생산요소공간에서 노동과 자본을 각 재화 생산에 적절히 배분하여 투입하면 생산의 파레토효율성($MRTS_{LK}^X = MRTS_{LK}^Y$)이 달성되고, 생산공간의 생산가능곡선 상에서 효율적 생산(MRT_{XY})이 이루어진다.

② 생산가능곡선 상의 파레토 효율적 생산량을 소비자에게 적절히 배분하면 계약곡선 상에서 교환의 효율성($MRS_{XY}^A = MRS_{XY}^B$)이 달성된다.

③ 그리고 종합적 파레토효율성은 생산의 파레토효율성과 교환의 파레토효율성이 동시에 충족되는 자원배분상태이다.

(2) 모색과정($t\hat{a}$)

a, b, c의 소비조합은 계약곡선 상에 위치하므로 교환의 효율성을 달성하지만, 생산까지 고려하면 a와 c는 파레토개선이 가능하므로 파레토 비효율적인 자원배분상태이다. 따라서 생산과 교환의 종합적인 파레토효율성 조건을 충족하는 자원배분은 한계변환율(MRT_{XY})과 한계대체율($MRS_{XY}^{A=B}$)이 일치하는 b이다.

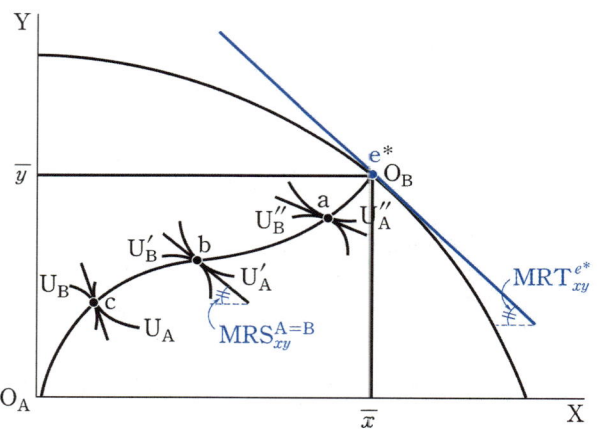

① $MRS_{XY}^{A=B} < MRT_{XY}$

➡ $[MRS_{XY}^{A=B} = -\frac{\Delta Y}{\Delta X} = -\frac{2}{-1}] < [-\frac{3}{-1} = -\frac{\Delta Y}{\Delta X} = MRT_{XY}]$

㉠ 한계대체율($MRS_{XY}^{A=B}$)이 2이면 A는 X재 1단위와 Y재 2단위를 무차별하게 인식한다.

㉡ 한계변환율(MRT_{XY})이 3이면 X재 1단위를 줄일 때 Y재 3단위를 생산할 수 있다.

㉢ $[\frac{MU_X}{MU_Y} = MRS_{XY}] < [MRT_{XY} = \frac{MC_X}{MC_Y}]$

➡ $\frac{MU_X}{MU_Y} < \frac{MC_X}{MC_Y}$

➡ $\frac{MU_X}{MC_X} < \frac{MU_Y}{MC_Y}$

한계비용 1원당 한계효용이 낮은 X재를 한계비용 1원당 한계효용이 높은 Y재로 대체하기 위해 X재 생산 1단위를 줄이고 Y재 생산 3단위를 늘린다.
- ㉣ X재 생산의 감소분 1만큼 A의 X재 소비는 1단위 줄어들지만, Y재 2단위를 소비함으로써 A의 효용은 동일하다.
- ㉤ 그리고 Y재 3단위 중 A에게 배분하고 남은 $1(=3-2)$단위를 A와 B에게 각각 $\frac{1}{2}$단위씩 배분하면 모두 효용이 상승한다.
- ㉥ 따라서 계약곡선 상의 a는 교환의 효율성은 달성했지만 생산까지 고려하는 종합적인 관점에서는 파레토개선이 가능하므로 파레토 비효율적인 자원배분상태이다.

② $MRS_{XY}^{A=B} > MRT_{XY}$

➡ $[MRS_{XY}^{A=B} = -\frac{\Delta Y}{\Delta X} = -\frac{-4}{1} = -\frac{-1}{\frac{1}{4}}] > [-\frac{-1}{\frac{1}{3}} = -\frac{-3}{1} = -\frac{\Delta Y}{\Delta X} = MRT_{XY}]$

- ㉠ 한계대체율($MRS_{XY}^{A=B}$)이 4이면 A는 Y재 1단위와 X재 $\frac{1}{4}$단위를 무차별하게 인식한다.
- ㉡ 한계변환율(MRT_{XY})이 3이면 Y재 1단위를 줄일 때 X재 $\frac{1}{3}$단위를 생산할 수 있다.
- ㉢ $[\frac{MU_X}{MU_Y} = MRS_{XY}] > [MRT_{XY} = \frac{MC_X}{MC_Y}]$

  ➡ $\frac{MU_X}{MU_Y} > \frac{MC_X}{MC_Y}$

  ➡ $\frac{MU_X}{MC_X} > \frac{MU_Y}{MC_Y}$

  한계비용 1원당 한계효용이 높은 X재로 한계비용 1원당 한계효용이 낮은 Y재를 대체하기 위해 X재 생산 $\frac{1}{3}$단위를 늘리고 Y재 생산 1단위를 줄인다.

- ㉣ Y재 생산의 감소분 1만큼 A의 Y재 소비는 1단위 줄어들지만, X재 $\frac{1}{4}$단위를 소비함으로써 A의 효용은 변함이 없다.
- ㉤ 그리고 X재 $\frac{1}{3}$단위 중 A에게 배분하고 남은 $\frac{1}{12}(=\frac{1}{3}-\frac{1}{4})$단위를 A와 B에게 각각 $\frac{1}{24}$단위씩 배분하면 모두 효용이 상승한다.
- ㉥ 따라서 계약곡선 상의 c는 교환의 효율성은 달성했지만 생산까지 고려하는 종합적인 관점에서는 파레토개선이 가능하므로 종합적 효율성에는 도달하지 못한다.

③ **종합적 파레토효율성** ➡ $MRS_{XY}^{A=B} = MRT_{XY}$

- ㉠ 한계변환율과 한계대체율이 일치하지 않으면 초기부존자원을 적절히 재배분함으로써 파레토개선이 가능하다. 따라서 교환과 생산의 동시적 효율성을 충족하는 종합적 파레토효율성 조건은 $MRT_{XY} = MRS_{XY}^{A=B}$이다.

ⓒ 한계대체율과 한계변환율이 일치하는 계약곡선 상의 b는 생산까지 고려해도 더 이상 파레토개선이 불가능한 종합적 파레토효율성 조건을 충족한다.

(3) 종합적 파레토효율성과 효용가능경계

① 효용가능경계
  ㉠ 효용가능경계(Utility Possibility Frontier : UPF)는 경제 내에 존재하는 모든 자원을 효율적으로 배분했을 때 얻을 수 있는 두 소비자의 효용조합 (U_A, U_B)를 연결한 궤적이다.
  ㉡ 효용가능경계 상의 모든 효용조합은 종합적 파레토효율성을 달성한다.
  ㉢ 자원배분의 종합적 파레토효율성을 달성하는 효용가능경계는 바람직한 경제상태를 선택하기 위한 필요조건(제약조건)이다.
  ㉣ 효용가능경계는 효용가능곡선의 포락선으로 도출되므로 대효용가능곡선(Grand Utility Possibility Curve : GUPC)으로도 불린다.

② 효용가능경계의 도출

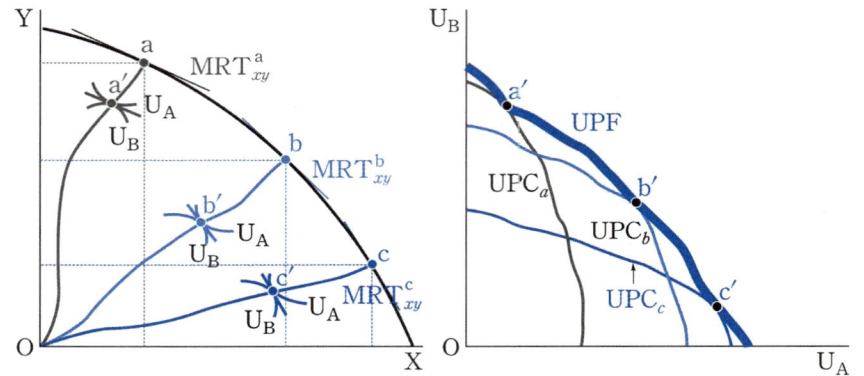

  ㉠ 생산가능곡선(PPC) 상의 a에서 파레토 효율적인 생산을 하고 교환의 효율성을 달성하는 계약곡선을 효용공간에 옮기면 효용가능곡선 UPC_a가 도출된다. 그리고 한계변환율(MRT^a_{XY})과 한계대체율($MRS^{A=B}_{XY}$)이 일치하는 계약곡선 상의 a'은 종합적 효율성을 달성한다. 이를 효용공간으로 옮기면 UPC_a 상의 a' 지점이다.
  ㉡ 같은 방식으로 b와 c의 생산지점에서 종합적 효율성을 달성하는 b'과 c'을 효용가능곡선 상으로 옮긴다.
  ㉢ 그리고 각각의 효용가능곡선 상에서 a', b', c'을 연결하면 종합적 파레토효율성을 충족하는 우하향의 효용가능경계(UPF)가 도출된다.
  ㉣ 효용가능경계는 종합적 효율성이 달성된 상태이므로 생산의 효율성, 교환의 효율성, 종합적 효율성의 세 가지 조건 중 하나라도 달성하지 못한 자원배분상태는 효용가능경계의 내부에 위치한다.
  ㉤ 효용가능경계의 외부는 현재 요소부존량으로 실현이 불가능한 효용수준이다.

Ⅲ 후생경제학의 정리

1. 후생경제학의 제1정리 ➡ 완전경쟁시장의 종합적 파레토효율성 달성

(1) 의의
① 후생경제학 제1정리는 시장구조가 완전경쟁적이고 모든 개인의 선호체계가 강단조성(strong monotonicity)을 만족하며, 외부성, 공공재, 정보비대칭성 등 시장실패요인이 존재하지 않는다면 일반경쟁균형은 종합적 파레토효율성을 달성하는 자원배분임을 의미한다.
② 후생경제학의 제1정리
    소비자와 생산자는 각자가 직면하는 시장에서 독자적으로 효용극대화와 이윤극대화의 사익을 추구하면 신축적인 가격 조정과 분권화된 경쟁체제 하에서의 자발적인 교환을 통해 파레토효율적 자원배분에 도달한다.
③ 후생경제학 제1정리는 시장의 힘에 대한 신뢰를 이론적으로 정당화하는 내용이며 시장은 혼돈상태의 불균형을 제거하고 질서를 부여하는 힘을 보유하고 있음을 의미한다.
④ 따라서 신고전파 주류경제학의 근간인 후생경제학 제1정리는 아담 스미스(A. Smith)의 보이지 않는 손을 현대적으로 증명하는 이론이다.
⑤ 후생경제학 제1정리는 자원배분의 효율성만 탐구하고, 소득분배의 공평성은 고려하지 않는다.

(2) 일반경쟁균형의 파레토효율성 증명
① 소비자의 효용극대화 추구 ➡ 교환의 파레토효율성 달성

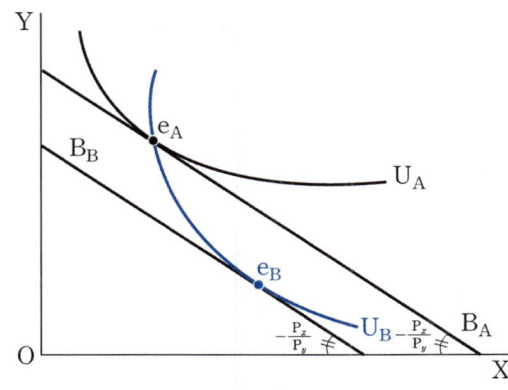

㉠ 완전경쟁시장에서 모든 소비자는 가격순응자이므로 A와 B가 직면하는 시장가격 ($\frac{P_X}{P_Y}$)은 동일하다.
㉡ A와 B의 선호가 다르고 예산이 다르더라도 직면하는 시장가격이 동일하므로 A와 B의 효용극대화 균형조건은 동일한다.
ⓐ A의 효용극대화 균형조건: $MRS_{XY}^A = \frac{P_X}{P_Y}$

일반균형과 일반경쟁균형
1. 일반균형: 모든 경제주체가 각자 사익극대화를 추구하는 과정에서 모든 시장의 초과수요가 0이 되는 균형
2. 일반경쟁균형(= 왈라스 균형 = 완전경쟁시장 + 일반균형): 모든 경제주체가 가격수용자로 행동하는 완전경쟁시장에서 도달하는 일반균형

강단조성
- 재화소비량이 증가할수록 효용이 상승하는 공리(the more, the better, 다다익선)
- 강단조성을 만족하면 한계효용 (MU_X)은 언제나 양(+)의 값

ⓑ B의 효용극대화 균형조건: $MRS_{XY}^B = \dfrac{P_X}{P_Y}$

ⓒ 교환의 파레토효율성 ➡ $MRS_{XY}^A = \dfrac{P_X}{P_Y} = MRS_{XY}^B$

생산물시장이 완전경쟁적이고 A와 B가 각자 효용극대화를 추구하면 시장가격 ($\dfrac{P_X}{P_Y}$)을 매개로 교환의 파레토효율성에 도달한다.

② 생산자의 이윤극대화(비용극소화) 추구 ➡ 생산의 파레토효율성 달성

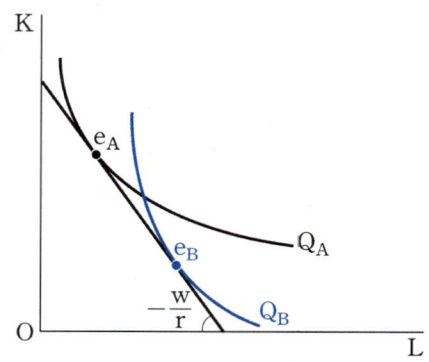

㉠ 완전경쟁시장에서 모든 기업은 가격순응자이므로 X재와 Y재를 생산하는 기업이 직면하는 시장가격($\dfrac{w}{r}$)은 동일하다.

㉡ X재와 Y재를 생산하는 기업의 생산함수가 다르더라도 직면하는 시장가격이 동일하므로 각 기업의 비용극소화 균형조건은 동일한다.

ⓐ X재 기업의 비용극소화 균형조건: $MRTS_{LK}^X = \dfrac{w}{r}$

ⓑ Y재 기업의 비용극소화 균형조건: $MRTS_{LK}^Y = \dfrac{w}{r}$

㉢ 생산의 파레토효율성 ➡ $MRTS_{LK}^X = \dfrac{w}{r} = MRTS_{LK}^Y$

생산요소시장이 완전경쟁적이고 각 기업이 이윤극대화를 추구하면 시장가격($\dfrac{w}{r}$)을 매개로 생산의 파레토효율성에 도달한다.

③ 종합적 파레토효율성 달성

㉠ 교환의 파레토효율성 ➡ $MRS_{XY}^A = MRS_{XY}^B = \dfrac{P_X}{P_Y}$

㉡ 생산의 파레토효율성

➡ 생산요소시장, $MRTS_{LK}^X = \dfrac{w}{r} = MRTS_{LK}^Y$

➡ 생산물시장, $MRT_{XY} = \dfrac{MC_X}{MC_Y}$

ⓒ 완전경쟁기업의 이윤극대화 행동원리
  ➡ [P = MR] = MC
  ➡ $P_X = MC_X$, $P_Y = MC_Y$

ⓔ $[MRS_{XY}^A = MRS_{XY}^B = \frac{P_X}{P_Y}] = [\frac{MC_X}{MC_Y} = MRT_{XY}]$

따라서 모든 경제주체가 가격순응자로 행동하는 완전경쟁시장의 일반경쟁균형은 종합적 파레토효율성을 달성한다.

2. 후생경제학의 제2정리

(1) 의의

① 후생경제학의 제1정리는 주어진 가격체계에 순응하는 일반경쟁균형이 파레토효율적 자원배분을 보장한다는 것이다.
② 제1정리에 대한 역으로 파레토효율적 자원배분이 주어졌을 때 일반경쟁균형을 보장하는 가격체계가 존재하는지에 대한 의문이 존재한다. 이처럼 제1정리에 대한 역도 성립하는지를 검토하는 내용이 제2정리이다.
③ 후생경제학의 제2정리
초기부존자원이 적절하게 분배된 상태에서 모든 사람의 선호가 연속성, 강단조성, 볼록성을 충족하면 어떠한 파레토효율적 자원배분도 일반경쟁균형이 된다.
④ 따라서 제2정리는 일정한 조건이 충족되면 제1정리의 역도 성립하는 것을 입증하는 이론이다.

> **제1정리**
> 초기 부존자원이 주어지면 일반경쟁균형을 통해 파레토 효율적인 자원배분이 실현된다.
>
> **제2정리**
> 초기 부존자원을 적절히 재분배하면 일반경쟁균형을 통해 공평성을 제고할 수 있는 임의의 파레토 효율적인 자원배분에 도달할 수 있다.

(2) 도출

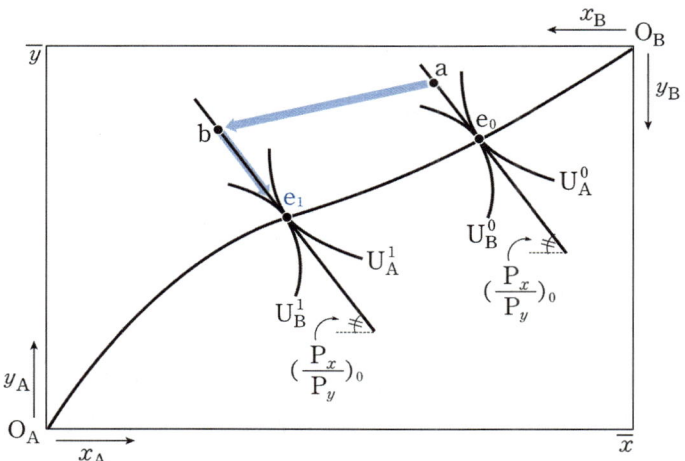

① 최초 a의 초기부존점에서 자원이 배분되면 제1정리에 의해 계약곡선 상의 e_0에서 파레토효율적인 자원배분에 도달할 것이다.
② 그러나 e_0의 자원배분은 A의 효용수준에 비해 B의 효용수준이 매우 낮아 바람직하지 않은 상태이다.

③ 상대적으로 A와 B의 효용 차이가 작은 e_1이 파레토 효율적이며 공평성까지 갖춘 바람직한 자원배분 상태이다.

④ 하지만 정부는 정보와 행동이 제한되어 e_1을 정확하게 파악할 수도 없고, a에서 e_1으로 직행하기가 불가능하다.

⑤ 이때 정부가 시장가격에 영향을 미치지 않는 중립세를 활용해 A에게서 걷은 조세를 B에게로 이전하는 적절한 소득재분배정책을 사용하면 b로 초기부존점을 이동시킬 수 있다.

⑥ 그리고 b에서는 시장가격 $(\frac{p_x}{p_y})_0$을 통해 계약곡선 상의 e_1으로 이동하여 효율성을 훼손하지 않으면서 공평성까지 제고할 수 있는 것이다.

(3) 후생경제학의 제2정리 음미

① 모든 사람의 선호가 볼록성을 충족할 때 정부가 초기부존자원을 적절하게 재분배하면 시장가격기구를 통해 어떠한 파레토효율적 자원배분도 일반경쟁균형에 도달할 수 있다.

② 이는 정부가 조세와 보조금 등을 활용해서 최초 소득을 재분배하면 시장가격기구를 통해 파레토효율적인 자원배분에 도달할 수 있음을 의미한다. 이때 정부가 사용하는 조세와 보조금은 시장의 상대가격을 왜곡시키지 않는 중립세(lump-sum tax)이어야 한다.

③ 제2정리는 정부가 시장의 가격기구를 활용해서 효율성을 왜곡하지 않고 소득분배의 공평성까지 동시에 달성가능함을 보여 준다. 따라서 제2정리에 따르면 효율성과 공평성은 상충하지 않고 양립가능하다.

④ 하지만 여가에는 조세를 부과할 수 없다. 따라서 상대가격을 변화시키지 않는 완벽한 중립세는 존재하지 않으므로 제2정리는 현실경제에서 관찰되기 어렵다.

IV 후생경제학

1. 의의

$$\text{Max } SW = F(U_A, U_B)$$
$$\text{s.t. } UPF$$

(1) 한 사회는 자원배분의 종합적 파레토효율성을 달성하는 효용가능경계(UPF)를 제약조건 삼아 사회후생을 극대화하는 최선의 소득분배 (U_A, U_B)를 선택한다.

(2) 효용가능경계 상의 모든 소득분배는 자원배분의 효율성은 달성하지만, 공평성까지 충족하는 바람직한 소득분배 상태를 보장하지는 않는다.

(3) 그러므로 생산물의 바람직한 분배를 평가하기 위해서는 효율성 이외에 공평성 조건이 추가되어야 한다.

(4) 후생경제학은 사회구성원들의 공평성에 대한 가치판단(Value judgement)을 반영하는 사회후생함수를 바탕으로 사회후생을 극대화하는 바람직한 소득분배를 선택하는 과정을 분석한다.

(5) 그리고 효용가능경계와 사회무차별곡선이 접하는 지점에서 자원배분의 효율성(efficiency)과 소득분배의 공평성(equity)을 동시에 충족하면서 사회후생을 극대화하는 바람직한 소득분배에 도달한다.

2. 사회후생함수와 사회무차별곡선

(1) 사회후생함수

① 사회후생함수(Social Welfare function)는 사회구성원들의 선호를 집약하여 사회적 선호로 전환하는 함수이다.

$$SW = F(U_A, U_B)$$

② 사회후생함수는 두 개인의 효용수준이 주어져 있을 때 이를 종합하여 하나의 사회후생수준으로 표현한다. 그러므로 사회후생함수는 공평성에 대한 구성원들의 가치판단을 반영하여 두 개인의 효용을 평가하는 것이다.

(2) 사회무차별곡선

① 사회무차별곡선(Social Indifference curve)은 동일한 사회후생(SW)을 달성하는 두 개인의 효용조합 (U_A, U_B)를 연결한 궤적이다.

② 공평성에 대한 구성원들의 가치판단을 반영하는 사회후생함수의 특성을 반영하여 사회무차별곡선의 형태가 결정된다.

3. 다양한 사회후생함수

(1) 공리주의적 사회후생함수

$$SW = U_A + U_B$$

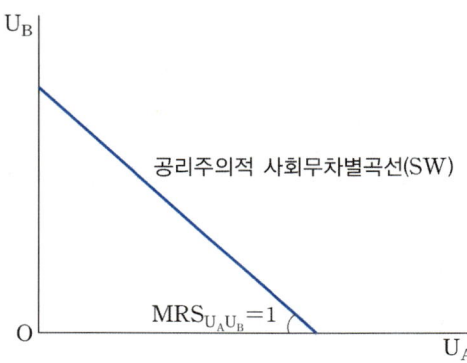

① 벤담(J. Bentham)류의 가장 단순한 공리주의적(utilitarian) 가치판단을 반영하는 사회후생함수는 소득분배와 무관하게 각 개인의 효용을 단순히 더한 값으로 사회후생을 정의한다.
② 따라서 특정 개인의 효용수준이 낮다고 하더라도 더 큰 가중치를 부여하지 않으므로 소득분배는 사회후생의 결정요인이 아니다.
③ 공리주의적 사회무차별곡선은 -1의 기울기를 갖는 우하향의 직선이고, 한계대체율($MRS_{U_A U_B}$)은 1이다.

$$MRS_{U_A U_B} = \frac{MU_{U_A}}{MU_{U_B}} = 1$$

(2) 평등주의적 사회후생함수

$$SW = U_A U_B$$

① 평등주의적(egalitarian) 가치판단은 높은 효용수준을 누리는 고소득층에는 낮은 가중치를 부여하고, 낮은 효용수준밖에 누리지 못하는 저소득층에는 좀 더 높은 가중치를 적용해서 사회후생을 계산한다.
② 사회무차별곡선

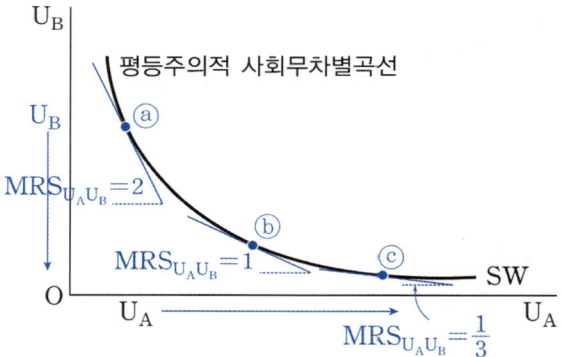

$$U_i = F(m_i) = m_i \text{ (단, } m_i \text{는 } i \text{의 소득)}$$
$$MRS_{U_A U_B} = \frac{MU_{U_A}}{MU_{U_B}} = \frac{U_B}{U_A} = \frac{m_B}{m_A}$$

㉠ A의 소득(m_A)이 증가할수록 사회후생이 증가하므로 동일한 사회후생을 유지하기 위해서 B의 소득(m_B)은 감소시켜야 한다. 따라서 무차별곡선은 우하향한다.
㉡ m_A가 증가할수록 m_B는 감소하므로 한계대체율($MRS_{U_A U_B}$)이 체감해서 무차별곡선은 원점에 대해 볼록하다.
㉢ 한계대체율($MRS_{U_A U_B}$) 체감의 의미

ⓐ $[MRS_{U_A U_B} = \frac{m_B}{m_A} = \frac{2}{1}] \Rightarrow [m_A = \frac{1}{2} m_B] \Rightarrow m_B$는 m_A에 비해 $\frac{1}{2}$배의 가치

ⓑ $[MRS_{U_A U_B} = \frac{m_B}{m_A} = \frac{1}{1}]$ ➡ $[m_A = m_B]$ ➡ m_B는 m_A와 동등한 가치

ⓒ $[MRS_{U_A U_B} = \frac{m_B}{m_A} = \frac{1}{3}]$ ➡ $[m_A = 3m_B]$ ➡ m_B는 m_A보다 3배의 가치

ⓓ 평등주의가 고소득자(m_A)의 소득에는 상대적으로 낮은 가중치를 부여하고, 저소득자(m_B)의 소득을 중시하여 높은 가중치를 부여하기 때문에 $MRS_{U_A U_B}$이 체감하는 것이다.

③ 평등주의적 경향이 강하면 강할수록 사회무차별곡선은 원점에 대해 더욱 볼록한 모양을 갖게 되고, 평등주의 가치판단이 극단화되면 롤즈의 사회무차별곡선이 도출된다.

(3) 롤즈적 사회후생함수

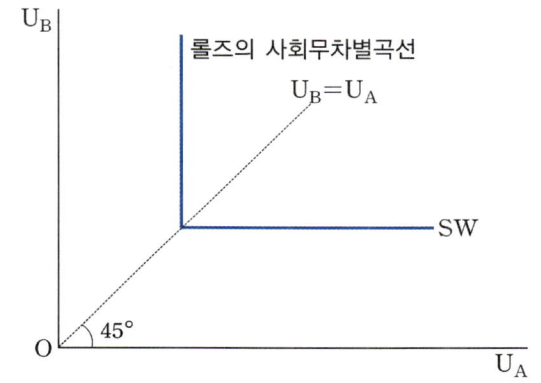

① **최소극대화원칙**(maximin principle) ➡ SW = Min[U_A, U_B]

롤즈(J. Rawls)는 한 사회에서 가장 못사는 사람의 생활수준을 최대로 개선시키는 것이 재분배정책의 최우선 목표라고 주장했고, 이를 최빈자우대(maximin)사회후생함수로 표현했다.

② 롤즈의 사회후생함수에 의하면 사회후생수준은 최빈자의 효용(소득)수준으로 결정된다.

③ 따라서 가장 가난한 개인의 효용이 개선되어야 사회후생도 극대화되므로 최소극대화원칙이 적용된다.

④ 그러므로 롤즈의 관점에서는 고소득계층에게 세금을 걷어 저소득계층에게 보조금을 지급하는 소득재분배정책은 사회후생을 증가시킨다.

⑤ 극단주의적 평등주의 가치관을 내포하는 롤즈의 사회무차별곡선은 레온티에프효용함수와 동일하게 L자 형태이다.

4. 사회후생의 극대화 – 가장 바람직한 배분의 도출

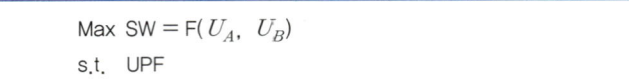

$$\text{Max } SW = F(U_A, U_B)$$
$$\text{s.t. } UPF$$

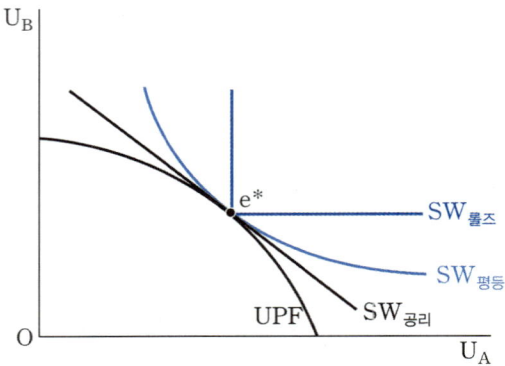

5. 애로우의 불가능성정리

(1) 의의

① 지금까지 공평성에 대한 구성원들의 가치판단을 반영하는 사회후생함수로부터 주어진 경제적 자원을 가장 바람직한 상태로 분배하는 과정을 살펴보았다. 즉, 효율성과 공평성을 동시에 충족하는 바람직한 사회후생수준은 사회후생함수를 전제로 도출된다.

② 하지만 합리적이며 민주적인 사회적 선택을 가능하게 만드는 사회후생함수가 실제로 존재하는지에 대한 의문이 존재한다.

③ 각종 투표제도와 같은 사회후생함수는 개인들의 의사를 집약하여 사회적 선호로 전환시키는 의사결정과정이다.

④ 애로우(K. Arrow)의 불가능성정리(impossibility theorem)는 우선 합리적이며 민주적인 사회적 선호체계가 가져야 할 바람직한 조건(axiom)을 제시한 후에 이를 모두 충족하는 사회후생함수는 존재하지 않음을 증명했다.

(2) 합리적이고 민주적인 사회후생함수의 바람직한 조건

① 완비성과 이행성
  ㉠ 완비성(completeness)은 언제나 모든 사회적 상태를 비교·평가할 수 있어야 함을 의미한다. 예를 들어 사회적 상태 α와 β 중에서 어느 사회적 상태가 사회후생수준이 더 높은지 혹은 무차별한지를 판단할 수 있어야 한다.
  ㉡ 이행성(transitivity)은 사회적 상태 α, β, γ 중에서 α가 β보다 사회적으로 선호되고 β가 γ보다 선호된다면 α를 γ보다 더 선호해야 하는 공리이다.

② 보편성 ➡ 선호의 비제한성
  ㉠ 보편성(universalty)은 사회구성원들이 어떤 선호를 가지고 있더라도 이를 집약해서 사회적 선호를 도출할 수 있어야 한다는 것이다.
  ㉡ 이는 사회후생함수를 도출하기 위해 개인의 선호를 단봉선호(single – peaked preference)와 같은 특정한 선호로 제한해서는 안 됨을 의미한다.

③ 파레토원칙
  ㉠ 파레토원칙(Pareto principle)에 따르면 사회의 모든 사람이 사회적 상태 α와 β 중에서 α보다 β를 더 선호한다면 사회적으로도 β가 선택되어야 한다.
  ㉡ 이는 사회적 선호체계가 개별 구성원의 선호체계를 존중해야 함을 의미하는 공리이다.
④ 비독재성
  ㉠ 비독재성(non-dictatorship)은 전체 사회의 선호가 어느 한 개인의 선호에 의해 좌우되어서는 안 됨을 의미하는 공리이다.
  ㉡ 어느 한 개인이 독재자처럼 행세하면 민주적인 사회선호체계를 집약할 수 없으므로 비독재성은 민주적 사회후생함수의 최소 요건이라 할 수 있다.
⑤ 제3의 선택가능성으로부터의 독립성
  ㉠ α와 β의 사회상태에 대한 사회적 선호는 γ와 같은 제3의 사회상태에 대한 개인들의 선호에 영향을 받지 않고 오로지 α와 β에 대한 개인들의 선호에 의해서만 결정되어야 한다.
  ㉡ 예를 들어 γ에 대한 개인들의 선호가 변화했지만, α와 β에 대한 개인들의 선호가 이전과 동일하다면 α와 β에 대한 사회적 선호도 변함이 없어야 한다.
  ㉢ 따라서 제3의 선택대안으로부터의 독립성 원칙이 지켜지기 위해서는 개인들의 선호를 기수적으로 측정해서는 안되고 서수적으로 측정해야 한다.

> 제3의 선택가능성으로부터의 독립성
> 무관한 선택가능성으로부터의 독립성

(3) **애로우의 불가능성정리**
① 애로우는 완비성과 이행성, 보편성, 파레토원칙, 제3의 선택가능성으로부터의 독립성을 모두 만족시키는 사회적 선호체계는 반드시 비독재성을 위배하여 독재적이 될 수밖에 없음을 증명하였다.
② 이는 위의 4가지 조건만을 충족하는 사회후생함수(투표제도)는 민주주의와 상충될 수밖에 없음을 의미한다.
③ 그러므로 애로우의 불가능성정리에 의하면 5가지 조건을 모두 충족하면서 개인들의 선호를 사회적 선호로 집약할 수 있는 합리적이고 민주적인 사회후생함수는 존재하지 않는다.
④ 자원배분의 종합적 파레토효율성을 달성하는 효용가능경계를 도출하더라도 사회후생함수가 존재하지 않으므로 사회후생극대화를 달성하는 바람직한 소득분배상태를 도출할 수 없다.
⑤ 그리고 차선의 이론에 따르면 이상의 5가지 조건이 모두 충족되지 않았을 경우에는 더 많은 조건을 충족한 사회상태가 다른 사회상태보다 우월하고 바람직한 상태라고 확신할 수 없다.

6. 차선의 이론

(1) 의의

① 립시(R. Lipsey)와 랭커스터(K. Lancaster)의 차선의 이론(the theory of the second best)은 모든 사회가 하나 이상의 효율성 조건을 위배하였다면 더욱 많은 효율성 조건을 충족할수록 보다 바람직하고 사회후생이 높은 사회라고 단정할 수 없음을 증명했다.

② 예를 들어 파레토효율적 자원배분을 위해서는 n개의 조건을 동시에 충족해야 하지만 한 가지 조건이 충족될 수 없는 상황에서 (n − 1)개를 만족하면 (n − 2)개를 달성한 사회보다 반드시 더 낫다는 보장이 없다. 즉, (n − 1)개의 효율성 조건이 차선의 사회상태임을 확신할 수 없음을 의미한다.

③ 따라서 차선의 이론에 따르면 점진적 접근법(piecemeal approach)에 의한 경제개혁은 예기치 못한 문제를 일으켜 최초보다 사회후생수준을 퇴보시킬 수도 있음을 경고한다.

(2) 그래프를 통한 예시

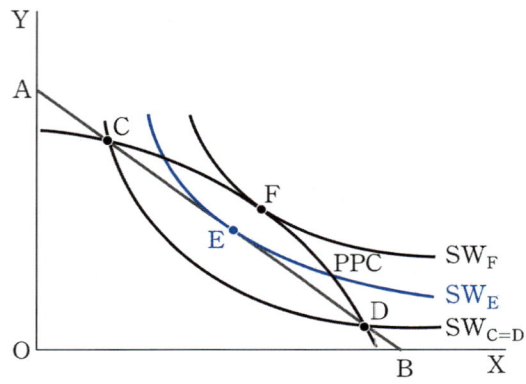

① 차선의 이론을 엄밀하게 증명하는 것은 매우 복잡하므로 간단한 그림을 통해 직관적으로 설명하고자 한다.

② 이 사회에서 주어진 생산가능곡선(PPC)의 제약 아래 사회후생이 극대화되는 바람직한 사회상태는 F이다.

③ 이때 선분 AB로 대표되는 외부 제약이 가해져 CD의 바깥쪽에 있는 상품묶음은 더 이상 선택할 수 없게 되었다.

④ C와 D는 생산가능곡선 상에 위치하므로 내부에 위치한 E보다 생산의 효율성 조건이 추가된 분배상태이다.

⑤ 축소된 소비가능영역 중에서 사회후생을 극대화하는 자원배분은 최초 생산가능곡선 상에 위치한 C나 D가 아니라 E지점이다. ➡ $SW_E > (SW_C$ or $SW_D)$

⑥ 이는 최선의 파레토효율적인 상태(SW_F)가 성취될 수 없는 상태에서는 생산의 효율성이 추가된 배분상태가 차선의 방책이 되지 않을 수 있음을 보여 준다.

CHAPTER 20 시장실패와 정부개입

I 시장실패

1. 의의

(1) 한 사회의 경제체제는 효율적인 자원배분, 공평한 소득분배, 안정적인 경제성장을 목적으로 한다.

(2) 그리고 우리의 자본주의 경제체제는 세 가지 목적을 시장기구에 의존해 해결하고 있다.

(3) 시장기구는 경기의 주기적 순환을 완벽하게 통제하기 어렵고, 시장기구에 의한 소득분배가 반드시 공평하리라는 보장이 없다.

(4) 이처럼 경제의 안정적 성장과 공평한 분배의 관점에서 좋은 평가를 받지 못하는 시장기구가 전반적으로 긍정적인 평가를 받는 이유는 다른 어떤 자원배분체제보다도 자원을 효율적으로 배분하기 때문이다.

(5) 그러나 시장기구가 언제나 자원을 효율적으로 배분한다는 보장도 없고, 실제로 비효율적인 자원배분이 자주 관찰된다.

(6) 이처럼 시장실패(market failure)는 시장기구가 자원을 효율적으로 배분하는 데 실패하는 현상을 일컫는다.

(7) 그리고 파레토 비효율적인 자원배분을 교정하기 위해 정부의 시장개입이 필요하다.

(8) 정부는 조세와 보조금을 활용해서 자원과 소득을 재분배한다. 조세와 보조금은 상대가격을 변화시켜 민간부문의 자유로운 의사결정을 왜곡하므로 자원배분의 비효율성이 증대될 가능성이 높다.

(9) 따라서 시장실패는 정부개입의 필요조건이지만, 정부가 개입할 때 반드시 사회후생이 개선되리라는 보장이 없으므로 정부개입은 시장실패의 충분조건이 될 수 없다.

(10) 결론적으로 시장실패가 발생하더라도 정부는 효율성을 증진시킬 수 있는 경우에 한해서 시장에 개입해야 한다.

2. 시장실패의 발생 요인

(1) 불완전경쟁

① 후생경제학의 제1정리에 의하면 완전경쟁을 전제로 분권화된(decentralized) 사익추구는 파레토효율성을 보장한다. 그러므로 파레토효율성의 전제조건인 완전경쟁조건이 무너지면 사중손실이 발생한다.
② 불완전경쟁은 특허권·저작권·지적재산권, 정부에 의한 독점권 부여 등의 인위적인 요인뿐 아니라 기술적인 요인에 의해서도 존재한다.
③ 규모수익체증의 생산기술을 보유하고 있는 기업과 산업에서는 자연발생적으로 독점화가 진행되어 시장의 경쟁성을 낮추고 시장실패를 초래한다.

(2) 외부성

① 특정 경제주체의 행동이 제3자에게 의도하지 않은 이득과 손해를 발생시키지만 이에 대한 대가를 받지도 지불하지도 않는 외부성(externality)은 시장기구 외부에서 발생한다.
② 부정적 외부성은 물론이고 긍정적 외부성이 발생하더라도 실제 생산량이 사회적으로 바람직한 효율적 자원배분을 벗어나므로 시장실패를 유발한다.

(3) 공공재

① 공공재는 배제불가능하고 비경합성이 존재하는 재화이다.
② 공공재는 배제불가능하기 때문에 양(+)의 가격을 설정할 수 없다. 또한 비경합적이므로 공공재를 추가적으로 소비할 때 발생하는 한계비용이 0이 되어 양(+)의 가격을 매길 수 없다.
③ 따라서 공공재는 양(+)의 가격을 매기는 것이 가능하지도 않고 바람직하지도 않으므로 실제 생산량이 바람직한 생산량보다 과소 생산되어 시장실패를 발생시킨다.

(4) 정보의 불완전성

① 후생경제학의 제1정리는 모든 상황의 확실성을 가정해서 도달하는 일반경쟁균형을 전제로 한다.
② 그리고 애로우(K. Arrow)는 비록 불확실성이 존재하더라도 완벽한 조건부상품시장이 존재해서 완벽한 보험이 제공된다면 실질적으로 불확실성이 완전히 제거되어 파레토효율성을 달성할 수 있음을 입증했다.
③ 그러나 숨겨진 특성과 행동이 유인하는 역선택(adverse selection)과 도덕적 해이(moral hazard)의 불확실성이 완벽한 보험의 제공을 불가능하게 만든다.
④ 따라서 불완전한 정보의 상황에서는 역선택과 도덕적 해이가 바람직한 거래를 방해하므로 시장실패를 초래한다.

3. 정부개입

(1) 의의

시장실패가 발생하면 정부는 시장에 개입하여 시장실패를 교정하고자 한다. 그러나 시장실패는 정부개입의 필요조건이지만 충분조건은 아니다. 이는 정부개입으로 시장실패가 교정되어 사회후생이 개선된다는 보장이 없기 때문이다.

(2) 정부실패의 발생원인

① 제한된 지식과 정보

정부가 제한된 지식과 정보를 가진 채 시장에 개입한다면 정책의 효과를 정확하게 예측할 수 없으므로 정책의 효과도 떨어질 수밖에 없다.

② 민간부문 반응의 통제 불가능성

정책이 시행된 이후에 최초 예측했던 민간의 반응과 다른 반응이 발생하면 해당 정책은 당초 의도한 효과를 거둘 수 없어 정부실패가 발생한다.

③ 정치적 과정에서의 제약

정책이 시행되면 이득을 보는 집단과 손해를 보는 집단이 동시에 발생한다. 그리고 이러한 이해당사자 간의 정치적 조정과 타협과정에서 주고받기식의 타협으로 경제적 합리성이 희생된다면 사중손실은 더욱 확대된다.

④ 관료조직에 대한 불완전한 통제

시민이 관료조직을 완전하게 통제할 수 없다면 관료제모형(bureaucracy model)정책 집행과정에서 관료들이 최초 정책 목표인 공익보다 사익을 우선시하므로 파레토 비효율성이 초래된다.

Ⅱ 외부성

1. 의의

(1) 정의

① 외부성(externality)은 어떤 행위가 제3자에게 의도하지 않은 혜택이나 손해를 미치면서 이에 대한 보상을 받거나 대가를 지불하지 않는 경우를 의미한다.

② 의도하지 않은 효과

부모가 자녀의 안전한 등교를 위해 거리에 쌓인 눈을 치워서 자녀가 정상적으로 출석했다면 외부효과는 없다. 그러나 의도치 않게 제3자인 마을주민들이 안전하게 출근했다면 외부성효과가 발생한 것이다.

③ 시장 외부

꿀벌을 치는 양봉업자에게 바로 옆 과수원 농부가 요금(대가)을 지급했다면 외부성이 내부화되어 실제로는 아무런 외부성이 존재하지 않는다. 꿀벌로 인해 과일 생산량이

> 외부성(externality) = 외부효과 (external effect)

증가하더라도 과수원 농부가 양봉업자에게 아무런 대가를 지불하지 않아야 외부효과가 발생하는 것이다.

(2) 유형

① 부정적 외부성과 긍정적 외부성

㉠ 부정적 외부성 ➡ EMC > 0 or EMB < 0

기업이 제품을 생산할 때 환경오염물질이 배출되면 양(+)의 외부한계비용(External Marginal Cost)이 발생하는 부정적 외부효과가 존재한다. 또한 소비자가 외출할 때 환경오염물질을 흡입함으로써 건강이 악화되고, 의료비가 증가하는 음(−)의 외부한계편익(External Marginal Benefit)도 관찰된다.

㉡ 긍정적 외부성 ➡ EMC < 0 or EMB > 0

양봉업자의 꿀벌이 과일의 자연 수정을 도우면 과수원 농부의 생산비용이 감소하는 음(−)의 외부한계비용(External Marginal Cost)이 발생한다. 기초학문 분야의 학자들이 단순히 자신들의 지적 호기심을 충족하기 위해 수행한 연구가 응용부문에 활용되어 신제품을 개발하면 양(+)의 외부한계편익(External Marginal Benefit)이 발생하는 긍정적 외부효과가 존재한다.

② 생산의 외부성과 소비의 외부성

㉠ 생산의 외부성

기업의 생산과정에서 부정적 외부성(EMC > 0)과 긍정적 외부성(EMC < 0)이 발생한다.

㉡ 소비의 외부성

소비자가 재화와 서비스를 소비할 때 부정적 외부성(EMB < 0)과 긍정적 외부성(EMB > 0)이 발생한다.

③ 공공재적 외부성과 사용재적 외부성

㉠ 공공재적 외부성 ➡ 소진불가능한 외부성

오염물질은 비경합적이므로 오염물질로 발생하는 한 사람의 피해만큼 다른 사람의 피해가 줄어들지 않는다. 이처럼 공공재적(public) 외부성은 비경합성으로 인해 외부효과가 불특정 다수의 개인에게 동시에 영향을 주는 외부효과이다.

㉡ 사용재적 외부성 ➡ 소진가능한 외부성

자원이 경합적이므로 한 사람의 소비가 다른 사람의 소비량을 줄이는 사용재적(private) 외부성이 존재한다. 예를 들어 기술훈련을 받은 한정된 기술자가 특정 기업에 고용되면 다른 기업에는 고용될 수 없으므로 사용재적 외부효과가 발생한다.

④ 실질적 외부성과 금전적 외부성

㉠ 실질적 외부성 ➡ 기술적 외부성

실질적(real) 외부성은 외부성으로 인해 제3자에게 의도하지 않은 이득이나 손해가 발생해서 제3자의 효용함수나 생산함수에 영향을 미치는 기술적(technological) 외부성이다. 실질적 외부성은 시장가격기구를 통하지 않으므로 자원배분의 왜곡을 초래한다. 따라서 경제적 분석의 대상이 되는 외부성은 실질적 외부성이다.

ⓛ 금전적 외부성

금전적(pecuniary) 외부성은 시장가격기구를 통해 발생하는 외부효과이다. 예를 들어 대규모 토목공사는 건축자재의 가격인상을 유발해서 의도치 않게 주택을 건설하는 제3자의 생산비용을 증가시키는 금전적 외부성이 발생한다. 이와 같이 현실에서 보편적으로 관찰되는 금전적 외부성은 시장기구 내에서 영향을 주고 받으므로 자원배분에는 영향을 미치지 않고 소득분배에만 영향을 미칠 뿐이다.

2. 외부성과 자원배분

(1) 사회적한계비용과 사회적한계편익

① SMC = PMC + EMC

사회적한계비용(Social Marginal Cost)은 사적한계비용(Private Marginal Cost)과 외부한계비용(External Marginal Cost)을 수직으로 합한 값이다.

② SMB = PMB + EMB

사회적한계편익(Social Marginal Benefit)은 사적한계편익(Private Marginal Benefit)과 외부한계편익(External Marginal Benefit)을 수직으로 합한 값이다.

(2) 실제 생산량의 결정 ➡ PMC = PMB

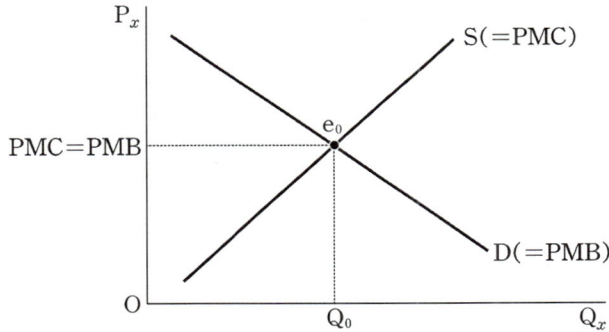

① 공급곡선(S)의 높이는 사적한계비용(PMC)이고, 수요곡선(D)의 높이는 사적한계편익(PMB)이다.
② 실제 산출량(Q_0)은 사적한계비용(PMC)과 사적한계편익(PMB)이 일치하는 e_0에서 생산된다.

(3) 바람직한 생산량의 결정 ➡ SMC = SMB ➡ 사회후생극대화

$$SW = \sum[SMB - SMC]$$

① 사회후생(SW)은 현재 거래량에서의 총사회편익과 총사회비용 간의 차이를 의미한다.
② 따라서 사회후생(SW)은 매 거래량 수준에서 발생하는 사회적한계편익(SMB)과 사회적한계비용(SMC)의 차이를 합한 값이다.

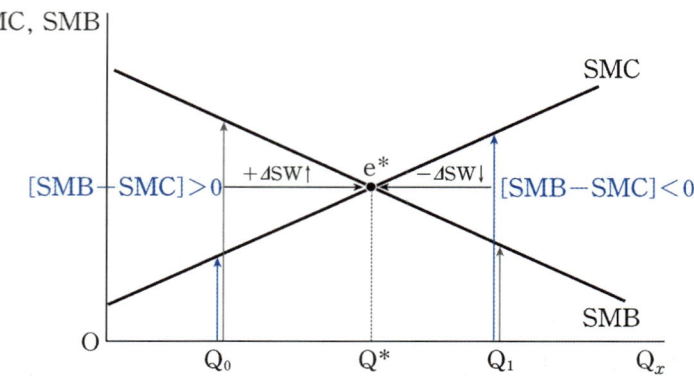

③ Q_0의 거래량에서는 SMB가 SMC보다 커서 생산량을 늘릴수록 사회후생(SW)이 증가한다.

④ Q_1의 거래량에서는 SMC가 SMB보다 커서 생산량을 줄일수록 사회후생(SW)이 증가한다.

⑤ SMC와 SMB가 일치할 때 사회후생이 극대화된다. 따라서 Q^*는 사회후생을 극대화하는 바람직한 산출량이다.

(4) 부정적 외부효과 ➡ 과다생산 ➡ 피구세 부과

① EMB < 0 ➡ [SMB = PMB + EMB] < PMB

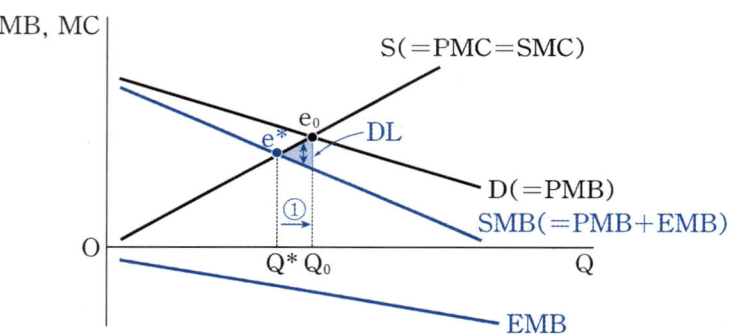

㉠ PMC와 PMB가 일치하는 e_0에서 실제로 Q_0를 생산한다.

㉡ 사회적으로 바람직한 생산량은 SMC와 SMB가 일치하는 e^*의 Q^*이다.

㉢ 음(−)의 외부한계편익이 발생하는 부정적 외부효과가 발생하면 실제 생산량(Q_0)은 바람직한 생산량(Q^*)보다 과다 생산된다.

㉣ 사중손실(DL)의 측정

$$\Rightarrow DL = \frac{1}{2}\Delta Q \cdot EMB(Q_0) = \frac{1}{2}[Q_0 - Q^*] \times [실제\ 생산량에서의\ EMB]$$

② EMC > 0 ➡ [SMC = PMC + EMC] > PMC ➡ 피구세(T) 부과

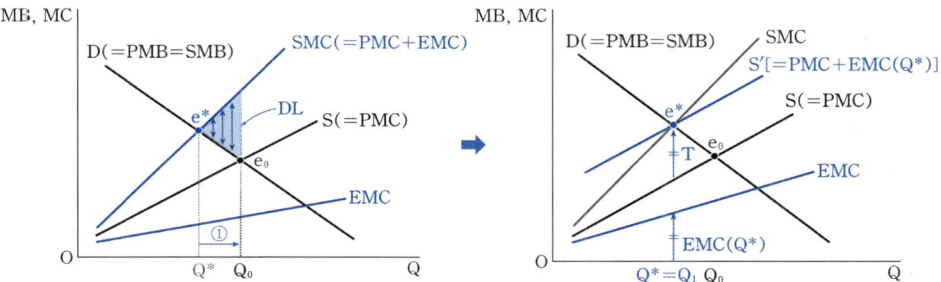

㉠ e_0에서 Q_0를 생산하지만 사회적으로 바람직한 생산량은 e^*의 Q^*이다.

㉡ 양(+)의 외부한계비용이 발생하는 부정적 외부효과가 존재하면 실제 생산량(Q_0)은 바람직한 생산량(Q^*)보다 과다 생산된다.

㉢ 사중손실(DL)의 측정

➡ DL = $\frac{1}{2}\Delta Q \cdot$ EMC(Q_0) = $\frac{1}{2}[Q_0 - Q^*] \times$ [실제 생산량에서의 EMC]

㉣ 피구세(Pigouvian tax)

ⓐ 사중손실을 유발하는 과다 생산량(Q_0)을 바람직한 산출량(Q^*) 수준으로 줄이기 위해 생산량당 일정액(T)의 종량세인 피구세를 부과한다.

ⓑ 실제 생산은 PMC와 PMB가 일치하도록 개별 기업이 결정한다.

ⓒ 바람직한 산출량(Q^*) 수준에서 실제 생산(Q_1)이 이루어지도록 유인하기 위해서는 Q^*에서 PMB와 PMC가 일치해야 한다.

ⓓ 따라서 부정적 외부성으로 인한 사중손실을 완전히 제거하기 위해서는 바람직한 산출량(Q^*) 수준에서 발생하는 EMC(Q^*)를 피구세(T)로 부과해야 한다.

(5) 긍정적 외부효과 ➡ 과소생산 ➡ 생산보조금 지급

① EMC < 0 ➡ [SMC = PMC + EMC] < PMC

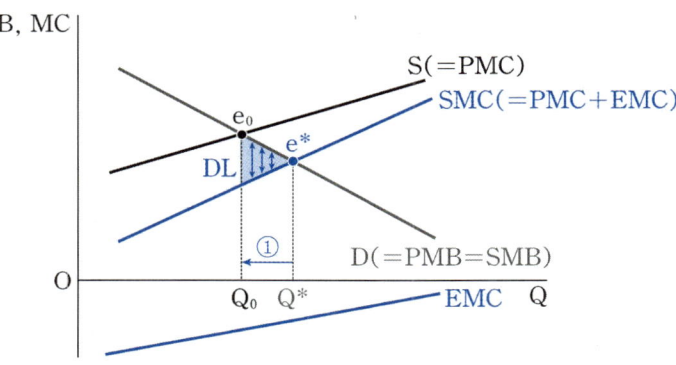

㉠ e_0에서 Q_0를 생산하지만 사회적으로 바람직한 생산량은 e^*의 Q^*이다.

㉡ 음(-)의 외부한계비용이 발생하는 긍정적 외부효과가 발생하면 실제 생산량(Q_0)은 바람직한 생산량(Q^*)보다 과소 생산된다.

ⓒ 사중손실(DL)의 측정

$$\text{DL} = \frac{1}{2}\Delta Q \cdot \text{EMC}(Q_0) = \frac{1}{2}[Q^* - Q_0] \times [\text{실제 생산량에서의 EMC}]$$

② EMB > 0 ➡ [SMB = PMB + EMB] > PMB

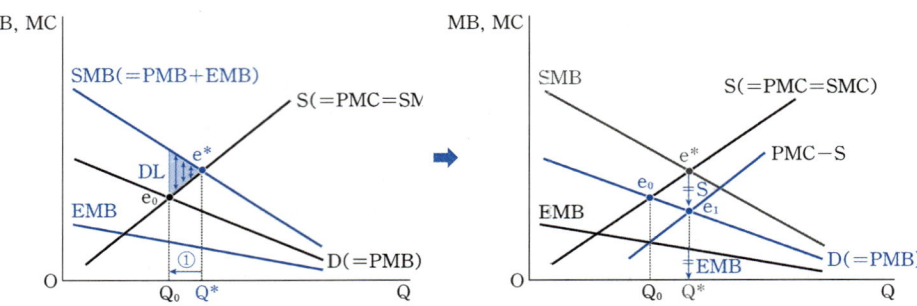

㉠ e_0에서 Q_0를 생산하지만 사회적으로 바람직한 생산량은 e^*의 Q^*이다.
㉡ 양(+)의 외부한계편익이 발생하는 긍정적 외부효과가 발생하면 실제 생산량(Q_0)은 바람직한 생산량(Q^*)보다 과소 생산된다.
㉢ 사중손실(DL)의 측정

$$\text{DL} = \frac{1}{2}\Delta Q \cdot \text{EMB}(Q_0) = \frac{1}{2}[Q^* - Q_0] \times [\text{실제 생산량에서의 EMB}]$$

㉣ 생산보조금
ⓐ 사중손실을 유발하는 과소 생산량(Q_0)을 바람직한 산출량(Q^*) 수준으로 늘리기 위해 생산량당 일정액(S)의 생산보조금을 지급한다.
ⓑ 실제 생산은 PMC와 PMB가 일치하도록 개별 기업이 결정한다.
ⓒ 바람직한 산출량(Q^*) 수준에서 실제 생산(Q_1)이 이루어지도록 유인하기 위해서는 Q^*에서 PMB와 PMC가 일치해야 한다.
ⓓ 따라서 긍정적 외부성으로 인한 사중손실을 완전히 제거하기 위해서는 바람직한 산출량(Q^*) 수준에서 발생하는 EMB(Q^*)를 생산보조금(S)으로 지급해야 한다.

연습문제

완전경쟁시장에 있는 어떤 재화의 시장 수요함수와 공급함수가 각각 $Q=6-P$, $Q=P$이고, 생산에 따른 오염물질의 발생으로 생산 단위당 2만큼의 외부비용이 발생한다. 사회적으로 최적인 생산과 비교해서 시장균형에서의 생산이 초래하는 사회후생 손실의 크기는? (단, P는 가격, Q는 수량이며, 사회후생은 소비자잉여와 생산자잉여의 합에서 총외부비용을 뺀 것이다)

2024년 국가직 7급

해설

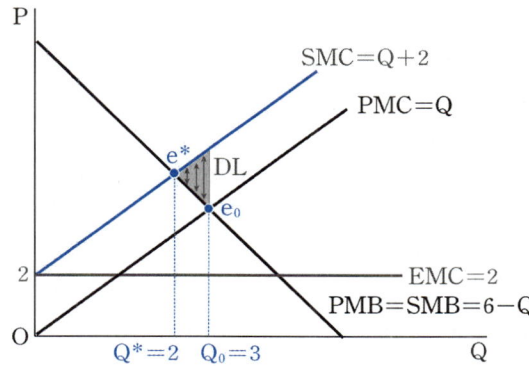

시장 수요함수 : $Q = 6 - P$
➡ PMB = SMB = $6 - Q$

시장 공급함수 : $Q = P$
➡ PMC = Q
➡ EMC = 2
➡ SMC = PMC + EMC = $Q + 2$

실제 생산량
➡ [PMB = $6 - Q$] = [PMC = Q]
➡ $Q = 3$

사회적 최적 생산량
➡ [SMB = $6 - Q$] = [SMC = $Q + 2$]
➡ $Q^* = 2$

사회후생의 감소분
$= \frac{1}{2}[\Delta Q] \times$ [실제 생산량에서 발생하는 EMC]
$= \frac{1}{2}[3-2][2] = 1$

▶ 1

3. 외부성과 환경오염의 문제

(1) 의의

① 환경오염문제는 부정적 외부성으로 인해 자율적인 시장기구가 자원을 적절하게 배분하지 못해 발생하는 문제이다.

② 예를 들어 자동차 운행은 일산화탄소(CO)나 질소산화물(NO_2) 등 건강에 치명적인 오염물질을 배출하지만 자동차 운전자는 제3자의 건강에 해를 끼치는 행위에 대하여 아무런 대가를 지불하지 않는 부정적 외부성을 유발한다.

③ 환경오염을 유발하는 부정적 외부성이 존재하는 산업 부문에 정부의 규제가 없다면 실제 생산량은 사회적 최적 생산량보다 과다 생산되고 사중손실을 초래한다.

④ 따라서 외부성이 존재하는 경우에는 완전경쟁시장에서도 자원배분이 비효율적이므로 환경오염을 최적 수준으로 관리하기 위한 정부의 규제가 필요하다.

(2) 최적 오염배출 규제

① 환경의 적정 관리를 위해 허용 가능한 오염물질의 배출수준은 0이 아니다. 이는 기술적인 측면에서도 불가능하지만 경제적인 측면에서도 결코 바람직하지 않다. 자본의 안전 생산은 수확체감하므로 오염물질을 제거하기 위한 한계비용은 체증한다. 그러므로 오염물질을 완전히 제거하기 위해서는 막대한 양의 자원이 투입되어야 하므로 비효율적이다.

② 생산활동의 부산물로 오염물질이 배출될 때 사회는 두 가지 종류의 비용을 부담해야 한다.

③ A형 비용(TC_A) ➡ ETC

농작물 생산의 감소, 물고기 폐사, 건강 악화와 같은 A형 비용은 오염물질이 우리에게 주는 직접적 피해와 관련된 외부총비용(External Total Cost)이다. 그리고 외부총비용은 배출되는 오염물질량이 증가할수록 체증적으로 증가하므로 TC_A곡선은 우상향한다.

④ B형 비용(TC_B) ➡ 총오염저감비용(Total Abatement Cost ; TAC)

B형 비용은 오염물질 생산자가 환경오염을 자체적으로 정화하기 위해 투입해야 하는 자원과 관련된 비용이다. 오염물질 배출량을 1단위 더 저감(abatement)하기 위한 한계오염저감비용(Marginal Abatement Cost)은 체증하므로 TC_B곡선은 우하향한다.

⑤ 최적 오염물질 배출량 조건 ➡ $[MC_A(= \text{EMC})] = [MC_B(= \text{MAC})]$

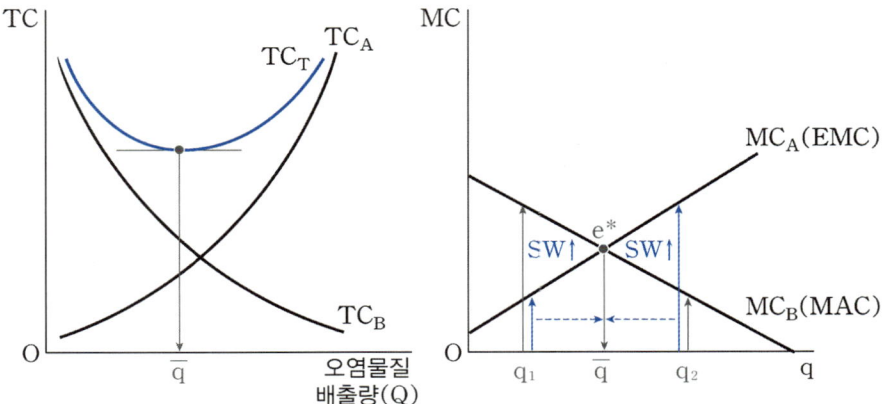

㉠ 사회적으로 바람직한 최적 오염물질 배출량은 TC_A와 TC_B를 합친 총사회비용(TC_T)이 극소화되는 $\bar{q}$이다.

ⓐ $\bar{q}$보다 낮은 수준으로 오염물질 배출량을 떨어뜨리는 것은 총오염저감비용(TC_B)이 급격히 증가하여 감소하는 외부총비용(ETC)을 상회하기 때문에 비효율적이다.

ⓑ $\bar{q}$보다 높은 수준으로 오염물질 배출을 허용하면 외부총비용(ETC)이 총오염저감비용(TC_B)을 상회하기 때문에 총비용이 증가하므로 비효율적이다.

㉡ $[MC_A(=\text{EMC})] = [MC_B(=\text{MAC})]$

$$TC_T(q) = TC_A(q) + TC_B(q)$$
$$\Rightarrow \frac{\Delta TC_T(q)}{\Delta q} = \frac{\Delta TC_A(q)}{\Delta q} + \frac{\Delta TC_B(q)}{\Delta q} = 0$$
$$\Rightarrow [MC_A(=\text{EMC})] = [MC_B(=\text{MAC})]$$

ⓐ $\bar{q}$보다 적은 q_1의 오염물질 배출량에서는 1단위 오염물질 정화를 위한 비용의 증가분$[MC_B(=\text{MAC})]$이 1단위 오염물질로 입는 한계피해액$[MC_A(=\text{EMC})]$보다 커서 배출량을 늘릴수록 사회후생이 증가한다.

ⓑ $\bar{q}$보다 많은 q_2의 오염물질 배출량에서는 1단위 오염물질 정화를 위한 비용의 증가분$[MC_B(=\text{MAC})]$보다 1단위 오염물질로 입는 한계피해액$[MC_A(=\text{EMC})]$이 커서 적은 비용으로 오염물질을 저감할수록 사회후생이 증가한다.

ⓒ 따라서 TC_A와 TC_B를 합친 총사회비용(TC_T)을 극소화하는 최적의 오염물질 배출량 균형조건은 $[MC_A(=\text{EMC})]$와 $[MC_B(=\text{MAC})]$가 일치하는 $\bar{q}$에서 결정된다.

연습문제

1. 다음 상황에서 정부가 기업으로 하여금 사회적으로 바람직한 수준까지만 공해를 배출하도록 규제할 때, 기업이 부담해야 하는 저감비용은? (단, 기업은 저감비용 이외의 다른 비용을 고려하지 않는다)

2023년 지방직 7급

어느 기업이 공해(E)를 유발하는 재화를 생산하고 있다. 공해는 외부적인 피해비용을 발생시키며 공해의 한계피해비용함수는 $MDC = 4E$이다. 한편 공해를 줄이려면 기업이 저감비용을 부담해야 하는데, 공해를 한 단위 줄이는 데 드는 비용인 한계저감비용함수는 $MAC = 420 - 3E$이다. 현재는 공해 배출에 대한 규제가 없어, 이 기업은 공해를 저감하지 않으므로 저감비용을 지출하지 않고 있다.

> **해설**

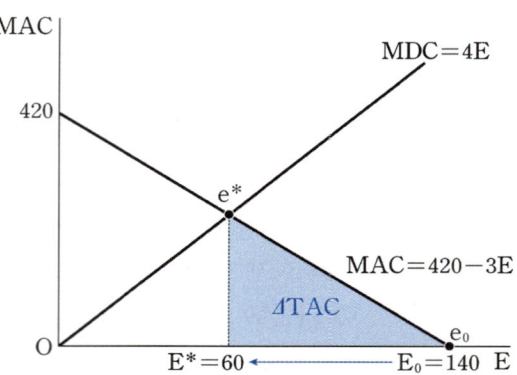

① 현재 공해 배출에 대한 규제가 없어 기업은 저감비용을 실제로 지출하지 않는다. 즉, 저감비용은 생산과정에서 발생하는 공해물질을 제거하기 위해 지출했어야 하는 비용이나 공해물질을 줄이지 않고 그대로 배출하고 있으므로 기업의 한계수입(MR)으로 인식된다. 기업은 공해물질에 대한 배출 규제가 도입되기 전에는 한계수입(MR)이 0이 되는 지점까지 공해물질을 생산하면 총수입이 극대화되고 총이윤도 극대화된다. 따라서 이윤극대화를 달성하는 기업은 $[MAC = 420 - 3E] = 0$이 되는 지점까지 공해(E)를 배출하므로 실제 생산량(E)은 현재 140이다.

② 정부가 공해물질을 규제하면 공해물질의 사회적 최적 배출량은 공해의 한계저감비용과 한계피해비용이 일치하는 수준에서 결정된다.
 $[MAC = 420 - 3E] = [MDC = 4E]$
 $E^* = 60$

③ 현재 140단위의 공해를 60단위로 감축해야 하므로 140단위에서 60단위까지 한계저감비용곡선의 하방의 면적이 기업이 공해물질(E) 80단위를 저감하기 위해 부담해야 하는 총저감비용이다.

∴ 기업이 부담하는 총저감비용 $= \dfrac{1}{2}[420 - 3 \times 60][140 - 60] = 9{,}600$

▶ 9,600

2. 오염물질을 배출하는 기업 甲과 乙의 오염저감비용은 각각 $TAC_1 = 200 + 4X_1^2$, $TAC_2 = 200 + X_2^2$이다. 정부가 두 기업의 총오염배출량을 80톤 감축하기로 결정할 경우, 두 기업의 오염저감비용의 합계를 최소화하는 甲과 乙의 오염감축량은? (단, X_1, X_2는 각각 甲과 乙의 오염감축량이다)
2021년 감정평가사

> **해설**

① 최적 오염감축량 조건 ➡ $MAC_1 = MAC_2$
② $TAC_1 = 200 + 4X_1^2$
  ➡ $MAC_1 = 8X_1$
③ $TAC_2 = 200 + X_2^2$
  ➡ $MAC_2 = 2X_2$
④ $[MAC_1 = 8X_1] = [2X_2 = MAC_2]$
  ➡ $4X_1 = X_2$
⑤ 정부가 두 기업의 총오염배출량을 80톤 감축하기로 결정
  ➡ $X_1 + X_2 = 80$
⑥ ④와 ⑤를 연립하면 $X_1 = 16$, $X_2 = 64$

▶ $X_1 = 16$, $X_2 = 64$

4. 외부성의 해결방안

(1) 의의

① 외부성은 시장기구 밖에서 자원배분이 이루어지므로 실제 산출량이 사회적으로 바람직한 생산량 수준을 벗어나서 반드시 시장실패를 초래한다.

② 외부성은 정부가 개입하지 않고 시장이 자율적으로 해결하는 사적 해결방식과 정부가 개입하는 공적 해결방식으로 구분된다.
  - ㉠ 사적 해결방식: 합병과 코즈정리(협상)
  - ㉡ 공적 해결방식: 피구세, 보조금, 오염배출권거래허가제도, 직접규제

③ 외부성은 가격체계(PMC = PMB or $MAC_1 = MAC_2$ 등)를 이용해서 시장 내부에서 문제를 해결하는 방식과 가격체계를 이용하지 않고 시장 외부에서 해결하는 방식으로 구분된다.
  - ㉠ 시장기구 내부: 합병, 코즈정리, 피구세, 보조금, 오염배출권거래허가제도
  - ㉡ 시장기구 외부: 직접규제

(2) 사적 해결방식

① 합병
  - ㉠ 외부성을 유발하는 기업과 외부성으로 피해를 입는 기업이 합병하여 외부성을 해결하는 방식이다.
  - ㉡ 합병을 통해 외부성이 기업의 이윤함수에 비용으로 포함되어 내부화되면 기업의 이윤극대화 관점에서 외부성이 초래하는 비효율성을 제거할 수 있게 된다.

② 코즈정리
  - ㉠ 의의
    - ⓐ 코즈(R. Coase)는 외부성의 존재가 반드시 정부의 시장개입을 요구하는 것은 아니라고 주장했다.
    - ⓑ 정부의 개입은 상대가격의 왜곡을 발생시켜 시장실패를 더욱 확대시킬 수 있기 때문에 정부개입 없이 외부성을 해결해야 진정한 파레토개선이 가능하다.
    - ⓒ 코즈정리(Coase theorem)에 따르면 협상비용이 매우 작고, 협상으로 인한 소득 재분배가 각 개인의 의사결정에 영향을 미치지 않을 때 소유권(재산권)을 누구에게 설정하는지와 무관하게 소유권이 확정된다면 외부성으로 인해 영향을 받는 모든 이해당사자들이 자유로운 협상을 통해 효율적 자원배분을 달성할 수 있다.
  - ㉡ 코즈정리의 도출

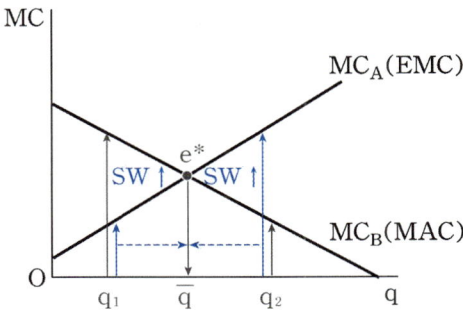

ⓐ 화학제품을 생산하는 기업이 건강에 해로운 폐수를 강으로 무단 배출해서 인근 주민들에게 피해를 입히고 있다.

ⓑ 인근 주민들이 강물에 대한 소유권을 갖고 있는 경우 ➡ 기업이 주민에게 보상을 지급
- 최초 오염물질 배출량은 q_1(혹은 0)이다.
- 기업의 추가적인 1단위의 폐수방류로 인해 주민들이 입는 외부한계비용(피해)은 MC_A이다. 따라서 마을주민은 임의의 오염물질수준에서 MC_A보다 같거나 많은 보상을 받을 수 있다면 기꺼이 기업의 폐수방류를 용인하는 협상에 동의할 것이다.
- 추가적인 1단위의 폐수를 기업이 자체적으로 정화하는 한계저감비용(MAC)은 MC_B이다. 따라서 기업은 임의의 오염물질수준에서 MC_B보다 같거나 작은 대가를 지급하고 폐수를 방류할 수 있다면 기꺼이 협상에 동의할 것이다.
- 따라서 $\bar{q}$보다 작은 수준에서 방출되는 폐수량은 주민의 최소요구보상가격(MC_A)이 기업의 최대지불용의가격(MC_B)보다 작아 협상의 장이 마련되고, 기업은 생산량을 늘릴수록 이윤이 증가하므로 MC_A와 MC_B가 일치하는 $\bar{q}$까지 폐수배출량을 늘려 협상이 타결된다.
- $\bar{q}$는 앞서 살펴보았듯이 $MC_A = MC_B$인 최적 오염물질 배출량과 일치하므로 자발적 협상을 통한 자원배분은 파레토 효율적이다.

ⓒ 기업이 강물에 대한 소유권을 갖고 있는 경우 ➡ 주민이 기업에게 보상을 지급
- 최초 오염물질 배출량은 q_2이다.
- 추가적인 1단위의 폐수방류로 인해 주민들이 입는 외부한계비용(피해)은 MC_A이다. 따라서 마을주민은 임의의 오염물질수준에서 1단위의 폐수방류를 줄이기 위해 MC_A만큼을 기업에게 지불할 용의가 있다.
- 추가적인 1단위의 폐수방류를 기업이 자체적으로 정화하는 한계저감비용(MAC)은 MC_B이다. 따라서 기업은 임의의 오염물질수준에서 MC_B보다 같거나 큰 보상을 받으면 1단위의 폐수를 줄이는데 기꺼이 동의할 것이다.
- 따라서 폐수량이 $\bar{q}$보다 많은 수준에서 방출될 때는 주민의 최대지불용의가격(MC_A)과 기업의 최소요구보상가격(MC_B)이 일치하는 $\bar{q}$에서 협상이 타결된다.
- $\bar{q}$는 앞서 살펴보았듯이 $MC_A = MC_B$인 최적 오염물질 배출량과 일치하므로 자발적 협상을 통한 자원배분은 파레토 효율적이다.

ⓓ 강물의 소유권이 누구에게 설정되어 있는 지와 무관하게 이해당사자들의 자발적 협상을 통해 파레토효율성을 달성하는 최적 오염물질 배출량이 달성되었다.

③ 한계

정부개입 없이도 이해당사자들 사이의 자유로운 협상을 통해 효율적 자원배분을 달성할 수 있음을 입증한 코즈정리는 다음과 같은 현실의 제약으로 인해 실현 가능성이 낮아질 수 있다.

㉠ 협상의 이득보다 큰 과다한 협상비용(거래비용)
㉡ 모호하고 판별 불가능한 이해당사자
㉢ 무수히 많은 이해당사자로 인한 무임승차의 유인
㉣ 정보의 비대칭성과 협상 능력의 차이

(3) **공적 해결방식**

① 부정적 외부효과 ➡ 피구세와 감산보조금

㉠ 사회적으로 바람직한 최적 산출량(Q^*) 수준에서 발생하는 EMC만큼을 단위당 일정액의 종량세(T = 피구세)로 부과하면 과다 생산이 초래하는 사중손실을 완전히 제거할 수 있다.

㉡ 피구세는 EMC를 가격체계로 내부화하여 시장기구(PMC = PMB)에 의해 외부성 문제를 해결하는 방식이다.

연습문제

A기업이 X재를 생산할 때 공해물질을 유출한다. X재의 시장수요곡선은 P = 180 − Q이고, 사적한계비용(PMC)은 PMC = Q + 60이다. X재의 생산으로 사적한계비용에 부가적으로 발생하는 외부한계비용(EMC)은 EMC = 2Q + 40이다. 이때 사회적으로 바람직한 X재의 최적 생산량을 달성하기 위해 정부가 부과해야 하는 피구세(T)의 크기는?

해설

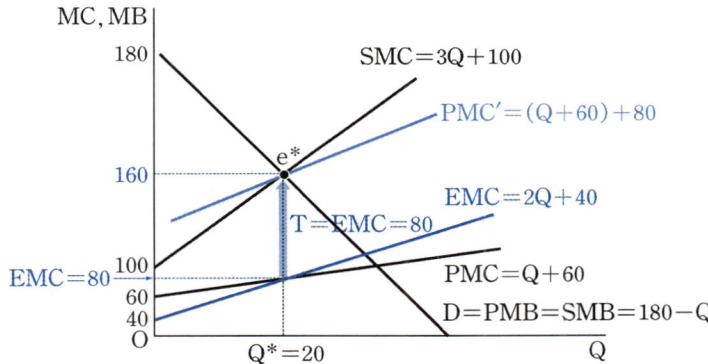

PMC = Q + 60
EMC = 2Q + 40
[SMC = 3Q + 100] = [SMB = P = 180 − Q]
$Q^* = 20$
EMC = 2Q + 40 = 2 × 20 + 40 = 80

정부는 사회적 최적 산출량 수준에서 발생하는 외부 한계비용(EMC = 80)만큼을 종량세(피구세)로 부과하면 사회적으로 바람직한 최적 산출량으로 사적 산출량을 감소시킬 수 있다.

▶ 80

② 긍정적 외부효과 ➡ 생산보조금
  ㉠ 사회적으로 바람직한 최적 산출량(Q^*) 수준에서 발생하는 EMB만큼 단위당 일정액의 생산보조금(S)으로 기업에게 지급하면 과소 생산이 초래하는 사중손실을 완전히 제거할 수 있다.
  ㉡ 생산보조금은 EMB를 가격체계로 내부화하여 시장기구(PMC = PMB)에 의해 외부성 문제를 해결하는 방식이다.
③ 오염배출권거래허가제도
  ㉠ 의의
    ⓐ 정부가 오염물질 배출 총량을 설정하고, 설정한 총배출량만큼 오염배출권을 발행한다.
    ⓑ 각 기업은 보유한 오염배출권 한도 내에서만 오염물질을 배출할 수 있다.
    ⓒ 정부는 시장에서 자유로운 오염배출권 거래를 허가한다.
    ⓓ 오염저감비용이 낮을수록 기업은 오염배출권 판매를 통해 더 많은 이윤을 확보할 수 있으므로 각 기업은 한계저감비용(MAC)을 낮출 유인이 존재한다.
    ⓔ 장기 균형에서는 어떠한 기업도 오염배출권을 판매하거나 구매할 유인이 존재하지 않으므로 오염배출권 가격(P)은 모든 기업의 한계저감비용($MAC_1 = MAC_2 \cdots = MAC_n$)과 일치하고 파레토 효율적 자원배분을 달성할 수 있다.
  ㉡ 오염배출권 거래시장의 작동원리 ➡ P vs MAC_i
    ⓐ 이윤극대화 추구 기업은 오염배출권의 시장가격(P)과 오염물질 정화비용인 한계저감비용(MAC_i)을 비교해서 오염물질의 매입과 매각 여부를 결정한다.
    ⓑ P > MAC_i
      예를 들어 오염배출권 가격(P)이 20이고 한계저감비용(MAC_i)이 13이라면 기업은 20의 가격으로 오염배출권을 매각하고 13의 비용을 투입하여 오염물질을 자체적으로 정화하면 7의 이윤이 증가한다. 따라서 시장가격이 한계저감비용보다 큰 기업은 시장에서 오염배출권을 매각하는 공급자이다. 그리고 한계저감비용이 낮을수록 이윤이 증가하므로 시장기구는 파레토 효율적 자원배분을 유인한다.
    ⓒ P < MAC_i
      예를 들어 오염배출권 가격(P)이 20이고 한계저감비용(MAC_i)이 26이라면 기업은 26의 비용을 투입하여 오염물질을 정화할 때보다 20의 가격으로 오염배출권을 매입하여 오염물질을 배출함으로써 6의 이윤이 증가한다. 따라서 시장가격이 한계저감비용보다 작은 기업은 시장에서 오염배출권을 매입하는 수요자이다.

연습문제

1. 어떤 마을에 오염 물질을 배출하는 기업이 총 3개 있다. 오염물 배출에 대한 규제가 도입되기 이전에 각 기업이 배출하는 오염배출량과 그 배출량을 한 단위 감축하는 데 소요되는 비용은 아래 표와 같다.

기업	배출량(단위)	배출량 단위당 감축비용(만원)
A	50	20
B	60	30
C	70	40

정부는 오염배출량을 150단위로 제한하고자 한다. 그래서 각 기업에게 50단위의 오염배출권을 부여하였다. 또한, 이 배출권을 기업들이 자유롭게 판매/구매할 수 있다. 다음 중 가장 옳은 것은? (단, 오염배출권 한 개당 배출 가능한 오염물의 양은 1단위이다)

2019년 서울시 7급 1회

① 기업 A가 기업 B와 기업 C에게 오염배출권을 각각 10단위와 20단위 판매하고, 이때 가격은 20만원에서 30만원 사이에 형성된다.

② 기업 A가 기업 C에게 20단위의 오염배출권을 판매하고, 이때 가격은 30만원에서 40만원 사이에서 형성된다.

③ 기업 A가 기업 B에게 10단위의 오염배출권을 판매하고, 기업 B는 기업 C에게 20단위의 오염배출권을 판매한다. 이때 가격은 20만원에서 40만원 사이에서 형성된다.

④ 기업 B가 기업 C에게 20단위의 오염배출권을 판매하고, 이때 가격은 30만원에서 40만원 사이에서 형성된다.

해설

1. 오염배출권 가격(P) > 40만원
   ➡ A, B, C 모두 단위당 감축비용(MAC)보다 오염배출권 구매가격(P)이 더 높으므로 어떤 기업도 오염배출권을 매입하지 않고 모두 공급자로 행동하므로 수요는 0이고 초과공급만이 존재하여 가격이 하락한다.

2. 30만원 < 오염배출권 가격(P) < 40만원
   ➡ A와 B는 단위당 감축비용보다 오염배출권 가격이 더 높으므로 각각 50장씩 총 100장의 오염배출권을 매각해서 배출권 공급이 증가한다. 그러나 C는 총 70단위의 오염물질 중 50단위는 오염배출권을 통해 배출하고 나머지 20단위는 자체 저감비용보다 시장가격이 낮으므로 오염배출권 20단위를 매입한다. 따라서 시장에는 오염배출권 80단위의 초과공급이 존재하므로 오염배출권의 시장가격은 하락한다.

3. 20만원 < 오염배출권 가격(P) < 30만원
   ➡ A는 오염배출권 가격이 감축비용보다 높아 50장 모두를 시장에 판매하므로 오염배출권 공급량은 50단위이다. 그러나 오염배출권 가격보다 감축비용이 더 높은 B와 C는 배출권을 매입할 유인이 존재한다. B는 총 60단위의 오염물질 중 50단위는 오염배출권을 사용하고 나머지 10단위는 배출권을 구매하여 처리한다. 또한 C도 총 70단위의 오염물질 중 50단위는 오염배출권을 통해 배출하고 나머지 20단위는 매입하여 처리한다. 따라서 시장에는 20[50 − (10 + 20)]단위의 초과공급이 존재하므로 오염배출권 시장가격은 하락한다.

4. 오염배출권 가격(P) < 20만원
   B, C 모두 단위당 감축비용보다 오염배출권 구매가격이 더 낮아 오염배출권을 구매하여 오염물질을 배출하는 것이 이득이므로 총 30의 초과수요가 존재하여 시장가격은 상승한다. [A 역시 배출권 매입 유인이 존재하지만 현재 배출권 보유량(50)과 배출량(50)이 일치하므로 실제 구매할 필요가 없다.]

5. 오염배출권 가격(P) = 20만원
   A는 오염배출권을 매각하는 경우와 자체적으로 사용하는 경우의 이윤이 무차별하다.

6. 시장의 균형 오염배출권 가격이 20만원보다 높고 30만원보다 작으면 A는 50장의 오염배출권을 모두 매각하려 하지만 B와 C는 각각 10장과 20장만 수요하므로 시장거래량은 30이고 시장가격은 30만원보다 낮으며 20만원의 근사치에서 결정될 것이다.

▶ ①

2. 기업 1과 2는 생산 1단위당 폐수 1단위를 방류한다. 정부는 적정수준의 방류량을 100으로 결정하고, 두 기업에게 각각 50의 폐수방류권을 할당했다. A의 폐수저감한계비용은 $MAC_1 = 100 - Q_1$, B의 폐수저감한계비용은 $MAC_2 = 120 - Q_2$인 경우, 폐수방류권의 균형거래량(Q)과 가격(P)은? (단, Q_1과 Q_2는 각각 A, B의 생산량이다) **2024년 공인노무사**

① 5, 60   ② 10, 60   ③ 10, 80   ④ 20, 80

해설

1. $Q_1 + Q_2 = 100$
2. $P > MAC_1$
   ➡ 기업 1은 폐수방류권을 시장에 판매(공급)하면 $P - MAC_1$의 이윤이 증가한다.
3. $P < MAC_1$
   ➡ 기업 1은 폐수방류권을 시장에서 구매(수요)하면 $MAC_1 - P$의 이윤이 증가한다.
4. 따라서 기업 2도 동일한 원리가 작용하므로 기업 1과 2 모두 더 이상 폐수방류권을 판매하거나 구매할 유인이 없는 $[MAC_1 = P = MAC_2]$가 시장균형조건이다.
5. $[MAC_1 = 100 - Q_1] = [MAC_2 = 120 - Q_2]$
   ➡ $Q_1 - Q_2 = -20$
6. 1과 5를 연립해서 풀면 $Q_1 = 40$, $Q_2 = 60$이다. 즉, 폐수저감한계비용이 적게 소요되는 기업 1이 기업 2에게 폐수방류권 10을 판매한다.
   $P = MAC_1 = 100 - 40 = 60$

▶ ②

④ 직접통제 ➡ 법과 명령

㉠ 정부가 오염물질 배출량을 사회적으로 바람직한 수준($\bar{q}$)으로 설정해서 배출량이 규제수준을 넘지 않도록 법과 명령을 통해 직접 통제하는 방법이다.

㉡ 외부성을 가격체계를 통하지 않고 시장기구 밖에서 법과 명령을 통해 해결하려는 방식이다.

㉢ 수량통제(quantity control)방식은 최적 오염물질 배출량을 산출하기 위한 조사비용과 위반 기업을 적발하기 위한 감시비용 등의 행정비용이 크게 발생하고, 환경과 기술수준의 변화에 신축적으로 대응할 수 없는 단점이 존재한다.

㉣ 따라서 직접통제보다는 피구세, 생산보조금, 오염배출권거래허가제도 등 시장기구를 활용하는 방식이 경제적으로 보다 효율적이다.

Ⅲ 공공재

1. 의의

(1) 공공재(public goods)는 여러 사람이 함께 공동으로 소비하는 상품으로서 비경합성과 배제불가능성(비배제성)의 특징을 갖는 재화이다.

(2) 정부가 생산하는 재화 중에는 수도와 전기처럼 공공재가 아닌 것도 있고, 민간부문에서 생산되는 공공재도 존재한다.

(3) 그러나 공공재는 비경합성과 비배제성으로 인해 최적 생산량보다 과소 생산되므로 거의 대부분 국가와 지방자치단체 등 공공기관에 의해 공급된다.

(4) 공공재는 무임승차가 가능하므로 개인들은 공공재에 대한 자신의 진정한 선호를 드러내지 않는다. 따라서 정부는 공공재에 대한 가상수요곡선을 바탕으로 바람직한 최적 생산량을 결정한다.

> **공공재에 대한 개인의 수요곡선**
> - 가상수요곡선(pseudo - demand curve) or 의사수요곡선
> - 공공재는 무임승차가 가능하므로 개인은 공공재에 대한 수요를 시장에 표출하지 않고 본인의 내면에 보유하고 있다. 이는 공공재에 대한 개인의 수요곡선이 실제 수요곡선과 달리 공공재에 대한 한계편익을 예측한 값에 기반하여 도출하는 이론적 수요곡선임을 의미한다.

2. 공공재의 특성

(1) 비경합성

① 사용재는 추가적인 소비에 따른 한계비용이 0보다 커서 자원을 고갈시킨다. 따라서 사용재는 한 개인의 소비가 다른 개인의 소비가능성을 낮추는 경합성(rivalry)이 존재한다.

② 그러나 공공재는 한 개인의 소비가 다른 개인의 소비가능성을 감소시키지 않는 비경합성(non - rivalry)의 특성을 지닌다.

③ 따라서 공공재는 추가적인 한계소비에 따른 비용의 증가분인 한계비용이 발생하지 않으므로 양(+)의 가격을 설정하는 것이 바람직하지 않다. 왜냐하면 공공재의 한계비용이 0이고, 한계편익이 0보다 크다면 공공재 소비를 늘릴수록 사회후생이 증가하므로 자유로운 공공재 소비 촉진을 위해 양(+)의 가격을 설정하지 않는 것이 바람직하기 때문이다.

④ 그리고 비경합적인 공공재는 공동소비가 가능하므로 먼저 자원을 선점하기 위해 경쟁할 필요가 없다.

(2) 배제불가능성

① 사용재는 대가를 지불하지 않은 사람은 소비할 수 없는 배제성(excludability)이 존재한다.

② 그러나 공공재는 일단 공공재의 공급이 이루어지고 나면 대가를 지불하지 않은, 즉 공공재 생산비용을 부담하지 않은 개인이라도 현실적으로는 소비를 배제할 수 없는 비배제성(non - excludability)을 지닌다.

③ 따라서 배제불가능한 공공재는 양(+)의 가격을 부과할 수 없으므로 무임승차자의 문제(free - rider's problem)가 발생한다.

(3) 과소생산

공공재는 비경합성으로 양(+)의 가격을 설정하는 것이 바람직하지 않고, 비배제성으로 양(+)의 가격을 부과할 수 없으므로 자유로운 시장기구에 맡기면 공공재는 최적 생산량보다 과소 생산되므로 정부가 공급을 책임져야 한다.

3. 공공재의 유형

(1) 순수공공재(pure public goods)는 비경합성과 비배제성을 동시에 충족하는 재화이다.

(2) 비순수공공재(impure public goods)는 비경합성과 비배제성 중에서 하나의 조건을 충족하는 재화이다.

(3) 배제불가능한 공유자원과 비경합적인 요금재는 비순수공공재로서 넓은 의미의 공공재에 포함된다.

구분	배제성	비배제성
경합성	사용재(민간재, 사적재) ➡ 막히는 유료도로 예 배, 과자 등	공유자원 ➡ 막히는 무료도로 예 공동소유의 목초지(공유지), 연근해, 지하수, 공공광장
비경합성	요금재 ➡ 막히지 않는 유료도로 예 통신사의 유료서비스, 넷플릭스 등	순수공공재 ➡ 막히지 않는 무료도로 예 국방서비스, 치안서비스, 무료 공중파방송

4. 공공재의 최적 공급

(1) **공공재의 최적 생산량 결정** ➡ SMB = SMC

공공재의 최적 생산량은 사회 전체의 한계편익(SMB)이 한계비용(SMC)과 일치하는 지점에서 결정된다.

> 공공재의 시장수요곡선이 개별 수요곡선을 수직합하여 도출되는 이유는 공공재가 비경합적인 자원이기 때문이다.

(2) **공공재의 시장수요곡선 도출** ➡ 비경합성과 수익자부담의 원칙 ➡ 수직합

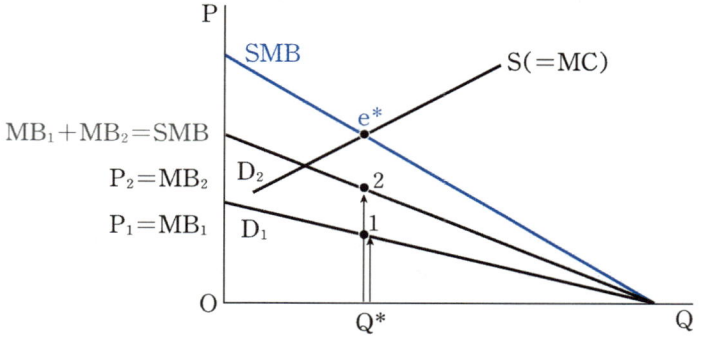

① 공공재는 비경합적이므로 시장 내에 존재하는 모든 개인은 동일한 양의 공공재를 소비할 수 있다.

② 그러나 동일한 공공재를 소비하더라도 각 개인이 공공재로부터 얻는 한계편익(MB_i)은 모두 다르다.
③ 개별 수요곡선의 높이는 한계소비에 따른 편익의 증가분(MB_i)만큼 소비자의 최대지불용의가격인 유보가격을 의미한다.
④ 그러므로 임의의 공공재에 대한 개인의 한계편익(MB_i)을 모두 더하면 사회 전체의 한계편익(SMB)을 도출할 수 있다.
⑤ 따라서 공공재의 시장수요곡선은 개별 수요곡선을 수직합하여 도출한다.

$$[(MB_1 + MB_2 + \cdots MB_i) = \sum_{i=1}^{n} MB_i] = \text{SMB}$$

⑥ 그리고 공공재의 최적 생산량이 결정되면 각 공공재 소비량 수준에서 개인들이 얻는 한계편익(MB_i)만큼을 공공재 가격($MB_i = P_i$)으로 부과하고, 개인들이 이를 지불한다면 공공재 생산을 위한 비용을 완전하게 조달할 수 있다.
⑦ 한 사회에 존재하는 개인들의 공공재 소비량은 동일하지만 각 개인이 공공재로부터 얻는 한계편익이 모두 다르므로 지불하는 가격이 다르다.

(3) 공공재의 최적 공급 조건

➡ $[MB_1 + MB_2 = \text{SMB}] = \text{MC}$

➡ 새뮤엘슨(Samuelson) 조건: $[MRS^1 + MRS^2 = \text{MRT}]$

연습문제

1. 두 명의 주민이 사는 어느 마을에서 가로등에 대한 개별 주민의 수요함수는 P = 10 − Q로 표현되며, 주민 간에 동일하다. 가로등 설치에 따르는 한계비용이 6일 때, 이 마을에 설치할 가로등의 적정 수량은? (단, Q는 가로등의 수량이다) **2018년 국가직 7급**

해설
공공재의 사회적 한계편익곡선(SMB)은 사적 한계편익곡선(PMB)을 수직합하여 도출한다. 수요곡선의 높이는 한계소비에 따른 한계편익(MB)만큼 각 개인의 최대지불용의가격(P)을 의미한다.
$[MB_1] = 10 - Q$
$[MB_2] = 10 - Q$
∴ $[MB_1 + MB_2 = \text{SMB}] = 20 - 2Q$

➡ 최적 공공재 균형 조건: SMB = MC
$[\text{SMB} = 20 - 2Q] = [\text{SMC} = 6]$
∴ Q = 7

▶ 7

2. 100명이 편익을 얻는 공공재가 있다. 100명 중 40명의 공공재에 대한 수요함수는 $Q = 50 - \frac{1}{3}P$로 표현되고 나머지 60명의 공공재에 대한 수요함수는 $Q = 100 - \frac{1}{2}P$로 표현된다. 공공재의 생산비용이 $C = 3000Q + 1000$일 때, 사회적으로 바람직한 이 공공재의 생산량은?

2020년 국회직 8급

해설

공공재의 사회적 한계편익곡선(SMB)은 사적 한계편익곡선(PMB)을 수직합하여 도출한다.

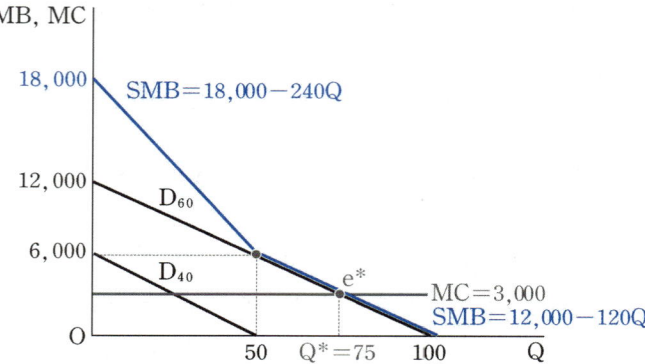

100명 중 40명의 공공재에 대한 수요함수
➡ $Q = 50 - \frac{1}{3}P$
➡ $[P = MB_i] = 150 - 3Q$
➡ $\sum_{i=1}^{40} MB_i = 40 \times MB_i = 40[150 - 3Q] = 6{,}000 - 120Q$

100명 중 60명의 공공재에 대한 수요함수
➡ $Q = 100 - \frac{1}{2}P$
➡ $[P = MB_j] = 200 - 2Q$
➡ $\sum_{j=1}^{60} MB_j = 60 \times MB_j = 60[200 - 2Q] = 12{,}000 - 120Q$

1. $0 \leq Q \leq 50$
   $[P = MB_{40명}] = 6{,}000 - 120Q$
   $[P = MB_{60명}] = 12{,}000 - 120Q$
   ∴ $[MB_{40명} + MB_{60명} = SMB] = 18{,}000 - 240Q$

2. $50 \leq Q \leq 100$
   ∴ $SMB = MB_{60명} = 12{,}000 - 120Q$

3. $Q = 50$일 때 $SMB = 6{,}000$

4. 공공재의 생산비용 ➡ $C = 3000Q + 1000$
   공공재의 한계생산비용 ➡ $SMC = 3{,}000$

5. $SMC = 3{,}000$은 $Q = 50$일 때 $SMB(= 6{,}000)$보다 작으므로,
   ➡ 최적 공공재 균형 조건: $SMB = SMC$
   ➡ $[SMB = MB_{60명} = 12{,}000 - 120Q] = [SMC = 3{,}000]$
   ∴ $Q = 75$

▶ 75

(4) 무임승차자 문제

① 공공재의 최적 생산량이 결정되면 이를 생산하기 위한 비용은 각 개인의 한계편익만큼을 가격으로 부과하여 조달한다.
② 개인이 한계편익만큼 가격을 지불하면 공공재로부터 얻는 순편익, 즉 소비자잉여는 0이다.
③ 따라서 각 개인은 공공재의 비배제성을 활용해 자신이 얻는 한계편익을 최대한 낮게 표출해서 공공재 생산비용은 부담하지 않고 소비는 최대한으로 늘리려고 하는 무임승차자의 문제가 발생한다.
④ 모든 개인은 공공재에 대한 무임승차의 유인이 존재하므로 공공재에 대한 사회적 한계편익은 과소 표출되어 공공재는 과소 생산된다.
⑤ 이를 방지하기 위해 공공재 공급자는 공공재에 대한 개인의 가상수요곡선에 기반해서 최적 산출량을 생산해야 한다.

(5) 공유지의 비극

① 공유자원(common property resources)은 공기나 강 혹은 바다처럼 일정한 소유주가 없고 모든 개인이 자유롭게 접근할 수 있는 자원으로서 배제불가능하지만 경합적인 특성이 있다.
② 부정적 외부효과

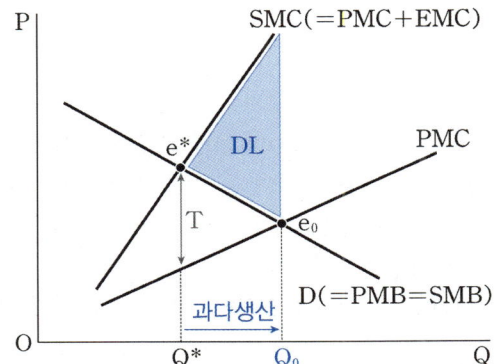

공유자원은 비배제성과 경합성이 공존하므로 다른 경쟁자보다 먼저, 더 많이 소비하는 것이 합리적 선택이다. 그리고 개인의 합리적 선택은 다른 개인의 소비가능성을 낮추고, 자원의 남획과 고갈을 초래하여 외부한계비용(EMC)을 유발한다.
③ 결국 개인의 합리성이 남획과 고갈을 통해 공유자원을 황폐화시킴으로써 지속적인 사용을 제한하는 사회적 비합리성을 초래한다.
④ 미생물학자 하딘(G. Hardin)은 이를 공유지의 비극(the tragedy of the commons)이라고 명명했다.
⑤ 공유자원에 소유권을 설정하여 최적 산출량(Q^*)에서 발생하는 EMC를 가격으로 설정할 수 있다면 개인들은 자발적으로 Q_0에서 Q^*로 사용량을 줄일 것이다.
⑥ 그러나 강, 바다, 호수 등 대부분의 공유자원은 특정 개인이나 기업에게 소유권을 배분하는 것이 현실적으로 어렵다. 따라서 소유권의 확립은 공유지의 비극을 해결하기 위한 현실적 방안이 되기 어렵다.

Ⅳ 정보경제이론

1. 의의

(1) 전통적인 경제이론들은 완전한 정보를 전제로 확실한 경제현상을 분석한다. 그러나 현실은 불완전한 정보하에서 경제주체의 행동과 경제적 사건이 불확실한 경우가 일반적이다. 정보경제이론(economic of information)은 정보가 완비되어 있지 못한 상황에서 발생하는 다양한 경제 현상을 분석하는 이론이다.

(2) 정보가 완전히 갖추어지지 않은 상황 중에서 우리의 주요 분석대상은 한 경제주체가 다른 경제주체보다 더 많은 정보를 보유하고 있는 정보의 비대칭성이 존재하는 상태이다.

(3) 정보의 비대칭성이 초래하는 자원배분의 비효율성은 계약 이전의 감추어진 특성과 계약 이후의 감추어진 행동 때문에 발생한다.

(4) 정보를 갖지 못한 측에서는 계약 이전에 상대방이 어떤 유형의 경제주체인지 특성을 알 수 없고, 계약 이후에는 상대방이 어떤 행동을 하고 있는지 정확하게 알지 못하므로 역선택과 도덕적 해이가 발생한다.

2. 정보의 비대칭성

(1) **의의**
① 정보의 비대칭성(Information Asymmetry)은 보험회사와 보험가입자 사이, 주주와 경영자 사이, 고용주와 피고용인 사이 등 경제적 이해관계가 있는 거래 당사자들 간에 한 경제주체가 다른 경제주체보다 더 많은 정보를 보유하고 있어 정보가 비대칭적으로 분포되어 있는 상황을 의미한다.
② 현실 경제에서 비대칭정보의 상황은 계약 이전의 감추어진 특성(hidden characteristics, hidden type)과 계약 이후의 감추어진 행동(hidden action)의 형태로 구분된다.

(2) **감추어진 특성**
① 중고차 구매자는 시장에 나와 있는 자동차는 좋은 차와 나쁜 차가 모두 존재한다는 것은 알고 있지만 이를 구분할 수 없다. 즉, 구매자는 판매자보다 중고차의 품질에 대해 적은 정보를 보유하고 있다. 이때 구매자에게 중고차의 품질은 감추어진 특성이 된다.
② 보험회사는 보험가입자보다 보험가입자의 건강에 대해 적은 정보를 보유하고 있으며, 보험회사에게 보험가입자의 정보는 감추어진 특성이 된다.
③ 이처럼 거래 당사자들 사이에서 일방은 계약 이전에 거래 대상인 재화와 서비스의 감추어진 특성에 대한 불완전한 정보를 보유하고 있다.
④ 그리고 계약 이전의 감추어진 특성으로 인해 역선택이 발생하면 시장규모가 축소되어 비효율적인 자원배분이 초래된다.

(3) 감추어진 행동

① 고용주는 근로자의 행동을 일일이 관찰할 수 없고, 관리·감독하는데 있어 많은 비용이 소요된다. 그러므로 근로자가 투입하는 노력의 정도, 즉 태만과 비태만은 고용주에게 감추어진 행동이 된다.

② 보험가입자가 사고 예방을 위해 쏟는 노력의 정도는 보험회사에게 감추어진 행동이다.

③ 이와 같이 거래 당사자들 사이에서 일방은 계약 이후에 상대방의 성실한 계약 이행 여부인 감추어진 행동에 대한 불완전한 정보를 보유하고 있다.

④ 따라서 계약 이후의 감추어진 행동으로 인해 도덕적 해이와 주인 − 대리인의 문제가 발생한다.

3. 역선택

(1) 의의

① 역선택(adverse selection)은 계약 이전에 정보가 비대칭적으로 분포하는 상황에서 정보를 갖지 못한 측이 바람직하지 못한 상대방과 거래하게 되는 비효율적인 자원배분을 의미한다.

② 계약 이전에 정보의 비대칭성이 존재할 때 감추어진 특성에 대한 정보를 갖지 못한 일방은 정보를 갖고 있는 상대방의 역선택에 직면하기 때문이다.

③ 중고차 구매자는 중고차의 품질에 대한 감추어진 특성을 알지 못하므로 구매자가 지불하는 가격보다 낮은 품질의 중고차를 구매하는 역선택을 경험한다.

④ 따라서 역선택은 계약 이전의 감추어진 특성과 보다 많은 정보를 보유한 경제주체의 합리적인 자기선택(self − selection) 과정 때문에 발생하는 것이다.

(2) 중고차시장에서의 역선택 ➡ 개살구시장(market for lemon)

구분	확률	판매자의 평가액 ➡ 최소요구판매가격	구매자의 평가액 ➡ 최대지불용의가격
좋은 중고차	0.5	5,000만원	6,000만원
나쁜 중고차	0.5	2,000만원	3,000만원

① 중고차 시장에는 좋은 차와 나쁜 차가 각각 절반씩 존재하고 이에 대해서는 판매자와 구매자 모두 인지하고 있다.

② 정보가 대칭적인 경우 ➡ 분리균형 ➡ 효율적 자원배분

㉠ 구매자와 판매자 모두 중고차에 대한 완전한 정보를 대칭적으로 보유하고 있어 좋은 차와 나쁜 차를 정확하게 구분할 수 있다면 좋은 차는 5천만원과 6천만원 사이에서, 나쁜 차는 2천만원과 3천만원 사이에서 거래된다.

㉡ 따라서 정보가 대칭적이면 분리균형을 통해 시장의 모든 종류의 차들이 거래되고 어떤 경제주체도 손실이 발생하지 않으므로 파레토 효율적인 자원배분을 달성한다.

③ 정보가 비대칭적인 경우 ➡ 통합균형 ➡ 비효율적 자원배분

㉠ 판매자는 중고차의 품질에 대한 완전한 정보를 보유하고 있어 좋은 차와 나쁜 차를 정확히 구분할 수 있지만, 구매자는 중고차 품질의 감추어진 특성을 알지 못해 좋은 차와 나쁜 차를 구분할 수 없다.

ⓒ 구매자는 좋은 차와 나쁜 차의 평균 평가액($\frac{6,000 + 3,000}{2}$)을 바탕으로 통합된 4,500만원의 최대지불용의가격을 판매자에게 제시한다.

ⓒ 판매자는 4,500만원에 좋은 차를 판매하면 손실이 발생하고, 나쁜 차를 판매해야 이득이 증가한다. 따라서 많은 정보를 보유한 판매자가 이윤극대화를 추구하는 합리적인 자기선택과정에서 좋은 차는 사라지고 나쁜 차만 거래된다.

ⓔ 또한 정보가 완전한 경우보다 중고차 거래량도 감소하는 비효율적인 자원배분이 관찰된다.

ⓜ 따라서 계약 이전에 중고차의 품질에 대한 숨겨진 특성이 비대칭적으로 분포하는 상황에서는 보다 많은 정보를 보유한 일방의 자기선택에 의해 적은 정보를 보유한 상대방은 역선택에 직면하므로 시장실패가 발생한다.

(3) 보험시장에서의 역선택

구분	소비자 수	확률	손실액 ➡ 임플란트 치료비
발치확률이 높은 소비자	8명	0.4	200만원
발치확률이 낮은 소비자	2명	0.1	200만원

① **정보가 대칭적인 경우 ➡ 분리균형 ➡ 효율적 자원배분**

ⓐ 임플란트 상품을 판매하는 보험회사가 특정 소비자의 건강에 대한 완전한 정보를 보유하고 있다면, 발치확률이 높은 소비자 그룹에게는 기대손실액(0.4 × 200만원) 80만원만큼을 보험가격으로 책정하고, 발치확률이 낮은 소비자 그룹에게는 20만원(0.1 × 200만원)만큼을 보험가격으로 책정한다.

ⓑ 정보가 대칭적이면 분리균형을 통해 모든 소비자가 치아보험에 가입하므로 자원배분은 파레토 효율적이다.

② **정보가 비대칭적인 경우 ➡ 통합균형 ➡ 비효율적 자원배분**

ⓐ 소비자의 건강에 대한 불완전한 정보를 보유한 보험회사는 평균적인 기대손실액에 입각해서 통합된 판매가격을 설정한다.

ⓑ 평균 기대손실액 = $[\frac{8}{(8+2=10)} \times 0.4 \times 200] + [\frac{2}{(8+2=10)} \times 0.1 \times 200]$
= 68만원

ⓒ 발치확률이 낮은 소비자는 자신의 기대치료비 20만원(= 0.1 × 200)보다 보험가격이 높으므로 가입하지 않고 발치확률이 높은 소비자만이 가입한다.

ⓓ 발치확률이 높은 소비자의 기대치료비는 80만원(= 0.4 × 200)이므로 보험회사는 보험가입자 1명당 12만원의 손실이 예상된다.

ⓔ 따라서 계약 이전에 건강에 대한 숨겨진 특성이 비대칭적으로 분포하는 상황에서는 보다 많은 정보를 보유한 보험가입자의 자기선택에 의해 적은 정보를 보유한 보험회사는 역선택에 직면하므로 시장실패가 발생한다.

(4) 역선택의 해결방안
① 사적 해결방안
  ㉠ 의의
    계약 이전에 감추어진 특성으로 시장거래가 위축되면 정보의 보유량과 무관하게 모든 경제주체는 손실이 발생한다. 따라서 각 경제주체는 신호발송과 선별을 통해 정보의 비대칭성을 해소하여 파레토개선을 추구한다.
  ㉡ 신호발송 ➡ 분리균형
    ⓐ 신호(signaling)는 감추어진 특성에 대한 관찰가능한 지표이다.
    ⓑ 감추어진 특성으로 정보를 적게 보유한 경제주체가 통합균형으로 대응하면 정보를 많이 보유한 일방 중에서 좋은 중고차 판매자, 발치확률이 낮은 건강한 소비자, 숙련 근로자 등은 계약에 실패해서 손실이 발생한다.
    ⓒ 이때 감추어진 특성에 대한 많은 정보를 보유한 경제주체는 품질보증서, 건강검진증, 학력 등을 상대방에게 신호로 발송한다.
    ⓓ 신호발송으로 통합균형에서 벗어나 분리균형을 통해 파레토 효율적인 계약이 가능해진다.
    ⓔ 평판과 표준화
      고품질의 재화를 판매하는 기업은 평판과 표준화를 통해 언제나 고품질의 제품만을 판매한다는 점을 소비자에게 신호로 발송하여 분리균형을 통해 역선택을 해소한다.
  ㉢ 선별 ➡ 자기선택장치(self − selection device) 강화
    ⓐ 선별(screening)은 정보를 갖지 못한 일방이 정보를 가진 상대방의 유형을 판별하고자 투입하는 노력이다.
    ⓑ 감추어진 특성으로 정보를 적게 보유한 일방은 역선택을 벗어나기 위해 자동차 무상 수리기간의 설정, 보험상품에 대한 특약 제시 및 건강검진증 제시 요구, 면접과 인턴계약기간 설정 등 자기선택장치를 강화한다.
    ⓒ 그리고 이러한 자기선택장치는 많은 정보를 보유한 상대방이 감추어진 특성에 대한 정보를 드러내도록 유인하여 효율적인 매칭을 가능하게 한다.
    ⓓ 독점기업의 제2가격차별
      독점기업이 소비구간마다 다른 가격을 설정해서 소비자가 스스로 자신의 감추어진 선호를 드러내도록 유인하는 제2가격차별은 선별의 자기선택장치이다.
    ⓔ 신용할당
      신용할당(credit rationing)은 금융시장에서 역선택에 직면한 은행이 높은 이자율이 아니라 높은 신용을 기준으로 대출을 결정하는 선별장치이다. 은행은 대출 여력이 부족한 상황에서 대출회수가능성이 높은 고신용 가계와 기업에게 대출을 우선 배분하여 안정적인 수익을 추구한다.

② 공적 해결방안
　㉠ 의의
　　계약 이전의 감추어진 특성이 존재할 때 자기선택을 통해 이득을 보는 일방은 정보의 비대칭성이 지속되기를 희망하므로 시장의 자유로운 거래를 통해서는 단기간에 시장실패를 치유하기 어렵다. 이에 정부는 강제집행과 정보규제정책을 통해 역선택을 해결하고자 한다.
　㉡ 강제집행
　　ⓐ 정부는 모든 거래 당사자들이 보험에 가입하도록 법으로 강제한다.
　　ⓑ 정책 대상집단 모두 건강보험, 국민연금, 자동차보험 등에 의무적으로 가입하도록 법으로 강제하면 자기선택으로 인해 발병확률과 사고발생확률이 높은 이용자만 보험에 가입함으로써 보험 손실이 증가하는 역선택이 해소되고, 필수안전제도의 안정적 지속성을 확보할 수 있다.
　㉢ 정보규제정책
　　보험가입 요건 등 판매상품의 정보공시 의무화, 일정 요건을 충족한 기업의 재무제표공시 의무화, 가전제품 등의 성능표시 의무화 등 정보알림정책을 강화하여 계약 이전의 감추어진 특성을 해소함으로써 역선택 문제를 제거할 수 있다.
　㉣ 효율임금
　　기업이 시장균형임금보다 높은 수준에서 내부 효율임금을 설정하면 숙련 근로자들이 더 많이 지원하므로 상대적으로 숙련 근로자를 선발할 확률이 상승하고, 역선택을 방지할 수 있다.
　㉤ 개수급과 시간급
　　개수급 임금체계는 생산량에 비례하여 임금을 지급하므로 동일 시간 내에 더 많은 제품을 생산하는 숙련 근로자가 선호한다. 시간급 임금체계는 생산량과는 무관하게 오로지 시간에만 의존해서 임금을 지급하므로 저숙련 근로자가 선호한다. 따라서 개수급 임금체계를 제시하는 기업은 상대적으로 숙련 근로자가 군집하므로 역선택을 해소할 수 있다.

4. 도덕적 해이

(1) 의의

① 도덕적 해이(moral hazard)는 계약 이후 정보의 비대칭성으로 감추어진 행동이 문제가 되는 상황에서 많은 정보를 보유한 일방이 상대방에게 바람직하지 않은 행동을 취하는 경우를 의미한다.
② 도덕적 해이는 계약 과정에서 일방이 상대방(본인)의 이익을 위해 최선의 노력을 다하겠다는 명시적 혹은 암묵적 약속을 했음에도 불구하고 신뢰를 어기는 도덕적이지 못한 행동이 관찰되는 상황을 포착한다.
③ 도덕적 해이가 발생하는 이유는 계약 이후 거래 당사자가 계약조건을 이행하지 않을 유인이 존재하고, 주의의무와 비태만 등 계약 조건을 위반하더라도 감독이 불가능하거나 관리하는데 많은 비용이 소요되기 때문이다.

(2) 보험시장에서의 도덕적 해이

① 보험에 가입한 이후에 보험가입자가 사고를 방지하기 위한 주의의무를 위반하는 도덕적 해이가 관찰된다.

② 사고발생으로 보험가입자가 수령하는 보험금은 주의의무 위반(Negligence)을 위해 투입하는 비용과 무관하게 결정된다. 따라서 보험가입자는 주의의무 위반 노력을 줄일수록 효용(순편익)이 증가하므로 보험 가입 이후에 도덕적 해이가 증가한다.

③ 그러나 장기적으로 도덕적 해이로 인해 사건·사고가 증가하면 보험회사의 손실이 증가해서 시장에서 사라지고, 보험료의 상승으로 가입유인이 하락해서 계약규모가 축소되므로 시장실패를 유발한다.

④ 해결방안 ➡ 공동보험제도와 기초공제제도

㉠ 계약 이후의 감추어진 행동으로 발생하는 도덕적 해이를 줄이기 위해서는 가입자 스스로 주의의무를 위한 노력을 늘리도록 계약조건을 유인설계해야 한다.

㉡ 공동보험(co − insurance)제도

공동보험제도는 사고가 났을 때 손실의 일정 비율만을 보상해 주는 제도이다. 예를 들어 피해액의 70%만 보상해주면 나머지 30%는 가입자가 부담해야 하므로 사고예방 노력수준을 자발적으로 올릴 것이다.

㉢ 기초공제(initial deduction)제도

손실액 중 일정액 이하는 가입자 본인이 부담하고 기초공제액을 초과하는 부분에 대해서만 보상해 주는 방식이다. 기초공제액에 해당하는 경미한 사고는 낮은 수준의 노력으로도 예방할 수 있으므로 보험가입자가 최소한의 노력으로 도덕적 해이를 방지하고, 보험에 의존하는 습관을 제거하는 효과를 기대할 수 있다.

(3) 재화시장에서의 도덕적 해이

① 재화의 품질에 대해 생산자는 완전한 정보를 보유하고 있으나 소비자는 불완전한 정보를 보유하고 있다.

② 재화시장에는 여러 대체재가 존재하지만, 소비자는 그 중 고품질의 재화에 대하여 높은 신뢰도와 강한 충성도를 가지고 있다.

③ 생산자는 생산비를 낮춰 저품질의 재화를 고품질로 포장하면 이윤을 높일 수 있으므로 소비자의 신뢰를 배반할 도덕적 해이의 유인이 존재한다.

④ 기업이 이러한 도덕적 해이에 빠져 저렴한 원자재를 사용해서 저품질의 재화를 고품질로 포장한다면 단기적으로는 이윤이 증가하지만 소비자는 곧 품질 저하를 인식하고 저품질에 상응하는 낮은 가격을 지불한다.

⑤ 따라서 시장가격이 하락하면 기업도 더 이상 고품질의 재화를 생산하지 못하고, 저품질의 재화만이 거래되는 시장실패가 발생한다.

⑥ 해결방안 ➡ 평판과 신뢰도 형성

㉠ 고품질과 정품에 대한 신뢰가 무너진 소비자는 다시는 해당 제품을 구매하지 않는다.

㉡ 기업은 생산한 재화에 대한 긍정적 평판과 높은 충성도의 고객을 확보한다면 높은 가격 설정으로 더 많은 이윤을 얻을 수 있으므로, 높은 수준의 평판과 신뢰를 획득하고 유지하기 위해 품질 유지 노력을 게을리하지 않는다.

ⓒ 따라서 재화의 품질에 대한 불완전한 정보를 보유하고 있는 소비자가 오로지 평판과 신뢰에 기반하여 제품 구매여부를 선택한다면 도덕적 해이를 줄일 수 있다.

(4) 노동시장에서의 도덕적 해이

① 근로계약 이후 기업은 근로자의 태만을 감시하고 관리·감독하는데 많은 비용이 투입되기 때문에 근로자의 자발적 노력에 의존할 수밖에 없다.

② 그러나 시간급 등 고정급 급여체계는 근로자의 노력수준과 무관하게 임금이 결정되므로 근로자는 태만을 늘림으로써 효용극대화를 추구한다.

③ 해결책

기업은 근로자의 노력수준과 비례하여 임금을 지급하는 토너먼트제, 이연보상모형, 효율임금의 유인급여체계를 도입해서 근로자의 도덕적 해이를 낮추고 비태만을 증가시킬 수 있다.

> **참고학습**

1. 효율임금

가격순응자로서 이윤극대화를 추구하는 경쟁기업은 시장 균형임금에 순응(price − taker)하여 비용극소화 행동원리에 따라 최적 고용량을 결정한다. 그러나 기업 내부로 한정한다면 개별기업은 산업 전체에서의 독점기업처럼 유일한 고용의 주체이다. 따라서 기업은 내부 노동시장에서 이윤극대화를 달성하기 위해 외부 노동시장의 균형임금보다 높은 효율임금을 설정하여 태만의 기회비용을 높이고, 이직률을 낮추며 채용 과정에서 역선택을 방지함으로써 내부 노동자의 생산성(MP_L)을 제고할 수 있다.

2. 효율임금과 생산성 향상

① **태만의 기회비용 증가**: 근로자가 근무시간 중 태만함이 적발되어 해고를 경험하면 높은 임금을 지급받을 기회를 상실하게 된다. 따라서 외부 균형임금보다 높은 내부의 효율임금은 근로자의 태만에 대한 기회비용을 증가시킨다.
  [최저임금은 내부 노동시장뿐 아니라 모든 외부 노동시장에도 공통적으로 적용되는 임금이므로 내부 임금과 외부 임금 간의 격차가 없어 근무태만의 기회비용은 0이다.]

② **높은 동기부여**: 효율임금은 근로자에게 동기부여를 제고시킨다. 높은 임금을 통해 사회학적 관점에서 기업에 대한 충성심과 조직몰입도가 높아지므로 근로의욕이 고취되어 근로자의 한계생산성이 높아진다.

③ **낮은 이직률**: 높은 임금은 근로자의 이직을 감소시키고 장기근속을 유도하여 기업특화직업훈련(Firm − specific)을 받는 근로자를 양성한다. 즉, 기업특화직업훈련을 통해 축적한 인적자본량(HK)은 단위 노동자당 가용 인적자본량($\frac{HK}{L}$)을 증가시키므로 근로자의 생산성이 향상된다.

④ **역선택 방지**: 기업은 시장 균형임금보다 높은 임금으로 정보의 비대칭성에서 숙련 근로자와 저숙련 근로자를 선별(Screening)하여 역선택을 방지할 수 있다.

3. 그래프 도해

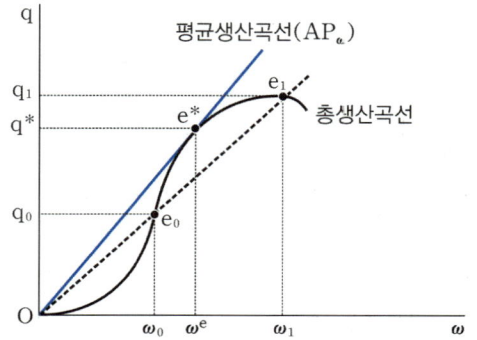

① 효율임금은 경쟁 임금보다 높은 임금을 지급하여 근로자의 생산성을 높임으로써 이윤극대화를 달성하는 임금이다. 이윤극대화를 달성하는 효율임금은 생산의 임금탄력성이 1인 수준에서 설정된다.

$$[생산의\ 임금탄력성 = \frac{\frac{\Delta q}{q}100\%}{\frac{\Delta w}{w}100\%} = \frac{\frac{\Delta q}{\Delta w}}{\frac{q}{w}} = \frac{MP_w}{AP_w} = 1]$$

$[\therefore MP_W = AP_W]$

임금의 한계생산성과 평균생산성이 일치하는 지점에서 효율임금이 결정되고, 이윤극대화를 달성한다.

② 위 그래프의 e_0에서는 $[MP_W > AP_W]$이므로 1단위 추가적인 생산을 통해 임금을 인상시킬 유인이 발생한다. 왜냐하면 여전히 평균생산성보다 높은 생산이 가능하기 때문이다. 반면, e_1에서는 $[MP_W < AP_W]$이므로 평균생산성보다 1단위 추가적인 생산에 대한 생산량이 낮으므로 생산을 줄이고 임금을 낮출 유인이 발생한다. 그 결과 e^*에서 $[MP_W = AP_W]$의 이윤극대화를 달성하는 효율임금(w^e)을 설정한다.

5. 주인 - 대리인 문제

(1) 의의

① 주인 - 대리인 문제는 계약 이후의 감추어진 행동에 의해 발생하는 현상이므로 넓은 의미에서 도덕적 해이의 한 유형으로 볼 수 있다.

② 주인 - 대리인 문제는 계약 이후 대리인이 주인이 아닌 자신의 목적을 우선시하여 주인에게 바람직하지 못한 결과를 초래하는 현상이다.

(2) 주인 - 대리인 문제의 사례

사례	주인	대리인
국민과 정치인, 관료	국민	정치인, 관료
주주와 전문경영인	주주	전문경영인
의뢰인과 변호사	의뢰인	변호사

(3) 발생원인과 해결방안

주인 - 대리인 문제가 발생하는 원인은 대리인이 주인의 목적을 위해 노력할 유인이 존재하지 않기 때문이다. 따라서 대리인이 주인의 이익을 위해 행동할 수 있도록 임금 - 보상패키지를 유인설계해야 한다.

> **참고학습**
>
> **정보재**
> 1. **의의**: 정보재(information goods)는 재화와 서비스에 담긴 정보가 핵심 가치를 결정하는 상품이다.
> 2. **특성**
>   ① **잠김효과(lock-in effect)**: 최초에 여러 워드프로세서 프로그램 중 특정 프로그램을 선택하면 다른 프로그램으로 바꾸기가 쉽지 않다. 이처럼 최초 선택한 정보재는 해당 재화를 지속적으로 사용하도록 유인하는 잠김효과가 강하게 발생한다.
>   ② **전환비용(switching cost)**: 하나의 정보재에 잠겨진 상태에서 다른 재화로 이동하기 위해서는 상당한 비용을 지불해야 한다. 정보재는 잠김효과가 강하게 발생하므로 전환비용이 높다.
>   ③ **네트워크효과(network effect)**: 정보재는 같은 상품을 사용하는 소비자들의 네트워크가 커질수록 소비자의 편익이 더욱 증가한다.
>   ④ **긍정적 피드백효과**: 정보재는 네트워크효과가 현저하게 존재하기 때문에 일정 임계점을 넘어서면 편익이 더욱 확대되어 수요가 폭발적으로 증가하고 더 많은 소비자가 해당 재화를 이용하는 긍정적 피드백효과가 발생한다.
>   ⑤ **수요 측 규모의 경제**: 네트워크효과와 긍정적 피드백효과가 발생하면 정보재에 대한 수요가 증가할수록 이를 생산해서 공급하는 기업의 경쟁력이 체증적으로 강화되는 수요 측 규모의 경제가 존재한다.
>   ⑥ **공급 측 규모의 경제**: 정보재는 초기 개발비용이 크고 한계비용이 0에 가깝기 때문에 규모의 경제가 발생한다.

Ⅴ 행태경제이론

1. 의의

(1) 지금까지 우리가 학습한 주류경제학은 자신의 이익을 합리적으로 추구하는 경제인(homo economicus)을 상정하는 신고전파 경제이론이었다.

(2) 그러나 이기심(self-interest)과 합리성(rationality)을 전제하는 경제인도 언제나 자신의 이익만을 맹목적으로 추구하지는 않고 상황에 따라 비합리적인 행동을 하기도 한다.

(3) 이처럼 이타적이고 비합리적인 행동으로부터 발생하는 경제이론과 현실 사이의 간극을 메우기 위해 신고전파 경제이론의 기본 가정인 이기심과 합리성을 비판적으로 검토하고, 현실 경제에서 직접적으로 관찰되는 사람들의 행동을 연구하는 행태경제이론(behavioral economics)이 등장하였다.

(4) 사이먼(H. Simon)은 제한된 합리성(bounded rationality)을 근거로 전통적인 신고전파 경제이론이 상정하는 '경제인'을 비판하면서 행태경제학적 연구의 첫 막을 열었다. 인간은 인식능력과 정보, 지식의 현실적 한계 때문에 제한된 합리성을 보유하므로 무제한적으로 합리성을 추구할 수 없음을 지적했다. 그러나 사이먼이 주창한 제한된 합리성 모형은 주류경제학을 대체할 이론으로 발전하지는 못했다.

(5) 행태경제이론은 1970년대 초반 심리학자 트버스키(A. Tversky)와 카네만(D. Kkahneman)이 사람들이 주위 사물에 대해 어떤 방식으로 판단을 내리며, 이와 같은 판단방식이 선택에 어떻게 반영되는지를 집중적으로 연구하면서 본격적으로 도약하였다.

(6) 행태경제이론은 전통적 경제이론의 문제점을 비판하고, 불확실한 상황에서의 소비자 선택과정을 설명하는 주류경제학의 기대효용이론을 전망이론으로 대체하려는 연구업적을 바탕으로 경제학에 안착하였다.

2. 전통적 경제이론의 문제점

(1) 행태경제이론은 신고전파 주류경제학이 전제하는 기본 가정과 분석틀을 비판적으로 재검토하면서 출발하였다.

(2) **합리성과 이기심의 가정에 대한 재검토**
① 전통적인 경제이론에서는 개인이 의사결정을 할 때 엄밀한 논리와 정교한 계산방식을 따르는 것으로 전제한다.
② 그러나 트버스키와 카네만은 개인이 주변 상황에 대한 판단을 기초로 자신의 행동을 선택할 때 합리성과 이기심에서 벗어난 심리적 메커니즘을 사용한다고 주장했다.
③ 휴리스틱(heuristics) ➡ 주먹구구
 ㉠ 개인이 복잡하게 얽힌 현실 상황을 정확하게 판단하는 것은 불가능하므로 주먹구구에 가까운 방식을 사용하여 주변 상황을 단순하게 판단한다.
 ㉡ 예를 들어 사람들은 고령자의 치매 발병률을 평가할 때 객관적 통계자료가 아닌 자신이 경험하고 알고 있는 한정된 틀 내에서 치매가 발생한 사례를 기억하여 판단을 내린다.
④ 인식의 편향(cognitive bias)
 인간은 주변 상황을 인식할 때 엄격한 객관성을 유지하지 못하고 특정한 편향(bias)을 보인다. 이는 휴리스틱에 따라 엄밀한 논리와 계산에 의해 주변 상황을 판단하는 것이 아니라 주먹구구와 같은 방식에 의존하기 때문에 주류경제학 관점에서 볼 때는 비합리적인 결과에 이르는 것이다.
⑤ 이타성
 ㉠ 전통적 경제이론은 인간을 이기적인 존재로 전제하지만 실제로 인간은 자신의 이익에만 몰두하지 않는다. 개인은 다른 사람이 얼마나 큰 이익을 차지하는지에도 관심을 갖기 때문에 종종 남을 위해 자신의 이익을 포기하거나 손실을 감내하는 일까지도 마다하지 않는다.
 ㉡ 그리고 행태경제이론은 최후통첩게임, 독재자게임, 공공재게임을 통해 사람들이 근시안적으로 자신만의 이익을 추구하지 않는다는 실험결과가 일반성을 갖고 있음을 밝혀냈다.

> **편향(bias)**
> 현실을 정확하게 인식하지 못하고 잘못된 판단을 내리는 상태

(3) 소비자 선호체계의 가정에 대한 재검토

① 신고전파의 소비자선택이론은 안정적인 선호체계로 정의되는 소비자를 상정한다. 그러나 실제로 소비자들이 현실에서 보이는 행태는 안정적인 선호체계로부터 벗어나는 특이한 경우가 관찰된다.

② 부존효과(endowment effect)

  ⊙ 부존효과는 동일한 상품에 대한 평가가 상황에 따라 달라지는 특이한 현상이다. 만약 소비자가 잘 정의되고 안정적인 선호체계를 갖고 있다면 소유 여부와 무관하게, 즉 교환의 방향과 상관없이 똑같은 상품에 대한 평가는 어느 상황에서나 무차별해야 한다.

  ⓒ WTA > WTP
  그러나 소비자는 소유하고 있는 상품을 판매할 때 '받으려고 하는 금액(willingness-to-accept; WTA)'이 소유하지 않은 상품을 구매할 때 '지불하려고 하는 금액(willingness-to-pay; WTP)'보다 높다. 이는 소비자가 자신이 소유하고 있는 물건을 포기하기 싫어하기 때문에 동일한 상품이더라도 소유한 상품에 대해 더 높은 가치를 부여하기 때문이다.

  ⓒ 무차별곡선의 비가역성
  전통적 무차별곡선이론은 소비의 가역성(reversibility)을 상정하므로 A점에서 B점까지의 한계대체율과 B점에서 A점까지의 한계대체율이 동일하다. 그러나 부존효과가 존재하면 무차별곡선은 비가역적이므로 출발하는 위치에 따라 한계대체율이 달라지는 결과가 발생한다.

  ⓔ 부존효과가 존재하면 동일한 사람이더라도 어느 방향으로 교환을 하게 되느냐에 따라 선호가 달라진다. 따라서 전통적인 소비자이론이 가정하는 무차별곡선이론은 심각한 위협에 직면하게 된다. 왜냐하면 무차별곡선이론에서는 동일한 개인의 무차별곡선은 교차할 수 없음을 상정하지만 부존효과가 관찰될 경우에는 무차별곡선이 교차할 수도 있기 때문이다.

③ 틀짜기효과(framing effect)

  ⊙ 행태경제이론에서는 사람들이 자신의 '결정 틀(decision effect)'을 사용해서 선택과 관련된 행동, 결과, 부수적 사건을 인식한다고 설명한다.

  ⓒ 예를 들어 채무자는 경제상황이 악화되어 이번 달 이자를 갚지 못했다. 채권자는 채무자로부터 약정한 이자를 받지 못하게 된 상황을 손실이 증가한 상황으로 인식할 수도 있고 이득이 감소한 상황으로 인식할 수도 있다.

  ⓒ 신고전파 주류경제학이 상정하는 채권자는 상황을 어떤 틀에 의해 인식하는지와 무관하게 내리는 결정이 동일해야 한다.

  ⓔ 그러나 실제로 채권자는 동일한 상황을 손실의 증가와 이득의 감소라는 인식의 틀에 따라 향후 대응과정을 달리하는 틀짜기효과가 관찰된다.

④ 심적회계방식(mental accounting)

  ⊙ 세일러(R. Thaler)는 사람들이 마음 속에 경제적 가치와 관련한 독특한 회계방식을 갖고 있음을 밝혀냈다.

- ⓒ 사람들은 마음 속에 여러 개의 계정을 설정해 놓고 동일한 액수의 수입과 지출이더라도 어떤 범주(계정)에 속하는지 확인하여 다르게 취급한다.
- ⓒ 예를 들어 복권당첨금, 도박 수입 등 비정상적으로 수입이 증가한 경우에는 정상적 수입의 증가와 다른 소비행태를 보인다. 동일한 액수의 정상적 수입(계정)이 증가하면 계획했던 비율대로 소비와 저축에 분배하지만, 뜻밖의 소득(계정)이 증가하면 상대적으로 소비의 지출 비중을 대폭 증가시킨다.
- ⓓ 이처럼 사람들은 인식의 틀에 따라 칸막이를 설치해 각 용도별로 독자적인 계정을 만들고, 전체 소득과 지출이 아니라 각 계정별로 발생한 변화에 따라 소비행태가 달라진다.
- ⓔ 따라서 심적회계방식은 틀짜기효과와 밀접한 관련을 갖는 것이다.

⑤ 닻내리기효과(anchoring effect)
- ⓐ 최초 입력된 정보가 기준으로 작용하여 사람들의 의사결정에 지속적으로 영향을 미치는 효과이다.
- ⓑ 명품 가방을 구매하기 위해 백화점을 방문했을 때 처음 방문한 매장의 가격이 기준(닻)으로 작용하여 실제 구매행위에 미치는 영향이 닻내리기효과의 한 사례이다.

⑥ 현상유지편향
현상유지편향은 사람들이 의사결정을 할 때 보유효과와 손실회피가 동시에 작용하여 변화보다는 현상유지를 선호하는 인식의 편향성을 의미한다.

⑦ 디폴트편향(default bias)
- ⓐ 디폴트편향은 현상유지편향의 일종으로서 사람들이 시스템의 기본선택(default option)에서 벗어나지 않으려는 성향을 의미한다.
- ⓑ 예를 들어 자동차 제조업체가 스카이루프를 기본 설정에 포함시켜 스카이루프를 이용해 만족도가 높았던 소비자가 다음 자동차를 구매할 때 스카이루프가 기본 설정에 포함되지 않으면 기본 설정을 벗어나지 않고 스카이루프를 선택하지 않는다.

3. 전망이론

(1) 전통적 기대효용이론의 낮은 현실설명력

① 전통적 경제이론은 폰 노이만-모르겐슈타인(von Neumann-Morgenstern)의 기대효용이론을 중심으로 불확실성하에서의 소비자 선택을 분석한다. 사람들은 미래의 사건이 불확실한 상황에서 기대효용이 극대화되도록 선택한다.

② 카네만과 트버스키는 현실에서 사람들이 보이는 행태가 기대효용이론이 예측하는 바와 여러 가지 점에서 다르다는 것을 지적하면서 기대효용이론에 대해 보다 본질적인 문제를 제기하고 있다.

③ 기대효용이론에 따르면 최초 어떤 소득과 재산에서 출발해서 어떤 수준으로 변화했는지는 중요하지 않고 오로지 기대효용이라는 최종적인 결과만을 중심으로 선택을 결정한다. 그러나 행태경제이론은 사람들의 주요 관심이 최종적인 결과(기대효용)가 아니라 변화(change)라는 것을 지적한다.

④ 카네만과 트버스키는 사람들이 평가의 기준이 되는 준거점(point of reference)을 설정해 놓고 소득과 재산의 변화에 초점을 맞춰 행동을 선택한다고 밝혀냈다. 즉, 준거점에 비해 재산이 증가하면 이득(gain)이고 감소하면 손실(loss)을 본 것으로 파악한다.

⑤ 그리고 이에서 한걸음 더 나아가 이득과 손실의 절대값이 동일하더라도 효용에 미치는 효과는 다르다는 점을 지적한다. 동일한 금액의 이득으로부터 발생하는 효용의 증가폭보다 손실이 초래하는 효용의 하락폭이 더 크다. 따라서 사람들은 손실에 대해 민감한 손실기피적(loss averse)인 태도를 보인다.

⑥ 카네만과 트버스키는 불확실한 상황에서 사람들이 기대효용을 극대화하려는 관점에서 선택행위를 한다고 보아서는 안 되며, 다양한 전망(propect) 중에서 어떠한 전망을 선택하는 지에 따라 행동의 결과가 달라진다는 전망이론(prospect theory)을 대안으로 제시했다.

> **전망(prospect)**
> 불확실성 하에서 p_i의 확률로 x_i의 결과를 가져다 주는 계약 = $p_i x_i$ [단, $0 < p_i < 1$]

> **전망이론**
> 불확실성 하에서 여러 가지 전망 중에서 하나를 선택하는 틀

(2) 전망이론

① 확실성효과(certainty effect)
  ㉠ 확실성효과는 사람들이 확실한 결과에 대해 이례적으로 높은 가중치를 부여하는 것을 의미한다.
  ㉡ 1번 게임 ➡ 확실한 경우
    1의 확률로 4백만원을 얻고 0의 확률로 0원의 소득을 얻는다면 기대소득은 4백만원이다.
  ㉢ 2번 게임 ➡ 불확실한 경우
    0.8의 확률로 6백만원을 얻고 0의 확률로 0원의 소득을 얻는다면 기대소득은 4백8십만원이다.
  ㉣ 기대효용이론에 따르면 기대소득이 높은 2번 게임을 선택해야 하지만, 실제로 사람들은 1번 게임을 선택한다. 이러한 행태가 관측되는 이유는 사람들이 확실한 결과에 대해 특별히 높은 가중치를 부여하는 확실성효과가 존재하기 때문이다.

② 반사효과(reflection effect)
  ㉠ 반사효과는 절대적인 금액은 동일한데 단지 부호만 반대인 상황에서 사람들이 동일한 실체가 거울에 비치면 좌우가 바뀌는 거울상(mirror image)처럼 다른 선택을 하는 현상을 일컫는다.
  ㉡ 이득 ➡ 위험기피적
    확실하게 5백만원을 얻는 경우와 0.8의 확률로 6백만원을 얻는 경우의 사이에서 사람들은 확실하게 5백만원을 얻는 것을 선택한다.
  ㉢ 손실 ➡ 위험선호적
    확실하게 5백만원을 잃는 경우와 0.8의 확률로 6백만원을 잃는 경우의 사이에서 사람들은 불확실한 0.8의 확률로 6백만원을 잃는 것을 선택한다.
  ㉣ 이처럼 이득이 결부된 선택에서 위험 기피적인 태도를 보이는 사람이 손실이 결부된 상황에서는 위험 선호적인 태도로 반전되는 행태가 반사효과이다.

③ 민감도 체감성
  ㉠ 민감도 체감성(diminishing sensitivity)은 이득이나 손실의 크기가 커질수록 그 변화로부터 발생하는 가치의 변화분이 감소하는 현상이다.
  ㉡ 사람들은 준거점인 0원을 기준으로 0원에서 5만원으로 소득이 증가할 때보다 100만원에서 105만원으로 소득이 증가할 때 동일한 5만원으로부터 발생하는 효용(가치)의 증가분을 더욱 작게 느낀다.
  ㉢ 사람들은 원금(준거점)인 1억원에서 9천 9백만원으로 최초 1백만원의 손실이 발생할 때보다 8천만원의 손실이 발생한 2천만원에서 1백만원의 손실이 발생한 경우에 효용(가치)의 감소분을 더욱 작게 인식한다.

연습문제

1. 정보의 비대칭성으로 인해 발생하는 상황에 대한 설명으로 옳은 것은? **2021년 국가직 7급**
  ① 중고차 시장에서 불량품(lemon)만 남게 되는 현상은 도덕적 해이의 사례이다.
  ② 유인설계(incentive design)는 대리인의 감추어진 행동 때문에 발생하는 문제를 해결하기 위한 수단이다.
  ③ 강제적인 단체보험 프로그램의 도입은 본인-대리인 문제(principal-agent problem)를 해결하기 위한 수단이다.
  ④ 자동차 보험 가입 후 운전을 더 부주의하게 하는 것은 역선택의 사례이다.

  해설
  ① 중고차 시장에서 악화인 불량품(lemon)만 남게 되는 현상은 계약 이전 단계에서 구매자가 중고차의 숨겨진 특성에 대한 불완전한 정보를 보유할 때 발생하는 역선택의 사례이다.
  ③ 강제적인 단체보험 프로그램의 도입은 계약 이전의 숨겨진 특성으로부터 발생하는 역선택 문제(principal-agent problem)를 해결하기 위한 수단이다.
  ④ 자동차 보험에 가입(계약)을 한 이후에는 사고가 발생하더라도 보험금을 수령하여 손실을 메꿀 수 있다. 따라서 운전을 할 때 사고를 낮추기 위한 주의의무를 적게 투입하므로 근무태만(주의의무 위반)이 증가하는 도덕적 해이의 사례이다.
  ▶ ②

2. 갑(甲)과 을(乙)은 TV를 생산하여 판매하고 있다. 그런데 갑의 제품이 을의 제품보다 고장 가능성이 낮지만, 소비자들은 이를 모른다. 따라서 갑은 이를 알리기 위해 품질보증(warranty)을 시행하였고, 을의 제품보다 더 높은 가격으로 제품을 판매하였다. 이 사례의 품질보증과 가장 관련 있는 개념에 해당하는 것은? **2020년 서울시 7급**
  ① 외부효과(externality)   ② 신호발송(signaling)
  ③ 가격차별(price discrimination)   ④ 골라내기(screening)

  해설
  ② 생산자는 제품 불량에 대한 완전한 정보를 보유하고 있지만 소비자는 제품 불량에 대한 불완전한 정보를 보유하고 있는 정보의 비대칭성 아래에서 보다 완전한 정보를 보유한 판매자 갑이 품질보증을 통해 제품에 대한 정보를 소비자에게 신호(signaling)로 발송하면 소비자는 갑의 재화(goods)와 을의 비재화(bads) TV를 분리하여 갑의 TV에 대해 더 높은 가격을 지불하는 분리균형에 도달한다.
  ▶ ②

정용수

주요 약력

고려대학교 정경대학 행정학과
전) 법무경영교육원 경제학 전임
현) 박문각 공무원 경제학 전임교수
현) 커넥츠 노단기 노동경제학 전임
현) LG그룹 연수원(인화원) 공인노무사 과정 노동경제학 전임

주요 저서

실전 노동경제학(2판)
박문각 공무원 정용수 경제학 미시편

정용수 경제학 미시편

초판 인쇄 | 2025. 9. 15. **초판 발행** | 2025. 9. 19. **편저자** | 정용수
발행인 | 박 용 **발행처** | (주)박문각출판 **등록** | 2015년 4월 29일 제2019-000137호
주소 | 06654 서울시 서초구 효령로 283 서경 B/D 4층 **팩스** | (02)584-2927
전화 | 교재 문의 (02)6466-7202

이 책의 무단 전재 또는 복제 행위를 금합니다.

저자와의 협의하에 인지생략

정가 34,000원
ISBN 979-11-7519-201-0